VERSUS

# Strategisches Management
## Visionen entwickeln · Strategien umsetzen
## Erfolgspotenziale aufbauen

Roman Lombriser · Peter A. Abplanalp

4. Auflage

*Versus · Zürich*

Bibliografische Information Der Deutschen Bibliothek

Die Deutsche Bibliothek verzeichnet diese Publikation in der
Deutschen Nationalbibliografie; detaillierte bibliografische Daten
sind im Internet über http://dnb.ddb.de abrufbar.

© Versus Verlag AG, Zürich 2005

Informationen über Bücher aus dem Versus Verlag finden Sie unter
http://www.versus.ch

*Umschlagbild und Zeichnungen:* Susanne Keller · Zürich
Umschlagbild: «Rettung?», Acryl/Kreide auf Papier, 100 × 70 cm
Zeichnungen: Etats, vernis mou, Plattengrößen: 28,5 × 17,5 cm
*Satz und Herstellung:* Versus Verlag · Zürich
*Druck:* Comunecazione · Bra
Printed in Italy

ISBN 3 03909 049 6

# Vorwort
## zur dritten Auflage

Wir freuen uns, dass wir unseren Leserinnen und Lesern die dritte Auflage unseres Lehrbuches vorlegen dürfen. Das Werk hat sich in allen Bereichen der höheren Ausbildung, ganz besonders aber an Fachhochschulen, einen prominenten Platz erobert. Aus zahlreichen Rückmeldungen wissen wir zudem, dass unser Buch auch von Praktikern benutzt und geschätzt wird. Darauf sind wir besonders stolz, denn die Verbindung von Theorie und Praxis war uns von Anfang an ein wesentliches Anliegen, dem wir uns auch in dieser Auflage verpflichtet fühlen.

Strategisches Management ist seit mehr als drei Jahrzehnten in den Lehrplänen von Hochschulen zu finden. Auch in der Praxis haben sich die Methoden des Strategischen Managements weitgehend durchgesetzt. Das Konzept hat sich allerdings im Verlauf der Zeit erheblich gewandelt. Während zu Beginn hauptsächlich Industriestrukturen und Forschungsergebnisse der industriellen Ökonomie im Zentrum standen, weckten Mitte der 80er Jahre Begriffe wie Wettbewerbsvorteil und strategische Erfolgsposition das Interesse der Forscher und zu Beginn der 90er richtete sich die Aufmerksamkeit besonders auf die Kernkompetenzen. In jüngster Zeit verbreitet sich gar die Überzeugung, dass die Rolle der Strategie in einer unsicheren Umwelt neu definiert werden müsse, da heute ein Wettbewerbsvorteil etwas sehr Vergängliches sei. Die zunehmende Geschwindigkeit der Technologieentwicklung, die neuen flexiblen Kommunikationsmöglichkeiten und die Geschwindigkeit des globalen Kapitalflusses verlangen von den Unternehmen, sich kontinuierlich von einer strategischen Position zur nächsten zu bewegen.

Die jüngste Kritik am herkömmlichen Ansatz weist darauf hin, dass Strategisches Management zwar als Instrument der Koordination und als Input für das Budget genüge, aber als Methode zum Management der Operationen nicht ausreichend sei. Es könne nicht mehr jene Entscheidungen hervorbringen, die erforderlich sind, um in den beweglichen Märkten bestehen zu können. Auch wenn man dieser Sichtweise teilweise zustimmen mag, bedeutet sie jedoch nicht, dass ein Unternehmen seine ursprüngliche Fokussierung aufgeben soll. Ebenso wenig darf sie dazu führen, dass die Führungskräfte darauf verzichten, die grundsätzlichen Ebenen für den Aufbau und den Erhalt von Wettbewerbsvorteilen zu identifizieren. Nach wie vor geht es bei einer Strategie darum, einen möglichst hohen Gewinn für die Kapitalgeber zu erzielen sowie die Bedürfnisse aller übrigen Anspruchsgruppen möglichst zu befriedigen. Wer eine Strategie entwickeln will, muss auch heute noch analysieren, was erforderlich ist, um Märkte zu erobern und Wertschöpfung für den Kunden zu erzielen.

Dies schien uns Grund genug, den bisherigen Aufbau des Buches beizubehalten, da er sich insbesondere unter didaktischen Gesichtspunkten bewährt hat. Hingegen haben wir im Inhalt einige Änderungen und Ergänzungen vorgenommen, zum einen mit dem Ziel, auf aktuelle Ergebnisse der Forschung hinzuweisen, zum anderen mit der Absicht, einen engeren Praxisbezug des Textes herzustellen. Ferner haben wir einige neue Abschnitte über besonders aktuelle Themen des strategischen Managements eingefügt (Strategie und Internet, Balanced Scorecard) und zusätzlich drei neue integrative Fallstudien aufgenommen. Zu guter Letzt haben wir den Text in sprachlicher Hinsicht nochmals überarbeitet mit dem Ziel, die Verständlichkeit und Leserfreundlichkeit zu verbessern.

Mit diesen Änderungen und Ergänzungen haben wir versucht, den Entwicklungen des Fachgebietes Rechnung zu tragen. Mit der Beibehaltung der Grundstruktur drücken wir aber auch die Überzeugung aus, dass der Ansatz des Strategischen Managements im Kern nach wie vor seine Gültigkeit hat.

Das Buch soll unseren Leserinnen und Lesern eine fundierte Übersicht über die wesentlichen Konzepte und Instrumente des strategischen Management verschaffen und mit Erläuterungen und Beispielen den Bezug zur Praxis – insbesondere zur Praxis der kleinen und mittleren Unternehmen – darlegen. Aus didaktischen Gründen stellen wir den prozessualen Ablauf des strategischen Managements in einem übersichtlichen Modell dar. Diesem Modell – das im ersten Kapitel näher beschrieben wird – folgt auch der Aufbau dieses Buches. Das zweite

Kapitel behandelt die Instrumente und Methoden zur Analyse der strategischen Ausgangslage und zur strategischen Segmentierung. Im dritten und vierten Kapitel legen wir die Methoden und Instrumente der Umwelt bzw. der Unternehmensanalyse dar. Im fünften Kapitel werden die Möglichkeiten der strategischen Analyse erläutert, während wir im sechsten Kapitel auf die Bedeutung von Vision und Leitbild eingehen. Das siebte Kapitel erklärt die Schritte und Methoden zur Strategieentwicklung, und in den letzten beiden Kapiteln werden wichtige Aspekte der Strategieumsetzung und Kontrolle behandelt.

Roland Frischknecht und Sandra Linder von der Fachhochschule Solothurn Nordwestschweiz danken wir für ihre Mitwirkung bei der Durchsicht des Manuskripts und für die zahlreichen wertvollen Hinweise, die zu einer Verbesserung des Textes beigetragen haben. Anne Büchi, Judith Henzmann, Ute Kolck und Anja Lanz vom Versus Verlag haben diese dritte Auflage mit großer Sorgfalt und Geduld redaktionell vorbereitet. Weil wir mit der Überarbeitung des Buches zeitlich im Verzug waren, mussten sie erhebliche zusätzliche Arbeit leisten, um den Wünschen unserer Kunden gerecht zu werden. Wir danken allen ganz herzlich für die Geduld und die wertvolle Unterstützung.

Wir hoffen, dass auch diese dritte Auflage einen Beitrag zur Verbreitung des Konzeptes des strategischen Managements leisten kann.

St. Gallen und Olten im August 2003

Roman Lombriser
Peter Abplanalp

# Inhaltsverzeichnis

# Kapitel 1
# Konzept des Strategischen Managements

## 1.1 Weshalb Strategisches Management?

Strategisches Management ist der Prozess, mit dem sich ein Unternehmen an die Veränderungen in seiner Umwelt anpasst. Führungskräfte müssen daher nicht nur die inneren Aktivitäten des Unternehmens lenken, sondern sich ebenso mit den Veränderungen in der Umwelt auseinandersetzen. Dies ist in den letzten Jahren zunehmend schwieriger geworden, da die Dynamik der Umwelt erheblich zugenommen hat, was sich auch an Begriffen wie «high-velocity environment» (Bourgeois III, Eisenhardt 1988) oder «hypercompetition» (D'Aveni 1994) ablesen lässt, die Eingang in die Fachliteratur gefunden haben. Die wachsende Umweltdynamik lässt sich einerseits zurückführen auf Veränderungen im globalen Umfeld (z.B. Technologie, wirtschaftliche Verhältnisse, Ökologie, politische und gesellschaftliche Entwicklungen) und andererseits auf Veränderungen im Wettbewerbsumfeld (z.B. Branchenstruktur, Distributionsnetz). Führungskräfte sollten in der Lage sein, diese Entwicklungen wenigstens teilweise vorauszusehen, sie zu bewerten und in ihren Entscheidungsprozessen zu berücksichtigen. Hinzu kommen Neuerungen bei der Nutzung von Ressourcen und Kompetenzen (Ökologie, Wissensmanagement, Outsourcing, E-Business usw.), welche die Unternehmen vor zusätzliche Herausforderungen stellen, da diese Veränderungen das Potenzial zur Verschiebung oder gar Auflösung von Branchengrenzen enthalten (z. B. Computer – Telekommunikation).

**Globalisierung der Märkte** In der globalen Wirtschaft können Produkte, Dienstleistungen und Menschen mit ihren Ideen, Kenntnissen und Fähigkeiten relativ unbehelligt von künstlichen Beschränkungen und Reglementierungen oder Zöllen über geografische Grenzen und Zeitzonen hinaus verteilt werden. Der Abbau von Handels- und Investitionsbarrieren und die Bildung von Wirtschaftsblöcken im europäischen, amerikanischen und asiatischen Wirtschaftsraum haben – verstärkt durch die weltweite kommunikative und telemediale Vernetzung – die Globalisierung der Märkte und Unternehmen ermöglicht. Der Prozess der Globalisierung umfasst neben der weltweiten Verbreitung wirtschaftlicher Innovationen, der Bildung von Wirtschaftsblöcken sowie politischer und kultureller Anpassungen auch die Verschiebung von Finanzströmen. Gemäß einer OECD-Studie wuchsen die ausländischen Direktinvestitionen in den 80er Jahren fast vier Mal rascher als das Welthandelsvolumen (OECD 1992), wobei die Zahl der Unternehmen ebenfalls ständig anstieg. Heute gehört Europa mit gegen 700 Millionen potenziellen Konsumenten zu den größten Einzelmärkten der Welt und in wenigen Jahren wird sich vermutlich China, inzwischen Mitglied der WTO, zum bedeutendsten Absatzmarkt der Welt entwickeln.

Diese Elemente prägen die Wettbewerbslandschaft des 21. Jahrhunderts, und Unternehmen ganz unterschiedlicher Größe sind davon betroffen. Für einige der größeren bietet die Globalisierung attraktive strategische Möglichkeiten, für die kleineren jedoch besteht die Herausforderung meist darin, sich entweder in den bisherigen Heimmärkten zu behaupten oder sich durch eine gezielte Spezialisierung auf die Globalisierung der Geschäftstätigkeit vorzubereiten. Die Veränderungen bieten demnach Chancen (z. B. Erschließung neuer Märkte, Kosteneinsparungen durch effiziente Materialbeschaffung und Verlagerung der Produktion in Billiglohnländer), können aber auch neue Bedrohungen erzeugen (z. B. Eintritt neuer Konkurrenten).

**Diskontinuität** Früher reichten in der Regel die in der Vergangenheit gesammelten Erfahrungen aus, um auch Probleme der Zukunft zu lösen, denn in einem verhältnismäßig stabilen Umfeld bestand eine plausible Handlungsweise darin, die Lösungen aus der Vergangenheit auch für die Bewältigung künftiger Probleme einzusetzen. In einem turbulenten Umfeld ist dieses Verfahren jedoch wenig tauglich. Heute befinden sich die meisten Unternehmen in einer Situation, die von Diskontinuität, Komplexität und Fremddynamik gekennzeichnet ist. Die Entwicklungen sind zudem unstetig und daher weitgehend unberechenbar. Zahlreiche Beispiele wie die Ölkrise der siebziger Jahre, der Golfkrieg, die nationalen Zerfallserscheinungen in Osteuropa, die Währungskrisen in Europa und Amerika oder die Terroranschläge auf das World Trade Center in New York belegen dies auf eindrückliche Weise. In diesem turbulenten Umfeld ist die Bedeutung der Erfahrung geringer geworden, denn überraschende Entwicklungen verlangen neue Lösungsansätze.

**Intensivierung der Konkurrenz**

In den 60er Jahren herrschte eine Wachstumseuphorie, während die 70er und 80er Jahre durch Marktsättigung gekennzeichnet waren. Der Wettbewerb erhielt mit Schlagworten wie «Marktanteil» und «Erfahrungskurveneffekt» einen neuen Stellenwert. Ferner wurden in den 90er Jahren bisher etablierte Geschäftsmodelle durch «Strategien der Dekonstruktion» (Evans/Wurster 2000, S. 43) in Frage gestellt und damit eine neue Phase des Wettbewerbs eingeläutet. Heute steht diese Neugestaltung von Wertketten im Mittelpunkt, wenn es darum geht, den Kunden einen spürbaren Mehrnutzen zu stiften oder sich gegenüber den Konkurrenten einen Wettbewerbsvorteil zu verschaffen.

**Neue Technologien**

Die rasante Entwicklung der Informationstechnologie hat in den letzten beiden Jahrzehnten zu enormen Umwälzungen im Produktions- und Dienstleistungssektor geführt. Grundlage dieser Entwicklung war einerseits die beispiellose Leistungssteigerung der Computer (Gemäß dem Moor'schen Gesetz verdoppelt sich die Rechenleistung alle 18 Monate bei ungefähr gleichbleibenden Kosten) und andererseits die mit der Vernetzung (Verbreitung des Internets) verbundene Wertsteigerung, die nach dem Metcalf'schen Gesetz im Quadrat zu der Anzahl der Teilnehmerinnen und Teilnehmer im Netz zunimmt. Mit CIM (Computer Integrated Manufacturing), CAD/CAM (Computer Aided Design and Manufacturing), Lean Management und Total Quality Management entstanden neue Produktionskonzepte, die es erlaubten, die Flexibilität zu erhöhen und gleichzeitig die Kosten zu reduzieren, während früher Kostenreduktionen nur durch größere Stückzahlen erzielbar waren. Aber auch auf der Vertriebsseite entstanden neue Formen wie «E-Commerce» oder «E-Business», da dank der neuen Technologie die Reichweite der Information (= Anzahl Personen, die Informationen austauschen) erheblich ausgedehnt werden konnte, ohne damit die Reichhaltigkeit (Bandbreite, individuelle Anpassung an die Benutzenden, Interaktivität, Sicherheit u. a.) einzuschränken (Evans/Wurster 2000, S. 31 ff.). Diese Neuerungen in der Informationstechnologie haben ferner den Weg geebnet für eine radikale Neugestaltung organisatorischer Abläufe. Mit Hilfe des «Reengineering» können Organisationen heute durchgängige horizontale Prozesse ohne unnötige Schnittstellen vom Lieferanten bis zum Kunden gestalten. ▶ Abbildung 1.1 zeigt, wie die neuen Technologien alte Managementgesetze verändert haben.

| Alte Regel | Destabilisierende Technologie | Neue Regel |
|---|---|---|
| Informationen sind zu einem bestimmten Zeitpunkt immer nur an einem Ort verfügbar | Gemeinsam genutzte Datenbanken | Informationen können gleichzeitig an beliebig vielen Orten genutzt werden |
| Nur Experten können komplexe Arbeiten übernehmen | Expertensysteme | Ein Generalist kann die Arbeit eines Experten erledigen |
| Unternehmen müssen zwischen Zentralisation und Dezentralisation wählen | Telekommunikationsnetzwerke | Unternehmen können gleichzeitig die Vorteile der Zentralisation und der Dezentralisation ausschöpfen |
| Führungskräfte fällen alle Entscheidungen | Werkzeuge zur Entscheidungsunterstützung (Datenbankzugriff, Modellbildungssoftware) | Die Entscheidungsfindung gehört zur Aufgabenstellung jedes einzelnen Mitarbeitenden |
| Der persönliche Kontakt zu einem potenziellen Käufer ist durch nichts zu übertreffen | Interaktive Bildplatten | Der beste Kontakt zu einem potenziellen Käufer ist der wirksame Kontakt |
| Pläne werden periodisch überarbeitet | Hochleistungscomputer | Pläne werden laufend überarbeitet |

▲ Abbildung 1.1    Destabilisierende Informationstechnologien (Hammer/Champy 1993, S. 92 ff.)

**Zunehmende Bedeutung der Human Resources**
Der technologische Wandel erfordert eine Höherqualifizierung der Mitarbeiterinnen und Mitarbeiter. Außerdem ist die Wertschöpfung im Unternehmen immer mehr abhängig vom verfügbaren Wissen. Damit wird, wie auch Umfragen bestätigen, der «Faktor Mensch» in wachsendem Maße zum wichtigsten, wertvollsten und sensitivsten Produktionsfaktor[1], wobei die individuellen Ansprüche der Menschen an Beruf und Unternehmen zudem einem tiefgreifenden Wandlungsprozess unterliegen (vermehrte Wünsche nach Sinnhaftigkeit, Spaß und Selbstentfaltung). Jede Strategie eines Unternehmens hat auf diese Entwicklungen Rücksicht zu nehmen. Ein strategisches (d.h. auf die künftigen Entwicklungen im personalpolitisch relevanten Unternehmensumfeld ausgerichtetes) Human Resources Management wird daher zu einem entscheidenden Erfolgsfaktor in der Unternehmensführung.

**Soziokulturelle Entwicklungen**
Wertewandel (z.B. verstärkte Partizipationswünsche der Mitarbeitenden, Individualisierung und Flexibilisierung der Arbeitsbedingungen, ökologische Forderungen), verändertes Kommunikationsverhalten (z.B. Fernsehen, Internet) sowie demographische Trends (z.B. Überalterung, Zunahme ausländischer und weiblicher Arbeitskräfte) werden in Zukunft die Unternehmensführung vermehrt beeinflussen (vgl. Wunderer/

---

1  Vgl. zum Beispiel Wohlgemuth (1989).

Kuhn 1993), was sich auf die Personalarbeit auswirken und die Entwicklung der Produkt-/Markt-Struktur beträchtlich mitprägen wird.

Ökologische Herausforderungen
Wie Umfragen zeigen, steht der Umweltschutz schon seit Mitte der 70er Jahre ganz oben auf der Liste der gesellschaftlichen Anliegen. Politische Aktivitäten und in der Folge entsprechende Gesetze haben in den 80er Jahren dem ökologischen Gedankengut zusätzlich Gewicht verliehen. Dadurch hat sich die ökologische Dimension zu einer weiteren strategischen Herausforderung entwickelt. Die ökologischen Anforderungen stellen für die Unternehmen sowohl Risiken wie auch Chancen dar. Sicher ist, dass ökologisch bewusste Unternehmensführung nicht mehr bloß als Luxus gesehen werden kann, sondern für manche Unternehmen zur Überlebensfrage geworden ist. Ein Verzicht auf Umweltschutz kann langfristig durch ungenutzte Möglichkeiten zur Kosteneinsparung, durch längere Genehmigungsfristen, schärfere Auflagen für neue Stoffe und Verfahren, steigende Kosten der Risikoabsicherung, verringerte Markt- und Absatzchancen sowie Verlust der Attraktivität als Arbeitgeber zu beträchtlichen Mehrkosten führen. (Dyllick 1990, S. 18ff.)

Die Entwicklungen verdeutlichen, dass eine nach innen gerichtete, extrapolierende und auf bloßer Intuition oder auf Zufall («Management by Fingerspitzengefühl») basierende Unternehmensführung das Überleben eines Unternehmens gefährden kann.

In der Praxis werden hingegen strategische Aktivitäten oft den «dringenden» operativen Tätigkeiten untergeordnet. Viele Führungskräfte konzentrieren ihre Aktivitäten eher auf die Einhaltung eines dringenden Liefertermins, anstatt sich Gedanken über potenzielle Konkurrenten zu machen. Wir kennen dieses Verhalten als «Gresham's Law of Planning»: Operativ dringende, aber für die Zukunftssicherung unwichtige Fragen verdrängen strategisch wichtige, aber nicht dringende Entscheidungen. (Simon 1957)

Ferner stehen Führungskräfte vermehrt widersprüchlich gelagerten Bedürfnissen verschiedener Anspruchsgruppen (Stakeholders) gegenüber. Solche «Stakeholders» sind Eigentümer/Aktionäre, Mitarbeiter und Mitarbeiterinnen, Kunden und Kundinnen, aber auch die allgemeine Mitwelt (Natur, Gemeinde, Öffentlichkeit).

## 1.2 Was ist Strategisches Management?

**1.2.1 Strategie**
«Strategie» und «strategisch» sind zu modischen Schlagworten geworden. In der Praxis und auch in der Wirtschaftspresse wird oft alles, was wichtig oder langfristig ist, als «strategisch» bezeichnet. Dieser wahllose, undifferenzierte und unkritische Gebrauch des Strategiebegriffs ist

verwirrend. Er verhindert, dass wir die tatsächlichen strategischen Probleme erkennen und uns auf jene Bereiche konzentrieren können, die nur mit Ansätzen des Strategischen Managements zu lösen sind. (Gälweiler 1990, S. 55)

Die wissenschaftliche Diskussion um ein «strategisches Management» entwickelte sich ab 1960 und wurde in einer ersten Phase wesentlich geprägt durch Beiträge von Chandler (1962), Ansoff (1965) und Andrews (1971). Beratungsunternehmen wie McKinsey, Boston Consulting Group (BCG) und andere ergänzten mit ihren Ansätzen die akademische Fundierung des Feldes und trugen wesentlich zu einer raschen Verbreitung der neuen Ideen bei.

Ein einheitlicher Strategiebegriff hat sich jedoch bis heute weder in der wissenschaftlichen Diskussion noch in der Praxis durchgesetzt. Auch bei der Entwicklung von Konzepten und Instrumenten schlagen die verschiedenen Autoren häufig recht unterschiedliche Wege ein. im Folgenden stellen wir die wichtigsten Ansätze kurz vor.

Der traditionelle Ansatz
Ältere Autoren vertreten ein auf proaktives, langfristig geplantes und **rationales Handeln** ausgerichtetes Verständnis der Unternehmensstrategie. Diese Aspekte bleiben bis heute wichtige Komponenten bei den meisten Strategiedefinitionen. Hier einige Beispiele:

- Strategy is defined as «the determination of the basic long-term goals and objectives of an enterprise.» (Chandler 1962, S. 5)
- «Strategie, als Summe der strategischen Entscheidungen, legt die Entwicklungsrichtungen eines Unternehmens in seiner Umwelt fest, lenkt die Allokation von Ressourcen und trägt zur Integration verschiedener Geschäfts- und Funktionsbereiche bei.» (Wolfrum 1991, S. 15)
- «Basically, a strategy is a set of decision-making rules for guidance of organizational behavior.» (Ansoff/McDonnell 1990, S. 43)

Gemäß Igor Ansoff (1988), einem Pionier der Strategielehre, folgt aus einer Strategie nicht eine unmittelbare Aktion. Die Strategie gibt lediglich die allgemeine Richtung an, die ein Unternehmen einschlagen soll. Sie legt Leitplanken fest, innerhalb derer strategische Projekte zu entwickeln sind. Strategien sind zukunftsgerichtet. Sie basieren auf stark aggregierten, unvollständigen und unsicheren Informationen. Wenn Strategien erfolgreich sein sollen, ist eine periodische Rückmeldung nötig, damit die Strategie oder deren Ziele laufend überdacht werden können.

Der traditionelle Ansatz ist **prozessorientiert**. Nicht der Inhalt der Strategie steht im Vordergrund, sondern die Frage, **wie** man zu einer Strategie kommt.

**Der fähigkeitsorientierte Ansatz**

Etwas anderen Fragen wandte sich die Forschung Anfang der 80er Jahre zu: Welche «Eigenschaften» braucht ein Unternehmen, um erfolgreich zu sein? Was sind die Gründe für Erfolg oder Misserfolg? Welche Eigenschaften haben erfolgreiche Strategien? Michael Porter, Professor an der Harvard Business School, stellte damals fest: «The reason why firms succeed or fail is perhaps the central question in strategy» (Porter 1991, S. 95). Mit dieser Sichtweise begründete er den fähigkeitsorientierten Ansatz. Diesem liegt die Erkenntnis zugrunde, dass der Unternehmenserfolg vorwiegend durch die Branchenattraktivität und die Position des Unternehmens im Markt bestimmt wird. Das Wesen der Unternehmensstrategie besteht im Aufbau spezifischer, der Konkurrenz überlegener, Fähigkeiten. Eine Strategie zielt darauf ab, eine nachhaltig verteidigungsfähige Wettbewerbsposition zu erreichen.

Diesem Ansatz sehr ähnlich ist auch das Konzept der **«strategischen Erfolgsposition» (SEP)** von Pümpin. Typisch für dieses Strategieverständnis ist der «produkt-/marktbezogene, wettbewerbsstrategische Ansatz, bei dem die Wechselbeziehungen Unternehmen – Absatzmarkt – Konkurrenten schwergewichtig untersucht werden» (Pümpin 1992, S. 14). Gleich wie der traditionelle Ansatz sieht er Strategie als Resultat rationalen Verhaltens.

**Der kritische Ansatz von Mintzberg**

Obwohl die planungsgestützte Strategie verbreitet ist und in der Praxis Erfolge aufzuweisen hat, ist sie nicht unwidersprochen geblieben. Vehemente Kritik übt vor allem Henry Mintzberg (1989, 1994), Professor an der McGill Universität in Montreal. Nach Mintzberg sind Strategien – auch erfolgreiche – selten das Resultat rationaler, bewusster Planung. Rational geplante Strategien werden häufig gar nicht realisiert.

Ein oft zitiertes Beispiel ist die Einführung des Kleinmotorrades von Honda auf dem amerikanischen Markt in den frühen 60er Jahren. Geplant war, sich auf die Einführung schwerer Motorräder zu konzentrieren, weil in Amerika der Grundsatz «bigger is better» vorherrschte. Der Verkauf der schweren Motorräder verlief aber so enttäuschend, dass die Geschäftsleitung von Honda mit dem Gedanken spielte, sich aus diesem Geschäft zurückzuziehen. Zur gleichen Zeit sorgten in Los Angeles die Kleinmotorräder für Aufsehen, die leitende Honda-Angestellte privat für ihre Einkäufe benützten. Eines Tages erhielt Honda einen Anruf vom Chefeinkäufer von Sears, Roebuck (eines der größten Warenhäuser der USA), der vorschlug, die kleinen Motorräder einer breiten Kundschaft zu verkaufen. Nach einigem Zögern stieg Honda auf das Geschäft ein. Der Erfolg war überwältigend. Schon 1964 war jedes zweite verkaufte Motorrad ein Honda. (Hill/Jones 1991, S. 8)

Dieses Beispiel zeigt deutlich, dass die ursprünglich geplante Strategie ein Misserfolg war, während die nicht geplante, überraschend aufgetauchte Strategie sich als erfolgreich erwies.

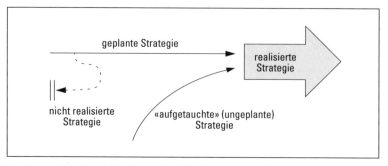

▲ Abbildung 1.2    Geplante und «aufgetauchte» Strategien (Mintzberg 1994, S. 24)

Nach Mintzberg ist eine Strategie also mehr als das, was ein Unternehmen zu tun **plant.** Sie umfasst auch das, was das Unternehmen tatsächlich **macht** (◄ Abbildung 1.2). Deshalb sind in diesem Konzept unternehmerisches Lernen, Flexibilität und Kreativität besonders wichtig.

**Strategie als «Dehnung» und Ressourcennutzung**

Neuere Strategieansätze gehen davon aus, dass der Unternehmenserfolg letztlich nicht vom Markt, sondern von den Ambitionen des Unternehmens und von der kreativen Nutzung der vorhandenen Ressourcen abhängig sei. Erfolgreiche Unternehmen verfolgen Ziele, die sich weit über die vorhandenen Ressourcen und Fähigkeiten hinaus erstrecken. Ihre Strategien enthalten motivierende und emotionale Elemente. Strategien werden dadurch zum Ziel oder zur **strategischen Intention.**

Gary Hamel und C.K. Prahalad haben diese neue Sicht der Strategie geprägt. Für die beiden Autoren ist Strategie vor allem eine Denkweise. «Dieser Strategieauffassung kommt es nicht unbedingt auf eine exakte Übereinstimmung von Zielen und Ressourcen an, sondern eher auf die Formulierung fordernder Ziele, die von den Angestellten verlangen, das scheinbar Unmögliche zu erreichen» (1994, S. 51). Die Autoren untermauern diese These anhand von Beispielen erfolgreicher Unternehmen (unter anderen Honda, Glaxo, CNN, Canon, Sony, Hitachi, British Airways, Compaq). In all diesen Unternehmen stand am Anfang eine strategische Absicht, die weit außerhalb der üblichen Vorstellungen lag. Die Ziele wurden durch einen gezielten Ressourcenaufbau und Ressourceneinsatz (Aufbau von Kernkompetenzen, Ressourcenkonzentration und -akkumulation) erreicht.

**Der «wissensbasierte» Ansatz**

Die zunehmende Umweltdynamik mit häufigen und sprunghaften Änderungen der Technologie, der Kundenwünsche und der Wettbewerbsverhältnisse gefährdet die Nachhaltigkeit strategischer Positionen und die Wirksamkeit der eingesetzten Ressourcen-Kombination. Eine Wettbewerbsposition muss daher durch kontinuierliche Anpassung immer wieder neu gesichert werden. Dies setzt Flexibilität voraus, begründet durch kontinuierliches Lernen und laufende Anpassung der Ressourcen-Konfiguration. Gefordert ist also eine «dynamische Strategie» (Porter 1991, Spender 1996, Brown und Eisenhardt 1998) oder eine **Strategie** verstanden als **«strukturiertes Chaos»**. Grant (1996) hat auf dieser Grundlage einen wissensbasierten Strategieansatz entwickelt, der davon ausgeht, dass insbesondere das in einer Organisation vorhandene individuelle Wissen (tacit knowledge) die Grundlage von Wettbewerbsvorteilen bildet.

**Strategie: ein umfassender Begriff**

Diese Ausführungen verdeutlichen, dass der Strategiebegriff sowohl formale wie inhaltliche und sowohl rationale wie emotionale Aspekte enthalten kann. Wir verwenden deshalb in diesem Buch einen **umfassenden Strategiebegriff,** dessen Kernelemente in ▶ Abbildung 1.3 dargestellt sind.

| Formale Aspekte | Inhaltliche Aspekte |
|---|---|
| ■ sie weist umfassenden Charakter auf<br>■ sie ist langfristig und zukunftsorientiert<br>■ sie stützt sich auf stark aggregierte Informationen<br>■ sie basiert sowohl auf geplantem Handeln als auch auf Flexibilität, Kreativität und unternehmerischem Lernen<br>■ sie enthält rationale, motivierende und emotionale Elemente | ■ sie ist fundamental erfolgsorientiert<br>■ sie ist sowohl extern auf attraktive Tätigkeitsfelder (vor allem Produkte und Märkte) als auch intern auf Fähigkeiten (strategische Erfolgspositionen, Wettbewerbsvorteile) ausgerichtet<br>■ sie schließt sowohl Ziele als auch Maßnahmen und Mittel (Ressourcen) ein |

▲ Abbildung 1.3  Formale und inhaltliche Aspekte einer umfassenden Strategiedefinition (vgl. Rühli 1989, S. 16)

**1.2.2 Strategische Planung**

Die Terminologie zur Beschreibung des Strategieprozesses ist in der Literatur uneinheitlich. Die am meisten gebrauchten Begriffe sind Controlling, Finanzplanung, Langfristplanung, strategische Planung und Strategisches Management. Oft meinen diese verschiedenen Begriffe die gleiche Sache. Um Strategisches Management wirklich zu verstehen, ist jedoch eine differenzierte Betrachtungsweise notwendig. Wir skizzieren deshalb die historische Entwicklung der mit diesen Begriffen umschriebenen Systeme.

**Evolution der Planungssysteme[1]**

Die ersten Planungssysteme entstanden Anfang dieses Jahrhunderts. Wir kennen sie unter den Begriffen **Finanzplanung** oder **Budgetierung** und **Controlling.** Sie zielten darauf ab, die verschiedenen Unternehmensakti-

---

1 Vgl. u. a. Aaker (1992), Ansoff/McDonnell (1990) und Hax/Majluf (1991).

vitäten besser zu koordinieren und mittels Jahresbudgets Schwerpunkte zu setzen. Abweichungen vom Plan wurden genau analysiert und daraus Maßnahmen abgeleitet. Budgetierung und Controlling sind auch heute noch nützliche und notwendige Führungsinstrumente. Klare finanzielle Vorgaben an Abteilungen oder Divisionen ermöglichen es, bei Abweichungen die zuständigen Führungskräfte zur Verantwortung zu ziehen.

Beide Systeme sind jedoch vergangenheitsorientiert. Konsequenzen können erst gezogen werden, nachdem eine Abweichung festgestellt worden ist. Die Systeme gehen von einem stabilen Umfeld aus und beruhen auf der Annahme, dass sich die Vergangenheit in der Zukunft wiederholen wird. Werden ausschließlich Budgetierungs- und Controllingsysteme eingesetzt, besteht somit die Gefahr der Kurzsichtigkeit. Die Konzentration auf kurzfristige Budget- und Rentabilitätsvorgaben verhindert eine langfristige Unternehmensentwicklung.

Nach dem 2. Weltkrieg wollten die Unternehmen von den vielen Wachstumschancen profitieren. Deshalb führten viele zusätzlich zur Finanzplanung die **Langfristplanung** ein. Sie basierte auf der Annahme, dass die Zukunft durch Extrapolation der historischen Trends prognostizierbar ist. Dies wiederum führte zur Mutmaßung, dass bisherige Erfolgsstrategien auch in Zukunft die gewünschte Wirkung erzielen werden. Hochgesteckte Ziele sollten die Erfolgsrechnung jährlich verbessern. Aus den mehrjährigen Umsatzprognosen wurden die Produktions-, Marketing-, Personal- und alle anderen Funktionspläne abgeleitet. Da die Ausnutzung dieser Trends oft auch Kapazitätserweiterungen erforderte, erstreckte sich der Planungshorizont normalerweise auf etwa drei bis fünf Jahre.

Die Langfristplanung ist ein wertvolles Instrument für Unternehmen, die in einem Wachstumsmarkt mit gut voraussagbaren Trends und geringer Rivalität unter den Wettbewerbern tätig sind. Diese Bedingungen treffen jedoch heute nicht mehr oft zu. In einem Markt mit wechselnden Rahmenbedingungen oder mit einer hohen Wettbewerbsintensität stößt die Langfristplanung rasch an ihre Grenzen. Unter solchen Umständen müssen die dem Markt zugrundeliegenden ökonomischen, technologischen, demographischen, und sozialpsychologischen Faktoren untersucht und in die Planung einbezogen werden. Wird dies unterlassen, ist das Resultat oft eine «blinde» und zu optimistische Umsatzprognose. Liegen die tatsächlichen Ergebnisse unter den Erwartungen, so kann dies für die verantwortlichen Führungskräfte sehr unbefriedigend sein, denn die Langfristplanung hilft ihnen nicht, die Ursachen dieser Abweichungen festzustellen und zu verstehen.

Als in den 60er und 70er Jahren die Grenzen der Langfristplanung immer offensichtlicher wurden, führten viele Unternehmen die **strategi-**

**sche Planung** ein. Eine zunehmend unsichere Zukunft, stagnierende Märkte und drastische Diskontinuitäten (z. B. Technologieschübe, neue internationale Konkurrenz) zwangen die Unternehmen zu einer vorwärtsgerichteten Umweltorientierung. Die Zukunft konnte nicht mehr einfach als bruchlose Fortsetzung der Vergangenheit betrachtet werden. Die zunehmende Diversifizierung hat ebenfalls zur Verbreitung der strategischen Planung beigetragen, da den unterschiedlichen Entwicklungsaussichten der verschiedenen Sparten Rechnung getragen werden musste.

Die strategische Planung hat zum Ziel, zukünftige Trendbrüche und/oder neue Trends und Ereignisse vorauszusehen, um frühzeitig geeignete Strategien zu formulieren und umzusetzen. Sie soll gewährleisten, dass die Ziele des Unternehmens trotz Komplexität und Ungewissheit erreicht werden können.

Ursprünglich bedienten sich viele Unternehmen der strategischen Planung, um Diversifikationsstrategien zu formulieren. Auf diese Weise versuchten sie die Probleme zu «externalisieren», statt mit neuen Strategien auf die Veränderungen in den angestammten Geschäftsfeldern zu reagieren. Sie konzentrierten sich dabei auf solche Geschäfte, die es ermöglichten, die historischen Stärken des Unternehmens auszunützen. Die Stärken/Schwächen-Analyse wurde dadurch zu einem integralen Bestandteil der strategischen Planung.

Ein Beharren auf bisherigen Stärken schränkte aber die strategischen Optionen immer mehr ein, wie die Erfahrungen vieler Unternehmen in den 70er Jahren zeigte. Es wurde zunehmend schwierig, geeignete Diversifikationsmöglichkeiten zu finden. Die Konzentration auf vorhandene Stärken in den angestammten Geschäften führte oft dazu, dass diese zu Schwächen wurden. Es gibt mehrere Beispiele von ehemals erfolgreichen Unternehmen mit einer starken Produktionsausrichtung (an sich eine Stärke), welche die notwendige Umorientierung auf die Marktbedürfnisse verpassten und dadurch in große Schwierigkeiten gerieten.

Als Antwort auf diese Unzulänglichkeiten gingen Unternehmen dazu über, interne Fähigkeiten aufzubauen und in die strategische Planung zu integrieren. Dabei überprüften sie kritisch die bisherigen Stärken auf ihre zukünftige Tauglichkeit. Eine moderne **strategische Planung beantwortet** somit grundsätzlich folgende Fragen:

- In welchen Geschäftsfeldern sind wir heute tätig?
- Wie entwickelt sich das Umfeld dieser Geschäftsfelder?
- Falls das Umfeld auch in Zukunft attraktiv sein wird: sind unsere Produkte oder Dienstleistungen und unsere heutigen Fähigkeiten geeignet, in diesem Umfeld in Zukunft erfolgreich zu sein? (Falls ja:

Strategie und Fähigkeiten beibehalten; falls nein: Strategie und/oder Fähigkeiten ändern.)

- Falls das Umfeld in Zukunft unattraktiv wird: welche neuen Betätigungsfelder ermöglichen uns, unsere Ziele zu erreichen? (Austritt aus unattraktiven Geschäften und Diversifikation in neue Gebiete.)
- Besitzen wir Fähigkeiten, die wir in den bisherigen Geschäftsfeldern noch nicht eingesetzt haben oder die Möglichkeiten zur Erschließung neuer Geschäftsfelder bieten?

Diese Fragen decken sowohl die externe (marktorientierte) wie auch die interne (ressourcenorientierte) Sicht ab.

Das Resultat der strategischen Planung ist in vielen Fällen ein strategischer Plan, der die zukünftige Entwicklungsrichtung explizit festhält. Es gibt aber auch Unternehmen, die ihre Strategie nicht schriftlich fixieren, obwohl sie die gleichen strategischen Schlüsselfragen gestellt haben. In diesen Fällen existiert die Strategie nur in Form einer gemeinsamen Absicht oder einer übereinstimmenden Meinung innerhalb des Managements. Vor allem für Klein- und Mittelunternehmen (KMU) eignet sich diese Form der strategischen Planung auch heute noch. Sie ist aber nicht zu verwechseln mit dem «Management by Fingerspitzengefühl», wo Planung durch bloße Intuition ersetzt wird. Die strategischen Pläne von Klein- und Mittelbetrieben – unabhängig davon, ob sie schriftlich fixiert wurden oder nicht – weisen oft einen höheren Praxiswert auf als jene von Großbetrieben. Dies obwohl Klein- und Mittelbetriebe normalerweise nicht auf ausgereifte Systeme, wie sie in Großbetrieben anzutreffen sind, zurückgreifen können. Dies lässt sich auf die Tatsache zurückführen, dass bei Klein- und Mittelunternehmen die Planung durch die Linienchefs erfolgt, was in Großunternehmen nicht immer der Fall ist. Es deutet auch darauf hin, dass **der Prozess** der Strategischen Planung mindestens **ebenso wichtig ist wie das Ergebnis**. In gewisser Weise ist also bei der Strategischen Planung der Weg das Ziel. Diskussionen und Auseinandersetzungen sind wichtiger als die strategischen Papiere, die häufig genug in Schubladen verschwinden. Oder wie es einst US-Präsident Dwight Eisenhower ausdrückte: «Plans are nothing, planning is everything.»

Zusammenfassend kann die strategische Planung mit folgenden Merkmalen umschrieben werden (vgl. Link 1985, S. 13 ff.):

- Sie bezieht **interne** und **externe Parameter** mit ein.
- Sie berücksichtigt neben der **Zeitorientierung** (lang-, mittel-, kurzfristige Planung) auch die **Problemorientierung**.
- Sie stützt sich auf **externe** und **interne Erfolgspotenziale**.
- Sie hat **bereichsübergreifenden Charakter**.

- Sie hat es mit **ungeordneten** und **multidimensionalen Problemstellungen** zu tun.
- Sie basiert auf einer **unvollständigen, unsicheren** und **unbestimmten Informationsbasis.**

**1.2.3 Strategisches Management[1]**

Trotz der offensichtlichen Vorteile der strategischen Planung gegenüber der Langfristplanung machten viele Unternehmen schlechte Erfahrungen mit diesem neuen Planungssystem. Gute und erfolgversprechende Strategien wurden ungenügend oder gar nicht umgesetzt. Dafür gab es mehrere Gründe:

1. Die strategische Planung wurde zur mechanistischen und übermäßig formalisierten «Sandkastenübung». Die Folge war eine «Paralyse durch Analyse». Die Ergebnisse der Planungsaktivitäten wurden Makulatur und verstaubten in den Schubladen.
2. Die strategische Planung verkam zur reinen Stabsübung, da die verantwortlichen Linienvorgesetzten gar nicht oder in ungenügendem Maße in die Planung einbezogen wurden. Damit fehlte der Planung erstens das ausgereifte Urteil von erfahrenen Führungskräften, und zweitens waren die von der Planung ausgeschlossenen Führungskräfte kaum motiviert, Veränderungen zu akzeptieren. Nur wer an der Planung teilnimmt, kann sich in der Analysephase selbst von der Notwendigkeit der Veränderungen überzeugen.
3. Die strategische Planung wurde vollständig an die verschiedenen Geschäftseinheiten delegiert. Den verantwortlichen Führungskräften fiel es – trotz offensichtlicher Bedrohungen – aus kulturellen oder politischen Gründen oft schwer, die Konsequenzen zu ziehen und ihre Geschäftseinheiten neu zu positionieren.

**Von der strategischen Planung zum Strategischen Management**

Aufgrund dieser Einsichten wurde die strategische Planung in den 80er Jahren zu einem umfassenden Konzept, zum Strategischen Management, weiterentwickelt. **Strategisches Management** enthält neben dem logisch-rationalen Teil der strategischen Planung folgende zusätzlichen Elemente:

- Eine **unternehmerische Vision** wird entwickelt und in einem Leitbild verankert.
- Unternehmensweites, nach außen gerichtetes **strategisches Denken** wird gefördert.
- Die für die Umsetzung der Strategie **verantwortlichen Führungskräfte** sind an der Formulierung der Strategie **mitbeteiligt.**

---

1 Vgl. Ansoff/McDonnell (1990), Hinterhuber (1989a), Rühli (1989).

- Die für die Formulierung und Umsetzung notwendigen **organisatorischen Fähigkeiten** (z. B. Managementsysteme, Unternehmensstruktur, funktionale Fähigkeiten) werden entwickelt.
- Die **Unternehmenskultur** wird so beeinflusst, dass sie mit der geplanten Strategie übereinstimmt.
- Im Unternehmen wird ein Kontext geschaffen (z. B. durch zeitliche Freiräume für innovative Initiativen oder durch regelmäßige unternehmensweite Strategiedialoge), der auch ungeplant auftauchende (evolutionäre) Strategien ermöglicht und diese in der Geschäftsleitung frühzeitig thematisiert.
- Ein **systematisches Management des Wandels** (Management of Change) unterstützt die **Bewältigung von Transformationsprozessen.**
- Es werden systematische **Instrumente zur Umsetzung und Kontrolle** der Strategie eingesetzt (z. B. Balanced Scorecard).

**Abgrenzung zum operativen Management**

Die traditionelle Sichtweise unterscheidet strategisches und operatives Management meistens aufgrund des Zeithorizonts, der Wichtigkeit und des Detaillierungsgrades der Entscheide. «Strategisch» bezieht sich dabei auf grundlegende, langfristige, die Gesamtsteuerung des Unternehmens betreffende Entscheide. «Operativ» oder «taktisch» hingegen bezeichnet vorwiegend mittel- oder kurzfristige Umsetzungsmaßnahmen (▶ Abbildung 1.4). Oft dient das Militär als Analogie. Die Aufgaben der Landesregierung werden als «strategisch», jene der Armee als «operativ» und jene der Truppeneinheiten als «taktisch» bezeichnet.[1]

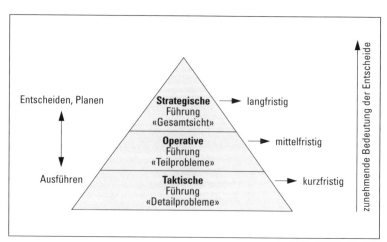

▲ Abbildung 1.4    Traditionelle Sicht der Unternehmensführung

---

1  Rühli (1989) S. 20; vgl. auch Andrews (1980) und Steiner (1969).

Diese Unterscheidung ist in mehrfacher Hinsicht problematisch. Sie hat unter anderem zum «Häuptling-Indianer-Syndrom» geführt. Die «Häuptlinge» an der Unternehmensspitze entscheiden, und die «Indianer» in den unteren Etagen führen die Entscheide aus. Außerdem ist «tatsächlich nicht viel geholfen, wenn man alle für die Zukunft eines Unternehmens wichtigen Entscheidungen einfach strategisch nennt, oder wenn man diejenigen strategisch nennt, die eindeutig mit langfristigen Wirkungen verbunden sind. Das ist zu wenig. Auch das Nichtstun hat häufig langfristige Wirkungen. Es deshalb unter ‹strategisch› einzureihen, ist offensichtlich sinnlos.» (Gälweiler 1990, S. 56)

Ansoff, der ursprünglich das Konzept des Strategischen Managements in die Literatur eingeführt hat, vertritt eine differenzierte Auffassung der Unternehmensführung. Nach ihm ist die Unternehmensleitung für operative und strategische Aktivitäten verantwortlich.

Bei den **operativen Aktivitäten** geht es darum, die Beziehungen zwischen dem Unternehmen und seiner Umwelt bestmöglich auszunützen, indem Produkte oder Dienstleistungen so effizient wie möglich erbracht und vermarktet werden (vgl. ▶ Abbildung 1.5). Operative Aktivitäten zielen somit auf den **kurzfristigen Erfolg** ab (Gewinn, Liquidität).

Um kurzfristige Erfolge realisieren zu können, muss ein Unternehmen **Erfolgspotenziale** besitzen, also bestimmte produkt- und marktspezifische Voraussetzungen erfüllen. Für die meisten Unternehmen besteht das wichtigste Erfolgspotenzial aus einer Kombination folgender vier Faktoren:

1. aus **Produkten oder Dienstleistungen,** für die ein **Bedürfnis** besteht bzw. geschaffen werden kann;
2. aus der **Fähigkeit** und **Kapazität,** die Produkte oder Dienstleistungen kosten- und qualitätsgerecht zur Verfügung zu stellen;
3. aus einem genügend großen **Marktpotenzial** in einem aufnahmefähigen Markt;
4. aus einer genügend starken **Marktposition,** die sich zum Beispiel im Marktanteil, im Image und in den vorhandenen Vertriebskanälen niederschlägt.

Das Wort «Erfolgspotenzial» deutet darauf hin, dass sich der Erfolg nicht automatisch einstellt, wenn diese Erfolgsvoraussetzungen vorhanden sind. Erst die operativen Tätigkeiten verwandeln durch eine effiziente Produktion und Vermarktung die Erfolgspotenziale in tatsächliche Erfolge.

Die meisten Erfolgspotenziale sind einem Lebenszyklus unterworfen. Technische Änderungen, Substitutionseffekte und Verschiebungen im Nachfrageverhalten können bisherige Erfolgspotenziale vernichten.

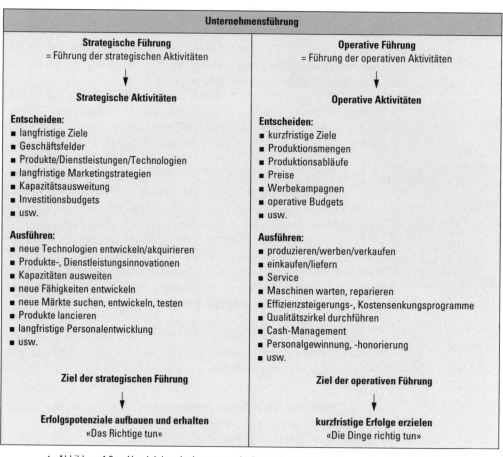

**Unternehmensführung**

| **Strategische Führung** = Führung der strategischen Aktivitäten | **Operative Führung** = Führung der operativen Aktivitäten |

**Strategische Aktivitäten**

**Entscheiden:**
- langfristige Ziele
- Geschäftsfelder
- Produkte/Dienstleistungen/Technologien
- langfristige Marketingstrategien
- Kapazitätsausweitung
- Investitionsbudgets
- usw.

**Ausführen:**
- neue Technologien entwickeln/akquirieren
- Produkte-, Dienstleistungsinnovationen
- Kapazitäten ausweiten
- neue Fähigkeiten entwickeln
- neue Märkte suchen, entwickeln, testen
- Produkte lancieren
- langfristige Personalentwicklung
- usw.

**Ziel der strategischen Führung**

**Erfolgspotenziale aufbauen und erhalten**
«Das Richtige tun»

**Operative Aktivitäten**

**Entscheiden:**
- kurzfristige Ziele
- Produktionsmengen
- Produktionsabläufe
- Preise
- Werbekampagnen
- operative Budgets
- usw.

**Ausführen:**
- produzieren/werben/verkaufen
- einkaufen/liefern
- Service
- Maschinen warten, reparieren
- Effizienzsteigerungs-, Kostensenkungsprogramme
- Qualitätszirkel durchführen
- Cash-Management
- Personalgewinnung, -honorierung
- usw.

**Ziel der operativen Führung**

**kurzfristige Erfolge erzielen**
«Die Dinge richtig tun»

▲ Abbildung 1.5    Vergleich zwischen strategischer und operativer Führung (nach Ansoff 1991)

Es genügt somit nicht, ausschließlich bestehende Erfolgspotenziale zu erhalten und zu pflegen (durch periodische Produktverbesserung, Ausbau bestehender Produktionskapazitäten usw.). Damit das Unternehmen auch langfristig Erfolge erzielen kann, muss es mittels Innovationen, Aufbau neuer Märkte, Diversifikationen usw. neue Erfolgspotenziale erschließen. Diese neuen Lösungsvarianten können bisherige Erfolgspotenziale ersetzen oder zusätzliche begründen. Der Aufbau neuer Erfolgspotenziale, wie etwa die Entwicklung eines neuen Produktes zur Ausschöpfung eines bisher unbearbeiteten Marktes, erfordert in der Regel viel Zeit. **Hauptziele** der **strategischen Aktivitäten** des Unternehmens sind somit:

1. der **Erhalt bestehender** sowie
2. der **Aufbau neuer Erfolgspotenziale** (vgl. ◄ Abbildung 1.5).

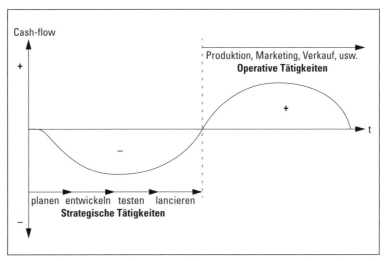

▲ Abbildung 1.6    Auswirkungen von strategischen und operativen Tätigkeiten auf den Cash-flow
(nach Ansoff/McDonnel 1990)

Wie ◄ Abbildung 1.6 verdeutlicht, können strategische Aktivitäten den
kurzfristigen Erfolg negativ beeinträchtigen. Die anfänglichen Investitionen (z. B. bei der Entwicklung eines neuen Produkts) führen zunächst
zu einem negativen Cash-flow. Erst wenn das neue Produkt serienmäßig
produziert und verkauft werden kann, stellen sich positive Geldströme
ein. Natürlich versuchen wir, das Verhältnis zwischen positivem und
negativem Cash-flow so günstig wie möglich zu gestalten.

Im deutschsprachigen Raum hat vor allem Gälweiler auf die Wechselbeziehungen zwischen strategischer und operativer Führung hingewiesen (Gälweiler 1990, S. 23 ff., 56, 76):

- Die strategische Führung ist der operativen Führung stets vorgelagert
  und schafft die notwendigen Bewegungsspielräume für die operative
  Führung.
- Strategische Anpassungen, die erst als Reaktion auf (negative) finanzielle Auswirkungen erfolgen, kommen zu spät.
- Strategisches Denken, Entscheiden und Handeln verzichtet auf kurzfristige Erfolge zugunsten zukünftiger Vorteile.
- Falsches operatives Verhalten kann zu Verlusten führen, die ihrerseits
  den Aufbau von Erfolgspotenzialen gefährden.
- Auch bei steigenden Gewinnen sind rückläufige oder schwindende
  Erfolgspotenziale eine frühe Vorwarnung für spätere Erfolgseinbußen.
- Erfolgspotenziale und Erfolg können sich somit in entgegengesetzter
  Richtung bewegen. Operative und strategische Führung sind demnach
  zwei eigenständige Aufgaben.

Diesem Buch legen wir einen Begriff des Strategischen Managements zugrunde, der sich weitgehend mit den oben skizzierten Auffassungen von Ansoff und Gälweiler deckt. Die Unterscheidung der zwei Führungsdimensionen erscheint uns aus praktischen und aus pädagogischen Gründen wichtig, auch wenn wir wissen, dass sie in der Praxis nicht immer problemlos möglich ist. Sie verdeutlicht die Wechselbeziehungen zwischen den beiden Dimensionen und ihre jeweiligen Auswirkungen auf den Unternehmenserfolg.

Wer diese Wechselbeziehung zwischen strategischer und operativer Führung nicht beachtet, läuft Gefahr, zugunsten kurzfristiger Erfolgsverbesserung langfristig wichtige Erfolgspotenziale aufs Spiel zu setzen.

Dieses «nicht-strategisch orientierte Verhalten» richtet sich nach den kurzlebigen Vor- und Nachteilen des Augenblicks statt nach übergeordneten Zielen. Grund für dieses Verhalten kann neben Bequemlichkeit, Unwissen und Unvermögen v.a. auch der zunehmende Druck der Finanzmärkte zur kurzfristigen Aktienperformance sein. Das Ergebnis ist ein stetes «Vor-sich-hin-Entscheiden», was langfristig fatale Folgen für das Unternehmen haben kann.

**Ganzheitliches Management statt nur Marketingmanagement**

In der Marketingliteratur finden wir ebenfalls häufig Aspekte der strategischen Planung. Oft spricht man von **strategischem Marketing.** Sowohl das Strategische Management wie auch das (strategische) Marketing sind umweltgesteuert. Während sich aber das Marketing vorwiegend an den Kundenbedürfnissen orientiert und das Unternehmen vom Absatzmarkt her führt, ist beim Strategischen Management die Umweltorientierung umfassender: wirtschaftliche, technologische, ökologische, sozialpsychologische, demographische, politische und rechtliche Aspekte werden gleichermaßen berücksichtigt. Die unternehmensinternen Konsequenzen gehen damit weit über das Bereitstellen von Produkten oder Dienstleistungen hinaus. Organisatorische, technische und kulturelle Aspekte spielen mindestens eine gleichwertige Rolle. Die eingeschränkte Betrachtung aus einer (kurzfristigen) Marketingperspektive ist nicht mehr ausreichend, da die Vernetzung der Unternehmensbereiche immer wichtiger wird.

Wir stellen in diesem Buch eine integrative Methode des Strategischen Managements dar. Daneben gibt es in der Literatur – ausgehend von der systemorientierten Managementlehre – eine Vielzahl gedanklicher Bezugsrahmen zur Förderung einer ganzheitlichen Denkweise. Das neue St. Galler Managementkonzept ist dabei wohl eines der prominentesten (vgl. Bleicher 1992).

**1.2.4
Strategisches
Management als
dynamisch-flexibles
Konzept**

Die Planungsphase innerhalb der jährlichen strategischen Planung dauert üblicherweise mehrere Monate. Sie dient als Basis für die anschließenden operativen Jahrespläne und -budgets. Wenn das Verfahren der strategischen Planung formalisiert und im Aufgabenbereich der Führungskräfte verankert ist, zwingt es «die vom operativen Tagesgeschäft Geplagten», sich Zeit einzuräumen, um strategische Schlüsselfragen zu stellen und zu beantworten. Beim periodischen Planungsprozess wird jedoch das Unternehmen nicht auf strategische Probleme oder Überraschungen (z.B. technologische Durchbrüche, Umweltkatastrophen, Boykotte, politische Ereignisse, Börsenschwankungen, eskalierende Handelskriege zwischen Nationen) vorbereitet, die sich kurzfristig während des Jahres einstellen. Für Unternehmen, die mit solchen Entwicklungen rechnen müssen, kann eine starre, nur auf dem jährlichen Planungszyklus basierende strategische Positionierung, verheerende Folgen haben. Solche Unternehmen müssen die periodische (jährliche) Planung durch «Real-time-Systeme» vervollständigen, die eine frühzeitige Reaktion ermöglichen.

Ansoff hat schon 1976 mit der Entwicklung solcher «Real-time-Systeme» auf die Kritik an starren Planungssystemen reagiert. Solche Systeme (z.B. Issue Management, Weak Signal Management, Krisenmanagement) ermöglichen eine flexible, der Umwelt angepasste Planung, ersetzen aber die periodische Strategieplanung nicht, sondern vervollständigen sie.

**Strategic Issue
Management[1]**

Strategic Issue Management (SIM) ist auf die schnelle und flexible Reaktionsfähigkeit des Unternehmens gerichtet. Ein «Issue» ist ein relevantes (zukünftiges) Ereignis, von dem noch nicht bekannt ist, ob es sich als Chance oder als Bedrohung auswirkt. Die oberste Geschäftsleitung ist für das SIM verantwortlich. Sie bietet Gewähr für eine rasche Reaktion ohne hierarchie- oder ressourcenbedingte Verzögerungen. Strategic Issue Management besteht aus folgenden Schritten (▶ Abbildung 1.7):

1. Eine Gruppe von Stabs- und Linienmitarbeitern erhält den Auftrag, in ihrem Verantwortungs- oder Fachbereich wichtige Umwelttrends und interne Entwicklungen oder Ereignisse (vor allem bei dezentralisierten Großunternehmen) festzustellen und die Unternehmensleitung entsprechend zu informieren.
2. Die Unternehmensleitung (in Klein- und Mittelunternehmen wird es meist die gleiche Gruppe wie im ersten Schritt sein) beurteilt die möglichen Folgen und die Dringlichkeit der Reaktion. Letztere ist eine Funktion der verbleibenden Zeit, um die Gefahr abzuwenden

---

1 Ansoff/McDonnell (1990) S. 371 ff.

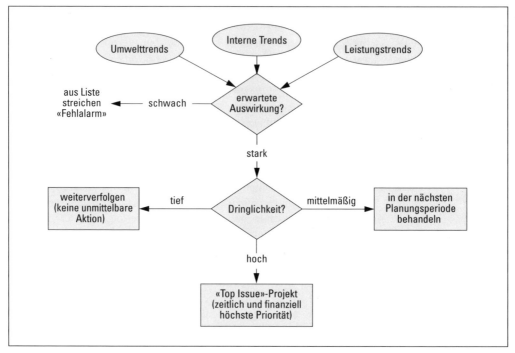

▲ Abbildung 1.7    Strategic Issue Management (vgl. Ansoff/McDonnell 1990)

oder die Chance wirkungsvoll zu nützen, und der Zeit, die für eine erfolgreiche Reaktion nötig ist.

3. Nach der Beurteilung werden die «Issues» in vier Kategorien eingeteilt:

- Unwichtige Entwicklungen werden für das Unternehmen nicht weiterverfolgt («Fehlalarm»).
- Wichtige Entwicklungen, die keine dringende Reaktion erfordern, werden weiter beobachtet.
- Wichtige Entwicklungen mit mittlerer Dringlichkeit werden in der nächsten periodischen Planung eingehend behandelt.
- Für wichtige Entwicklungen, die eine dringende Reaktion erfordern, wird sofort ein Issue-Projekt gestartet, das Aufgaben und Verantwortlichkeiten kurzfristig festlegt und terminiert.

IBM lieferte zu Beginn der 80er Jahre ein gutes Beispiel für ein Issue-Projekt. Der blaue Riese fühlte sich damals durch Apples Einführung des Personal Computers in seinem angestammten Bereich bedroht. Als Antwort darauf stellte IBM innerhalb eines Monats ein Projektteam mit Spitzenfachleuten verschiedener Funktionsbereiche zusammen, versah es mit beinahe unbegrenzten Ressourcen und erteilte ihm den Auftrag, einen eigenen PC zu entwickeln. Bereits 18 Monate später kam «Big Blue» mit dem IBM-PC auf den Markt.

Mit «Real-time-Systemen» können drohende Gefahren frühzeitig erkannt und durch rechtzeitiges Handeln in Chancen umgewandelt werden. Zum Beispiel konnte ein mittelständisches Chemieunternehmen einen entscheidenden Wettbewerbsvorteil aufbauen, weil es frühzeitig auf einen wichtigen, gesetzlich noch erlaubten, aber ökologisch problematischen Wirkstoff verzichtete und vier Jahre lang drastische Umsatzeinbußen in Kauf nahm. Das Unternehmen nützte die Zeit bis zur gesetzlichen Einschränkung des Stoffes, um einen ökologisch einwandfreien Wirkstoff zu entwickeln (vgl. Lombriser 1994). Als die Verwendung des umweltschädigenden Stoffes verboten wurde, war es seinen Konkurrenten um Jahre voraus und baute eine überragende Marktstellung auf.

**Weak Signal Management**

Die meisten Diskontinuitäten kündigen sich schon relativ früh durch schwache Signale an. Schwache Signale («weak signals») sind vage, kaum quantifizierbare neuartige «Informationsrudimente, die sich erst nach und nach durch weitere – oft auch widersprüchliche Signale – verdichten und, falls die ersten Vermutungen nicht grundlos waren, auch konkretisieren.» (Krystek/Müller-Stewens 1993, S. 166) Oft ist zunächst nicht einmal klar, ob das schwache Signal eine Chance oder eine Bedrohung ankündigt; es besteht nur das Gefühl, dass eine wichtige Diskontinuität bevorsteht. Der Empfänger schwacher Signale ist zuerst einer großen Ungewissheit (Ignoranz) ausgesetzt. ▶ Abbildung 1.8 zeigt

| | schwach ◀────────── **Stärke des Signals** ──────────▶ stark | | | | |
|---|---|---|---|---|---|
| **Informations-inhalt** | Überzeugung, dass Diskontinuität bevorsteht. | Quelle der Bedrohung/ Chance identifiziert. | Merkmale der Bedrohung/ Chance und Art der Wirkung bekannt. | Reaktions-möglichkeiten (Aktionen, Programme) bekannt. | Konsequenzen der Reaktionen auf Ertragslage sind absehbar oder schon spürbar. |
| **Beispiel:** Entwicklung des Transistors | Gefühl, dass die Entwicklung in der Physik ein großes Potenzial für die Elektronikindustrie darstellt. | Festkörper-Physik als Quelle für Bedrohungen/ Chancen erkannt. | Erfindung des Transistors, der die Verbindung der Theorie zur Praxis herstellt. | Einige aggressive Firmen investieren in die neue Technologie; Nachfrage nach Transistoren ist feststellbar. | Firmen mit neuer Technologie machen Gewinne; jene, die immer noch Vakuumröhren produzieren, machen Verluste. |
| | ca. 1940 | ca. 1945 | 1948 | ca. 1950–1955 | ab ca. 1955 |

▲ Abbildung 1.8    Entwicklungsverlauf eines schwachen Signals (vgl. Ansoff/McDonnell 1990)

die Entwicklungsphasen von einem schwachen zu einem starken Signal. Mit zunehmendem Informationsgehalt nimmt die Ungewissheit (Ignoranz) ab.

Die Logik beim Weak Signal Management ist dieselbe wie beim Strategic Issue Management. Wir können Weak Signal Management als **Ergänzung des SIM** betrachten. Während jedoch das Strategic Issue Management vorwiegend auf starke Signale ausgerichtet ist, greift das Weak Signal Management zusätzlich potenziell wichtige aber noch vage (also schwache) Signale «real time» auf. Dies ist vor allem für Unternehmen in sehr dynamischen Umfeldern wichtig, da es ihnen ermöglicht, frühzeitig Reaktionsstrategien zu entwickeln. Würden sie bei wichtigen schnellen Entwicklungen warten, bis die Signale stark geworden sind (z. B. bis die Konkurrenz schon Produkte verkauft, die auf einer neuen Technologie basieren), hätten sie nicht mehr genügend Zeit, die negativen Auswirkungen zu verhindern.

Zur Erhöhung der Reaktionsbereitschaft bieten sich je nach Ungewissheit verschiedene Strategien an (▶ Abbildung 1.9). Durch vorbereitende Maßnahmen (Erhöhung der internen/externen Flexibilität und Aufmerksamkeit) kann schon zu einem Zeitpunkt, wo die Auswirkungen noch unklar sind, die Reaktionszeit wesentlich verkürzt werden.

Schwache Signale liefern strategische Informationen über zukünftige Wettbewerbsvorteile. Frühzeitiges Handeln – auch wenn man sich zunächst vielleicht nur schrittweise «vorantastet» – erfordert vom Unternehmen Bereitschaft zum Risiko. Das Beispiel in ◀ Abbildung 1.8 macht jedoch eines deutlich: Unternehmen, die erst reagieren, wenn die Signale stark werden (im Extremfall erst, wenn sich die Entwicklung negativ in der Erfolgsrechnung auswirkt), gehen oft ein noch höheres Risiko ein. Je länger sie auf konkrete Informationen warten, desto mehr Handlungsspielraum verschenken sie. Oft verbleiben dann nur noch reine Anpassungsstrategien. Erschwerend kommt hinzu, dass die Entwicklung vom schwachen zum starken Signal heute viel schneller verläuft als früher (z. B. beim Transistor).

Weak Signal Management bildet somit zusammen mit dem Strategic Issue Management ein **organisatorisches Frühaufklärungssystem,** das dazu dient, laufend schwache Signale zu identifizieren, zu beobachten und zu handhaben.

Krisenmanagement[1]    Strategic Issue Management und Weak Signal Management können helfen, auf Diskontinuitäten frühzeitig zu reagieren. Trotzdem ist es möglich, dass Diskontinuitäten übersehen werden oder Überraschungen auftreten, die eine Krisensituation im Unternehmen auslösen. Dazu gibt es

---

1  Vgl. Ansoff/McDonnell (1990).

| Reaktions-strategien / Reaktions-gebiet | Direkte Reaktion | Flexibilität | Aufmerksamkeit |
|---|---|---|---|
| Beziehung zur Umwelt | Externe Aktion (strategische Planung und Durchführung) | Externe Flexibilität | Beobachtung der Umwelt |
| | z.B. Eintritt in neue Märkte; Risikoverteilung mit anderen Unternehmen, Sicherung knapper Ressourcen; Desinvestitionen; Rückzug aus bedrohten Gebieten. | z.B. Balance der Lebenszyklen; Machtbalance; Diversifikation der ökonomischen, technologischen, sozialen, politischen Diskontinuitäten (Risikostreuung); Langzeitkontrakte. | z.B. Prognosen der wirtschaftlichen Entwicklung, des Absatzes, der strukturellen/technologischen/sozialen/politischen Entwicklung; Szenariomodelle der Umgebung. |
| Interne Fähigkeiten | Interne Bereitschaft (Kontingenzplanung) | Interne Flexibilität | Selbstbeobachtung |
| | z.B. Eventualpläne; Erwerb von Technologien, Wissen, Fähigkeiten, Ressourcen; Anpassung der Strukturen und Systeme. | z.B. Zukunftsorientierung, Problemlösungsfähigkeit; Risiko- und Wandlungsbereitschaft; Diversifikation und Liquidität von Ressourcen. | z.B. Leistungsanalyse, Ermittlung der Stärken und Schwächen; Kritikinstanzen für Stand und Entwicklung aller Ressourcen; Assessment der Wandlungs- und Innovationsfähigkeit. |

tief        **Ungewissheit** (Ignoranz)        hoch

▲ Abbildung 1.9    Alternative Reaktionsstrategien je nach Ungewissheit (vgl. Ansoff/McDonnell 1990, S. 383 ff. und Krystek/Müller-Stewens 1993, S. 168)

viele Beispiele, wie etwa die Umweltkatastrophe nach dem Unfall eines Exxon-Tankers, der Verkauf von giftigen Tylenol-Tabletten in amerikanischen Drogerien Anfang der 80er Jahre oder die Bombendrohungen gegenüber IKEA-Verkaufsläden in Holland.

Solche Krisen stellen ein Unternehmen gleichzeitig vor mehrere Probleme. Es muss zunächst innerhalb kurzer Zeit Informationen sammeln, um die Reaktion auf die neue Situation vorzubereiten. Diese Informationen sind oft widersprüchlich oder können zu einem Informationsüberfluss führen. Ferner kann der Überraschungseffekt der Krise eine Panik auslösen, mit der Gefahr, dass dezentrale und unkoordinierte Initiativen das Unternehmen in verschiedene Richtungen «auseinanderziehen» und damit die kritische Situation noch verschärfen. Schließlich besteht die Gefahr, dass unter solchen Umständen das Tagesgeschäft vernachlässigt wird.

Ein Unternehmen kann sich organisatorisch auf solche Krisen vorbereiten und mit folgenden **Maßnahmen** eine rasche und wirkungsvolle
Reaktion gewährleisten:

- **Aufbau eines Krisen-Kommunikationsnetzes** sowie eines Zentrums für
  die Evaluation und Verbreitung von Informationen, das alle Hierarchieebenen einschließt und mit allen Unternehmenseinheiten direkt
  in Verbindung steht.
- **Aufteilung der Verantwortlichkeiten** innerhalb der Geschäftsleitung auf
  drei Gruppen:
  - die erste Gruppe erarbeitet wirkungsvolle Reaktionen auf die Über-
    raschung und setzt diese um;
  - die zweite Gruppe sichert die Aufrechterhaltung der Moral (die
    erste und die zweite Gruppe benutzen das Krisen-Kommunikations-
    netz);
  - die dritte Gruppe sorgt für die Weiterführung eines möglichst stö-
    rungsfreien Tagesgeschäfts.
- **Aufbau einer «Strategic Task Force»,** die hierarchie- und funktionsüber-
  greifend zusammengesetzt ist und in direktem Kontakt mit der Geschäftsleitung steht. Sie hat die Aufgabe, die von der Geschäftsleitung
  beschlossenen Reaktionen umzusetzen.

Im Gegensatz zum Strategic Issue Management und Weak Signal Management, wo es bildhaft gesprochen darum geht, den «Brand zu ver-
hüten», zielt das **Krisenmanagement** durch die **Erhöhung der Abwehr-
bereitschaft** auf eine wirkungsvolle Feuerbekämpfung ab. Die Feuer-
wehr weiß zwar in der Regel nicht genau, «… wann und wo welche
Brände ausbrechen werden, sie bereitet sich aber zum Beispiel durch
Notfallpläne, Alarmsysteme, Trainingsprogramme, eine zweckmäßige
Ausrüstung und adäquate Standorte darauf vor.» (Krystek/Müller-
Stewens 1993, S. 27)

**1.2.5
Zusammenfassung:
Was ist
Strategisches
Management?**

Wie wir den bisherigen Ausführungen entnehmen können, lässt sich ein
modernes Konzept des Strategischen Managements anhand folgender
fünf Hauptpfeiler beschreiben:

1. **strategische Positionierung** des Unternehmens durch proaktive und
   interaktive Planung der Unternehmensstrategien;
2. **Aufbau** der dazu notwendigen **internen Fähigkeiten;**
3. Nutzung von **Real-Time-Systemen** zur frühzeitigen Bewältigung überraschender Entwicklungen;
4. systematischer, motivierender und kooperativer Prozess des **Management of Change,** in dem Vision, unternehmensweites strategisches

Denken, Menschenführung und Unternehmenskultur eine entscheidende Rolle spielen.

5. Aufbau eines wirkungsvollen Instrumentariums zur **Umsetzung und Kontrolle** der Strategie.

Strategische Entscheidungen zeichnen sich demnach durch folgende Eigenschaften aus (Johnson/Scholes 1999, S. 4–11):

- Sie weisen meist eine langfristige Dimension auf.
- Sie sind darauf ausgerichtet, einen Vorteil gegenüber der Konkurrenz zu erzielen.
- Sie beantworten die Frage, was gemacht werden soll und was nicht. In diesem Sinne definieren sie die Breite und die Grenzen der unternehmerischen Tätigkeit.
- Sie zielen darauf ab, die Aktivitäten des Unternehmens an die Veränderungen in der Umwelt anzupassen (strategic fit).
- Sie streben nach einer optimalen Nutzung der Ressourcen und Kompetenzen (strategic stretch).

Die Folgen dieser Entscheidungen schlagen sich in Veränderungen der Ausrichtung des Unternehmens, des Ressourceneinsatzes, der Wertkette, der Organisationsstruktur und der operationalen Entscheidungen nieder.

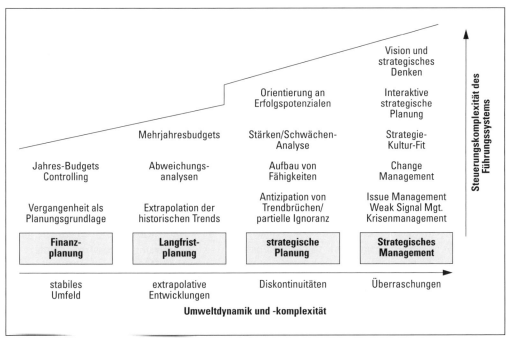

▲ Abbildung 1.10    Evolution des Strategischen Managements (in Anlehnung an Henzler 1988, S. 33)

◄ Abbildung 1.10 fasst die Evolution des Strategischen Managements zusammen. Die zunehmende Dynamik und Komplexität der Umwelt erfordert auch anspruchsvollere Führungssysteme (in ◄ Abbildung 1.10 grafisch gekennzeichnet mit der wachsenden Anzahl von Elementen).

## 1.3  Wer braucht Strategisches Management?

Strategisches Management ist eine anspruchsvolle Tätigkeit. Von Praktikern und von Studierenden hört man hin und wieder den Vorwurf, es sei (zu) kompliziert. Es ist daher nicht verwunderlich, dass Unternehmensleitungen (vor allem von Klein- und Mittelbetrieben) sich oft lieber an (allzu) einfache Rezepte klammern. Sie suchen den Erfolg in Kostensenkungs- und Effizienzsteigerungsprogrammen oder befolgen Ratschläge wie «Höre auf deine Kunden, der Rest kommt von selbst», «Schuster bleib bei deinem Leisten», «Rückbesinnung auf das Kerngeschäft!», «Vertraue auf deine bisherigen Stärken» usw. So einleuchtend diese Rezepte auch sein mögen, für die Mehrzahl der Fälle sind sie ungenügend und dienen kaum als geeignete Handlungsrichtlinien für die künftige strategische Ausrichtung.

Nach den Erkenntnissen der Wissenschaft von dynamischen Systemen, wie sie uns die **Kybernetik** liefert, bringt man ein komplexes (Umwelt-)System nur unter Kontrolle, wenn das (interne) Kontrollsystem mindestens ebensoviel Varietät (Komplexität) aufweist wie das zu kontrollierende System.[1] Methoden und Instrumente der Unternehmensführung und Organisation (wie z.B. Marketing, Strategieplanung, Forschung und Entwicklung, Produktionssteuerung) sind daher auf ihre komplexitätsbewältigende Wirkung hin zu prüfen. Ist die Steuerungskapazität unzureichend, gerät das System außer Kontrolle. (Malik 1993, S. 24) Oder um es mit den Worten Einsteins auszudrücken: «Mache es so einfach wie möglich, aber nicht einfacher.»

USIU-
Forschungsprogramm[2]

Eines der weltweit größten Forschungsprogramme im Strategischen Management, durchgeführt an der United States International University (USIU) in San Diego, unterstreicht diese Aussage. Die Forscher gingen aus von der Beobachtung, dass Unternehmen mit verschiedenen – zum Teil sogar gegensätzlichen – Managementansätzen erfolgreich sind. Danach untersuchten sie, unter welchen Umweltbedingungen die einzelnen Ansätze erfolgreich waren. Als Arbeitshypothese diente die von Ansoff postulierte **strategische Erfolgsformel** (Contingent Strategic

---

1  Ashby (1956) hat dieses Gesetz («law of requisite variety») als erster formuliert.
2  Die Ausführungen basieren auf Ansoff/Sullivan (1993).

| | **1**<br>**stabil** | **2**<br>**wachsend** | **3**<br>**wechselnd** | **4**<br>**diskontinuierlich** | **5**<br>**überraschend** |
|---|---|---|---|---|---|
| **1. Umweltturbulenz** | | | | | |
| ■ Komplexität: | | | | | |
| □ geografische Ausrichtung | lokal | national | regional | international | global |
| □ relevante Aspekte (kumulativ) | wirtschaftliche | konjunkturelle | technologische | politische | sozialpsycho-logische |
| ■ Neuigkeitsgrad der Ereignisse | nichts Neues | wenige, inkrementale Veränderungen | häufige, inkrementale Veränderungen | handhabbare Diskontinuitäten | drastische Diskontinuitäten |
| ■ Dynamik der Veränderungen | stabil, keine Dynamik | langsamer als Reaktion | gleich wie Reaktion | schneller als Reaktion | viel schneller als Reaktion |
| ■ Vorhersehbarkeit der Zukunft | wiederholt sich | voraussagbar | antizipierbar | teilweise antizipierbar | unvorhersehbare Überraschungen |
| **2. Strategische Grundausrichtung** | «Bewahren» | «Reagieren»/ Marktanteil halten | «Agieren»/ Marktanteil gewinnen | «Attraktive Geschäftsfelder suchen» | «Neue Geschäftsfelder kreieren» |
| **3. Interne strategische Reaktionsfähigkeit** | | | | | |
| ■ Oberste Führungskräfte | Verwalter | Controller | «Wachstums-Führer» | Entrepreneur | Visionär |
| ■ Problemlösung | Kontrolle ändern | Abweichungs-diagnose | Optimierung | Chancen aufstöbern | Chancen kreieren |
| ■ Unternehmenskultur | Stabilitäts-orientiert | Effizienz-orientiert | Wachstums-orientiert | orientiert sich an neuen Chancen | orientiert sich an Schaffung neuer Chancen |
| □ Motto | «don't rock the boat» | «roll with the punches» | «grow»/«market share!» | «innovate» | «create» |
| ■ Belohnung für/nach | Dienstalter | Kosten-minimierung | Gewinn/ Rentabilität | Aufbau von Erfolgs-potenzialen | Kreativität |
| ■ Zentrale Manage-mentsysteme | Reglemente, Manuale | Finanzkontrolle, Budgets | extrapolierende Mehrjahres-planung | strategische Planung, Issue Management | strategische Planung, Issue Management, Weak Signal Ma-nagement, Kri-senmanagement |
| ■ Informationsbasis | Präzedenzfälle | bisherige Leistung | Extrapolation der bisherigen Leistung | Szenarien, Zukunftsvision | schwache Signale |
| ■ Machtzentrum | Bürokratie | Produktion | Marketing | Topmanagement | F&E |

▲ Abbildung 1.11   Faktoren der strategischen Erfolgsformel (vgl. Ansoff/Sullivan 1993)

Success Formula), die Umweltturbulenz, strategische Grundausrichtung und interne strategische Reaktionsfähigkeit als wesentliche Variablen enthält (◄ Abbildung 1.11):

1. **Umweltturbulenz** wird bestimmt durch die Komplexität der maßgeblichen Geschäftsumwelt, den Neuigkeitsgrad, die Dynamik und die Vorhersehbarkeit der Umweltveränderungen.
2. **Strategische Grundausrichtung** umfasst das beobachtbare Verhalten des Unternehmens im Markt. Sie reicht vom Bewahren der bisherigen Ausrichtung (defensive Ausrichtung) bis zur Schaffung neuer Geschäftsfelder (aggressive Ausrichtung).
3. **Interne strategische Reaktionsfähigkeit** des Unternehmens wird bestimmt durch die strategische Orientierung der Unternehmensleitung, ihre Problemlösungsmethoden und ihre (strategisch relevanten) organisatorischen Fähigkeiten. Letztere sind abhängig von der Informationsbasis, der internen Machtverteilung, der Unternehmenskultur, dem Anreizsystem sowie den Management- und Planungssystemen.

Die strategische Erfolgsformel stützt sich auf die Kybernetik und lautet: Zur Erreichung einer maximalen Rentabilität müssen sich die **strategische Grundausrichtung und** die interne **strategische Reaktionsfähigkeit** des Unternehmens **dem Turbulenzlevel der Umwelt anpassen.**

Der Anpassungsgrad ist um so größer, je mehr das Durchschnittsprofil der **Unternehmensfaktoren** (strategische Grundausrichtung, interne strategische Reaktionsfähigkeit) dem Durchschnittsprofil der **Umweltfaktoren** (Umweltturbulenz) entspricht. Je kleiner die Lücke (Gap) zwischen den zwei Durchschnittsprofilen ist, desto größer ist der Erfolg (vgl. das Beispiel in ► Abbildung 1.12).

Ergebnisse und deren Bedeutung  Die strategische Erfolgsformel wurde durch eine zahlreiche Länder umfassende empirische Studie eindrücklich bestätigt. ► Abbildung 1.13 zeigt drei Resultate aus diesem Forschungsprogramm. Die höchst signifikanten Resultate zeigen, dass Unternehmen mit einem hohen Anpassungsgrad (in ► Abbildung 1.13 jene Unternehmen mit einem Gap kleiner als 1) rentabler sind als solche, die einen «Misfit» aufweisen (Gap größer als 1).[1]

Die Untersuchungen bestätigen, dass in dynamischen Umfeldern nur jene Unternehmen erfolgreich bestehen können, die sich auf das Konzept des Strategischen Managements stützen. Strategisches Management ist also kein Luxus, den man sich nur in «Schönwetterperioden» (stabiles Umfeld) leisten kann. **Strategisches Management wird zur Überlebensfrage.**

---

1 In den empirischen Untersuchungen wurden die Faktoren der ◄ Abbildung 1.11 mit entsprechenden Instrumenten gemessen. Für pädagogische Zwecke oder für eine erste Prüfung genügt jedoch unsere verkürzte Darstellung.

| Umweltfaktoren (Umweltturbulenz) | 1 | 2 | 3 | 4 | 5 |
|---|---|---|---|---|---|
| Komplexität | | | | | ▓ |
| Neuigkeitsgrad der Ereignisse | | | | ▓ | |
| Dynamik der Veränderungen | | | | ▓ | |
| Vorhersehbarkeit der Zukunft | | | ▓ | | |

Durchschnittsprofil = 4,0
(Umweltturbulenz-Level)

| Unternehmensfaktoren | 1 | 2 | 3 | 4 | 5 |
|---|---|---|---|---|---|
| Strategische Grundausrichtung | | | | ▓ | |
| Oberste Führungskräfte | | | ▓ | | |
| Problemlösung | | | ▓ | | |
| Unternehmenskultur | | ▓ | | | |
| Belohnungssystem | | ▓ | | | |
| Zentrale Managementsysteme | | | | ▓ | |
| Informationsbasis | | | ▓ | | |
| Machtzentrum | | | ▓ | | |

Durchschnittsprofil = 3,0

**Lücke (Gap) = 1,0**

▲ Abbildung 1.12　Beispiel einer Gap-Analyse

Diese Feststellung wird durch eine weitere Studie bei über tausend Unternehmen aus 14 Ländern bestätigt: ungefähr 85 % der befragten Organisationen rechnen in mindestens einer ihrer Geschäftseinheiten mit turbulenten, diskontinuierlichen Entwicklungen. (Ansoff 1988)

Diese Resultate sind überzeugende Argumente für die Anwendung des Strategischen Managements.

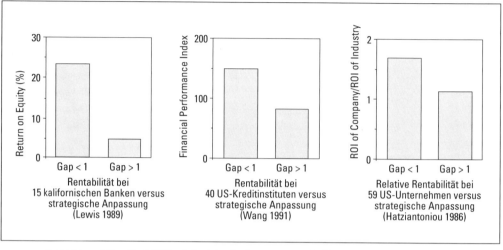

▲ Abbildung 1.13    Rentabilität als Funktion der Anpassung an die Umweltturbulenz (Forschungsergebnisse)

### 1.4 Modell des Strategischen Managements

Wir unterteilen den Prozess des Strategischen Managements in acht Schritte. Jeder Schritt verfolgt spezifische Ziele und stellt an die Mitarbeitenden und an die Instrumente unterschiedliche Anforderungen. Die Schritte umfassen drei Phasen: **Informationsanalyse** (Analyse der strategischen Ausgangslage; Unternehmens-, Umwelt- und strategische Analyse), **Strategieentwicklung** (einschließlich Vision und Formulierung des Leitbilds) und **Strategieumsetzung** (aufgeteilt in direkte und indirekte Maßnahmen, Management des Wandels sowie Strategiekontrolle). ▶ Abbildung 1.14 zeigt das Gesamtmodell, das in diesem Buch als Orientierungshilfe dient.

**1.4.1**
**Komponenten**
**des Modells**

Bevor wir die Umwelt analysieren, müssen wir uns Gedanken darüber machen, wer wir sind, was wir machen und wo wir stehen. Dazu analysieren wir unsere bisherige Entwicklung, Strategie und Tätigkeit.

Analyse der
strategischen
Ausgangsposition

Anschließend teilen wir die für uns bedeutsame Umwelt in möglichst homogene Bereiche (strategische Geschäftsfelder) auf. Dies ermöglicht eine gezielte, auf die Besonderheiten der einzelnen Geschäftsfelder ausgerichtete Informationsanalyse.

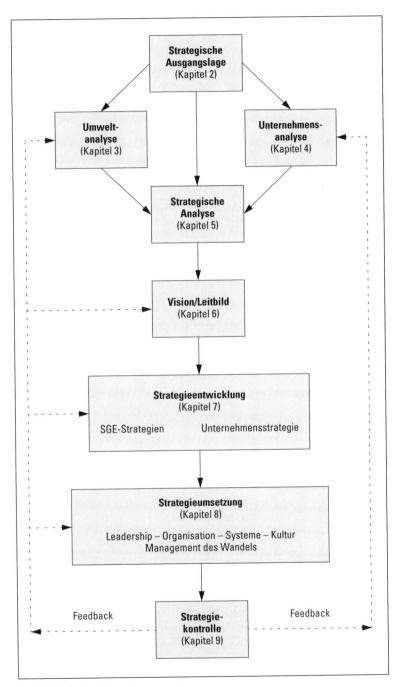

▲ Abbildung 1.14    Modell des Strategischen Managements

**Umweltanalyse**  Gegenstand der Umweltanalyse ist das **globale Umfeld** (wirtschaftliche, politische, gesellschaftliche, technologische Entwicklungen) sowie die Entwicklung der **Branche** (Branchenstruktur, Erfolgsfaktoren, Wettbewerbssituation, Distributionsstruktur usw.) und der wichtigsten **Konkurrenten** (Hauptstärken und -schwächen, erkennbare Strategien usw.). Die Betrachtung ist zukunftsgerichtet und konzentriert sich vor allem auf bestehende und potenzielle Chancen und Gefahren.

**Unternehmensanalyse**  Die Unternehmensanalyse zeigt die eigenen **Stärken und Schwächen** auf. Sie besteht vor allem aus einer Analyse der Unternehmensressourcen in qualitativer und quantitativer Hinsicht. Sie erstreckt sich über das ganze Unternehmen (z.B. Unternehmenskultur, Management- und Informationssysteme, finanzielle Lage, Kostenstruktur, Gebäude/Anlagen, Standort) oder betrifft einzelne Teilbereiche (z.B. Fähigkeiten im Forschungs-, Produktions-, Marketing-, Personalbereich; Innovationsfähigkeit; Wertvorstellungen und Problemlösungsfähigkeit der Unternehmensleitung).

**Strategische Analyse**  Unternehmens- und Umweltanalyse fördern in der Regel große Datenmengen zutage, womit wir uns der Gefahr aussetzen, «vor lauter Bäumen den Wald nicht mehr zu sehen». Wir müssen diese Informationen analysieren und durch spezifische Auswertungen zu **strategischen Schlüsselaussagen** verdichten. Nur so ist es möglich, bei der Strategieentwicklung das Augenmerk auf strategisch bedeutsame Sachverhalte zu richten. Die strategische Analyse stützt sich einerseits auf anerkannte strategische Gesetzmäßigkeiten (z.B. auf die Ergebnisse der sogenannten PIMS-Studie oder auf Einsichten über den Verlauf der Erfahrungskurve) und andererseits auf Instrumente wie zum Beispiel die Portfolio-Analysen, auf die wir in den folgenden Kapiteln noch näher eingehen werden. Der Grundgedanke bei der strategischen Analyse ist folgender: stelle die Unternehmenssituation den Umweltbedingungen gegenüber und zeige bestehende oder potenzielle Chancen (oder Erfolgspotenziale) und Gefahren auf.

Bei der strategischen Analyse gilt wie zuvor schon bei der Unternehmens- und Umweltanalyse folgendes: «Nachhaltigen Erfolg kann nur erzielen, wer die strategisch bedeutsamen Fragen stellt und in der Lage ist, diese aufgrund stichhaltiger Informationen richtig zu beantworten. Es geht dabei nicht um die Bereitstellung umfassender, dicker Analysebücher. Vielmehr besteht das Ziel der Informationsanalyse darin, einige zentrale Fragen richtig zu stellen und zu beantworten.» (Pümpin 1992, S. 16)

Mission, Vision und Leitbild

Eine Mission und/oder eine Vision sind nützliche **Leitplanken** für die Strategieformulierung. Sie geben in der Regel Antwort auf die Fragen: «Wer sind wir? Was tun wir? Wohin steuern wir?». Sie sagen ferner etwas aus über den Nutzen, den unser Unternehmen den verschiedenen Anspruchsgruppen (Eigentümer, Mitarbeitende, Mitwelt, Kunden, Lieferanten usw.) stiftet. In der Literatur wird nicht immer deutlich zwischen Mission und Vision unterschieden. In der Regel wird aber unter einer **«Mission»** die allgemeine Umschreibung des Geschäftszweckes verstanden, die idealerweise mit den Wertvorstellungen und Erwartungen der wichtigsten Stakeholders übereinstimmen und die Grenzen der Geschäftstätigkeit abstecken soll. Demgegenüber hält die **Vision** einen zukünftig erwünschten Zustand des Unternehmens fest und formuliert einen Anspruch, auf den die im Unternehmen vorhanden Kräfte ausgerichtet werden sollen (vgl. Abplanalp/Lombriser 2000, S. 76–77, Johnson/Scholes 1999, S. 13–14 und Müller-Stewens/Lechner 2002, S. 174–182). Eine klar formulierte, herausfordernde und inspirierende Vision erfüllt eine motivierende, sinngebende Funktion im Unternehmen. Sie schafft «Commitment» und Identifikation mit den Unternehmenszielen. Als Kommunikationsmittel für die Vision kann ein Leitbild dienen.

Eine Vision in Form einer Eingebung oder eines Geistesblitzes bildet nur selten den Ausgangspunkt strategischer Aktivitäten. Wo dies der Fall ist, sind es fast ausschließlich Unternehmer oder Intrapreneure (relativ autonome Führungskräfte eines meist größeren Unternehmens), die ihre Vision auch selbst umsetzen, indem sie ein Unternehmen gründen (Beispiel: Steve Jobs, der Gründer von Apple Computer) oder einen eigenen Geschäftsbereich aufbauen. Wir sehen im Folgenden von diesen Ausnahmen ab und behandeln die Entwicklung von Unternehmensvisionen ebenfalls als systematischen und zielgerichteten Managementprozess, der sich auf die Informationsanalyse stützt.

Strategieentwicklung

Während die Vision das Ziel (das «Was?» und «Warum?») vorgibt, geht es bei der Strategieformulierung mehr um den Weg (das «Wie?»). Die Strategieentwicklung erfolgt auf **zwei Ebenen:**

1. Auf der Ebene der **strategischen Geschäftseinheit** (in der Praxis oft auch Profitcenter oder Division genannt) legen wir die angestrebte Position (Leistungs-/Marktprioritäten, Zielmärkte, Marktanteil usw.) der strategischen Geschäftseinheit fest und entscheiden, mit welchen strategischen Erfolgspositionen bzw. mit welcher Strategie nachhaltige Wettbewerbsvorteile erzielt werden sollen.

2. Auf der Ebene des **Gesamtunternehmens** definieren wir die Geschäftsfelder (ein Geschäftsfeld ist vereinfacht ausgedrückt eine Produkt-/Markt-Kombination), in denen wir zukünftig tätig sein wollen. Ferner ermitteln wir Synergien zwischen den verschiedenen strategischen Geschäftseinheiten. Danach stimmen wir die Strategien der einzelnen Geschäftseinheiten untereinander ab und richten sie auf die Unternehmensvision aus, und zum Schluss behandeln wir Themen wie Risikoausgleich, vertikale Integration, Diversifikation, strategische Allianzen und globale Strategien.

Bei der Strategieentwicklung sind neben logisch-rationalen auch prozessuale Gesichtspunkte zu berücksichtigen. Das bedeutet, dass Human-Resources, Unternehmenskultur und Managementsysteme und -strukturen bei der Strategieentwicklung eine wichtige Rolle spielen.

Strategieumsetzung   Die anspruchsvollste Phase im Prozess des Strategischen Managements ist die Umsetzung der Strategie. Viele erfolgversprechende Strategien scheitern, weil Fehler bei der Umsetzung gemacht werden. Eine wirksame Umsetzung umfasst Aspekte wie **Führung, Organisationsstruktur, Unternehmenskultur und Managementinstrumente** (z.B. Informations-, Zielvereinbarungs-, Budgetierungs- und Entlöhnungssysteme).

Als Managementinstrument für die Strategieumsetzung hat sich in den letzten Jahren vor allem die Balanced Scorecard (BSC) durchgesetzt (vgl. Kaplan/Norton 1996), während sich bei Projekten, die umfassende interne Veränderungen erfordern, nach wie vor ein gesteuerter Prozess des **Change Managements** (Management des Wandels) zusätzlich als günstig erweist (Balogun/Hope-Hailey 1999).

Strategiekontrolle   Die Strategiekontrolle ist zwar das letzte Glied in unserem Modell, darf aber in der Praxis nicht erst nach der Strategieumsetzung erfolgen. Infolge der zunehmenden Umweltdynamik ist vielmehr ein dauernder Überwachungs- und Lenkungsprozess auf drei Ebenen erforderlich:

- **Prämissenkontrolle:** Gelten die der Strategie zugrundeliegenden Annahmen (vor allem über die Umwelt) noch? Haben wir bei der Strategieformulierung wichtige Aspekte der Umwelt übersehen?
- **Durchführungskontrolle:** In welchem Ausmaß haben wir die geplante Strategie tatsächlich umgesetzt? Wo sind unerwartet Probleme oder Widerstände aufgetreten?
- **Wirksamkeitskontrolle:** Haben wir mit der umgesetzten Strategie unsere Ziele erreicht? Haben wir die beste Strategievariante gewählt?

**1.4.2
Strategisches
Management als
Prozess**

Die Kapitel dieses Buches befassen sich mit den einzelnen Komponenten unseres Modells. Strategisches Management erscheint damit als ein Prozess linearer, logisch aufeinander abgestimmter Schritte. Dieser didaktische Aufbau soll jedoch nicht darüber hinweg täuschen, dass der Prozess des Strategischen Managements in der Realität meist nicht diesem starren Schema folgt.

Beim Strategischen Management ist Flexibilität gegenüber sich schnell verändernden Rahmenbedingungen unbedingt erforderlich. Deshalb müssen wir es als eng verzahnten, iterativen Prozess verstehen. Bei jedem Schritt in der Umsetzung kann es notwendig werden, sich auf einen früheren Prozessschritt zurückzubeziehen oder einen Schritt im voraus festzulegen.

Das Beispiel eines schweizerischen Unternehmens aus der Metallindustrie verdeutlicht dies. Das Unternehmen hatte sich bei der Strategieentwicklung für die Diversifikation entschieden. In der Umsetzungsphase musste es einsehen, dass die finanziellen und personellen Ressourcen für eine erfolgreiche Diversifikation nicht ausreichen. Diese Einsicht erforderte eine erneute Strategieplanung. Anschließend entschied man sich statt für die Diversifikation für eine internationale Expansion der bestehenden Aktivitätsfelder. Auch die vielen «spontanen» (ungeplanten) Strategien (siehe das Beispiel von Honda in Abschnitt «Der kritische Ansatz von Mintzberg», Seite 23) weisen darauf hin, dass Strategisches Management als ein eng verzahnter, iterativer Prozess gesehen werden muss.

Einflussfaktoren

Die in diesem Buch vorgestellte Methodik des Strategischen Managements dient als Leitfaden für die Anwendung des Konzepts in der Unternehmenspraxis. Die Methodik lässt sich auf die spezifischen Bedingungen verschiedener Unternehmen und Branchen anpassen. Folgende Faktoren spielen dabei meist eine wichtige Rolle:

- soziale, politische und rechtliche Einschränkungen,
- moralische (ethische) Überlegungen,
- externe Interessengruppen oder Organisationen (Stakeholders) wie Gewerkschaften, Eigentümer usw.,
- Erfahrungen, Fähigkeiten, Ziele und Wertvorstellungen der Unternehmensleiter,
- Unternehmenskultur,
- finanzieller Handlungsspielraum der Unternehmen.

Die nächsten Abschnitte behandeln die Fragen, **wer** für den Prozess des Strategischen Managements verantwortlich ist, **auf welchen Ebenen** der Prozess abläuft, **wie** zwischen den einzelnen Stellen koordiniert wird und **womit** (d.h. mit welchen Instrumenten) der Prozess unterstützt wird.

## 1.5 Wer ist für das Strategische Management verantwortlich?

**1.5.1
Rolle der
Führungskräfte und
der Mitarbeitenden**

Die Gesamtverantwortung für das Strategische Management (Formulierung und Umsetzung) liegt beim Aufsichts- oder Verwaltungsrat und operativ bei der obersten Führung, d.h. in erster Linie beim **Geschäftsleiter** und den **übrigen Direktions- oder Konzernleitungsmitgliedern.** Dies bedeutet aber nicht, dass nur die oberste Führungsebene und ein paar ausgewählte Mitarbeitende die Strategien bestimmen und umsetzen sollen. Im Gegenteil: Strategien können in aller Regel besser umgesetzt werden, wenn es gelingt, möglichst viele Mitarbeitende in den Strategieentwicklungsprozess einzubeziehen. Angesprochen sind insbesondere folgende Gruppen:

- Die **Leiter der verschiedenen Unternehmenseinheiten** (strategische Geschäftseinheiten, Profitcenter, Divisionen), die für die Formulierung und Umsetzung der Strategie ihrer Unternehmenseinheit verantwortlich sind.

- Die **Bereichs- und Funktionsleiter** (F&E, Produktion, Marketing, Personal usw.), die unternehmensweit oder innerhalb einer strategischen Geschäftseinheit vorwiegend für die Formulierung und Implementierung der Bereichs- oder Funktionsstrategien (z.B. Forschung, Personalentwicklung) zuständig sind.

- Die **Niederlassungs-/Abteilungsleiter** (z.B. Verkaufsstellenleiter, Werkleiter) und **Produkt-Manager,** die – in Abstimmung mit der Bereichs-, Funktions- oder Geschäftseinheitsstrategie – für die Formulierung und Umsetzung der ihren Aufgabenbereich betreffenden Teilstrategien verantwortlich sind.

- Die **übrigen Mitarbeiterinnen und Mitarbeiter,** die zuständig sind für die Erfüllung der strategischen Aufgaben in ihrem Tätigkeitsbereich.

Im Idealfall sollte Strategisches Management also alle Organisationsebenen einschließen.

Die Delegation von strategischer Verantwortung ist vor allem in diversifizierten und geografisch stark dezentralisierten Unternehmen eine Notwendigkeit. Wenn sich die Umweltbedingungen rasch verändern, ist es besonders wichtig, die Kenntnisse und Fähigkeiten der Mitarbeitenden (und insbesondere der Führungskräfte) voll auszuschöpfen, da nur so Marktnähe und Flexibilität gewährleistet werden können.

**1.5.2
Rolle der
Planungsabteilung
und der Planer**

In den 70er Jahren, als die strategische Planung in der betrieblichen Praxis Fuß fasste, bauten insbesondere Großunternehmen eigene Planungsstabstellen auf. Diese wurden mit der Koordination der Planung – manchmal sogar mit der Planung selbst – betraut, was mit der Zeit zu einer Professionalisierung der Planungsabteilungen führte. Die so entwickelten Strategien wurden jedoch oft nicht umgesetzt. Die Planungen degenerierten zum jährlichen Ritual und gipfelten in einem dicken Buch, das auf den Regalen der verantwortlichen Führungskräfte verstaubte. (Hax/Majluf 1991, S. 99) Dafür gab es mehrere Gründe. Viele Linienverantwortliche waren froh, dass sie sich nicht mit der anspruchsvollen Aufgabe des Strategischen Managements befassen mussten. Bei Misserfolgen konnte die Schuld den «Planern» (denen es oft an Erfahrung und Kenntnis der speziellen Geschäftssituation mangelte) zugeschoben werden, und die Linienvorgesetzten waren damit ihrer Verantwortung für die Umsetzung der Strategie mehr oder weniger enthoben.

Solche Probleme können vermieden werden, wenn jene, die planen, auch für die Umsetzung verantwortlich sind. Deshalb bildeten in den 80er Jahren viele Unternehmen ihre Führungskräfte in anwendungsorientierter Planung aus und wiesen den Stabs-Planern andere Aufgaben zu. Heute stehen Stabs-Planer in größeren Unternehmen häufig als Berater der Linienverantwortlichen zur Verfügung oder sie sind als Prozessbegleiter tätig. Dabei erbringen sie etwa folgende Dienstleistungen (vgl. Bircher 1995, S. 84ff.):

- **Ausbildung der Linienchefs** in anwendungsorientierter Planung;
- **Prozessbegleitung,** zum Beispiel Computersimulationen von Erfolgsauswirkungen verschiedener Alternativen;
- **Moderation des Planungsprozesses** (Change Agent-Funktion), unter besonderer Berücksichtigung organisatorischer und verhaltenspsychologischer Aspekte;
- **Koordination der Pläne** bei Unternehmen mit mehreren strategischen Geschäftseinheiten;
- **Vermittlung von Kontakten** zu Ausbildungsinstitutionen und Beratungsunternehmen;
- Suchen, Beschaffen und Sammeln von **strategischen Informationen;**
- Ortung und Weiterleitung von **Frühwarnsignalen.**

**1.5.3**
**Rolle des**
**Aufsichtsrates/**
**Verwaltungsrates**

Das oberste Führungsorgan (Verwaltungs- bzw. Aufsichtsrat) hat dafür zu sorgen, dass die strategischen Aufgaben so wirkungsvoll wie möglich erfüllt werden. Nach dem Gesetz muss der Aufsichts- bzw. Verwaltungsrat die Unternehmensstrategie genehmigen. Hingegen wird er selten eine zentrale Funktion bei der inhaltlichen Gestaltung der Strategie ausüben. Seine Aufgabe besteht vielmehr darin, die von der operativen Führung vorgeschlagenen Ziele zu evaluieren sowie allenfalls wichtige zusätzliche Informationen bereitzustellen und die Methodik und Wirksamkeit des Planungsprozesses zu überprüfen. Eine weitere Aufgabe ist die Auswahl des Geschäftsleiters sowie dessen Beurteilung und Honorierung.

Mit dem neuen Aktienrecht haben sich in der Schweiz die Aufgaben des Verwaltungsrats spürbar verändert. Der Verwaltungsrat kann unter dem neuen Recht für den Misserfolg des Unternehmens eher zur Verantwortung gezogen werden als dies früher der Fall war. Deswegen sind heute unternehmerisch denkende Verwaltungsrätinnen und Verwaltungsräte erforderlich, die aktiv an der strategischen Weichenstellung des Unternehmens mitwirken und für die Durchsetzung strategiegerechter Strukturen sowie für die Bereitstellung der notwendigen Ressourcen sorgen. (Fopp 1991). In diesem Zusammenhang spricht man neuerdings auch von «Corporate Governance», womit vereinfacht ausgedrückt die wirksame Gesamtführung des Unternehmens durch den Verwaltungsrat (Art. 716a OR) gemeint ist.

## 1.6  Ebenen des Strategischen Managements

Wie wir gesehen haben, zieht sich Strategisches Management als Aufgabe durch das gesamte Unternehmen hindurch. Allerdings ist vor allem in größeren Unternehmen eine Aufgabenteilung erforderlich, um Problemnähe, Reaktionsfähigkeit und optimale Mittelverwendung zu gewährleisten. Dieses Ziel lässt sich mit dem **Konzept der Strategischen Geschäftseinheiten (SGE)** erreichen. Viele große und mittelständische Unternehmen haben ihre Produktlinien in solchen Strategischen Geschäftseinheiten zusammengefasst.

Das SGE-Konzept erlaubt es uns, den Strategieansatz auf verschiedenen Ebenen (Gesamtunternehmen, Geschäftseinheiten, Bereich oder Abteilung, funktionale Ebene) anzuwenden. ▶ Abbildung 1.15 weist den verschiedenen Ebenen die jeweils verantwortlichen Personen, die typischen Strategieinhalte und die zu behandelnden Themen zu. Bei Ein-Sparten-Unternehmen entfallen auf der Ebene der Gesamtunternehmens-Strategie einige der aufgeführten Aufgaben. Die Ebenen des Gesamtunternehmens und der Geschäftseinheit werden in diesen Unternehmen meistens zusammengefasst.

| Strategieebenen | Hauptverantwortliche Personen | Primäre Strategieinhalte und behandelte Themen |
|---|---|---|
| **Gesamt-unternehmens-Strategie** | Geschäftsleiter (CEO), Konzernleitungs-, Direktionsmitglieder (Entscheide werden normalerweise vom Aufsichts- bzw. Verwaltungsrat genehmigt) | ■ Unternehmenspolitik (Grundsätze zu Wachstum, Unabhängigkeit, Flexibilität, Risiko, Ethik, Humanisierung der Arbeit, Führung usw.)<br>■ Auf welchen Märkten und mit welchen Produkten soll das Unternehmen tätig sein<br>■ Portfolio-Management (Diversifikation, Aufbau neuer Geschäfte, Desinvestitionen, Verstärkung bestehender Geschäfte)<br>■ Prioritätensetzung für die Verteilung der Ressourcen (Personal, Finanzmittel, Anlagen usw.) auf die strategischen Geschäftseinheiten (z. B. anhand der Portfolio-Analyse)<br>■ Vertikale Integration, Globalisierung<br>■ Welche Synergieeffekte sollen zwischen den einzelnen Geschäftseinheiten erzielt werden (u. a. Ausbalancieren der Wachstums- und Finanzierungssynergien)<br>■ Bestimmung und Aufbau von Kernkompetenzen<br>■ Überprüfung, Revision, Genehmigung, Koordination der Geschäftseinheitsstrategien |
| **Geschäfts-einheitsstrategien** | Leiter der Geschäftseinheiten, Divisionen bzw. Profitcenter (Entscheide werden normalerweise von der Unternehmensleitung genehmigt) | ■ Auswahl der Produkt-/Markt-Kombination, in denen die Geschäftseinheit nachhaltige Wettbewerbsvorteile erzielen soll<br>■ Bestimmung der dazu notwendigen Fähigkeiten und Kenntnisse (strategische Erfolgspositionen)<br>■ Umwelt- und Unternehmensanalyse<br>■ geschäftseinheitsspezifische Herausforderungen und Projekte<br>■ Überprüfung, Revision, Genehmigung, Koordination der Funktionsstrategien |
| **Funktions-strategien** | Funktionsleiter (Entscheide werden normalerweise vom Geschäftseinheitsleiter genehmigt) | ■ Entwicklung von Aktionen und Maßnahmen zum Aufbau/Erhalt der funktionalen Fähigkeiten zur optimalen Unterstützung der Geschäftseinheitsstrategie<br>■ Überprüfung, Revision, Genehmigung, Koordination der Bereichs- oder Abteilungsstrategien |
| **Bereichs- bzw. Abteilungs-strategien** | Bereichs- oder Abteilungsleiter (z. B. Werbeleiter, Verkaufsstellenleiter, Werkleiter, Produkt-Manager) | ■ Entwicklung von Aktionen und Maßnahmen zur optimalen Unterstützung der Geschäftseinheits- und Funktionsstrategien |

▲ Abbildung 1.15　Strategieebenen, Hauptverantwortliche und Strategieinhalte (vgl. Thompson/Strickland 1995, S. 38)

## 1.7 Verfahren des Strategischen Managements

Mit «Verfahren des Strategischen Managements» meinen wir die Art und Weise, wie die Prozesse institutionalisiert sind und wie die strategischen Planungs- und Umsetzungsaktivitäten zwischen den verschiedenen Unternehmensebenen und -einheiten koordiniert werden.

**1.7.1 Institutionalisierung des Strategischen Managementprozesses**

In Bezug auf die **Institutionalisierung** des Prozesses lassen sich in der Praxis **vier Varianten** beobachten (vgl. Rühli 1989, S. 24):

1. Das Strategische Management wird mit dem operativen Management gekoppelt. Die operative Planung wird durch eine umfassende Gesamtschau und eine formulierte strategische Absicht ergänzt. Ein besonderes Verfahren des Strategischen Managements besteht nicht.
2. Das Strategische Management ist in einem besonderen, periodisch wiederkehrenden und strukturierten Führungsprozess institutionalisiert. Dazu gehören spezielle Strategietagungen und periodische Sitzungen zu strategisch relevanten Sachverhalten in der Geschäftsleitung.
3. Das Strategische Management wird anhand einzelner Projekte oder besonderer Probleme punktuell eingeführt. Es wird zum «Strategic Management by Exception».
4. Die Strategie des «Durchwurstelns» (muddling through) verzichtet auf jede formalisierte Art der strategischen Führung. Zwar gibt es eine Strategie, sie ist aber das Resultat von spontanen Aktionen und Reaktionen.

Es gibt keine allgemein gültige Variante. Die richtige Wahl ist abhängig von den Bedingungen in der Umwelt und im Unternehmen selbst. In einem turbulenten Umfeld wird eine Strategie des «Durchwurstelns» oder ein «Strategic Management by Exception» nicht mehr genügen.

In einem sehr stabilen Umfeld (zum Beispiel in einem Museum oder Zoo) ist andererseits ein voll entwickeltes Strategisches Managementkonzept mit Strategic Issue Management und Weak Signal Management zu komplex und rechtfertigt die entstehenden Kosten nicht.

Auch bezüglich der Gestaltung des Prozesses bieten sich zahlreiche Optionen an. Diese sind abhängig vom Kontext, in den strategische Initiativen eingebettet sind, von den Beteiligten, vom zeitlichen Ablauf, von den verfügbaren Mitteln, vom Vorgehen und von der Art der Zusammenarbeit. Großunternehmen in dynamischen Umfeldern sollten bei der Wahl der Optionen in ▶ Abbildung 1.16 jedoch eher nach rechts tendieren.

| Ort<br>Wo? | Kontext<br>Verantwortlichkeit<br>Einflussrichtung | rigid<br>zentral<br>top-down | ⟶<br>⟶<br>⟶ | offen<br>dezentral<br>bottom-up |
|---|---|---|---|---|
| Beteiligte<br>Wer? | Beteiligungsgrad<br>Perspektivenmix<br>Fähigkeitsmix | elitär<br>homogen<br>monodisziplinär | ⟶<br>⟶<br>⟶ | breit gestreut<br>heterogen<br>interdisziplinär |
| Timing<br>Wann? | Dauer<br>Auslöser<br>Horizont | kurz<br>terminorientiert<br>kurzfristig | ⟶<br>⟶<br>⟶ | lang<br>ereignisorientiert<br>langfristig |
| Mittel<br>Womit? | Ressourceneinsatz<br>Methodeneinsatz | gering<br>spärlich | ⟶<br>⟶ | hoch<br>reichhaltig |
| Vorgehen<br>Was? | Arbeitsweise<br>Darstellungsweise<br>Strukturierungsgrad | analytisch<br>quantitativ<br>fein | ⟶<br>⟶<br>⟶ | intuitiv<br>qualitativ<br>grob |
| Zusammenarbeit<br>Wie? | Konfliktintensität<br>Entscheidungsform<br>Transparenz | niedrig<br>patriarchisch<br>gering | ⟶<br>⟶<br>⟶ | hoch<br>demokratisch<br>hoch |

▲ Abbildung 1.16   Optionen zur Gestaltung der Prozesse (vgl. Müller-Stewens/Lechner 2001, S. 58)

**1.7.2**
**Koordination des**
**Strategischen**
**Management-**
**prozesses**

Wie wir gesehen haben, wird der Strategieansatz auf mehreren Ebenen und in verschiedenen Organisationseinheiten angewendet. Deshalb müssen die Aktivitäten miteinander koordiniert, aufeinander abgestimmt (Konsistenz), auf eine gemeinsame Zielsetzung ausgerichtet und in eine Gesamtstrategie integriert werden. Als wichtiger Grundsatz gilt: «Ziele von oben und Pläne von unten entwickeln». (Bircher 1995, S. 84) Bewährt hat sich auch das «Subsidiaritätsprinzip». Es besagt, dass eine höhere Planungsebene vorwiegend Aufgaben erfüllen soll, die, wenn sie dezentralisiert würden, infolge einer starken Vernetzung (im Bereich der Ressourcen, der Fähigkeiten oder des Marktes) ein schlechteres Resultat erbrächten. (Link 1985, S. 159)

Die Koordination der strategischen Aufgaben kann je nach Unternehmen stark variieren. Sie ist unter anderem von der Struktur des Unternehmens sowie von den Aufgaben und den einbezogenen Hierarchieebenen abhängig. Ein-Sparten-Unternehmen mit funktionaler Organisationsstruktur werden ein einfacheres Verfahren wählen als ein stark diversifizierter multinationaler Konzern. Trotzdem gibt es auch viele Gemeinsamkeiten.

Ein möglicher, breit anwendbarer und praxiserprobter Ablauf ist das **12-Schritt-Verfahren,** das am Massachusetts Institute of Technology

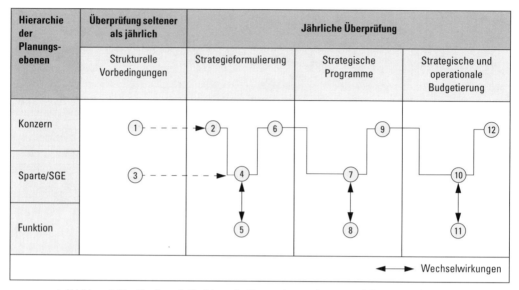

| Hierarchie der Planungs-ebenen | Überprüfung seltener als jährlich | Jährliche Überprüfung | | |
|---|---|---|---|---|
| | Strukturelle Vorbedingungen | Strategieformulierung | Strategische Programme | Strategische und operationale Budgetierung |
| Konzern | ① - - - - ▶ ② | ⑥ | ⑨ | ⑫ |
| Sparte/SGE | ③ - - - - - ▶ ④ | | ⑦ | ⑩ |
| Funktion | ⑤ | | ⑧ | ⑪ |
| | | | ◀——▶ Wechselwirkungen | |

▲ Abbildung 1.17    Das formale Verfahren der Unternehmensplanung nach Hax/Majluf (1991, S. 61)

(MIT) entwickelt wurde (◀ Abbildung 1.17). Es verdeutlicht, dass der Prozess weder ausschließlich «top-down» noch rein «bottom-up» abläuft. Er ist vielmehr iterativ und bezieht die betroffenen Führungskräfte (Sparten/SGE und Funktionen) mit ein. Die zwölf Schritte in ◀ Abbildung 1.17 sind (vgl. Hax/Majluf 1991, S. 62 ff.):

1. **Vision:** Unternehmensphilosophie, Unternehmenszweck, Bestimmung der strategischen Geschäftseinheiten und ihrer Wechselwirkungen.
2. **Strategische Grundhaltung und Planungsrichtlinien:** strategische Stoßrichtungen, Leistungsziele und Planungsanforderungen, Erfassung der strategischen Gesamtlage durch externe Analyse.
3. **Geschäftsauftrag (Mission):** Formulierung der Mission auf der Ebene der strategischen Geschäfteinheit und Bestimmung der Produkt-Markt-Segmente.
4. **Formulierung der Geschäftsstrategie** und der allgemeinen Aktionsprogramme.
5. **Formulierung der Funktionsstrategie:** Beteiligung der Funktionsmanager an der Planung der Geschäftsstrategie, Zustimmung oder Ablehnung zu Vorhaben der Geschäftsstrategie und Formulierung der allgemeinen Aktionsprogramme für alle Funktionen.
6. **Bewertung** und **Konsolidierung** der Geschäfts- und Funktionsstrategien: Ausgleich des Portfolios unter Beachtung der verfügbaren Mit-

tel und der Verschuldungspolitik, vorläufige Zuordnung von Prioritäten für die Ressourcenzuweisung.

7.  Definition und Bewertung spezifischer **Aktionsprogramme auf Ge-
    schäftseinheitsebene.**

8.  Definition und Bewertung spezifischer **Aktionsprogramme auf Funk-
    tionsebene.**

9.  Endgültige Bewertung der Vorschläge der Geschäftseinheits- und
    Funktionseinheiten, **Ressourcenzuweisung** und **Definition von Leis-
    tungsmaßstäben** für die Führungskontrolle.

10. **Budgetierung** auf **Geschäftseinheitsebene.**

11. **Budgetierung** auf **Funktionsebene.**

12. **Budgetierung** und **Genehmigung** der strategischen und operativen
    Mittel.

Ein ähnliches, mit dem MIT-Konzept kompatibles Verfahren, ist das
Modell der **interaktiven Planung.** Nach diesem Modell nimmt jeder Linienverantwortliche an den Planungssitzungen auf seiner eigenen Stufe,
auf jener seines Vorgesetzten und auf jener seiner direkten Untergebenen
teil (vgl. Schwaninger 1989). Dies ermöglicht es ihm, mit Managern aus
fünf Hierarchiestufen direkt zu kommunizieren. Vor allem in Großbetrieben hat dies eine wichtige integrierende Wirkung. In Theorie und
Praxis gibt es neben dem MIT-Konzept noch viele andere Modelle für
die Koordination des Prozesses des Strategischen Managements. Die
meisten von ihnen gehen von den strategischen Geschäftseinheiten
(basierend auf einer Segmentierung des Marktes oder der Branche in
Geschäftsfelder) und von einer formulierten Vision aus. Integration und
Koordination gewährleisten die interaktive, «kreisförmige» Durchführung der Planung.

Allerdings kann ein zu stark formalisiertes Verfahren (etwa eine
starre Anwendung des MIT-Konzepts) kreatives und eigenständiges
Denken und Handeln behindern oder unterdrücken. Jedes Konzept ist
daher an die Besonderheiten des Unternehmens anzupassen, und es ist
der nötige Spielraum für situationsgerechtes Handeln einzuräumen.
(Eschenbach/Kunesch 1995, S. 100) Ferner erfordern flache Hierarchien und die Tendenz zu prozessorientiertem Denken vermehrt Raum
für horizontale **Kommunikation** und **Koordination.** Besonders wichtig ist
diese horizontale Koordination auch beim Planen gemeinsamer Anliegen (z.B. Befriedigung der Bedürfnisse bestimmter branchen- oder
regionsspezifischer Abnehmergruppen; Planung von Technologien, die
von mehreren Geschäftseinheiten verwendet werden) und gemeinsamer
Ressourcen (z.B. Forschung und Entwicklung, Produktionsanlagen).

Die Harmonisierung der verschiedenen Teilstrategien ist in der Praxis
oft ein langwieriger und überaus frustrierender Prozess. Mitunter fällt es

den Verantwortlichen sehr schwer, im Interesse des Gesamtunternehmens zu handeln, statt lediglich Ziele der eigenen Geschäfteinheit oder des eigenen Bereichs zu verfolgen. Gemeinsam entwickelte Unternehmensleitbilder, die eine Ausrichtung der verschiedenen Einheiten auf ein Gesamtziel fördern, können hier Unterstützung leisten.

## **1.8** Instrumente des Strategischen Managements

Wer die strategische Führungsaufgabe wahrnehmen will, braucht dazu geeignete Instrumente. Die wichtigsten strategischen Instrumente sind:

- die Vision, die Mission und das Unternehmensleitbild,
- die strategische Planung und deren Analyseinstrumente,
- die aus der Planung resultierenden Strategiedokumente,
- die Aktions- und Projektpläne,
- das strategische Budget,
- das Anreizsystem,
- das strategische Informationssystem (inkl. Frühwarnsystem),
- Strategic Issue Management, Weak Signal Management und Krisenmanagement.

Die Instrumente dienen einem klar definierten Zweck. Damit sie nicht zum Selbstzweck verkommen, müssen sie auch an sich verändernde Bedingungen angepasst werden. «Planen heißt Entscheiden, und die Planungsbücher sind nur Nebenprodukte, um unser Gedächtnis aufzufrischen und die getroffenen Entscheidungen zu dokumentieren. Mit Sicherheit sind sie nicht das höchste Ziel des Planungsverfahrens.» (Hax/Majluf 1991, S. 99)

## 1.9 Strategisches Management in Theorie und Praxis

Die betriebliche Praxis hat die Theorie des Strategischen Managements stark beeinflusst. Einige Stimmen sagen dem Strategischen Management gar ein baldiges Ende voraus.

**1.9.1 Kritik der strategischen Planung**

Der prominenteste Kritiker der traditionellen strategischen Konzepte ist Henry Mintzberg (1994). Nach ihm sind Strategische Management-Modelle zwar logisch bestehend, geben aber das Wesen der Strategiefindung und -implementierung nicht hinreichend wieder. Er weist auf folgende Hauptmängel hin:[1]

- Glaube an die Formalisierbarkeit des Strategischen Managements,
- mangelnde Flexibilität und rigide Grundhaltung,
- Illusion der Steuer- und Kontrollierbarkeit des Systems,
- Glaube an die Vorhersagbarkeit der Zukunft,
- Trennung von Strategischem und operativem Management,
- Motivations-, Akzeptanz- und Durchsetzungsprobleme.

Die meisten Planungsmodelle vernachlässigen zudem das «irrationale» Verhalten von Personen, Gruppen und Organisationen. Vor allem mit der strategischen Planung geht Mintzberg hart ins Gericht: «Strategic planning isn't strategic thinking. One is analysis, and the other is synthesis.» (Mintzberg 1994, S. 325) Strategiefindung basiert in Wirklichkeit nicht allein auf Analyse. Bei der **strategischen Planung** aber geht es nach Mintzberg immer um **Analyse,** um das Zerlegen der Ziele in einzelne Schritte und das Formalisieren dieser Schritte, so dass sie später von selbst umgesetzt werden. **Strategisches Denken** hingegen ist **Synthese.** Sie besteht aus Intuition und Kreativität. Das Resultat ist eine gesamtheitliche Betrachtung von Unternehmen und Umwelt. Strategien, die auf einer Vision und auf Kreativität basieren, können nicht planmäßig und fehlerlos entwickelt werden.

Ein eindrückliches Beispiel ist die Erfindung der Polaroid-Kamera durch Edwin Land. Seine dreijährige Tochter fragte ihn eines Tages, wieso sie die Fotos, die er gerade von ihr gemacht hatte, nicht sofort sehen könne. Daraufhin entwickelte Land innerhalb weniger Stunden die Sofortbild-Kamera, die sein Unternehmen schlagartig veränderte. Das alles war aber nicht das Ergebnis einer rational geplanten Strategie. Lands Vision war eine Synthese der – von seiner Tochter angeregten – Produktidee und seiner eigenen überragenden technischen Fähigkeiten.

---

1  Zitiert in Eschenbach/Kunesch (1995), S. 9.

Mintzberg ist weiter der Meinung, dass Diskontinuitäten (z.B. technologische Innovationen) aufgrund zunehmender Umweltdynamik praktisch kaum noch vorausgesagt werden können; das auf den Märkten herrschende «Chaos» sei durch rational geplante Strategien nicht beherrschbar. Planer bevorzugen harte, quantitative und hochaggregierte Daten. Sie schließen qualitative Daten meistens aus, obwohl oft gerade solche Daten auf wichtige Nuancen hinweisen, und verhindern damit unternehmerisches Lernen.

**1.9.2**
**Empirische**
**Untersuchungen**
**zum Strategischen**
**Management**

In einer empirischen Studie zur strategischen Planung zeigten Ansoff et al. (1970), dass strategisch geplante (d.h. auf klaren Zielen und Strategien basierende) Akquisitionen oder Diversifikationen deutlich erfolgreicher waren als jene, die sich bloß auf Intuition und Erfahrung stützten.

Bedeutung und
Nutzen des
Strategischen
Managements
in der Praxis

Rhyne (1986) kam zum Ergebnis, dass Unternehmen mit strategischen Planungssystemen langfristig bessere finanzielle Ergebnisse erzielten als Unternehmen, die nur die Langfristplanung anwandten.

Auch in Klein- und Mittelbetrieben korreliert Strategisches Management positiv mit finanziellem Erfolg. Eine Studie (vgl. Covin/Slevin 1989) bei 161 amerikanischen Kleinbetrieben («small manufacturing firms») ergab, dass in dynamischen Umfeldern jene Betriebe finanziell besser abschnitten, die flexible organische Strukturen, Innovationen, Langfristorientierung und strategische Informationen über zukünftige Entwicklungstrends aufwiesen. Eine weitere Studie bei über 130 Kleinbetrieben zeigte, dass Unternehmen mit einer proaktiven, analytischen strategischen Planung höhere finanzielle Erfolge erzielten als jene, die sich nur auf Intuition stützten. Allerdings erwies sich auch, dass in diesen Kleinbetrieben ein zu starker Formalismus (der nicht einer proaktiven, analytischen Planung gleichgesetzt werden darf) negative finanzielle Konsequenzen haben kann (vgl. Ackelsberg/Arlow 1985).

Eine in Deutschland durchgeführte Studie belegte, dass Mittelbetriebe mit strategischer Planung deutliche Wachstums- und Cash-flow-Vorteile gegenüber der «nichtstrategischen» Konkurrenz aufwiesen (vgl. Michel 1986, S. 393).

Anwendungs-
schwierigkeiten und
Lösungsansätze
für die Praxis

Neben der beschränkten Zahl fundierter empirischer Untersuchungen über die Wirksamkeit der strategischen Planung werfen auch viele Praxiserfahrungen ein positives Licht auf das Konzept des Strategischen Managements, wobei diese Feststellung nicht über die Anwendungsschwierigkeiten des traditionellen Ansatzes hinwegtäuschen soll.

Eine Befragung bei über 500 Unternehmen verdeutlichte, dass die Probleme der strategischen Planung nicht im Konzept selber liegen. Schwierigkeiten ergeben sich vielmehr bei dessen Anwendung und bei der Umsetzung der Strategie. Dabei lassen sich die meisten Probleme auf eine ungenügende Vorbereitung und Handhabung der **strategischen Planung** oder konkret auf die folgenden Hauptfehler zurückführen (vgl. Gray 1986):

- ungenügend vorbereitete und unzureichend ausgebildete Linienmanager;
- unklar formulierte Ziele;
- unzureichende Informationsbasis;
- mangelhafte Koordination innerhalb der Geschäftseinheiten;
- ungenügende Integration mit anderen Systemen (wie Kontroll-, Budgetierungs- und Belohnungssystemen).

Auch andere Autoren identifizieren aufgrund langjähriger Erfahrungen in verschiedenen Branchen ähnliche **Hemmnisse für eine erfolgreiche Realisierung von Strategien** (Dörler et al. 1994, S. 32f.):

- Es werden keine Prioritäten gesetzt;
- Ziele und Mittel werden mangelhaft aufeinander abgestimmt;
- finanzielle oder zeitliche Konsequenzen werden falsch eingeschätzt;
- Strategien sind zu kompliziert, Dokumente zu umfangreich;
- Strategiepapiere sind zu abstrakt und die Messgrößen ungenügend operationalisiert;
- es mangelt am Veränderungswillen;
- Mitarbeiterinnen und Mitarbeiter identifizieren sich nicht mit der Strategie.

Die Praxis hat mittlerweile aus diesen Fehlern gelernt, wie sich einer Umfrage bei über 200 Unternehmen der größten US-Unternehmen entnehmen lässt (vgl. Pearce/Robinson 1994):

- 89% betrachten **strategische Planung als lebenswichtig** für ihr Unternehmen;
- 74% bestätigen, dass Fragen der **Implementierung** einen wichtigen Bestandteil der Planung bilden;
- 63% stellen fest, dass ein Planungssystem die **Kreativität** fördert;
- 56% bekräftigen, dass das **System partizipativer** gestaltet sei als früher.

Als Reaktion auf die Kritik hat sich auch in der Theorie das Konzept des Strategischen Managements weiterentwickelt. Die Einführung der **«Real-time-Systeme»** (Issue Management, Weak Signal Management und Krisenmanagement) trug zur Flexibilisierung und Reaktionsfähigkeit der Planung bei. Ferner wird anerkannt, dass der Planungsprozess **Analyse mit Kreativität koppeln** muss. Selbst Mintzberg bestätigt den Nutzen einer so verstandenen strategischen Planung:

«Bei einigen der schlagkräftigsten Strategien, die wir entdeckten, waren Planung und Lenkung wirksam mit Flexibilität und unternehmensweitem Lernen verknüpft.» Strategische Planung ist vor allem dann wirksam, wenn sie in Form einer «Regenschirm-Strategie» konzipiert ist: «Bei ihr zeigt das Topmanagement die allgemeinen Richtlinien auf (etwa nur hochklassige Produkte auf dem Stand neuester Technik zu produzieren oder Produkten aufgrund bewährter Technik den Vorrang zu geben) und überlässt die Einzelheiten (etwa welche Produkte das sein sollen) nachgeordneten Führungsebenen. Diese Strategie ist nicht nur geplant (hinsichtlich der Richtlinien) und spontan (hinsichtlich der detaillierten Ausführung), sondern sie zeichnet sich auch durch eingeplante Spontaneität aus; denn die Strategiefindung wird bewusst so gehandhabt, dass neue Strategien eingebunden werden können, die beim Umsetzen der strategischen Richtlinien spontan auftauchen.» (Mintzberg 1988, S. 77)

Fazit
Das Strategische Management ist heute in der Praxis ein anerkanntes, für viele Unternehmen ein lebensnotwendiges Konzept. In der Praxis hat man aus den Anwendungsfehlern gelernt, und die Theorie hat sich aufgrund der meist berechtigten Kritik am traditionellen Konzept weiterentwickelt. Heute steht den Unternehmen ein wirkungsvolles Instrumentarium zur Bewältigung der internen und externen Herausforderungen zur Verfügung.

**1.9.3
Möglichkeiten und Grenzen des Strategischen Managements**

Wer das Strategische Management praxisgerecht anwenden will, muss jedoch die Möglichkeiten und Grenzen des Konzepts kennen.

- Eine gedankliche Vorwegnahme der Zukunft kann vor Schnellentwicklungen und Überraschungen schützen.

Möglichkeiten
- Die richtunggebende Wirkung des Strategischen Managements hilft uns, bestehende und latente Chancen frühzeitig zu nutzen und gegenüber der Konkurrenz nachhaltige Wettbewerbsvorteile zu erzielen.
- Ein unternehmensweit verankertes strategisches Denken und Handeln trägt zur «unité de doctrine» und zur Klärung der Ausrichtung bei und verhindert eine Verzettelung der Kräfte.
- Der Planungsprozess unterstützt das organisationale Lernen, indem er bei den Mitarbeitenden das Verständnis für Umweltzusammenhänge, Unternehmensziele und wirksame Lösungsansätze steigert. Daher ist der Prozess wichtiger als der Plan. Wir könnten auch sagen: Strate-

gische Planung ersetzt lediglich den Zufall durch Irrtum. Aber aus Irrtümern können wir lernen, aus dem Zufall nicht. Die strategische Kontrolle beschleunigt zudem dieses Lernen. (Krystek/Müller-Stewens 1993, S. 4)

- Strategisches Management kann integrativ und kulturfördernd wirken.
- Strategische Planung ermöglicht eine gezielte Mittelzuteilung und vermindert die Politisierung der Ressourcenallokation.

**Grenzen und Gefahren**
- Strategisches Management braucht Geld und Zeit.
- Strategisches Management wird oft vom operativen Tagesgeschäft «aufgefressen».
- Strategisches Management hilft, mit Unsicherheit umzugehen, kann sie aber nicht beseitigen.
- Der Nutzen des Strategischen Managements ist abhängig von den Fähigkeiten und Kenntnissen der Entscheidungsträger. Kein Planungssystem kann Wirkung zeigen, wenn die verantwortlichen Führungskräfte nicht in der Lage sind, die zur Verfügung stehenden Informationen zu nutzen und zu verarbeiten.
- Eine starre Anwendung von Planungskonzepten und «Gleichmacherei» im strategischen Denken kann zu mangelnder Flexibilität und zu Kurzsichtigkeit führen.
- Gefahr der Bürokratisierung: die Strategien sind zu kompliziert, die Dokumente zu umfangreich.
- Die Langfristigkeit in der Planung kann zu übertrieben optimistischen Voraussagen führen (z.B. hinsichtlich der eigenen Fähigkeiten).
- Oft fehlt der notwendige, unmittelbare Umsetzungsschwung («morgen werden wir uns den strategischen Fragen widmen, aber heute haben wir wichtigere und dringendere Dinge zu tun»).
- Strategische Planung erfordert hohe Konfliktfähigkeit der beteiligten Parteien. Herrscht im Unternehmen eine Misstrauenskultur oder werden potenzielle Konflikte «unter den Teppich gekehrt», führt die strategische Planung oft zu Zynismus und Widerstand.

# Charmilles Technologies

Als der Trendforscher John Naisbitt vor einigen Jahren das Wort Globalisierung in die Wirtschaftssprache einführte, dachte noch kaum jemand daran, dass dies ein Schlüsselbegriff für die Strategiediskussion der kommenden Jahre werden könnte.

Wer auf allen Märkten der Welt mit Konkurrenten aus der ganzen Welt zusammentrifft, steht vor der Herausforderung des globalen Wettbewerbs. Dies trifft in erster Linie für große multinationale Unternehmen wie ABB, Nestlé,

---

Quelle: Neue Zürcher Zeitung

---

Novartis, Siemens und andere zu. Aber grundsätzlich sind heute alle international operierenden Unternehmen dem globalen Wettbewerb ausgesetzt, so etwa auch kleinere und mittlere Unternehmen der stark exportorientierten Maschinenindustrie. Nicht überall dürfte bekannt sein, dass Schweizer Unternehmen der Maschinen-, Elektro- und Metallindustrie heute schon in der Schweiz lediglich noch 350 000, in eigenen Betrieben im Ausland aber über 800 000 Mitarbeiterinnen und Mitarbeiter beschäftigen.

Der Grund liegt darin, dass aus strategischer Sicht zur Gewährleistung des **langfristigen Erfolges** sowohl zusätzliche **Marktpotenziale** erschlossen als auch **Kostenvorteile** genutzt werden müssen. Dies ist aus heutiger Sicht am ehesten in den Regionen Westeuropa, Nordamerika und Asien möglich. Steigende Kosten im Inland und eine starke Inlandwährung rufen geradezu nach Betriebsverlagerungen ins Ausland, zumal durch die örtliche Anwesenheit neben Kostenvorteilen oft auch Marktvorteile – etwa eine dank der räumlichen Nähe

verbesserte Servicequalität – genutzt werden können.

Ein Beispiel einer «strategischen Globalisierung» liefert die zur Georg Fischer (GF) Gruppe gehörige Charmilles Technologie, die Funkenerosionsmaschinen zur hochpräzisen Bearbeitung von Metallen herstellt. Dieser technologisch anspruchsvolle Markt wird von schweizerischen und japanischen Unternehmen dominiert. Die Schweizer sind qualitativ und preislich im obersten Segment angesiedelt, während das mittlere Segment von den Japanern, das untere Segment von den Japanern und den Taiwanern abgedeckt wird.

Für Charmilles waren für die Verlagerung von Produktionsstätten in die USA hauptsächlich Kostengesichtspunkte maßgebend. Die Herstellung der Maschinen in den USA erbrachte einen Kostenvorteil zwischen 10 Prozent und 15 Prozent. Dadurch wurde es möglich, in das volumenmäßig bedeutsamste mittlere Marktsegment einzudringen, das man bisher aus Kostengründen nicht hatte bearbeiten können. Inzwischen entfallen auf diesen mittleren Bereich bereits 70 Prozent der ausgelieferten Maschinen, während der Absatz im High-End-Bereich nur noch 20 Prozent beträgt. Mit dieser Strategie ist Charmilles innerhalb von drei Jahren zum Marktführer in der Branche geworden, verbunden mit einer beträchtlichen Absatzsteigerung in den USA auf 600 Einheiten pro Jahr (gegenüber 150 Einheiten im Jahre 1988). Zu diesem Erfolg beigetragen hat auch eine eigene Vertriebsorganisation. Dank der Belieferung aller Segmente kann man überdies am Wachstum der Kunden teilnehmen. Betreiber von Funkenerosionsanlagen sind oft kleine Einzelunternehmer. Indem man Firmenangehörige im Bestreben selbständig zu werden unterstützt – was bei lokaler Präsenz am ehesten möglich ist – schafft man sich seine eigenen zukünftigen Kunden.

Die Generatoren – das Herz aller Funkenerosionsanlagen – werden für alle Anlagen nach wie vor in der Schweiz produziert. Die Produktionsausweitung, die dank der günstigeren Produktion in den USA möglich geworden ist, hat daher auch die Aktivitäten in den Fabriken Genf und Schaffhausen belebt. Eine Produktionsverlagerung ins Ausland muss somit nicht negative Auswirkungen auf die Beschäftigung in der Schweiz haben, vorausgesetzt sie ist Bestandteil einer gezielten Strategie, die dazu beiträgt, die für das Überleben des Unternehmens notwendigen **Erfolgspotenziale** zu erhalten und weiterzuentwickeln. ∎

---

Eine ausführliche Fallstudie zu Kapitel 1 «Konzept des Strategischen Managements» findet sich im Anhang Seite 399 ff.

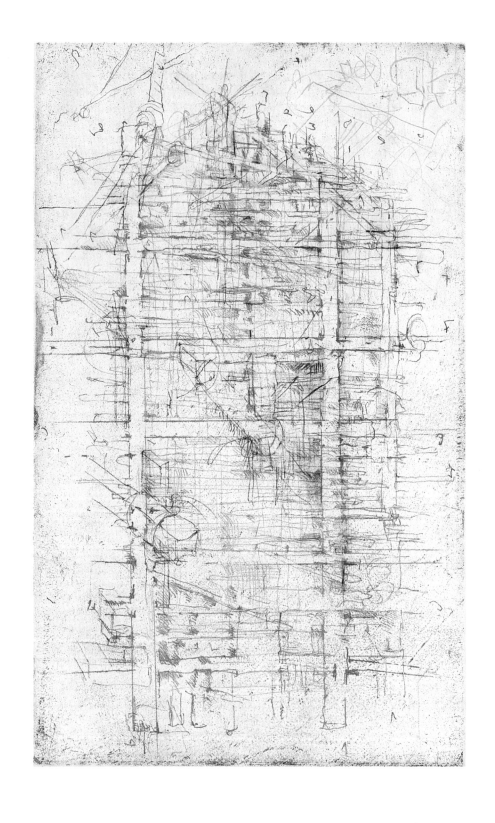

# Kapitel 2

# Analyse der strategischen Ausgangslage und strategische Segmentierung

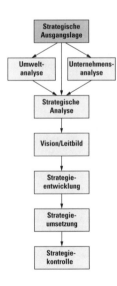

Wir müssen unsere Ausgangsposition kennen, um erfolgreiche Strategien zu entwickeln. Insbesondere sollten wir wissen, wie sich finanzielle und strategische Größen in den letzten fünf bis zehn Jahren entwickelt haben und welches unsere gegenwärtigen Aktivitätsfelder sind. Eine weitere Grundvoraussetzung für die strategische Planung ist die Segmentierung der relevanten Umwelt in sinnvolle Geschäftsfelder. Sie ermöglicht eine differenzierte Umwelt- und Unternehmensanalyse.

## 2.1 Analyse der strategischen Ausgangslage

**2.1.1**
**Bisherige**
**Entwicklung**

Wir ermitteln die bisherige Entwicklung unseres Unternehmens, indem wir uns auf strategisch relevante Sachverhalte konzentrieren. Damit erhalten wir Hinweise auf die Qualität unserer Strategie und die Notwendigkeit einer strategischen Neuorientierung.

Zunächst untersuchen wir, wie sich unsere **finanzielle Situation** in den letzten fünf bis zehn Jahren entwickelt hat. Je nach Unternehmenssituation sind etwa folgende Finanzkennzahlen von Interesse:

- Rentabilität (absolut und im Vergleich zur Konkurrenz);
- Cash-flow und Reingewinn;
- Umsatz (absolut und im Vergleich zur Konkurrenz sowie im Vergleich zum Marktwachstum);
- Dividenden.

Eine positive Entwicklung dieser Größen ist grundsätzlich ein Hinweis darauf, dass wir kaum Veränderungen vornehmen müssen. Vorsicht ist aber am Platz. Gute finanzielle Daten geben nicht ohne weiteres Auskunft über unsere strategische Lage. Wenn wir zum Beispiel bei der Produktentwicklung Kosten einsparen oder kampflos Marktanteil abgeben, kann sich dies kurzfristig günstig auf den Gewinn auswirken, aber langfristig verheerende Folgen haben. Deshalb müssen wir neben den finanziellen auch die **strategischen Größen** der letzten fünf bis zehn Jahre analysieren. Je besser wir bei diesen Größen abschneiden, desto eher können wir auch in Zukunft auf unsere gegenwärtige Strategie bauen. Wichtig sind etwa folgende Faktoren:

- Marktanteil (in Prozent des Gesamtmarktes oder wichtiger Teilmärkte im Vergleich zur Konkurrenz);
- Kreditwürdigkeit bei Banken;
- Kundenstruktur (Anzahl, Größe, Verschiedenartigkeit);
- geografische Marktabdeckung (Breite, Verschiedenartigkeit der Märkte);
- Image (z.B. bezüglich Qualität, Kundenservice, Ökologiebewusstsein, Arbeitgeber);
- Anzahl und Neuigkeitsgrad unserer Innovationen;
- Kosten- und Preisentwicklungen für Rohstoffe, Energie, Arbeit usw.;
- Personal (Anzahl, Altersstruktur).

In vielen Fällen (besonders in großen Unternehmen) sollten wir die finanziellen und strategischen Entwicklungen nach Geschäftseinheiten, Produkten, Märkten, geografischen Regionen usw. aufschlüsseln. In jedem Fall empfiehlt sich eine grafische Darstellung.

**2.1.2**
**Bisherige Strategie**

Die bisherige Entwicklung der finanziellen und strategischen Größen können wir besser beurteilen, wenn wir unsere **strategischen Maßnahmen** im untersuchten Zeitraum berücksichtigen. Dazu ermitteln wir Veränderungen in folgenden Bereichen:[1]

- Produktentwicklung;
- Forschung und Entwicklung;
- Produktionsstruktur (Tiefe, Flexibilität, Standorte usw.);
- Sortimentsbreite und -tiefe;
- Wertschöpfungstiefe;
- Marketing (Preispolitik, Werbekampagnen usw.);
- Absatzkanäle;
- Eintritt in neue geografische Gebiete;
- Organisation (Struktur, Kultur, Regelungen usw.);
- Personalführung (Gewinnung, Beurteilung, Honorierung, Entwicklung, Kommunikation);
- Finanzstruktur;
- vertikale/horizontale Integration.

Wenn wir eine Strategie formulieren, lehnen wir uns normalerweise an das an, was wir bisher gemacht haben. Diese Anlehnung an Bisheriges hat aber auch Nachteile. In Zeiten großer Umweltveränderungen ist sie sogar gefährlich. Je mehr wir vom bisherigen Kurs abweichen, desto weitreichendere Konsequenzen hat dies bei der Umsetzung der neuen Strategie. Darum ist die Analyse der Ist-Strategie wichtig.

Hinweise auf bisherige Entwicklungen erhalten wir zum Beispiel durch die **Analyse des Ressourceneinsatzes.** (Pümpin 1992, S. 89 f.) Wir befragen Führungskräfte, welche Arbeitsgebiete (Personalführung, Organisation, Qualitätsmanagement, Kostenmanagement, Produktinnovationen, Produktionstechnologien, Werbung, Verkauf, Kundenberatung, Service, Finanzen, Managementsysteme usw.) in den letzten Jahren in zeitlicher und finanzieller Hinsicht am meisten gefördert worden sind. Diese Analyse liefert uns Informationen zu folgenden Aspekten:

- Sie zeigt auf, ob das **tatsächliche strategische Verhalten** (z. B. Kosteneinsparung) vom ursprünglich **geplanten strategischen Verhalten** (z. B. Produktinnovation) abweicht.
- Sie weist auf die **Unterschiede** zwischen der **bisherigen** und einer möglichen **neuen Strategie** hin.

---

[1] Vgl. Hinterhuber (1989a) S. 73 ff. und Thompson/Strickland (1995).

**2.1.3**
**Bisheriges**
**Aktivitätsfeld**

Mit der **Analyse unseres gegenwärtigen Aktivitätsfeldes** (oder Tätigkeits-gebietes) beantworten wir folgende Fragen (nach Abell 1980):

- Welche **Nutzen,** Funktionen, Leistungen erbringt unser Unternehmen?
- Für welche **Abnehmer** (Kunden, Absatzhelfer/Händler, Endverbrau-cher, Industrietyp, geografische Lage usw.) stiften wir diese Nutzen?
- Welche **Verfahren** (Produkte- und Produktionstechnologien, Vertriebs-methoden usw.) wenden wir an?

Je nach Unternehmensgröße unterteilen wir nach Produkten, Produkt-gruppen oder Dienstleistungen. ▶ Abbildung 2.1 zeigt die Aktivitäts-feldanalyse einer Laborgerätefirma. Die Matrix gibt einen Überblick über die gegenwärtigen Tätigkeiten. Ferner zeigt sie vom Unternehmen noch nicht abgedeckte Aktivitätsfelder auf und weist auf mögliche neue – auch von keinem anderen Unternehmen abgedeckte – Tätigkeiten hin.

| Nutzen/Funktionen/Leistungen | | |
|---|---|---|
| Verdampfen von Lösungsmitteln | Stickstoff- und Fett-stoffbestimmung | … |
| **Verfahren** | | |
| Mechanik | ? | X | ? |
| Elektronik | X | | |
| Glasbearbeitung | X | ? | X |
| … | | ? | X |
| **Abnehmer** | | |
| Staatliche Labors | X | X | ? |
| Universitäten | X | X | X |
| Chemie-Industrie | X | X | ? |
| … | X | X | ? |

X gegenwärtige Tätigkeitsfelder      ? mögliche neue Tätigkeitsfelder

▲ Abbildung 2.1    Beispiel einer Aktivitätsfeldanalyse (Auszug)

## 2.2  Strategische Segmentierung

Heute genügt es nicht mehr, das angestammte Geschäft als Ganzes unse-rer Planung zugrunde zu legen, da normalerweise die Aussichten zwi-schen den verschiedenen Bereichen, in denen wir tätig sind, zu unter-schiedlich sind. Wir müssen deshalb die besonderen Möglichkeiten und Rahmenbedingungen in den verschiedenen Geschäftssegmenten be-rücksichtigen. Die Grundlage dazu liefert uns die strategische Segmentierung. Dazu teilen wir unsere Geschäftsumwelt (oder unsere Branche) in verschiedene Segmente auf und ermitteln **unsere gegenwärtigen sowie die künftig möglichen Geschäftsfelder**. Die strategische Segmentierung bildet die Basis zur Beantwortung folgender Fragen:

- Wie attraktiv ist das Geschäftsfeld in Zukunft?
- Welche Position haben wir in diesem Geschäftsfeld?
- Welche Position möchten wir in Zukunft einnehmen?
- Mit welcher Strategie wollen wir die Position erreichen?

**2.2.1 Segmentierung der Umwelt in strategische Geschäftsfelder**

Ein strategisches Geschäftsfeld (SGF) ist ein **Ausschnitt** aus dem gesamten (externen) **Betätigungsfeld** unseres Unternehmens. Dieser Ausschnitt lässt sich nach den folgenden Kriterien von anderen Geschäftsfeldern abgrenzen:

- Wachstums- und Erfolgsaussichten;
- zukünftige Chancen und Gefahren (Turbulenzen, Unsicherheiten);
- Erfolgsfaktoren (Strategie, organisatorische Fähigkeiten, Investitionen).

Inside-out-Methode[1]

Die traditionelle Methode der strategischen Segmentierung geht von einer Produkt-/Markt-Matrix aus. Wir listen unsere Produkte (oder Produktgruppen) und Dienstleistungen auf der einen und die bedienten Märkte auf der anderen Achse auf (vgl. ▶ Abbildung 2.2). Die Klassi-

| Märkte / Produkte | | Inland | | | Ausland (Europa) | | | Ausland (Rest) | | |
|---|---|---|---|---|---|---|---|---|---|---|
| | | Textil | Bau | Metall | Textil | Bau | Metall | Textil | Bau | Metall |
| **Maschinentyp A** | mechanisch | | • | • | | • | | • | • | |
| | elektrisch | • | • | • | • | • | | • | • | |
| | elektronisch | • | • | • | • | • | • | • | • | • |
| **Maschinentyp B** | mechanisch | • | • | • | • | • | • | • | • | • |
| | elektrisch | • | • | • | • | • | • | • | • | • |
| | elektronisch | • | • | • | • | • | | | | • |
| **Maschinentyp C** | mechanisch | | • | • | • | • | | • | • | |
| | elektrisch | | • | • | • | • | | • | • | |
| | elektronisch | | • | • | • | • | | • | • | |
| • heutige Produkt-/Markt-Kombinationen | | | | | | | | | | |

▲ Abbildung 2.2    Produkt-/Markt-Matrix eines Maschinenherstellers

---

1 Vgl. Hill/Jones (1992) S. 35 ff.

| Produkte / Märkte | | Inland | | | Ausland (Europa) | | | Ausland (Rest) | | |
|---|---|---|---|---|---|---|---|---|---|---|
| | | Textil | Bau | Metall | Textil | Bau | Metall | Textil | Bau | Metall |
| **Maschinentyp A** | mechanisch | | • | • | SGF 1 | • | | | • | • |
| | elektrisch | • | • (SGF 2) | • | • | • | • (SGF 3) | • | • | |
| | elektronisch | • | • | • | • | • | • | • | • (SGF 6) | • |
| **Maschinentyp B** | mechanisch | • | • | • (SGF 4) | • | • | • | • | • | • |
| | elektrisch | • | • | • | • (SGF 5) | • | • | • | • | • |
| | elektronisch | • | • | • | • | • | • | • | • | • |
| **Maschinentyp C** | mechanisch | | • | • (SGF 7) | • | • | | | • | |
| | elektrisch | | • | • | • | • | • (SGF 8) | | • | |
| | elektronisch | | • | • | • | • | | | • | • |

• heutige Produkt-/Markt-Kombinationen

▲ Abbildung 2.3     Geschäftsfeldabgrenzung nach der Inside-out-Methode

fikation für die Produkte und die Märkte muss breit genug sein, um die Vielzahl der Produkt-/Markt-Kombinationen zu bewältigen, gleichzeitig aber eine genügend differenzierte Segmentierung ermöglichen. Große Unternehmen mit einer Vielzahl von Produkten und Märkten erstellen mit Vorteil mehrere Teilmatrizen. In einem zweiten Schritt müssen wir die Produkt-/Markt-Kombinationen in möglichst homogene Geschäftsfelder zusammenfassen[1] (vgl. ◄ Abbildung 2.3).

Ein **homogenes Geschäftsfeld** besteht aus mehreren **Produkt-/Markt-Kombinationen,** die untereinander zahlreiche **Gemeinsamkeiten** (z.B. gleiche Abnehmer, Verwendungszwecke, Konkurrenten, Vertriebskanäle, Produktionseinrichtungen, Produktionstechnologien, Lieferanten) und **wechselseitige Abhängigkeiten** (z.B. bezüglich Preispolitik, Produktpolitik, Substitution, Synergien) aufweisen.

Gleichzeitig sollte ein homogenes Geschäftsfeld möglichst wenig mit anderen Geschäftsfeldern überlappen. Allerdings wird es uns selten gelingen, vollständig isolierte Geschäftsfelder zu definieren.

Die Definition von Geschäftsfeldern aufgrund der **bisherigen Produkte und Märkte** des Unternehmens wird als **Inside-out-Methode** (oft auch als produktorientierte SGF-Abgrenzung) bezeichnet. Sie ist einfach und pragmatisch, so lange wir es nicht mit einer zu grossen Anzahl Produkt-/Markt-Kombinationen zu tun haben. Die Methode bezieht sich aber nur auf gegenwärtige Produkte/Dienstleistungen und Märkte, was

---

1  Für die Beschreibung eines praxiserprobten Verfahrens vgl. Carqueville et al. (1993) S. 75 ff.

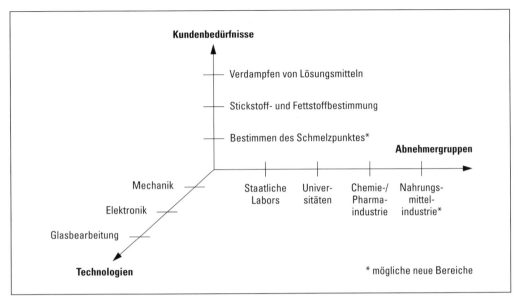

Kundenbedürfnisse

— Verdampfen von Lösungsmitteln

— Stickstoff- und Fettstoffbestimmung

— Bestimmen des Schmelzpunktes*

Abnehmergruppen

Mechanik

Elektronik

Glasbearbeitung

Staatliche    Univer-    Chemie-/    Nahrungs-
Labors    sitäten    Pharma-    mittel-
    industrie    industrie*

Technologien

* mögliche neue Bereiche

▲ Abbildung 2.4    Abgrenzungs-Bezugsrahmen (Outside-in-Methode) für eine Laborgerätefirma

die Gefahr der strategischen Kurzsichtigkeit in sich birgt. Neue Möglichkeiten die Kundenbedürfnisse zu befriedigen oder Veränderungen im Markt werden bei diesem Vorgehen nicht erfasst. Darum empfiehlt es sich, für die strategische Segmentierung nach Möglichkeit die Outside-in-Methode zu verwenden.

Outside-in-Methode      Die **Outside-in-Methode** hat zum Ziel, die Geschäftsfelder nach **marktorientierten** Gesichtspunkten und nicht nach vorhandenen Strukturen (Division, Profitcenter, Abteilung usw.) oder nach bisherigen Produkten und Märkten abzugrenzen. Ausgangspunkt der marktorientierten Betrachtungsweise sind die **Kundenbedürfnisse.** Wir ermitteln, welche **Hauptbedürfnisse** unser Unternehmen momentan befriedigt. Danach überlegen wir, mit welchen **Verfahren** (Technologien) diese Bedürfnisse in Zukunft abgedeckt werden können und welche **Abnehmergruppen** dabei zu bedienen sind (vgl. ◄ Abbildung 2.4). (Es sind dies im Prinzip die gleichen drei Dimensionen wie bei der Aktivitätsfeldanalyse, wobei dort das Hauptbedürfnis durch die Nutzendimension repräsentiert wird).

Mit diesen Informationen versuchen wir, möglichst wenige homogene Geschäftsfelder zu definieren. Diese sollten sich gar nicht oder nur geringfügig überschneiden. Ein **homogenes Geschäftsfeld** besteht aus mehreren **Bedürfnis-/Verfahren-/Abnehmer-Kombinationen,** die **gleiche oder ähnliche Attraktivitätsaussichten** (Wachstum, Rentabilität, Chancen/Gefahren) und **Erfolgsfaktoren** (wirksame Strategien und organisatorische Fähigkeiten) aufweisen und somit **einheitlich bewirtschaftet** werden können.

Die konsequente Anwendung der **Outside-in-Methode** fördert das strategische Denken im Unternehmen. Von der Inside-out-Methode unterscheidet sie sich vor allem in drei Punkten:

1. Sie ist **marktorientiert:** das Kundenbedürfnis bildet die Basis der Segmentierung.
2. Sie **analysiert** neben den eigenen Verfahren und Abnehmergruppen **auch** jene unserer **gegenwärtigen und potenziellen Konkurrenten.**
3. Sie ist **zukunftsorientiert:** wir ziehen neben heute vorhandenen auch künftig mögliche Verfahren und Abnehmergruppen in Betracht. Dies deckt sowohl Chancen als auch Gefahren auf.

Die Praxis liefert uns Beispiele ehemals erfolgreicher Firmen, die in große Schwierigkeiten geraten sind, weil sie diese marktorientierte Sichtweise vernachlässigt haben. Als klassisches Beispiel gelten die amerikanischen **Eisenbahngesellschaften,** von denen zu Beginn des 20. Jahrhunderts viele bankrott gingen. Die Ursache dieses Niedergangs war nicht ein Rückgang der Nachfrage nach Passagier- und Frachttransport (diese stieg im Gegenteil während des ganzen 20. Jahrhunderts kontinuierlich an), sondern eine Fehleinschätzung des Marktes. Die Eisenbahngesellschaften glaubten, im Eisenbahngeschäft tätig zu sein. In Wirklichkeit aber waren sie im Transportgeschäft tätig. Eine kundenorientierte Betrachtungsweise hätte die Aufmerksamkeit auf andere Verfahren (Autos, Nutzfahrzeuge, Flugzeuge oder sogar Telefone) lenken können, was ermöglicht hätte, rechtzeitig die besonderen Stärken der Eisenbahnen auszunützen. (Levitt 1960)

Ein anderes Beispiel liefert **Polaroid.** Die Geschäftsdefinition dieses Unternehmens war bis Ende der 70er Jahre ausgesprochen produkteorientiert. Sie konzentrierte sich auf das Geschäft der «instant photography» (Sofortbild-Kamera). Polaroid geriet jedoch in den 80er Jahren in große Schwierigkeiten, da die qualitativ bessere Fotoschnellentwicklung sowie billige 35mm-Kameras große Marktanteilgewinne verzeichneten. Der Verkauf an Kameras brach ebenso ein (in den USA innerhalb von vier Jahren von acht Millionen auf fünf Millionen Stück) wie der Gewinn (von US-$ 120 Mio. auf US-$ 23,5 Mio.). Dieser Trend verschärfte sich nochmals in den späten 90er Jahren, als die ersten Digital-Kameras auf dem Markt erschienen. Polaroid wähnte sich im Geschäft der «Sofortbild-Kameras». Das zugrundeliegende Kundenbedürfnis war jedoch das «Festhalten von Bildern und Erinnerungen».

Ein positives Beispiel einer Geschäftsdefinition finden wir bei **IBM.** Der ehemalige Marktführer im Geschäft für mechanische Schreibmaschinen erkannte frühzeitig, dass das Kundenbedürfnis nicht «mechanische Schreibmaschinen» sondern «Informationsverarbeitung» war. Diese Geschäftsdefinition war entscheidend für den Eintritt ins Computer- und Kopiergeschäft.

**2.2.2 Strategische Geschäftseinheit als organisatorische Umsetzung eines strategischen Geschäftsfeldes**

Mit welcher organisatorischen Struktur lässt sich ein **strategisches Geschäftsfeld** effizient bewirtschaften? General Electric (GE) – weltweit einer der größten Konzerne – hat mit der Einführung **strategischer Geschäftseinheiten** Anfang der 70er Jahre versucht, diese Frage zu beantworten. Mit der Aufteilung des Unternehmens in strategische Geschäftseinheiten zielte General Electric darauf ab, die Schwerfälligkeit des Großunternehmens zu überwinden und insgesamt innovationsfähiger, schlagkräftiger und umweltsensitiver zu werden. Inzwischen haben uns die Theorie und die Praxis bestätigt, dass Strategien tatsächlich am wirksamsten auf der Ebene der strategischen Geschäftseinheiten formuliert und umgesetzt werden.

Eine **strategische Geschäftseinheit (SGE)** ist ein **Unternehmensbereich,** der für die Bearbeitung eines oder mehrerer Geschäftsfelder verantwortlich ist. Eine strategische Geschäftseinheit sollte folgende **Kriterien** erfüllen:[1]

- Sie deckt eine **eigenständige Marktaufgabe** ab und beliefert einen klar abgrenzbaren externen Markt (bzw. strategisches Geschäftsfeld).
- Sie **entscheidet selber** über ihre Produkte und Märkte.
- Sie sichert im betreffenden Geschäftsfeld **Wettbewerbsvorteile** und/oder baut solche auf. Voraussetzung dazu ist eine deutlich abgrenzbare externe Konkurrenz.
- Sie ist in ihren **strategischen Entscheidungen** gegenüber anderen Geschäftseinheiten **relativ unabhängig**. Insbesondere kann sie eigenständige Strategien und Aktionsprogramme erarbeiten, Investitionen tätigen und personalpolitische Entscheide (Auswahl, Beurteilung, Entwicklung usw.) selbständig treffen.
- Sie weist möglichst **wenig Überschneidungen mit anderen Geschäftseinheiten** auf. Im Idealfall wird ein Geschäftsfeld nur von einer strategischen Geschäftseinheit bearbeitet.
- Sie muss **längere Zeit stabil** sein, um eine langfristige Planung zu ermöglichen. Ein Unternehmen sollte seine Geschäftseinheiten nicht alle zwei bis drei Jahre neu definieren.
- Sie ist ein **echtes Profitcenter.** Gewinn oder Verlust sind messbar.

---

1 Vgl. Grünig (1994); Hax/Majluf (1991) S. 32; Hinterhuber (1989b) S. 126; Kreilkamp (1987).

- Sie wird von **Führungskräften** geleitet, die Strategien entwickeln und durchsetzen können und die **nach strategischen Kriterien beurteilt** und **honoriert** werden.

Strategische Geschäftseinheiten erfüllen selten alle diese Kriterien. Kleine und mittlere Unternehmen bewirtschaften oft mehrere strategische Geschäftsfelder, bestehen häufig jedoch nur aus einer strategischen Geschäftseinheit. Auch in größeren Unternehmen bestehen oft Abhängigkeiten und Verflechtungen zwischen den Einheiten. Völlig unabhängige strategische Geschäftseinheiten sind auch nicht immer sinnvoll. Besonders dann nicht, wenn durch gemeinsame Ressourcennutzung (z.B. Fabrikationsanlagen, Außendienst, Forschung und Entwicklung) bedeutende Einsparungen möglich sind. Aber auch dort nicht, wo gemeinsame Anliegen (z.B. Public Relations, Technologieplanung, gemeinsamer Großkunde usw.) zu vertreten sind (vgl. Hax/Majluf 1991).

**Beziehung zwischen strategischen Geschäftseinheiten und strategischen Geschäftsfeldern**

Oft werden die Begriffe strategische Geschäftsfelder («strategic business areas») und strategische Geschäftseinheiten («strategic business units») nicht sauber auseinandergehalten (vgl. ▶ Abbildung 2.5), was zu Unklarheiten oder gar zu fundamentalen Missverständnissen führen kann.

Strategische Geschäftsfelder sind nicht an die gegenwärtige SGE-Struktur gebunden. Das bedeutet, dass ein strategisch-konzeptionelles Denken in strategischen Geschäftsfeldern auch dann möglich und notwendig ist, wenn in der Aufbauorganisation entsprechende strategische Geschäftseinheiten fehlen. (Link 1985, S. 614)

Für viele kleine und mittlere Unternehmen wäre es unsinnig, sich in verschiedene strategische Geschäftseinheiten aufzuteilen. Hingegen sollten sie trotzdem ihre Umwelt in sinnvolle Geschäftsfelder aufteilen, denn damit bilden sie eine Grundlage für die Entwicklung gezielter Strategien. Ähnliches gilt für funktional gegliederte Großunternehmen in verfahrensorientierten Branchen (z.B. Chemie- und Ölindustrie). (Hax/Majluf 1991, S. 54)

Diskrepanzen zwischen strategischen Geschäftsfeldern und strategischen Geschäftseinheiten entstehen auch in Unternehmen, die sich über Jahre mit Diversifikationsmöglichkeiten beschäftigen, ohne entsprechende strategische Geschäftseinheiten aufzubauen. Erst wenn sich ein Unternehmen tatsächlich diversifiziert, wird es allenfalls eine neue strategische Geschäftseinheit bilden. Die Abgrenzung von strategischen Geschäftsfeldern eilt somit in der Regel den übrigen strategischen und organisatorischen Realitäten voraus.

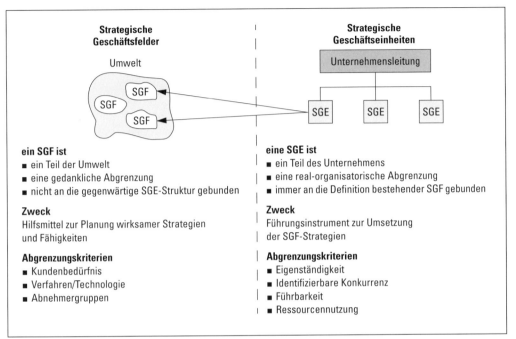

▲ Abbildung 2.5   Unterscheidung zwischen strategischen Geschäftsfeldern und strategischen Geschäftseinheiten
(in Anlehnung an Ansoff/McDonnel 1990, S. 51; Link 1985, S. 614; Kuppel 1993, S. 46)

Beziehung der
strategischen
Geschäftseinheiten
zur Aufbaustruktur

Wir können selten auf den ersten Blick erkennen, ob und allenfalls wie
ein Unternehmen in strategische Geschäftseinheiten gegliedert ist. Das
Organigramm widerspiegelt normalerweise die operative Gliederung
eines Unternehmens. Sie sagt aber nichts aus über die strategische Gliederung. Eine Bank mit zehn Niederlassungen oder ein Industrieunter-
nehmen mit zehn Tochtergesellschaften muss nicht notwendigerweise
zehn strategische Geschäftseinheiten umfassen. Die Beziehung zwischen operativen und strategischen Geschäftseinheiten ist besonders in
großen Unternehmen oft sehr komplex.

Die **SGE-Struktur** verfolgt das Ziel, das Unternehmen durch gezielten
**Aufbau von Erfolgspotenzialen** in den verschiedenen Geschäftsfeldern
optimal zu positionieren. Die **operative Aufbaustruktur** soll hingegen bestehende **Erfolgspotenziale möglichst effizient ausschöpfen,** was häufig
eine gemeinsame Nutzung von Ressourcen erfordert und gegen die Bildung völlig unabhängiger strategischer Geschäftseinheiten spricht.

Wir können die SGE-Struktur als **Sekundärorganisation** mit eigenem
Ziel- und Berichtssystem verstehen, die mit der operativen Organisationsstruktur koexistiert. Viele Führungskräfte übernehmen sowohl eine

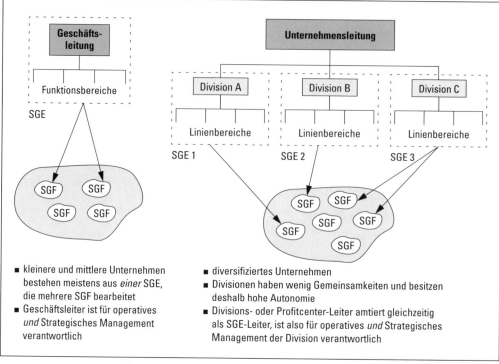

▲ Abbildung 2.6   Übereinstimmung zwischen SGE-Struktur und operativer Aufbaustruktur
(in Anlehnung an Link 1985 und Hinterhuber 1989 b)

operative wie auch eine strategische Rolle. Bei Texas Instruments spricht man von Führungskräften, die «zwei Hüte» tragen. Diese werden nach einem Kontrollsystem beurteilt und honoriert, das beide Rollen miteinbezieht.

Ein Konflikt zwischen operativen und strategischen Tätigkeiten bleibt aus, wenn sich die SGE-Struktur mit der operative Aufbaustruktur vollständig deckt. In diesem Fall bestehen die strategischen und operativen Einheiten aus den gleichen Mitarbeitenden und Führungskräften. Dies trifft vor allem in Klein- und Mittelbetrieben zu, wo oft das ganze Unternehmen als eine strategische Geschäfteinheit betrachtet werden kann. Ähnliches gilt auch für stark diversifizierte Konglomerate, deren Divisionen (oder Profitcenter) keine Gemeinsamkeiten aufweisen (◄ Abbildung 2.6).

In der Praxis weicht die SGE-Struktur jedoch häufig erheblich von der bestehenden operativen Aufbaustruktur ab. Als Beispiel dient die Autoindustrie. Personenwagen unterschiedlicher Größenklassen und Ausstattungen können den gleichen operativen Planungs-, Steuerungs-

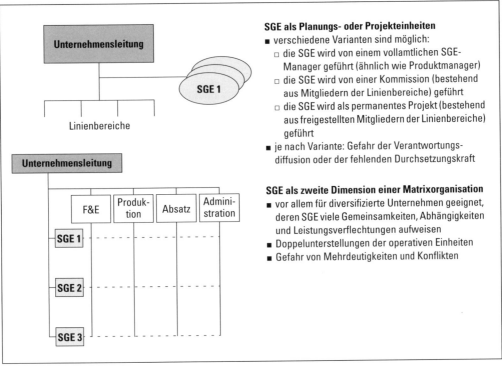

**SGE als Planungs- oder Projekteinheiten**

■ verschiedene Varianten sind möglich:
  □ die SGE wird von einem vollamtlichen SGE-Manager geführt (ähnlich wie Produktmanager)
  □ die SGE wird von einer Kommission (bestehend aus Mitgliedern der Linienbereiche) geführt
  □ die SGE wird als permanentes Projekt (bestehend aus freigestellten Mitgliedern der Linienbereiche) geführt
■ je nach Variante: Gefahr der Verantwortungs-diffusion oder der fehlenden Durchsetzungskraft

**SGE als zweite Dimension einer Matrixorganisation**

■ vor allem für diversifizierte Unternehmen geeignet, deren SGE viele Gemeinsamkeiten, Abhängigkeiten und Leistungsverflechtungen aufweisen
■ Doppelunterstellungen der operativen Einheiten
■ Gefahr von Mehrdeutigkeiten und Konflikten

▲ Abbildung 2.7    SGE-Struktur als sichtbare Sekundärstruktur (in Anlehnung an Drexel 1987 und Hinter-huber 1989 b)

und Kontrollroutinen in Produktion, Beschaffung und Vertrieb unter-worfen werden. Hingegen stellen die Personenwagen-Klassen in strate-gischer Hinsicht jeweils eigenständige strategische Geschäftseinheiten dar, da heterogene Bedürfnisse und Wettbewerbsverhältnisse keine ein-heitliche Strategie erlauben. (Link 1985, S. 620f.)

Deckt sich die SGE-Struktur nicht mit der operativen Gliederung, existieren die strategischen Geschäftseinheiten entweder als **Planungs-** oder **Projekteinheiten** oder als **Dimension** einer **Matrixorganisation** (◄ Abbildung 2.7), die für die Entwicklung und Umsetzung der strategi-schen Programme zuständig sind. In beiden Fällen können Mehrdeutig-keiten, unklare Verantwortlichkeiten und damit Konflikte entstehen. Diese lassen sich durch eine klare Regelung der Aufgaben, Kompeten-zen und Verantwortlichkeiten zwar teilweise vermeiden. Kooperations-bereitschaft und Konfliktfähigkeit der betroffenen Leiter der strate-gischen Geschäftseinheiten und operativen Einheiten sind aber in jedem Fall eine wichtige Voraussetzung für eine erfolgreiche Durchsetzung von Strategien in einer solchen Doppelstruktur.

Abgrenzung
strategischer
Geschäftseinheiten

Wenn wir strategische Geschäftseinheiten abgrenzen, versuchen wir möglichst viele Kriterien (siehe Abschnitt 2.2.2 «Strategische Geschäftseinheit als organisatorische Umsetzung eines strategischen Geschäftsfeldes», Seite 77 f.) zu berücksichtigen und achten insbesondere auf folgende Punkte:

- Die SGE-Definition muss **marktorientiert** erfolgen. Sie richtet sich nach der (zeitlich vorausgehenden) Definition der Geschäftsfelder. Ein Reiseveranstalter müsste zum Beispiel aufgrund der völlig unterschiedlichen Erfolgsfaktoren für die strategischen Geschäftsfelder «Geschäftsreisen» und «Touristik» zwei separate strategische Geschäftseinheiten bilden. Eine Vermischung der zwei Geschäfte in einer strategischen Geschäftseinheit würde zu suboptimalen Strategien in beiden strategischen Geschäftsfeldern führen (vgl. Gomez/ Probst 1995, S. 165).

- Wenn eine strategische Geschäftseinheit mehrere strategische Geschäftsfelder zu bearbeiten hat, dürfen die **Strategien und organisatorischen Fähigkeiten nicht zu stark variieren.** Ein strategisches Geschäftsfeld, das eine Strategie der Kostenführerschaft erfordert, sollte nicht mit einem strategischen Geschäftsfeld zusammengelegt werden, das eine Differenzierungsstrategie (z.B. höchste Qualität) verlangt. In diesem Fall ist es günstiger, zwei strategische Geschäftseinheiten zu bilden.

- Neben marktorientierten Kriterien sind auch **unternehmensinterne Rahmenbedingungen** zu berücksichtigen. Die SGE-Struktur darf dem Ziel der operativen Effizienz nicht im Wege stehen. Sie muss vielmehr eine zweckmäßige Nutzung der organisatorischen Ressourcen, d.h. Economies of Scope und Economies of Scale ermöglichen.[1] Um eine Zersplitterung der operativen Tätigkeiten über mehrere strategische Geschäftseinheiten zu vermeiden, müssen wir bei der Bildung von strategischen Geschäftseinheiten überprüfen, wo Ressourcen und organisatorische Fähigkeiten gemeinsam genutzt werden können oder

---

1  **Economies of Scope** entstehen dort, wo wir durch die gleichzeitige Bedienung von zwei oder mehr Geschäftsfeldern Kosten sparen oder unsere Leistung verbessern (z.B. durch Know-how-Transfer). Unterhält zum Beispiel ein Unternehmen eine Verkaufsorganisation, die Vergaser an die Automobilunternehmen verkauft, kann es über diese Verkaufsorganisation auch Benzinpumpen anbieten und damit die Kosten auf beide Produkte verteilen (vgl. Kotler/Bliemel 1995, S. 457). **Economies of Scale** (Größenvorteile) erzielen wir dort, wo wir durch Zusammenlegung der Aktivitäten ein größeres Geschäftsvolumen erreichen. Dadurch können wir Tätigkeiten besser oder rationeller (z.B. durch Spezialisierung, Standardisierung) ausführen oder Infrastruktur- und Gemeinkosten auf ein größeres Absatzvolumen aufteilen.

wo gegenseitige Abhängigkeiten und Lieferbeziehungen zwischen den Unternehmensbereichen bestehen.

- Die SGE-Struktur wird sich nur in seltenen Fällen genau mit der bestehenden Aufbaustruktur decken. Strategische Geschäftseinheiten müssen darum **organisatorisch verankert** sein (vgl. ◀ Abbildung 2.7) und **Kompetenzen** müssen **klar zugeordnet** werden. Vor allem wenn wir zum ersten Mal eine SGE-Segmentierung vornehmen, sollten wir analysieren, inwiefern die SGE-Struktur von der bestehenden Organisationsstruktur abweicht. Dies deckt unvermeidliche Konfliktpotenziale und Mehrdeutigkeiten auf und weist auf notwendige Koordinierungsmaßnahmen hin. (Hax/Majluf 1991, S. 105 f. und S. 308)

- In der Praxis werden sich strategische Geschäftseinheiten fast immer überlappen. Das heißt, es müssen oft **gemeinsame Ressourcen** und Anliegen **auch über die SGE-Grenzen hinaus genutzt** und vertreten werden. Es ist ein wichtiger Bestandteil der Strategieentwicklung zu entscheiden, wie und in welchem Ausmaß dies geschehen soll.

- In Großkonzernen wird oft eine **zusätzliche hierarchische Ebene** (in der Regel Gruppe, Sektor oder Geschäftsbereich genannt) eingeschoben, damit verwandte strategische Geschäftseinheiten wichtige Ressourcen gemeinsam nutzen können. In diesem Fall koordinieren strategische Gruppen, Sektoren oder Geschäftsbereiche die strategischen und operativen Aufgaben der strategischen Geschäftseinheiten und sorgen für die optimale Nutzung der gemeinsamen Ressourcen (▶ Abbildung 2.8).

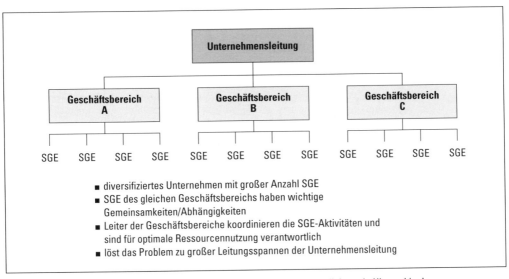

- diversifiziertes Unternehmen mit großer Anzahl SGE
- SGE des gleichen Geschäftsbereichs haben wichtige Gemeinsamkeiten/Abhängigkeiten
- Leiter der Geschäftsbereiche koordinieren die SGE-Aktivitäten und sind für optimale Ressourcennutzung verantwortlich
- löst das Problem zu großer Leitungsspannen der Unternehmensleitung

▲ Abbildung 2.8    SGE-Struktur mit Geschäftsbereichen als koordinierende Hierarchieebene

**2.2.3**
**Strategische**
**Segmentierung**
**versus**
**Marktsegmentierung**

Strategische Segmentierung ist nicht dasselbe wie Marktsegmentierung. Die Marktsegmentierung spielt vor allem bei der Entwicklung der Marketingstrategie (die der strategischen Planung folgt) eine Rolle.

Für eine **Marktsegmentierung** untersuchen wir, ob die Bedürfnisse und das Kaufverhalten einzelner Kundengruppen so unterschiedlich sind, dass sie verschiedene Marketingstrategien erfordern. Die Marktsegmentierung ist also ein klassisches **Marketinginstrument**. Sie orientiert sich an Kundensegmenten und berücksichtigt in Konsumgütermärkten insbesondere folgende Kriterien (Kotler 1995, S. 430ff.):

- geografische (Region, Ortsgröße, Bevölkerungsdichte usw.),
- demographische (Alter, Geschlecht, Einkommen, Beruf, Ausbildung usw.),
- sozialpsychologische (Lebensstil, Persönlichkeit usw.),
- verhaltensbezogene (Ess- und Trinkgewohnheiten, Art der Freizeitgestaltung, Fernsehgewohnheiten, Urlaubsgestaltung usw.).

Bei der **strategischen Segmentierung,** die der Marktsegmentierung vorausgeht, teilen wir das **gesamte Geschäftsumfeld** in Untereinheiten auf. Das Ziel ist die Entwicklung wirksamer Wettbewerbsstrategien. Neben den Kundenbedürfnissen berücksichtigen wir bei der strategischen Segmentierung auch Produkte, Produktionstechnologien, Vertriebskanäle, geografische Verteilung, Konkurrenzsituationen und ähnliches.

**2.2.4**
**Arbeitsschritte**
**für eine strategische**
**Segmentierung**

Im Folgenden beschreiben wir die Arbeitsschritte für eine strategische Segmentierung nach der Outside-in-Methode (siehe Abschnitt «Outside-in-Methode», Seite 75ff.). Eine flexible Vorgehensweise ist in jedem Fall erforderlich, um die speziellen Unternehmens- und Umweltbedingungen zu berücksichtigen.

Für die strategische Segmentierung können wir auf Informationen aus der Aktivitätsfeldanalyse (siehe Abschnitt 2.1.3 «Bisheriges Aktivitätsfeld», Seite 72) zurückgreifen. Mit der Aktivitätsfeldanalyse ermitteln wir die gegenwärtig erbrachten Leistungen (Nutzen und/oder Funktionen), die dabei eingesetzten Verfahren und die bedienten Abnehmer. Für die strategische Segmentierung fügen wir die **gegenwärtigen** und **zukünftigen Verfahren** sowie die Abnehmergruppen hinzu, die wir bisher (noch) nicht abdecken. Auf diese Weise ermitteln wir vielleicht Geschäftsfelder, in denen wir (und eventuell auch unsere Konkurrenten) bisher noch nicht tätig sind.

1. Hauptbedürfnisse
ermitteln

Wir stellen zunächst fest, welche Hauptbedürfnisse wir mit unseren gegenwärtigen Produkten befriedigen. Die **Nutzendimension** aus der **Aktivitätsfeldanalyse** liefert uns entsprechende Hinweise. In seltenen Fällen können wir die Hauptbedürfnisse direkt ablesen. Meist ist aber eine Zusammenfassung erforderlich (z. B. lassen sich die Funktionen «fachliche Weiterbildung», «fachliche Ausbildung» und «Allgemeinbildung» zum **Hauptbedürfnis** «Bildung» zusammenfassen).

Manchmal enthält die Aktivitätsfeldanalyse nicht die eigentlichen Bedürfnisse, sondern **Attribute,** die bestimmten Abnehmergruppen als Kriterien für die Kaufentscheidung dienen. Ein Taxiunternehmen ermittelt zum Beispiel in der Aktivitätsfeldanalyse die Nutzen-Dimensionen Preis, Komfort, Verfügbarkeit und Sicherheit. Das diesen Dimensionen zugrunde liegende Hauptbedürfnis ist jedoch «Personentransport».

Die Definition des Kundenbedürfnisses ist oft schwierig. Vor allem Zulieferfirmen und Rohstoffproduzenten müssen sich überlegen, ob sie Bedürfnisse ihrer unmittelbaren Kunden oder jene der Endnutzer als Segmentierungskriterium wählen sollen. Letztlich müssen wir die Nachfrage nach Industriegütern von jener nach Konsumgütern ableiten. Ein Unternehmen, das Kraftfahrzeugteile herstellt, muss entscheiden, ob es das Bedürfnis seiner unmittelbaren Kunden (d. h. das Bedürfnis der Automobilhersteller nach Teilen) oder das der Endnutzer (z. B. «Bedürfnis nach Fahrkomfort») zum Ausgangspunkt nehmen soll. Je eher die Nachfrage nach dem Industriegut von der Nachfrage eines einzigen Konsumgutes abhängt, desto stärker muss vom Bedürfnis des Endnutzers ausgegangen werden (z. B. bei einem Produzenten von Tierhäuten, die fast ausschließlich für die Schuhproduktion verwendet werden). Außerdem kann es sinnvoll sein zukünftige Bedürfnisse zu eruieren, die man allenfalls auch noch abdecken möchte. Freilich können solche Bedürfnisse in der Regel nicht mit einer Kundenbefragung ermittelt werden. Zahlreiche erfolgreiche Produkte (z. B. CD, Walkman, Handy, SMS) sind vielmehr aufgrund von Imagination und kreativem «Ausprobieren» und nicht aufgrund von artikulierten Bedürfnissen bisheriger Kunden entstanden.

**2. Segmentierungs-kriterien für die Definition der strategischen Geschäftsfelder auswählen**

Wir überlegen für jedes Hauptbedürfnis, welche Kriterien am besten geeignet sind, den Gesamtmarkt in **homogene Geschäftsfelder** aufzuteilen. Zur Auswahl stehen meist folgende Segmentierungskriterien:

- Technologie (Produkte- oder Produktionstechnologien);
- Abnehmergruppen (Kundentyp, Industrietyp, Branche, Kundengröße, Endnutzer usw.);
- geografische Gebiete;
- Vertriebskanäle.

Beispielsweise sollte der oben erwähnte Reiseveranstalter den Kundentyp als Segmentierungskriterium wählen, da Strategien und notwendige Informationssysteme davon abhängen, ob die Kunden «Geschäftsreisende» oder «Touristen» sind. Ein einzelnes Kundenbedürfnis kann eine Vielzahl von Geschäftsfeldern generieren. Aus praktischen Gründen sollten wir aber die Anzahl strategischer Geschäftsfelder möglichst klein halten und daher höchstens drei bis fünf Segmentierungskriterien einsetzen.

**3. Merkmalsausprägungen der Segmentierungskriterien bestimmen**

Sind die Segmentierungskriterien definiert, müssen wir für jedes Kriterium die möglichen Ausprägungen auflisten. Bei einem Transportunternehmen kann das **Segmentierungskriterium** beispielsweise «Technologie» heißen. **Ausprägungen** davon wären Auto, Lastwagen, Bahn und Flugzeug. Wichtig ist, dass wir neben den gegenwärtigen auch zukünftige (in den nächsten fünf bis zehn Jahren) mögliche Ausprägungen ermitteln. Dies gilt vor allem für Unternehmen, deren Technologien sich in der Reifephase befinden (und daher durch neue Technologien bedroht sind).

In der Praxis werden als Folge einer zunehmenden Vereinheitlichung des Konsumverhaltens die geografischen Gebiete eher grob, die Produkttechnologien dagegen fein segmentiert. ▶ Abbildung 2.9 zeigt die Segmentierungskriterien und Merkmalsausprägungen eines Unternehmens der Maschinenindustrie.

| Kundenbedürfnisse | Produkte | Technologien | Absatzwege | Kundengruppen |
|---|---|---|---|---|
| ▪ Genaue Bearbeitung von Metall-, Graphit- und Kunststoffteilen | ▪ Werkzeugmaschinen für spanende Bearbeitung<br>▪ Universalfräsmaschinen<br>▪ Bearbeitungszentren<br>▪ Drehmaschinen<br>▪ Werkzeugmaschinen für nichtspanende Bearbeitung<br>▪ Schleifmaschinen<br>▪ Erodiermaschinen | ▪ Spezialmaschinen<br>▪ Standardmaschinen für Nischenmärkte<br>▪ Standardmaschinen für Volumenmärkte | ▪ eigene Verkaufsgesellschaft<br>▪ Handelsvertretung als Wiederverkäufer<br>▪ Handelsmittler<br>▪ eigene Verkaufsabteilung im Werk<br>▪ Katalogverkauf mit Direktversand<br>▪ Verkauf ab Rampe | ▪ Großunternehmen<br>▪ mittlere, kleine Unternehmen<br>▪ Großserienhersteller<br>▪ Mittel- und Kleinserienhersteller<br>▪ Werkzeug- und Formenbauer |

Abgrenzung der SGE «Fräsmaschinen»

▲ Abbildung 2.9    Segmentierungskriterien der Mikron AG (Gomez/Probst 1995, S. 135)

| Bedürfnis | mobile Datenspeicherung | | | | |
|-----------|-------------------------|---|---|---|---|
| Technologie | 1. Disketten | 2. Magnetbänder | 3. Wechselplatten | 4. Magneto-Optische Laufwerke (MO-Disks) | 5. CD-ROM |
| Kunden | 1. Grafische Industrie | | 2. Banken/Versicherungen | 3. Industrie (Rest) | 4. Private Haushalte |
| Geografie | 1. Europa | | | 2. Asien | 3. Nord-/Südamerika |

▲ Abbildung 2.10    Segmentierungsschema für elektronische Massenspeicher

**4. Alle Segmentierungs-kombinationen auflisten**

Wir erstellen für jedes Hauptbedürfnis eine Liste aller **sinnvollen Kombinationen,** die sich aus den Segmentierungskriterien ergeben. ◄ Abbildung 2.10 zeigt das Segmentierungsschema eines Produzenten von elektronischen Massenspeichern.

Theoretisch sind 60 ($1 \times 5 \times 4 \times 3$) Kombinationen möglich. Einige davon sind jedoch nicht sinnvoll. Zum Beispiel eignen sich Magnetbänder (Band-Cartridges) nur für Backups bei Großfirmen, nicht aber für private Haushalte.

Auch wenn wir unsinnige Kombinationen streichen, bleibt die SGF-Liste oft noch sehr detailliert. Dies ist vom analytischen Standpunkt aus sinnvoll, da wir auf diese Weise keine wichtigen Segmentierungsmöglichkeiten übersehen. Beim oben genannten Produzenten elektronischer Massenspeicher hat das detaillierte Vorgehen zu einer Strategie geführt, die auf die Bedürfnisse der umsatzträchtigen grafischen Industrie zugeschnitten war.

**5. Zu homogenen strategischen Geschäftsfeldern zusammenfassen**

In einem nächsten Schritt müssen wir die bisher erstellte Liste verdichten. Oft ist es möglich, einzelne Segmentierungskriterien zusammenzufassen. Zudem bestehen häufig **Gemeinsamkeiten** (z.B. Abnehmer und ihre Bedürfnisse, Verwendungszweck, Konkurrenten, Vertriebskanäle, Lieferanten usw.) und **gegenseitige Abhängigkeiten** (z.B. Preispolitik, Produktpolitik, Substitutions- oder Komplementärprodukte usw.) zwischen den oben erhaltenen Kombinationen, was ebenfalls eine Zusammenfassung erfordert. Wirkt sich zum Beispiel die Preispolitik in einem Marktbereich stark auf jene eines anderen Marktbereichs aus, empfiehlt es sich, die zwei Bereiche im selben Geschäftsfeld zusammenzufassen.

In der Praxis probieren wir in der Regel mehrere Segmentierungsschemata aus. Strategische Segmentierung wird daher zum iterativen Prozess. Der folgende Grundsatz ist dabei zu beachten: Die Segmentierung muss differenziert genug sein, um als Basis für die Entwicklung gezielter Strategien in den unterschiedlichen Umweltbereichen dienen

| SGE | Technologie | Kunden | Geografie |
|------|-------------|--------|-----------|
| SGF 1 | Disketten | Industrie | Europa/Asien/Amerika |
| SGF 2 | Disketten | Private Haushalte | Europa/Amerika |
| SGF 3 | Magnetbänder | Banken/Versicherungen | Europa/Asien |
| SGF 4 | Wechselplatten | Grafische Industrie | Europa/Amerika |
| SGF 5 | MO-Disks | Grafische Industrie | Europa/Amerika |
| SGF 6 | CD-ROM | Industrie | Europa/Asien/Amerika |
| SGF 7 | CD-ROM | Private Haushalte | Europa/Asien/Amerika |

▲ Abbildung 2.11    Strategische Geschäftsfelder am Beispiel eines Produzenten von elektronischen Massenspeichern

zu können. Sie muss andererseits grob genug sein, um die Anzahl der strategischen Geschäftsfelder bewältigen zu können.

Am Beispiel des Produzenten von elektronischen Massenspeichern könnte die Zusammenfassung in strategische Geschäftsfelder etwa wie in ◄ Abbildung 2.11 aussehen.

**6. SGF-Prioritätenliste für die strategische Planung erstellen**

Ergebnis der bisherigen Arbeitsschritte ist eine Liste der Geschäftsfelder, die für unser Unternehmen bedeutsam sind. Sie besteht aus strategischen Geschäftsfeldern, die wir gegenwärtig abdecken und aus solchen, die wir für unsere zukünftigen Aktivitäten in Betracht ziehen müssen. Handelt es sich um eine größere Anzahl strategischer Geschäftsfelder (z. B. mehr als zehn), ist es aus zwei Gründen sinnvoll, für die anschließende Planung eine Reihenfolge zu bestimmen.

- Wir müssen uns auf **die wichtigen strategischen Geschäftsfelder konzentrieren**. Welche wichtig sind, hängt von der Unternehmenssituation ab. Normalerweise sind es jene, die einen hohen Beitrag zum Gesamterfolg (Gewinn, Cash-flow usw.) beisteuern und von denen die Zukunft des Unternehmens in erheblichem Ausmaß abhängig ist.
- Wir dürfen **zukünftig vielversprechende strategische Geschäftsfelder**, die wir momentan noch nicht bewirtschaften, **nicht vernachlässigen**. Dies gilt insbesondere für neue attraktive strategische Geschäftsfelder, die Fähigkeiten erfordern, die bereits vorhanden sind oder nur geringfügig von den im Unternehmen vorhandenen Fähigkeiten abweichen. Eine Prioritätenliste verhindert, dass die Planung solcher strategischer Geschäftsfelder «aufgeschoben» wird.

**7. Strategische Geschäftseinheiten definieren**

Die Erfahrung zeigt, dass Strategien am besten von jenen Einheiten umgesetzt werden, die sie auch geplant haben. Wir müssen daher die organisatorischen Einheiten bestimmen, die für die Planung und Umsetzung der einzelnen SGF-Strategien verantwortlich sind. Dazu unterteilen wir das Unternehmen in strategische Geschäftseinheiten und versuchen, die

SGE-Kriterien und -Grundsätze (siehe Abschnitt 2.2.2 «Strategische Geschäftseinheit als organisatorische Umsetzung eines strategischen Geschäftsfeldes», Seite 77 f.) soweit als möglich zu erfüllen. Der größte Teil der strategischen Planungsarbeit erfolgt auf der Ebene dieser strategischen Geschäftseinheiten.

Zusammenfassend können wir festhalten, dass der hier detailliert beschriebene **Prozess der strategischen Segmentierung** schwierig und komplex ist. Als **iterativer Lernprozess** liefert er dafür meistens wertvolle Erkenntnisse und bildet die Voraussetzung dafür, dass in den folgenden Planungsschritten Strategien für die **richtigen Geschäftsfelder** von den **richtigen Führungskräften** entwickelt und umgesetzt werden.

## 2.3  Prozessuale Aspekte

Viele Führungskräfte haben Mühe, sich bei der strategischen Segmentierung von der produktorientierten Sicht zu lösen und eine «Outside-in»-Perspektive einzunehmen. Das Problem lässt sich vermeiden, wenn wir bei der Segmentierung die Führungskräfte dazu anhalten, die Eigenschaften und Namen der eigenen Produkte nicht zu erwähnen.

Planungsverantwortliche (allenfalls unter Mithilfe von Planungsabteilungen) können bisherige Strategien sowie Teile der Aktivitätsfeldanalyse und der strategischen Segmentierung vor der eigentlichen Strategieplanung vorbereiten und wenn nötig sinnvoll aggregieren. Um die Merkmalsausprägungen der Segmentierungsvariablen festzulegen, eignet sich ein Workshop mit den zuständigen Spezialisten und Generalisten. Zum Beispiel können Mitarbeiterinnen und Mitarbeiter einer Entwicklungsabteilung oft gute Hinweise auf neue Technologien liefern.

Vorarbeiten in Form von Einzelgesprächen und Workshops mit Teilnehmerinnen und Teilnehmern aus verschiedenen Funktionsbereichen und Hierarchieebenen sind vor allem dann zu empfehlen, wenn die anschließende Strategieplanung in Form eines Seminars oder einer Strategietagung stattfindet. Da die Teilnehmerzahl einer Strategietagung aus praktischen Gründen begrenzt werden muss (in der Regel maximal zehn bis zwölf Personen), wird der Einbezug der mit den entsprechenden Informationen am besten vertrauten Personen oft nur auf diese Weise garantiert. Unabhängig vom Verfahren muss natürlich die Geschäftsleitung die endgültige Aufteilung vornehmen.

■ Beispiel zu Kapitel 2: Strategische Segmentierung

# Weseta Textil AG

Konsequente Ausrichtung auf die Kundenbedürfnisse und eine gezielte strategische Segmentierung bilden die Grundlage einer erfolgreichen Strategie.

Die einst weltweit bedeutende Textilindustrie der Schweiz war in den letzten Jahrzehnten einem grundlegenden Strukturwandel ausgesetzt. Ehemals blühende Unternehmen gingen ein und die ganze Branche erlebte einen

---
Quelle: HandelsZeitung
---

beispiellosen Niedergang. Vereinzelt haben jedoch Unternehmen trotz der ungünstigen Bedingungen den Anschluss an die neue Zeit geschafft. Ein solches Unternehmen ist die 1864 gegründete «Weberei Sernftal» in Engi (Kanton Glarus).

Die Weberei Sernftal (Weseta) hatte sich auf die Herstellung verschiedener Frottiergewebe und Frottierstoffe (Branchenjargon «Frottier») spezialisiert. Doch trotz dieser Spezialisierung wurde die ausländische Konkurrenz aus Billiglohnländern in den achtziger und neunziger Jahren derart übermächtig, dass Verluste über mehrere Jahre die Reserven aufzehrten und 1995 eine Sanierung unumgänglich wurde. Sie bestand zunächst in einer Entflechtung. Die bisherige Weseta behielt Teile der Liegenschaften, die Kleinkraftwerke und die Wasserrechte, während der Textilbereich an die neu gegründete und mit einem Aktienkapital von lediglich 500 000,– Fr. und einem nachrangigen Aktionärsdarlehen von 1 Mio. Fr. ausgestattete «Weseta Textil AG» verkauft wurde. Zudem musste die ehemalige Belegschaft von 70 Angestellten auf die Hälfte reduziert werden.

Danach galt es für die Weseta Textil AG einen neuen Markt zu finden. Die Schweiz hat einen Jahresverbrauch von lediglich etwa 2400 Tonnen «Frottier». Die Durchschnittspreise für Schweizer Ware liegen bei 35,– Fr. pro Kilogramm, während Importfrottier für 16,– Fr. pro Kilogramm zu haben ist. Daher ist es kaum ein Wunder, dass nur noch ca. 8 % des Verbrauchs aus Schweizer Frottierwebereien stammen.

Aufgrund dieser Ausgangslage entschied man sich für ein neues Konzept, dem eine gezielte Segmentierung nach den Bedürfnissen unterschiedlicher Kundengruppen (Privatkunden, Werbetücher, Eigenmarken) und das allgemeine **«Bedürfnis nach höchstem Badekomfort»** zugrunde lag. Die Folge davon war eine konsequente Fokussierung auf «Frottier für höchste Ansprüche». Dies rief nach einer Straffung des Sortiments. Während man früher fünf verschiedene Marken angeboten hatte, beschloss man nun, sich auf die Marke «Dreamflor», ein hochwertiges, flauschiges Spitzenprodukt zu beschränken, die man allerdings in 24 Farben, neun Größen und mit fast jedem Dessin produzierte.

Neben der herausragenden Qualität des «Frottiers» bildete bei den Werbetüchern einerseits die erstklassige Beratung durch ein Mitglied der Geschäftsleitung und andererseits die überdurchschnittlich rasche Lieferung auch sehr kleiner Stückzahlen einen zusätzlichen Wettbewerbsvorteil.

Bei der Herstellung von Eigenmarken für Großkunden (insbesondere Warenhäuser) war ebenfalls die kurze Lieferfrist ein entscheidendes Wettbewerbsargument. Die kurzen Lieferfristen ersparen den Kunden Lagerkosten und ermöglichen ihm zudem eine rasche Anpassung an farbliche oder gestalterische Modetrends.

Die Konkurrenz im Osten oder im Fernosten kann diese Kombination von hoher Produktqualität und kurzen Lieferfristen kaum kopieren.

Die bisherigen Ergebnisse geben denn auch Anlass zu einigem Optimismus. Ein Viertel des Umsatzes wird mit «Dreamflor», ein Viertel mit Werbetüchern und 50% mit Aufträgen von Großkunden erzielt. Mit einem Umsatz von 5 Mio. Fr. konnte kürzlich die Gewinnschwelle wieder überschritten werden.

Dieses Beispiel verdeutlicht, wie eine strategische Segmentierung mit konsequenter **Ausrichtung auf den Kundennutzen** die Grundlage einer erfolgreichen Strategie bilden kann. ∎

Eine ausführliche Fallstudie zu Kapitel 2 «Analyse der strategischen Ausgangslage und strategische Segmentierung» findet sich im Anhang Seite 403.

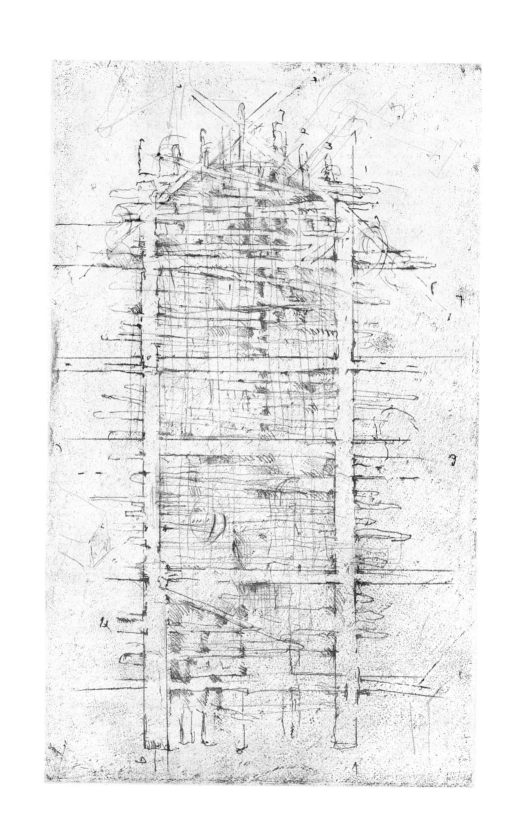

# Kapitel 3
# Umweltanalyse

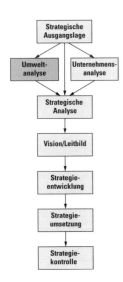

Ein Grundgedanke der Strategieplanung besteht darin, Umweltchancen durch Stärken des Unternehmens auszunutzen und Umweltrisiken durch Abbau von Unternehmensschwächen oder Aufbau neuer Stärken zu reduzieren. Dazu brauchen wir eine aussagekräftige Umweltanalyse. Diese soll uns Antwort geben auf die Frage, welche Einflusskräfte, Gegebenheiten und zukünftigen Entwicklungen in unserem Umfeld auf bestehende und potenzielle Chancen und Gefahren hinweisen.

Die überaus raschen Veränderungen in der Umwelt verkürzen den Planungshorizont. Zugleich hat sich besonders durch die neuen Medien die Informationsüberflutung weiter verstärkt. Die Orientierung in der Umwelt wird dadurch immer schwieriger. In jüngster Zeit hat daher die Methodik der «Competitive Intelligence» eine gewisse Aufmerksamkeit erlangt (Götte/Pfeil 1997, S. 40–46). Dabei weist der Begriff «Competitive» auf den Bezug zu den Konkurrenten bzw. auf das Wettbewerbsumfeld hin, der Begriff «Intelligence» hingegen entspricht dem englischen Ausdruck für «analysierte Information» (etwa im Wort «Central Intelligence Agency» enthalten). Unter «Competitive Intelligence» versteht man demnach ein systematisches und dauerhaftes Vorgehen mit dem Ziel, strategisch relevante Informationen über Markt, Konkurrenz und Technologien zu sammeln, zu verarbeiten und im Hinblick auf strategische Nutzung zu analysieren und zwar unter Anwendung elektronischer Informationsquellen und Software-Tools sowie neuer Analysemethoden, aber auch durch den Aufbau einer entsprechenden Kommunikationskultur oder durch die systematische Auswertung menschlicher Netzwerke. Um damit einen Wissensvorsprung zu erreichen, müssen die Informationen folgenden Anforderungen genügen:

- sie müssen rechtzeitig verfügbar sein;
- sie müssen im Hinblick auf Zeit und Verfügbarkeit exklusiv sein;
- sie müssen «wahr», d.h. genau und vollständig sein;
- sie müssen verwertbar, d.h. kontextbezogen anwendbar sein.

Diese Bedingungen sind nicht ohne weiteres zu erfüllen. So sind beispielsweise Informationen aus elektronischen Quellen (z.B. Reuters) keineswegs exklusiv, sondern stehen im Gegenteil jedem Käufer weltweit zur Verfügung. Auch der Wahrheitsgehalt von Informationen ist nicht immer einfach zu bestimmen. Schließlich sind die wenigsten Informationen direkt verwertbar, d.h. sie müssen für die Anwendung in einem bestimmten Kontext zuerst aufbereitet werden. Ein Informationsvorsprung ist daher überhaupt erst durch eine integrierte Nutzung von internen und externen menschlichen, elektronischen und gedruckten Informationsquellen zu erzielen. Diese wiederum lässt sich nur durch einen etablierten und nachhaltigen Prozess sicherstellen. Für große Unternehmen wird es sich daher unter Umständen lohnen, einen eigenen «Competitive-Intelligence-Prozess» aufzubauen. Aber auch kleine und mittelgroße Unternehmen müssen sich der Aufgabe einer gezielten Informationssuche und -aufbereitung annehmen, sei es durch eine angepasste Form der «Competitive Intelligence» oder durch vereinfachte, pragmatische Verfahren, wie sie in diesem Kapitel beschrieben werden.

## 3.1  Umweltanalyse als Stakeholderanalyse

Stakeholder sind Einzelpersonen oder Gruppen, die auf das unternehmerische Handeln einwirken können und die selber von Aktivitäten und Leistungen des Unternehmens betroffen sind. Das Verhalten und die Einstellung bestimmter Stakeholder oder Stakeholdergruppen kann das Überleben, die Wettbewerbsfähigkeit und die Gewinnsituation eines Unternehmens erheblich beeinflussen. Im Rahmen einer Umweltanalyse sind dies besonders Stakeholder im Umfeld der Kapital- und Produktmärkte (Aktionäre, Fremdkapitalgeber, Lieferanten, Gewerkschaften usw.). Eine vollständige Umweltanalyse schließt daher die Untersuchung der Erwartungen dieser Gruppierungen mit ein (Hitt/Ireland/Hoskisson 2001, S. 28f.). Diese Analyse ist besonders nützlich im Hinblick auf spezifische strategische Entwicklungen (z.B. Einführung eines

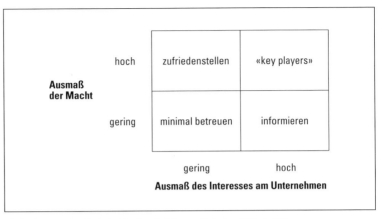

▲ Abbildung 3.1   Die Bedeutung der Stakeholder (nach Johnson/Scholes 1999, S. 216)

neuen Produktes, Erschließung neuer geografischer Märkte). Die Bedeutung der Stakeholder ist einerseits abhängig vom Interesse, das sie
dem Handeln des Unternehmens entgegenbringen und andererseits vom
Ausmaß der Macht, die es ihnen erlaubt, auf die Geschicke des Unternehmens Einfluss zu nehmen. Eine Analyse entlang dieser Dimensionen
ermöglicht es uns, die verschiedenen Gruppierungen von Stakeholdern
nach ihrer Bedeutung zu ordnen (vgl. ◄ Abbildung 3.1).

## 3.2  Umweltanalyse auf Unternehmensebene[1]

Große (divisionalisierte) Unternehmen sollten zunächst eine Analyse
des globalen Umfeldes für das Gesamtunternehmen vornehmen. Sie
umfasst neben politischen, ökonomischen, gesellschaftlichen und technologischen auch rechtliche, demographische und ökologische Faktoren
sowie globale Entwicklungstendenzen, die alle oder mehrere Unternehmenseinheiten betreffen. Eine erfolgreiche Anpassung der Strategie an
die so ermittelten Umweltkonstellationen und Veränderungen erfordert
zudem die Beachtung folgender Aspekte (Miller 1998, S. 75–76):

- Veränderungen in der Umwelt können für die eine Branche eine
  Chance und für die andere ein Risiko darstellen. Beispielsweise bietet
  eine Überalterung der Gesellschaft für Bereiche des Gesundheits-
  wesens neue Marktchancen, für die Autoindustrie stellt sie jedoch
  eher eine Marktbeschränkung dar.

1 Hax/Majluf (1991) S. 68 ff. und S. 313 ff.

- Die Veränderungen können sich zudem auf Unternehmen der gleichen Branche unterschiedlich auswirken. Der Rückgang des geschäftlichen Flugreiseverkehrs brachte viele «klassische» Fluggesellschaften in Bedrängnis, während die gleichzeitige Zunahme der touristischen Nachfrage Billiganbietern neue Chancen eröffnete.
- Der gleiche Trend im globalen Umfeld kann sich auf verschiedene Branchen unterschiedlich auswirken. Ein zunehmendes Gesundheitsbewusstsein in der Bevölkerung wirkt sich günstig auf die Fitness-Industrie aus, stellt jedoch für die Fast-Food Branche eine Bedrohung dar.
- Entwicklungen im globalen Umfeld können Wettbewerbsgrenzen verschieben. So haben zum Beispiel die Deregulierungen in der Telekommunikation, im Flugverkehr und im Finanzwesen zu neuen Wettbewerbsformen geführt.
- Manche Entwicklungen im globalen Umfeld können kaum präzise vorausgesehen werden, andere wiederum lassen sich genau prognostizieren. So sind etwa makroökonomische Entwicklungen (Inflation, Wachstum usw.) häufig mit großen Unsicherheiten behaftet, während beispielsweise demographische Entwicklungen (z.B. Anzahl der Zwanzigjährigen in 10 Jahren) ziemlich präzise ermittelt werden können.
- Entwicklungen im globalen Umfeld sind nicht in allen Ländern von gleicher Bedeutung. So ist etwa der Beitritt Chinas zur WTO vor allem für jene Länder entscheidend, die bisher schon Handelsbeziehungen zum Reich der Mitte unterhalten haben.

Zusammenfassend können wir feststellen, dass Entwicklungen im globalen Umfeld zahlreiche potenzielle Chancen und Risiken aufweisen. Die strategische Herausforderung besteht darin, diese Möglichkeiten und Gefahren zu identifizieren und sie bei der Formulierung der Strategie zu berücksichtigen. Das Ergebnis einer Analyse der globalen Umwelt lässt sich in Szenarien darstellen, beispielsweise indem wir die Entwicklungen der letzten fünf Jahre aufzeichnen und daraus ein «realistisches» Szenario ableiten, das wir wiederum durch optimistische und pessimistische Extremszenarien ergänzen können. Szenarien enthalten in der Regel folgende Punkte:

- Wachstum des Bruttosozialprodukts und dessen Einflussfaktoren;
- Inflationsrate;
- Sparquote;
- Diskontsatz;
- Arbeitslosigkeit;
- Entwicklung der Auslandmärkte;

- Währungskurse;
- verfügbares Einkommen;
- Wachstum der kritischen industriellen Sektoren (z. B. Bauwirtschaft, Rüstung, Gesundheitswesen);
- Wachstum der Primärmärkte usw.

Je nach Branche kommen folgende Aspekte hinzu:

- Veränderungen von Technologien (Biotechnologie, Internet, Nanotechnologie usw.);
- demographische Faktoren (Verfügbarkeit und Qualität des Personals, Bevölkerungsentwicklung usw.);
- soziokulturelle Einflüsse (Gesundheits- und Umweltbewusstsein, Ethik usw.);
- politische und rechtliche Einwirkungen (Deregulierung, Umweltgesetze, gewerkschaftliche Aktivitäten usw.);
- globale Faktoren (Entwicklung von Wirtschaftsblöcken, Schuldenlast von Entwicklungsländern usw.).

Es empfiehlt sich, für die Hauptmärkte des Unternehmens die wichtigsten Trends und Szenarien auf Unternehmens- oder Konzernebene festzuhalten, obwohl eine detaillierte Umweltanalyse am ehesten auf SGE-Ebene möglich ist. Wir schaffen damit einen gemeinsamen Beurteilungsrahmen für die strategischen Geschäftseinheiten und stellen die Übereinstimmung der Trends, Geschäftsstrategien und Aktionsprogramme sicher. Die **Umweltanalyse auf Unternehmensebene** verfolgt somit folgende **Zwecke:**

- Sie beurteilt die wichtigsten Trends, die das ganze Unternehmen betreffen.
- Sie gibt einen gemeinsamen Beurteilungsrahmen für die strategischen Geschäftseinheiten vor.
- Sie verhindert Mehrfachanalysen auf SGE-Ebene.
- Sie deckt widersprüchliche Annahmen über wichtige Umweltentwicklungen auf.
- Sie fördert das gemeinsame **Grundverständnis** zwischen der SGE-Leitung und der Leitung des Gesamtunternehmens.

▶ Abbildung 3.2 zeigt einen Auszug aus einer Umweltanalyse auf Unternehmensebene.

| Faktoren | Vergangenheit | Zukunft | Wichtige Risiken und Chancen |
|---|---|---|---|
| **Wirtschaftlicher Überblick** | Hohe Inflation, mäßige Arbeitslosigkeit und hohe Zinsen; weltweite Rezession | Mäßiger Aufschwung in den USA vorausgesagt; weiterhin hohe Arbeitslosigkeit erwartet | Rückstellungen für Verluste aus Kreditgewährung nehmen zu |
| **Wichtigste Marktsegmente**<br>■ Ausländische Regierungen<br>■ Inländische internationale Konzerne und Finanzinstitute | Liquiditätsprobleme des Auslands wegen politischer und wirtschaftlicher Verhältnisse | Aufschwung in den USA sollte dazu beitragen, das Wirtschaftswachstum im Ausland anzuregen | Unterstützung des Auslands durch den Internationalen Währungsfonds |
| **Privatkundengeschäft** | Steigerung des Marktanteils im In- und Ausland | Wirtschaftsaufschwung fördert die Nachfrage nach finanziellen Dienstleistungen | Positive Reaktion des Publikums auf finanztechnologische Neuerungen |
| **Technologische Trends** | Computertechnologie steigerte die Effizienz bei repetitiven Verwaltungsfunktionen | Technologie wird sich auf Datenverarbeitung und Kommunikationswege konzentrieren | Geringere Kosten für Zweigstellennetze |
| **Politische/soziale Faktoren** | Politischer Trend zur Lockerung von Vorschriften | Weiterhin aufmerksam bleiben für Gesetzesreform | Lobbybemühungen werden wichtige Rolle spielen |
| **Gesetzliche Faktoren** | Beschränkungen für das Angebot umfassender Finanzpakete an alle Marktsegmente | Völlige Freiheit von Vorschriften nicht zu erwarten | Reaktion auf Wettbewerbskräfte mit beschränktem Freiraum bleibt bedeutende Aufgabe |
| **Personalangebot** | Wachsend; aggressiver Stil in Verbindung mit gutem Firmenimage führt zur Attraktivität für höchst kompetente Kräfte | Der Vorrat an talentierten Leuten wird weiter bestehen, doch der Wettbewerb wird sich verschärfen | Citicorps Image und die bestehende weltweite Verbreitung erfordern eine sehr vielseitige, hochwertige Qualifikation |

▲ Abbildung 3.2    Umweltanalyse von Citicorp auf Konzernebene (Auszug aus Hax/Majluf 1991, S. 316ff.)

## 3.3 Umweltanalyse auf Geschäftseinheitsebene

Auch bei der Umweltanalyse auf Geschäftseinheitsebene richten wir unser Augenmerk zunächst auf das globale Umfeld. Dabei beschränken wir uns auf die Bereiche, die wir bei der Analyse auf Unternehmensebene noch nicht untersucht haben. Normalerweise unterscheiden sich die Wettbewerbsbedingungen und Erfolgsfaktoren je nach Geschäftsfeld. Deshalb ist die Umweltanalyse für jedes strategische Geschäftsfeld separat durchzuführen, selbst dann, wenn sie derselben strategischen Geschäftseinheit angehören. Hingegen reicht es in den meisten Fällen aus, die Analyse des globalen Umfeldes nur einmal vorzunehmen, da die strategischen Geschäftsfelder einer Geschäftseinheit normalerweise dem gleichen allgemeinen Umweltsegment angehören. Branchen- und Konkurrenzanalysen (siehe Abschnitte 3.3.2 «Branchenanalyse», Seite 101ff. und 3.3.3 «Konkurrentenanalyse», Seite 115ff.) sind jedoch für jedes strategische Geschäftsfeld separat durchzuführen.

**3.3.1**
**Analyse des**
**globalen Umfelds**

Mit der Analyse des globalen Umfelds versuchen wir, die relevanten Entwicklungstrends in den nächsten drei bis fünf Jahren in folgenden Bereichen zu erfassen:

- **Wirtschaft:** Wichtige Indikatoren sind das Bruttosozialprodukt, das Volkseinkommen, die Zinsen und die Wechselkurse. In einer wachsenden Wirtschaft lässt der Wettbewerbsdruck nach, da die Konsumausgaben steigen. Dies wiederum bietet den Unternehmen größere Expansionsmöglichkeiten als in einer Rezession.
- **Technologie:** Technologieschübe können etablierte Produkte innerhalb kürzester Zeit verdrängen, gleichzeitig aber auch völlig neue Chancen eröffnen.
- **Ökologie:** Veränderungen im Umweltbewusstsein beeinflussen die Rahmenbedingungen der Unternehmen. Firmen, welche diese Veränderungen frühzeitig erkennen, können Wettbewerbsvorteile aufbauen.
- **Demographische Entwicklungen:** Sie können je nach Kontinent oder Land sehr unterschiedlich sein und wirken sich auf die Nachfrage nach Gütern und Dienstleistungen erheblich aus.
- **Wertewandel:** Die Veränderung von Wertvorstellungen hat ebenfalls spürbare Auswirkungen auf die Nachfrage, aber auch auf die Produktion und Verteilung von Gütern und Dienstleistungen.
- **Politik und Recht:** Regulierungen und Deregulierungen beeinflussen gleichermaßen die Handlungsfähigkeit eines Unternehmens.

Da wir es auf dieser Ebene vorwiegend mit qualitativen Faktoren zu tun haben, sollten wir versuchen, die Entwicklungen und die zugrundeliegenden Annahmen so konkret wie möglich zu beschreiben. ▶ Abbildung 3.3 zeigt eine Checkliste zur Analyse des globalen Umfeldes.

Bei der Analyse sollten wir uns auf besonders kritische Bereiche konzentrieren und uns nicht zu jedem Kriterium äußern. Qualität geht hier vor Quantität.

**Ökologie**

- Verfügbarkeit von Energie
  - Erdöl
  - Gas
  - Elektrizität
  - Kohle
  - andere Energiequellen
- Verfügbarkeit von Rohstoffen

- Strömungen im Umweltschutz
  - Umweltbewusstsein
  - Umweltbelastung
  - Umweltschutzgesetzgebung
- Recycling
  - Verfügbarkeit von Recyclingmaterial
  - Recyclingkosten

**Technologie**

- Produktionstechnologie
  - Entwicklungstendenzen in der Verfahrenstechnologie
  - Innovationspotenzial
  - Automation/Prozesssteuerung/Informationstechnologie/CIM/CAD
- Substitutionstechnologien
  - mögliche Innovationen
  - Kostenentwicklung

- Produktinnovation
  - Entwicklungstendenzen in der Produkttechnologie
    - Hardware
    - Software
  - Innovationspotenzial
- Informatik und Telekommunikation

**Wirtschaft**

- Entwicklungstendenzen des Volkseinkommens in den relevanten Ländern
- Entwicklung des internationalen Handels
  - Güteraustausch
  - Wirtschaftsintegration
  - Protektionismus
- Entwicklungstendenzen der Zahlungsbilanzen und Wechselkurse

- Erwartete Inflation
- Entwicklung der Kapitalmärkte
- Entwicklung der Beschäftigung
- Zu erwartende Investitionsneigung
- Zu erwartende Konjunkturschwankungen
  - Häufigkeit
  - Ausprägung
- Entwicklung relevanter Wirtschaftssektoren

**Demographische und sozialpsychologische Entwicklungstendenzen**

- Bevölkerungsentwicklung in den relevanten Ländern
  - allgemein
  - Entwicklung wichtiger Bevölkerungsgruppen
  - Bevölkerungswanderungen
- Sozialpsychologische Strömungen
  - Arbeitsmentalität
  - Sparneigung

- Freizeitverhalten
- Einstellung gegenüber der Wirtschaft
- Einstellung gegenüber der Automation
- Einstellung gegenüber relevanten Werkstoffen
- Einstellung gegenüber relevanten Produkten
- Unternehmerische Grundhaltungen

**Politik und Recht**

- Globalpolitische Entwicklungstendenzen
  - Ost-West
  - Nord-Süd
  - allgemeine Gefahr lokaler oder internationaler Konflikte
  - Marktstellung der Rohstoffproduzenten

- Parteipolitische Entwicklung in den relevanten Ländern
- Entwicklungstendenzen in der Wirtschaftspolitik
- Entwicklungstendenzen in der Sozialgesetzgebung und im Arbeitsrecht
- Bedeutung und Einfluss der Gewerkschaften
- Handlungsfreiheit der Unternehmen

▲ Abbildung 3.3    Checkliste zur Analyse des globalen Umfeldes (Pümpin 1992, S. 194f.)

**3.3.2
Branchenanalyse[1]**

Porter hat Anfang der 80er Jahre die Analyse der Branchenstruktur ins Zentrum der strategischen Planung gerückt. In seiner auf dem «Structure-Conduct-Performance-Paradigma» aufbauenden Analyse (▶ Abbildung 3.4) bestimmen die strukturellen Merkmale einer Branche das Verhalten (d.h. die Strategie) der Unternehmen und somit ihre Erfolgsposition. Die Branchenstruktur wird von der zugrundeliegenden Bedürfnis-, Angebots- und Nachfragesituation bestimmt.

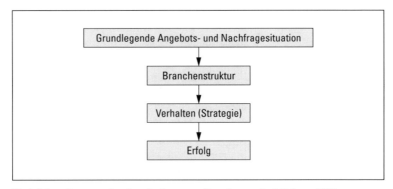

▲ Abbildung 3.4     Modell des «Structure-Conduct-Performance-Paradigmas» (vgl. Scherer 1980)

**Wettbewerbskräfte
und Branchen-
attraktivität
nach Porter**

Die **Branchenattraktivität** ist nach Porter die wesentliche Bestimmungsgröße für die Rentabilität eines Unternehmens. Eine Branche besteht aus einer Gruppe von Unternehmen, die Produkte oder Dienstleistungen herstellen, welche das gleiche Kundenbedürfnis befriedigen und die sich daher gegenseitig ersetzen können.

Die **Wettbewerbsstrategie** leitet sich ab aus der genauen Kenntnis der Wettbewerbsregeln, welche die Attraktivität einer Branche bestimmen. Diese Regeln gilt es zu berücksichtigen und möglichst zugunsten des Unternehmens zu verändern. Die folgenden **fünf Wettbewerbskräfte** bestimmen diese Regeln:

1. Bedrohung durch neue Konkurrenten,
2. Bedrohung durch Ersatzprodukte,
3. Verhandlungsstärke der Abnehmer,
4. Verhandlungsstärke der Lieferanten,
5. Rivalität unter den bestehenden Wettbewerbern.

**1. Bedrohung durch
neue Konkurrenten**

Neue Wettbewerber bringen neue Kapazitäten und verschärfen dadurch den Wettbewerb. Eintrittsbarrieren und die absehbaren Reaktionen der etablierten Wettbewerber bestimmen die Gefahr des Eintritts neuer Anbieter. Je höher die Eintrittsbarrieren sind oder je eher der neue Anbieter mit starken Gegenmaßnahmen rechnen muss, desto geringer ist die Ge-

---

1  Die folgenden Ausführungen basieren auf Porter (1992).

fahr eines Eintritts. Folgende Faktoren bestimmen die Höhe der **Eintrittsbarrieren:**

- **Betriebsgrößenersparnisse** (Skalen- und Mengeneffekte schrecken Neuanbieter ab, weil diese entweder mit hohen Produktionsvolumen einsteigen müssen und somit Vergeltungsmaßnahmen riskieren, oder Kostennachteile erleiden, wenn sie zu Beginn kleinere Stückzahlen produzieren als die Konkurrenz);
- **Produktdifferenzierung** (Werbung, Service, Produktunterschiede, Marken usw. schaffen Käuferloyalität);
- **Kapitalbedarf** (massive Investitionen schrecken Eintrittskandidaten ab);
- **Umstellungskosten der Abnehmer** (für neue Computerprogramme, Zusatzgeräte, Ausbildung usw.);
- **begrenzter Zugang zu Vertriebskanälen;**
- **größenunabhängige Kostenvorteile der bestehenden Wettbewerber** (Know-how, Patentschutz, günstiger Zugang zu Rohstoffen, günstige Standorte, staatliche Subventionen usw.);
- **staatliche Barrieren** (Lizenzzwang, Reglemente, Kontrollen, Sicherheits- und Umweltschutzvorschriften usw.).

Die **erwartete Vergeltung** ist hoch, wenn die etablierten Konkurrenten:

- **früher** schon mit harten **Vergeltungsmaßnahmen** gegen Neueintretende vorgegangen sind;
- über **genügend Mittel** (finanzielle Ressourcen, Produktionskapazitäten usw.) zur Vergeltung verfügen;
- eng **mit der Branche verwachsen** sind und über schwer veräußerbare Aktiva verfügen;
- nach dem Neueintritt mit einer drastischen **Umsatzeinbuße** rechnen müssen.

**2. Bedrohung durch Ersatzprodukte**

Die Produkte einer Branche konkurrieren mit Ersatzprodukten anderer Branchen. Ersatzprodukte erfüllen dabei die gleichen oder ähnliche Funktionen wie die Produkte der eigenen Branche. Sie setzen für die Unternehmen einer Branche die Preisobergrenze fest. Wird diese überschritten, riskieren die Unternehmen eine Abwanderung der Kunden zu den Ersatzprodukten. (So ist z.B. die Preisreduktion bei den Skis vorwiegend auf das Aufkommen der Snowboards zurückzuführen.) Folgende **Faktoren** bestimmen die Bedrohung durch Ersatzprodukte:

- Vorhandensein von Produkten, welche die **gleiche Funktion erfüllen;**
- **Technologiewandel** (neue Technologien können völlig neuartige Ersatzprodukte hervorbringen und Branchengrenzen grundlegend verändern);

- Attraktivität des **Preis/Leistungsverhältnisses der Ersatzprodukte;**
- **Preiselastizität der Nachfrage** (je sensibler die Käufer auf Preisveränderungen reagieren, desto größer ist die Bedrohung durch **billigere** Ersatzprodukte);
- **Substitutionsneigung der Abnehmer** (bestimmt durch Risikoneigung und Einstellung zur Technik);
- **Umstellungskosten** (je tiefer diese für die Abnehmer sind, desto größer ist die Bedrohung);
- **Gewinne der Hersteller von Ersatzprodukten** (je höher die Gewinnerwartung bei Ersatzprodukten ist, desto mehr werden Konkurrenten in sie investieren).

**3. Verhandlungsstärke der Abnehmer**

Die Abnehmer einer Branche können die Rentabilität beeinträchtigen, indem sie die Preise herunterdrücken, höhere Qualität oder bessere Leistungen fordern oder Anbieter gegeneinander ausspielen. Die Verhandlungsmacht der Abnehmer ist unter folgenden **Bedingungen** hoch:

- die **Abnehmergruppe ist konzentriert** oder hat einen **großen Anteil an den Gesamtumsätzen der Verkäufer;**
- die Produkte bilden für die Abnehmer einen bedeutenden **Anteil an deren Gesamtkosten** (Abnehmer sind sehr preisempfindlich und kaufen selektiv ein);
- die **Produkte sind standardisiert oder nicht differenziert** (andere Lieferanten sind vorhanden);
- **niedrige Umstellungskosten für die Abnehmer;**
- **niedrige Gewinne der Abnehmer** (diese sind sehr preisempfindlich);
- die Abnehmer haben die Möglichkeit zur **Rückwärtsintegration** (Aufkauf des Lieferanten oder Eigenproduktion);
- für die Abnehmer ist die **Qualität oder Leistung des Produktes unerheblich** (dies macht sie preisempfindlicher und reduziert Differenzierungsmöglichkeiten);
- die **Abnehmer sind gut informiert;**
- die Abnehmer sind **Einzel- oder Großhändler, die Kaufentscheidungen ihrer Kunden beeinflussen können.**

**4. Verhandlungsstärke der Lieferanten**

Die Verhandlungsstärke der Lieferanten drückt sich in Preiserhöhungen oder einer Reduktion von Qualität oder Leistung aus. Die Verhandlungsmacht der Lieferanten ist unter folgenden **Bedingungen** hoch:

- die Lieferantengruppe besteht aus **wenigen Unternehmen** und ist stärker konzentriert als die Branche ihrer Abnehmer;
- die Produkte der Lieferanten werden **nicht durch Ersatzprodukte bedroht;**
- die **Branche ist als Kunde für die Lieferanten relativ unwichtig** (diese können den Verlust eines Geschäftes gut verkraften),

- das **Produkt der Lieferanten ist wichtig für** das Geschäft der **Abnehmer;**
- die **Produkte der Lieferanten sind stark differenziert;**
- ein Lieferantenwechsel verursacht dem Abnehmer **Umstellungskosten;**
- die Lieferanten können glaubwürdig mit einer **Vorwärtsintegration drohen.**

**5. Rivalität unter den bestehenden Wettbewerbern**

«Normale» Konkurrenzformen (z.B. erhöhte Werbeaufwendungen, Einführung neuer Produkte, verbesserter Service usw.) können die Nachfrage nach Gütern oder Dienstleistungen in der ganzen Branche ausweiten und damit die Branche als Ganzes attraktiver gestalten. Wird jedoch der Konkurrenzkampf unter Wettbewerbern zu heftig, kann dies dazu führen, dass die gesamte Branche darunter leidet. Die Gefahr intensiver Rivalität besteht unter folgenden **Bedingungen:**

- es bestehen **zahlreiche oder gleich ausgestattete Wettbewerber** (in beiden Fällen besteht die Gefahr, dass sich der Wettbewerb ausweitet; wird hingegen die Branche von einem Branchenführer dominiert, kann sein disziplinierendes oder kooperatives Verhalten intensive Rivalität verhindern);
- **geringes Branchenwachstum** (Umsatz kann nur durch Gewinn von Marktanteilen erhöht werden);
- **hohe Fix- oder Lagerkosten** (der Druck zur Auslastung der Anlagen führt zu Überschusskapazitäten und somit zu Preiskriegen);
- die **Produkte der Lieferanten unterscheiden sich kaum** (Wettbewerb wird nur über den Preis geführt);
- beim Abnehmer entstehen **keine Umstellungskosten;**
- bei **Kapazitätserweiterungen,** die aufgrund ökonomischer oder technologischer Bedingungen **nur in großem Umfang sinnvoll sind** (z.B. Kauf einer zweiten Großanlage), kann das gestörte Gleichgewicht von Angebot und Nachfrage zu Überkapazitäten und zu einem Preiskampf führen;
- **heterogene Wettbewerber** (Konkurrenten verfolgen unterschiedliche Ziele und Strategien);
- **hohe strategische Einsätze** (um eine konzernweite Strategie zu stützen, zum Beispiel zur Erzielung eines weltweiten Prestiges oder einer technologischen Glaubwürdigkeit, können Unternehmen bereit sein, vorübergehend die Rentabilität zu opfern);
- **hohe Austrittsbarrieren** (z.B. niedrige Liquidationswerte, Wechselbeziehungen zu anderen strategischen Geschäftseinheiten, Image, Zugang zu wichtigen Ressourcen, hohe Identifikation mit der Branche, Loyalität gegenüber Mitarbeitern, Fixkosten für Sozialpläne usw.).

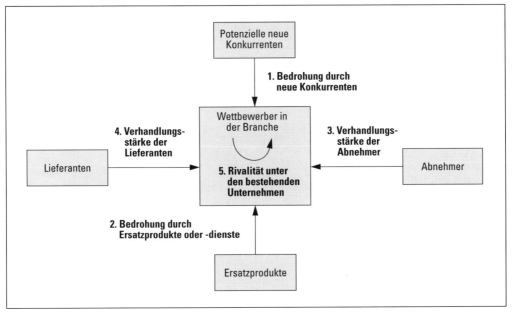

▲ Abbildung 3.5    Die fünf Triebkräfte des Branchenwettbewerbs (nach Porter 1992, S. 26)

Neben diesen fünf Wettbewerbskräften (vgl. ◄ Abbildung 3.5) weist Porter auf zwei zusätzliche Kräfte hin:

**6. Verhandlungsstärke der Arbeitnehmer**

Das Verhalten der Arbeitnehmer und Gewerkschaften kann die Gewinne der Unternehmen beträchtlich schmälern. Der **Einfluss der Arbeitnehmer** ist groß:

- wenn ein **Mangel an (hochqualifizierten) Arbeitskräften** besteht, der die Verhandlungsposition der Arbeitnehmer bei Verhandlungen zwischen den Sozialpartnern stärkt;
- wenn die **Arbeitnehmer gewerkschaftlich organisiert sind** und zum Beispiel mit Streiks drohen können.

**7. Staatliche Maßnahmen**

Ist in einer Branche der Staat Abnehmer (z.B. für Rüstungsgüter) oder Lieferant (z.B. für Holz oder Energie), kann er den Wettbewerb durch staatliche Maßnahmen (Gesetzliche Vorschriften, Subventionen, Förderung von Ersatzprodukten, Steueranreize usw.) entscheidend beeinflussen.

Mit der **Branchenstruktur-Analyse** untersuchen wir, wie die einzelnen Faktoren die Wettbewerbskräfte beeinflussen. **Je schwächer die Wettbewerbskräfte sind, desto attraktiver ist die Branche.** Um praktische Ergebnisse zu erzielen, müssen wir das Konzept in ein konkretes Arbeits-

| Branchenanalyse: Zusammenfassung | sehr unattraktiv | mäßig unattraktiv | neutral | mäßig attraktiv | sehr attraktiv |
|---|---|---|---|---|---|
| **1. Bedrohung durch neue Konkurrenten** | X | | | | |
| ■ … | | | | | |
| **2. Bedrohung durch Ersatzprodukte** | X | | | | |
| ■ Verfügbarkeit eng verwandter Ersatzprodukte | X | | | | |
| ■ Gefahr eines bevorstehenden Technologie-wandels | X | | | | |
| ■ Preis/Leistungsverhältnis der Ersatzprodukte | | X | | | |
| ■ Sensibilität der Abnehmer gegenüber Preisveränderungen | | | X | | |
| ■ Substitutionsneigung der Abnehmer | X | | | | |
| ■ Umstellungskosten | | | X | | |
| ■ Rentabilität und Aggressivität der Hersteller von Ersatzprodukten | | X | | | |
| Gesamtbeurteilung der Bedrohung durch Ersatzprodukte: sehr unattraktiv aufgrund großer Gefahr der Substitution durch eine neue Produkttechnologie | | | | | |
| **3. Verhandlungsmacht der Abnehmer** | | | X | | |
| ■ … | | | | | |
| **4. Verhandlungsmacht der Lieferanten** | | | | X | |
| ■ … | | | | | |
| **5. Rivalität unter den bestehenden Konkurrenten** | | | | X | |
| ■ … | | | | | |
| **6. Verhandlungsstärke der Arbeitnehmer** | | | | | X |
| ■ … | | | | | |
| **7. Staatliche Maßnahmen** | | | | | X |
| ■ … | | | | | |
| Gesamtbeurteilung der Branchenattraktivität: geringe Branchenattraktivität (starke Bedrohung durch Ersatzprodukt und neue Konkurrenten) | | | | | |

▲ Abbildung 3.6    Beispiel einer Branchenstruktur-Analyse (Auszug)

instrument übersetzen. ◄ Abbildung 3.6 zeigt auszugsweise ein mögliches Arbeitsblatt, mit dem wir uns eine Übersicht verschaffen können.

Aber: Auf keinen Fall dürfen wir dieses Instrument mechanisch anwenden. Eine Quantifizierung und die Bildung von Durchschnittswerten führt zu gefährlichen Schlüssen. Wenn wir in der Zusammenfassung in ◄ Abbildung 3.6 die Branchenattraktivität anhand des Durchschnitts der sieben Hauptkräfte berechnen, ergibt sich eine leicht positive Einschätzung. Die starke Bedrohung durch ein neues Ersatzprodukt und neue Konkurrenten machen jedoch die neutrale oder positive Position bei den anderen Kräften praktisch wertlos, und wir müssen die Branche insgesamt als sehr unattraktiv einschätzen. Das Beispiel zeigt, dass die Branchenstruktur-Analyse eine **ganzheitliche** und **qualitative Betrachtung** erfordert.

Porters Konzept verdeutlicht, dass Wettbewerbssituation, Rentabilität und Attraktivität einer Branche nicht nur von den direkten Wettbewerbern, sondern von einem ganzen **System von Wettbewerbskräften** abhängen. Die Analyse dieser Wettbewerbskräfte dient unter anderem auch als Entscheidungsgrundlage bei Diversifikationen in andere Branchen. Eine detaillierte Branchenstrukturanalyse ist aufwändig. Die zwei Checklisten in ▶ Abbildung 3.7 bieten darum eine Alternative (oder allenfalls eine Ergänzung) zu dieser Analyse.

**Brancheninterne Strukturanalyse: strategische Gruppen**

Die Branchenstruktur-Analyse anhand der Wettbewerbskräfte zeigt uns auf, wieso bestimmte Branchen attraktiver sind als andere. Die Wettbewerbskräfte bestimmen den Rahmen für die Unternehmen einer Branche. Sie erklären aber nicht die zum Teil beträchtlichen Rentabilitätsunterschiede zwischen Unternehmen der gleichen Branche. Porter führt diese brancheninternen Rentabilitätsunterschiede auf unterschiedliche Strategien der einzelnen Wettbewerber zurück. Wegen der ungleichen strategischen Verhaltensweisen sind sie den Wettbewerbskräften ungleich stark ausgesetzt. **Strategien** lassen sich nach folgenden **Dimensionen** unterscheiden (Porter 1992, S. 174ff.):

- Spezialisierungsgrad (Breite versus Tiefe der Produktlinie);
- Markenidentifikation;
- Werbung;
- Distributionskanäle;
- Produktqualität;
- Technologievorsprung (Technologieführer versus Nachahmer);
- vertikale Integration;
- Kostenposition (Investition in kostensenkende Anlagen);
- Dienstleistungen (z.B. Neben-, Zusatzleistungen, Service);
- Preispolitik;
- finanzielle, operative Machtposition;
- Beziehung zum Gesamtunternehmen (eigenständig versus Teil eines Konzerns);
- Beziehungen zu Regierungen.

Bestimmte Ausprägungen dieser Dimensionen und ihre logische Beziehung zueinander machen die «Strategie» eines Unternehmens aus. In den meisten Branchen bestehen homogene «Gruppen», die eine **ähnliche Strategie** verfolgen, die sich wesentlich von den Strategien anderer

| Checkliste zur Branchenanalyse | |
|---|---|
| **Branchenstruktur** | ■ Anzahl Anbieter<br>■ Heterogenität der Anbieter<br>■ Typen der Anbieterfirmen<br>■ Organisation der Branche (Verbände, Absprachen usw.) |
| **Beschäftigungslage und Wettbewerbssituation** | ■ Auslastung der Kapazitäten<br>■ Konkurrenzkampf |
| **Wichtigste Wettbe-werbsinstrumente/ Erfolgsfaktoren** | ■ Qualität<br>■ Sortiment<br>■ Beratung<br>■ Preis<br>■ Lieferfristen |
| **Distributionsstruktur** | ■ Geografisch<br>■ Absatzkanäle |
| **Branchenausrichtung** | ■ Allgemeine Branchenausrichtung (Werkstoffe, Techno-logie, Kundenprobleme usw.)<br>■ Innovationstendenzen (Produkte, Verfahren usw.) |
| **Sicherheit** | ■ Eintrittsbarrieren für neue Konkurrenten<br>■ Substituierbarkeit der Leistungen |
| **Checkliste zur Analyse des Absatzmarktes (anzuwenden pro Marktsegment)** | |
| **Quantitative Markt-daten** | ■ Marktpotenzial/Marktvolumen<br>■ Stellung des Marktes im Marktlebenszyklus<br>■ Marktsättigung<br>■ Marktwachstum (mengenmäßig, in Prozent pro Jahr)<br>■ Marktanteile der fünf größten Konkurrenten<br>■ Stabilität des Bedarfs |
| **Qualitative Marktdaten** | ■ Kundenstruktur<br>■ Bedürfnisstruktur der Kunden<br>■ Kaufmotive<br>■ Kaufprozesse/Informationsverhalten<br>■ Marktmacht der Kunden |

▲ Abbildung 3.7    Branchen- und Absatzmarktanalyse (Pümpin 1992, S. 195f.)

Konkurrenzgruppen unterscheidet. Selten besteht eine Branche nur aus einer einzigen strategischen Gruppe (z. B. aufgrund fehlender Differenzierungsmöglichkeiten) und ebenso selten ist es, dass jedes Unternehmen (aufgrund seiner speziellen Situation und besonderer Fähigkeiten) eine eigenständige Gruppe darstellt.

Um Leistungsunterschiede zwischen Unternehmen zu erklären, versuchen wir Konkurrenten zu identifizieren, die gleiche oder ähnliche

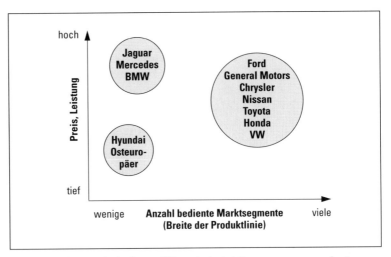

▲ Abbildung 3.8    Strategische Gruppen in der Automobilbranche in drei Gruppen zusammengefasst
(vgl. Hill/Jones 1992, S. 83)

Wettbewerbsstrategien verfolgen. Als Beispiel dient uns die globale
Autoindustrie Ende der 80er Jahre (◀ Abbildung 3.8). Die Einteilung der
Gruppen erfolgt nach den Faktoren Preis/Leistung und Breite der Pro-
duktlinie.

Die erste Gruppe (Hyundai sowie osteuropäische Autohersteller) besteht aus Unternehmen, die eine limitierte Anzahl Modelle für das untere
Marktsegment (bezüglich Preis und Leistung) produzieren. Die Strategie dieser Unternehmen ist vor allem auf minimale Kosten und auf die
Produktion möglichst großer Stückzahlen (mit der Absicht «Economies
of Scale» zu erzielen) ausgerichtet. Der Wettbewerb innerhalb dieser
Gruppe findet vorwiegend über den Preis statt.

Die zweite Gruppe (Mercedes, BMW, Jaguar) besteht aus Unternehmen, die eine begrenzte Anzahl Modelle für das oberste Marktsegment
(Luxussegment) anbieten. Für diese Firmen stehen Luxus, Statussym-
bol, Qualität und außergewöhnliche Leistung im Vordergrund strategischer Überlegungen. Der Wettbewerb findet also über die Produktdifferenzierung statt.

Die Strategie der dritten Gruppe, die ein breites Angebot verschiedener Modelle für das Hauptsegment (mittlere Position bezüglich Preis
und Leistung) produziert, ist einerseits auf große Stückzahlen (Economies of Scale) gerichtet, um mit tiefen Preisen am unteren Ende des
Marktes konkurrieren zu können. Gleichzeitig wollen sie einen an-
gemessenen Qualitäts- bzw. Leistungsstandard erreichen, um auch am
oberen Ende des Marktes wettbewerbsfähig zu sein.

Folgende drei Schritte führen zu einer **Definition strategischer Gruppen:**

1. **Wettbewerbsdimensionen** identifizieren, welche die Branchenwettbewerber am besten **differenzieren.** Dies zeigt die zentralen Unterschiede der Strategien auf. Typische Dimensionen sind: Preis/Qualität, geografische Ausrichtung (lokal, regional, national, global), vertikaler Integrationsgrad, Breite der Produktlinie, Distributionskanäle, Art und Umfang der Serviceleistungen, Ausmaß der F&E-Aktivitäten und Größe der Unternehmen (vgl. Homburg/Sütterlin 1992). Branchenerfahrene Führungskräfte sollten die Einschätzung vornehmen.

2. Die beiden wichtigsten Wettbewerbsdimensionen in einer **zweidimensionalen Karte** eintragen (ähnlich wie in ◄ Abbildung 3.8). Bei der Wahl der Wettbewerbsdimensionen sollten wir darauf achten, dass diese nicht zu stark miteinander korrelieren (wenn z.B. Unternehmen mit einer breiten Produktpalette automatisch verschiedene Vertriebskanäle benützen, während Unternehmen mit einem engen Sortiment sich nur eines einzigen Vertriebskanals bedienen, ist eine dieser zwei Wettbewerbsdimensionen überflüssig, da sie uns keine zusätzlichen Informationen liefert). Eignen sich für die Beschreibung der Strategien mehr als zwei Variablen, empfiehlt es sich, mehrere 2er-Kombinationen auszuprobieren. Die verschiedenen Karten liefern uns wertvolle Hinweise zur Branchenstruktur.

3. Unternehmen, die in der Karte an ähnlicher Stelle eingeordnet sind, fassen wir in einem Kreis zu **strategischen Gruppen** zusammen. Die Größe des Kreises sollte den Marktanteil der Gruppe am Branchenumsatz widerspiegeln.

Zur Analyse strategischer Gruppen dienen folgende **Hinweise:**

- Die **unmittelbaren Konkurrenten** eines Unternehmens sind jene der **gleichen strategischen Gruppe,** da sie ähnliche Strategien verfolgen. Ihre Produkte sind mit jenen des eigenen Unternehmens austauschbar.
- Die **Wettbewerbskräfte** können **je nach strategischer Gruppe verschieden stark** wirken. In der Autoindustrie haben Unternehmen mit einem geringen Produktionsvolumen eine schwächere Stellung gegenüber ihren Lieferanten als Unternehmen mit großen Produktionsvolumen (wie General Motors oder Ford). Mit der Analyse der strategischen Gruppen verfolgen wir also das Ziel, die Wettbewerbskräfte differenzierter, das heißt gruppenspezifisch zu betrachten.
- Unternehmen müssen sich überlegen, in eine andere **strategische Gruppe** zu **wechseln,** wenn diese attraktivere Wettbewerbsbedingungen bietet. Dabei sind **Mobilitätsbarrieren** zu berücksichtigen, das heißt jene Faktoren, die den Wechsel eines Unternehmens in eine andere Gruppe erschweren oder gar verhindern. Wir können Mobilitätsbarrie-

ren als Eintritts- und Austrittsbarrieren betrachten, die nicht nur vor dem Eintritt branchenfremder Unternehmen schützen, sondern auch vor Unternehmen einer anderen Gruppe. BMW stünde zum Beispiel solchen Mobilitätsbarrieren (Kapitalkosten für den Aufbau einer Massenproduktionsanlage und Verlust des einzigartigen «Luxusstatus») gegenüber, wenn sie versuchen wollten, in die strategische Gruppe der Großvolumenanbieter (Ford, GM, Chrysler usw.) zu wechseln.

- Der Wechsel eines Unternehmens in eine andere Gruppe ist oft mit einer **Intensivierung der Rivalität** innerhalb jener Gruppe verbunden.

- Je kleiner die **Distanz** (auf der Karte) zwischen zwei Gruppen ist, desto wahrscheinlicher kommt es zur **Rivalität** zwischen Unternehmen aus diesen Gruppen. Strategien und Produkte/Leistungen sind ähnlich und konkurrieren um die gleichen Kunden.

Der Vergleich strategischer Gruppen vertieft das Verständnis der Branchenstruktur und hilft, Chancen und Gefahren besser einzuschätzen. Er bildet eine Brücke zwischen der Branchenanalyse und der Analyse einzelner Unternehmen. Die Analyse strategischer Gruppen ist besonders nützlich, wenn die Branche viele Wettbewerber zählt und die detaillierte Analyse einzelner Konkurrenten zu aufwändig wäre. Sie kann uns bei folgenden **Analyseschritten unterstützen** (Porter 1992, S. 201 ff.):

- **Unternehmensanalyse:** Die brancheninterne Strukturanalyse ermöglicht eine bessere Einschätzung der eigenen Stärken und Schwächen, indem wir sie den spezifischen Wettbewerbskräften innerhalb der strategischen Gruppe gegenüberstellen.

- **Identifikation von Mobilitätsbarrieren:** Die Karte zeigt auf, welche Gefahren den verschiedenen Gruppen drohen und welche Positionswechsel unter den Unternehmen zu erwarten sind.

- **Identifikation von marginalen Gruppen:** Die Karte verdeutlicht auch, welche Gruppen Kandidaten sind für den Marktaustritt oder einen Übertritt in eine andere Gruppe.

- **Aufzeigen der Richtung strategischer Trends:** Erstellen wir Karten zu verschiedenen Zeitpunkten, so erhalten wir Hinweise darauf, in welche Richtung sich die Strategien der verschiedenen Gruppen bewegen. Entwickeln sich die Gruppen auseinander, können wir eine Stabilisierung der Branche erwarten. Das Gegenteil ist der Fall, wenn sich Gruppen angleichen.

- **Vorhersage von Reaktionen:** Unternehmen einer gleichen Gruppe verfolgen ähnliche Strategien und neigen bei Störungen zu gleichartigen Reaktionen.

- **Strategiebewertung:** Die Analyse strategischer Gruppen ermöglicht Rückschlüsse auf Erfolgsaussichten und Risiken bestimmter Strategien.

Die Karte der strategischen Gruppen ist auch bei der Suche nach der eigenen Strategie nützlich. Sie zeigt Möglichkeiten auf, neue strategische Gruppen zu schaffen oder in eine günstiger gelagerte Gruppe zu wechseln.

Aus der Aufteilung der Branche in strategische Gruppen erwächst aber auch eine **Gefahr**. Sie kann dazu verleiten, das Augenmerk nur auf die eigene Gruppe zu richten und mögliche Abwanderungen der eigenen Kunden oder Bewegungen der Konkurrenz aus anderen Gruppen zu vernachlässigen (vgl. Albach 1992). In der Karte der globalen Automobilindustrie (◄ Abbildung 3.8) ließe sich ganz oben links eine vierte «Gruppe» eintragen, die nur aus Rolls Royce besteht. Damit unterstellen wir, dass Rolls Royce seine Preise unabhängig von der Konkurrenz festlegen kann. Käufer erwägen eine Abwanderung zu Mercedes oder BMW, wenn diese sich in der Preis/Leistungs-Dimension weiter nach oben bewegen oder wenn Rolls Royce die Preise zu hoch festsetzt. Daher müssen wir den gesamten Markt («contestable market») im Auge behalten, um eine einseitige Konzentration auf den von uns bedienten Markt («served market») zu verhindern.

Zusammenfassend können wir festhalten, dass grundsätzlich drei Faktoren die **Rentabilität** eines Unternehmens bestimmen:

1. die **allgemeine Branchenstruktur** mit ihren Wettbewerbskräften, die sich für alle Unternehmen gleichermaßen auswirken;
2. die **Merkmale der strategischen Gruppe,** zu der das Unternehmen gehört (Mobilitätsbarrieren der Gruppe, Gefahr der Rivalität durch andere Gruppen);
3. die **Position des Unternehmens innerhalb seiner strategischen Gruppe.** Diese ist unter anderem bestimmt durch den Zeitpunkt des Eintritts, die Größe des Unternehmens und dessen Fähigkeit zur optimalen Strategieumsetzung (siehe Kapitel 4 «Unternehmensanalyse»).

Analyse der Branchen-
entwicklung

Die Umsetzung einer neuen Strategie ist ein Prozess, der üblicherweise mehrere Jahre dauert. Da sich die Struktur einer Branche im Laufe der Zeit stark verändern kann, müssen wir daher schon bei der Strategieformulierung mögliche Verschiebungen bei den Wettbewerbskräften abschätzen. Die Fähigkeit, Branchentrends frühzeitig zu erkennen, ermöglicht uns auch, Chancen früher zu erfassen und Wettbewerbsvorteile aufzubauen, die für spätere Nachahmer Eintrittsbarrieren darstellen.

Die meisten Branchenentwicklungsmodelle basieren auf dem Konzept des Produktlebenszyklus. Eine Branche durchläuft die gleichen Lebensphasen wie ein Produkt, nämlich: Entwicklung, Wachstum, Reife und Alter. ▶ Abbildung 3.9 zeigt den üblichen Verlauf einer solchen Entwicklung für Umsatz, Cash-flow und Gewinn. Die Triebkräfte des Wettbewerbs verändern sich im Ablauf. Jede Phase folgt eigenen Gesetzen.

| Entstehung | Wachstum | Reife | Alter |
|---|---|---|---|

| | | | |
|---|---|---|---|
| ■ rapides Wachstum | ■ schnelles Wachstum | ■ Stabilität bezüglich der | ■ abnehmende Nachfrage |
| ■ technologische | ■ Abnehmer, Markt- | Abnehmer, Technologie und | ■ sinkende Konkurrentenzahl |
| Neuerungen | anteile und Technolo- | Marktanteile | ■ Verengung der Produktlinie |
| ■ starke Bemühungen | gie genauer bekannt | ■ Wettbewerb kann jedoch | |
| um Abnehmer | ■ Eintritt schwieriger | intensiv sein | |
| ■ fragmentierte, | | ■ Konkurrenzdruck steigt | |
| wechselnde | | ■ Gewinnspannen werden | |
| Marktanteile | | enger | |

▲ Abbildung 3.9    Phasen im Branchenlebenszyklus (vgl. Hax/Majluf 1991, S. 206 ff.)

Dieses Wissen hilft uns, Veränderungen im Wettbewerb vorauszusagen und für die Lebensphase angemessene Strategien zu entwickeln. Das **Konzept** des **Branchenlebenszyklus** ist aber auch kritisiert und seine Anwendbarkeit teilweise **in Frage gestellt** worden:[1]

- Die Dauer einer **Lebenszyklusphase kann von Branche zu Branche stark variieren.** Gewisse Branchen bleiben Jahrzehnte in der Reifephase, während andere schnell altern. Oft ist sogar unklar, in welcher Phase sich die Branche befindet.
- **Manche Branchen entwickeln sich nicht modellgemäß.** Beispielsweise kann eine Branche die Reifephase gänzlich überspringen, oder technologische und soziale Veränderungen können den Reifeprozess umkehren (wie es beim Wiederaufleben der Fahrradindustrie der Fall war).
- Durch **Produktinnovation oder strategische Umorientierung können** Unternehmen den **Verlauf des Lebenszyklus beeinflussen.**
- Die **Entwicklung der Wettbewerbsintensität kann von Branche zu Branche variieren.** Einige Branchen sind in der Aufbauphase stark fragmentiert und konzentrieren sich später (z.B. die Automobilindustrie), andere entwickeln sich genau umgekehrt (z.B. Geldautomaten).

---

1  Vgl. Porter (1992) S. 210 f. und Hax/Majluf (1991) S. 224.

Trotz dieser Kritikpunkte ist das Konzept des Branchenlebenszyklus in einzelnen Branchen nützlich, zum Beispiel in der Hochtechnologie mit ihren sehr kurzen Zyklen. In den meisten Branchen ist es jedoch sinnvoller, nach den Ursachen (Triebkräften) der Branchenentwicklung zu suchen.

Porter empfiehlt, die folgenden **Triebkräfte** laufend zu **beobachten** und zu **analysieren**, um den strukturellen Wandel frühzeitig zu erkennen (Porter 1992, S. 216ff.; sowie Thompson/Strickland 1995, S. 74f.):

- **langfristige Veränderung des Wachstums:** Aufgrund der Bevölkerungsentwicklung, der Verschiebung von Bedürfnissen, der veränderten Position von Ersatz- und Komplementärprodukten, der Marktsättigung usw.;
- **Produktinnovationen:** Sie können die Lage einer Branche verbessern und das Wachstum beleben, oder aber eine Gefahr für etablierte Unternehmen darstellen, wenn die Quellen von Innovationen außerhalb der Branche liegen;
- **Verfahrensinnovationen:** Sie ermöglichen es, besser und billiger zu produzieren, führen aber auch häufig zu einem drastisch erhöhten Kapitalbedarf und zu Veränderungen in der optimalen Betriebsgröße;
- **Wechsel der Abnehmersegmente:** Neue Technologien können völlig neue Abnehmersegmente erschließen, die meist andere Anforderungen stellen als die bisher belieferten;
- **Lernprozesse bei den Abnehmern:** Durch wiederholten Kauf werden Abnehmer sensibler gegenüber Produktdifferenzierungen, die nicht auf einem **tatsächlichen** und **signifikanten** Mehrnutzen basieren; ein gutes Beispiel dazu liefert der PC-Markt;
- **Abnahme der Unsicherheit und Risiken:** Große, finanzstarke und weniger risikofreudige Unternehmen steigen oft erst ein, wenn sich die Unsicherheit in einer stark wachsenden Branche im Verlaufe der Zeit reduziert hat;
- **Verbreitung von Know-how:** Je einfacher und standardisierter die zugrunde liegende Technologie ist, desto rascher verbreitet sich das betreffende Wissen, d.h. desto weniger kann der Technologievorteil geschützt werden;
- **Veränderung der Inputkosten und Wechselkurse:** Veränderungen in den Lohn-, Material-, Kapital-, Kommunikations- und Transportkosten sowie in den Wechselkursen können die Branchenstruktur wesentlich beeinflussen;
- **Marketing-Innovationen:** Neue Werbeträger, Marketingthemen oder Vertriebskanäle können die Nachfrage beleben und strukturelle Veränderungen herbeiführen;

- **Änderungen der staatlichen Politik:** Zum Beispiel Regulierungen oder Deregulierungen in bestimmten Branchen;
- **Eintritt und Austritt von etablierten Unternehmen:** Zum Beispiel Eintritt von ausländischen Unternehmen;
- **zunehmende Globalisierung:** Zum Beispiel durch Abbau von Handelsschranken oder durch vereinfachten Technologietransfer.

Die periodische Beurteilung dieser Triebkräfte des Wandels liefert uns **Schlüsselsignale** für eine frühzeitige Einschätzung der strategischen Situation. Dies wiederum ermöglicht es uns, die Branchenentwicklung in unserem Sinne zu beeinflussen und/oder gegenüber den Konkurrenten einen Zeitvorsprung herauszuholen.

Obwohl meist sehr viele Triebkräfte auf die Wettbewerbsstruktur einwirken, sind es in der Regel kaum mehr als drei bis vier Bereiche, die den Branchenverlauf nachhaltig beeinflussen. Daher ist nicht jede Veränderung als Triebkraft der Branchenentwicklung zu betrachten. Allerdings ist es schwierig, die wichtigen von den unwichtigen Triebkräften zu trennen. Diese Unterscheidung ist aber unerlässlich, wenn wir uns vor Überreaktionen und andauernder Instabilität schützen wollen.

**3.3.3
Konkurrentenanalyse[1]**

Eine wirksame Strategie baut auf jenen Fähigkeiten auf, die uns von der Konkurrenz abheben. Daher müssen wir unsere Hauptkonkurrenten und deren Ziele, Strategien, Annahmen und Fähigkeiten kennen. Nur so können wir unsere eigenen Stärken und Schwächen richtig einschätzen und erfolgversprechende Strategien wählen. Porter schlägt folgende Schritte zur Konkurrentenanalyse vor:

Gegenwärtige und
potenzielle
Konkurrenten
bestimmen

Wir ermitteln zunächst alle gegenwärtig wichtigen Wettbewerber (Kennzeichen: hoher Marktanteil, hohes Umsatzwachstum, überdurchschnittlicher Gewinn, aggressive Wettbewerbshaltung). Danach identifizieren wir neue potenzielle Konkurrenten, die meistens aus folgenden Gruppen stammen:

- Branchenaußenseiter, welche die Eintrittsbarrieren leicht überwinden;
- Unternehmen, die ihre Unternehmensstrategie erweitern, indem sie in eine neue Branche eindringen;
- Lieferanten und Kunden, die eine Vorwärts- oder Rückwärtsintegration beabsichtigen;
- Unternehmen, die sich durch Beteiligung oder Fusion zu starken Wettbewerbern entwickeln.

---

1 Die folgenden Ausführungen basieren auf Porter (1992).

Anschließend analysieren wir folgende vier Bereiche dieser ausgewählten Konkurrenten:

1. Ziele,
2. Annahmen über sich selbst und über die Branche,
3. Gegenwärtige Strategie,
4. Fähigkeiten.

**1. Ziele**  Die Ziele eines Konkurrenten geben uns Hinweise darauf, ob er mit seiner strategischen und finanziellen Lage zufrieden ist. Wir berücksichtigen sowohl quantitative als auch qualitative Ziele, und zwar auf Unternehmens- wie auch auf SGE-Ebene.

Folgende Punkte sind zur Einschätzung der Ziele von Interesse: **finanzielle Ziele** (offene und unausgesprochene), **Risikoeinstellung, Werte und Überzeugungen** (wie das Streben nach Markt- oder Technologieführerschaft), **Organisationsstruktur** (welches sind die bedeutenden Funktionsbereiche?), **Befugnisse** (wer trifft die Schlüsselentscheidungen?), **Kontroll-** und **Anreizsysteme, Rechnungssysteme** (wie werden Kosten bemessen oder Preise festgesetzt?), **Führungskräfte** (Herkunft, Ausbildung und Erfahrung), **Aufsichtsrat/Verwaltungsrat** (Zusammensetzung), **vertragliche Verpflichtungen** (Lizenzen, Joint Ventures).

Anhand der Zielbeurteilung können wir die Wahrscheinlichkeit eines Strategiewechsels abschätzen. Zum Beispiel wird ein wachstumsorientiertes Unternehmen deutlicher auf einen konjunkturellen Abschwung reagieren als ein vorwiegend auf Rendite konzentrierter Wettbewerber. Die Reaktion eines Konkurrenten fällt umso stärker aus, je mehr die Umweltereignisse oder Maßnahmen der Wettbewerber seine Zielerreichung beeinträchtigen.

Ist die strategische Geschäftseinheit Teil eines Konzerns, so können Entscheidungen auf der Unternehmensebene das Verhalten innerhalb der strategischen Geschäftseinheit entscheidend beeinflussen. Deshalb interessieren folgende **Informationen** über das **Gesamtunternehmen:**

- **allgemeine Ziele** des Unternehmens,
- **gegenwärtige Ergebnisse** (eine strategische Geschäftseinheit mit unterdurchschnittlichem Ergebnis wird von der Unternehmensleitung meistens zum Handeln aufgefordert),
- **strategische Bedeutung der strategischen Geschäftseinheit** für den Konzern,
- **Synergien** mit anderen strategischen Geschäftseinheiten,
- **vorherrschender Strategietyp** (mit welchen Strategien war das Unternehmen bisher erfolgreich?).

**2. Annahmen über sich selbst und über die Branche**

Die Annahmen, die ein Konkurrent über sich selbst und über die Branche trifft, beeinflussen sein Verhalten und seine Reaktionen. Ein Unternehmen, das sich als Billigproduzent betrachtet, wird auf einen Preisbrecher eher mit einer eigenen Preissenkung reagieren als ein Anbieter, der sich als Markenführer versteht und auf die Loyalität seiner Kunden setzt. Interessant für uns sind vor allem die «blinden Flecke», jene Bereiche, die der Konkurrent gar nicht oder falsch wahrnimmt. Sofern wir unsere Strategie auf diese Bereiche konzentrieren, verringern wir die Gefahr sofortiger Vergeltungsmaßnahmen. Die Analyse folgender Punkte hilft, die Annahmen des Konkurrenten abzuschätzen:

- **Einschätzung der eigenen Position** aufgrund von offiziellen Mitteilungen, Äußerungen von Führungskräften usw.,
- **historische oder emotionale Bindung** an bestimmte Produkte und Instrumente,
- kulturell, regional oder national bedingte **Einstellungen,**
- **organisatorische Werte oder Regeln,**
- Glaube an **konventionelle Branchenweisheiten.**

Die Unternehmensgeschichte von Konkurrenten liefert oft wertvolle Hinweise auf Ziele und Annahmen. Das gegenwärtige und zukünftige Verhalten wird meist wesentlich von den Ereignissen der jüngsten Vergangenheit beeinflusst. Führungskräfte versuchen, erfolgreiche Strategien zu wiederholen und in andere Geschäftsbereiche zu übertragen. Misserfolge wiederum können das Unternehmen vor weiteren Schritten (auch wenn diese erfolgversprechend wären) abhalten. Der **funktionale Hintergrund der Führungskräfte,** ihre **Erfahrungen mit bestimmten Strategien** und ihre **Beziehungen zu Beratungsunternehmen** liefern weitere wertvolle Informationen.

**3. Gegenwärtige Strategie**

Folgende Punkte sind zu klären, um die gegenwärtige Strategie des Konkurrenten zu ermitteln:

- Welche wichtigen **Instrumente** setzt der Konkurrent **in den einzelnen Funktionsbereichen** ein?
- Wie verbindet er die verschiedenen **Funktionsbereiche** (Analyse anhand der Wertkette)?

**4. Fähigkeiten**

Die Ziele, die Annahmen und die gegenwärtige Strategie sagen etwas aus über die Wahrscheinlichkeit, den Zeitpunkt sowie die Art und Intensität der strategischen Reaktionen eines Konkurrenten. Die Fähigkeiten bestimmen den Erfolg dieser Reaktionen. Um die Unternehmensfähigkeiten zu analysieren, betrachten wir die **Stärken** und **Schwächen** des Konkurrenten in den einzelnen Kernbereichen des Geschäfts:

- **Produkte:** Ruf, Breite und Tiefe des Produktprogramms pro Marktsegment usw.
- **Händler/Vertrieb:** Abdeckung/Qualität der Vertriebskanäle, Beziehungen usw.
- **Marketing und Verkauf:** Marketingfähigkeiten in jedem Marketing-Mix usw.
- **Verfahren:** Technologie der Anlagen, Flexibilität, Know-how, Standort usw.
- **Forschung und Technik:** Patente, F&E-Fähigkeiten usw.
- **Gesamtkosten:** Relative Kosten, Vorteile durch Betriebsgröße und Synergien usw.
- **Finanzielle Stärke:** Cash-flow, Kreditlimite, Finanzfähigkeiten usw.
- **Organisation:** Einheitlichkeit von Werten, Strategie-Struktur-Fit usw.
- **Management:** Führung, Flexibilität usw.
- **Konzernportfolio:** Ressourcen, Fähigkeit zur Unterstützung der strategischen Geschäftseinheiten usw.
- **Kernfähigkeiten:** Wo ist der Konkurrent besonders stark/schwach?
- **Wachstumsfähigkeiten:** Bezüglich Personal, Fertigkeiten, Kapazitäten, Finanzen usw.
- **Fähigkeit zur schnellen Reaktion:** Liquiditätsreserven, freie Kapazitäten usw.
- **Durchhaltevermögen:** Einstimmigkeit im Management, Finanzreserven usw.

Synthese: Offensive Schritte und Verteidigungsfähigkeit

Anhand der Analyse der Ziele, Annahmen und Fähigkeiten sowie der gegenwärtigen Strategie können wir für jeden Konkurrenten das **Reaktionsprofil** (d.h. die Verteidigungsfähigkeit) gegenüber möglichen strategischen Schritten unseres Unternehmens oder gegenüber Umweltveränderungen einschätzen (vgl. ▶ Abbildung 3.10). Dies gibt uns wertvolle Hinweise darauf, welche Strategien für uns erfolgversprechend sind.

**Porters Konkurrentenanalyse** ist in dem Sinne **umfassend,** als sie eine ganzheitliche, zukunftsbezogene Sicht einnimmt und auch Motivationsfaktoren berücksichtigt. Sie ist **komplex** und setzt eine systematische und fortwährende Sammlung von Informationen voraus. Dies ist nur mit großem Aufwand zu erreichen. Auf international tätige Unternehmen trifft dies besonders zu. Aus diesen Gründen beschränkt man sich in der Praxis bei der Konkurrentenanalyse oft auf wenige große Unternehmen und lässt kleine oder potenziell neue Konkurrenten außer acht. Dies kann allerdings zu erheblichen Fehleinschätzungen führen.

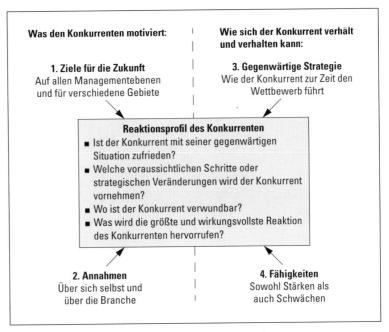

▲ Abbildung 3.10    Elemente einer Konkurrentenanalyse (nach Porter 1992, S. 80)

Bei der Konkurrentenanalyse ist die Informationsbeschaffung ganz besonders schwierig. Sie kann vor allem kleine Unternehmen finanziell und zeitlich stark belasten oder sogar überfordern. Aus diesem Grund formulieren KMUs ihre Strategien manchmal rein intuitiv, aufgrund von allgemeinen Eindrücken über die Konkurrenz. Dieses Vorgehen birgt die Gefahr von strategischen «Schnellschüssen». Wir empfehlen deshalb, das hier vorgestellte Konzept auch in kleinen und mittelgroßen Unternehmen als Bezugsrahmen für die Informationsanalyse einzusetzen, denn eine fehlende oder mangelhafte Konkurrentenanalyse ist in diesen Unternehmen oft eine der Hauptschwächen und nicht selten der Grund für Misserfolge. Um den Aufwand in Grenzen zu halten, ist allerdings eine Beschränkung auf die wichtigsten Punkte ratsam.

Fehlen die Ressourcen für eine systematische Konkurrentenanalyse, empfiehlt sich zumindest eine Untersuchung anhand der Checkliste in ▶ Abbildung 3.11.

**Informationsbeschaffung bei der Konkurrenten- und Branchenanalyse**

Die zunehmende Publizitätspflicht und die wachsende Publizitätsfreudigkeit der Unternehmen sowie der Zugang zu elektronischen Datenbanken haben die Informationsbeschaffung vereinfacht. Viele Informationen lassen sich auf legalem Weg problemlos beschaffen. Auch ein direkter Kontakt zur Konkurrenz ist häufig leichter möglich als man ver-

| Wettbewerber \ Kriterien | Konkurrent A | Konkurrent B | Konkurrent ... |
|---|---|---|---|
| **Erkennbare Strategie**<br>■ Produktpolitik<br>■ Preispolitik<br>■ Marktstrategie<br>■ wichtige Investitionen<br>■ Konzernstrategie<br>■ Wachstumsziele<br>■ Rentabilitätsziele | | | |
| **Umsatz/Trend**<br>■ insgesamt<br>■ pro Produktgruppe | | | |
| **Marktanteil/Trend**<br>■ insgesamt<br>■ pro Produktgruppe | | | |
| **Gewinnsituation** | | | |
| **Kostenstruktur** | | | |
| **Finanzkraft** | | | |
| **Fähigkeiten in den relevanten Bereichen**<br>■ Produkte<br>■ Produktion<br>■ Kapazitäten<br>■ F&E<br>■ Absatz, Verkauf<br>■ Technischer Service<br>■ Marketing<br>■ Personal<br>■ Finanzen<br>■ Führung<br>■ Organisation<br>■ Planungssysteme<br>■ Informatik<br>■ Zugang zu Ressourcen | | | |
| **Hauptstärken** | | | |
| **Hauptschwächen** | | | |

▲ Abbildung 3.11   Checkliste zur Konkurrentenanalyse
(vgl. Kreikebaum 1989, Michel 1986, Thompson/Strickland 1995)

mutet. Viele Wettbewerber haben ein Interesse daran, dass die Konkurrenten ihre Stärken kennen.

Oft lassen sich auch aufgrund eigener Beobachtungen und Überlegungen wertvolle Rückschlüsse ziehen. So können wir etwa anhand der Anzahl der Mitarbeitenden (insgesamt oder im Außendienst), der Umsätze der Vertreter, der Anzahl Autos und/oder LKWs, der Größe der Fabrik- und Lagerhalle sowie der Einkaufsmengen bestimmter Teile oder Verpackungen den Marktanteil eines wichtigen Konkurrenten abschätzen. (Pipp 1994)

Darüber hinaus ermöglichen folgende **Quellen** in der Regel eine fundierte Analyse:

- Befragung des eigenen Vertreter- und/oder Servicestabs (die unter anderem verpflichtet werden können, Konkurrenzdaten bei Kunden zu erheben);
- Befragung der Mitarbeitenden im Einkauf;
- Befragung von Lieferanten und Abnehmern;
- Untersuchung von Konkurrenzprodukten, Schätzung des Ingenieurstabs der Konkurrenten;
- Informationen von Mitarbeitenden, die früher beim Konkurrenten beschäftigt waren;
- Informationen auf Messen und Fachtagungen;
- Informationen von Verbänden, Marktforschungsinstituten, Unternehmensberatern und Banken;
- Informationen aus persönlichen Kontakten;
- Lokalzeitungen am Standort des Konkurrenten;
- Stellenanzeigen;
- Geschäftsberichte, Unternehmensdokumente (z.B. Prospekte);
- Reden und Vorträge von Führungskräften;
- Wirtschaftspublikationen, Handelszeitungen, Berichte von Analytikern;
- Branchenstudien durch spezialisierte Institute, Branchenzeitschriften;
- Patentauswertungen;
- Eingaben an Verwaltungs- und Aufsichtsbehörden;
- elektronische Datenbanken (Internet, CD-ROM usw.).

Oft müssen wir uns bei der Beurteilung der Konkurrenten, der Branche und des Marktes mit Schätzwerten begnügen. Allerdings sollten wir wissen, ob unsere Schätzungen nur unwesentlich von der Wirklichkeit abweichen oder größere Diskrepanzen aufweisen.

Wenn wir eine gezielte Sammlung von Informationen über die Konkurrenten anstreben, ist ein systematisches Vorgehen angezeigt, das viele Mitarbeiterinnen und Mitarbeiter einbezieht und fortlaufend die wichtigsten Daten erhebt. Folgende **organisatorische Formen** sind denkbar:

- Informelle Datensammlung eines Strategiebeauftragten (vor allem bei KMUs üblich);
- Koordination der Sammlung, Ordnung und Weitergabe der Konkurrenzinformation durch ein Mitglied der Unternehmensleitung;
- Konkurrentenanalyse durch eine Gruppe (z. B. der Planungsabteilung).

Der Nutzen der Konkurrentenanalyse hängt ungeachtet der gewählten organisatorischen Form vor allem davon ab, wie die Daten zur Strategieentwicklung herangezogen werden. Ein noch so umfassendes und ausgeklügeltes System wird wirkungslos bleiben, wenn es die Verantwortlichen nicht verstehen, die wirklich wettbewerbsrelevanten Daten auf prägnante Weise aufzubereiten.

**3.3.4**
**Bestimmen der**
**Erfolgsfaktoren**

Nachdem wir für jedes strategische Geschäftsfeld eine Branchen- und Konkurrentenanalyse durchgeführt haben, bestimmen wir in einem letzten Schritt der Umweltanalyse jene wichtigsten Faktoren jedes Geschäftsfeldes, die jedes Unternehmen der Branche (oder der strategischen Gruppe, falls die Wettbewerbskräfte zwischen den strategischen Gruppen stark variieren) unbedingt beachten muss, um nachhaltigen Erfolg zu erzielen. Zum Beispiel sind in der Bierbrauindustrie folgende Erfolgsfaktoren von Bedeutung: (a) eine volle Kapazitätsauslastung zur Minimierung der Produktionskosten, (b) ein starkes Händlernetzwerk für eine breite regionale Marktabdeckung und (c) ein wirksames Marketing zur Nachfragesteigerung der eigenen Biermarke.

Die Bestimmung der Erfolgsfaktoren ist eine zentrale Aufgabe der Führung, denn sie beeinflusst unmittelbar die Strategiewahl. Eine Fehleinschätzung führt unweigerlich zu suboptimalen oder gar kontraproduktiven Strategien. Die Erfolgsfaktoren **können** je nach Branche verschieden sein oder **im Verlaufe der Zeit stark variieren.** Normalerweise sind es nicht mehr als drei oder vier **zentrale Erfolgsfaktoren,** die über Erfolg oder Misserfolg in einer Branche entscheiden.

Wir müssen somit der Versuchung widerstehen, alles als gleich wichtig anzusehen, denn die Strategieentwicklung soll sich auf einige wenige Erfolgspotenziale stützen. Eine Strategie, die auf alle Fragen eine Antwort liefern will, wird zum Schluss niemanden überzeugen.

Die Erfolgsfaktoren bilden die Voraussetzung für einen erfolgreichen Wettbewerb. Wir stellen sie in der strategischen Analyse (siehe Kapitel 5 «Strategische Analyse») den Stärken und Schwächen der Unterneh-

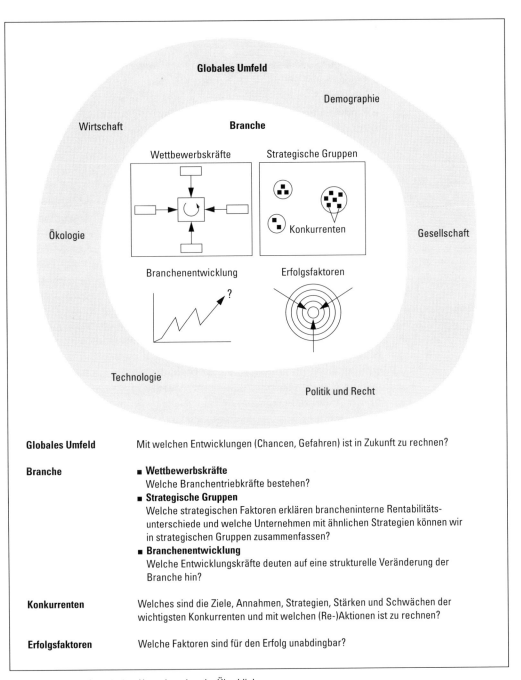

| | |
|---|---|
| **Globales Umfeld** | Mit welchen Entwicklungen (Chancen, Gefahren) ist in Zukunft zu rechnen? |
| **Branche** | ■ **Wettbewerbskräfte**<br>Welche Branchentriebkräfte bestehen?<br>■ **Strategische Gruppen**<br>Welche strategischen Faktoren erklären brancheninterne Rentabilitäts-unterschiede und welche Unternehmen mit ähnlichen Strategien können wir in strategischen Gruppen zusammenfassen?<br>■ **Branchenentwicklung**<br>Welche Entwicklungskräfte deuten auf eine strukturelle Veränderung der Branche hin? |
| **Konkurrenten** | Welches sind die Ziele, Annahmen, Strategien, Stärken und Schwächen der wichtigsten Konkurrenten und mit welchen (Re-)Aktionen ist zu rechnen? |
| **Erfolgsfaktoren** | Welche Faktoren sind für den Erfolg unabdingbar? |

▲ Abbildung 3.12   Umweltanalyse im Überblick

men gegenüber. Erfolgsfaktoren sind insbesondere in folgenden Bereichen zu finden:

- **Forschung und Entwicklung** (z. B. Pharmaindustrie);
- **Produktion:** Flexibilität, Effizienz, Standort, Arbeitskosten (z. B. Autoindustrie);
- **Produktinnovation** (z. B. Computerindustrie, Unterhaltungselektronik);
- **Distribution** (z. B. Lebensmittelindustrie);
- **Marketing** (z. B. Parfumindustrie);
- **Qualität** (z. B. Maschinenindustrie);
- **Organisatorische Fähigkeiten** (z. B. Autovermietung);
- **Qualifiziertes Personal** (z. B. Beratungsindustrie).

◄ Abbildung 3.12 zeigt die verschiedenen Bereiche der Umweltanalyse im Überblick.

## 3.4 Strategische Frühaufklärung

Wir haben mehrfach darauf hingewiesen, wie wichtig aussagekräftige und zukunftsorientierte Informationen für ein wirksames Strategisches Management sind. In der heutigen Zeit reicht es nicht mehr aus, Informationen erst im Hinblick auf ein geplantes Strategieseminar bereitzustellen. Die Beschaffung und Aufbereitung von strategischen Informationen sollte vielmehr als kontinuierlicher «Online-Prozess» in einem Frühaufklärungssystem institutionalisiert werden. Obwohl das Konzept der strategischen Frühaufklärung relativ neu ist, verfügen heute besonders Großunternehmen über Frühaufklärungssysteme (vgl. u. a. Coenenberg 1990).

**3.4.1**
**Zeit als**
**Erfolgsfaktor**

Der ehemalige Leiter der strategischen Planung bei General Electric hat die Wichtigkeit der Frühaufklärung wie folgt beschrieben: «Was wir in diesem Zeitalter des radikalen Wandels benötigen, ist der Gebrauch von Vorhersagen als einen Weg, um Zeit zu kaufen. Um die Gefahren aufzuspüren, bevor sie unhandhabbar werden und um die Gelegenheiten zu erfassen, bevor sie verloren sind.» (Krystek/Müller-Stewens 1993, S. 2)

Ziel der Frühaufklärung ist die rechtzeitige Erkennung von **Chancen und Gefahren mit der Absicht,** das Unternehmen vor Krisen zu schützen. Zeitdruck schränkt die Handlungsmöglichkeiten und Aktionsräume zunehmend ein. Beispiele aus der Praxis zeigen, dass sich Unternehmenskrisen selten auf einzelne Ereignisse zurückführen lassen. Sie sind meist

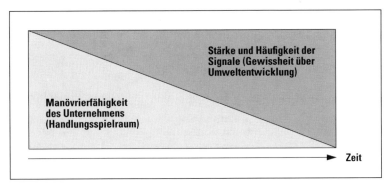

▲ Abbildung 3.13   Trade-off-Beziehung zwischen Manövrierfähigkeit und Gewissheit über Umweltentwicklung

das Resultat einer kontinuierlichen Entwicklung, die sich oft schon früh
durch schwache Signale ankündigt.

In der Regel ist es vernünftiger, aufgrund vager Informationen frühzeitig zu handeln als auf sichere Informationen zu warten. Je später eine
Reaktion erfolgt, desto eingeschränkter ist normalerweise die Hand-
lungs- und die Manövrierfähigkeit des Unternehmens (◄ Abbildung
3.13). Strategische Frühaufklärung hilft dem Unternehmen, trotz der
Ungewissheit rechtzeitig wirksame Strategien zu entwickeln.

**3.4.2**
**Operative und**
**strategische**
**Frühaufklärung**

Wir unterscheiden die operative von der strategischen Frühaufklärung.
Beide sind gleichwertig und ergänzen sich. Kriterien für die Unterscheidung sind der «kurzfristige Erfolg» bzw. «die strategischen Erfolgspotenziale». Demnach stützt sich die operative Frühaufklärung auf li-
quiditäts- und ergebnisorientierte Steuerungsgrößen, die strategische dagegen auf die strategischen Erfolgspotenziale (Geschäfte, Technologien,
Wettbewerbsvorteile usw.). Die Unterscheidung ist wichtig, weil operative und strategische Frühaufklärung von den Mitarbeitenden unterschiedliche Fähigkeiten verlangen. Mit der operativen Frühaufklärung
betraute Personen müssen vor allem analytisch veranlagt sein und nach
Gesetzmäßigkeiten in der Vergangenheit suchen. Ihre Argumentation
gleicht einer Beweisführung. Wer strategische Frühaufklärung betreibt,
muss hingegen überzeugen können, auch wenn dabei die Begründungs-
zusammenhänge nicht immer widerspruchsfrei sind. Die Argumentation
baut auf subjektiven Werten und Annahmen auf und setzt ein ganzheitliches und kreatives Denken voraus. ► Abbildung 3.14 verdeutlicht die
Unterschiede zwischen den beiden Formen der Frühaufklärung.

| Prozessphase | Operative Frühaufklärung | Strategische Frühaufklärung |
|---|---|---|
| **Input**<br>■ Charakteristika der Information | ■ wohlstrukturiert<br>■ eher quantitativ<br>■ eher wertfrei<br>(z. B. Auftragseingang) | ■ schlecht strukturiert<br>■ eher qualitativ<br>■ eher wertebeladen, politisierend<br>(z. B. neuer gesellschaftlicher Trend) |
| ■ Fähigkeiten der Beteiligten | ■ eher analytisch<br>■ eher beweisend<br>■ eher erfahrungsgeleitet | ■ eher holistisch<br>■ eher überzeugend<br>■ eher kreativ |
| **Verarbeitung**<br>■ Durchführung | ■ eher delegierbar<br>■ eher in einer institutionalisierten Form<br>■ eher standardisiert<br>(z. B. monatliche Kennzahlen) | ■ nicht delegierbar (Nutzer sind Betreiber; Information ist interpretationsbedürftig)<br>■ eher in informellen Arenen |
| ■ Instrumente | ■ Kausalanalysen | ■ Umgang mit Diskontinuitäten |
| **Output** | ■ signifikante Abweichungen von Soll-werten oder Toleranzgrenzen | ■ «Misfits» (Unverträglichkeit zwischen Entwicklungen)<br>■ «Drittvariable», d.h. Diskontinuitäten, welche eine kontinuierliche Entwicklung stören<br>■ «schwache Signale» |
| **Wirkung**<br>■ Reflexivität des Systems (Selbstkorrektur) | ■ Überprüfung der Gesetzmäßigkeit | ■ Überprüfung der Beobachtungsquellen und -prozeduren |
| ■ Konsequenzen | ■ Auslösung von Reaktionsprozeduren | ■ Tiefenanalyse; Monitoring<br>■ organisatorisches Lernen |
| ■ Schnittstellen | ■ Suche nach Erklärungen aus Erkennt-nissen der strategischen Frühaufklä-rung | ■ Suche nach Auswirkungen auf die operative Frühaufklärung |

▲ Abbildung 3.14   Unterschiede zwischen einer operativen und strategischen Frühaufklärung
(nach Krystek/Müller-Stewens 1993, S. 12)

In der Praxis kann nicht immer eindeutig zwischen strategischer und operativer Frühaufklärung unterschieden werden. Oft bestehen beträchtliche Überschneidungen. Die folgenden Ausführungen beziehen sich vorwiegend auf die **strategische Frühaufklärung.**

### 3.4.3 Komponenten eines strategischen Frühwarnsystems

Nachhaltige Veränderungen können sich innerhalb oder außerhalb des Unternehmens ankündigen. Deshalb sind grundsätzlich alle Mitarbeiterinnen und Mitarbeiter aufgefordert, Veränderungen im Unternehmen und in der Umwelt zu identifizieren und zu beobachten. Dabei sind die Informationsschwerpunkte je nach Tätigkeit (Führungskräfte, Techniker, Forscher, Vertreter usw.) verschieden. Eine geeignete Stelle sollte

**Träger des Frühwarnsystems**

die Koordination der Informationen aus den einzelnen Bereichen sicherstellen. Diese Stelle sollte über genügend fachliche und führungsmäßige Autorität verfügen, um unbequeme Fragen zu stellen.

Auch KMUs können wirksame Frühaufklärung betreiben. Am besten wird dabei die Aufgabe auf alle Führungskräfte verteilt. Der Aufwand ist natürlich der Unternehmensgröße anzupassen.

**«Scanning» und «Monitoring» als Basisaktivitäten**

Die strategische Frühaufklärung besteht aus den Basisaktivitäten Identifikation (Scanning) und Beobachtung (Monitoring). Die Identifikation der Signale erfolgt durch fortwährendes Abtasten und Rastern des Unternehmensumfeldes (wie ein Radar, der Signale aus dem Umfeld herausfiltert). Mit der dauerhaften und vertiefenden Beobachtung der Signale versuchen wir deren Auswirkungen auf das Unternehmen abzuschätzen.

Die Dynamik des Umfeldes, die Situation des Unternehmens sowie personelle und finanzielle Mittel beeinflussen Form und Intensität des «Scanning» und «Monitoring». Das Management muss zudem das zu beobachtende Umfeld abgrenzen und die wichtigen Bereiche festlegen. Bei der Zuteilung der «Scanning-» und «Monitoring-»Aktivitäten sind die Fähigkeiten und Neigungen der Mitarbeiterinnen und Mitarbeiter zu berücksichtigen.

**Beobachtungsfelder und Frühindikatoren**

Wie wirksam die Basisaktivitäten sind, hängt von der Wahl der Beobachtungsfelder («Umweltausschnitte») und deren Indikatoren ab. Indikatoren liefern frühzeitig konkrete Hinweise auf eine mögliche Veränderung. Wir haben in diesem Kapitel verschiedene Beobachtungsfelder mit entsprechenden Indikatoren vorgestellt:

- Analyse des globalen Umfelds (vgl. ◀ Abbildung 3.3 auf Seite 100);
- Branchen- und Absatzmarktanalyse (vgl. ◀ Abbildung 3.7 auf Seite 108);
- Analyse der Branchentriebkräfte (vgl. Seiten 112–115);
- Konkurrentenanalyse (vgl. ◀ Abbildung 3.10 auf Seite 119 und ◀ Abbildung 3.11 auf Seite 120).

Eine umfassende Frühaufklärung schließt auch **interne Beobachtungs-felder** und Indikatoren ein. Dazu gehören unter anderem folgende Bereiche (vgl. Rieser 1989, S. 38):

- **Finanzwesen** (Kennzahlen zur Liquidität, Rentabilität, Eigenkapitalquote usw.);
- **Absatzzahlen** (Auftragseingangsquote, Umschlagshäufigkeit usw.);
- **Materialwirtschaft** (Beschaffungserfolgsquote, Lagerdauer usw.);
- **Personalwesen** (Fluktuationsrate, innere Kündigung, Krankenquote, Altersstruktur, Eingänge Vorschlagswesen, Löhne im Vergleich zur Konkurrenz usw.);
- **Forschung und Entwicklung** (Innovationsgrad, Lizenzeinnahmen usw.);
- **Produktion und Qualität** (Produktivität, Fehler- und Ausschussquote usw.);
- **Mitarbeiterführung** (Führungsstil, Mitarbeiterbeurteilung, Kontrollspanne usw.);
- **Verwaltung** (Sicherungsfunktionen, Rechnungsfunktionen usw.);
- **Image** (Attraktivität als Arbeitgeber, Anwerbeerfolgsquote usw.).

Interne Signale sind meist operative Größen und zeitlich den externen Signalen nachgelagert. Vor allem **finanzielle Kenngrößen** sind **vergangenheitsorientiert.**

Die Felder für das Scanning und Monitoring dürfen nicht zu eng definiert werden, damit nicht wichtige Veränderungen außerhalb des Beobachtungsraumes übersehen werden. Aber es ist weder von der Methode noch vom Aufwand her möglich, alle Signale aus dem Umfeld eines Unternehmens zu erfassen. Bei jedem Frühwarnsystem ist daher sowohl Informationseffektivität als auch Informationseffizienz gefragt. Auszuwählen sind jene Indikatoren, die einen nachhaltigen Wandel im Umfeld oder in der Branche anzeigen können.

**Strategische Informationsquellen und ihre Benützer**

Zur Erfassung der Indikatoren müssen wir die **Informationsquellen** bestimmen. Es kommen in Frage:

- Zeitschriften und Zeitungen;
- Bücher und Abstract-Dienste;
- Internet, elektronische Datenbanken;
- Scanning-Dienste (Zeitschriften, welche eine Vielzahl von Quellen für einen Auftraggeber nach bestimmten Gesichtspunkten auswerten);
- Informationsbroker und (Auftrags-)Forschungsinstitute;
- überbetriebliche Netzwerke (Erfahrungsgruppen, Clubs usw.);
- Persönliche Informationsquellen (Expertengespräche, Versuchs- und Besuchsberichte, Messe-/Kongress-/Seminarbesuche usw.).

Führungskräfte eines Unternehmens lesen oft die gleichen Fachzeitschriften und bedienen sich der gleichen Informationsquellen. Dadurch wird die Beobachtung des Umfeldes eingeschränkt. Das führt zu einer falschen Sicherheit, da sich die Führungskräfte gegenseitig in ihren einseitigen Urteilen bestätigen. Die Auswirkungen können verheerend sein. Daher ist es sinnvoll, das Lese- und Beobachtungsspektrum zu erweitern, indem man zusätzliche Informationsquellen auf bestimmte Führungskräfte aufteilt. Eine weitere Möglichkeit besteht darin, Arbeitsgruppen zu bestimmten Analysebereichen zu bilden. Ferner sollte man jeden wichtigen Konkurrenten einer bestimmten Person (bzw. einer Gruppe) zur Beobachtung zuteilen.[1]

**Aufbereitung schwacher Signale zur strategischen Information**

Damit die Signale in einem strategischen Entscheidungsprozess von Nutzen sind, müssen wir sie in geeigneter Form aufbereiten. Besonders in größeren Unternehmen ist es nützlich, wenn jeder «Scanner» die Umweltsignale in standardisierter Form erfasst. Eine wichtige **Trendmeldung** könnte zum Beispiel folgende Informationen enthalten: Titel und Nummer der Trendmeldung, Quelle, Datum, kurze Zusammenfassung des Inhalts, Ablagefelder (welche Umwelt- bzw. Unternehmensbereiche sind betroffen?), Kommentar/Interpretation des «Scanners», voraussichtlicher Einfluss auf die Branche und auf das Unternehmen, Handlungsbedarf und -möglichkeiten, Stichworte für die spätere Suche und Abfrage.[2] Die Daten können auch elektronisch in einer Datenbank dezentral erfasst werden, was sowohl die Sammlung als auch die Auswertung erleichtert.

Häufen sich Trendmeldungen in einem bestimmten Ablagefeld, müssen wir versuchen, diese zu sinnvollen Themen (sogenannten **Trendlandschaften**) zu verdichten. Eine gemeinsame Erarbeitung solcher Trendlandschaften durch das Führungsteam kann das Verständnis für vernetzte Problemkreise erhöhen und wertvolle Lernprozesse in Gang setzen.

**Nutzung der strategischen Datenbank**

Damit ein Frühaufklärungssystem seinen Nutzen entfalten kann, muss den Mitarbeitenden der **individuelle Zugang** zu den Daten ermöglicht werden. Ferner kann ein **«Trend-Shop»** das **organisatorische Lernen** unterstützen, indem Führungskräfte in einer moderierten Veranstaltung die Bedeutung und Dringlichkeit bestimmter Trends erörtern, Meinungsunterschiede verdeutlichen und unkonventionelle Ideen diskutieren. Ziel des Trend-Shops ist es, gemeinsame Vorstellungen zu entwickeln.

Informationen aus einer Frühaufklärung können dazu führen, dass bisherige Strategieprojekte angepasst oder aufgegeben oder neue Pro-

---

1 Vgl. Rieser (1989); für die Aufteilung der Scanningaktivitäten vgl. auch Aaker (1983).
2 Für ein Muster in Form einer PC-Maske vgl. Krystek/Müller-Stewens (1993) S. 189.

jekte gestartet werden. Sie unterstützen damit die Entwicklung von Alternativplänen. Im Sinne eines Strategic Issue Managements (siehe Kapitel 1 «Konzept des Strategischen Managements», Seite 35 f.) ist organisatorisch zu gewährleisten, dass auf bedeutende Ereignisse und Entwicklungen nicht erst in der nächsten Planungsperiode reagiert wird.

**3.4.4 Instrumente der Frühaufklärung**

Im Folgenden stellen wir drei wichtige Instrumente der Frühaufklärung vor, nämlich die Expertenbefragung, die Delphi-Methode und die Szenariotechnik. Wir schicken voraus, dass wir bei der strategischen Frühaufklärung nicht «exakte Ergebnisse» anvisieren. Die Informationen dienen in erster Linie dazu, Gedanken und Diskussionen zu strukturieren und ein gemeinsames zukunftsgerichtetes Problemverständnis zu schaffen.

Expertenbefragung[1]

Mathematisch-statistische Prognosetechniken sind in der strategischen Planung wegen der beschränkten Berechenbarkeit zukünftiger Entwicklungen oft nur von geringem Nutzen. Die Komplexität des Prognoseproblems verlangt vielmehr die Urteile von Fachleuten. Expertenbefragungen spielen vor allem bei der Technologiefrüherkennung eine wichtige Rolle. Sie werden meist in Verbindung mit anderen qualitativen Prognosemethoden eingesetzt (unter anderem bei der Delphi-Methode und der Szenariotechnik). Die Expertenbefragung nutzt die Sachkenntnis und die Erfahrung verschiedener Fachleute, um aussagekräftige Zukunftsprojektionen zu erstellen.

Eine Expertengruppe besteht idealerweise aus **internen** und **externen Fachleuten** und ist nach Möglichkeit **interdisziplinär** zusammengesetzt. Externe Experten (z.B. Wissenschaftler, Unternehmensberater) bilden dabei die fachliche Ergänzung. Sie sind objektiv, nicht betriebsblind und in der Regel frei von Interessenkonflikten. Wichtige Hinweise können jedoch auch **Lieferanten** und **Abnehmer** liefern.

An einer Gruppendiskussion mit Experten sollten höchstens zehn bis fünfzehn Personen teilnehmen. Ein erfahrener Moderator kann verhindern, dass gruppendynamische Prozesse («Rangkämpfe», Konkurrenzdenken, starres Festhalten an der eigenen Position, Dominanz besonders eloquenter Teilnehmer, Konformitätsdruck von Mehrheitsmeinungen usw.) die Qualität der Information zu sehr beeinträchtigen.

Delphi-Methode[2]

Eine besondere Form der Expertenbefragung ist die Delphi-Methode. Sie ist als Antwort auf die Unzulänglichkeiten der Gruppendiskussionen (eine Folge der direkten räumlichen Konfrontation der Befragungsteil-

---

1 Vgl. Wolfrum (1994) S. 157 f.
2 Vgl. Wolfrum (1994) S. 158 ff.

nehmer) entwickelt worden. Die Methode eignet sich sowohl für qualitative als auch für quantitative Prognosen und dient als zweckmäßige Technik zur Entwicklung von Lösungsvorschlägen sowie zur Beurteilung von Lösungsvarianten. Die Delphi-Methode nutzt die Vorteile der kollektiven Meinungsbildung mehrerer (interner und/oder externer) Experten durch eine anonyme, standardisierte, mehrstufige (= mehrere Runden) Befragung (schriftlich oder per E-Mail). Eine Monitorgruppe (bestehend aus internen Mitarbeitern und externen Beratern) begleitet den Befragungsprozess. Die Teilnehmenden erhalten nach jeder Befragungsrunde eine Rückmeldung (Informationsfeedback) über die gesammelten Daten, d.h. die Experten werden nach jeder Runde mit den (vielleicht abweichenden) Meinungen ihrer Kolleginnen und Kollegen konfrontiert, was zur Korrektur eigener Einschätzungen führen kann. Ein Delphi-Prozess läuft etwa folgendermaßen ab:

**Vorbereitungsphase** Wir bilden ausgehend vom Prognoseproblem (zum Beispiel: Wann wird eine bestimmte Technologie verfügbar sein?) eine Monitorgruppe aus Methoden- und Fachspezialisten. Die Monitorgruppe legt die Ziele der Prognose fest, entwickelt den Fragebogen und wählt die Experten aus (idealerweise interne und externe Spezialisten sowie Lieferanten und Abnehmer).

**Vorrunde** In einer Vorrunde werden Ideen gesammelt und anschließend bewertet (zum Beispiel können wir die Experten auffordern, alle notwendigen und wahrscheinlichen Erfindungen und technologischen Durchbrüche der nächsten 50 Jahre aufzulisten).

**1. Runde** Wir versenden die Fragebogen. Die Experten senden uns die ausgefüllten Bogen zurück (Experten bleiben bis zum Schluss anonym). Die Monitorgruppe wertet die Daten aus.

**2. Runde** Die Monitorgruppe fasst die Einzelurteile zu einem Gesamturteil («Mainstream-Meinung») zusammen. Sie verfasst darauf aufbauend einen neuen Fragebogen, den sie wiederum den Experten zustellt. Jene Experten, deren Meinung in der ersten Runde stark von der Durchschnittsmeinung abgewichen ist, werden aufgefordert, ihre abweichende Position zu begründen.

**3. und 4. Runde** Wir wiederholen den vorhergehenden Schritt bis ein akzeptables Ergebnis vorliegt.

**Auswertung** Wir werten die Daten aus und bereiten sie für die Entscheidungsträger auf (d.h. wir erstellen eine «Delphi-Prognose»).

Das Verfahren ist abgeschlossen, sobald eine Mehrheitsaussage mit begründeten Abweichungen vorliegt oder wenn die Experten ihre Prognose nicht mehr revidieren wollen (in der Regel nach höchstens vier Runden).

Zusätzlich können wir nach den einzelnen Runden oder am Schluss eine Gruppendiskussion durchführen (was allerdings bedeutet, dass die Anonymität der Experten aufgehoben wird).

Konsensbildung unter Wahrung der Anonymität, die Möglichkeit zur individuellen Zeiteinteilung der Befragten, die geringen Kosten sowie die Flexibilität des Verfahrens sind die **Vorteile** der Delphi-Methode. Die **Schwachstellen** hingegen bilden die hohen Anforderungen an die Gestaltung der Fragebogen, der möglicherweise entstehende Konformitätsdruck sowie der hohe Zeitaufwand für die Beantwortung der Fragebogen.

**Szenariotechnik**    Als Szenariotechnik bezeichnen wir die **Entwicklung zukünftiger Umfeldsituationen** (Szenarien) und die Beschreibung des Weges, der von heute aus zu diesen zukünftigen Situationen führt. (Reibnitz 1987, S. 15) Typische Anwendungsbereiche der Szenariotechnik sind demographische, technologische, ökologische und ökonomische Entwicklungen.

Die Rand Corporation hat die Methode, die Anfang der 70er Jahre Eingang in die Wirtschaftspraxis fand, ursprünglich für militärstrategische Studien entwickelt. Royal Dutch/Shell trug dann maßgeblich zur Popularisierung der Szenariotechnik im wirtschaftlichen Umfeld bei. Der Konzern konnte dank dieser Methode rascher als seine Konkurrenten auf die Ölkrise in den 70er Jahren reagieren und entwickelte sich bis Ende der 70er Jahre vom achtgrößten zum zweitgrößten Mineralölkonzern.

Die Szenariotechnik ist heute weit verbreitet. Untersuchungen in Europa zeigen, dass mehr als die Hälfte der Großunternehmen die Technik anwenden (vgl. Geschka/Hammer 1990). Die Denkweise der Szenariomethode lässt sich mit dem Szenariotrichter in ▶ Abbildung 3.15 verdeutlichen. Je länger der Prognosezeitraum, desto mehr Möglichkeiten eröffnen sich. Die nahe und die mittelfristige Zukunft (ca. zwei bis fünf Jahre) ist noch stark von der Gegenwart (Märkte, Wettbewerbsstruktur, Infrastruktur, Gesetze, Normen, Werte usw.) geprägt. Dieser Einfluss der Gegenwart nimmt in der fernen Zukunft (fünf bis zwanzig Jahre oder mehr) jedoch ab. Je größer die Unsicherheit der Prognose, desto größer die Anzahl «möglicher Zukunftsentwicklungen».

Das Szenario A in ▶ Abbildung 3.15 repräsentiert das Trendszenario. Es kommt zustande, indem wir die trendmäßige Entwicklung der Einflussfaktoren fortschreiben. In dynamischen Umfeldern können Störereignisse (Naturkatastrophen, Börsen-Crash, Revolutionen, Ölkrisen, technologische Durchbrüche usw.) die Entwicklung in eine andere Bahn lenken. Dadurch kann ein völlig neues Szenario entstehen (Beginn von Szenario A1). Da Gegenmaßnahmen in der Realität oft zu spät erfolgen,

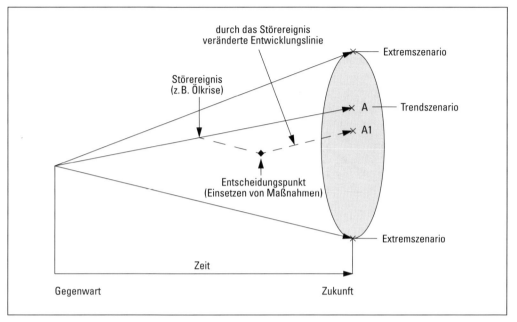

durch das Störereignis
veränderte Entwicklungslinie

Extremszenario

Störereignis
(z.B. Ölkrise)

A — Trendszenario

A1

Entscheidungspunkt
(Einsetzen von Maßnahmen)

Extremszenario

Zeit

Gegenwart                    Zukunft

▲ Abbildung 3.15    Modell zur Darstellung von Szenarien (Reibnitz 1987, S. 30)

lässt sich die negative Entwicklung zwar abfangen, aber nicht mehr vollständig korrigieren (Szenario A1). Durch die gedankliche Vorwegnahme möglicher Störereignisse bei der Szenario-Entwicklung können wir zur Absicherung der gewählten Strategie frühzeitig vorbeugende Maßnahmen ergreifen oder Krisenpläne ausarbeiten.

Wir entwickeln in der Regel zwei bis drei Szenarien (mehr als drei erschweren die Übersicht). Diese sollen mindestens die Randpunkte des Trichters abdecken (Extremszenarien) sowie die Trendverlängerung der Gegenwart (Trendszenario) umfassen.[1] Die Szenarien müssen sich voneinander deutlich unterscheiden und in sich konsistent und widerspruchsfrei sein.

**Ein Szenario ist keine Vorhersage,** sondern es stellt lediglich eine **«modellierte» Umwelt dar,** in der wir einige «mögliche zukünftige Realitäten» beschreiben. Um ein unternehmenspezifisches Szenario aufzubauen, bilden wir ein Szenario-Projektteam aus internen und externen Experten, das je nach Methode die Schritte in ▶ Abbildung 3.16 zu durchlaufen hat.

---

1 Nach den Vorstellungen der Royal Dutch/Shell genügen aber auch zwei in sich stimmige, aber stark unterschiedliche Szenarien, auf deren Grundlage eine «robuste» Leitstrategie entwickelt wird (vgl. Wack 1986)

Natürlich können diese Schritte je nach Zielsetzung, Aufgabenstellung und verfügbaren Ressourcen auch abgeändert, verkürzt oder vertieft werden. In der Praxis sind oft mehrere Iterationen zwischen den einzelnen Schritten erforderlich.

| | |
|---|---|
| 1. Problem definieren und strukturieren | Was ist Gegenstand der Untersuchung? Welches sind die wichtigsten zukunftsbezogenen Problembereiche? Untersuchungsfeld definieren und eingrenzen. Zeithorizont für die Szenarien festlegen (Faustregel: Zeitdauer, die ein Unternehmen für die Entwicklung geeigneter Strategien braucht, plus Zeitpuffer von ca. fünf bis sieben Jahren). |
| 2. Schlüsselfaktoren auflisten | Welche Faktoren wirken direkt auf das Untersuchungsfeld ein und wie sind sie miteinander vernetzt? (Beim Szenario «Auto der Zukunft» könnte man z.B. folgende Faktoren auflisten: Mobilitätsbedarf, Qualitäts- und Komfortansprüche, Sicherheitsansprüche sowie Image des Autos.) |
| 3. Triebkräfte der Schlüsselfaktoren auflisten | Welche Umwelttrends (Triebkräfte) beeinflussen die Entwicklung der Schlüsselfaktoren (vgl. 2. Schritt)? Welche Trends sind vorherbestimmt, welche sind unsicher? |
| 4. Schlüsselfaktoren und Triebkräfte nach Wichtigkeit und Unsicherheit einordnen | Welche zwei bis drei Trends sind besonders *wichtig* und *unsicher?* (Sie bilden die Szenariovariablen. Die Szenarien werden sich aufgrund der verschiedenen Werte bei den Szenariovariablen unterscheiden.) |
| 5. Zukunftsprojektionen für die einzelnen Szenariovariablen erstellen | Wie könnten sich die Szenariovariablen in Zukunft entwickeln (pessimistische, optimistische und wahrscheinliche Werte)? |
| 6. Szenariovariablen zu konsistenten Szenarien bündeln | Welche Zukunftsprojektionen können logisch und widerspruchsfrei kombiniert werden? Welche schließen sich gegenseitig aus? |
| 7. Hauptszenarien auswählen und interpretieren | Welche zwei oder drei Hauptszenarien zeigen das mögliche Spektrum zukünftiger Realitäten auf? Die Szenarien werden als Zukunftsbilder (z.B. in Form einer Kurzgeschichte) ausformuliert. |
| 8. Auswirkungen (Chancen und Gefahren) für unser Unternehmen ableiten | Wie wirken sich unsere Entscheidungen in den verschiedenen Szenarien aus? |
| 9. Konsequenzen von möglichen Störereignissen abschätzen | Wie könnten (positive und negative) Störereignisse die Entwicklung beeinflussen? Wie stabil sind unsere Szenarien gegenüber den Störereignissen? Welche Präventivmaßnahmen oder Reaktionen sind vorzubereiten? |
| 10. Maßnahmen und Planungen konzipieren | Welche Maßnahmen sind zu planen? Welche Frühwarn-Indikatoren sind zu definieren und zu beobachten, um frühzeitig auf Störereignisse reagieren zu können? (Dieser Schritt ist streng genommen nicht mehr Teil der Szenariotechnik.) |

▲ Abbildung 3.16    Arbeitsschritte zur Entwicklung eines Szenarios
(vgl. Geschka/Hammer 1990; Schwartz 1991; Reibnitz 1987; Porter 1989)

Szenarioprojekte werden häufig in Form von Szenarioworkshops (drei bis vier zweitägige Gruppensitzungen mit einem mittleren bis großen Team) oder von Szenariobetreuungen (ca. vier bis acht ein- oder zweitägige Gruppensitzungen mit einem kleinen Team, welches methodisch betreut wird) durchgeführt. (Reibnitz 1987) Ein Szenarioprozess hat folgende **Vorteile:**

- **Er fördert** bei den Führungskräften das **Verständnis für die Komplexität und Dynamik der Umwelt.**
- Er **legt Unsicherheitsfaktoren offen** und ermöglicht es, Maßnahmen zu ergreifen. Er bildet somit die Grundlage für die Entwicklung von Strategievarianten.
- Die **vernetzte Betrachtungsweise** begünstigt ein ganzheitliches Problemverständnis.
- Der spielerische Umgang mit Szenarien und ihren Auswirkungen kann ein gemeinsam getragenes Modell möglicher (zukünftiger) Realitäten schaffen und trägt zum **organisatorischen Lernen** bei, indem Annahmen und Ziele kritisch hinterfragt werden.

Als **Nachteile** sind zu nennen: der große **Zeitaufwand** und die mit zunehmender Beteiligung exponenziell ansteigenden **Kosten.** Allerdings sind heute besonders in kleinen und mittleren Unternehmen Szenarien mit kleinem Budget keine Seltenheit mehr. In jedem Fall sollten Szenarien aus Zeit- und Kostengründen nicht jedes Jahr neu entwickelt werden, sondern nur, wenn sich neue Entwicklungen abzeichnen.

**3.4.5 Strategische Frühaufklärung: Probleme und Lösungsansätze**

Viele Unternehmen wünschen sich ein Frühaufklärungssystem. Aber dort, wo es sie bereits gibt, üben sie häufig wegen der ungenügenden organisatorischen Verankerung oder der mangelnden strategischen Denkweise im Unternehmen keinen wesentlichen Einfluss auf den strategischen Entscheidungsprozess aus.

«Strategische Kurzsichtigkeit» als Informationsfilter

Führungskräfte vernachlässigen oft Prognosen, die erheblich von der bisherigen Realität abweichen, oder sie weisen sie als irrelevant zurück. Das Resultat dieser «strategischen Kurzsichtigkeit» ist meist eine verzögerte oder eine zu späte Reaktion auf Umweltveränderungen. Aus Untersuchungen wissen wir, dass Unternehmen, die aufgrund «überraschender» Ereignisse in eine Krise gerieten, häufig frühzeitige Warnungen (in Einzelfällen fünf und mehr Jahre im voraus) missachtet haben. Es gibt vor allem zwei Gründe für diese strategische Kurzsichtigkeit.

Ein erster Grund ist das **Erfolgs- oder Realitätsmodell** (die «Weltanschauung») **der Führungskräfte.** Es verhindert, dass neue Entwicklungen und Beziehungen erkannt werden und verleitet Führungskräfte dazu, an dem festzuhalten, was sich in der Vergangenheit bewährt hat. Die bisherigen Erfolge (und Misserfolge) wirken als Brille, durch welche die Führungskräfte ihre Umwelt betrachten und zu verstehen versuchen. Je erfolgreicher man in der Vergangenheit war, desto schwieriger wird es, sich vom bisherigen Erfolgsmodell zu trennen.

Henry Ford lieferte in den 20er Jahren ein Beispiel dafür. Sein Erfolgsmodell «Produktion steigern, Preise senken!» verleitete ihn dazu, kräftig in die Perfektionierung der Massenproduktion zu investieren. Mit dem erfolgreichen «Model T» steigerte er die Autoproduktion von 21 000 Stück im Jahr 1910 auf 199 000 Stück im Jahr 1913. Angesichts dieses Erfolges schenkte er dem neuen Konkurrenten General Motors, der verschiedene Modelle in unterschiedlichen Preislagen produzierte, wenig Beachtung. Ford verpasste es daher, sich den veränderten Kundenbedürfnissen anzupassen und nach Preis- und Leistungsklassen zugeschnittene Modelle anzubieten. Als Folge dieses Mangels an Einsicht musste Ford im Jahre 1927 die Produktion beinahe ein Jahr lang unterbrechen und den Betrieb der veränderten Marktsituation anpassen.

Den zweiten Grund für die strategische Kurzsichtigkeit bildet die **Erfolgskultur.** Gemeinsame Werte, Normen oder Visionen beeinflussen die Wahrnehmung der Umweltsignale. Besonders erfolgreiche Unternehmen entwickeln eine Kultur (oder einen «Kult»), in der wichtige Informationen nur noch «gefiltert» an die Strategieentwickler weitergeleitet werden und in der jede abweichende Meinung oder jeder Hinweis auf Umweltveränderungen missbilligt oder gar aktiv sabotiert wird.

IBM lieferte Anfang der 80er Jahre ein Beispiel einer solchen Erfolgskultur. Der Computerhersteller widersetzte sich jahrelang dem Wechsel von der zentralen zur dezentralen Datenverarbeitung und unterschätzte die Bedeutung des Personalcomputers. «IBM ist nicht in der Spielzeugbranche tätig», ließ man verlauten. (Taucher 1995, S. 49) Erst nach dem Schock eines historischen Misserfolgs besann sich der blaue Riese eines Besseren.

Unzureichende Prozesse der Informationsverarbeitung, sogenannte **Informationspathologien, verstärken zusätzlich** die strategische Kurzsichtigkeit. So sorgt etwa die **selektive Wahrnehmung dafür,** dass nur noch jene Informationsquellen beachtet werden, welche die eigenen Auffassungen stützen. Die Führungskräfte eines Automobilherstellers bevorzugten beispielsweise alle die gleiche, dem Unternehmen nahestehende Automobilzeitschrift. Die Informationen in diesem Fachorgan stammten vorwiegend aus dem eigenen Haus und entsprechend positiv fielen die Kommentare und Urteile jeweils aus. (Krystek/Müller-Stewens 1993)

Zudem wissen wir aus Forschungsergebnissen, dass bei Entscheiden in **homogenen Gruppen** (deren Mitglieder die gleiche «Ausgangsmeinung» haben) die Gruppenmitglieder zwar sicherer (d. h. überzeugter) sind in Bezug auf die Richtigkeit ihrer Entscheidungen, aber auch **selektiver bei der Informationssuche** (vgl. Frey 1991) und zwar aus mehreren Gründen:

- **Druck zur Wahrung der Harmonie:** Mitglieder einer Gruppe bestätigen und bekräftigen sich gegenseitig und vermitteln sich ein Gefühl der Sicherheit. Widersprüchliche Informationen werden nicht weitergeleitet, um nicht die Harmonie zu stören.
- **Verantwortungsdiffusion:** Jeder verlässt sich bei der Suche nach schwachen Signalen auf die anderen Gruppenmitglieder und entzieht sich somit der Verantwortung für eine aktive Frühaufklärung.
- **Selbstzensur:** Man möchte sich mit einer unkonventionellen Meinung nicht bloßstellen.

Diese drei Phänomene führen besonders in homogenen Gruppen zum **Syndrom des Gruppendenkens («groupthink»).** Die Gruppe sucht nach Einmütigkeit, verhindert kritisches Denken, hält sich für unangreifbar und huldigt einem ausgeprägten Optimismus. Sie wird dazu verleitet, extreme Risiken einzugehen und **Warnsignale zu unterschätzen.** Politik und Wirtschaft liefern genügend Beispiele für Fehlplanungen, die auf das Syndrom des Gruppendenkens zurückzuführen sind.

Weitere Barrieren können bestehen, wenn fremdsprachige Quellen herangezogen werden müssen oder die Mitarbeitenden durch die Fülle an Informationen schlicht überfordert werden.

Rezepte gegen die strategische Kurzsichtigkeit

Man kann verhindern, dass die Frühaufklärung ein Lippenbekenntnis bleibt, wenn man die folgenden Punkte beachtet und dafür sorgt, dass sie einen aktiven Beitrag zum strategischen Entscheidungsprozess leisten:

- Die Umweltanalyse wird durch ein **heterogenes Team von Mitarbeitenden vorgenommen.** Ein Team aus Mitgliedern mit möglichst verschiedenen Erfahrungen, Fähigkeiten, Ausbildungen und Funktionen ist eher in der Lage, schwache Signale aufzunehmen, sie richtig zu interpretieren und darauf frühzeitig zu reagieren.
- Es muss klar sein, dass ein blindes Harmoniestreben gefährlich und unerwünscht ist und **offene Meinungsäußerung von Minderheiten erwünscht.** Bei der Entwicklung von Szenarien empfiehlt es sich, «den Fall» von mehreren Gruppen bearbeiten zu lassen, damit Abweichungen entstehen, die kritisch analysiert und diskutiert werden können.
- Einem falschen Konsens muss vorgebeugt werden, indem die **Kritikbereitschaft der Führungskräfte gefördert wird,** die eigene Meinung sollte besonders zu Beginn nicht in den Vordergrund gestellt werden und wenn möglich, sollte eine Person mit der Rolle des «advocatus

diaboli» (Gegenspielerrolle) beauftragt werden. Diese hat die Aufgabe, Ungereimtheiten offenzulegen und auch unpopuläre Meinungen
und Lösungen zu vertreten.

- Harte Fakten werden nicht gegenüber subjektiven Vermutungen
  bevorzugt. Die strategische Frühaufklärung darf nicht durch eine
  Scheingenauigkeit verzerrt werden. **«Intuitive»** und **subjektive Meinungen** sind ebenfalls als Informationen zu **akzeptieren.**

- Frühaufklärung muss als **Prozess des organisatorischen Lernens verstanden werden.** Die Wirksamkeit des Frühaufklärungssystems hängt
  in erster Linie von der Denkhaltung der Führungskräfte ab, denn diese
  müssen sich **selbst** von der Notwendigkeit oder der Chance einer Veränderung überzeugen.[1] Die Verantwortung für die Frühaufklärung
  darf somit nicht an «Spezialisten» delegiert werden. Sie muss über die
  ganze Organisation verteilt sein. Umweltsignale werden eher aufgenommen, wenn der «Scanner» gleichzeitig auch die betroffene Person
  ist. Eine Aufteilung der Scanning- und Monitoring-Aktivitäten vergrößert nicht nur das Beobachtungsspektrum, sondern reduziert auch
  den Aufwand und verhindert, dass die Führungskräfte durch eine
  Informationsflut überfordert werden.

- **Frühwarnsysteme sollten dem Unternehmen angepasst sein.** Allgemeine
  Kataloge von Indikatoren oder Checklisten sind in der Regel unzureichend.

---

1 Neben der Szenariotechnik gibt es heute auch intelligente, interaktive Computerprogramme, welche die Führungskräfte bei der Entwicklung möglicher zukünftiger Umwelten unterstützen (vgl. dazu Ansoff/McDonnell 1990 und Senge 1990).

■ Beispiel zu Kapitel 3: Veränderung der Umweltbedingungen

# Kreditkartenmarkt

Kreditkartenanbieter und Banken stehen in den nächsten Jahren einer sich stark wandelnden Umwelt gegenüber.

In den siebziger und achtziger Jahren erfuhr das Kreditkartengeschäft in Europa ein starkes Wachstum. Heute sind in Europa einige Millionen und weltweit einige Milliarden Plastikkarten im Einsatz. Die Kontrolle über die Zahl-

---

Quelle: Neue Zürcher Zeitung

---

karten liegt heute in erster Linie bei den Banken. Dies könnte sich in Zukunft ändern, denn Anbieter aus banknahen oder aus bankfremden Bereichen dürften versuchen, ihre Kunden an eine eigene Karte zu binden. Die Miniaturisierung in der Chips-Technologie und der Ausbau lokaler, nationaler und internationaler Netzwerke hat die Voraussetzungen dafür geschaffen. Dank dieser technischen Entwicklungen werden neu entwickelte «Chipkarten» künftig eine weit höhere Funktionalität aufweisen und damit die heutigen Karten ablösen. Mit der Chipkarte wird der Kunde seine Reise nach Hongkong buchen, auf der gleichen Karte seine Reservationsbestätigung erhalten und

sie dann auch noch als Ticket benützen. Die internationale Vernetzung wird es auch ausländischen Anbietern ermöglichen, in diesem Kartenmarkt mitzureden.

Insgesamt stehen Kreditkartenanbieter und Banken in den nächsten Jahren einer sich stark wandelnden Umwelt gegenüber. Es werden neue Produkte wie Wertkarten, Chipkarten und internationale Debitkarten entstehen und weitere auch bankfremde und ausländische Anbieter auf den heimischen Markt drängen. Preise und Erträge werden tendenziell sinken, was zu einer stärkeren Konzentration im Akquisitions- und Verarbeitungsgeschäft führen dürfte. Mit anderen Worten: Im Kartenmarkt steht eine Revolution bevor. Die heute führenden Unternehmen im Kreditkarten- und Bankgeschäft werden als Antwort auf diese Umweltveränderungen rechtzeitig rasche und umfassende Strukturanpassungen vornehmen müssen, wenn sie sich auch in Zukunft in diesem Markt behaupten wollen. ■

Eine ausführliche Fallstudie zu Kapitel 3 «Umweltanalyse» findet sich im Anhang Seite 413ff.

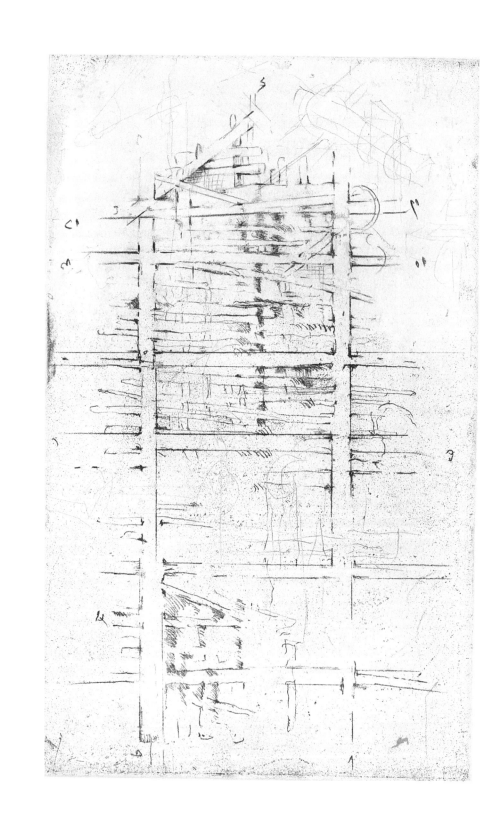

# Kapitel 4
# Unternehmensanalyse

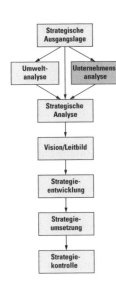

Zwei Faktoren bestimmen das strategische Verhalten eines Unternehmens:

1. die relevante **Umwelt,** die mit ihren Chancen und Gefahren dem Unternehmen einen Handlungsrahmen vorgibt;
2. die **Ressourcen, Fähigkeiten und Kernkompetenzen** des Unternehmens, die bestimmen, welche Position es innerhalb dieses Rahmens tatsächlich einnimmt.

Während die Umweltanalyse unter anderem das Ziel im Auge hat, die Erfolgsfaktoren einer Branche zu ermitteln sowie die Möglichkeiten und Chancen für eine **marktgesteuerte Strategie** ausfindig zu machen, steht bei der Unternehmensanalyse neben der Ermittlung der Stärken und Schwächen die Suche nach den wettbewerbsrelevanten Ressourcen und Fähigkeiten des Unternehmens im Mittelpunkt. Die Unternehmensanalyse stellt daher eine wichtige Grundlage für die Entwicklung einer **ressourcenbasierten Strategie** dar. Ressourcenbasierte Strategien gründen auf der Annahme, dass aus einer bestimmten Kombination von Ressourcen und Fähigkeiten unternehmensspezifische Kernkompetenzen entstehen können, die sich für den Aufbau einer einzigartigen Marktposition nutzen lassen (vgl. Hitt, Ireland, Hoskisson 2001).

Im Folgenden stellen wir daher vor allem Instrumente und Konzepte vor, die mithelfen sollen, solche wettbewerbsrelevanten Kombinationen von Ressourcen und Fähigkeiten zu ermitteln. Dazu zählen unter anderem die Ressourcen- und Fähigkeitsanalyse, die Wertkettenanalyse, die Kulturanalyse, die Analyse der Kundenstruktur und der ökologischen Auswirkungen sowie das Benchmarking. Auch wenn wir in der Praxis kaum alle diese Instrumente und Konzepte gleichzeitig nutzen können, wird uns eine geeignete Auswahl dienlich sein beim Vorhaben, die Bedeutung der Ressourcen, Fähigkeiten und Kernkompetenzen für den Aufbau von Wettbewerbsvorteilen möglichst objektiv zu ermitteln und einzuschätzen.

Bei der Unternehmensanalyse sind ähnliche prozessuale Aspekte zu berücksichtigen wie bei Analyse der strategischen Ausgangsposition. Folgende Punkte sind besonders zu beachten:

- Da Führungskräfte dazu neigen, unangenehme Informationen zu unterdrücken und positive hervorzuheben (Janis/Mann 1977), sollten subjektive Einschätzungen wo immer möglich mit Fakten und quantitativen Daten (u.a. Konkurrenzvergleiche) untermauert werden.
- Strategischer Erfolg erfordert die Integration möglichst vieler Führungskräfte in den Prozess der Informationsaufbereitung und -analyse.[1] Die Personen, die für die Strategieentwicklung und -umsetzung verantwortlich sind, müssen die Hauptträger der Informationsanalyse sein.

## 4.1 Ressourcen, einzigartige Fähigkeiten, Kernkompetenzen

Die Begriffe Ressourcen, Fähigkeiten und Kernkompetenzen bezeichnen zwar unterschiedliche Dinge, weisen aber untereinander auch Gemeinsamkeiten und Verbindungen auf, die im Folgenden kurz erläutert werden sollen. Nur ein vertieftes Verständnis dieser Begriffe erlaubt es uns, jene gezielte Analyse vorzunehmen, die besonders für die Ausarbeitung einer ressourcenbasierten Strategie erforderlich ist.

**4.1.1
Ressourcen**

Als **Ressourcen** bezeichnen wir alle Elemente, die ein Unternehmen als Input dem Produktionsprozess zuführt. Zu unterscheiden sind dabei finanzielle (z.B. Kapitalausstattung), physische (z.B. Maschinen), menschliche (z.B. Fähigkeiten der Mitarbeitenden und des Managements) und organisatorische (z.B. Logistik-System) Ressourcen (Barney 1995, S. 99–120). Ferner gilt es, «materielle» oder «sichtbare» (tangible) und «immaterielle» (intangible) Ressourcen auseinander zu hal-

---

1 Vgl. Schneck (1995) S. 119ff.

ten. Zur ersten Kategorie gehören beispielsweise die Ausstattung mit Maschinen und Personal, zur zweiten Elemente wie Lizenzen, Expertenwissen, Ideen, wissenschaftliche Fähigkeiten, Innovationsfähigkeit oder die Kultur und Reputation des Unternehmens. Materielle Ressourcen weisen die Eigenheit auf, dass sie gleichzeitig immer nur an einem Ort genutzt werden können. Dadurch beschränkt sich auch ihr Beitrag zur Erzeugung eines Wettbewerbsvorteils. Immaterielle Ressourcen (z. B. Information, Fachwissen) hingegen verfügen in der Regel über eine Hebelwirkung, denn sie können nicht nur gleichzeitig an mehreren Orten genutzt werden, sondern die mehrfache Nutzung trägt sogar zur Wertsteigerung der Ressource bei.

**4.1.2 Einzigartige Fähigkeiten (Strategische Erfolgspositionen)**

Materielle und immaterielle Ressourcen spielen als Quelle zur Entwicklung von einzigartigen Fähigkeiten und somit für den Aufbau von **Wettbewerbsvorteilen** eine entscheidende Rolle. Allerdings entstehen Wettbewerbsvorteile in der Regel nicht durch den Ressourceneinsatz an sich, sondern erst als Folge eines komplexen Zusammenspiels zwischen materiellen und immateriellen Ressourcen, «von denen keine einzige für sich genommen herausragend ist, die aber alle zusammen ein überlegenes Leistungspaket ausmachen» (Collis/Montgomery 1996, S. 52). Die deutsche Braun AG, Herstellerin u.a. von Rasierern und Haushaltsgeräten, ist bekannt für ihre einzigartige Fähigkeit im Bereich der Technik. Diese wiederum ist das Resultat des Zusammenspiels zwischen den Fähigkeiten der Ingenieure einerseits sowie der innovationsfördernden Organisationsstruktur und der Entwicklungsprozesse andererseits. Wir bezeichnen Wettbewerbsvorteile bzw. einzigartige Fähigkeiten auch als **strategische Erfolgspositionen (SEP)**. Sie sind oft das Ergebnis der im Unternehmen vorhandenen Wissensbasis. Die Schaffung optimaler Voraussetzungen für einen Wissensaufbau und einen Wissensaustausch im Unternehmen stellt daher eine wichtige Voraussetzung für den Aufbau von einzigartigen Fähigkeiten dar.

**4.1.3 Kernkompetenzen**

In der Regel bilden weder die Produkte oder Dienstleistungen noch die eingesetzten Ressourcen oder Fähigkeiten oder gar die strategischen Erfolgspositionen eines Unternehmens die Grundlage für nachhaltige Wettbewerbsvorteile, denn in einer vernetzten Welt ist es einem starken Konkurrenten möglich, diese zu imitieren oder gar zu verbessern. Damit ein Unternehmen nachhaltige (d.h. langfristig verteidigungs- und ausbaufähige) Wettbewerbsvorteile erlangen kann, braucht es Kernkompetenzen.

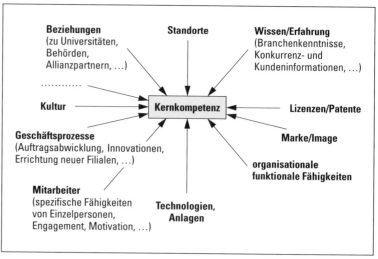

▲ Abbildung 4.1     Bausteine einer Kernkompetenz

Als Kernkompetenz bezeichnen wir eine in die Organisation eingebettete Kombination von sich ergänzenden Ressourcen, Fähigkeiten (inkl. einzelner SEP) und Wissensgrundlagen, die es dem Unternehmen ermöglichen, einen oder mehrere kritische Unternehmensprozesse auf höchstem Niveau (Weltstandard) zu beherrschen. Nicht jede Stärke in einem Unternehmen stellt somit gleichzeitig auch eine Kernkompetenz dar. Ebenso wenig sind einzelne Ressourcen (Patente, Markennamen, Technologien usw.) oder Fähigkeiten (Management-Fähigkeiten, Flexibilität usw.) für sich genommen als Kernkompetenzen zu verstehen. Ressourcen und Fähigkeiten verdichten sich erst dann zu einer Kernkompetenz, wenn sie sich gegenseitig verstärken oder ungewöhnliche Kombinationen hervorbringen und so aus der Sicht des Kunden zur Einmaligkeit des Unternehmens beitragen. ◄ Abbildung 4.1 zeigt mögliche Bausteine (Ressourcen und Fähigkeiten) einer Kernkompetenz.

Im Idealfall führt eine solche Verdichtung von Ressourcen und Fähigkeiten zu Kernkompetenzen, die wertvoll, selten, schwierig zu imitieren und nicht substituierbar sind. Anhand dieser vier Kriterien lassen sich nämlich Kernkompetenzen von herkömmlichen Fähigkeiten oder Stärken des Unternehmens unterscheiden. Kompetenzen sind **wertvoll,** wenn sie uns ermöglichen, zusätzliche Werte zu schaffen, und uns dadurch den Weg ebnen zu wichtigen Märkten oder Marktsegmenten. Sie sind **selten,** wenn nur wenige oder gar keine Konkurrenten über vergleichbare Kompetenzen verfügen. Kompetenzen gelten als **nicht substituierbar,** wenn sie nicht durch höherwertige Technologien oder allgemein bessere Me-

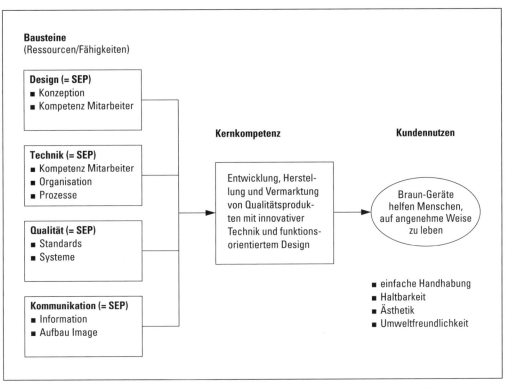

▲ Abbildung 4.2    Die Kernkompetenz von Braun (modifiziert nach Livis/Rams 1997, S. 122)

thoden ersetzt werden können. Ferner sind Kompetenzen **schwierig zu imitieren,** wenn sie aufgrund einzigartiger historischer Bedingungen zustande kommen (zur rechten Zeit am rechten Ort), das Ergebnis einer bestimmten einmaligen Unternehmenskultur sind, oder das Resultat komplexer sozialer Prozesse (Netzwerke, Beziehungen, Freundschaften unter Managern, Lieferanten, Kunden usw.) darstellen. Je mehr solche Kompetenzen auf «unsichtbaren Fähigkeiten» wie firmenspezifisches Wissen, Vertrauen usw. aufbauen, desto geringer ist die Wahrscheinlichkeit, dass sie von anderen Unternehmen durchschaut und kopiert werden können.

◀ Abbildung 4.2 verdeutlicht am Beispiel der Braun AG den Zusammenhang zwischen Fähigkeiten und Ressourcen sowie Kernkompetenzen und zeigt, dass erst die Verdichtung bzw. die Kombination von Fähigkeiten und Ressourcen eine Kernkompetenz und damit einen nachhaltigen Wettbewerbsvorteil entstehen lässt, der aufgrund seiner Komplexität schwierig zu kopieren ist (vgl. Livis/Rams 1997).

**4.1.4
Ressourcen,
Fähigkeiten und
Kernkompetenzen
im Überblick**
Die Matrix in ▶ Abbildung 4.3 zeigt die Beziehungen zwischen Ressourcen, einzigartigen Fähigkeiten und Kernkompetenzen auf. Sie verdeutlicht, dass nur einzigartige Fähigkeiten (SEP) und Kernkompetenzen einen relativen Kundennutzen (d.h. einen vom Kunden wahrgenommenen und erwünschten Mehrnutzen) stiften und somit in echte Wettbewerbsvorteile verwandelt werden können. Einzelne Ressourcen und Standard-Fähigkeiten sind lediglich insofern ebenfalls von Bedeutung, als sie Wettbewerbs**nachteile** vermeiden helfen. Für sich alleine bilden sie jedoch keine Erfolgsgrundlage. So sind beispielsweise in Dienstleistungsunternehmen gutausgebildete, höfliche Serviceangestellte zwar eine wichtige Ressource, nicht jedoch ein Wettbewerbs**vorteil,** da ein höflicher Service zum Branchenstandard gehört und von den Kunden vorausgesetzt wird.

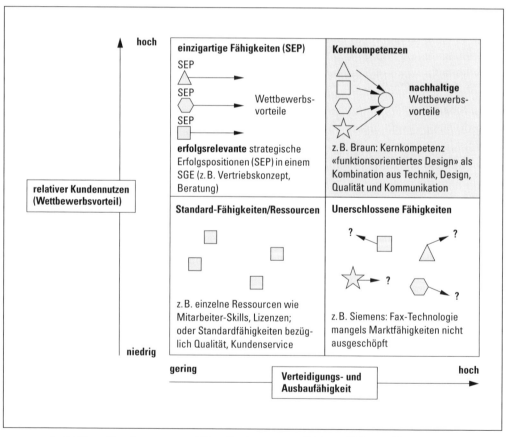

▲ Abbildung 4.3     Ressourcen vs. SEP vs. Kernkompetenzen (leicht modifiziert nach Deutsch et al. 1997, S. 24)

Kernkompetenzen unterscheiden sich von SEP dadurch, dass sie durch die Kombination verschiedener Fähigkeiten langfristig verteidigt werden können und ausbaufähig sind. Der Möbelhersteller IKEA liefert uns ein Beispiel einer solchen Integration von Fähigkeiten. Das innovative Vertriebskonzept (abholen, transportieren und montieren durch den Kunden selbst) bildete früher einen echten Kostenvorteil, wurde jedoch in der Zwischenzeit von mehreren Konkurrenten (in der Schweiz z.B. Interio, Top-Tip) kopiert und kann daher den heutigen Erfolg von IKEA nicht mehr erklären. Erst die Kombination des IKEA-Vertriebskonzepts mit weiteren Fähigkeiten (neue Wohntrends weltweit früh erfassen und rasch umsetzen, moderne Einrichtungslösungen günstig anbieten, kreative Werbung) bildet eine Kernkompetenz, die IKEA auch langfristig einen Wettbewerbsvorteil verschafft. Die komplexe Integration mehrerer Ressourcen und Fähigkeiten zu einer Kernkompetenz erklärt, wieso auch große Unternehmen üblicherweise nicht mehr als eine oder zwei Kernkompetenzen besitzen.

Manchmal besitzen Unternehmen auch wertvolle Fähigkeiten, die jedoch unerschlossen bleiben, weil andere wichtige Fähigkeiten fehlen. Sowohl Siemens als Entwickler der Fax-Technologie wie auch die ehemalige BBC (heute ABB) als Erfinder der LCD-Technologie (liquid crystal display technology) haben mangels Marktfähigkeiten ihre technischen Fähigkeiten nicht optimal ausschöpfen können.

Die Matrix erlaubt uns eine differenzierte Betrachtung der eigenen Stärken und Schwächen und hilft uns, das eigene Unternehmen hinsichtlich der tatsächlich erfolgsentscheidenden Faktoren zu durchleuchten. Auf diese Weise können wir den in der Praxis oft beobachteten Fehler vermeiden, sich ausschließlich auf Ressourcen oder (Standard)-Fähigkeiten zu konzentrieren und zu verlassen. Diese müssen zwar gepflegt werden, um Wettbewerbs**nachteile** zu vermeiden, alleine bilden sie jedoch keine Basis für den Erfolg im Wettbewerb gegen die Konkurrenz.

## 4.2 Ressourcen-/Fähigkeitsanalyse

Aus der Literatur und der Praxis kennen wir zahlreiche Instrumente und Checklisten zur Ressourcen- bzw. Fähigkeitsanalyse.[1] Manchen liegt eine Gliederung nach funktionalen Bereichen zugrunde. ▶ Abbildung 4.4 zeigt eine Liste möglicher Kriterien für eine derartige Analyse.

---

1  Vgl. u.a. Hax/Majluf (1991) S. 341 ff.; Hinterhuber (1989a) S. 83 ff.; Pearce/Robinson (1994) S. 181 f., Müller-Stewens (2001) S. 158 ff.

**Marketing**

- Marktleistung
  - □ Sortiment
    - – Breite des Sortiments
    - – Tiefe des Sortiments
    - – Bedürfniskonformität des Sortiments
  - □ Qualität
    - – Qualität der Hardware-Leistungen (Dauerhaftigkeit, Konstanz der Leistung, Fehlerraten, Zuverlässigkeit, Individualität usw.)
    - – Qualität der Software-Leistungen (Nebenleistungen, Anwendungsberatung, Garantieleistungen, Lieferservice, individuelle Betreuung der Kunden usw.)
    - – Qualitätsimage
- Preis
  - □ Allgemeine Preislage
  - □ Rabatte, Angebote usw.
  - □ Zahlungskonditionen
- Marktbearbeitung
  - □ Verkauf
  - □ Verkaufsförderung
  - □ Werbung
  - □ Öffentlichkeitsarbeit
  - □ Markenpolitik
  - □ Image (eventuell differenziert nach Produktgruppen)
- Distribution
  - □ Inländische Absatzorganisation
  - □ Exportorganisation
  - □ Lagerbewirtschaftung und Lagerwesen
  - □ Lieferbereitschaft
  - □ Transportwesen

**Produktion**

- Produktionsprogramm
- Vertikale Integration
- Produktionstechnologie
  - □ Zweckmäßigkeit der Anlagen
  - □ Modernität der Anlagen
  - □ Automationsgrad
- Produktionskapazitäten
- Produktivität
- Produktionskosten
- Einkauf und Versorgungssicherheit

**Forschung und Entwicklung**

- Forschungsaktivitäten und -investitionen
- Entwicklungsaktivitäten und -investitionen
- Leistungsfähigkeit der Forschung
- Leistungsfähigkeit der Entwicklung
  - □ Verfahrensentwicklung
  - □ Produktentwicklung
  - □ Softwareentwicklung
- Forschungs- und Entwicklungs-Know-how
- Patente und Lizenzen

**Finanzen**

- Kapitalvolumen und Kapitalstruktur
- Stille Reserven
- Finanzierungspotenzial
- Working Capital
- Liquidität
- Kapitalumschlag
  - □ Gesamtkapitalumschlag
  - □ Lagerumschlag
  - □ Debitorenumschlag
- Investitionsintensität

**Personal**

- Qualitative Leistungsfähigkeit der Mitarbeiter
- Arbeitseinsatz
- Salärpolitik/Sozialleistungen
- Betriebsklima
- Teamgeist/Unité de doctrine
- Unternehmenskultur

**Führung und Organisation**

- Stand der Planung
- Geschwindigkeit der Entscheide
- Kontrolle
- Qualität und Leistungsfähigkeit der Führungskräfte
- Zweckmäßigkeit der Organisationsstruktur/organisatorische Friktionen
- Innerbetriebliche Kommunikation
- Innerbetriebliche Information
  - □ Rechnungswesen
  - □ Marktinformation

**Innovationsfähigkeit**

- Einführung neuer Marktleistungen
- Erschließung neuer Märkte
- Erschließung neuer Absatzkanäle

**Know-how in Bezug auf**

- Kooperation
- Beteiligungen
- Akquisitionen
- Restrukturierungen

**Synergiepotenziale**

- Marketing, Produktion, Technologie usw.

**Weitere Faktoren**

- Standort
- Realisierung ökologischer Anliegen
- Beziehungen zu öffentlichen Stellen (Lobbying)

▲ Abbildung 4.4     Checkliste zur Fähigkeitsanalyse (leicht modifiziert nach Pümpin/Geilinger 1988, S. 58f.)

| Kriterien | Bewertung im Vergleich zur Hauptkonkurrenz | | | Begründung |
|---|---|---|---|---|
| | viel schlechter | gleich | viel besser | |
| **Marketing**   ■ Sortiment<br>■ Qualität<br>■ … | ×<br> | <br>× | | |
| **Produktion**   ■ Produktivität<br>■ Anlagen<br>■ … | | | ×<br>× | |
| **F&E**   ■ Know-how<br>■ Patente<br>■ … | ×<br> | <br>× | | |
| **Finanzen**   ■ Liquidität<br>■ Stille Reserven<br>■ … | | | ×<br>× | |
| **Personal**   ■ Altersstruktur<br>■ Qualifikation<br>■ … | | ×<br> | <br>× | |
| **Führung/<br>Organisation**   ■ Informationssystem<br>■ Management-<br>kompetenz<br>■ … | | ×<br> | <br>× | |
| **Innovations-<br>fähigkeit**   ■ Erschließung neuer<br>Märkte<br>■ … | × | | | |
| **Know-how**   ■ Strategische Allian-<br>zen<br>■ … | × | | | |
| **Synergien**   ■ Produktion<br>■ … | | | × | |

▲ Abbildung 4.5     Arbeitsblatt zur Ressourcen-/Fähigkeitsanalyse

Die Fähigkeitsanalyse zeigt uns, wo ein Unternehmen oder eine strategische Geschäftseinheit Stärken oder Schwächen gegenüber der Konkurrenz aufweist und wo Ansatzpunkte für die Nutzung von Wettbewerbsvorteilen oder für den Aufbau strategischer Erfolgspositionen vorhanden sind.

Wir bewerten allerdings nur solche Faktoren, die für den Wettbewerbserfolg von entscheidender Bedeutung sind. Dabei empfiehlt sich eine Darstellung wie in ◄ Abbildung 4.5. Funktional orientierte Checklisten weisen in der Regel den Nachteil auf, dass Aktivitäten oder Prozesse, welche die funktionalen Bereichsgrenzen überschreiten, unberücksichtigt bleiben. Neuere Ansätze der Fähigkeitsanalyse beziehen daher vermehrt auch eine **aktivitäts- oder prozessorientierte Perspektive** mit ein. Ein besonders bekanntes Beispiel dafür ist die Wertkette von Porter, auf die wir im folgenden Abschnitt näher eingehen.

## 4.3 Wertkettenanalyse[1]

Eine wettbewerbsorientierte Unternehmensanalyse hat zum Ziel, die relative Position des Unternehmens gegenüber seinen Konkurrenten zu verstehen und die Wettbewerbsvorteile und -nachteile möglichst objektiv zu erfassen. Die aus der Sicht der Kunden nachhaltigen Wettbewerbsvorteile bestimmen den Erfolg eines Unternehmens. Ein Wettbewerbsvorteil liegt dann vor, wenn sich unsere Leistung deutlich von jener unserer Konkurrenten abhebt (z. B. durch besseren Service, durch eine überlegene Produktentwicklung oder durch die Verwendung besonders hochwertiger Materialien) oder wenn wir Produkte und Dienstleistungen billiger als unsere Konkurrenten anbieten.

Das von Porter entwickelte **Konzept der Wertkette** ermöglicht es, die strategisch relevanten Tätigkeiten eines Unternehmens systematisch zu erfassen. Diese Tätigkeiten bilden den Fokus beim Aufbau von Wettbewerbsvorteilen. Damit dient die Wertkette über die Unternehmensanalyse hinaus auch als Instrument der Strategieentwicklung.

**4.3.1 Wertaktivitäten innerhalb der Wertkette**

Die Wertkette setzt sich aus den Wertaktivitäten und der Gewinnspanne zusammen. Wertaktivitäten sind Prozesse, die für den Kunden Nutzen stiften. Die Gewinnspanne ist der Unterschied zwischen dem Gesamtwert (Ertrag) und den für die Ausführung der Wertaktivitäten entstandenen Kosten (für gekaufte Inputs, Anlagen, menschliche Ressourcen, Technologie und Information).

▶ Abbildung 4.6 zeigt die neun Grundtypen von Tätigkeiten. **Primäre Aktivitäten** betreffen die Herstellung, den Verkauf und den Kundendienst. **Unterstützende Aktivitäten** sind Ressourcen, die für die Ausübung der primären Aktivitäten erforderlich sind (Güter, Technologien, Mitarbeiterinnen und Mitarbeiter, Führungs- und Informationssysteme). Jeder der neun Aktivitätstypen ist eine Quelle für Wettbewerbsvorteile.

Die Wertkette eines Unternehmens ist mit den vor- und nachgelagerten Wertketten der Lieferanten und Abnehmer verknüpft. Sie bilden zu-

---

1   Die folgenden Ausführungen basieren auf Porter (1989).

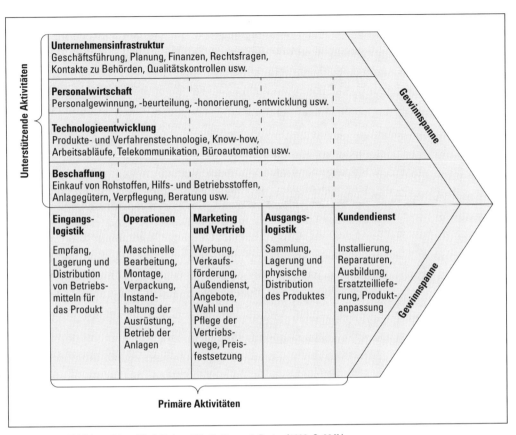

▲ Abbildung 4.6    Modell einer Wertkette nach Porter (1989, S. 66 ff.)

sammen das Wertschöpfungssystem einer Branche. Die genaue Kenntnis der Werkette des Abnehmers ist besonders wichtig. Wettbewerbsvorteile entstehen nämlich nur dann, wenn die erbrachte Leistung einen Wert in der Werkette des Abnehmers darstellt.

**4.3.2
Definition der
Wertkette**

Zur Definition der Werkette müssen wir alle Unternehmenstätigkeiten den entsprechenden Aktivitätstypen zuordnen. Innerhalb der Aktivitätstypen sind die Aktivitäten nach folgenden Kriterien voneinander abzugrenzen:

- Aktivitäten aus unterschiedlichen wirtschaftlichen Bereichen;
- Aktivitäten mit einem hohen Differenzierungspotenzial;
- Aktivitäten mit einem erheblichen oder steigenden Kostenanteil.

Wettbewerbsirrelevante Faktoren können hingegen zusammengefasst werden. Die Einordnung der Aktivitäten erfordert Kreativität und Urteilsvermögen. Dabei ist die spezifische Situation des Unternehmens und der Branche zu berücksichtigen. Ein Handelsunternehmen wird der Eingangs- und Ausgangslogistik, ein Güterproduzent den Operationen besondere Beachtung schenken.

Jede Kategorie der primären und unterstützenden Aktivitäten lässt sich nach folgenden Kriterien unterteilen:

- **Direkte Aktivitäten.** Sie sind unmittelbar an der Wertbildung für den Kunden beteiligt (z. B. Montage, maschinelle Bearbeitung, Außendienst, Werbung, Produktgestaltung, Forschung).
- **Indirekte Aktivitäten.** Sie gewährleisten die kontinuierliche Ausführung von direkten Aktivitäten (z. B. Instandhaltung, Terminplanung, Betrieb der Anlagen, Verkaufs- und Forschungsverwaltung).
- **Qualitätssicherung.** Sie stellt die Qualität der direkten und indirekten Aktivitäten sicher (z. B. Überwachung, Güteprüfung, Tests).

Die traditionelle Kostenrechnung fasst die indirekten und qualitätssichernden Aktivitäten meist als «Gemeinkosten» zusammen. Dadurch gehen jedoch wettbewerbsrelevante Informationen verloren. Die Gliederung der Aktivitätstypen in direkte, indirekte und qualitätssichernde Tätigkeiten liefert hingegen wertvolle Informationen für die Diagnose von Wettbewerbsvorteilen. Die **indirekten** und die **qualitätssichernden Aktivitäten** machen in vielen Branchen einen großen oder rasch **wachsenden Kostenanteil** aus. Dank ihrer Wechselbeziehung zu den direkten Aktivitäten spielen sie zudem eine entscheidende Rolle bei der Differenzierung und/oder Kostenführung (so senkt z. B. ein höherer Wartungsaufwand die Kosten für Maschinen).

▶ Abbildung 4.7 zeigt die Wertkette eines Kopiergeräteherstellers. Für grundsätzliche strategische Überlegungen reicht diese Gliederungstiefe in den meisten Fällen aus. Wir dürfen uns bei der Definition der Wertaktivitäten jedoch nicht nur auf die offensichtlichen primären und unterstützenden Aktivitäten beschränken, denn oft können in der Branche kaum beachtete Wertaktivitäten strategische Ansatzpunkte bilden. Durch eine «unübliche» Gestaltung und Schwerpunktbildung der Wertkette lassen sich neue Spielregeln in der Branche einführen. Ein Beispiel dafür lieferte Rank Xerox, als man damit begann, Kopiergeräte kostengünstig zu vermieten statt zu verkaufen. Das Unternehmen verschaffte sich damit für lange Zeit einen nahezu uneinholbaren Wettbewerbsvorsprung. (Esser 1994, S. 134)

Eine vertiefte Analyse erfordert in der Regel die Erstellung mehrerer Wertketten (z. B. für jede Produktgruppe oder strategische Geschäftseinheit). Auf diese Weise lassen sich Unterschiede zwischen geografischen Bereichen, zwischen Produkt- oder Abnehmersegmenten sowie die Verflechtungen zwischen den Geschäftseinheiten sichtbar machen.

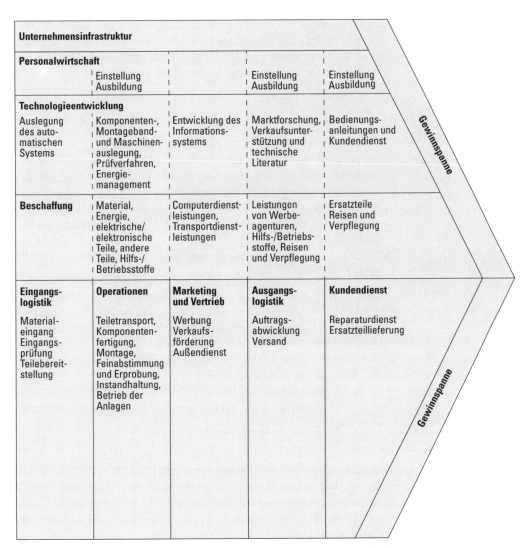

**▲ Abbildung 4.7**     Wertkette eines Kopiergeräteherstellers (Porter 1989, S. 75)

Die Definition der Wertkette kann sich als sehr aufwändig erweisen.
Esser (1994) schlägt daher ein vereinfachtes Verfahren vor, das je nach
Bedarf bei einzelnen Wertaktivitäten vertieft werden kann. Die **Aufbau-**
und **Ablauforganisation** des Unternehmens dient als Orientierungsrahmen für die Zuordnung der Aktivitäten in der Wertkette. Damit
knüpft man an das Erfahrungswissen der Führungskräfte und an die betrieblichen Informations- und Rechnungssysteme an. Die Definition der

Wertkette muss dem Grundsatz «Vollständigkeit vor Detailliertheit» folgen. Im Hinblick auf eine effiziente Arbeitsweise empfiehlt es sich, die eigene Wertkette sowie jene der wichtigsten Konkurrenten schon vor der eigentlichen Strategiesitzung provisorisch zu unterteilen.

**4.3.3**
**Analyse der Wertkette**

Ist die Wertkette definiert, können wir folgende Fragen beantworten:

- Wie hoch sind die Kosten der einzelnen Aktivitäten?
- Sind unsere Aktivitäten branchenüblich? Führen sie zu einem Wettbewerbsvorteil oder zu einem Kostennachteil (weil unsere Kunden diese Aktivitäten gar nicht wahrnehmen)?
- Ist die Wertkette auf die Kaufkriterien der Kunden abgestimmt?
- Wie sind die Wertaktivitäten innerhalb der eigenen Wertkette miteinander verknüpft?
- Wie sind unsere Wertaktivitäten mit jenen der Lieferanten und Abnehmer verknüpft?

Strategische
Kostenanalyse

Aus der Kostenstruktur und aus dem Differenzierungspotenzial aller Wertaktivitäten lassen sich bestehende und potenzielle Wettbewerbsvorteile eines Unternehmens ermitteln. Die Wahl des angestrebten Wettbewerbsvorteils (Kostenvorsprung oder Differenzierung) bestimmt den Schwerpunkt der Wertkettenanalyse. Richten wir uns auf einen «Kostenvorsprung» aus, so stehen die Wertaktivitäten, die das Kostenverhalten bestimmen, im Vordergrund. Ist unser Ziel die «Differenzierung», dann nutzen wir die Wertkette um herauszufinden, wie wir uns von der Konkurrenz abheben können. Die Kosten sind allerdings auch bei Differenzierungsstrategien von entscheidender Bedeutung. Eine gegenüber der Konkurrenz bessere Leistung zu erbringen lohnt sich nämlich nur dann, wenn der damit erzielbare Preisaufschlag über den Differenzierungskosten liegt. Wir konzentrieren uns deshalb vorerst auf die Kostenanalyse innerhalb der Wertkette. (Die strategischen Grundtypen «Kostenführerschaft» und «Differenzierung» beschreiben wir in Kapitel 7 «Strategieentwicklung», Seite 256ff.)

Die **Kostenanalyse** anhand der Wertkette ermöglicht uns eine strategische und ganzheitliche Analyse des Kostenverhaltens eines Unternehmens. Sie kann uns Wege zu einem dauerhaften Kostenvorsprung aufzeigen. Dennoch ersetzt sie nicht die (detaillierte) Kostenrechnung und die Kennzahlenvergleiche (vgl. Hax/Majluf 1991, S. 286ff.). Eine strategische Kostenanalyse ist vor allem für Unternehmen notwendig, die in ihrer Branche geringe oder gar keine Differenzierungsmöglichkeiten besitzen und somit nur auf Kosten- oder Preisbasis Wettbewerbsvorteile erzielen können (dies ist zum Beispiel bei vielen einfachen Gebrauchsartikeln der Fall).

In einem ersten Schritt ordnen wir die **Kosten** (Betriebs- und Anlagekosten) den einzelnen **Wertaktivitäten** zu. Aktivitäten, die einen erheblichen oder stark ansteigenden Anteil der Kosten beanspruchen, verdienen dabei unsere besondere Aufmerksamkeit. Allerdings ist bei dieser
Kostenanalyse keine rechnerische Präzision erforderlich. Es genügen in
der Regel Schätzungen. Die Kosten jeder Wertaktivität lassen sich in die
Kategorien **gekaufte Inputs, Personalkosten** und **Anlagekosten** aufteilen.
Diese Aufteilung allein kann schon wertvolle Hinweise auf Möglichkeiten zur Kostensenkung liefern (etwa wenn wir feststellen, dass die
**gekauften** Inputs einen erheblich größeren Kostenanteil ausmachen, als
wir angenommen haben).

Im zweiten Schritt erfassen wir die Kosten der Wertaktivitäten unserer wichtigsten **Konkurrenten.** Dies ist zwar schwierig, zur Einschätzung
unserer eigenen Situation aber sehr wichtig. Wir sind dabei meist auf
Schätzungen angewiesen. Allein das Wissen, ob ein Konkurrent eine
Wertaktivität kostengünstiger oder kostenintensiver durchführt, ist sehr
nützlich (vgl. Thompson/Strickland 1995, S. 103).

In einem dritten Schritt analysieren wir die Differenzen zwischen uns
und unseren Konkurrenten. Dabei ist die Frage nach den Gründen für
eine unterschiedliche Kostenstruktur von besonderem Interesse. Um sie
zu beantworten, müssen wir die **strukturellen und prozessualen Kostenantriebskräfte** ermitteln. So können die Möglichkeiten zur Verbesserung
der relativen Kostenposition aufgezeigt werden. Ein Unternehmen kann
seine relative Kostenposition verbessern, indem es die Position gegenüber den Kostenantriebskräften und/oder die Zusammensetzung der
Wertkette zu seinen Gunsten verändert. Die folgenden Kostenantriebskräfte erklären, wo und wieso die Kosten verschiedener Wettbewerber
unterschiedlich sind (Porter 1989, S. 97):

- **größenbedingte Kostendegressionen** (z.B. durch rationellere Durchführung oder unterproportionalen Anstieg der Gemeinkosten) oder
  **-progressionen** (z.B. aufgrund größerer Komplexität oder erhöhtem
  Koordinationsaufwand);
- **Lernvorgänge** (höhere Arbeitsproduktivität, fertigungsgerechte Produktgestaltung usw.);
- **Struktur** der **Kapazitätsauslastung** (Anteil der Fixkosten an den Gesamtkosten);
- **Verknüpfungen** (innerhalb der Wertkette; mit Lieferanten und Abnehmern);
- **Verflechtungen** (Synergien mit anderen strategischen Geschäftseinheiten, z.B. gemeinsame Produktion);
- **Vertikale Integration** (Make-or-Buy-Entscheidungen bei vor- und
  nachgelagerten Aktivitäten);

- **Zeitwahl** (z.B. Vorreitervorteile und -nachteile, konjunkturbedingte Zinskosten);
- **strategische Entscheidungen** (z.B. Produktgestaltung und -angebot, Aufwand für Marketing und Technologieentwicklung, Wahl der Vertriebskanäle);
- **Standort** (beeinflusst Kosten für Arbeitskräfte, Rohstoffe, Energie, Steuern usw.);
- **außerbetriebliche Faktoren** (z.B. staatliche Vorschriften);
- **Arbeitsmoral** und **Motivation** der Mitarbeiterinnen und Mitarbeiter;
- **Ausbildung, Fachwissen** und **Fertigkeiten** der Mitarbeiterinnen und Mitarbeiter;
- **organisatorische Fähigkeiten** (Zeitmanagement, Prozessorientierung usw.).

Diese Kostenantriebskräfte können sich gegenseitig verstärken (zum Beispiel hängt ein guter Standort oft von der Zeitwahl ab) oder neutralisieren (zum Beispiel werden Größenvorteile durch eine schlechtere Auslastung neutralisiert). Meist ist es außerordentlich schwierig oder gar unmöglich, die Kostenwirksamkeit der Antriebskräfte genau zu quantifizieren. In vielen Fällen genügt es jedoch, die Zusammenhänge intuitiv zu erfassen.

Die Kostenanalyse erweist sich allerdings in der Praxis oft als sehr schwierig, da die herkömmlichen Kostenrechnungssysteme lediglich Kostenkategorien (Löhne, Reisekosten, Abschreibungen usw.) erfassen. Daher hat sich das Kostenmanagement immer mehr auf die indirekten Kosten (Gemeinkosten) verlagert. Mit dem Ansatz des Activity-based costing wird versucht, diese Entwicklung umzukehren und die Kosten wieder einzelnen Aktivitäten zuzuordnen (Ness/Cucuzza 1995, S. 130–138; Miller/Vollmann 1985, S. 142–150; Johnson/Kaplan 1987). Activity-based costing zielt darauf ab, die Gemeinkosten transparent zu machen und alle nicht der Strategie dienenden Gemeinkosten zu vermeiden. Ein umfassendes Verständnis der Aktivitätskosten erfordert dabei eine Ausweitung der Betrachtung auf die gesamte Wertkette der Branche (Lieferanten, interne Aktivitäten, strategische Partner). Dies erlaubt uns anschließend auch einen Vergleich der eigenen internen Kosten mit jenen unserer wichtigsten Konkurrenten. Ausgangspunkt eines Activity-based costing ist die Aktivitätenanalyse, die uns Antworten auf folgende Fragen liefern soll (Haselgruber/Sure 1999, S. 41):

- Wer ist Kunde der Aktivität oder des Prozesses?
- Input/Output der Aktivität/des Prozesses?
- Gesamtkosten der Aktivität/des Prozesses pro Jahr?

- Primäre Kostentreiber?
- Finanzielle Leistungsmessgrößen?
- Produktivitätsmessgrößen?

Die Analyse, die am besten im Gespräch mit den unmittelbar Beteiligten erfolgen soll, deckt eine Vielzahl von Kostentreibern und damit den Bezug zu den relevanten unternehmerischen Entscheidungen auf. Sie ermöglicht ferner die Beschreibung der internen Abläufe und verdeutlicht die Verschiedenartigkeit der Aktivitäten.

Der Ansatz des Activity-based costing beschränkt sich auf die Analyse der Gemeinkosten. Er stellt somit kein eigenständiges Kostenrechnungssystem dar, sondern muss sinnvollerweise in die traditionelle Kostenarten- und Kostenstellenrechnung integriert werden. Acitivity-based costing dient sowohl der Produktkalkulation als auch der Bewertung von Prozessen und deren Leistungen. Besonders dienlich ist der Ansatz jedoch für eine Analyse der gesamten Wertschöpfungskette nach strategischen Gesichtspunkten. Ausgehend von derselben Aktivitätsdatenbank können die Daten gezielt auf «strategische Aktivitäten» umgelegt werden. Auf diese Weise gelangen wir zu wichtigen Entscheidungsgrundlagen für eine Überarbeitung oder Anpassung unserer Strategie.

**Qualitativer Vergleich mit der Wertkette der Konkurrenten**

Ein Vergleich unserer Wertkette mit jenen unserer Konkurrenten zeigt uns bestehende und potenzielle Wettbewerbsvorteile oder Wettbewerbsnachteile auf. Ob wir einen qualitativen oder quantitativen Vergleich vornehmen, hängt von der Informationsbasis und von der verfügbaren Zeit ab.

Sind keine quantitativen Informationen zugänglich, so kann ein einfacher qualitativer Vergleich fehlende Glieder in der eigenen Wertkette oder branchenuntypische Aktivitäten aufdecken. Auch eine solche grobe Analyse kann uns Möglichkeiten zur Verbesserung der eigenen Wettbewerbsposition aufzeigen. (Esser 1994)

Eine grafische Darstellung der Schwerpunktbildung innerhalb der Wertkette verdeutlicht unsere Position gegenüber der Konkurrenz (▶ Abbildung 4.8). Als pragmatische Erfassungsmethode dient eine grobe Schätzung (z. B. auf einer Skala), wie viele (zeitliche, menschliche und finanzielle) Ressourcen wir für die einzelnen Wertaktivitäten einsetzen. Die Methode kann allerdings zu beträchtlichen Verzerrungen führen (wenn viele Ressourcen in einem Bereich eingesetzt werden, ist dies nicht automatisch mit einer Stärke im entsprechenden Bereich gleichzusetzen). Allenfalls können, ausgehend von dieser eher groben Gliederung und Bewertung, die einzelnen Wertaktivitäten in kleineren Expertenteams vertieft analysiert werden.

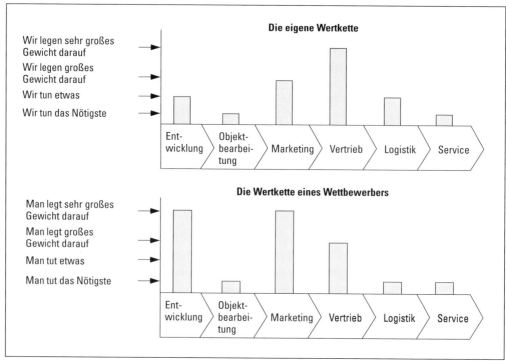

Abstimmung der
Wertkette mit den
Anforderungen der
Abnehmer

Um Wettbewerbsvorteile zu erzielen, müssen wir die **Anforderungen** kennen, welche die **Abnehmer** an unsere Leistungen stellen. Wir versuchen daher herauszufinden, nach welchen Kriterien die Abnehmer ihre Kaufentscheidungen fällen. Anschließend überprüfen wir, inwieweit diese mit unserer Wertkette übereinstimmen. Stellen die Abnehmer beispielsweise hohe Anforderungen an den Kundendienst, der jedoch in unserer Wertkette nur einen geringen Stellenwert einnimmt, gilt es, diese Diskrepanz zu beseitigen.

In der Regel spielen beim Kaufentscheid mehrere Wertaktivitäten eine Rolle. Anhand einer Matrix (welche für jedes einzelne Geschäftsfeld entwickelt wird) lässt sich die eigene Wertkette mit den Kaufkriterien der Abnehmer abstimmen. Dazu sind folgende Kriterien in der Reihenfolge ihrer Priorität aufzulisten:

■ **Nutzungskriterien.** Diese beeinflussen durch Kostensenkung oder Leistungssteigerung den tatsächlichen Abnehmerwert in der Wertkette des Käufers. Bei Privatkonsumenten gehören dazu auch Faktoren wie Beschaffungszeit, Bequemlichkeit und Zufriedenheit.

| Kaufkriterien der Abnehmer | Primäraktivitäten | | | | | Unterstützende Aktivitäten | | | |
|---|---|---|---|---|---|---|---|---|---|
| | EL | O | AL | MV | KD | B | TE | PW | UI |
| 1. Produktqualität | | + | | | + | | | | |
| 2. Kundendienst | | | | | + | | | + | |
| 3. Lieferzeit | | | ++ | | | | | | |
| 4. Preis | + | ++ | | | | + | | + | |
| 5. Werbung | | | | ++ | | | | + | |
| 6. … | | | | | | | | | |

Legende:
EL = Eingangslogistik, O = Operationen, AL = Ausgangslogistik, MV = Marketing und Vertrieb, KD = Kundendienst,
B = Beschaffung, TE = Technologische Entwicklung, PW = Personalwirtschaft, UI = Unternehmensinfrastruktur

++ starke Unterstützung des Kaufkriteriums
+ Unterstützung des Kaufkriteriums
(durch zeitliche, finanzielle und personelle Ressourcen)

▲ Abbildung 4.9    Abstimmung der Wertkette mit den Kaufkriterien der Abnehmer
(in Anlehnung an Porter 1989 und Esser 1994)

■ **Signalkriterien.** Diese «signalisieren» dem Abnehmer den Wert der angebotenen Leistung (z. B. Werbung, Marke, Ladeneinrichtung, Ruf des Unternehmens, Verkaufshilfen, Verpackung).

Die Wertaktivitäten müssen beide Kategorien ansprechen. Entscheidend ist nicht allein das tatsächliche Angebot, sondern auch die Art, wie es vom Kunden wahrgenommen wird. Die Anforderungen der Käufer werden oft nicht richtig eingeschätzt und entsprechend die Wertaktivitäten auf die falschen Kriterien ausgerichtet. Daher ist es wichtig, den realen Käufer und seine Beeinflussungspersonen zu ermitteln, denn Individuen und nicht Unternehmen oder Privathaushalte kaufen Produkte.

Das Beispiel in ◄ Abbildung 4.9 zeigt ein Unternehmen, das die Wertaktivitäten vor allem auf die kostengünstige Produktion ausrichtet, obwohl der Kunde die Produktqualität für das wichtigste Kaufkriterium hält.

Verknüpfungen innerhalb der Wertkette

Wertaktivitäten sind innerhalb der Wertkette miteinander verknüpft. Häufig schaffen gerade diese Verknüpfungen einen Wettbewerbsvorteil. Bei einer Produktentwicklung senkt die Reduktion der Anzahl der Bauteile die Herstellkosten (Optimierungsmaßnahme). Die Abstimmung zwischen Fertigung, Ausgangslogistik und Installation bewirkt eine Reduktion der Lagerkosten (Koordinierungsmaßnahme). Nicht nur augenscheinliche sondern auch schwer erkennbare Verknüpfungen (die sich erst zeigen, wenn wir die herkömmlichen organisatorischen Grenzen überschreiten) können Quellen von Wettbewerbsvorteilen darstellen. Zum Beispiel kann eine gründliche Qualitätsprüfung der Fertigprodukte die Kosten für den Kundendienst verringern.

**Vertikale Verknüpfungen**

Vertikale Verknüpfungen werden häufig übersehen, denn Unternehmen sind sich der zahlreichen **Berührungspunkte mit Lieferanten und Abnehmern** oft nicht bewusst. Eine systematische Analyse der vertikalen Verknüpfungen kann daher sowohl bestehende als auch potenzielle Wettbewerbsvorteile aufzeigen. Eine geeignete Verpackung beim Lieferanten verringert beispielsweise die innerbetrieblichen Transportkosten beim Abnehmer. Vertikale Verknüpfungen bieten oft beiden Partnern (d.h. dem Unternehmen und dem Lieferanten oder Abnehmer) Vorteile. Dies zeigt etwa das Beispiel eines Schokoladeproduzenten, der einem Konfekthersteller die Schokolade in Tankwagen statt in Form von Riegeln liefert. Damit spart er sowohl die Kosten des Formens als auch der Verpackung, und zudem entfallen beim Abnehmer die Kosten für das Einschmelzen.

**4.3.4 Anwendung der Wertkette in der Praxis**

Die Wertkette als methodisches Ideal und als anspruchsvolles Instrument erlaubt uns, die Unternehmensaktivitäten umfassend und konsistent zu analysieren. Sie verbindet die Unternehmensanalyse mit der Strategieentwicklung, indem die relativen Stärken und Schwächen in der Wertkette die Grundlage für die Ermittlung von Kernkompetenzen bilden und danach die Formulierung von Wettbewerbsstrategien ermöglichen. Die praktische Handhabung der Wertkette ist aber mit einigen **Problemen** behaftet:[1]

- Die Analyse erfordert erheblichen **zeitlichen** und **methodischen Aufwand.**
- In der Praxis findet «Strategische Planung» meist in Form von moderierten Arbeitssitzungen mit den verantwortlichen Führungskräften statt. Eine umfassende Wertkettenanalyse ist in diesem Rahmen oft zu aufwändig, oder sie stößt auf **mangelnde Akzeptanz und Motivation.** Mit einer entsprechenden Vorbereitung solcher Sitzungen kann dieser Schwierigkeit begegnet werden.
- Bei der Quantifizierung der Wertkette stimmt die übliche Kontengliederung (z.B. Gemeinkosten, Fixkosten, Lohneinzelkosten) selten mit den Wertaktivitäten überein. Die abteilungsorientierte Kostenrechnung muss daher in einem aufwändigen Verfahren in eine aktivitäts- oder prozessorientierte Kostenrechnung verwandelt werden (siehe

---

1   Vgl. zum Beispiel Cooper/Kaplan (1988); Esser (1994); Hergert/Morris (1989).

Abschnitt 4.3.3 «Analyse der Wertkette»). Die **Zuordnung der Kosten** zu den Wertaktivitäten (besonders wenn diese untereinander stark verknüpft sind und sich über mehrere strategische Geschäftseinheiten erstrecken) ist **sehr schwierig** und bleibt über weite Strecken Ermessenssache.

Falls sich der Aufwand für eine quantitative Wertkettenanalyse nicht lohnt, empfiehlt es sich, auf die traditionellen Kostenstrukturanalysen[1] und auf das bestehende Kostenrechnungssystem zurückzugreifen.

Flexibel und situationsgerecht eingesetzt, ist die Wertkette ein überaus wertvolles Diagnose- und Analyseinstrument, das auch gute Dienste zur systematischen Unterstützung der übrigen Analyseinstrumente leistet.

## 4.4 Kulturanalyse

Die Unternehmenskultur wird geprägt durch die Werte, Normen, Meinungen und Wissensbestände der Führungskräfte und Mitarbeitenden. Sie drückt sich aus im Verhalten der Belegschaft (Sprache, Rituale, Kleidung, Problemlösungs- und Innovationsverhalten usw.), im Corporate Design, in der Architektur und in den Geschichten und Mythen des Unternehmens. (Rühli 1991)

Die **Unternehmenskultur** spielt für den strategischen Erfolg eine **zentrale Rolle** (vgl. unter anderen Ansoff/ McDonnell 1990). Sie beeinflusst die Strategieentwicklung (indem sie zum Beispiel strategische Alternativen ablehnt oder nicht berücksichtigt) und ist eine Hauptdeterminante für den Erfolg oder Misserfolg der Strategieumsetzung.

Die **Analyse** der **Unternehmenskultur** liefert uns Antworten auf folgende Fragen:

- Welche Elemente der Unternehmenskultur erklären unseren bisherigen Erfolg oder Misserfolg?
- Welche Strategie wird am ehesten durch unsere Unternehmenskultur unterstützt?
- Welche Elemente der Unternehmenskultur müssen wir in Zukunft fördern oder verändern?
- Welche Strategie erfordert eine Änderung der bestehenden Unternehmenskultur oder ein umfassendes «Management des Wandels»?
- Sollen wir die Unternehmenskultur an die Strategie anpassen oder lieber eine «kulturkonforme» Strategie auswählen?

---

1 Vgl. zum Beispiel Pipp (1990) S. 26 und 32.

| Kriterien | Ausprägung | schwach ◄——————► stark | | | | |
|---|---|---|---|---|---|---|
| | | 1 | 2 | 3 | 4 | 5 |
| **Kundenorientierung** | (Ausrichtung auf Kundenbedürfnisse, Kundenservice/-pflege/-beziehungen, …) Bemerkung: | | | | | |
| **Mitarbeiterorientierung** | (Wertschätzung, Vertrauen, Teamwork, Partizipation, transparentes Personalmanagement, …) Bemerkung: | | | | | |
| **Leistungs- und Resultatsorientierung** | (klare und stimulierende Zielsetzungen, Identifikation der Mitarbeiter mit Zielen, Einsatzbereitschaft, Leistungshonorierung, …) Bemerkung: | | | | | |
| **Kostenorientierung** | (Kostenbewusstsein, Sparmentalität, Kosten-einsparungen als Selbstverständlichkeit, …) Bemerkung: | | | | | |
| **Innovationsorientierung** | (Förderung von innovativem und unternehmerischem Verhalten, Risikobereitschaft, Toleranz von Expe-rimenten/Fehlern, Existenz kreativer Champions, …) Bemerkung: | | | | | |
| **Flexibilitätsorientierung** | (Lern-/Veränderungsbereitschaft, Offenheit für Neues, dezentrale/schlagkräftige Einheiten, …) Bemerkung: | | | | | |
| **Zeitorientierung** | (Management of Speed, Reduktion von Durchlauf-zeiten als Selbstverständlichkeit, …) Bemerkung: | | | | | |
| **Technologieorientierung** | (Stellenwert der Technologie, technologischer Stand von Anlagen, Produkten, Verfahren, …) Bemerkung: | | | | | |
| **Unité de doctrine** | (Identifikation mit dem Unternehmen, Loyalität, Ge-meinschaftsgeist, konstruktives Konfliktverhalten, …) Bemerkung: | | | | | |
| ... | Bemerkung: | | | | | |

▲ Abbildung 4.10   Checkliste zur Analyse der Unternehmenskultur
(nach Pümpin 1992, S. 99f.; Pümpin/Kobi/Wüthrich 1985, S. 42f.)

Es gibt zahlreiche Ansätze zur Diagnose der Unternehmenskultur (vgl. Rühli 1991, S. 34ff.). Als Instrumente dienen in der Regel Fragebogen[1], Interviewleitfäden, Beobachtungsraster, Dokumentenanalysen oder Checklisten. Ferner liefern Einzelgespräche mit ausgewählten Mitarbei-terinnen und Mitarbeitern verschiedener Hierarchiestufen vertiefte Ein-

---

1  Vgl. zum Beispiel Hilb (1994) S. 189ff. für eine Kulturanalyse im Rahmen einer Perso-nalumfrage.

sichten, die mittels Fragebogen kaum zu gewinnen sind (vgl. z. B. Scott-Morgan 1994). Beim Einsatz solcher Instrumente stehen wir bald einem Überfluss an teilweise widersprüchlichen Informationen gegenüber, die sich nur schwer interpretieren lassen. Wir erzielen daher am ehesten mit einer einfachen und überschaubaren Vorgehensweise ein praktisch nutzbares Ergebnis. In ◄ Abbildung 4.10 stellen wir eine solche einfache Methode vor. Die Checkliste ermöglicht uns einzuschätzen, inwieweit sich die Unternehmenskultur mit der bestehenden oder geplanten Strategie verträgt.

## 4.5 Weitere Bereiche der Unternehmensanalyse

Die folgenden weiteren Analyseinstrumente stehen zur Verfügung:

1. Analyse der Position gegenüber den Wettbewerbskräften,
2. Kundenstrukturanalyse (ABC-Analyse),
3. Analyse der ökologischen Auswirkungen.

**4.5.1 Position gegenüber den Wettbewerbskräften[1]**

In Abschnitt 3.3.2 «Branchenanalyse», Seite 101 ff., haben wir drei Methoden für die systematische Erfassung des direkten Wettbewerbsumfelds vorgestellt:

1. die Branchenstrukturanalyse (fünf Wettbewerbskräfte nach Porter),
2. die Analyse der strategischen Gruppen,
3. die Analyse der Branchenentwicklung.

Diese Analysen geben uns Auskunft über die **Attraktivität** des **Wettbewerbsumfelds.** Um die Stärken und Schwächen unseres Unternehmens zu beurteilen, müssen wir abschätzen können, inwieweit wir vor Wettbewerbskräften und evolutionären Prozessen geschützt sind. Dazu versuchen wir mit folgenden Fragen eine Verbindung zwischen der Umwelt- und Unternehmensanalyse herzustellen:

- Haben wir Stärken, die für die Konkurrenten Eintritts- oder Mobilitätsbarrieren darstellen oder Schwächen, die diese Barrieren verringern?
- Welche Fähigkeiten erhöhen oder vermindern unsere Verhandlungsstärke gegenüber unseren Abnehmern und Lieferanten?
- Welche Fähigkeiten schützen uns vor der Rivalität anderer Konkurrenten, oder welche fehlenden Fähigkeiten setzen uns dieser Rivalität aus?

---

1 Vgl. Porter (1992) S. 200.

- Ist unsere Größe gegenüber unseren Konkurrenten ein Vorteil oder ein Nachteil?
- Welche Fähigkeiten erlauben es uns oder hindern uns daran, Mobilitätsbarrieren zu überwinden (d.h. mit geringen Kosten in eine attraktivere Gruppe zu wechseln)?
- Welche Fähigkeiten schützen uns vor einer Bedrohung durch Ersatzprodukte?
- Welche Fähigkeiten schützen uns vor einer Veränderung der Branchenstruktur durch evolutionäre Prozesse? Welche Fähigkeiten erlauben uns, die evolutionären Prozesse zu unseren Gunsten zu beeinflussen?

**4.5.2**
**Kundenstruktur**[1]

Als Methode zur Analyse der Kundenstruktur bietet sich die **ABC-Analyse** an. Eine aus Beobachtungen in der Praxis abgeleitete Faustregel besagt, dass in vielen Fällen 20% des Inputs etwa für 80% des Outputs verantwortlich sind. Entsprechend erzielen die weiteren 50% nur noch etwa 15%, die letzten 30% gar nur noch 5% des Outputs. Natürlich handelt es sich bei diesen Prozentsätzen lediglich um Annäherungswerte. Gelegentlich weichen die Werte in der Praxis erheblich von der Faustregel ab. Trotzdem erweist sich diese «20:80-Regel» als nützliche Grundlage der ABC-Analyse und drückt sich etwa in folgenden Beispielen aus:

- Die wichtigsten Kunden (20%) erbringen 80% des Umsatzes.
- Die wichtigsten Produkte (20%) erwirtschaften 80% des Reinertrags.
- Die umfangreichsten Bestellungen (20%) stellen 80% des Auftragseingangs dar.
- Die wichtigsten Lieferanten (20%) liefern 80% des Gesamtvolumens.

▶ Abbildung 4.11 zeigt ein Beispiel einer ABC-Kundenanalyse (A = Großkunden, B = mittlere Kunden, C = kleine Kunden). Anhand der ermittelten Kennzahlen können wir folgende Fragen beantworten:

- Mit welcher Kundengruppe erzielen wir den größten Umsatz, Gewinn, Deckungsbeitrag usw.?
- Welche Kundengruppe verursacht überdurchschnittlich viel Aufwand?
- Sind wir von wenigen Großkunden abhängig oder verteilen sich unsere Verkäufe auf viele mittlere und kleine Abnehmer?
- Sind die wenigen Großkunden aufgrund des relativ geringeren Bearbeitungsaufwands rentabler oder nützen sie ihre Verhandlungsmacht aus und setzen tiefere Preise durch?
- Lohnt sich der (relativ) hohe Bearbeitungsaufwand bei den C-Kunden?

---

1 Vgl. Pipp (1990) S. 23f.

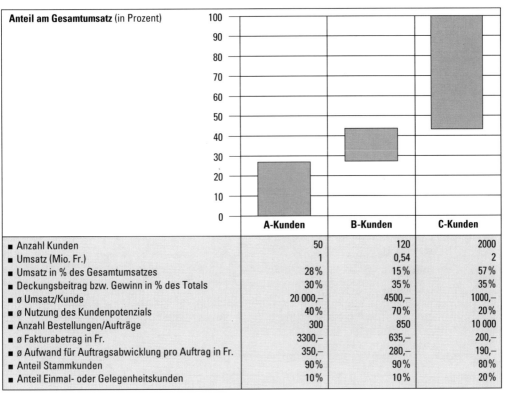

| Anteil am Gesamtumsatz (in Prozent) | A-Kunden | B-Kunden | C-Kunden |
|---|---|---|---|
| ■ Anzahl Kunden | 50 | 120 | 2000 |
| ■ Umsatz (Mio. Fr.) | 1 | 0,54 | 2 |
| ■ Umsatz in % des Gesamtumsatzes | 28% | 15% | 57% |
| ■ Deckungsbeitrag bzw. Gewinn in % des Totals | 30% | 35% | 35% |
| ■ ø Umsatz/Kunde | 20 000,– | 4500,– | 1000,– |
| ■ ø Nutzung des Kundenpotenzials | 40% | 70% | 20% |
| ■ Anzahl Bestellungen/Aufträge | 300 | 850 | 10 000 |
| ■ ø Fakturabetrag in Fr. | 3300,– | 635,– | 200,– |
| ■ ø Aufwand für Auftragsabwicklung pro Auftrag in Fr. | 350,– | 280,– | 190,– |
| ■ Anteil Stammkunden | 90% | 90% | 80% |
| ■ Anteil Einmal- oder Gelegenheitskunden | 10% | 10% | 20% |

▲ Abbildung 4.11    Beispiel einer Analyse der Kundenstruktur (Pipp 1990, S. 24)

■ Wo müssen wir Schwerpunkte für die Marktbearbeitung setzen? Wo besteht ein grosser Unterschied zwischen tatsächlichem und möglichem Umsatz (wo ist das Kundenpotenzial ungenügend genutzt)?

Dank der ABC-Analyse lassen sich die Kräfte (Finanzen, Zeit usw.) auf jene Kunden konzentrieren, die für die Zielerreichung am wichtigsten sind. Allerdings dürfen wir die scheinbar weniger wichtigen B- und C-Kunden nicht völlig vernachlässigen, denn sie sind für uns nach wie vor (z.B. wegen der hohen Marktdurchdringung oder der Mund-zu-Mund-Werbung) von Bedeutung.

**4.5.3 Ökologische Auswirkungen**

Ökologische Herausforderungen können für das Unternehmen sowohl eine Gefahr als auch eine Chance darstellen. Die Analyse ökologischer Auswirkungen (▶ Abbildung 4.12) zeigt aktuelle und potenzielle Umweltgefährdungen und ökologische Profilierungsmöglichkeiten auf.

| Umwelt-schutzbereich | Unternehmens-bereich | Inputs (Rohstoffe, Maschinen-/ Bauteile) | Produktion | Logistik (Lagerung, Verpackung, Transport) | Konsum und Entsorgung | Infrastruktur (Bauten, Anlagen) |
|---|---|---|---|---|---|---|
| **Ressourcen-schutz** | Stoffe | ▲ | | ✗ | | |
| | Energie | | | | ▲ | ▲ |
| | Wasser | | ▲ | | | ✗ |
| | Boden | | | | | |
| | Luft | | | | | |
| | ... | | | | | |
| **Emissions-begrenzung** | Feste Abfälle | | | | ▲ ✗ | |
| | Wasserbelastung | | ▲ | | | |
| | Luftver-schmutzung | △ | | △ | | |
| | Bodenbelastung | | | | | |
| | Landschafts-zerstörung | | | | | |
| | Strahlen | | | | | |
| | ... | | | | | |
| **Risiko-begrenzung** | Unfälle | | | | ▲ | |
| | Störfälle | | | | | |
| | Gesundheits-schäden | | △ | | | |
| | Umweltschäden | | | | | |
| | ... | | | | | |

▲ aktuelle negative Auswirkungen
△ potenzielle negative Auswirkungen
✗ ökologische Profilierungsmöglichkeiten

▲ Abbildung 4.12    Analyse der ökologischen Auswirkungen (in Anlehnung an Dyllick 1990 und Pipp 1990)

## 4.6 Unternehmensanalyse auf Konzernebene

Großunternehmen, die in Divisionen aufgeteilt sind, müssen eine interne Prüfung auch auf Konzernebene durchführen, mit dem Ziel, die personellen, finanziellen, produktiven, physischen und technologischen Ressourcen umfassend zu bewerten. Diese Bewertung ergänzt die Stär-

| Derzeitige Kompetenzen (Stärken) | 1. Stark diversifiziert; kompetentes Personal weltweit vorhanden.<br>2. Globales Kommunikationsnetz, das die wichtigsten Zweigstellen in 96 Ländern miteinander verbindet.<br>3. Fähigkeit, mühelos Kapital zu beschaffen.<br>4. Technologische Verpflichtung.<br>5. Fähigkeit und Bereitschaft, Risiken einzugehen.<br>6. … |
|---|---|
| Fehlende (aber erforderliche) Kompetenzen (Schwächen) | 1. Ungenügendes Verständnis der Kostendynamik der Branche.<br>2. Mangelnde Fähigkeit, den Zweigstellenbetrieb außerhalb des Staates New York zu führen.<br>3. Beschränkter Zugang zu den wichtigsten Märkten.<br>4. Unzureichende Reduktion der unproduktiven Zeit für organisatorische und administrative Funktionen.<br>5. … |

▲ Abbildung 4.13   Unternehmensanalyse von Citicorp auf Konzernebene (leicht modifiziert nach Hax/Majluf 1991, S. 323)

ken/Schwächen-Analyse auf SGE-Ebene. Es geht vor allem darum zu ermitteln, welche wichtigen Ressourcen, Fähigkeiten und Kompetenzen im Gesamtkonzern vorhanden sind (= Stärken) und welche fehlen (= Schwächen) (Hax/Majluf 1991).

Kompetenzen auf Konzernebene sind die «treibende Kraft» für den Gesamterfolg des Unternehmens (Tregoe/Zimmermann 1991). Wir finden sie bei einer Analyse der Produkte, der Marktausrichtung, der Technologie, der Produktionsmöglichkeiten (Verfahren, Systeme, Anlagen), der Verkaufs- und Vertriebsmethoden (Marketing), der Rohstoffe sowie der Führung und der Organisation.

◄ Abbildung 4.13 zeigt den Auszug einer Unternehmensanalyse auf Konzernebene.

### 4.6.1 Kernkompetenzen auf Konzernebene[1]

Eine **Basis für echte Wettbewerbsvorteile** und erfolgreiche Wettbewerbsstrategien bilden – wie wir schon Eingangs zu diesem Kapitel dargelegt haben – jene Kombinationen von Ressourcen, Fähigkeiten und Wissen, die für die Durchführung der Kernprozesse im Unternehmen erforderlich sind. Diese Kernkompetenzen erweisen sich dann als besonders bedeutsam, wenn sie sich über alle strategischen Geschäftseinheiten erstrecken. Dadurch werden sie für die Konkurrenz schwer durchschaubar und kaum imitierbar; sie ermöglichen so auch eine breite Erschließung neuer Märkte und eine vielfältige Entwicklung innovativer Produkte.

---

1 Die folgenden Ausführungen basieren auf Prahalad/Hamel (1991) und Hamel/Prahalad (1994).

| Unternehmen | Kernkompetenzen |
|---|---|
| NEC | ■ Halbleiterproduktion<br>■ Digitaltechnik<br>■ Systemintegration |
| Sony | ■ Miniaturisierung |
| Honda | ■ Antriebstechnik |
| Canon | ■ Feinoptik<br>■ Präzisionsmechanik<br>■ Mikroelektronik<br>■ Elektronische Bildverarbeitung |
| Philips | ■ Optische Speichermedien |

▲ Abbildung 4.14    Beispiele von Kernkompetenzen (vgl. Prahalad/Hamel 1991)

NEC, ein japanisches Großunternehmen, hat sich zum Beispiel dank der Kernkompetenz in der Halbleiterproduktion zu einem erstklassigen Konkurrenten im Markt der Telekommunikationsgeräte und Großrechner entwickelt (vgl. ◄ Abbildung 4.14). Bei Federal Express besteht die Kernkompetenz «Paketbeförderung» aus der Integration von Balkencode-Technologie, drahtloser Kommunikation, Netzwerk-Management und linearer Programmierung. In beiden Fällen lassen sich die zugrunde liegenden Kernkompetenzen infolge der breiten Abstützung nicht auf Einzelpersonen oder kleine Teams beschränken. Zudem müssen Kernkompetenzen nicht immer auf technologischen Fähigkeiten beruhen. Beispielsweise spielen bei Finanzdienstleistungen Kompetenzen wie Beziehungsmanagement, Transaktionsverarbeitung, Risikomanagement, Devisengeschäft, Financial Engineering, Trading-Fähigkeiten, Investitionsmanagement und Sammlung von Kundeninformationen eine entscheidende Rolle.

Kernkompetenzen erfüllen demnach im Idealfall folgende **Kriterien:**

■ Sie entstehen aus **kollektiven Lernprozessen** und sind in der Unternehmenskultur verankert. Somit sind sie nicht von einem einzelnen Individuum abhängig, sondern basieren auf der geteilten Wissensbasis der gesamten Organisation (Einzigartigkeit).

■ Sie können **nicht gekauft, sondern** nur durch Einsatz, Überzeugung und Beharrlichkeit **aufgebaut** werden. In diesem Sinne erfordern sie beträchtliche, langfristig ausgelegte Investitionen. Auch ein größeres Unternehmen kann daher selten mehr als zwei Kernkompetenzen aufbauen. Kleinere Unternehmen müssen sich meist auf eine einzige Kernkompetenz beschränken.

- Sie sind schwer zu durchschauen und zu imitieren, da sie aus einer **Kombination** von verschiedenen **Technologien, Produktionsfertigkeiten** und **Organisationstechniken** bestehen. Sie ermöglichen es damit dem Unternehmen, sich von der Konkurrenz abzusetzen.
- Sie sind **schwer substituierbar** (d.h. nicht durch andere Technologien oder Methoden ersetzbar).
- Sie ermöglichen den **Zugang zu** einem weiten Spektrum **zukünftiger Geschäfte** durch den **Multiplikatoreffekt** (Beispiel Honda: Multiplikation der Kernkompetenz «Motorenbau» und «Antriebstechnik» in Autos, Rasenmähern, Schneefräsen, Motorrädern, Elektrogeneratoren, Snowmobiles usw.)
- Sie tragen erheblich zum **vom Kunden wahrgenommenen Nutzen** des Endprodukts bei und bilden den kaufentscheidenden Faktor.

Kernkompetenzen dürfen nicht mit Kernprodukten und Endprodukten verwechselt werden. **Kernprodukte** sind das Ergebnis einer Kernkompetenz. Sie leisten als **Komponenten des Endprodukts** einen wesentlichen Wertbeitrag. Bei Honda sind die Motoren die Kernprodukte. Sie basieren auf den Kernkompetenzen «Motorenbau» und «Antriebstechnik» und leisten einen wesentlichen Wertbeitrag in den verschiedenen, oben erwähnten Endprodukten.

Nachhaltige Wettbewerbsvorteile kann ein Unternehmen nur erzielen und halten, wenn es den Anteil an der Fertigung von Kernprodukten maximiert. Ohne die Fertigung von Kernprodukten würden die Kernkompetenzen ungebraucht verkümmern. Hat zum Beispiel ein Hersteller von Kühlschränken einen hohen Marktanteil beim Endprodukt, aber nur einen kleinen Anteil bei der Fertigung bestimmter Kernprodukte (z.B. Kompressoren), läuft er Gefahr, wichtiges Know-how zu verlieren und die Entwicklung des Endverbrauchermarkts nicht mehr beeinflussen zu können.

Das Konzept der Kernkompetenzen legt uns nahe, ein divisionalisiertes Unternehmen nicht in völlig autonome Geschäftseinheiten aufzuteilen, denn eine solche Aufteilung macht es unmöglich, die Kernfähigkeiten voll auszuschöpfen. Prahalad und Hamel verdeutlichen dies anhand des **«Kompetenzbaums».** Sie sehen einen diversifizierten Konzern als Baum, dessen Stamm und dessen dicke Äste die Kernprodukte, die dünnen Zweige Geschäftseinheiten, die Blätter, Blüten und Früchte die Endprodukte und das Wurzelgeflecht, das den Baum nährt und hält, die Kernkompetenzen darstellen. Wer nur die Endprodukte ins Auge fasst, kann also die Stärke eines Konkurrenten nicht einschätzen – sowenig wie sich die Gesundheit eines Baumes allein anhand seiner Blätter beurteilen lässt.

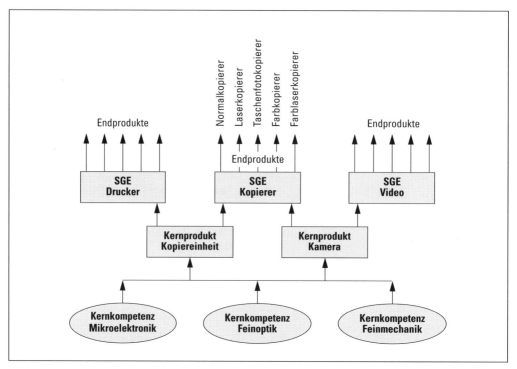

▲ Abbildung 4.15    Kernkompetenzbaum von Canon (modifiziert nach Prahalad/Hamel 1991, S. 68)

◀ Abbildung 4.15 zeigt den «Kompetenzbaum» von Canon. Er verdeutlicht, dass die Kernkompetenzen nur dann genutzt werden können, wenn die Koordination und Kooperation zwischen den strategischen Geschäftseinheiten sichergestellt ist. Nur so ist die Verbreitung und der Austausch jener Fähigkeiten gewährleistet, welche die Kernkompetenzen ausmachen. Kernkompetenzen in diesem übergreifenden Sinne bringen dem Unternehmen langfristige Vorteile.

Das Konzept der «Kernkompetenzen» hat in den letzten Jahren zunehmend an Popularität gewonnen, aber auch zu zahlreichen Missverständnissen geführt. [1] Zudem hat es sich trotz seiner Popularität in der Praxis noch immer nicht richtig durchgesetzt, was unter anderem wohl darauf zurückzuführen ist, dass die Identifikation der eigenen Kernkompetenzen in der Regel keine leichte Aufgabe darstellt. Oft wissen die Entscheidungsträger nicht genau, über welche Kernkompetenzen ihr Unternehmen verfügt. Viele Versuche die Kernkompetenzen eines

---

[1] In der Regel wird die Idee auf einen Artikel von G. Hamel und C.K. Prahalad zurückgeführt (G. Hamel, C.K. Prahalad (1990)). Müller-Stewens/Lechner weisen allerdings zu recht darauf hin, dass ein sehr ähnlicher Ansatz bereits bei Pümpin (1986) zu finden ist (Müller-Stewens/Lechner (2001), S. 162, Fußnote 76).

Unternehmens zu erfassen, enden in der Praxis häufig in der bloßen Aufzählung von Stärken und Schwächen oder von Erfolgen und Misserfolgen. Die Erarbeitung langfristiger Wettbewerbsvorteile durch Ausnutzung von Kernkompetenzen setzt jedoch voraus, dass sich das Management dieser Kernkompetenzen möglichst genau bewusst ist.

Folgendes Vorgehen erleichtert uns, die **Kernkompetenzen** zu **erfassen** (vgl. Boos/Jarmai 1994; Klein/Hiscocks 1994):

- Besonders erfolgreiche Produkte und Projekte analysieren (Welche besonderen Fähigkeiten und Ressourcen stehen dahinter? Was sind die Besonderheiten, die sie von den Leistungen der Konkurrenten unterscheiden? Bei welchen erfolgreichen Projekten/Produkten war die Zusammenarbeit mehrerer Einheiten entscheidend?);
- Schlüsselpersonen und deren Fähigkeiten identifizieren (Wer sind sie? Was ist ihr Beitrag bei der Leistungserstellung?); Durchführung von Mitarbeitenden-Interviews mit dem Ziel, die aus ihrer Sicht besonderen Fähigkeiten im Unternehmen herauszufinden;
- Lieferanten und Kunden befragen (Was schätzen sie am meisten an unserer Leistung, d.h. welches sind für sie die besonders wertschöpfenden Elemente eine Produktes oder einer Dienstleistung? Wie unterscheiden wir uns aus ihrer Sicht von unseren Hauptkonkurrenten?);
- Nutzenanalyse (Welcher Nutzen ist für den Kunden am wichtigsten? Welches ist unser Beitrag zur Schaffung dieses Nutzens? Wofür ist der Kunde tatsächlich bereit zu bezahlen?);
- Integrationsmöglichkeiten prüfen (Wo könnte eine Kombination von Fähigkeiten und Ressourcen aus verschiedenen Einheiten eine neue, kreative und wertschöpfende Leistung hervorbringen?).

Lewis/Gregory (1996) schlagen außerdem eine Methode vor, die sich auf Einschätzungen der Führungskräfte abstützt. Dazu werden Führungskräfte aufgefordert, die Beziehungen und Interdependenzen verschiedener Aktivitäten im Unternehmen aufzulisten und zu beurteilen, ob sie wertvoll, selten, schwer zu imitieren und nicht zu substituieren sind.

Aus strategischer Sicht ist auch die **Entwicklung von Kernkompetenzen** eine besonders wichtige Aufgabe (vgl. Herbek 2000, S. 65 f.). Ein einseitiges Ressourcenmanagement, das ausschließlich auf die Erhaltung und Entwicklung **bestehender** Kernkompetenzen ausgerichtet ist, kann sich als Sackgasse erweisen, aus der nur die bewusste und konstruktive Orientierung an einer zukunftgerichteten Vision bzw. an möglichen Innovationen und den damit verbundenen zukünftigen Entwicklungen des Marktes herausführt.

**4.6.2**
**Synergienanalyse**

Wenn zwei oder mehrere Geschäftseinheiten bestimmte Tätigkeiten zusammenfassen, lassen sich Synergien erzielen (niedrigere Stückkosten, F&E-Kosten, Investitionen usw.). Bei Unternehmensakquisitionen oder bei Fusionen wird die Nutzung von Synergien oft als Hauptgrund angegeben. Allerdings werden Synergien in der Praxis oft nicht optimal ge-

| Verflechtungsquelle | Mögliche Formen gemeinsamer Durchführung |
|---|---|
| **Beschaffung**<br>■ gekaufte Inputs | ■ Beschaffung |
| **Technologie**<br>■ Produkttechnologie<br>■ Prozesstechnologie<br>■ Technologie bei anderen Wertaktivitäten<br>■ Produkt, das in ein anderes inkorporiert ist<br>■ Schnittstelle zwischen Produkten | ■ Technologieentwicklung<br>■ Schnittstellenentwurf |
| **Infrastruktur**<br>■ Bedarf an Unternehmensinfrastruktur<br>■ Kapital | ■ Kapitalaufnahme (Finanzierung)<br>■ Barmittelnutzung<br>■ Rechnungswesen<br>■ Rechtsabteilung<br>■ Kontakte zu staatlichen Stellen<br>■ Personaleinstellung und -ausbildung<br>■ andere Infrastrukturaktivitäten |
| **Produktion**<br>■ Standort der Rohstoffe<br>■ Fertigungsverfahren<br>■ Montageverfahren<br>■ Methoden zur Güteprüfung/Qualitätskontrolle<br>■ Bedarf an Hilfsanlagen | ■ Eingangslogistik<br>■ Komponentenfertigung<br>■ Montageanlagen<br>■ Anlagen zur Güteprüfung/Qualitätskontrolle<br>■ indirekte Aktivitäten im Betrieb<br>■ Betriebsinfrastruktur |
| **Markt**<br>■ Abnehmer<br>■ Vertriebskanäle<br>■ geografischer Markt | ■ Markenname<br>■ kombinierter Produktabsatz<br>■ gekoppelter oder kombinierter Verkauf<br>■ konzerninterne Subventionierung von Komplementärprodukten<br>■ Marketingabteilung<br>■ Außendienst<br>■ Kundendienst/Reparaturnetz<br>■ Auftragsabwicklungssystem<br>■ physisches Distributionssystem<br>■ Finanzierungsorganisation für Abnehmer oder Distributoren |

▲ Abbildung 4.16    Verschiedene Formen der Verflechtung zwischen Geschäftseinheiten
(Porter 1989, S. 434f.)

nutzt oder nicht konsequent umgesetzt. Häufig ergeben sich statt Synergien sogar negative Wirkungen (z. B. weil der Koordinationsaufwand ansteigt). Eine gründliche Analyse der Verflechtungen ist deshalb angezeigt. Sie muss verdeutlichen, (a) wo **Synergien** wirklich **genutzt** werden, (b) wo noch **ungenutzte Synergien** bestehen und (c) wo **Mehrkosten** entstehen. Die Synergiebewertung kann nie rechnerisch genau erfolgen. Sie sollte sich auf die wesentlichen Verflechtungen beschränken (vgl. ◄ Abbildung 4.16). Die Wertketten der verschiedenen strategischen Geschäftseinheiten bilden eine gute Grundlage für die Analyse von Synergien.

## 4.7 Benchmarking

Als Benchmarking bezeichnen wir den systematischen und kontinuierlichen Vergleich der Leistung unseres eigenen Unternehmens mit der Leistung unserer direkten Konkurrenten oder der «best in class» (Unternehmen außerhalb der Branche, die in einem bestimmten Bereich zur Weltspitze gehören). Die beste Ausführungspraxis («best practice»), die ein Unternehmen zu den einzelnen Wertaktivitäten der Wertkette innerhalb oder außerhalb der Branche findet, wird als Benchmark (Leistungsvorgabe) definiert. Diese Leistungsvorgabe gilt es durch gezielte Maßnahmen zu erreichen oder zu übertreffen, um damit einen Wettbewerbsvorteil zu erzielen. Benchmarking ist mehr als eine Konkurrenzüberwachung auf der Basis von Kennzahlen. Es schließt eine eingehende Auseinandersetzung mit eigenen und fremden Kernprozessen mit ein. In diesem Sinne unterstützt es das organisationale Lernen und die Leistungsentwicklung des Unternehmens (vgl. Bourgeois/Duhaime/Stimpert 1999, S. 204ff.)

Vergleiche mit der direkten Konkurrenz sind nicht neu. Viele japanische Unternehmen haben ihre Industriebasis aufgebaut, indem sie die besten Praktiken ihrer amerikanischen und europäischen Konkurrenten zunächst kopierten und danach verbesserten. Neu am Benchmarking ist aber die Systematik und Disziplin bei der Suche und Analyse der weltweit Besten in Produkt, Funktion oder Prozess.

Benchmarking beantwortet folgende Fragen (vgl. Burckhardt 1995):

- Wer erzielt den höchsten Kundennutzen?
- Wer beherrscht die wichtigsten Geschäftsprozesse am besten?
- Warum, wann und wie erreicht der Beste diese Leistung? Was sind seine Geschäftsprozesse?

- Wie schneiden wir im Vergleich zum Besten ab? Was können wir für unser eigenes Unternehmen lernen?
- Welches sind unsere neuen Ziele, und wie setzen wir das Gelernte zur kontinuierlichen Verbesserung um?

Das Benchmarking wurde vor allem durch die Anwendung bei der Xerox-Corporation populär. Xerox geriet Ende der 70er Jahre aufgrund schwindender Marktanteile, zu hoher Kosten sowie unterdurchschnittlicher Produkt- und Servicequalität in große Schwierigkeiten. Minolta, Ricoh und Canon verkauften damals Kopiergeräte zu einem Preis, die unter den Herstellungskosten von Xerox lagen. Ein rigoroses Benchmarking-Programm half Xerox jedoch, innerhalb kurzer Zeit die Herstellungskosten um die Hälfte und die Maschinendefekte um 90 Prozent zu reduzieren, die Produktivität des Vertriebs um ein Drittel zu steigern sowie die Servicekosten um 30 Prozent zu senken.

Erfolgreiche Unternehmen richten ihre Aktivitäten auf eine begrenzte Anzahl von Kernprozessen aus, die sie in überlegener Art abwickeln. Strategisches Benchmarking konzentriert sich daher auf die **wettbewerbsentscheidenden Prozesse**. Das sind jene Kernprozesse, die entscheidend zum Markterfolg des Unternehmens beitragen. Die Wertkette eignet sich dazu, die Kernprozesse zu identifizieren und die Frage zu stellen, was wirklich für den Erfolg wichtig ist und/oder wo noch Verbesserungspotenziale bestehen.

**4.7.1 Strategisches Benchmarking – Vorgehen**

Strategisches Benchmarking umfasst insgesamt sieben Schritte, wobei die einzelnen Schritte parallel ablaufen können.[1]

- **Schritt 1: Benchmarking-Objekt identifizieren.** Grundsätzlich eignen sich folgende Bereiche für das Benchmarking:
  - Unternehmen, Strukturen, Arbeitsplätze;
  - Produkte, Komponenten, Einzelteile;
  - Kernprozesse, unterstützende Prozesse (= Wertkette).
- **Schritt 2: Benchmarking-Team bilden.** Wir bestimmen einen Projektleiter und bilden ein Benchmarking-Team von fünf bis sechs Personen aus den verantwortlichen Mitarbeiterinnen und Mitarbeitern der beteiligten Ressorts. Die Teammitglieder benötigen eine gewisse Vorbereitung und Ausbildung (durch interne und/oder externe Experten).
- **Schritt 3: Benchmarking-Objekt intern analysieren.** Das Benchmarking-Team definiert die Leistungskennzahlen (Zeit-, Kosten-, Qualitäts- und Input-/Outputparameter).

---

1  Vgl. Burckhardt (1995); Camp (1989); Pieske (1995, 1994a, 1994b); Rau (1995); Watson (1993).

| Art | Vorteile | Nachteile |
|-----|----------|-----------|
| **Internes Benchmarking** (… innerhalb eines Unternehmens) | ■ Datenerfassung relativ einfach<br>■ gute Ergebnisse für diversifizierte, «herausragende» Unternehmen | ■ begrenzter Blickwinkel<br>■ interne Vorurteile |
| **Wettbewerberorientiertes Benchmarking** (… mit Mitbewerbern) | ■ geschäftsrelevante Informationen<br>■ Produkte/Prozesse vergleichbar<br>■ relativ hohe Akzeptanz<br>■ eindeutige Positionierung im Wettbewerb | ■ schwierige Datenerfassung<br>■ Gefahr branchenorientierter «Kopien» |
| **Funktionales Benchmarking** (… mit Branchenexternen) | ■ relativ hohes Potenzial zum Finden innovativer Lösungen<br>■ Vergrößerung des Ideenspektrums | ■ relativ schwierige Transformation von «Anderem» in ein betriebliches Umfeld<br>■ Vergleichbarkeit fraglich<br>■ zeitaufwändige Analyse |

▲ Abbildung 4.17   Arten von Benchmarking (Pieske 1994a, S. 20)

- **Schritt 4: Vergleichsunternehmen bestimmen.** Vergleichsunternehmen können sowohl innerhalb des eigenen Konzerns als auch innerhalb und außerhalb der Branche gesucht werden. ◄ Abbildung 4.17 zeigt Vor- und Nachteile verschiedener Möglichkeiten auf. Konkurrenten werden in der Regel ihre Wettbewerbsvorteile nicht ohne weiteres preisgeben. Aber ihre Prozesse sind oft sehr ähnlich, wie jene im eigenen Unternehmen. Interessant sind darum besonders die Vergleiche mit branchenfremden Unternehmen. Sie eröffnen die Chance, alternative Prozess-Architekturen kennenzulernen und große Verbesserungen zu erzielen. Rank Xerox hat bezüglich Produkt und Funktionen bei den «Klassenbesten» Canon (Kopiergerät), DEC (Computerworkstation), General Electric (Informationssystem), John Deere (Ersatzteilversorgung), Ford (Automatisierung), Procter&Gamble (Marketing), American Express (Erstellung von Kundenrechnungen) und Citicorp (Dokumentenverarbeitung) gelernt (Camp 1989). Da es schwierig ist, die «Weltbesten» zu identifizieren, genügt es Vergleichsunternehmen zu finden, die bezogen auf das Benchmarking-Objekt deutlich besser sind als das eigene Unternehmen (z.B. hat Ford Hunderte von Prozessen mit dem Konkurrenten Toyota verglichen).
- **Schritt 5: Vergleichsunternehmen analysieren.** Dies ist der schwierigste und zeitaufwändigste Schritt im Benchmarking-Prozess. Eine vollständige Analyse der Vergleichsunternehmen umfasst Produkte, Funktionen und Prozesse. Als mögliche Datenquellen dienen Kunden, ehemalige Angestellte des Vergleichsunternehmens, Mitarbeitende mit häufigem Kundenkontakt, Partner in Joint Ventures, Verbände, Vereine sowie Firmenschriften, Periodika, Datenbanken, Marktfor-

schungsanalysen und persönliche Interviews. Oft bilden Kunden-
befragungen den Einstieg in das Benchmarking. Diese einfache und
rationelle Form kann die Stärken und Schwächen gegenüber der unmittelbaren Konkurrenz deutlich offen legen. Die Analyse von Vergleichsunternehmen findet immer auf zwei Ebenen statt. Wir erfassen
erstens das «Was» (Kennzahlen, Ziele) und zweitens das «Wie» (bewährte, funktionierende Prozesse). Beim «Was» begnügen wir uns mit
dem Minimum relevanter Kennzahlen. Den Schwerpunkt des Fragen-
katalogs bilden die Fragen nach dem «Wie». Falls ein persönliches
Gespräch mit dem Benchmarking-Partner möglich ist, erweist sich
dies als die beste Methode der Datenbeschaffung. Zur Vorbereitung
erarbeiten wir einen kurzen Fragebogen, den wir unserem Gesprächs-
partner im voraus zusenden.

- **Schritt 6: Ergebnisse bewerten und Konsequenzen ableiten.** Bei der Bewertung achten wir auf strukturelle Unterschiede zwischen den Vergleichsunternehmen und dem eigenen Unternehmen. Wir versuchen
festzustellen, unter welchen internen und externen Randbedingungen
die Ergebnisse erzielt wurden. Je mehr das Vergleichsunternehmen
hinsichtlich Größe, Komplexität, Strukturen, Lebensdauer der Produkte, Eigentumsverhältnisse usw. unserer eigenen Organisation
gleicht, desto eher können wir dessen erfolgreiche Prozesse übernehmen. Dieser Schritt bereitet aber oft Schwierigkeiten, da in der
Regel bisherige Prozesse und Strukturen verändert werden müssen.

- **Schritt 7: Neue Ziele und Prozesse festlegen; Maßnahmen umsetzen.**
Aufgrund der Ergebnisse setzt das Benchmarking-Team gemeinsam
mit der Unternehmensleitung Ziele fest. Zudem schlägt es Maßnahmen vor (Aktionspläne, Kommunikation, Kontrolle usw.) und ist auch
für deren Umsetzung verantwortlich. (vgl. dazu auch Abschnitt 8.1
«Elemente des Umsetzungsprozesses», Seite 328 ff.).

Sobald die geplanten Aktionen erfolgreich umgesetzt sind, erfolgt wiederum ein Benchmarking, wobei die Objekte und die Benchmarks neu
zu bestimmen sind. Auf diese Weise wird Benchmarking zum kontinuierlichen Prozess der Leistungsverbesserung und ermöglicht es dem
Unternehmen zu lernen.

**4.7.2
Erfolgsfaktoren des
Benchmarking**

Viele Benchmarking-Programme werden frühzeitig abgebrochen
(Burckhardt 1995). Solche Misserfolge können wir vermeiden, wenn
wir die folgenden Punkte berücksichtigen:

- **Die Unternehmensleitung** muss das **Benchmarking aktiv unterstützen**
und Ressourcen dafür bereitstellen. Bei Xerox ist in jeder größeren
Einheit eine Person ausschließlich für das Benchmarking zuständig.

- Wir betrachten Unternehmen, mit denen wir einen Informationsaustausch anstreben, als **Partner.** Der Informationsaustausch muss beiden Partnern gleichwertigen Nutzen stiften. Dies ist allerdings nur möglich, wenn es sich beim Benchmarking-Partner nicht um Konkurrenten handelt und wenn das Benchmarking-Objekt nicht sensible Bereiche (Forschung und Entwicklung, Preisbildung, Kosten usw.) umfasst.

- Die besten Benchmarking-Partner sind Unternehmen, die zwar gleiche oder ähnliche Geschäftsprozesse wie wir aufweisen, mit uns aber **nicht in Konkurrenz stehen.** Zum Beispiel übernahm die amerikanische Firma Remington Arms, die Pistolen und Munition herstellt, einen Herstellungsprozess von Maybelline, einem Lippenstifthersteller, um ihre Patronenhülsen noch glatter und glänzender zu gestalten.

- Unternehmen ohne Erfahrung mit Benchmarking sollten zu Beginn nicht zu viele Benchmarking-Programme in Angriff nehmen, sondern zuerst jenen Prozess untersuchen, der den **größten Einfluss auf den Kundennutzen** hat, wobei das Benchmarking-Objekt nicht zu breit gefasst werden darf.

**4.7.3 Rolle des Benchmarking im Strategischen Management**

Erfolgreiches Benchmarking erfordert einen formalisierten, systematischen und kontinuierlichen Prozess. Es ist ein eigenständiges Konzept, das positive und negative Abweichungen gegenüber der Konkurrenz offenlegt, mit dem Ziel, die Leistung kontinuierlich zu verbessern. Benchmarking ist somit kein primäres Instrument der strategischen Planung (viele Benchmarking-Programme konzentrieren sich auf operative Bereiche), kann aber trotzdem bei der strategischen Planung von großem Nutzen sein. Der systematische Vergleich der Kernprozesse mit der Konkurrenz und mit Unternehmen außerhalb der Branche schafft die Grundlagen für eine objektive Einschätzung der Leistungen und Kosten der wichtigsten Wertaktivitäten.

**4.7.4 Anwendung des Benchmarking in der Praxis**

Der Wert des Benchmarking wird erst von wenigen Unternehmen voll erkannt und ausgeschöpft. Eine Studie in der Schweiz ergab folgendes (vgl. Meister/Sträuli 1994):

- 56% der Unternehmen haben Benchmarking veranlasst, um die momentane Verfassung des Unternehmens zu bestimmen (Unternehmensanalyse).

- 66% erhalten Daten im Austausch mit anderen Unternehmen; 18% erhalten Daten von Benchmarking-Vereinigungen.

- Die Unternehmen sehen den Hauptnutzen des Benchmarking in der frühzeitigen Warnung bei Gefährdung der Wettbewerbsposition und in der Gewinnung neuer Einsichten.

- 66% vergleichen sich mit den direkten Konkurrenten; nur 2% mit dem weltweiten Leader eines bestimmten Prozesses.
- Der schwierige Zugang zu vergleichbaren Daten der Konkurrenz und die fehlende Bereitschaft zur Zusammenarbeit sind die größten Hindernisse.
- 95% wollen künftig wenigstens gleichviel oder intensiver Benchmarking betreiben.

In den USA und in Japan gibt es schon etliche Unternehmenskonsortien, die Benchmarking-Informationen zugänglich machen und austauschen. Das American Productivity Quality Center in Houston/Texas betreibt zum Beispiel ein «Benchmarking-Clearinghouse», über das angeschlossene Unternehmen Benchmarking-Informationen austauschen können.

■ Beispiel zu Kapitel 4: Kernkompetenzen

# Sperrholzfabrik Hess

Wer unter den Skiherstellern Rang und Namen hat (Salomon, Völkl, Atomic, Fischer u.a.),
bezieht die Holzkerne bei der Sperrholzfabrik Hess & Cie. in Döttingen.

Die Firma Hess in Döttingen wurde 1929 von Franz Hess gegründet. Er führte das Unternehmen auch durch die Kriegsjahre. Später traten die beiden Söhne Marcel und Franz die Nachfolge des Familienunternehmens an. Heute beschäftigt die Firma allein in Döttingen 150 Mitarbeiterinnen und Mitarbeiter und erzielt einen Umsatz von ca. 30 Mio. Fr.

Anfang der siebziger Jahre entschied man sich, künftig insbesondere Federleisten, Skikerne und einige weitere Sperrholz-Halbfabrikate herzustellen. Dieser Entscheid wurde ausgelöst durch Besuche der Skihersteller Olin, K2 und Authier. Die Ursache dieser Besuche war die Erkenntnis der Skihersteller, dass trotz der neuen Materialien (Kunststoffe) insbesondere für hochwertige Rennskis auf Holz als Werkstoff auch künftig nicht verzichtet werden konnte. Holz im Innenteil des Skis sorgt für hohe Spannkraft und eine geringe Empfindlichkeit gegenüber Temperaturschwankungen.

Den beiden Brüdern Marcel und Franz Hess war schon nach wenigen Monaten der Zusammenarbeit mit den Skiherstellern klar, dass Holzkerne für die Skifabrikation ein lukratives Geschäft werden könnte.

Und so war es denn auch. Während die ersten Aufträge aufgrund der Besuche der genannten Skihersteller zustande kamen, waren in der Folge zehn Jahre harte Arbeit nötig, um zum Marktführer in diesem Bereich zu werden. Doch die Bemühungen zahlten sich aus und Ende der siebziger Jahre konnte man erhebliche Investitionen vornehmen. Die Strategie brachte also einen überdurchschnittlichen Erfolg. Hess übernahm die Möbelfabrik Merki AG und kaufte die französische Sperrholzfabrik Regnier S.A. in Clairvaux.

Als die ersten Snowboards auf dem Markt erschienen, bemühte sich die Firma Hess sogleich um Kontakte zu den kleineren Fabrikanten. Die Kernkompetenz «Herstellung von Holzkernen» war auch für diese neue Branche von Bedeutung. Und tatsächlich wurde der Name Hess schnell im Snowboard-Markt bekannt, was nach einiger Zeit selbst den renommierten Bretthersteller Burton zu einem Besuch in Döttingen veranlasste.

Ausser für den Ski- und Snowboard-Markt stellt die Firma Hess auch Holzteile für verschiedene andere Hersteller von Sportartikeln (Tischtennisschläger, Skateboards, Schlitten, Landhockeystöcke u.a.) her. Ferner bezieht der Betthersteller Bicoflex täglich 30 000 Holzlatten vom Döttinger Familienbetrieb. Wer weiss, auf welche weiteren Märkte sich künftig die Kernkompetenz «Herstellung von Holzkernen» noch ausdehnen lässt?   ■

Eine ausführliche Fallstudie zu Kapitel 4 «Unternehmensanalyse» findet sich im Anhang
Seite 423 ff.

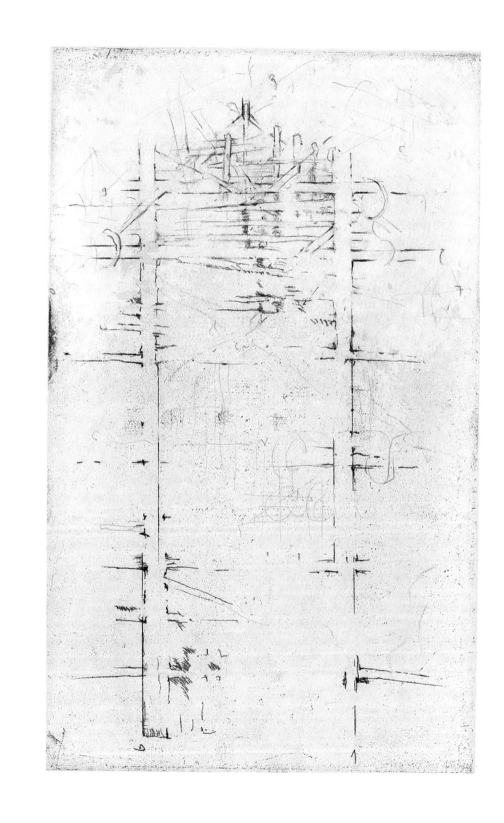

# Kapitel 5

# Strategische Analyse

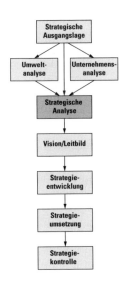

Damit die Übersichtlichkeit erhalten bleibt, müssen wir die aus der Umwelt- und Unternehmensanalyse gewonnenen Daten verdichten. Andernfalls besteht die Gefahr, dass wir vom Datenmaterial überflutet werden, was in der Praxis oft dazu führt, dass wir uns auf bloße Intuition verlassen oder gar handlungsunfähig werden. Ansoff (1991) warnt ausdrücklich vor dieser Gefahr der «Paralyse durch Analyse».

Die strategische Analyse erfolgt wie die Umwelt- und Unternehmensanalyse auf Geschäftseinheits- und auf Konzernebene. Die Kenntnis strategischer Gesetzmäßigkeiten erleichtert die strategische Analyse. Wir stellen daher zunächst die wichtigsten Gesetzmäßigkeiten vor.

## 5.1 Strategische Gesetzmäßigkeiten

Strategische Gesetzmäßigkeiten liefern betriebswirtschaftliche Erklärungen für das Verhalten und den Erfolg von Unternehmen. Sie stützen sich auf zahlreiche **empirische Erkenntnisse** und bilden die Grundlage für die meisten in diesem Buch vorgestellten strategischen Instrumente.

**5.1.1
Forschungsprojekt
PIMS**

Ein Forschungsprojekt von General Electric bildete in den frühen 60er Jahren den Ursprung des PIMS-Programms (PIMS = Profit Impact of Market Strategies). Das Unternehmen wollte sich eine empirische Grundlage für die Auswahl von Strategien schaffen und untersuchte, welche Strategien in der Vergangenheit am erfolgswirksamsten (gemessen am Return on Investment [ROI]) gewesen waren. Diese Forschungen wurden später am Marketing Science Institute der Harvard Business School und am Strategic Planning Institute (SPI) fortgesetzt und ausgeweitet, indem weiteren Unternehmen die Möglichkeit geboten wurde, sich dem PIMS-Programm anzuschließen (vgl. Schoeffler, Buzzell, Heany 1974). 1982 entstand in London eine Niederlassung und seit 1984 besteht eine Kooperation mit dem St. Galler Management Zentrum. Das Ziel des PIMS-Programms besteht darin, die Einflussfaktoren zu isolieren, die branchenübergreifend den strategischen Erfolg eines Geschäftsbereiches wesentlich bestimmen.

Die dem Programm angeschlossenen Unternehmen stellen dem SPI jährlich interne Daten (pro Geschäftseinheit rund 300 Kennzahlen) zur Verfügung. Damit erwerben sie das Recht, die gesamten Daten des PIMS-Programms gegen eine Kostenbeteiligung für eigene Zwecke zu nutzen und aus den Erfahrungen anderer zu lernen. Heute umfasst die Datenbank Informationen von mehr als 3000 Geschäftseinheiten aus über 450 Unternehmen (darunter rund 150 aus Unternehmen in Europa).

Die Analyse dieser Daten soll Antworten auf die folgenden Fragen liefern:

- Welche Faktoren beeinflussen die Rentabilität des Unternehmens?
- Welchen Einfluss üben die einzelnen Faktoren auf die Rentabilität aus?
- Wie verändert sich der ROI in Abhängigkeit von der Strategie oder von den Marktbedingungen?

Ergebnisse

Die wichtigste Erkenntnis des PIMS-Programms: rund ein Dutzend der analysierten Einflussfaktoren können **60 bis 70% der Gewinnunterschiede erklären**. Das bedeutet, dass «eine quantitativ günstige Konstellation dieser Faktoren ein Unternehmen strategisch so robust macht, dass

Schwächen auf anderen Gebieten verkraftet werden können. Umgekehrt können Schwächen in mehreren dieser Schlüsselfaktoren weder durch andere Stärken noch durch besonders gutes operatives Management wettgemacht werden.» (Malik 1987, S. 54)

▶ Abbildung 5.1 zeigt die acht wichtigsten Einflussgrößen auf den Erfolg in der Reihenfolge ihrer Bedeutung für den Return on Investment (Gewinn vor Zinsen und Steuern in Prozent des Kapitals).

**Nutzen und Stellen-** Die Mitgliedsunternehmen können die PIMS-Datenbank auf verschie-
**wert im Strategischen** dene Weise nutzen. Am interessantesten sind die vergleichenden Analy-
**Management** sen einer SGE mit strukturell ähnlichen Geschäften der anderen Mit-
gliedunternehmen. Das **Par-ROI-Modell** liefert zum Beispiel den zu erwartenden ROI, der aufgrund eines bestimmten strategischen Profils
erwirtschaftet werden müsste. Dadurch lässt sich die eigene Rentabilität
mit dem «Soll» vergleichen. Der **Report on «Look Alikes»** liefert Hinweise, warum eine SGE gegenüber strategisch ähnlichen Geschäftseinheiten erfolgreich bzw. weniger erfolgreich ist. Der **Strategy Analysis
Report** berechnet anhand eines komplexen Simulationsmodells die Auswirkungen bestimmter Strategien oder ermittelt für eine SGE die optimale Strategie. Besonders populär ist auch die **Start-up-Datenbank** geworden. Sie liefert wertvolle Erkenntnisse über den erfolgreichen Aufbau von Geschäftseinheiten.[1]

Das PIMS-Programm bietet seinen Anwendern aufgrund seiner breiten empirischen Basis unter anderem folgenden **Nutzen:**[2]

- Es **belegt** und **quantifiziert** wichtige **Wirkungszusammenhänge** des Strategischen Managements. Die Bestimmung der **wesentlichen** Erfolgsfaktoren trägt zur Reduktion von Komplexität bei. Studien belegen zudem, dass die PIMS-Erkenntnisse grundsätzlich auch für Klein- und Mittelbetriebe gültig sind.
- Es liefert nützliche Daten für die **Stärken-/Schwächen-Analyse** von strategischen Geschäftseinheiten.
- Es kann die Führungskräfte bei der **Erarbeitung zukünftiger Strategien** und bei der **Abschätzung der** erwarteten **Auswirkungen** unterstützen.

**Kritik am** Forscher und Anwender üben jedoch auch Kritik am PIMS-Programm:[3]
**PIMS-Programm**
- Eine Hauptschwäche ist die einseitige **Konzentration auf den ROI** als entscheidende abhängige Variable (zumal auch nicht zwischen kurz- und langfristigem ROI unterschieden wird). Neben der Rentabilität können auch andere strategische Ziele von Bedeutung sein.

---

1  Vgl. zum Beispiel Meyer/Heyder (1994).
2  Vgl. zum Beispiel Barilits (1994), Eschenbach/Kunesch (1995) S. 285f.
3  Vgl. Barzen/Wahle (1990), Elbling/Kreuzer (1994).

| Schlüsselfaktor | Definition | Wirkung |
|---|---|---|
| 1. Investitionsintensität | Investition/ Wertschöpfung (Investition = betriebsnotwendiges Kapital) | Eine hohe Investitionsintensität hat von allen Faktoren den größten *negativen* Einfluss auf den ROI. Gründe: hohe Fixkosten, die zu einer hohen Kapazitätsauslastung zwingen und zu Preiskämpfen führen; erschwerter Austritt aus unwirtschaftlichen Geschäften; je mehr Anlagen, desto komplexer, kostspieliger und ineffizienter der Fertigungsablauf. |
| 2. Produktivität | Wertschöpfung pro Mitarbeitenden | Hohe Produktivität ist immer *positiv;* sie ist unabdingbar bei hoher Investitionsintensität. Gründe: höhere Produktivität wirkt der negativen Auswirkung der Investitionsintensität entgegen. Dagegen führt eine Erhöhung des investierten Kapitals pro Mitarbeitenden bei gleichbleibender Produktivität zu einem niedrigeren ROI. |
| 3. Relativer Marktanteil | Eigener Marktanteil/ Summe der Marktanteile der drei größten Konkurrenten | Ein hoher Marktanteil am bedienten Markt (d.h. am Branchensegment, in dem die SGE tatsächlich konkurriert) ist immer *günstig*, besonders bei hoher Marketingintensität (Marketing/Umsatz), hoher F&E-Intensität (F&E/Umsatz) und bei schlechter Konjunkturlage. Katastrophal wirkt sich eine schwache Marktposition zusammen mit einer hohen Investitionsintensität aus. Gründe für die positive Korrelation zwischen Marktanteil und ROI sind unter anderem Größenvorteile und Marktmacht. |
| 4. Marktwachstumsrate | Wachstumsrate des bedienten Marktes in Prozent | Eine hohe Wachstumsrate ist *positiv* für den absoluten *Gewinn*, neutral bezüglich des relativen Gewinns, *negativ* für alle *Cash-flows*. Gründe: Schnell wachsende Märkte weisen unter anderem hohe Bruttospannen und steigende Produktivität auf, erfordern jedoch liquide Mittel. |
| 5. Relative Qualität | Umsatzanteil aus Produkten mit überlegener Qualität (aus Kundensicht) abzüglich Umsatzanteil aus Produkten mit unterlegener Qualität | Eine hohe relative Qualität ist *positiv* für alle Finanzdaten und bei kleinem Marktanteil unabdingbar. Gründe: Kundentreue, Möglichkeit zur Durchsetzung höherer Preise und zu Marktanteilserhöhungen. Eine hohe relative Qualität wirkt einer schwachen Marktposition entgegen. Zudem erhöhen Qualitätsverbesserungen den Marktanteil viel eher als Preissenkungen (diese können von Konkurrenten schnell neutralisiert werden). |
| 6. Innovationsrate | Umsatzanteil von Produkten, die nicht älter als drei Jahre sind | Eine hohe Innovationsrate ist günstig bis zu einem gewissen Grad (Umsatzanteil), aber i.d.R. nur bei hohen Marktanteilen. Ab einem bestimmten Umsatzanteil ist Innovation negativ für den ROI, da eine hohe Innovationsrate hohe F&E-Ausgaben erfordert. |
| 7. Vertikale Integration | Wertschöpfung/Umsatz | Die Beziehung zwischen vertikaler Integration und Rentabilität ist komplex und hängt von der jeweiligen Situation ab. Eine hohe vertikale Integration ist z.B. positiv in reifen, stabilen Märkten. Sie ist negativ in rasch wachsenden und in schrumpfenden Märkten. SGE mit einem geringen Marktanteil erreichen den höchsten ROI bei einer geringen Wertschöpfung. |
| 8. Kundenprofil | Anzahl der direkten Kunden, die 50% des Umsatzes ausmachen | Eine eher kleine Kundenzahl (allerdings abhängig von Branchenmerkmalen) ist günstig. Grund: eine kleine Kundenzahl erfordert eine geringere Marketingintensität. |

▲ Abbildung 5.1    PIMS-Schlüsselfaktoren für den Erfolg
(vgl. Buzzell/Gale 1989; Malik 1987; Eschenbach/Kunesch 1995)

- Die PIMS-Ergebnisse zeigen **Korrelationen** auf, **nicht Kausalitäten.** Sie berücksichtigen auch keine wechselseitigen Abhängigkeiten der Schlüsselfaktoren.
- Die PIMS-Daten können ein **falsches Gefühl der Sicherheit und Exaktheit** vermitteln. Sie sind zudem **vergangenheitsorientiert** und daher nur unter stabilen Umweltverhältnissen relevant. Dieser Einwand wiegt in einem Umfeld zunehmender Umweltturbulenzen besonders schwer.
- Wichtige **Kernaussagen** des PIMS-Ansatzes wurden – teilweise mit der PIMS-Datenbank selbst – **falsifiziert.** Die Hypothese, dass sich alle Branchen mehr oder weniger gleich verhalten oder dass der Marktanteil immer positiv mit dem ROI korreliert, konnte beispielsweise nicht bestätigt werden. Vielmehr zeigte sich, dass kleine und mittlere Unternehmen mit deutlich niedrigerem Marktanteil eine höhere Rentabilität erzielen als ihre größeren Konkurrenten, allerdings nur, wenn sie sich auf eine erfolgreiche Marktsegmentierung, eine ausgeprägte Kundendienst- und Distributionspolitik, eine hohe relative Qualität, eine adäquate Finanzpolitik oder generell auf ihre spezifischen Unternehmensstärken abstützen können.
- Querschnittuntersuchungen über verschiedene Branchen führen zwangsläufig zu einer gewissen **Nivellierungstendenz,** wodurch situative Besonderheiten und Unterschiede zwischen den Geschäftseinheiten vernachlässigt werden. Zudem ist die Auswahl der Geschäftseinheiten nicht repräsentativ. Reife (etablierte) SGE, Marktführer und große Muttergesellschaften sind überrepräsentiert, kleine Unternehmen, neue Produkte und junge Branchen hingegen unterrepräsentiert (Buzzell/Gale 1989, S. 218).

Diese Einwände zeigen, dass die PIMS-Resultate mit Vorsicht zu deuten sind. Sie dürfen kritisches Denken nicht ersetzen. Trotzdem können sie in vielen Fällen die Analyse bisheriger oder die Entwicklung zukünftiger Strategien unterstützen.

**5.1.2**
**Konzept der**
**Erfahrungskurve[1]**

Das Konzept der Erfahrungskurve (oder Lernkurve) besagt, dass die Stückkosten aufgrund der kumulierten Erfahrung im Laufe der Zeit sinken. Ursprünglich zeigte die Erfahrungskurve auf, wie sich die Arbeitsstunden, die zur Herstellung eines bestimmten Produkts notwendig sind, mit zunehmendem Produktionsvolumen reduzieren. Schon Ende der 60er Jahre haben Untersuchungen der Boston Consulting Group ergeben, dass eine Verdoppelung der kumulierten Menge zu einer poten-

---

1 Vgl. Barzen/Wahle (1990), Hax/Majluf (1991) S. 135 ff., Hill/Jones (1992) S. 109 ff., Thompson/Strickland (1995) S. 63 ff.

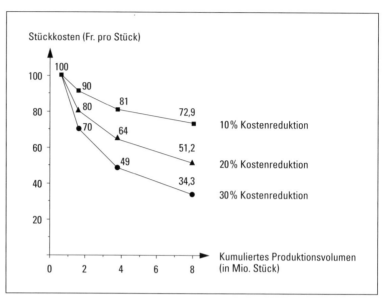

▲ Abbildung 5.2   Effekt der kumulierten Produktionsverdoppelung auf die Stückkosten bei drei unterschiedlichen Erfahrungskurven

ziellen Reduktion von 15–30% der Wertschöpfungskosten pro Stück (= Stückkosten abzüglich Materialkosten) führt. ◄ Abbildung 5.2 zeigt die Auswirkungen des kumulierten Produktionsvolumens auf die Stückkosten in drei verschiedenen Situationen.

Erfahrungskurveneffekte ergeben sich nicht nur in der Produktion. Sie können sich über die ganze Wertschöpfungskette erstrecken (z.B. Kundenservice, Marketing, Organisation, Fakturierung). Die Abnahme der Stückkosten bei einer Erhöhung des kumulierten Produktionsvolumens ist meistens das Ergebnis vieler kleiner Verbesserungen oder Maßnahmen. Diese basieren auf:

- **Lernen:** Die Entwicklung spezieller Fertigkeiten bei den Arbeitenden führt zu einem degressiv abnehmenden Zeitbedarf (besonders für repetitive Arbeitsgänge).
- **Spezialisierung und Neugestaltung der Arbeitsaufgaben:** Maßnahmen wie der Verzicht auf unnötige Arbeitsgänge, die Verbesserung des Materialflusses, die Senkung der Beschaffungskosten u.a. führen zu einer Verbesserung der Produktivität und zu Kosteneinsparungen.
- **Produkt- und Verfahrensverbesserung:** Dazu gehören unter anderem eine fertigungsgerechte Produktgestaltung, der Einsatz besserer Materialien, die Rationalisierung des Produkte-Mix, die verbesserte Anordnung des Herstellungsverfahrens sowie wirksamere Vertriebsme-

thoden. Neue computergestützte Verfahren und Automationssysteme ermöglichen ebenfalls Leistungssteigerungen.

- **Economies of Scale (Betriebsgrößenersparnisse):** Streng genommen sind dies keine Erfahrungseffekte, sondern Mengeneffekte. Das heißt, Kostenreduktionen sind bei Economies of Scale nicht durch Lernvorgänge begründet. Sie ergeben sich einerseits durch eine rationelle Ausführung (z.B. durch Arbeitsaufteilung), andererseits durch eine Verteilung der Fixkosten auf ein größeres Absatzvolumen. Tatsächlich vermischen sich in der Erfahrungskurve oft Lern- und Mengeneffekte, so dass man für die Erklärung von Kostendegressionen beide Effekte berücksichtigen sollte (vgl. Porter 1992, S. 40f.).

Der **Erfahrungskurveneffekt** ist **branchenabhängig.** Er ist vor allem bei komplexen, arbeits- oder wertschöpfungsintensiven Aktivitäten stark ausgeprägt. In folgenden Branchen sind Erfahrungseffekte von großer Bedeutung: Lastkraftwagen 90% (d.h. nach Verdoppelung des kumulierten Produktionsvolumens sinken die Kosten von 100 auf 90%), Automobilindustrie 88%, Farbfernsehgeräte 85%, Halbleiter 80%, Elektrowerkzeuge 80%, Klimaanlagen 80%, Zementherstellung 70% und integrierte Schaltkreise 70%. Diese Prozentzahlen geben aber lediglich das **Kostensenkungspotenzial** an, das durch bewusstes Kostenmanagement erst noch umgesetzt werden muss. Dies erklärt, wieso in Wirklichkeit Unternehmen mit dem größten Marktanteil nicht immer die beste Kostenposition einnehmen.

In Branchen mit ausgeprägten Erfahrungskurveneffekten können Unternehmen, die als erste ein neues Produkt entwickeln und produzieren, den größten Kostenvorteil erringen. Avanciert ein solches Unternehmen zum Marktführer, kann es die Preise unterbieten und damit neue Konkurrenten vom Markt fernhalten. Jede Preissenkung verdrängt jene Konkurrenten, die aufgrund ihrer schlechteren Position auf der Erfahrungskurve gezwungen wären, die Produkte unter ihren Selbstkosten anzubieten. Der Marktanteil des verdrängten Wettbewerbers fällt somit dem Marktführer zu (da er am billigsten anbietet), und er kann mit dem zusätzlichen Volumen noch weiter auf der Erfahrungskurve nach unten «reiten». Mit solchen Taktiken haben sich vor allem Marktführer in High-Tech-Branchen (z.B. Texas Instruments) Wettbewerbsvorteile verschafft. Sie erklären auch, wieso in solchen Branchen oft nur zwei oder drei Wettbewerber erfolgreich bestehen können.

Das Konzept der Erfahrungskurve verdeutlicht eindrücklich die Kausalkette Marktanteil → Volumen → Erfahrung → Stückkosten → Rentabilität. Für das Strategische Management hat das Konzept der Erfahrungskurve folgende **Konsequenzen** (vgl. Eschenbach/Kunesch 1995, S. 20):

- Es rückt den **Marktanteil** als zentralen Erfolgsfaktor für die Rentabilität in den Mittelpunkt. Das Unternehmen mit dem größten Marktanteil verfügt über das größte Rentabilitätspotenzial.
- Unternehmen müssen dem Gesetz der Erfahrungskurve folgend vor allem in wachsende **Märkte investieren,** da in solchen Märkten Erfahrungseffekte schnell genutzt werden können. Unternehmenswachstum ist daher keine autonome Zielsetzung. In vielen Fällen ist sie vielmehr zur Behauptung der Wettbewerbsposition notwendig. Ein Unternehmen muss mindestens so stark wachsen wie der Markt, wenn es die Verschlechterung der relativen Kostenposition verhindern will. Sinkt gleichzeitig die Zahl der Mitbewerber, kann sogar nur mit einem überproportionalen Wachstum (größer als das Marktwachstum) der relative Marktanteil (d.h. des Marktanteils im Verhältnis zu den führenden Konkurrenten) gehalten werden.
- Es erklärt den Trend zur **Rückbesinnung** auf einige wenige **Kernaktivitäten** oder **Kernprodukte.** Eine Verzettelung führt oft zu einer Verschlechterung der Kostenpositionen in allen vom Unternehmen besetzten Geschäftssegmenten.
- Es kann die Führungskräfte beim **Kostenmanagement** unterstützen (z.B. Kosten- und Preisabschätzungen, Suche nach Einsparungspotenzialen).

Folgende **Probleme** sind mit der Anwendung des Erfahrungskurven-Konzepts verbunden:[1]

- Eine zu starke Fixierung auf volumenbedingte Kostenreduktionen kann dazu führen, dass **andere strategische Erfolgsfaktoren** (z.B. Differenzierung, Qualität, Innovation) vernachlässigt werden und/oder die eigenen Produkte ein Billig-Image erhalten.
- Kostenvorteile führen nicht automatisch zur **Verdrängung** der schlechter positionierten Wettbewerber. Aus Image- und Komplementaritätsgründen können Konkurrenten ein Produkt, das Verluste einbringt, über längere Zeit am Markt halten.
- Bedeutende **Kostenreduktionen** ergeben sich meist nur in den ersten zwei bis drei Jahren. Nach dieser Zeit wird es schwierig, wirklich Neues dazuzulernen.
- Um Erfahrungseffekte auszunutzen, müssen in der Regel in schneller Folge neue Produktionskapazitäten aufgebaut werden. In Wirklichkeit verlaufen aber Stückkostenreduktionen sehr unregelmäßig und sind

---

1 Vgl. u.a. Elbling/Kreuzer (1994) S. 49f., Hill/Jones (1992), Hax/Majluf (1991) S. 142ff.

somit schwer vorauszusagen. Dies erhöht das **Risiko** zeitweiliger Kapazitätsüberhänge.

■ Der Effekt der **Erfahrungskurve** ist in der Regel zeitlich beschränkt. Der durch den Erfahrungskurven-Effekt erzielte Wettbewerbsvorteil kann verloren gehen, sobald ein Konkurrent oder Branchenneuling mit einer technologischen Innovation eine neue Erfahrungskurve begründet. Dies kann sich sehr ungünstig auswirken, wenn dadurch teure Anlagen überflüssig werden. Eine Überbetonung der Erfahrungskurveneffekte **beschränkt** also die **Flexibilität und Anpassungsfähigkeit** gegenüber Umweltveränderungen.

■ Unternehmen können verbesserte Produkt- und Verfahrenstechnologien meist nicht lange für sich behalten. Rascher **Technologietransfer** und geschickte **Nachahmungsstrategien** machen Erfahrungseffekte zunichte.

**5.1.3**    Der Wandel von Produkt- und Verfahrenstechnologien hat entschei-
**Lebenszyklus-Konzept**    dende Auswirkungen auf den Markt. Neue Technologien können beispielsweise die Stärken etablierter Anbieter gefährden. Deshalb ist es wichtig, mögliche Substitutionsprozesse frühzeitig zu erkennen oder zu erahnen. Das Lebenszyklus-Konzept liefert dazu wertvolle Hinweise.

Die Analyse von Umsatz- und Absatzentwicklungen verdeutlicht, dass Produkte, Technologien oder Branchen eine Art Lebenszyklus durchlaufen. Einer Phase der Einführung (bzw. Entstehung) folgt ein Wachstum (unterteilt in beschleunigtes und verlangsamtes Wachstum), eine Zeit der Reife und schließlich eine Phase des Niedergangs. Dieses Konzept ist besonders im Marketing als **Produkt-Lebenszyklus** populär geworden (vgl. z.B. Kotler/Bliemel 1995, S. 557ff.).

Der Verlauf eines Produktlebens ist in einen bestimmten **Nachfrage-** und **Technologie-Lebenszyklus** eingebettet. Dies wird oft übersehen, was erhebliche Gefahren in sich birgt. Strategisches Denken setzt nicht erst beim Produkt an, sondern richtet sich nach den Bedürfnissen der Konsumenten (siehe Kapitel 2). Die Entwicklung eines bestimmten Bedürfnisniveaus bezeichnen wir als Nachfrage-Lebenszyklus (vgl. Ansoff/ McDonnell 1990, S. 52f.). In ▶ Abbildung 5.3 stellt er jeweils die oberste Kurve dar.

Das Bedürfnis nach Personentransport, das im Laufe der Zeit durch unterschiedliche, normalerweise zunehmend bessere Technologien (Schiffe, Pferde, Eisenbahnen, Automobile, Flugzeuge) erfüllt worden ist, liefert uns ein Beispiel eines Nachfrage-Lebenszyklus.

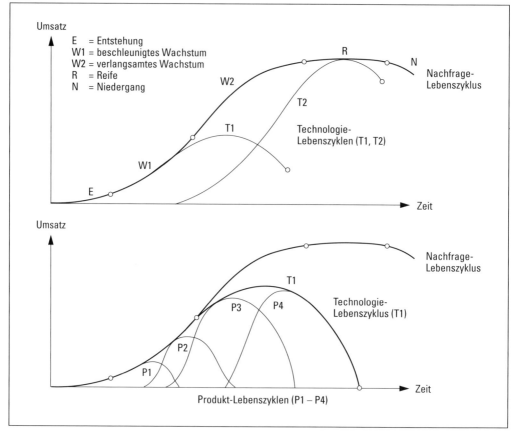

▲ Abbildung 5.3    Nachfrage-, Technologie- und Produkt-Lebenszyklen (Ansoff/McDonnell 1990, S. 52)

Ein Technologie-Lebenszyklus kann als «Schirm» für mehrere Produkt-Lebenszyklen dienen. Innerhalb der Technologie «Automobile»
stellen die verschiedenen Modelle die Produkte dar.

Nicht immer verlaufen die Nachfrage-, Technologie- oder Produkt-
Lebenszyklen idealtypisch (Einführung, Wachstum, Reife, Niedergang).
Management-Maßnahmen oder andere Einflüsse können den Normal-
verlauf verändern. Daher ist es wichtig, sich über die Grenzen des
Lebenszyklus-Konzeptes Rechenschaft abzulegen. Grundsätzlich lassen
sich ähnliche Einwände erheben wie beim Branchenlebenszyklus (siehe
Abschnitt 3.3.2 «Branchenanalyse», Seite 101 ff.).

Der praktische Nutzen des Lebenszyklus-Konzeptes bleibt aber unbestritten. Es dient unter anderem als Orientierungsrahmen für die Entwicklung von Strategien, die auf die einzelnen Lebensphasen zugeschnitten sind.

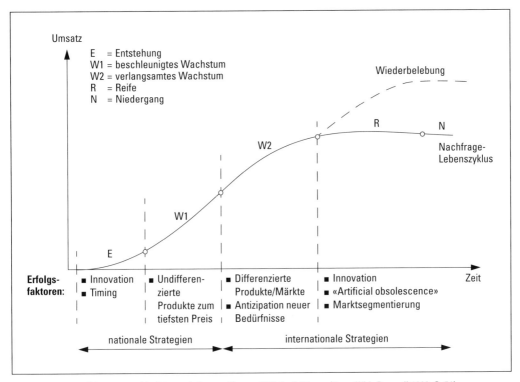

Umsatz

E  = Entstehung
W1 = beschleunigtes Wachstum
W2 = verlangsamtes Wachstum
R  = Reife
N  = Niedergang

Wiederbelebung

R        N

W2

Nachfrage-
Lebenszyklus

W1

E

**Erfolgs-
faktoren:**

■ Innovation
■ Timing

■ Undifferen-
  zierte
  Produkte zum
  tiefsten Preis

■ Differenzierte
  Produkte/Märkte
■ Antizipation neuer
  Bedürfnisse

■ Innovation
■ «Artificial obsolescence»
■ Marktsegmentierung

Zeit

nationale Strategien                    internationale Strategien

▲ Abbildung 5.4    Nachfrage-Lebenszyklus und Erfolgsfaktoren (Ansoff/McDonnell 1990, S. 54)

◄ Abbildung 5.4 zeigt, wie sich die strategischen Erfolgsfaktoren im Verlaufe des Nachfrage-Lebenszyklus verändern. Ähnliche Entscheidungshilfen bestehen auch für den Technologie- und Produkt-Lebenszyklus.

**Technologie-
Lebenszyklus
(S-Kurve)**

In einer Zeit des raschen Wandels ist es strategisch von Bedeutung, dass wir zum richtigen Zeitpunkt in die richtige Technologie investieren. Das Verständnis des Technologie-Lebenszyklus (wegen seines typischen Verlaufs auch S-Kurve genannt) kann uns helfen, dieses Problem zu lösen.

Zu Beginn einer technologischen Neuentwicklung müssen F&E-Abteilungen zunächst eine Wissensbasis aufbauen, Tests durchführen und unerwartete technische Probleme bewältigen. Deshalb ist in der Anfangsphase der Fortschritt meist sehr langsam. Erst danach beschleunigt sich die Weiterentwicklung der Technologie bis sie schließlich ihre physikalisch-technische Leistungsgrenze erreicht und die F&E-Aufwendungen für eine weitere Leistungssteigerung überproportional zunehmen (vgl. ▶ Abbildung 5.5).

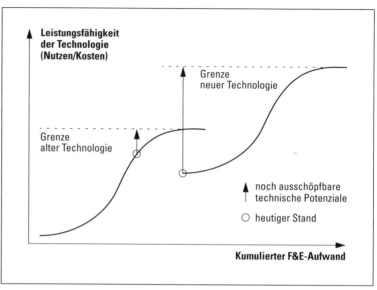

▲ Abbildung 5.5    Das S-Kurven-Konzept in der Technologiesubstitution (Osterloh 1994, S. 48)

Nahe der Leistungsgrenze sinkt also der Grenznutzen zusätzlicher Aufwendungen. Daher flacht die Kurve am Ende stark ab. Die Schifffahrt im 19. Jahrhundert liefert ein Beispiel für einen solchen Kurvenverlauf. Um 1850 erreichten die Segelschiffe ihre natürliche Geschwindigkeitsgrenze. Bis dahin war es möglich gewesen, die Geschwindigkeit durch Änderungen beim Rumpfdesign, durch Verlängerung der Schiffe und durch Vergrößerung der Segelfläche kontinuierlich zu erhöhen. Die Größe beeinträchtigte aber die Manövrierfähigkeit. Der Länge eines Schiffes waren damit natürliche Grenzen gesetzt. Etwa um die gleiche Zeit (ca. 1850) begannen zunehmend die Dampfschiffe die kommerzielle Schifffahrt zu beherrschen (Foster 1986).

Viele Technologien folgen einer solchen S-Kurve. Besonders Unternehmen in technologieintensiven Branchen sollten ungefähr wissen, auf welchem Punkt der S-Kurve sie sich befinden. Besonders nützlich ist ein S-Kurven-Vergleich mit einer alternativen Technologie (in Wirklichkeit sind es oft drei oder vier Technologien, die gegeneinander konkurrieren). Ist die alternative Technologie noch am unteren Ende der Kurve, steht meist ein Technologiesprung bevor.

Das S-Kurven-Konzept hat folgende **Implikationen** (vgl. Elbling/Kreuzer 1994):

- Es kann als Grundlage zur **Ressourcenallokation** dienen. In Technologien, die an die Leistungsgrenze stoßen, sollte vorsichtig investiert werden, da nur noch geringe Verbesserungen möglich sind.

- **Neue Technologien,** die ein besseres Kosten/Nutzen-Verhältnis aufweisen, können auch solche etablierte Technologien bedrohen, die ihr Potenzial im Markt noch nicht ausgeschöpft haben.
- Das Konzept verweist auf die **Gefahr einer Überschätzung** der Potenziale **aktueller Technologien** sowie einer kurzfristigen Bindung von F&E-Ausgaben an bisherige Umsätze oder operative Kennzahlen.
- Es unterstreicht die **Bedeutung frühzeitigen Handelns.** Dem Konzept zufolge können vor allem aktive und aggressive Unternehmen Wettbewerbsvorteile aufbauen und erhalten.

Die bestechende Logik hinter dem S-Kurven-Konzept darf jedoch nicht über dessen beschränkte Aussagekraft hinwegtäuschen. Neben der Schwierigkeit bei der Leistungsmessung und der Abschätzung der kumulierten F&E-Aufwendungen weist das Konzept vor allem folgende **Beschränkungen** auf:[1]

- Der tatsächliche Verlauf einer Technologieentwicklung folgt **selten** der **idealtypischen S-Kurve** und kann somit nicht genau vorhergesagt werden. Oft wird die alte Technologie – herausgefordert von der neuen – noch einmal erheblich verbessert.
- Die **Identifikation neuer Technologien** kann sich als **äußerst schwierig** erweisen, da diese oft zuerst auf «Nebenschauplätzen» zum Einsatz kommen (z.B. wurden Transistoren zuerst in Hörapparaten verwendet).
- Der Erfahrungskurve und der S-Kurve liegen eine widersprüchliche Logik zugrunde. Während die S-Kurve einen möglichst **frühen Wechsel zur neuen Technologie** nahe legt, fordert die **Logik der Erfahrungskurve** eine möglichst lange Ausnutzung von Kostensenkungspotenzialen und einen möglichst **späten** Übergang zu einer neuen Technologie.

Trotz dieser Einschränkungen leistet das Konzept bei der Planung zukünftiger Technologieentwicklungen und bei der Bewertung der technologisch bedingten Stärken und Schwächen eines Unternehmens wertvolle Dienste[2]. Es weist zudem auf interne und externe Frühwarnindikatoren hin, die anzeigen, wann das Potenzial einer Technologie erschöpft ist und wann eine neue Technologie vor der Tür steht. Solche Faktoren sind (Foster 1986, S. 214ff.):

- Zunehmende Unzufriedenheit mit den Leistungen der F&E-Abteilung.
- Termin- und Kostenüberschreitungen bei Entwicklungsprojekten.

---

1 Vgl. Cooper/Schendel (1976); Elbling/Kreuzer (1994); Osterloh (1994).
2 Eine wichtige Weiterentwicklung der Technologie-S-Kurve liefert Christensen (1997) mit seinem Konzept der «disruptive technologies».

- Verlagerung von der Produkt- zur Verfahrensinnovation. Da das Produkt kaum noch verbessert werden kann, versucht man wenigstens, dieses effizienter zu produzieren.
- Abnehmende Kreativität der Forscher. Es werden weniger Patente als früher angemeldet.
- Fehlende Begeisterung oder Disharmonie und Enttäuschung im Forschungslabor.
- Umsatzgewinne werden nur durch eine noch feinere Marktsegmentierung erzielt.
- Höhere Forschungsausgaben im Vergleich zu den Hauptkonkurrenten, die sich jedoch nicht positiv auf den Markterfolg auswirken, weil am oberen Ende der S-Kurve auch mit großen Forschungsausgaben nur noch minimale Leistungsverbesserungen möglich sind.
- Personelle Änderungen im F&E-Management zeigen keine Wirkung.
- Kleine Konkurrenten in Marktnischen gewinnen Marktanteile.
- Schwache Konkurrenten investieren in eine radikal neue Technologie, die für andere zu riskant erscheint oder keine Erfolgsaussichten verspricht. Revolutionäre Innovationen kommen häufig von schwachen Konkurrenten, die in Schwierigkeiten stecken und daher keine andere Wahl haben, als das Abenteuer mit der neuen Technologie zu wagen.

## 5.2 Strategische Analyse auf Geschäftseinheitsebene

Die strategische Analyse auf SGE-Ebene besteht darin, dass man die Umweltentwicklungen den internen Stärken und Schwächen gegenüberstellt, die Informationsanalyse in übersichtlicher Form zusammenfasst und die kritischen Problemfelder anhand von strategischen Schlüsselfragen aufzeigt.

**5.2.1 Chancen/Gefahren-Analyse**

Um zu entscheiden, ob eine bestimmte Umweltentwicklung eine Chance oder eine Gefahr darstellt, müssen wir sie den Fähigkeiten unseres Unternehmens gegenüberstellen. Gesetzliche Beschränkungen im ökologischen Bereich können eine Gefahr darstellen, wenn wir nicht fähig sind, uns darauf einzustellen. Umgekehrt können sie sich als Chance erweisen, wenn wir bereits über Erfahrungen mit umweltfreundlichen Lösungen verfügen.

Um die Ergebnisse der Umweltanalyse zu beurteilen, müssen wir ermitteln, welche unserer Fähigkeiten von den Umweltentwicklungen in welcher Weise tangiert werden. Wir benutzen dazu die Resultate der Unternehmensanalyse (Fähigkeits- und Wertkettenanalyse, Kultur-Profil

| Hauptchancen | Begründung |
|---|---|
| Zukünftige gesetzliche Beschränkung von Lösungsmitteln | Wir haben (im Gegensatz zur Konkurrenz) schon viele Erfahrungen mit Alternativstoffen gesammelt. |
| Hohe Kaufkraftsteigerungen in den Absatzmärkten X und Y | Wir besitzen schon starke Absatzorganisationen in den Märkten X und Y. |
| ... | ... |
| **Hauptgefahren** | **Begründung** |
| Rasante Entwicklung in der Elektronik | Unsere eigenen Produkte sind bedroht, da wir keine Erfahrung mit der neuen Technologie haben. |
| Politische Unruhen im Land Z | Wir erzielen einen großen Umsatzanteil im Land Z. |
| Entwicklung eines neuen Ersatzproduktes durch einen Branchenaußenseiter | Unser Hauptumsatzträger könnte dadurch gefährdet sein, da unsere Umstellungskosten auf das Ersatzprodukt sehr hoch sind. |
| ... | ... |

▲ Abbildung 5.6    Chancen/Gefahren-Analyse
(in Anlehnung an Pümpin 1992, S. 105; Pümpin/Geilinger 1988, S. 24)

usw.). Stimmt eine Umweltentwicklung mit einer Stärke unseres Unternehmens überein, stellt sie eine Chance dar, entspricht sie einer Schwäche, weist dies auf eine Gefahr hin.

Eine komprimierte Darstellung der Hauptchancen und Hauptgefahren erlaubt uns, den Blick auf das Wesentliche zu konzentrieren.[1] ◀ Abbildung 5.6 zeigt einen Auszug aus einer solchen Chancen/Gefahren-Analyse.

**5.2.2**
**Informationsanalyse**
**auf SGE-Ebene:**
**Zusammenfassung**

Wir sind nunmehr in der Lage, für jede strategische Geschäftseinheit die Informationsanalyse in übersichtlicher und knapper Form zusammenzustellen. Dazu können wir dem Schema in ▶ Abbildung 5.7 folgen:

1. Wir ermitteln, wie erfolgreich wir mit der bisherigen Strategie waren. Die Leistungsindikatoren zeigen, ob ein positiver oder negativer Trend festzustellen ist (Grundlage: Strategische Ausgangslage).
2. Wir fragen, welche Chancen und Gefahren sich aus den Umwelttrends vor dem Hintergrund unserer Fähigkeiten ergeben (Grundlage: Umwelt- und Unternehmensanalyse).

---

1  Vgl. Smith et al. (1991) S. 162f. für die Erstellung einer Prioritätsliste der Umweltentwicklungen.

| 1. Strategische Leistungs- indikatoren (der letzten fünf Jahre) | ■ Umsatz ■ Gewinn ■ Cash-flow ■ Marktanteil ■ Rentabilität ■ … | Jahr 1   Jahr 2   Jahr 3   Jahr 4   Jahr 5 |

| 2. Umwelt- entwicklungen | Hauptchancen: ■ … ■ … Hauptgefahren: ■ … ■ … | Begründung: ■ … ■ … Begründung: ■ … ■ … |

| 3. Unternehmens- fähigkeiten | Hauptstärken: ■ … ■ … Hauptschwächen: ■ … ■ … | Bemerkung: ■ … ■ … Bemerkung: ■ … ■ … |

**4. Position gegenüber Branchenkräften**

|  | schwach          stark | Bemerkung: |
|---|---|---|
| ■ neue Konkurrenten | :___:___:___:___: |  |
| ■ Ersatzprodukte | :___:___:___:___: |  |
| ■ Abnehmer | :___:___:___:___: |  |
| ■ Lieferanten | :___:___:___:___: |  |
| ■ Rivalität der Etablierten | :___:___:___:___: |  |
| ■ evolutionäre Prozesse | :___:___:___:___: |  |

**5. Wettbewerbs- vorteile/-nachteile**

| Erfolgsfaktoren/ Kernprozesse: | Hauptkonkurrenten: A     B     C | Bemerkung: |
|---|---|---|
| ■ … | _*    _*    _* |  |
| ■ … | __    __    __ |  |
| ■ … | __    __    __ |  |
| ■ … | __    __    __ |  |
| ■ … | __    __    __ |  |

*(++ großer Vorteil, + Vorteil, 0 gleich wie Konkurrent, – Nachteil, – – großer Nachteil)

**6. Schlussfolgerungen**

a) Schlüsselerkenntnisse:
- ■ Wie gut ist unsere *bisherige Strategie* (Leistungstrend)? *Wie wirksam ist sie in Zukunft?*
- ■ Wie sehen unsere *Fähigkeiten* im Vergleich zum Wettbewerb *in Zukunft* aus?
- ■ Wo bestehen noch *ungenügend genutzte Stärken/Fähigkeiten,* wo *besondere Schwächen?*
- ■ Welche *Kompetenzen* könnten wir *auf andere SGE übertragen?*
- ■ Welche Chancen bzw. Gefahren muss die neue Strategie wahrnehmen bzw. abwenden?

b) Dringende Maßnahmen:          Begründung:
- ■ …                                          ■ …
- ■ …                                          ■ …

▲ Abbildung 5.7    Zusammenfassung der Informationsanalyse (SGE-Ebene)

3. Wir reduzieren die Unternehmensanalyse auf die strategisch relevanten Stärken und Schwächen, um unsere Fähigkeiten darzustellen (Grundlage: Fähigkeits-, Wertketten- und Kulturanalyse, Analyse der Kernkompetenzen).
4. Wir stellen in einem Profil unsere Position gegenüber den fünf Wettbewerbskräften und den wichtigsten evolutionären Prozessen, welche die Branchenentwicklung beeinflussen, dar (Grundlage: Branchenstruktur- und Unternehmensanalyse).
5. Wir fassen unsere Wettbewerbsposition zusammen, indem wir uns bezüglich der zentralen Erfolgsfaktoren oder Kernprozesse mit der Hauptkonkurrenz vergleichen (Grundlage: Analyse der Erfolgsfaktoren, Konkurrenten- und Unternehmensanalyse).
6. Wir fassen zum Schluss die strategisch relevanten Erkenntnisse zusammen. Dabei konzentrieren wir uns auf die Stärken und Chancen (etwa um eine Aufbruchstimmung zu erzeugen), ohne jedoch die Schwächen und Gefahren zu vernachlässigen.

**5.2.3 SWOT-Analyse: Brücke zur Strategieentwicklung[1]**

Die SWOT-Analyse (SWOT als Abkürzung für Strengths, Weaknesses, Opportunities, Threats) fasst die Kernpunkte der Umweltanalyse und der strategischen Fähigkeiten eines Unternehmens zusammen. Sie ist eine einfache und flexible Methode, um die Chancen und Gefahren mit den eigenen Stärken und Schwächen zu verbinden. Der SWOT-Analyse liegt die Annahme zugrunde, dass eine wirksame Strategie die **Stärken** und **Chancen maximiert** und die **Schwächen** und **Gefahren minimiert**. Sie ergänzt die bisherigen Analysen, indem sie systematisch den strategischen Handlungsbedarf aufzeigt und somit die Entwicklung von Grundstrategien erleichtert.

Die SWOT-Analyse wird in einer Matrix (▶ Abbildung 5.8) dargestellt. In den entsprechenden Zellen werden die hauptsächlichen Stärken, Schwächen, Chancen und Gefahren eingetragen. Dabei greifen wir auf die Daten aus den verschiedenen Umwelt- und Unternehmensanalysen zurück. In einem weiteren Schritt suchen wir die Matrix systematisch nach logischen «SWOT-Kombinationen» ab, indem wir folgende Fragen stellen:

- Welche Stärken passen zu welchen Chancen (SO-Kombinationen)?
- Welche Stärken passen zu welchen Gefahren (ST-Kombinationen)?
- Welche Schwächen passen zu welchen Chancen (WO-Kombinationen)?
- Welche Schwächen passen zu welchen Gefahren (WT-Kombinationen)?

---

1 Vgl. Ansoff/McDonnell (1990); David (1993) S. 217ff.; Elbling/Kreuzer (1994) S. 194.

| Umweltfaktoren / Unternehmensfaktoren | Opportunities (Chancen) | Threats (Gefahren) |
|---|---|---|
| | 1. Steigerung des persönlichen Einkommens um 12% p.a. im Südpazifik<br>2. Weltweit zunehmendes Gesundheitsbewusstsein<br>3. Handelsabkommen mit China<br>4. ... | 1. Zunahme der gesetzlichen Beschränkungen im EU-Raum<br>2. Neue ausländische Konkurrenz<br>3. Erodierende Margen im Food-Bereich<br>4. ... |
| **Strengths (Stärken)**<br>1. Starke Cashposition<br>2. Forschung und Entwicklung<br>3. Mitarbeitermotivation<br>4. ... | **SO-Strategien**<br>a) Entwicklung neuer Gesundheitsprodukte (S2/S3/O2)<br>b) Kauf eines Nahrungsmittelherstellers in Hongkong mit starker Stellung in China (S1/O3) | **ST-Strategien**<br>a) Drastische Erhöhung der Werbeausgaben (S1/T2)<br>b) Neue, innovative Produkte im traditionellen Food-Bereich entwickeln (S2/S3/T3) |
| **Weaknesses (Schwächen)**<br>1. Hohe Personalkosten<br>2. Schwaches Marketing im Südpazifik<br>3. Kapazitätsauslastung in Südeuropa nur bei 65%<br>4. ... | **WO-Strategien**<br>a) Eingehen eines Joint Ventures mit einem japanischen Unternehmen (W2/O1)<br>b) Produktionsverlagerung nach China (W1/O2/O3) | **WT-Strategien**<br>a) Unrentable Operationen in Südeuropa schließen (W3/T1)<br>b) Diversifikation in Nonfood-Bereich (W1/T3) |

▲ Abbildung 5.8    SWOT-Matrix eines Nahrungsmittelherstellers (Auszug)

Die SWOT-Kombinationen tragen wir mit der entsprechenden Bezeichnung (z.B. S1/O1) in die vier Strategiefelder ein. Dabei entstehen meistens Zweier- oder Dreierkombinationen (z.B. S1/S5/O1). Bei der Entwicklung von Strategieoptionen richten wir uns nach diesen SWOT-Kombinationen, wobei uns grundsätzlich **vier Strategietypen** zur Verfügung stehen:

- **SO-Strategien** nutzen die internen Stärken zur Realisierung externer Chancen (Idealfall).
- **WO-Strategien** zielen darauf ab, interne Schwächen abzubauen oder fehlende Stärken aufzubauen, um externe Chancen wahrzunehmen. Typische WO-Strategien sind zum Beispiel Personalentwicklung oder Kooperationen mit anderen Unternehmen.
- Mit **ST-Strategien** nutzen wir unsere Stärken, um externe Gefahren zu reduzieren oder zu umgehen.
- Mit **WT-Strategien** versuchen wir, interne Schwächen abzubauen und gleichzeitig Gefahren zu vermeiden. Ein Unternehmen, das viele Kombinationen in diesem Strategiefeld aufweist, befindet sich in einer kritischen Lage und ist zu Defensivstrategien gezwungen (z.B. Verkauf, Liquidation, Turnaround).

Die Entwicklung der möglichen Strategieoptionen ist der kreative Teil der SWOT-Analyse und stellt den fließenden Übergang zur Strategie-entwicklung dar. Dabei geht es nicht darum, sich auf bestimmte Strategien festzulegen. In dieser Phase besteht der Zweck der SWOT-Analyse vielmehr darin, mögliche attraktive und realisierbare Strategien zu entwickeln. Jeder Strategiealternative fügen wir die SWOT-Kombination bei. Damit zwingen wir uns, unsere Strategiealternativen auf eine nachvollziehbare und rationale Basis zu stützen.

Der **Wert** der **SWOT-Analyse** liegt vor allem in der logischen Verbindung zwischen Umwelt- und Unternehmensanalyse und in der Abhängigkeit der Strategiealternativen von diesen Verbindungen.

Der **Nachteil** der **SWOT-Matrix** besteht darin, dass sie mögliche kritische Kombinationen gar nicht berücksichtigt (eine Stärke könnte zum Beispiel zum Abbau einer Schwäche dienen), sowie gegenseitige Abhängigkeiten zwischen den Strategieoptionen vernachlässigt. Aus diesem Grunde haben einige Autoren die SWOT-Analyse weiterentwickelt, zum Beispiel zur E-SWOT-Analyse[1] (sie besteht aus 16 Feldern). Die neueren Versionen sind aber meist mit einem beträchtlichen Mehraufwand verbunden und liefern nicht mehr die einfache und klare Übersicht der ursprünglichen SWOT-Matrix.

## 5.3 Strategische Analyse auf Unternehmensebene: Portfolio-Analyse

Der Begriff «Portfolio» stammt ursprünglich aus dem finanzwirtschaftlichen Bereich und bezeichnet den Bestand an Wertpapieren und Wechseln. Nach der sogenannten Markowitz-Regel sollen Vermögenswerte so kombiniert werden, dass für ein gegebenes Risiko der Ertrag maximiert oder für einen gegebenen Ertrag das Risiko minimiert wird. Dem Portfolio-Management im Finanzbereich liegt also eine Mischung von Renditeerwartungen und Sicherheitsaspekten zugrunde. Diese Grundidee lässt sich auch auf die Geschäftsfelder eines Unternehmens übertragen. Im Strategischen Management schlägt sie sich nieder im Versuch, mit dem Portfolio-Management (der die Portfolio-Analyse vorausgeht) eine optimale Mischung der strategischen Geschäftsfelder herzustellen[2]. Dabei wird die Optimierung nicht nur auf die Ebene des Gesamtunternehmens

---

1 E-SWOT steht für «Extended SWOT Analysis», vgl. Smith et al. (1991) S. 192f.
2 Streng genommen handelt es sich bei den Planungseinheiten in der Portfolio-Analyse um eine Kombination von SGF (sie repräsentieren den Umweltaspekt) und SGE (sie repräsentieren den Unternehmensaspekt)

beschränkt, sondern sie soll auch auf SGE- bzw. Divisions-Ebene zu einer optimalen Mischung der Produkte oder Produktgruppen beitragen. Im Sinne einer Beschränkung konzentrieren wir uns im Folgenden jedoch auf die Portfolio-Analyse auf der Ebene des Gesamtunternehmens.

Die Sicherung des langfristigen Erfolges des Gesamtunternehmens ist das **Ziel** des **Portfolio-Managements.** Sie erfolgt in drei Hauptschritten:

1. Darstellung des Ist-Portfolios,
2. Bestimmung des Soll-Portfolios und der Ressourcenallokation,
3. Entwicklung von SGF-Strategien zur Verwirklichung des Soll-Portfolios.

In diesem Kapitel beschränken wir uns vorwiegend auf die Darstellung des **Ist-Portfolios.** Auf die Schritte 2 und 3 gehen wir in Kapitel 7 näher ein. Im Folgenden stellen wir drei bekannte Portfolio-Methoden vor. Verschiedene Autoren und Beratungsinstitute haben noch weitere Ansätze entwickelt, die in der Praxis jedoch weniger verbreitet sind.[1]

**5.3.1 Marktanteils-/ Marktwachstums-Portfolio[1]**

Das Beratungsunternehmen Boston Consulting Group (BCG) entwickelte Ende der 60er Jahre die Marktanteils-/Marktwachstums-Matrix (auch BCG-Matrix genannt). Sie zeigt auf, wo die einzelnen SGF bezüglich Marktwachstum und relativem Marktanteil stehen. Die BCG-Matrix stützt sich auf Erkenntnisse des PIMS-Programms und des Erfahrungskurven-Konzepts, die beide den Marktanteil als wesentlichen Erfolgsfaktor betrachten.

**Vorgehen**

Wir berechnen zunächst die **Marktwachstumsrate,** eine Prozentzahl, die sich aus der letztjährigen Umsatzsteigerung des Gesamtmarktes ermitteln lässt. Die Marktwachstumsrate ist ein Indikator für die Attraktivität des strategischen Geschäftsfeldes, denn Erfahrungskurveneffekte lassen sich vor allem in schnell wachsenden Märkten erzielen.

Danach bestimmen wir den **relativen Marktanteil** für die einzelnen strategischen Geschäftsfelder, der sich aus dem Verhältnis des eigenen Umsatzes zum Umsatz des führenden Konkurrenten ergibt. Ein relativer Marktanteil von 0.5 bedeutet, dass unser Geschäftsumsatz die Hälfte des Umsatzes des Marktführers beträgt. Ein relativer Marktanteil von 2.0 hingegen heißt, dass unser Umsatz doppelt so groß ist wie derjenige unseres wichtigsten Konkurrenten.

Als dritte Größe eruieren wir schließlich den Anteil der einzelnen strategischen Geschäftsfelder am Gesamtumsatz des Unternehmens.

---

1 Für eine Übersicht vgl. Antoni/Riekhof (1994) und Elbling/Kreuzer (1994).
2 Die folgenden Ausführungen basieren vorwiegend auf Hax/Majluf (1991) S. 152 ff.

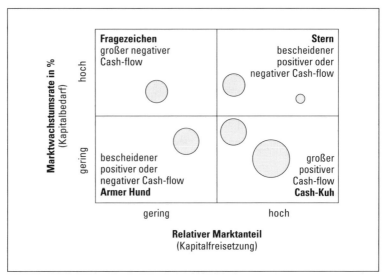

▲ Abbildung 5.9     Beispiel einer BCG-Matrix

Damit können wir in der zweidimensionalen Matrix die relative Bedeutung der einzelnen SGF durch die Größe der Kreise darstellen.

Wir erstellen nun das Ist-Portfolio, indem wir alle strategischen
Geschäftsfelder anhand der drei Parameter in die Matrix eintragen (vgl.
◄ Abbildung 5.9).

Durch die Einteilung der zwei Achsen in «gering» und «hoch» ergibt
sich eine Vierfelder-Matrix. Wenn alle SGF der gleichen Branche angehören setzen wir die Trennlinie für das Marktwachstum am besten dem
durchschnittlichen Branchenwachstum gleich. Bei stark diversifizierten
Unternehmen wählen wir hingegen entweder den gewichteten Mittel-
wert der Wachstumsrate jeder einzelnen Branche oder das Wachstums-
ziel des Gesamtkonzerns als Trennlinie. Die Trennlinie für den Marktanteil erfolgt üblicherweise bei 1.0 oder 1.5, weil nur der Marktführer (d.h.
derjenige mit einem relativen Marktanteil größer 1) bedeutende Wettbewerbsvorteile aufweisen kann.

Implikationen
für die strategische
Positionierung

Die Matrix ermöglicht eine Einschätzung der Stärke des Gesamtport-
folios und erlaubt Folgerungen bezüglich Cash-flow-Erzeugung und
Kapitalbedarf der einzelnen strategischen Geschäftsfelder. Die vier
Quadranten werden wie folgt bezeichnet:

- **Sterne:** Sie erzielen oft hohe Gewinne. Das Unternehmen muss jedoch
  auch viel Geld investieren, um die Wettbewerbsstärke im schnell
  wachsenden Markt zu erhalten. Daraus resultiert nur ein bescheidener
  positiver oder negativer Cash-flow.

- **Cash-Kühe:** Sie sind die wichtigsten Kapitalquellen des Unternehmens. Als Resultat ihrer Wettbewerbsstärke bei gleichzeitig geringen Ausgaben für den Erhalt der Marktstellung (z. B. für Werbung, Vertrieb usw.) erzielen sie einen hohen positiven Cash-flow. Die freigesetzten Mittel der Cash-Kühe stehen für die Entwicklung der anderen SGF zu Verfügung.
- **Fragezeichen:** Ihr geringer Marktanteil verhindert die Ausnutzung von Erfahrungskurveneffekten. Sie stellen bisher noch ungenügend genutzte Chancen dar. Die strategisch wichtigen Entscheide konzentrieren sich daher in der BCG-Matrix vor allem auf die Fragezeichen. Konkret geht es um folgende Schlüsselfragen: In welche Fragezeichen wollen wir investieren, um eine führende Stellung anzustreben? Welche Fragezeichen müssen wir aufgrund der geringen Erfolgsaussichten, des mangelnden Marktpotenzials oder des späten Zeitpunkts abschöpfen oder auflösen?
- **Arme Hunde:** Sie sind die großen Verlierer. Die geringen Mittel, die sie allenfalls freisetzen, müssen wir normalerweise zur Aufrechterhaltung

| Feld | Rentabilität | Normstrategie | Erforderliche Investitionen | Netto-Cash-flow |
|---|---|---|---|---|
| Sterne | hoch | Investitionsstrategie:<br>Position halten oder ausbauen; Wettbewerbsvorteile verstärken | hoch | etwa Null oder leicht negativ |
| Cash-Kühe | hoch | Abschöpfungsstrategie:<br>Position halten/festigen; nur notwendige Investitionen (z. B. zur Rationalisierung) tätigen | gering | sehr positiv |
| Frage-zeichen | null oder negativ | Offensivstrategie:<br>große Investitionen (finanziert durch Cash-Kühe); Patente, Lizenzen kaufen<br><br>**oder** | sehr hoch | sehr negativ |
| | gering oder negativ | Defensivstrategie:<br>wenn keine Erfolgsaussichten bestehen oder keine Mittel vorhanden sind | liquidieren | positiv |
| Arme Hunde | gering oder negativ | Desinvestitionsstrategie:<br>abschöpfen (minimale Investitionen; halten, solange noch positive Deckungsbeiträge erzielt werden); auf attraktive Nische zurückziehen; verkaufen oder liquidieren | liquidieren | positiv |

▲ Abbildung 5.10   Implikationen der BCG-Matrix für die strategische Positionierung (vgl. Hax/Majluf 1991, S. 160; Hinterhuber 1989a, S. 127ff.)

des Betriebes reinvestieren. Man bezeichnet sie darum auch als «Kapitalfallen». Die strategische Konsequenz daraus ist entweder ein Turnaround oder die Abschöpfung bzw. Desinvestition.

Unser Soll-Portfolio soll eine optimale Kombination von Kapital freisetzenden und Kapital bindenden strategischen Geschäftsfeldern enthalten. Um dies zu erreichen, bedienen wir uns der sogenannten **Normstrategien** (◄ Abbildung 5.10).

Die Normstrategien verdeutlichen, dass freigesetztes Kapital hauptsächlich von den «Cash-Kühen» zu den Kapital verzehrenden «Fragezeichen» fließt. Die ideale Entwicklung eines strategischen Geschäftsfeldes verläuft allerdings vom «Fragezeichen» zum größer und stärker werdenden «Stern», der sich aufgrund des unvermeidlichen Wachstumsrückgangs zu einer «Cash-Kuh» entwickelt, die jedoch die Wettbewerbsstärke beibehält (► Abbildung 5.11). Ein strategisches Geschäftsfeld, das sich aufgrund einer verschlechterten Marktposition vom «Stern» zum «Fragezeichen» verschlechtert und schließlich, trotz möglicher Umsatzsteigerung, zum «Armen Hund» degeneriert, würde eine unerwünschte Entwicklung durchlaufen.

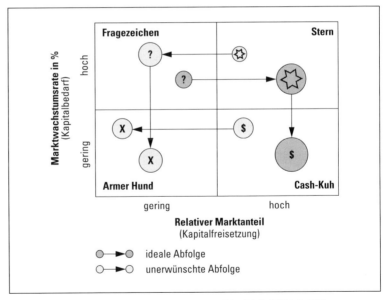

▲ Abbildung 5.11   Ideale und unerwünschte Geschäftsentwicklungen (Hax/Majluf 1991, S. 161)

**Bewertung der**
**BCG-Matrix**

Die BCG-Matrix hat bis in die 1980er Jahre das strategische Denken stark geprägt und gefördert. Sie weist folgende **Stärken** auf:

- Sie liefert Informationen für einen ausgewogenen internen Kapitalfluss. Der Kapitaltransfer von den rentablen SGF mit beschränktem Wachstumspotenzial zu den zukunftsträchtigen SGF setzt jedoch eine zentralisierte Ressourcenzuweisung auf höherer Führungsebene voraus, um zu verhindern, dass die SGE-Verantwortlichen der Cash-Kühe die Erträge wieder in ihren eigenen Bereich investieren.
- Sie besticht durch ihre Einfachheit, mit der sie die komplexe Natur eines Geschäftsportfolios grafisch darstellt.
- Die zwei Matrixdimensionen sind relativ einfach quantifizierbar.

Die BCG-Matrix ist jedoch auch kritisiert worden. Die wichtigsten **Einwände** sind:

- Die **Terminologie** ist teilweise demotivierend. Wer will schon für einen «armen Hund» verantwortlich sein?
- Eine naive Anwendung der **Normstrategien** kann fatale Folgen haben. Wenn beispielsweise die SGE voneinander abhängig sind und wichtige Ressourcen gemeinsam nutzen, kann es vorkommen, dass «arme Hunde» aufgrund synergetischer Beziehungen attraktiv sind, während vermeintliche «Cash-Kühe» gar kein Cash einbringen. Ferner garantiert ein hoher Marktanteil in einer langsam wachsenden Branche nicht automatisch einen hohen Cash-flow. Dies trifft zum Beispiel auf die Autoindustrie zu, wo aufgrund des intensiven Wettbewerbs hohe Investitionen notwendig sind.
- Die Größe des relativen Marktanteils ist stark abhängig von der **Markt-definition.** Je enger wir den Markt definieren, desto größer wird unser relativer Marktanteil und umgekehrt. Wir dürfen daher den Markt weder zu eng noch zu breit definieren. Für eine «richtige» Marktdefinition fehlen in der Literatur allerdings die «Rezepte», so dass uns am ehesten der «gesunde Menschenverstand» als Leitlinie dienen kann.
- Die **Marktwachstumsrate** als Indikator der Attraktivität des SGF ist vergangenheitsorientiert. Marktsättigung und Diskontinuitäten stellen zudem die Bedeutung des Marktwachstums zunehmend in Frage.
- Der **relative Marktanteil** ist als einziges Indiz der Wettbewerbsstärke einer SGE kaum haltbar. Andere Faktoren (z.B. Produktivität, Produktqualität und -innovation) können mindestens eine gleichwertige Rolle spielen.
- Die **Ableitung** von **Normstrategien** ist vor allem für jene Geschäfte problematisch, die sich in der Mitte der Matrix befinden. Wo genau ist zum Beispiel der Übergang vom «armen Hund» zur «Cash-Kuh»?

**5.3.2**
**Marktattraktivitäts-/**
**Wettbewerbsstärken-**
**Matrix**[1]

Nach mehrjähriger Erfahrung mit der BCG-Matrix kam General Electric (GE) zum Schluss, dass ein einzelner Faktor für die Beurteilung der Branchenattraktivität oder Geschäftsstärke nicht ausreiche. Als Antwort auf diese Bedenken entwickelte die Beratungsfirma McKinsey im Auftrag von General Electric die neun Felder umfassende Marktattraktivitäts-/Wettbewerbsstärken-Matrix (auch GE- oder McKinsey-Matrix genannt), in der eine Vielzahl von Faktoren die Position eines strategischen Geschäftsfeldes bestimmen.

Vorgehen

Wir **wählen** in einem ersten Schritt jene **Faktoren aus,** die für die Bewertung der Marktattraktivität und Wettbewerbsstärke als geeignet erscheinen (vgl. ▶ Abbildung 5.12 und 5.13). Je nach Umwelt- und Unternehmenssituation fällt diese Auswahl unterschiedlich aus. Die Zusammenstellung der Faktoren ist eine der schwierigsten Aufgaben bei der Anwendung der McKinsey-Matrix. Sie setzt Intuition, Erfahrung und eine genaue Kenntnis der Branche und des Geschäfts voraus. Die leitenden Führungskräfte sollten deshalb diese Auswahl gemeinsam vornehmen.

In einem zweiten Schritt geht es darum, die ausgewählten **Faktoren** zu **bewerten** und in einen **qualitativen** (z.B. gering/mittel/hoch; unattraktiv/mittel/attraktiv; Nachteil/gleich/Vorteil) oder **quantitativen** (z.B. Skala 0 bis 100) Bewertungsraster einzutragen. Qualitative wie quantitative Bewertungen sind in hohem Maße abhängig von der subjektiven Urteilskraft der Entscheidungsträger. Einschätzungen aufgrund von Intuition und Erfahrung, die kaum objektiv fassbar sind, führen jedoch oft zu besseren Resultaten als solche, die sich auf umfangreiche und kostspielige Erhebungen abstützen. Wir versuchen daher vorerst, die Wirkung der externen Schlüsselfaktoren auf die Marktattraktivität einzuschätzen. Danach nehmen wir die Bewertung der internen Faktoren vor, indem wir sie mit jenen des führenden Konkurrenten vergleichen. Marktattraktivität und Wettbewerbsstärke lassen sich grafisch in einem Profil darstellen (vgl. ▶ Abbildung 5.14).[2]

Bei der Bewertung der Faktoren ist auch der **Bezugszeitraum** sehr wichtig. Die Beurteilung der **Marktattraktivität** soll sich auf den effektiven Planungshorizont beziehen. Sie erstreckt sich daher je nach Dynamik des Geschäftsfeldes üblicherweise auf fünf bis zwölf Jahre,[3] wobei der Zeithorizont in sehr dynamischen Geschäftsfeldern (z.B. Halbleiterindustrie) auch kürzer sein kann. Da wir die gegenwärtige Situation

---

1 Die folgenden Ausführungen stützen sich vorwiegend auf Ansoff/McDonnell (1990) S. 67ff., Hax/Majluf (1991) S. 180ff. und Hinterhuber (1989a) S. 106ff.

2 Vgl. Hax/Majluf (1991) S. 185, 189; Hinterhuber (1989a) S. 122ff.

3 Hinterhuber (1989a) S. 112; im Gegensatz dazu empfehlen Hax/Majluf (1991) eine Beurteilung der **gegenwärtigen** Situation, die allerdings in einem späteren Schritt durch eine Trendprognose erweitert wird.

| 1. Marktwachstum und Marktgröße | |
|---|---|
| **2. Marktqualität** | ■ Rentabilität der Branche (Deckungsbeitrag, Umsatzrendite, Kapitalumschlag)<br>■ Stellung im Markt-Lebenszyklus<br>■ Spielraum für die Preispolitik<br>■ Technologisches Niveau und Innovationspotenzial<br>■ Schutzfähigkeit des technischen Know-how<br>■ Investitionsintensität<br>■ Wettbewerbsverhalten der etablierten Unternehmen<br>■ Anzahl und Struktur potenzieller Abnehmer<br>■ Verhandlungsstärke und Kaufverhalten der Abnehmer<br>■ Eintrittsbarrieren für neue Anbieter (Bedrohung durch neue Konkurrenten)<br>■ Anforderungen an Distribution und Service<br>■ Variabilität der Wettbewerbsbedingungen<br>■ Bedrohung durch Substitutionsprodukte<br>■ Wettbewerbsklima<br>■ u.a.m. |
| **3. Energie- und Rohstoffversorgung** | ■ Störungsanfälligkeit in der Versorgung von Energie und Rohstoffen<br>■ Beeinträchtigung der Wirtschaftlichkeit der Produktionsprozesse durch Erhöhung der Energie- und Rohstoffpreise<br>■ Existenz von alternativen Rohstoffen und Energieträgern<br>■ Verhandlungsstärke und Verhalten der Lieferanten<br>■ u.a.m. |
| **4. Umweltsituation** | ■ Konjunkturabhängigkeit<br>■ Verhandlungsstärke und Verhalten der Arbeitnehmer und ihrer Organisationen<br>■ Inflationsauswirkungen<br>■ Abhängigkeit von der Gesetzgebung<br>■ Abhängigkeit von der öffentlichen Einstellung<br>■ Handelshemmnisse<br>■ Abhängigkeit von den Spielregeln des Marktes<br>■ Risiko staatlicher Eingriffe<br>■ Umweltschutzmaßnahmen<br>■ u.a.m. |

▲ Abbildung 5.12    Faktoren der Marktattraktivität (Hinterhuber 1989a, S. 114)

nicht kurzfristig entscheidend ändern können und da die Realisierung einer neuen Strategie (inklusive Kapazitätserweiterungen usw.) meist mehrere Jahre dauert, dürfen wir nicht ausschließlich die derzeitige Attraktivität des Marktes beurteilen. Vielmehr ist eine zukunftsgerichtete Sicht umso eher erforderlich, je dynamischer sich die Umwelt entwickelt.

Die Bewertung der **Wettbewerbsstärke** kann gegenwarts-[1] oder zukunftsbezogen[2] erfolgen. Eine auf den heutigen Zeitpunkt bezogene

---

1   Z.B. bei Hax/Majluf (1991), Hinterhuber (1989a).
2   Ansoff/McDonnell (1990).

| 1. Relative Marktposition | • Marktanteil und seine Entwicklung<br>• Größe und Finanzkraft des Unternehmens<br>• Wachstumsrate des Unternehmens<br>• Rentabilität (Deckungsbeitrag, Umsatzrendite und Kapitalumschlag)<br>• Risiko (Grad der Etabliertheit im Markt)<br>• Marketingpotenzial (Image des Unternehmens und daraus resultierende Abnehmerbeziehungen, Preisvorteile aufgrund Qualität, Lieferzeiten, Service, Technik, Sortimentsbreite usw.)<br>• Vertriebsorganisation<br>• Ausmaß der Differenzierung oder der Kostenführerschaft<br>• Abschirmungsfähigkeit des Unternehmens gegenüber dem Wirken der Wettbewerbskräfte<br>• u. a. m. |
|---|---|
| 2. Relatives Produktionspotenzial (in Bezug auf die erreichte oder geplante Marktposition) | **A. Prozesswirtschaftlichkeit**<br>• Kostenvorteile aufgrund der Modernität der Produktionsprozesse, der Kapazitätsausnutzung, Produktionsbedingungen, Größe der Produktionseinheiten usw.<br>• Innovationsfähigkeit und technisches Know-how des Unternehmens<br>• Lizenzbeziehungen, Patente, Schutzrechte usw.<br>• Anpassungsfähigkeit der Anlagen an wechselnde Marktbedingungen<br>• u. a. m.<br><br>**B. Hardware**<br>• Erhaltung der Marktanteile mit den gegenwärtigen oder im Bau befindlichen Kapazitäten<br>• Standortvorteile<br>• Steigerungspotenzial der Produktivität<br>• Umweltfreundlichkeit der Produktionsprozesse<br>• Lieferbedingungen, Kundendienst usw.<br>• u. a. m.<br><br>**C. Energie- und Rohstoffversorgung**<br>• Erhaltung der gegenwärtigen Marktanteile unter den voraussichtlichen Versorgungsbedingungen<br>• Kostensituation der Energie- und Rohstoffversorgung<br>• Eingangslogistik<br>• u. a. m. |
| 3. Relatives Forschungs- und Entwicklungspotenzial | • Stand der orientierten Grundlagenforschung, angewandten Forschung, experimentellen Entwicklung und anwendungstechnischen Entwicklung im Vergleich zur Marktposition des Unternehmens<br>• Innovationspotenzial und Innovationskontinuität<br>• u. a. m. |
| 4. Relative Qualifikation der Führungskräfte und Mitarbeitenden | • Professionalität und Urteilsfähigkeit, Einsatz und Kultur der Führungskräfte<br>• Innovationsklima<br>• Qualität der Führungssysteme<br>• Gewinnkapazität des Unternehmens, Synergien usw.<br>• u. a. m. |
| Relativ = im Vergleich zum stärksten Konkurrenzunternehmen ||

▲ Abbildung 5.13   Faktoren der Wettbewerbsstärke (Hinterhuber 1989a, S. 117)

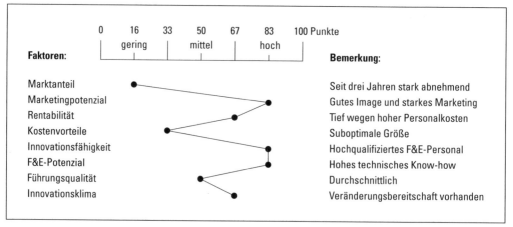

▲ Abbildung 5.14    Beispiel eines Profils für die Darstellung der Wettbewerbsstärke (Auszug)

Einschätzung ermöglicht relativ gute Vergleiche mit der Konkurrenz (dies wäre bei einer zukunftsgerichteten Einschätzung viel schwieriger). Sie ist jedoch nur zu empfehlen, wenn innerhalb des Planungshorizonts bei den Erfolgsfaktoren keine Verschiebungen zu erwarten sind. Andernfalls müssen wir auch die Wettbewerbsstärke zukunftsorientiert beurteilen (wobei der gleiche Zeithorizont wie bei der Einschätzung der Marktattraktivität zu wählen ist). Dabei sind zwei Fragen zu beantworten:

1. Welche Erfolgsfaktoren sind in Zukunft entscheidend?
2. Wie stark ist unsere derzeitige Position in Bezug auf diese Erfolgsfaktoren?

Ansoff/McDonnell (1990) empfehlen, drei Kategorien von Erfolgsfaktoren zu untersuchen, nämlich **Wettbewerbsstrategie** (Wachstums-, Marktpositions-, Marktdifferenzierungs- und Produktdifferenzierungsstrategie), **Fähigkeiten** (General Management, Finanz, Marketing, Produktion, F&E usw.) und **Investitionen** (in Anlagen, strategische Planung und Fähigkeiten).

Ein solcher Vergleich kann beispielsweise aufzeigen, dass die starke Stellung, die ein Unternehmen zur Zeit noch einnimmt, aufgrund von sich verändernden Anforderungen gefährdet ist.

In einem dritten Schritt **klassifizieren** wir die **Marktattraktivität** und die **Wettbewerbsstärke** endgültig. Dazu stehen uns zwei Methoden zur Verfügung. Beim quantitativen Ansatz berechnen wir den Durchschnitt der im zweiten Schritt bewerteten Faktoren, wobei wir auch die Faktoren zuerst gewichten können. Die gewichtete Punktzahl ergibt dann die endgültige Einschätzung der Matrixdimension (vgl. ▶ Abbildung 5.15).

| Attraktivitätsdimension | Gewicht | Beurteilung | Gewichtete Punktzahl |
|---|---|---|---|
| Wachstum | 0.20 | 67 | 13 |
| Marktvolumen | 0.20 | 50 | 10 |
| Rentabilität der Branche | 0.15 | 50 | 8 |
| Verhandlungsstärke der Abnehmer | 0.05 | 33 | 2 |
| Eintrittsbarrieren | 0.05 | 67 | 3 |
| Wettbewerbsklima | 0.05 | 50 | 3 |
| Bedrohung durch Ersatzprodukte | 0.05 | 50 | 3 |
| Verhandlungsstärke der Lieferanten | 0.05 | 50 | 3 |
| Konjunkturabhängigkeit | 0.10 | 67 | 7 |
| Handelshemmnisse | 0.10 | 67 | 7 |
| **Marktattraktivität** | **1.00** | | **59** |

▲ Abbildung 5.15   Gewichtete quantitative Beurteilung der Marktattraktivität

Die quantitative Methode verleitet hingegen zur (unbegründeten) Zahlengläubigkeit. Deshalb schlagen einige Autoren vor, die endgültige Klassifizierung subjektiv vorzunehmen. (Hax/Majluf 1991, S. 187) Die qualitative Methode, die analytisches mit intuitivem Vorgehen verbindet, erfordert eine Diskussion der im zweiten Schritt erstellten Profile und der relativen Bedeutung der einzelnen Faktoren. Danach ist die Marktattraktivität und die Wettbewerbsstärke (unabhängig von der quantitativen Bewertung der Einzelfaktoren) einzuschätzen und in eine der Kategorien (gering, mittel, hoch) einzuordnen.

In einem vierten Schritt geht es darum, die **strategischen Geschäftsfelder** in der Matrix zu **positionieren.** Wenn wir uns auf eine qualitative Klassifizierung abstützen, können wir das strategische Geschäftsfeld einfach der entsprechenden Matrix-Zelle zuordnen. Im Falle der quantitativen Klassifizierung ist eine etwas «präzisere» Einordnung möglich.

▶ Abbildung 5.16 zeigt eine Positionierung von fünf strategischen Geschäftsfeldern. Der Kreismittelpunkt liegt im Schnittpunkt der Koordinaten Marktattraktivität und Wettbewerbsstärke. Die Kreisfläche ist proportional zur relativen Branchengröße. Der Kreisausschnitt gibt den Marktanteil des Unternehmens wieder.

Als Resultat erhalten wir unser **Ist-Portfolio.** Es zeigt auf, wie die zukünftige Positionierung unserer Geschäfte aussehen könnte, wenn wir die derzeitige Strategie und die heute vorhandenen Fähigkeiten beibehielten. Das Ist-Portfolio einer 9-Felder-Matrix ist demnach im Gegensatz zum Ist-Portfolio der BCG-Matrix nicht ein Ausschnitt aus der Gegenwart, sondern zeigt die erwartete Position der strategischen Geschäftsfelder bei unverändertem strategischen Verhalten für die Zukunft auf. Diese zukunftsorientierte Darstellung des Ist-Portfolios ist eine der

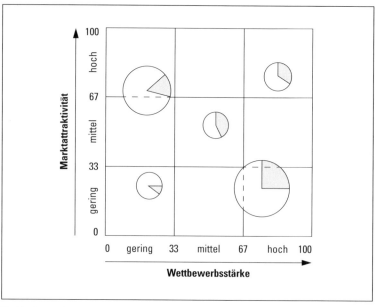

▲ Abbildung 5.16    Positionierung in der McKinsey-Matrix

Hauptstärken der McKinsey-Matrix gegenüber der statischen Moment-
aufnahme in der BCG-Matrix.

Implikationen für die      Die Empfehlungen aus der McKinsey-Matrix beziehen sich weniger auf
strategische      den Ausgleich des Kapitalflusses (wie bei der BCG-Matrix) als vielmehr
Positionierung      auf die Zuordnung von Investitionsprioritäten. Die **Regel** heißt: konzen-
triere die Ressourcen auf jene Geschäfte, die eine hohe Attraktivität und
Wettbewerbsstärke aufweisen, ziehe Ressourcen dort ab, wo das nicht
der Fall ist, und gehe selektiv vor, wo die Geschäfte Mittelpositionen
einnehmen.

Hinterhuber teilt analog dazu die Matrix in drei Zonen auf (▶ Abbildung 5.17), für die er entsprechende Normstrategien empfiehlt (▶ Abbildung 5.18).

Das Beratungsunternehmen A.T. Kearny hat die grundsätzlichen
Empfehlungen der Normstrategien noch verfeinert und für jede Matrix-
zelle sogenannte natürliche Strategien entwickelt (▶ Abbildung 5.19).

Bewertung der      Die McKinsey-Matrix ermöglicht eine **flexiblere** und **differenziertere**
McKinsey-Matrix      **Gegenüberstellung** der verschiedenen Geschäfte als die BCG-Matrix. Sie
regt zudem zur Auseinandersetzung mit der Zukunft an, gibt genauere
Auskunft über die strategische Stoßrichtung der einzelnen strategischen

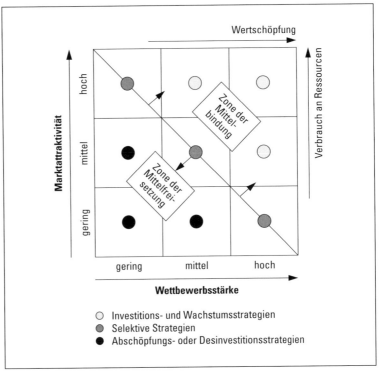

▲ Abbildung 5.17    Grundschema der McKinsey-Matrix (Hinterhuber 1989a, S. 109)

Geschäftsfelder und dient als Leitfaden für die Zuordnung von Investitionsprioritäten. Die 9-Felder-Matrix hat hingegen folgende **Nachteile:**[1]

■ Die Vielfalt der Faktoren erhöht die Komplexität. Sie kann ferner eine Objektivität und Genauigkeit vortäuschen, die gar nicht existiert. Die Verdichtung auf die zwei Matrixdimensionen wiederum ist nicht frei von Subjektivität oder sogar Willkür.

■ Wahrnehmungsverzerrungen und mangelnde Kenntnis der Schlüsselfaktoren führen in der Praxis häufig zu großen Bewertungsunterschieden, die oft mit Kompromissentscheidungen, die stark zur Mitte tendieren, gelöst werden.

■ Die implizite oder explizite Gewichtung der Schlüsselfaktoren verlangt «Fingerspitzengefühl». Daher ist sie auch vor subtilen Manipulationen nicht geschützt.

■ In der Praxis befindet sich oft ein Großteil der Produkte (Geschäfte) in der Mitte der McKinsey-Matrix. Doch gerade für diesen Bereich offe-

---

1  Vgl. Hax/Majluf (1991), Elbling/Kreuzer (1994), Carqueville et al. (1993).

| Zone | Strategien, taktische Aktionen und ihre Auswirkungen | |
|---|---|---|
| Kapitalbindung | Investitions- und Wachstums- strategien | Wettbewerbsvorteile sichern oder verstärken; Schwachstellen beseitigen; Konkurrenzunternehmen davon abhalten, in diese Marktsegmente einzudringen. Die Geschäfte in dieser Zone tragen zum zukünftigen Gewinn und Wachstum bei und erfordern hohe Investitionen, welche die selbsterarbeiteten Mittel in Form von Deckungsbeiträgen beträchtlich übersteigen; der Cash-flow ist kurzfristig negativ (z.B. aufgrund einer Kapazitätserweiterung), langfristig positiv (wenn das Marktwachstum zurückgeht). |
| Kapital- freisetzung | Abschöpfungs- und Desinvestitions- strategien | Rationalisierungsreserven und Synergieeffekte in Produktion und Vertrieb ausnutzen, ohne wesentliche Investitionen zu tätigen; abstoßen, wenn auch nach diesen Maßnahmen oder nach einer auf ein attraktives Marktsegment ausgerichteten Produktdifferenzierung kein positiver Cash-flow erzielt wird (Achtung: negativer Cash-flow kann auch konjunkturell bedingt sein). Bei positiven Cash-flows versuchen, diese ohne zusätzlichen Ressourceneinsatz zu maximieren. Die Geschäfte in dieser Zone enthalten keine hohen zukünftigen Gewinnchancen; sie können aber zum gegenwärtigen Gewinn des Unternehmens beitragen. |
| Selektion Drei Strategie- varianten sind möglich: | 1. Offensivstrategie | Geschäfte mit hoher Marktattraktivität und geringen Wettbewerbsvorteilen erfordern hohe Aufbauinvestitionen; sie tragen zum zukünftigen Wachstum des Unternehmens bei; der Cash-flow ist kurz-/mittelfristig stark negativ, langfristig positiv. Kann das Unternehmen gegenüber den wichtigsten Konkurrenten (z.B. durch Erhöhung des relativen Marktanteils, Senkung der Stückkosten, stärkere Differenzierung usw.) keine Wettbewerbsvorteile aufbauen, ist es zweckmäßiger, das Geschäft aufzugeben. |
| | 2. Defensivstrategie | Bei Geschäften mit geringer Marktattraktivität aber hoher Wettbewerbsstärke muss das Unternehmen (z.B. durch Kostensenkungsprogramme, Produktdifferenzierung, besseren Kundendienst, preispolitische Maßnahmen) versuchen, die relativen Wettbewerbsvorteile zu halten und Konkurrenzunternehmen vom Eintritt in dieses Marktsegment abzuhalten, um dadurch den Cash-flow zu maximieren; der Cash-flow ist kurz-/mittelfristig stark positiv; diese Geschäfte tragen zum gegenwärtigen Gewinn bei und erfordern nur Erhaltungsinvestitionen. |
| | 3. Übergangsstrategie | Bei Geschäften mit mittlerer Marktattraktivität und mittlerer Wettbewerbsstärke (diese Situation ist auf Märkten mit einer Vielzahl von Anbietern typisch) muss das Unternehmen versuchen, durch Konsolidierung des bestehenden Leistungsprogramms (keine Neuentwicklungen, nur Erhaltungsinvestitionen, Umstrukturierung usw.), Expansion mit einem neuen Leistungsprogramm (Export, Joint Ventures, Verdrängungswettbewerb usw.) oder Verteidigung der gegenwärtigen Position (Kundenbereinigung, regionale Konzentration, gezielt gewinnorientierte Auslands- bzw. Großaufträge) den Cash-flow zu maximieren. |

▲ Abbildung 5.18    Normstrategien aus der McKinsey-Matrix (Hinterhuber 1989a, S. 132ff.)

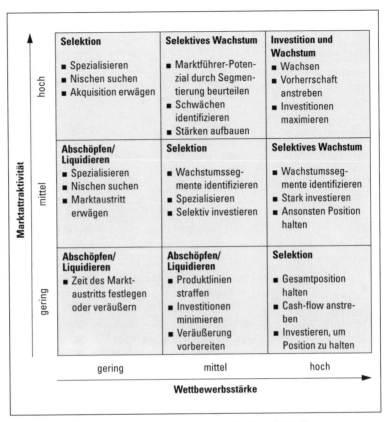

▲ Abbildung 5.19    Strategische Schlussfolgerungen aus der McKinsey-Matrix nach A.T. Kearny
(Hax/Majluf 1991, S. 181 und 199)

rieren weder die Normstrategien noch die natürlichen Strategien klare
Richtlinien.

**5.3.3**
**Bereichspositionie-**
**rungs-Matrix[1]**

Bei der BCG- und bei der McKinsey-Matrix ist das Ergebnis der Beurteilung eine Punktpositionierung, d.h. wenn die Beurteilungen unterschiedlich ausfallen, versucht man sich auf einen «Punkt» (normalerweise den durchschnittlichen oder wahrscheinlichsten Wert) zu einigen.
Dies ist jedoch bei turbulenten und unsicheren strategischen Geschäftsfeldern gefährlich, da man damit dem breiten Spektrum möglicher Umweltentwicklungen nicht gerecht wird und den Suchraum für alternative
Strategien frühzeitig einengt.

---

1 Die folgenden Ausführungen basieren auf Ansoff/McDonnell (1990) S. 96 ff.

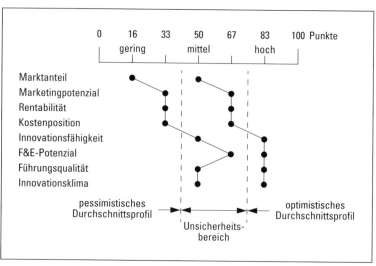

▲ Abbildung 5.20  Ermittlung des Unsicherheitsbereichs für die Dimension «Wettbewerbsstärke»

Um dieser Gefahr zu begegnen, hat Ansoff die Bereichspositionierungs-Matrix entwickelt. Sie fasst abweichende Meinungen und Unsicherheiten nicht zu einem Konsens zusammen, sondern trägt die **Differenzen** explizit in eine Matrix ein. Die «Unschärfen- oder Unsicherheits-
bereiche», die sich daraus ergeben, zeigen sowohl die **Bandbreite
möglicher Entwicklungen** als auch die **Informationsdefizite** auf.

Von der Entwicklung einer McKinsey-Matrix unterscheidet sich das
Vorgehen bei der Bereichspositionierung nur dadurch, dass wir für jeden
internen und externen Schlüsselfaktor eine optimistische und eine pessimistische Bewertung vornehmen. Die Differenz zwischen dem optimistischen und pessimistischen Durchschnittsprofil bildet den Unsicherheitsbereich der Wettbewerbsstärke (vgl. ◄ Abbildung 5.20). Analog
dazu ermitteln wir den Unsicherheitsbereich für die Marktattraktivität.
Wir positionieren die Geschäfte in die Matrix, indem wir die Werte aus
den vier Durchschnittsprofilen zu einem Viereck verbinden (► Abbildung 5.21). Die Größe der Fläche bezieht sich also nicht auf Umsatz
oder Marktanteil, sondern auf den Unsicherheitsgrad der SGE.

**Implikationen
für die strategische
Positionierung**

Auch aus der Bereichspositionierung lassen sich Hinweise für die strategische Positionierung ableiten (► Abbildung 5.22). Diese sind allerdings sehr generell und beziehen sich nicht auf die Position in der Matrix, sondern auf die Größe des Unsicherheitsbereichs und die Dringlichkeit strategischer Aktionen.

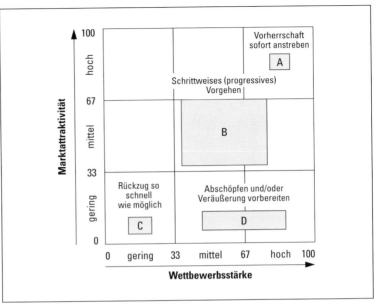

▲ Abbildung 5.21    Beispiel einer Positionierung von Geschäften in der Bereichspositionierungs-Matrix

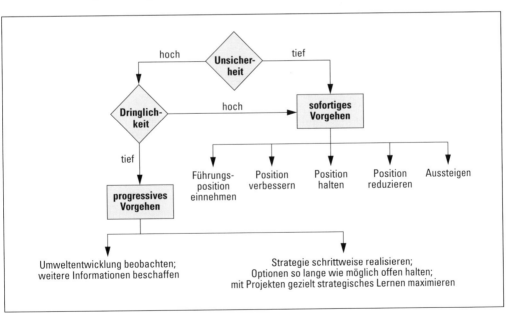

▲ Abbildung 5.22    Strategische Empfehlungen aus der Bereichspositionierung
(nach Ansoff/McDonnell 1990, S. 96ff.)

Bewertung der
Bereichspositionie-
rungs-Matrix

Die Bereichspositionierung trägt zur **strategischen Früherkennung** bei. Sie nimmt schwache Signale wahr und stärkt damit die interne Kommunikation, erhöht das Gespür für Unsicherheiten und liefert Anhaltspunkte für die Einschätzung von Chancen und Risiken. In der Praxis hat sich diese Methode jedoch noch kaum durchgesetzt, unter anderem wohl darum, weil sie von den Führungskräften, die in der Regel «harte» Fakten bevorzugen, eine hohe Ambiguitätstoleranz verlangt. Die Bereichspositionierungs-Matrix kann aber besonders in dynamischen Umfeldern wertvolle Planungshinweise liefern und die McKinsey-Matrix ergänzen.

**5.3.4**
**Verschiedene Ebenen**
**der Portfolio-Analyse**

Die Portfolio-Analyse dient hauptsächlich dazu, den Kapitalfluss auszugleichen und die Zuweisung von Ressourcen auf Konzernebene zu optimieren. Dabei werden die einzelnen SGF normalerweise als Ganzes betrachtet. Meist genügt diese grobe Darstellung der Hauptgeschäfte. Wir können die Portfolio-Analyse aber auch auf der Ebene der SGE, der Produktgruppen, der Marktsegmente oder der Länder anwenden (▶ Abbildung 5.23).

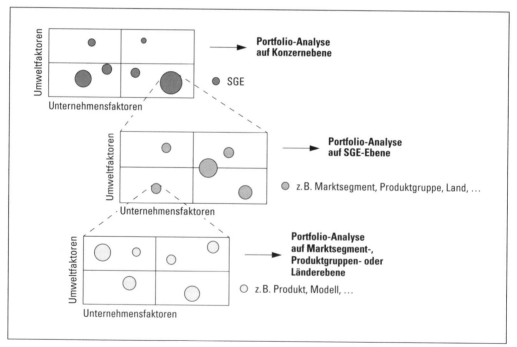

▲ Abbildung 5.23    Die Anwendung der Portfolio-Analyse auf verschiedenen Ebenen

**5.3.5**
**Anwendung der**
**Portfolio-Analyse**
**in der Praxis**

Die Portfolio-Analyse ist das klassische Instrument des Strategischen Managements geworden. Studien zeigen, dass etwa 75 % der Großunternehmen und viele kleinere Mehrprodukt-Unternehmen irgendeine Form der Portfoliotechnik anwenden. Die Portfolio-Analyse bietet folgende **Vorteile:**[1]

- Sie ermöglicht eine ganzheitliche, klare und pragmatische **Visualisierung** der wesentlichen Erkenntnisse aus der Umwelt- und Unternehmensanalyse. Damit trägt sie zu einer besseren Kommunikation innerhalb des Unternehmens bei.
- Sie zeigt die Bedeutung der einzelnen SGF für das Gesamtunternehmen auf und dient als **rationale Basis** für strategische Entscheidungen. Sie bildet die logische Brücke zwischen Informationsanalyse und Strategieentwicklung. Die Differenzierung der Geschäfte nach Attraktivität und Position erlaubt es, die strategischen Ziele auf die Wettbewerbsbedingungen und den Entwicklungsbedarf auszurichten.
- Sie bietet die Grundlage für eine rationale Investitionspolitik und trägt dazu bei, eine Ressourcenzuweisung nach dem **«Gießkannenprinzip»** zu **verhindern.**
- Sie erleichtert **Akquisitions-** oder **Desinvestitions-Entscheidungen,** indem sie objektive und rationale Entscheidungsgrundlagen liefert.
- Sie zeigt beim periodischen Vergleich in prägnanter Form die Entwicklung des eigenen Unternehmens auf und dient daher auch als **Kontrollinstrument.**
- Sie eignet sich für die **Konkurrenten-Analyse,** vor allem wenn das Unternehmen im Wettbewerb mit einem diversifizierten Rivalen steht. Besonders ein periodischer Vergleich des Portfolios mit demjenigen des Hauptkonkurrenten kann wertvolle Informationen liefern.

Kritik an der
Portfolio-Analyse

Ende der 80er Jahre – in einer Zeit besonders turbulenter Umweltentwicklungen – ist die Portfoliotechnik häufig kritisiert worden. Neben den oben angedeuteten Schwachstellen der einzelnen Instrumente wurden besonders folgende **Probleme** angesprochen:[2]

- Die Portfolio-Analyse kann – wenn sie als Kernstück der strategischen Planung statt **lediglich** als **Hilfsmittel** betrachtet wird – Führungskräfte dazu verleiten, sich auf Analysen statt auf (kreative) Entscheide und deren Umsetzung zu konzentrieren. Entscheidend ist nämlich der Weg von der Ist- zur Soll-Position. Dazu liefert die Portfolio-Analyse jedoch kaum Hinweise. Weder Soll-Portfolio noch

---

1  Vgl. u.a. Hax/Majluf (1991); Hinterhuber (1989a) S. 140ff.; Porter (1992).
2  Vgl. u.a. Ansoff/McDonnell (1990); Antoni/Riekhof (1994); Gälweiler (1990); Hamermesh (1987); Kreikebaum (1993).

Normstrategien entbinden die Geschäftsleitung davon, eine detaillierte Strategie zu erarbeiten.

- Die **unüberlegte Wahl von Normstrategien** kann sich besonders bei reifen Geschäften negativ auswirken. Erhalten reife Geschäfte als bloße «Geldbringer» (Cash-Kühe) keine Investitionsmittel mehr, kann dies zu schlechter Leistung, zu mangelnder Arbeitsmoral und schließlich zu einer unbeabsichtigten Preisgabe des Geschäftes führen. Darum treten Normstrategien in neueren Anwendungen der Portfolio-Analyse (wie z. B. der Bereichspositionierung) immer mehr in den Hintergrund.
- Die **Normstrategien** sind auch deshalb nur **von beschränktem Nutzen,** weil die einzelnen Geschäfte des Unternehmens nicht homogene Einheiten sind, sondern aus vielen Produkten und Marktsegmenten bestehen. Eine strategische Empfehlung, die sich auf die Durchschnittsbeurteilung unterschiedlicher Segmente abstützt, ist problematisch.
- Alle Portfolio-Methoden **vernachlässigen synergetische Beziehungen** zwischen den einzelnen Geschäften.

Trotz dieser Einwände ist die Portfolio-Methode – wenn sie kritisch und kreativ angewendet wird – nach wie vor ein nützliches Instrument für die strategische Planung.

■ Beispiel zu Kapitel 5: Portfolio-Management

# General Electric

Portfolio-Bereinigungen, Vereinfachung von Abläufen, Steigerung der Produktivität sowie Kostensenkung sind bei General Electric entscheidende Maßnahmen, um in einem unruhigen globalen Markt erfolgreich zu bleiben.

Ein anschauliches Beispiel für eine Strategie, die sich an Portfolio-Überlegungen ausrichtet, finden wir bei General Electric. Als 1981 Jack Welch die Führung übernahm, gab er das strategische Ziel vor, das damals stark diversifizierte Geschäftsportfolio des Unternehmens zu straffen und auf die aktuellen Markterfordernisse auszurichten. Er forderte die Leiter der Geschäftseinheiten auf, Anstrengungen zu unternehmen, um Nummer eins oder Nummer zwei in der Branche zu werden, oder wenigstens einen technologischen Vorsprung aufzubauen, der in einen Wettbewerbsvorteil verwandelt werden konnte. Wer keines dieser Ziele erreichte, musste damit rechnen, dass seine Geschäftseinheit aufgegeben oder verkauft wurde.

In nicht einmal zehn Jahren entstand dank dieser Vorgaben ein neues Unternehmen. In dieser Zeit wurden Geschäftsbereiche im Wert von 9 Mia. US-$ verkauft, unter anderem eine Mine und eine Produktionsstätte für Computer Chips. Im gleichen Zeitraum wurden aber auch für 24 Mia. US-$ neue Unternehmen in das Geschäftsportfolio aufgenommen, namentlich die Radio Corporation of America (RCA) sowie ein Hersteller von großen Haushaltgeräten (major appliances) und eine Investment Bank. Zudem

*Quelle: Fortune/Manager Magazin*

wurden innerhalb der Organisation verschiedene kleinere Geschäfte in größere «strategische Geschäftseinheiten» eingegliedert. Auf diese Weise erreichte Welch, dass das Portfolio von General Electric schon 1989 kaum noch schwache Geschäftsbereiche aufwies und bei den meisten strategischen Geschäftseinheiten sowohl global als auch in den USA zum Marktführer geworden war. 1995 sah es dann wie folgt aus:

| Strategische Geschäftseinheit | Umsatz (in Mia. Dollar) | Position auf dem Weltmarkt | Hauptwettbewerber |
|---|---|---|---|
| Flugzeug-triebwerke | 6,1 | 1 | Pratt & Whitney Rolls-Royce |
| Stromverteilung/ Niederspannungstechnik | 2,0 | 1 | Westinghouse, Siemens, Schneider |
| Turbinen- und Kraftwerksbau | 6,5 | 1 | ABB, Siemens, Westinghouse |
| Transport-systeme/ Lokomotiven | 1,6 | 2 | General Motors, Adtranz, Alsthorn |
| Motoren und Steuerungen | 2,9 | 1 | Siemens, Schneider, Emerson |
| Technische Kunststoffe | 6,6 | 1 | Bayer, BASF, Du Pont |
| Medizintechnik | 4,0 | 1 | Siemens, Philips, Toshiba |
| Haushaltsgeräte | 5,9 | 1 | Whirlpool, Electrolux |

| Strategische Geschäftseinheit | Umsatz (in Mia. Dollar) | Position auf dem Weltmarkt | Hauptwettbewerber |
|---|---|---|---|
| Lichtquellen | 3,0 | 1 | Philips, Siemens/Osram |
| NBC/Fernsehen | 3,9 | 3 | ABC, CBS, CNN |
| Finanzdienstleistungen | 26,5 | – | – |
| Informationsdienstleistungen | 1,0 | – | IBM, EDS, MCI, Andersen, Debis |

Quelle: Manager Magazin, August 1996

Dieses bereinigte Portfolio enthielt ein großes Potenzial für Kosteneinsparungen durch Nutzung des Erfahrungskurven-Effektes. Die Kostenwirkung der Erfahrungskurve trat aber nicht automatisch ein, was Welch sehr wohl wusste. Er lancierte daher im Anschluss an die Portfolio-Bereinigung eine Aktion zur Vereinfachung von Abläufen, zur Steigerung der Produktivität und zur Kostensenkung. Neben einer optimalen Zusammensetzung des Portfolios waren dies nach seiner Meinung die entscheidenden Maßnahmen, um in einem unruhigen globalen Markt erfolgreich zu bleiben.    ■

Eine ausführliche Fallstudie zu Kapitel 5 «Strategische Analyse» findet sich im Anhang Seite 431 ff.

# Kapitel 6

# Vision und Leitbild

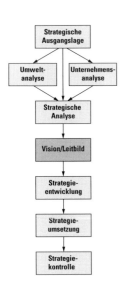

Praktiken und Strategien eines Unternehmens verändern sich dauernd und passen sich den Umweltbedingungen an. Die Sinngebung oder die Philosophie des Unternehmens und die damit verbundenen Werte, ausgedrückt als Vision, sollen hingegen einen viel längeren Zeitraum überdauern. Zahlreiche Beispiele aus der Praxis belegen, dass Strategische Planung besonders tragfähig ist, wenn sie auf einer gemeinsam entwickelten Vision basiert. Eine Vision dient als Leitplanke für die Formulierung und Umsetzung einer Strategie.

## 6.1 Die Vision: Leitplanke für strategische Aktivitäten

**6.1.1
Was ist eine Vision?**

Der Begriff «Vision» oder «Unternehmensvision» ist zu einem Modewort mit unklarer Bedeutung geworden. Entsprechend sind viele schriftlich formulierten Visionen wenig mehr als ein Durcheinander von Werten, Zielen, Absichten, Strategien und Beschreibungen. In der Literatur finden sich sehr unterschiedliche und teilweise auch widersprüchliche Definitionen:

- «Eine Vision ist eine realistische, glaubwürdige und attraktive Zukunftslösung für eine Organisation. Die Vision ist Ihre Vorstellung davon, auf welches Ziel Ihre Organisation hinarbeiten soll und wie die Zukunft erfolgreicher und wünschenswerter als bislang gestaltet werden kann.» (Nanus 1994, S. 21)
- Hinterhuber (1989a, S. 42) vergleicht die Vision mit einem Polarstern: «Die wegsuchende Karawane in der Wüste, deren Landschaftsbild sich in Sandstürmen dauernd ändert, richtet ihre Reise an den Leitbildern des Sternenhimmels aus. Die Sterne sind nicht das Ziel der Reise; sie sind aber eine sichere Orientierung für den Weg in die Oase, gleich aus welcher Richtung die Karawane diese anstrebt, mit welcher Reiseausstattung sie versehen und wie unwegsam das Gelände ist.»
- «Die Vision ist eine organisatorische, kanalisierende Kraft: Sie organisiert und kanalisiert die Energien der Mitarbeiter in eine bestimmte Richtung, indem sie Herz und Verstand gleichermaßen anspricht.» (Hinterhuber 1989a, S. 43) Sie «ist ein konkretes Zukunftsbild, nahe genug, dass wir die Realisierbarkeit noch sehen können, aber schon fern genug, um die Begeisterung der Organisation für eine neue Wirklichkeit zu wecken.» (The Boston Consulting Group 1988)
- Eine Vision ist der Leim, der das Unternehmen zusammenhält. Sie besteht aus zwei Komponenten: aus einem ideologischen Kern, der die leitenden Prinzipien und den Kernauftrag des Unternehmens beschreibt und aus einer formulierten Zukunftsvorstellung (Collins/Porras 1996, S. 66).

Gemeinsam ist diesen Definitionen die Vorstellung von **richtungsweisenden Gedanken für die zukünftige Unternehmensentwicklung.** In diesem Sinne hat die Vision eines Unternehmens vorab eine orientierende, dann aber auch eine motivierende, eine sinngebende und damit eine legitimierende Funktion. Die formulierte Zukunftsvorstellung soll einerseits herausfordernde, kühne Ziele, sogenannte «BHAG's» (Big, Hairy, Audacious Goals) und andererseits eine lebendige Beschreibung darüber enthalten, wie die Zukunft des Unternehmens aussieht, wenn diese anspruchsvollen und kühnen Ziele erreicht werden (Collins/Porras 1995).

Ein zweites Element einer tragfähigen Vision ist ihr **ideologischer Kern**. Er besteht aus den maßgeblichen Grundwerten, meist formuliert als Leitsätze, sowie aus Aussagen über den eigentlichen tieferen Zweck des Unternehmens.

In der Praxis finden wir zahlreiche Beispiele erfolgreicher Unternehmensvisionen. Steve Jobs, der Gründer von Apple Computers, machte «den Computer für alle» zur Vision seines Unternehmens. «Ein Auto für jedermann» war Henry Fords Vision, die der Entwicklung und Vermarktung des preisgünstigen Model T zugrunde lag. Der Gründer der Migros, Gottlieb Duttweiler, verfolgte die Vision, die Lebensmittelversorgung zu verbessern und damit den armen Bevölkerungsschichten zu helfen. David Packard formulierte die «HP-way», einige Grundsätze, die im Unternehmen seit über 50 Jahren gelten.

**6.1.2 Warum braucht ein Unternehmen eine Vision?**

In einer Zeit des raschen Wandels ist es wichtig, den «Kurs nach dem Licht der Sterne zu bestimmen und nicht nach den Lichtern jedes vorbeifahrenden Schiffes.»[1] Im globalen Wettbewerb werden es deshalb visionslose Unternehmen besonders schwer haben, sich zu behaupten. Eine Vision unterstützt das Unternehmen in mehrfacher Hinsicht:[2]

- Sie **weckt Hoffnung** und **mobilisiert** die **Kräfte** der Mitarbeitenden. Eine sinnvolle Herausforderung wirkt emotional motivierend und fördert dadurch Kreativität und Innovation.
- Sie **erzeugt Energie** im Unternehmen, die als «Optimismus und Zuversicht, als ein Gefühl von Dringlichkeit, als eine gelöste, heitere Atmosphäre, als Freiheit von Angst und als Stolz und Freude, dabei zu sein» spürbar wird.[3]
- Sie gibt der Arbeit einen **neuen Sinn** und den Mitarbeitenden das Gefühl, Teil eines erstklassigen Unternehmens zu sein.
- Sie sorgt für eine **langfristige Ausrichtung** und erzeugt **Sicherheit** und **Stabilität**. In einem dezentral geführten Unternehmen hilft sie den verantwortlichen Führungskräften, trotz turbulenter Umweltentwicklungen anhand klarer **Prioritäten** selbständig und initiativ Entscheidungen zu treffen.
- Sie **erleichtert** die **Konsensfindung** innerhalb des Führungsteams.
- Sie trägt zur **Kontinuität** des Unternehmens bei und hilft, kurzfristigen Opportunismus zu verhindern.

---

1 O. Bradley, zitiert in Hilb (1994) S. 42.
2 Vgl. u. a. zur Bonsen (1994), Hinterhuber (1989a), Nanus (1994).
3 Zur Bonsen (1994) S. 35.

**6.1.3**
**Komponenten einer**
**Unternehmensvision**

Unternehmens-
philosophie

Unternehmensphilosophie (ideologischer Kern) und strategische Intention bilden die beiden Pfeiler einer wirksamen Unternehmensvision.

Collins und Porras (1995) haben in einer Studie über «visionäre» Unternehmen aufgezeigt, dass sich langfristig erfolgreiche Firmen an einer Unternehmensphilosophie orientieren und an dieser über Jahrzehnte festhalten (▶ Abbildung 6.1). Der **übergeordnete Zweck** (das «Was?» und «Wozu?») und die **Grundwerte** (das «Wie?») werden meistens schriftlich festgehalten und bilden ein solides Fundament, auf dem sich diese Unternehmen dynamisch weiterentwickeln konnten.

Strategische
Intention

Am 25. Mai 1961 verkündete John F. Kennedy: «Diese Nation sollte alles daran setzen, noch vor Ablauf dieses Jahrzehnts das Ziel eines bemannten Mondflugs zu verwirklichen.» Sogar optimistische Wissenschaftler schätzten damals die Chance für eine erfolgreiche Mondlandung auf höchstens 50 Prozent. Wäre Kennedy «realistisch» gewesen, hätte er sich nicht in dieses kühne, riskante und – wenigstens zu jener Zeit – leichtsinnige Abenteuer eingelassen. Aber gerade diese **Herausforderung** und die offensichtliche Diskrepanz zwischen Ziel und Ressourcen hat die Beteiligten emotional berührt, sie angespornt und ihren ausgeprägten Unternehmer- und Gemeinschaftsgeist hervorgebracht. Hamel und Prahalad (1994) nennen solche Herausforderungen strategi-

| Unternehmensphilosophie = strategische Mission + Grundwerte | |
|---|---|
| **Strategische Mission (übergeordneter Zweck)** | Die elementaren **Existenzgründe** eines Unternehmens, die über reines Gewinnstreben hinausgehen – ein ständiger Leitstern am Horizont; nicht zu verwechseln mit konkreten, detaillierten Unternehmenszielen oder Geschäftsstrategien. Die Mission weist auf den **Nutzen** hin, den das Unternehmen für die verschiedenen Anspruchsgruppen stiftet. <br><br> Beispiele: <br> ■ Merck: «Wir bemühen uns um die Bewahrung und Verbesserung des menschlichen Lebens.» <br> ■ Walt Disney: «Wir setzen unsere Phantasie ein, um Millionen von Menschen glücklich zu machen.» |
| **Grundwerte** | Die tragenden und dauerhaften Grundsätze des Unternehmens – eine kleine Anzahl allgemeiner **Handlungsleitlinien,** die nicht mit den spezifischen kulturellen oder operativen Praktiken verwechselt und auch nicht aus Gewinnstreben oder aus kurzfristiger Opportunität aufs Spiel gesetzt werden sollten. <br><br> Beispiele: <br> ■ 3M: «Achtung vor Eigeninitiative» <br> ■ Nordstrom: «Der Dienst am Kunden hat absoluten Vorrang.» |

▲ Abbildung 6.1    Unternehmensphilosophie (Collins/Porras 1995, S. 110ff.)

sche Intentionen, womit sie das bezeichnen, was Collins und Porras (1995) BHAG (Big, Hairy, Audacious Goals) genannt haben.

Eine stimulierende Vision sollte neben den Elementen der Unternehmensphilosophie eine solche strategische Intention enthalten. Die Unternehmensphilosophie (der ideologische Kern) bildet das Fundament der Kontinuität und Stabilität und stellt einen festen Orientierungsrahmen dar. Die strategische Intention ermöglicht die langfristige Weiterentwicklung des Unternehmens.

**6.1.4**
**Ganzheitlichkeit:**
**Haupteigenschaft der**
**Unternehmensvision**

Ausrichtung auf die
wichtigsten
Anspruchsgruppen

Wirksame Unternehmensvisionen sind ganzheitlich ausgerichtet und versuchen, ein optimales und harmonisches Gleichgewicht zwischen allen wesentlichen Anspruchsgruppen herzustellen.

Die Frage, wem gegenüber die Unternehmensführung für ihr Handeln verantwortlich ist, wird unterschiedlich beantwortet. Die **eigentümerorientierte Sicht** (Shareholder-Ansatz) vertritt die Auffassung, dass sich ein Unternehmen ausschließlich auf das Ziel der Gewinnmaximierung für die Aktionäre zu konzentrieren habe. Die **gesellschaftsorientierte Sicht** (Stakeholder- bzw. Anspruchsgruppen-Ansatz[1]) geht hingegen davon aus, dass neben den Aktionären auch andere Gruppen oder Individuen (unter anderem Mitarbeitende, Eigentümer/Aktionäre, Kunden, Lieferanten, Handel, Umweltgruppen, Konkurrenten, Medien, Regierungen, Gemeinden, Verbände, Banken) legitime Ansprüche besitzen. Diese Anspruchsgruppen oder «Stakeholders» können die Ziele des Unternehmens beeinflussen und/oder sind von dessen Zielerreichung betroffen.

Die Ziele der verschiedenen Anspruchsgruppen können sich kurzfristig betrachtet widersprechen (zum Beispiel höhere Löhne für die Mitarbeitenden versus tiefere Preise für die Kunden, höhere Umweltschutzausgaben für die Mitwelt versus höhere Gewinne für die Aktionäre). Eine Harmonisierung der Stakeholder-Interessen ist nur bei langfristiger Ausrichtung möglich. Zum Beispiel ist Umweltschutz langfristig auch im Interesse der Aktionäre. Kurzfristig reduzieren zwar Umweltschutz-Investitionen die Gewinne, sie verhindern aber auch Umweltschutzgesetze, die langfristig die internationale Wettbewerbsfähigkeit des Unternehmens beschneiden und damit die Gewinnerzielung beeinträchtigen.

Eine wirksame Unternehmensvision sollte sich deshalb am Stakeholder-Ansatz orientieren und versuchen, ein optimales und harmonisches

---

1 Freeman (1984).

Gleichgewicht zwischen allen wesentlichen **Anspruchsgruppen** herzustellen. Collins und Porras (1995) zeigen, dass Unternehmen, die langfristigen Erfolg nachweisen können, ein (konsistentes) Bündel von
Zielen für die verschiedenen Stakeholder verfolgen und nicht in erster
Linie nach Gewinnmaximierung streben. Die Orientierung an Grundwerten und an einem übergeordneten Zweck jenseits reiner Gewinnmaximierung führt – auch wenn dies paradox erscheinen mag – langfristig zu einem höheren finanziellen Erfolg. Dies bedeutet aber auch, dass
sich bei einer langfristigen Betrachtung der Shareholder- und Stakeholder-Ansatz nicht widersprechen.

**Mehrdimensionale Betrachtungsweise**

Führungskräfte glauben oft, sich für eines von zwei scheinbar gegensätzlichen Konzepten (z.B. Wandel oder Stabilität, Kosten oder Qualität,
kurzfristiger Gewinn oder langfristiges Gewinnpotenzial) entscheiden
zu müssen. Ganzheitliche Visionen sollen ihnen helfen, sich von dieser
«Tyrannei des Oder» zu lösen und ihnen statt dessen Zugang zur
«schöpferischen Kraft des Und» zu verschaffen. Diese schöpferische
Kraft besteht in der Fähigkeit, die gegensätzlichen Pole einer Reihe von
Dimensionen gleichzeitig anzustreben (Collins/Porras 1995, S. 69).

▶ Abbildung 6.2 zeigt typische Paradoxien, die sich durch ganzheitliche Visionen explizit ansprechen und damit lösen lassen.

| Einerseits | Andererseits |
|---|---|
| ■ strategische Mission, jenseits reiner Gewinnori-entierung | ■ pragmatisches Gewinnstreben |
| ■ relativ stabile Unternehmensphilosophie | ■ nachhaltiger Wandel und kräftige Dynamik |
| ■ Bewahrung des Kerns | ■ kühne, bindende und riskante Maßnahmen |
| ■ klare Vision und Ausrichtung | ■ Nutzung zufälliger Chancen und Experimentierfreude |
| ■ riskante, hochfliegende Ziele | ■ schrittweise, evolutionäre Weiterentwicklung |
| ■ Auswahl von Führungskräften, die die Unterneh-mensphilosophie befolgen | ■ Auswahl von Führungskräften, die Veränderungen bewirken |
| ■ strategische Kontrolle | ■ operative Autonomie |
| ■ äußerst straffe Kultur (mit ausgeprägtem Konformitätsdruck) | ■ Veränderungs- und Anpassungsfähigkeit |
| ■ langfristige Investitionen | ■ kurzfristige Gewinne |
| ■ philosophisch, visionär, futuristisch | ■ hervorragende operative Leistungsfähigkeit, «tages-aktuelles Geschäft» |
| ■ Konvergenz mit der Unternehmensphilosophie | ■ Anpassung an die Umwelt |

▲ Abbildung 6.2    Gelöste Paradoxien durch ganzheitliche Unternehmensvisionen
(Collins/Porras 1995, S. 70)

|                      |                                                                      |
|----------------------|----------------------------------------------------------------------|
| **6.1.5**            | Die Vision sollte allen Mitarbeitenden bekannt sein. Dies ist eine wich- |
| **Verankerung**      | tige Voraussetzung für die Umsetzung. Der Anspruchsgruppen-Ansatz    |
| **der Vision**       | mit seinem mehrdimensionalen Zielsystem erschwert natürlich die      |
| **in einem Leitbild**| Kommunikation. Darum ist es hilfreich, die Vision in einem Leitbild  |

schriftlich festzuhalten. Eine so verankerte Vision[1]

- **schafft Klarheit** und dient den Mitarbeitenden als **Orientierungsraster;**
- schafft **Problembewusstsein** und gibt Veränderungsanstöße;
- erzielt höhere **Verbindlichkeit** und Beständigkeit;
- fördert die **Kommunikation und Koordination** zwischen den Teilbereichen;
- verschafft dem Unternehmen **Identität;**
- dient als **«Leitstern des Handelns».**

Normalerweise richtet sich ein Leitbild nicht nur an die Belegschaft, sondern auch an die Öffentlichkeit. Es dient als wichtiges Instrument zur Imagebildung.

Bezüglich Inhalt und Umfang eines Unternehmensleitbildes bestehen wenig einschränkende Vorgaben. Das Leitbild soll Antworten geben auf die Fragen: «Wer sind wir? Was machen wir? Wozu machen wir es? Wie machen wir es?». Inhaltlich sollte es daher (vgl. z. B. ▶ Abbildung 6.3) im Wesentlichen folgende Elemente enthalten:[2]

- Strategische Mission (Unternehmenszweck, Nutzenstiftung für die Anspruchsgruppen);
- Grundwerte (z. B. allgemeine Handlungsleitlinien; Verhaltensgrundsätze bezüglich Führung, Kooperation, Partizipation, Innovation);
- Strategische Intention (Ziel);
- Grundstrategien (z. B. Tätigkeitsfeld, Markt- oder Kostenführerschaft);
- Kernkompetenzen (besondere Fähigkeiten; strategische Erfolgspositionen);
- Rahmenbedingungen (z. B. Organisationsstruktur, Managementsysteme).

Ferner sollte es in einer verständlichen Sprache geschrieben und vom Umfang her für den Leser und die Leserin zumutbar sein.

Die Praxis lehrt uns hingegen, dass weniger der Inhalt als vielmehr die Art und Weise der Entwicklung und Einführung den Wert eines Leitbildes bestimmt.

---

1 Vgl. Bleicher (1992) und Thommen (2002).
2 Vgl. Bleicher (1992a), Collins/Porras (1995), Ulrich (1987) S. 94, Probst (1989).

Wir wollen einen Gewinn erzielen, der ausreicht, um das Wachstum unseres Unternehmens zu finanzieren und die Mittel bereitzustellen, die wir zur Verwirklichung unserer anderen Zielsetzungen benötigen.

Unsere Produkte und Dienstleistungen sollen den hohen Ansprüchen unserer Kunden an Qualität und Nutzen voll gerecht werden. Nur dadurch können wir das Vertrauen der Kunden gewinnen und erhalten.

Wir wollen auf unsere Stärke in unseren traditionellen Märkten aufbauen und uns nur dann auf ein neues Betätigungsgebiet begeben, wenn dieses mit unseren grundsätzlichen Zielen übereinstimmt. Auch muss sichergestellt sein, dass wir auf dem neuen Betätigungsgebiet einen bedarfsgerechten und ertragsversprechenden Beitrag leisten können.

Unser Wachstum soll nur durch unsere Erträge und unsere Fähigkeit begrenzt sein, innovative Produkte zu entwickeln und herzustellen, die den tatsächlichen Bedürfnissen der Kunden entsprechen.

Alle HP-Mitarbeiter sollen teilhaben am Erfolg des Unternehmens, den sie mit erwirtschaften. Ihr Arbeitsplatz soll ihnen aufgrund ihrer Leistungen sicher sein. Er soll ansprechend sein und sie nicht gefährden. Ihre individuellen Leistungen sollen anerkannt werden, und es soll ihnen geholfen werden, aus ihrer Arbeit ein Selbstwertgefühl und persönliche Genugtuung zu gewinnen.

Wir wollen die Initiative und schöpferische Kraft unserer Mitarbeiter fördern, indem wir dem einzelnen einen weiten Entscheidungsspielraum beim Erreichen der klar definierten Unternehmensziele lassen.

Wir wollen unsere sozialen Verpflichtungen erfüllen, indem wir für jedes Land und jedes Gemeinwesen, in welchem wir tätig sind, einen wirtschaftlichen, geistigen und sozialen Wert darstellen.

*(Quelle: Wirtschaftswoche, 19. Juli 1985, S. 42)*

▲ Abbildung 6.3    Unternehmensleitbild von Hewlett Packard

## 6.2 Entwicklung eines ganzheitlichen Unternehmensleitbildes

Wie entwickelt man Unternehmensvisionen und wie setzt man sie um? In der Literatur finden wir grundsätzlich zwei Auffassungen. Einige Autoren (oft sind es Sozialpsychologen) glauben, dass eine Unternehmensvision als Traum eines Individuums entsteht und bei der Realisierung stark von der Führung dieser Person abhängt. Empirische Forschungen zeigen, dass diese **«visionären» Führungspersönlichkeiten** unter anderem folgende Eigenschaften auszeichnen:[1]

- Sie sind sensibel gegenüber neuen Bedürfnissen.
- Sie suchen ständig nach neuen Chancen und geben sich nicht zufrieden mit der bestehenden Situation. Sie verspüren einen starken Drang zur Veränderung.

---

1  Vgl. Conger (1989), Kouzes/Posner (1987), Tichy/Devanna (1986).

- Sie wecken bei den Mitarbeitenden höhere Bedürfnisse, die über deren Eigeninteressen hinaus gehen. Sie machen ihnen bewusst, welches ihre wahren Ideale und Hoffnungen sind und wie weit diese von der Realität entfernt sind.
- Sie formulieren eine inspirierende Vision und kommunizieren diese, indem sie mehr das Herz als den Verstand ansprechen.
- Sie erwecken Vertrauen in die Vision durch persönliche Risiko- und Opferbereitschaft und durch den Einsatz von unkonventionellen Mitteln.
- Sie ermächtigen andere zum Handeln (Empowerment).

Eine andere Gruppe von Autoren (hauptsächlich Organisationstheoretiker) sehen visionäre Führung vor allem als kollektiven Prozess innerhalb einer Organisation. Das Management erarbeitet auf der Basis einer Problemanalyse in einem gemeinsamen, partizipativen und kreativen Prozess das Bild einer gewünschten Zukunft des Unternehmens.

Ohne den Stellenwert visionärer Führungspersönlichkeiten unterschätzen zu wollen[1], konzentrieren wir uns im Folgenden auf den kollektiven, organisatorischen Prozess der Visionsentwicklung.

**6.2.1 Leitbild-Workshop[2]**

Ein Leitbild lässt sich leichter umsetzen, wenn es von einer Gruppe von Führungskräften und/oder Mitarbeitenden erarbeitet wird. Gemeinsam vollzogene Lernprozesse schaffen Realitätsnähe und sorgen für Betroffenheit und Identifikation. Folgende Hinweise sind daher für die **Entwicklung und Einführung eines Leitbildes** dienlich:

- Die oberste Führung muss die Leitbildentwicklung (von der Initiierung bis zur Umsetzung) aktiv unterstützen und mittragen. Diese Aufgabe ist nicht delegierbar.
- Mitarbeitende unterschiedlicher Hierarchiestufen, verschiedener Alters- und Berufsgruppen mit mannigfaltigen Aufgaben- und Funktionsbereichen sind in den Entwicklungsprozess einzubeziehen.
- Der Prozess verläuft weder «top-down» noch «bottom-up», sondern kreisförmig im «Gegenstromverfahren». Die Geschäftsleitung bringt den Prozess in Gang und gibt den Rahmen und die Zielsetzung für die Leitbildentwicklung vor. Sie stellt aber auch sicher, dass die Meinungen jener Mitarbeitenden, die nicht unmittelbar am Entwicklungsprozess beteiligt sind, berücksichtigt werden. Da dieses iterative Vor-

---

1 Vgl. Lombriser (1994) für die Bedeutung visionärer Führungspersonen bei strategischen Veränderungen.
2 Die folgenden Ausführungen basieren vorwiegend auf Hilb (1994) S. 47ff.

gehen Zeit braucht, kann die Entwicklung eines Leitbildes mehrere Monate dauern.

Folgendes Drei-Phasen-Modell (▶ Abbildung 6.4) hat sich in der Praxis bewährt.

Phase I: Gemeinsame
Analyse der
Ausgangslage
Eine Vision muss sowohl in die Zukunft weisen als auch in der Realität verwurzelt sein. Wir versuchen also zunächst durch Umwelt-, Unternehmens-, Stakeholder- und Wertvorstellungsanalysen eine gemeinsame Wahrnehmung der Realität zu entwickeln.

Die **Umweltanalyse** umfasst die Diskussion der Chancen, Gefahren und Entwicklungstrends sowie deren Einfluss auf die wichtigsten Anspruchsgruppen. Bei der **Unternehmensanalyse** wird ermittelt, wie sich Stärken und Schwächen des Unternehmens auf die verschiedenen Anspruchsgruppen auswirken. Bei beiden Analysen stützen wir uns auf die in Kapitel 3 «Umweltanalyse» und Kapitel 4 «Unternehmensanalyse» erfassten Informationen. Insgesamt soll das Führungsteam durch einen offenen Dialog ein gemeinsames Umwelt- und Unternehmensverständnis entwickeln. Folgende Fragen unterstützen diesen Prozess (zur Bonsen 1994, S. 93 ff.):

- Worauf sind wir stolz? (= Fundament unserer Vision)
- Was bedauern wir? (= Veränderungspotenzial)

Mit der **Stakeholder-Analyse** identifizieren wir die wichtigsten Anspruchsgruppen sowie deren Hauptanliegen und Einflussmöglichkeiten. Dazu stellen wir folgende Fragen:

- Welche Anspruchsgruppen gibt es (d. h. wer ist von uns betroffen, und wer kann uns beeinflussen)?
- Welches sind deren Werthaltungen und deren Hauptanliegen?
- Wie können die Anspruchsgruppen auf uns Einfluss nehmen? Wie stark ist ihre Machtposition?
- Welches sind (aufgrund der Antworten auf die ersten drei Fragen) die wichtigsten Anspruchsgruppen?
- Welche Möglichkeiten haben wir, für die wichtigsten Anspruchsgruppen Nutzen zu stiften?

Die **Analyse der Wertvorstellungen** grenzt die Möglichkeiten ein, die für eine Vision in Frage kommen. Insbesondere die Wertvorstellungen der Führungskräfte wirken sich erheblich auf die Umsetzung einer Vision aus. Durch eine vorgängige Klärung der Wertvorstellungen lassen sich später bei Einzelentscheiden die immer wieder gleichen Diskussionen

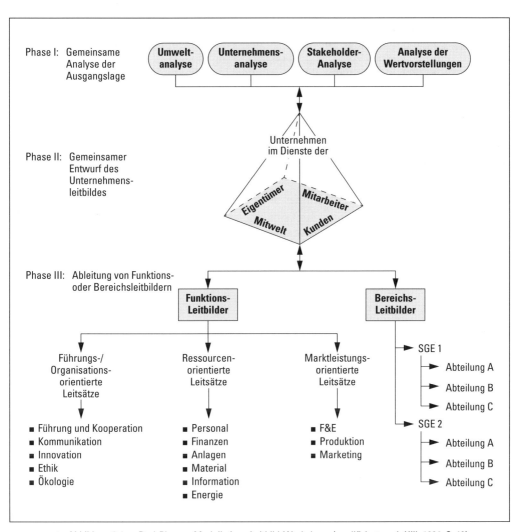

▲ Abbildung 6.4    Drei-Phasen-Modell eines Leitbild-Workshops (modifiziert nach Hilb 1994, S. 46)

um «Grundsätzliches» vermeiden. Die Ermittlung der Wertvorstellungen erfolgt in zwei Schritten:

1. Wir erfassen zunächst die persönlichen Wertvorstellungen der einzelnen Führungskräfte, indem wir zum Beispiel die Einstellung zu den Faktoren in ▶ Abbildung 6.5 klären.
2. Durch Diskussion und Harmonisierung verdichten wir die individuellen Wertvorstellungsprofile zu einem gemeinsamen Profil (vgl. Ulrich

| Faktoren | Ausprägung | | | | |
|---|---|---|---|---|---|
| Gewinnausschüttung | so wenig wie möglich | stabil, bescheiden | gering, nach Ergebnis | angemessen, nach Ergebnis | hoch, nach Ergebnis |
| Reinvestition des Gewinns | null | geringer Gewinnanteil | mittlerer Gewinnanteil | hoher Gewinnanteil | so viel wie möglich |
| Risikoneigung | höchste Sicherheit | gering | mittel | hoch | sehr hoch |
| Umsatzwachstum | stabil bleiben | klein | mittel | groß | maximal |
| Marktleistungsqualität | keine Bedeutung | gering | mittel | hoch | maximal |
| Geografische Reichweite | lokal | regional | national | international | global |
| Eigentumsverhältnisse | Einzelbesitz | Familienbesitz | kleiner Eigentümerkreis | Publikums-Gesellschaft | Mitarbeiterbeteiligung |
| Innovationsneigung | sehr gering | gering | mittel | hoch | sehr hoch |
| Verhältnis zum Staat | Abwehrhaltung | politische Abstinenz | politische Neutralität | politische Aktivität | maximale Unterstützung |
| Berücksichtigung gesellschaftlicher Ziele | keine | nur wenn im Eigeninteresse | wenn Opfer gering | wenn mit eigener Überzeugung übereinstimmend | generell so weit als möglich |
| Berücksichtigung von Mitarbeiterzielen | keine | nur soweit leistungsfördernd | auch wenn mit Opfern verbunden | | maximal |
| Führungsstil | autoritär | beschränkt kooperativ | weitgehend kooperativ | | demokratisch |

▲ Abbildung 6.5    Beispiel eines Wertvorstellungsprofils (nach Ulrich 1987, S. 51 ff.)

1987, S. 51 ff.), das keine offensichtlichen Widersprüche (wie zum Beispiel große Risikoscheu, wenn gleichzeitig Innovation einen hohen Stellenwert einnehmen soll) mehr aufweisen darf. Die Diskussion der Wertvorstellungen deckt oft bisher nicht bewusst wahrgenommene Widersprüche auf. Damit verhindern wir die Entwicklung von Visionen oder Leitbildern, die anschließend nur halbherzig verwirklicht oder gar von einem Teil der Führungskräfte abgelehnt werden.

Die Analysen bilden zusammen mit der Vision der Führungskräfte den eigentlichen Input für den Entwurf des Leitbildes.

Phase II: Gemeinsamer Entwurf des Unternehmensleitbildes

Folgendes Vorgehen hat sich bewährt:

1. Als Vorbereitung auf den Workshop entwirft eine von der Unternehmensleitung beauftragte Arbeitsgruppe zu jeder Hauptanspruchs-

gruppe (Kunden, Mitarbeiter, Eigentümer und Mit- bzw. Umwelt) zwei bis drei prägnante Leitsätze (vgl. dazu das Leitbild von Hewlett Packard in ◄ Abbildung 6.3).

2. Die Teilnehmenden im Workshop analysieren und verbessern zunächst einzeln den Leitbild-Entwurf, wobei sie sich auf die in Phase I durchgeführten Analysen beziehen.

3. In einer anschließenden Diskussion bringen die Teilnehmenden Bemerkungen, Wünsche und Verbesserungsvorschläge ein, mit dem Ziel, einen Konsens bezüglich des Leitbildentwurfs zu finden. Dies ist der entscheidende Schritt in Phase II.

Eine gut geführte Diskussion (am besten von einer neutralen Person moderiert) führt einerseits zu einer einheitlichen «visionären» Ausrichtung der Führungskräfte und kann andererseits einen wichtigen Beitrag zur Teamentwicklung und Integration der Führungskräfte leisten.

Oft enthalten Leitbilder, Visionen und Grundsätze nur sachliche Werte wie Kundenorientierung, Service, Effizienz, Null-Fehler usw. Solche Vorgaben sprechen jedoch zu wenig das «Herz» an. Den Mitarbeitenden erscheinen sie eher als Mittel zum Zweck. Leitbilder sollten darum immer auch **emotionale Werte** wie Fairness, Gerechtigkeit, Harmonie, Vertrauen, Respekt, Offenheit, Freude, Spaß, Mut und Gemeinschaftsgeist enthalten – Begriffe also, die positive Gefühle auslösen.

Ein gutes Beispiel liefert Matsushita, wo es im Leitbild heißt: «Durch unsere industriellen Aktivitäten wollen wir den Fortschritt fördern, zum allgemeinen Wohl der Gesellschaft beitragen und uns der weiteren Entwicklung der Weltkultur widmen» (zur Bonsen 1994, S. 50ff.).

**Phase III: Ableitung von Funktions- oder Bereichsleitbildern**

Die Umsetzung der Unternehmensvision setzt die **partizipative Einbindung** der Mitarbeitenden aller Stufen voraus. Hilb veranschaulicht diesen Prozess anhand von Matrioschka-Puppen. Das Konzernleitbild (die äußere Puppe) bildet den Rahmen für die Leitbild-Entwicklung auf der nächsten Führungsebene. Dieses wiederum ist der Ausgangspunkt für das Leitbild der nächsten Stufe usw. Ohne diese «inneren Puppen» würde das Leitbild der obersten Führungsstufe für die Mitarbeitenden der unteren Stufen «hohl» wirken und somit keinen Beitrag zur Sinnfindung leisten.

Die Ableitung kann im Rahmen von **überlappenden Arbeitsgruppen** je nach Situation hierarchie- und/oder funktionsbezogen[1] erfolgen (vgl. ◄ Abbildung 6.4 und ► Abbildung 6.6). Der Leiter oder die Leiterin einer bestimmten Stufe oder Funktion erarbeitet zusammen mit den übrigen Führungskräften (und evtl. weiteren Angestellten) das Leitbild

---

1 Die Ableitungen bezeichnet man oft auch als **Teilpolitiken**.

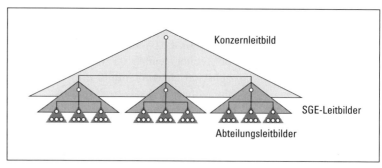

▲ Abbildung 6.6     Schema der überlappenden Arbeitsgruppen (Hilb 1994)

für den betreffenden Verantwortungsbereich. Das Team beantwortet dazu folgende Fragen:

- Was bedeutet das Unternehmensleitbild für unsere Einheit/unseren Bereich/unsere Funktion?
- Mit welchen konkreten Handlungen oder Maßnahmen können wir einen entscheidenden Beitrag zur Verwirklichung des Unternehmensleitbildes leisten?

Ferner empfiehlt es sich, in wenigen **Aktionsleitsätzen** den für die Hauptanspruchsgruppen angestrebten Nutzen zu definieren. Dies zwingt die Betroffenen, sich mit dem Inhalt und mit den Konsequenzen des Leitbildes auseinanderzusetzen. Die partizipative Ableitung von Bereichs- und Funktionsleitbildern bildet daher einen fließenden Übergang zur Leitbildumsetzung. Die Geschäftsleitung muss (z.B. in einem Workshop) über die Funktions- oder Bereichsleitbilder informiert werden. Dies kann zu Anpassungen beim übergeordneten Leitbild führen.

Zum Schluss sei noch einmal betont, dass bei der Leitbildentwicklung der Weg das Ziel ist. Der Prozess ist entscheidend, nicht das schriftliche Dokument.

| | |
|---|---|
| **6.2.2**<br>**Zusammenfassung:**<br>**Anforderungen**<br>**an ein Leitbild** | Dem Leitbild kommt eine sinngebende und bindende Funktion zu. Damit es diese erfüllen kann, muss es einer Reihe von Anforderungen genügen (vgl. ▶ Abbildung 6.7). |

| | |
|---|---|
| **Inhaltliche Aspekte** | ■ unternehmensspezifisch und umfassend (nicht nur auf Teilbereiche bezogen) formulierte Ziele und Grundsätze<br>■ langfristige Orientierung (mindestens fünf Jahre)<br>■ hochgesteckte aber realistische Ziele und Verhaltensnormen<br>■ Herz und Verstand ansprechend<br>■ konsistente, sich nicht widersprechende Aussagen<br>■ wahre Aussagen, welche die ernsthaften Absichten der obersten Führungskräfte widerspiegeln<br>■ allgemeingültige Handlungsanweisungen (in vielen Führungssituationen anwendbar)<br>■ Beschränkung auf das Wesentliche<br>■ keine vagen Formulierungen oder Leerformeln |
| **Gestalterische Aspekte** | ■ klare Grundsätze (keine Missverständnisse)<br>■ Formulierung des Textes in Gegenwartsform («wir sind …») statt in Zukunftsform («wir wollen …»)<br>■ keine negativen Formulierungen<br>■ «So einfach wie möglich, aber nicht einfacher!»<br>■ Verdeutlichung des Geschriebenen durch kreative, bildliche Darstellungen |
| **Prozessuale Aspekte** | ■ partizipative Entwicklung in einem Workshop mit dem ganzen Führungsteam<br>■ Grundaussagen im Konsens entwickeln<br>■ KISS+S («Keep it simple, systematic and stimulating») |
| **Situative Aspekte** | ■ Anpassung an die situativen Bedingungen der einzelnen Organisationseinheiten, -bereiche und -funktionen |

▲ Abbildung 6.7    Anforderungen an ein Leitbild
(vgl. Hilb 1994, S. 44f.; Ulrich 1987, S. 29f.; zur Bonsen 1994, S. 65)

## 6.3 Umsetzung des Leitbildes

Die Umsetzung eines Leitbildes geschieht in vielen einzelnen Aktionen, Projekten und Verhaltensweisen, die als Ganzes das Unternehmen in die gewünschte Richtung weiterentwickeln. Die folgenden Aktivitäten zielen darauf ab, die Umsetzung zu unterstützen und das Verhalten der Mitarbeiterinnen und Mitarbeiter leitbildgerecht zu beeinflussen.

■ Kommunikation der Vision und des Leitbildes;
■ Definition von Sofortmaßnahmen und Aktionsprogrammen;
■ Nutzung des Leitbildes für die Strategieentwicklung;
■ periodische Überprüfung der Leitbildumsetzung.

**6.3.1
Kommunikation der
Vision und des
Leitbildes**

Die Kommunikation der Unternehmensvision ist vor allem in Zeiten großer Veränderungen eine wichtige Führungsaufgabe. Folgende Grundsätze sind dabei zu beachten:

- sich bei jeder Gelegenheit (z.B. Sitzungen, Führungsgespräche usw.) auf das Leitbild beziehen;
- das Leitbild anhand gedachter oder erlebter Ereignisse konkretisieren;
- auf Vorkommnisse hinweisen, die dem Leitbild widersprechen (ohne die Betroffenen bloßzustellen);
- vorbildliches und leitbildgerechtes Verhalten honorieren und zelebrieren.

Eine Vision kann man nicht «verkaufen» oder gar von oben durchsetzen. Sie lässt sich nur im **Dialog** mit den Mitarbeitenden im Unternehmen verankern. Bedürfnisse und Anliegen der Mitarbeitenden müssen daher in der Vision Platz finden. Zudem lässt sich nur im Dialog mit der Belegschaft überprüfen, ob das Leitbild verstanden, akzeptiert und gelebt wird.

Bilder erleichtern die Kommunikation. Auch eine Unternehmensvision lässt sich in Bildern, Symbolen (z.B. Glas-Pyramiden[1]) und grafischen Darstellungen (z.B. Mind- und Artmaps[2]) veranschaulichen. Gottlieb Duttweiler hat seine Vision der Migros mit dem Bild der Brücke vom Erzeuger zum Kunden («Brückenbauer») ausgedrückt.

Neben der persönlichen Kommunikation gibt es eine Reihe weiterer Instrumente für die Verankerung einer Vision:

- Schulungen und Seminare;
- Zielvereinbarungs- und Beurteilungsgespräche;
- interne Veröffentlichungen (z.B. in der Hauszeitung);
- Medienauftritte und PR-Maßnahmen.

Sehr wirksam zur Sensibilisierung sind auch eintägige Umsetzungs-Workshops, wo unter der Leitung eines Moderators das Leitbild und die Abweichungen gegenüber dem Ist-Zustand diskutiert und Umsetzungsmöglichkeiten gesucht werden. Zum Beispiel formulieren alle Teilnehmenden oder jedes Team zwei bis drei Leitsätze, die den persönlichen bzw. gruppenspezifischen Beitrag zur konkreten Umsetzung des Leitbildes festhalten (vgl. Hilti Aktuell 1990).

Die Grundsätze eines Leitbildes müssen aber nicht nur kommuniziert sondern auch **vorgelebt** werden. Es ist sinnlos, im Leitbild von den Mitarbeitenden eine «schnelle und flexible Reaktion auf Marktveränderun-

---

1  Vgl. Hilb (1994).
2  Vgl. Borer (1995).

gen» zu fordern, wenn gleichzeitig auf der oberen Führungsebene dringende Entscheide formell und bürokratisch gefällt werden oder ganz ausbleiben.

**6.3.2 Sofortmaßnahmen und Aktionsprogramme** Die im Leitbild postulierten Absichten müssen in konkrete Aktionen umgesetzt werden. Ein Vergleich der im Leitbild (bzw. Funktions- oder Bereichsleitbild) definierten Aktionsleitsätze mit dem Ist-Zustand (z.B. Gegenüberstellung auf einer Pinwand) verdeutlicht den Handlungsbedarf und erzeugt **kreative Spannung** (Zur Bonsen 1994), die die Entwicklung von Sofortmaßnahmen und mittelfristigen Aktionsprogrammen anregt. Diese Maßnahmen können sich unter anderem auf folgende Bereiche beziehen:

- Führungsstruktur (z.B. Dezentralisierung);
- Führungssysteme (z.B. Belohnungs-, Beförderungs-, Informations-, Zielvereinbarungs-, Budgetierungssystem);
- Personalentwicklung (z.B. fachliche Ausbildung, Führungsschulung);
- Umweltschutz;
- Programme zur Förderung von Minderheiten;
- Total Quality Management;
- interne Kommunikation.

Mit der Formulierung von **Sofortmaßnahmen** erhöht die Geschäftsleitung ihre Glaubwürdigkeit und drückt aus, dass es ihr mit der Umsetzung des Leitbildes ernst ist. Ferner gewährleisten gezielte Sofortmaßnahmen, dass die während der Leitbildentwicklung geweckten Hoffnungen nicht verfliegen oder gar in Zynismus umschlagen. Bei **mittelfristigen Aktionsprogrammen** ist es besonders wichtig, realistisch zu bleiben. Ein Versuch, alles auf einmal in Angriff zu nehmen, kann schnell zu Überforderung und Frustration führen. Weicht das neue Leitbild erheblich von der Ist-Situation ab, sind vorab auch potenzielle Widerstände zu ermitteln (siehe Abschnitt 8.3.4 «Typische Herausforderungen beim Change Management», Seite 373ff.). Es sind dabei folgende Fragen zu beantworten:

- Ist das Leitbild realistisch?
- Ist der Zeitpunkt für die Umsetzung schon reif oder bereits überschritten?
- Stehen genügend personelle, sachliche und finanzielle Ressourcen zur Verfügung (vgl. Ohmae 1982, S. 270ff.)?

Aktions- und Maßnahmenpläne sollten sorgfältig geplant und regelmäßig evaluiert, die zu erwartenden Widerstände sollten minimiert werden (vgl. Hilb 1994, S. 205).

**6.3.3**
**Leitbild und**
**Strategieentwicklung**

Der Inhalt des Unternehmensleitbildes muss in die Strategieentwicklung einfließen. Die formulierten Grundsätze grenzen den «Suchraum» für die Formulierung der Ziele und Strategien ab. Bei der Bewertung der Strategiealternativen ist die Leitbildverträglichkeit zu prüfen:

- Stimmen die strategischen Ziele mit der im Leitbild formulierten strategischen Mission oder Intention überein?
- Liegen die Strategien innerhalb der im Leitbild vorgegebenen «Leitplanken»?
- Widerspiegeln die Fähigkeiten, die zur Umsetzung der Strategien notwendig sind, die im Leitbild formulierten Grundwerte?

**6.3.4**
**Überprüfung der**
**Umsetzung**

Die Unternehmensrealität wandelt sich stetig. Insbesondere Veränderungen in der Umwelt können eine Anpassung des Leitbildes erfordern. Besonders anhand von folgenden Fragen lassen sich solche Veränderungen klären:

- Wie interpretieren die Mitarbeitenden das Leitbild? Wird es richtig verstanden?
- Hat sich das Verhalten von Einzelnen oder von Gruppen verändert?
- Bestehen stufengerechte Ziele für eine Umsetzung des Leitbildes?

Kennzahlen (Finanzen, Markt) und Umfragen (besonders Image- und Personalumfragen) unterstützen die Kontrolle der Leitbildumsetzung. Die Betroffenen können auch im Rahmen eines Workshops regelmäßig Soll und Ist vergleichen und gegebenenfalls zusätzliche Maßnahmen festlegen.

## 6.4 Vision und Leitbild im Vergleich zu anderen Konzepten

Die vielen Begriffe wie Unternehmensphilosophie, Vision, Unternehmenspolitik, Unternehmensgrundsätze, Leitbild, Unternehmensverfassung usw. führen häufig zu Unklarheiten, da sie nicht einheitlich verwendet werden (vgl. ▶ Abbildung 6.8).

▶ Abbildung 6.9 hilft uns, einen Überblick zu gewinnen. Ein Unternehmen braucht eine **Vorstellung** (Vision) vom Zweck seines Handelns, die in Form eines **Leitbildes** verankert wird. Aus dem Leitbild lassen sich **strategische Ziele** ableiten, die zur Realisierung der Vision mittel- und langfristig erreicht werden müssen. Um diese Ziele zu erreichen, braucht es klar formulierte **Strategien**, die anhand koordinierter **Maßnahmen** und **Aktionsprogramme** umgesetzt werden.

| Vision | ■ richtungsweisendes Gedankenmodell für die zukünftige Unternehmensentwicklung<br>■ setzt sich zusammen aus der strategischen Mission, den Grundwerten und der strategischen Intention<br><br>synonym verwendete Begriffe: Mission, Leitbild, Credo |
|---|---|
| Strategische Mission | ■ grundlegende Existenzgründe des Unternehmens<br>■ angestrebte Nutzenstiftung für die Anspruchsgruppen<br><br>synonym verwendete Begriffe: Leitbild, Credo |
| Grundwerte | ■ tragende und dauerhafte Grundsätze des Unternehmens<br>■ allgemeine Handlungsleitlinien<br><br>synonym verwendete Begriffe: Unternehmensgrundsätze, Unternehmensphilosophie, Unternehmenspolitik, Wertvorstellungen, Unternehmensnormen, Leitlinien |
| Unternehmensphilosophie | ■ setzt sich zusammen aus der strategischen Mission und den Grundwerten<br><br>synonym verwendete Begriffe: Wertvorstellungen, Unternehmensnormen |
| Strategische Intention | ■ hochgesteckte, herausfordernde, stimulierende Ziele<br><br>synonym verwendeter Begriff: Mission |
| Leitbild | ■ schriftliche Verankerung der Vision («Wer sind wir? Was machen wir? Wozu machen wir es? Wie machen wir es?»)<br>■ das Leitbild ist ein vielseitiges Führungsinstrument; es dient u. a. als Grundlage für die strategische Planung, den Zielsetzungsprozess auf allen Ebenen, das Mitarbeitergespräch, die Personalentwicklung, die Öffentlichkeitsarbeit usw. (Probst 1989)<br><br>synonym verwendete Begriffe: Unternehmensverfassung, Vision, Credo, Mission Statement, Unternehmenspolitik |
| Unternehmenspolitik | ■ Gesamtheit der Grundsätze und «Entscheide, die das Verhalten des Unternehmens nach außen und nach innen langfristig bestimmen» (Thommen 2002, S. 283)<br>■ «innere Einstellung des Unternehmers und/oder der obersten Führungskräfte zu sämtlichen unternehmerischen Tätigkeiten» (Hinterhuber 1989a, S. 55)<br>■ wird in sogenannten Teilpolitiken (z. B. leistungswirtschaftliche, finanzwirtschaftliche und soziale Teilpolitik) unterteilt und konkretisiert (Ulrich 1987); ein abgeleitetes Funktions- bzw. Bereichsleitbild kann einer solchen Teilpolitik gleichgesetzt werden<br><br>synonym verwendete Begriffe: Unternehmensverfassung, Unternehmensphilosophie, Leitbild |

▲ Abbildung 6.8    Verschiedene Begriffe im Überblick

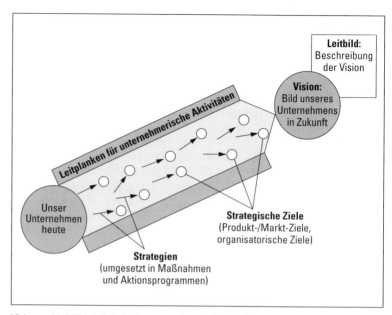

▲ Abbildung 6.9    Vision und Leitbild als Leitplanke unternehmerischer Aktivitäten
(in Anlehnung an Gausemeier et al. 1995, S. 48)

■ Beispiel zu Kapitel 6: Vision und Leitbild

# Komatsu

Ein überzeugtes Bekenntnis zu einem Ziel, ein gemeinsamer Traum, eine verlockende Zukunftsvorstellung setzt ungeahnte Ressourcen frei.

Die beiden Inhaber (Vater und Sohn) der Firma Komatsu, die Erdbaumaschinen herstellt, verkündeten zu Beginn der 60er Jahre das ambitiöse Ziel «Maru-C». Das ist Japanisch und bedeutet in der Übersetzung ungefähr: «Caterpillar einkreisen». Caterpillar war zu jener Zeit der weltgrößte Hersteller von Erdbaumaschinen, genoss einen hervorragenden Ruf bezüglich Service und Qualität, erzielte einen Umsatz von 1,4 Mia. US-$ und beherrschte mehr als 50 Prozent des Weltmarktes. Komatsu dagegen erreichte nur etwas mehr als 10 Prozent des Umsatzes von Caterpillar, war ausschließlich in Japan tätig, verfügte über geringes technisches Know-how, bot lediglich eine begrenzte Produktpalette an und kämpfte mit einem schlechten Ruf bezüglich Maschinen- und Servicequalität. Hinzu kam, dass das MITI (japanisches Handels- und Industrieministerium) keine Möglichkeit sah, bei Erdbaumaschinen einen Wettbewerbsvorteil zu erzielen und deshalb 1963 ein Joint Venture zwischen Mitsubishi und Caterpillar genehmigte.

Die strategische Intention «Maru-C» schien daher völlig unrealistisch oder gar abwegig. Damals hätten die beiden Inhaber wohl auch kaum beschreiben können, wie das «Einkreisen» im einzelnen vor sich gehen sollte.

Doch etwa 20 Jahre später betrug der Weltmarktanteil von Komatsu 25 Prozent, der Umsatz ca. 3 Mia. und der Gewinn rund 95 Mio. US-$. Im gleichen Jahr verzeichnete Caterpillar einen Marktanteil von 43 Prozent und einen Umsatz 6,6 Mia. US-$, dies allerdings bei einem Verlust von 428 Mio. US-$. Caterpillar erholte sich zwar später wieder von dem Gewinneinbruch, aber heute noch ist Komatsu – jetzt selbst ein Riese in der Branche – ein bedeutender Konkurrent.

Das Beispiel zeigt, welche Kraft in Visionen steckt. Ein überzeugtes Bekenntnis zu einem Ziel, ein gemeinsamer Traum, eine verlockende Zukunftsvorstellung vermag ungeahnte Ressourcen freizulegen. Komatsu erreichte das Ziel «Maru-C» Schritt für Schritt durch gezielten Ressourcen-Leverage, wobei der Aufbau von Kernkompetenzen im Vordergrund stand. Alljährlich gab der Präsident die neue Herausforderung bekannt. Einmal war dies Qualitätsverbesserung, dann Kostensenkung, dann internationale Expansion, dann die Entwicklung einer neuen Produktlinie. Auf diese Weise wurde «Maru-C» zur Realität, obwohl ehemals nur wenige daran geglaubt hatten.                                                        ■

Eine ausführliche Fallstudie zu Kapitel 6 «Vision und Leitbild» findet sich im Anhang Seite 441 ff.

# Kapitel 7

# Strategieentwicklung

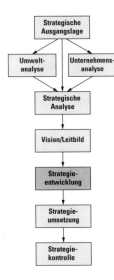

Strategieentwicklung heißt: Wir legen aufgrund der Umwelt- und Unternehmensanalyse die zukünftige Entwicklungsrichtung des Unternehmens fest. Dazu definieren wir für jede Geschäftseinheit auf **SGE-Ebene** eine Grundstrategie (bestehend aus einer Reihe von Grundsätzen und Aktionen) mit dem Ziel, für unsere Kunden eine Wertschöpfung und für unser Unternehmen einen nachhaltigen Wettbewerbsvorteil zu erzielen. Diese Grundstrategien verdichten wir anschließend zur **Unternehmensstrategie,** die allerdings mehr umfasst als die Summe der einzelnen SGE-Strategien. Auf dieser Ebene suchen wir zusätzlich nach Synergien zwischen den einzelnen strategischen Geschäftseinheiten, klären die Möglichkeiten zur Nutzung von Kernkompetenzen oder prüfen die Möglichkeiten für Diversifikationen und strategische Allianzen. Zudem soll die Unternehmensstrategie bezüglich Gewinn, Cash-flow, Risiko usw. eine möglichst ausgewogene und optimale Mittelzuweisung ermöglichen.

Die **Unternehmensstrategie** steckt also vereinfacht ausgedrückt das **Betätigungsfeld** des Unternehmens ab, während die **SGE-Strategie** die Art und Weise bestimmt, wie wir in den einzelnen Geschäftsfeldern **in den Wettbewerb eintreten** wollen. Die Abstimmung der SGE-Strategien mit der Strategie des Gesamtunternehmens erfolgt in einem **wechselseitigen, situativ angepassten Prozess.**

## 7.1 Strategieentwicklung auf der Ebene der Geschäftseinheiten

Eine ausformulierte Wettbewerbsstrategie umfasst mehr als die Definition der angestrebten Position (z.B. Marktanteil) innerhalb eines Geschäftsfeldes. Idealerweise hält sie in einem kurzen und klaren Dokument die Grundstrategie[1], d.h. die wichtigsten Kernaussagen über die zukünftige Ausrichtung der strategischen Geschäftseinheit fest. ► Abbildung 7.1 zeigt den Aufbau einer Grundstrategie.

| A) Leitidee | Vision des Unternehmens über die zukünftige Ausrichtung. |
|---|---|
| B) Nutzenpotenziale | Kernaussagen über die Konstellationen, die das Unternehmen zur Erzielung einer gesunden Wertschöpfung zu erschließen gedenkt. Darstellung der Mechanismen, die zu einer zukunftssichernden Wertschöpfung führen sollen. |
| C) Multiplikation | Darstellung der Prozesse und Systeme, die zur Erzielung von Erfahrungskurveneffekten, Kostendegressionen, Zeitgewinnen usw. bewusst multipliziert werden sollen. |
| D) Strategische Erfolgspositionen | Vom Unternehmen zur erfolgreichen Strategieumsetzung aufzubauende Fähigkeiten. |
| E) Leistungs-/ Marktprioritäten | Nach Prioritäten geordnete Leistungsprogramme/Zielmärkte des Unternehmens. |
| F) Funktionale Grundsätze | Sich aus Leitidee, Nutzenpotenzialen, Multiplikation, SEP und Leistungs-/Marktprioritäten ergebende Konsequenzen für die Ausgestaltung funktionaler Strategien. |
| G) Zeitbezogenes Vorgehen/Maßnahmen | Festlegung zeitbezogener Aspekte (Timing) der sich aus der Strategie ergebenden Hauptaktivitäten. |

▲ Abbildung 7.1    Aufbau einer Grundstrategie nach Pümpin (1992, S. 120)

**7.1.1 Formulierung der Grundstrategie[2]**

Eine Grundstrategie fasst also die wichtigsten strategischen Aussagen auf wenigen Seiten prägnant und leicht verständlich zusammen, denn Verständlichkeit ist eine wichtige Voraussetzung für die Umsetzung der Strategie. In ► Abbildung 7.2 ist ein Beispiel einer Grundstrategie wiedergegeben.

---

1 Die Begriffe Wettbewerbsstrategie und Grundstrategie werden synonym verwendet.
2 Im Folgenden stützen wir uns vorwiegend auf das von Pümpin entwickelte und in der Praxis erprobte Strategiekonzept; vgl. dazu Pümpin (1989, 1992), Pümpin/Geilinger (1988) und Pümpin/Imboden (1991).

| **A) Leitidee** | Wir sind weltweit die Nr. 1 in der Entwicklung und Produktion von Hochleistungs-maschinen zur Herstellung von konservierenden Verpackungen für die Nahrungsmittel-industrie. |
|---|---|
| **B) Nutzenpotenziale** | ■ **Marktpotenzial:** Wir wollen die weltweite Nachfrage nach qualitativ hochstehenden Maschinen zur Herstellung von konservierenden Verpackungen für die Nahrungs-mittelindustrie intensiver ausschöpfen. Insbesondere streben wir eine stärkere Nut-zung des Marktpotenzials in Südamerika und Südostasien an.<br>■ **Kooperationspotenzial:** Wir wollen die sich zur Zeit bietenden Möglichkeiten zur Zusammenarbeit mit ausländischen Partnern nutzen, um das Marktpotenzial optimal und zeitgerecht auszuschöpfen.<br>■ **Innovationspotenzial:** Wir wollen die neuen Möglichkeiten in der thermischen Ver-packungstechnologie konsequent ausnutzen. |
| **C) Multiplikation** | Zur Erzielung von Umsatz-, Kosten- und Zeitvorteilen streben wir folgende Multiplika-tionen an:<br>■ Wir wollen die in Europa bewährten **Produktionssysteme** auch in Südamerika und Südostasien übernehmen.<br>■ Wir wollen unsere **Kooperationsfähigkeiten** multiplizieren, indem wir mit auslän-dischen Partnern Joint Ventures und andere strategische Allianzen eingehen.<br>■ Wir wollen die bisher in der konservierenden Verpackungstechnologie angewandten **Innovationsprozesse** auch auf andere Organisationsprozesse übertragen. |
| **D) Strategische Erfolgspositionen** | Zur Erschließung der anvisierten Nutzenpotenziale müssen wir insbesondere folgende SEP aufbauen bzw. weiterentwickeln:<br>■ **Innovation:** Wir heben uns von der Konkurrenz ab durch die Entwicklung innovativer, kundenspezifischer Produkte. Diese Fähigkeit stützen wir ab auf bereichsüber-greifende Innovationsprojekte und eine starke Zusammenarbeit mit Kunden und Liefe-ranten bei der Entwicklung neuer Lösungstechnologien.<br>■ **Weltweite Marktpräsenz:** Wir heben uns von der Konkurrenz ab durch eine höhere Verfügbarkeit, kundennahe Beratung/Betreuung und individuelle Problemlösung. Wir stützen diese Fähigkeit ab auf ein computergestütztes Marktinformationssystem und eine kundennahe Verkaufs- und Serviceorganisation.<br>■ Fähigkeit, durch **Kooperationen** unsere Aktivitäten geografisch auszuweiten. |
| **E) Leistungs-/Markt-prioritäten** | **1. Leistungsprogramm**<br>■ neu aufbauen: Maschinen Typ A, …<br>■ fördern (Marktanteil gewinnen): Maschinen Typ B, …<br>■ halten (Marktanteil sichern): Maschinen Typ C, …<br>■ abbauen (Marktanteil preisgeben): Maschinen Typ Z, …<br>**2. Geografische Ausdehnung**<br>■ neu aufbauen: 1. Argentinien, Chile, Brasilien; 2. Thailand, Singapur, Korea, Taiwan, Malaysia; 3. China, Indonesien, Philippinen<br>■ fördern: Japan, Osteuropa<br>■ halten: Westeuropa<br>**3. Marktsegmente**<br>■ fördern: Fast Food, …<br>■ halten: Segment B, …<br>■ usw. |

▲ Abbildung 7.2    Grundstrategie eines Maschinenherstellers (Auszug)

| F) Funktionale Grundsätze | **1. Marketing** |
|---|---|
| | ■ Marktleistungsgestaltung: |
| | ☐ Wir bieten ein marktgerechtes Sortiment von individuell gestaltbaren, ausbaufähigen Verpackungsanlagen mit höchster Verfügbarkeit für den Kunden. |
| | ☐ Mit einem starken Kundendienst stellen wir eine hohe Kundenbindung sicher. |
| | ☐ Unsere Produkte zeichnen sich aus durch … |
| | ■ Preispolitik: |
| | ☐ Aufgrund unserer klaren Differenzierung gegenüber der Konkurrenz betreiben wir grundsätzlich eine Hochpreispolitik (diese ist nach oben begrenzt, um keine Konkurrenten großzuziehen). Um Marktanteile in den neu anvisierten Märkten zu gewinnen, sind wir bereit, eine flexible Preispolitik anzuwenden. |
| | ■ Verkauf: |
| | ☐ Der Verkauf erfolgt über einen professionellen Außendienst. |
| | ■ Kommunikation: |
| | ☐ Wir konzentrieren unsere Werbung auf … |
| | ■ Distribution: |
| | ☐ Wir vertreiben unsere Produkte ausschließlich über den eigenen Außendienst. |
| | **2. Innovation, Forschung und Entwicklung** |
| | ■ Wir entwickeln und konstruieren alle strategisch wichtigen Bauteile im Hause. |
| | ■ Die Entwicklung neuartiger Kundenlösungen erfolgt immer bereichsübergreifend und durch starke Zusammenarbeit mit Kunden und Lieferanten. |
| | ■ Wir verfolgen die neuesten Entwicklungen in der thermischen Technologie sehr aufmerksam und prüfen erfolgversprechende Anwendungen. |
| | **3. Produktion** |
| | ■ Oberstes Prinzip der Fertigung ist die Ausführungsqualität. |
| | ■ Zweites Prinzip ist eine möglichst wirtschaftliche Fertigung. |
| | ■ Wir produzieren alle strategisch wichtigen Bereiche im eigenen Unternehmen. |
| | **4. Führung und Organisation** |
| | ■ Die vier Maschinentypen A, B, C und D führen wir als Profitcenter. |
| | ■ Wir führen nach dem Prinzip der Delegation und Dezentralisation. Funktionen werden nur dann zentral ausgeübt, wenn dies aus Effektivitäts- bzw. Effizienzgründen angebracht ist. |
| | ■ Wir betreiben eine offene, innovationsfördernde und unbürokratische interne Kommunikationspolitik. |
| | **5. Personal** |
| | ■ Unsere Strategie können wir nur mit hochqualifizierten Mitarbeitern (v.a. im Bereich Technik und Marketing) realisieren. Die dazu notwendige Personalentwicklung stellen wir sicher durch … |
| | ■ Unsere Mitarbeiter werden nach dem Leistungsprinzip honoriert. Die Beurteilung der Leistungen muss auf die oben definierten SEP ausgerichtet sein. |
| | **6. Kooperationen, Beteiligungen** |
| | **7. Informatik** |
| | **8. Gewinn, Kosten, Finanzierung** |
| G) Zeitbezogenes Vorgehen/Maßnahmen | Ausbau des Außendienstes in Südamerika bis … |
| | Entwicklung eines auf der Grundstrategie basierenden Marketingkonzepts bis … |
| | Einführung des neuen Maschinentyps D bis … in der Schweiz und in Deutschland. |
| | Joint Venture in China bis … geregelt. |
| | Einführung eines neuen Honorierungs- und Belohnungssystems bis … |

▲ Abbildung 7.2     Grundstrategie eines Maschinenherstellers (Auszug) (Forts.)

**A) Leitidee** Die Leitidee umschreibt das **Tätigkeitsfeld** und die **Grundausrichtung** der Geschäftseinheit. Sie kann sich auf die Produkt-/Markt-Aktivität, die Technologie oder auf das zu lösende Kundenproblem beziehen. Dazu drei Beispiele: «Wir sind weltweit die Fluglinie mit dem besten Kundenservice für Transatlantik-Flüge» (British Airways), «Wir sind weltweit das führende Unternehmen für anwenderfreundliche Computer» (Apple), «Wir entwickeln, produzieren und vertreiben kostensenkende Befestigungssysteme, Beschläge und Konstruktionsteile für ausgewählte Industrien und die Bauwirtschaft» (SFS Stadler).

Die Aussage muss einfach, stimulierend und auf ein gemeinsames Ziel ausgerichtet sein. Sie soll Aufforderungscharakter besitzen und bei den Mitarbeitenden Identifikation erzeugen. Die Leitidee muss den Teil der **Vision** (bzw. der strategischen Intention) widerspiegeln, der für die entsprechende strategische Geschäftseinheit relevant ist. Die Leitidee stellt damit die wichtige Verbindung zwischen Unternehmensvision und Strategieentwicklung her.

**B) Nutzenpotenziale** Ein Unternehmen muss bestimmte Voraussetzungen erfüllen, um kurzfristige Erfolge (Gewinn, Cash-flow) zu erzielen. Wir haben diese Voraussetzungen Erfolgspotenziale genannt (siehe Abschnitt 1.2.3 «Strategisches Management», Seite 29 ff.). Der Aufbau von Erfolgspotenzialen erfordert **Chancen** in Form von **attraktiven Nutzenpotenzialen**. Ein Nutzenpotenzial ist eine noch verborgene oder bereits erkennbare Konstellation in der Umwelt, im Markt oder im Unternehmen, die das Unternehmen zum Vorteil aller Anspruchsgruppen ausnutzen kann. Pümpin unterscheidet externe und interne Nutzenpotenziale (▶ Abbildung 7.3), die sowohl langfristig-strategisch als auch kurzfristig-operativ ausgerichtet sein können. Da die letzteren bei optimaler Ausschöpfung ebenfalls **nachhaltige Wettbewerbsvorteile** darstellen, müssen wir sie in dieser Phase der Strategieentwicklung ebenfalls berücksichtigen.

Besonders interessant sind latente, von anderen Unternehmen noch nicht entdeckte, Nutzenpotenziale. Sie sind leichter zugänglich als jene, die bereits von etablierten Konkurrenten besetzt sind. Die Suche nach Nutzenpotenzialen darf sich nicht allein am Marktpotenzial orientieren (▶ Abbildung 7.3 ist darum nicht als abschließende Liste zu betrachten), denn mit unkonventionellen Nutzenpotenzialen können wir auch in weniger attraktiven Märkten bestehen.

In der **Grundstrategie** definieren wir die besonders attraktiven **Nutzenpotenziale**. In der Regel werden zwei bis vier ausgewählt, die wir zu Erfolgspotenzialen[1] erschließen wollen.

---

1 Nach der in diesem Buch verwendeten Terminologie sind Erfolgspotenziale somit vom Unternehmen **tatsächlich** erschlossene Nutzenpotenziale.

| Externe Nutzenpotenziale | |
|---|---|
| Beschaffungspotenzial | Möglichkeiten zur Nutzung von Veränderungen auf den Beschaffungsmärkten und/oder zur Realisierung innovativer Beschaffungskonzepte/-systeme |
| Externes Humanpotenzial | Möglichkeiten zur Rekrutierung von bisher ungenutzten Arbeitskräften (z.B. durch innovatives, flexibles Personalmanagement) |
| Finanzpotenzial | Möglichkeiten zur günstigen Unternehmensfinanzierung |
| Imagepotenzial | Vorteile aus einem hohen Bekanntheits- und Prestigegrad der Produkte/Marken bzw. des Unternehmens |
| Informatikpotenzial | Möglichkeiten zum Einsatz moderner Informatik- und Kommunikationstechnologie |
| Kooperationspotenzial | Möglichkeiten zur Zusammenarbeit mit anderen Unternehmen (z.B. mittels Joint Ventures, strategischer Allianzen usw.) |
| Marktpotenzial | Aufnahmefähigkeit der nationalen und internationalen Absatzmärkte bzw. Absatzmarktsegmente |
| Ökologiepotenzial | Möglichkeiten zur Nutzung des gestiegenen Umweltbewusstseins |
| Regulierungspotenzial | Möglichkeiten zur Einflussnahme auf die Gesetzgebung oder die Ausschöpfung von (neuen) Gesetzen |
| Technologiepotenzial | Möglichkeiten zum Einsatz neuer Technologien |
| Übernahme- und Restrukturierungspotenzial | Möglichkeiten zur Akquisition und Restrukturierung anderer Unternehmen |
| Interne Nutzenpotenziale | |
| Bilanzpotenzial | Möglichkeiten zur Erhöhung des Gewinns, des Free Cash-flows oder der Börsenkapitalisierung durch eine Neugestaltung der Unternehmensaktiva und -passiva (z.B. mittels Auflösung stiller Reserven, steuersparender Transaktionen) |
| Immobilienpotenzial | Möglichkeiten zur gesteigerten Wertschöpfung aus dem Eigentum von Grundstücken und Gebäuden (z.B. mittels Verkauf, Neuvermietung) |
| Internes Humanpotenzial | Möglichkeiten zur Nutzung bisher nur unzureichend aktivierter Leistungsressourcen bei den Mitarbeitenden (z.B. mittels neuer Anreize/Belohnungen oder flexiblem Personalmanagement) |
| Know-how Potenzial | Möglichkeiten zur internen Ausschöpfung oder externen Verwertung (z.B. über Lizenzvergabe) von konkurrenzüberlegenem Wissen und Können |
| Kostensenkungspotenzial | Möglichkeiten für Kosteneinsparungen (z.B. mittels Rationalisierung, Entbürokratisierung) |
| Organisatorisches Potenzial | Möglichkeiten zur Leistungssteigerung durch die Neugestaltung innerbetrieblicher Prozesse und Strukturen (z.B. mittels Bildung von Holding- und Zeltstrukturen, Ausgliederung von Unternehmenseinheiten, Reengineering) |
| Standortpotenzial | Vorteile aus dem Besitz von Verkaufspunkten in attraktiven Lagen, Möglichkeiten zur Verlegung von Produktionsstätten an attraktivere Standorte |
| Synergiepotenzial | Möglichkeiten zur SGE-übergreifenden gemeinsamen Nutzung von Ressourcen |

▲ Abbildung 7.3    Typologie der Nutzenpotenziale nach Pümpin (1992, S. 20ff.)

C) Multiplikation Erfolgreiche Unternehmen **wiederholen** (multiplizieren) **konsequent und systematisch** jene **Aktivitäten,** die auf die Erschließung attraktiver Nutzenpotenziale ausgerichtet sind. Beispielsweise hat die Migros (größte Detailhandelskette in der Schweiz) das Marktpotenzial «Nachfrage nach Nahrungsmitteln und Non-Food-Produkten» mit der Multiplikation seiner Verkaufsstellen sehr schnell und flächendeckend erschlossen. Mit der Multiplikation sind folgende Vorteile verbunden:

- **Konzentration der Kräfte auf das Bewährte und Erfolgreiche.** Das Unternehmen fokussiert die Ressourcen auf das definierte Nutzenpotenzial und setzt sich intensiv mit den Kernproblemen auseinander.
- **Einfachheit.** Aktivitäten, die wiederholt werden, erfordern weniger Koordinationsaufwand, vergrößern das Know-how und erleichtern die Kommunikation unter den Mitarbeitenden (klare, konsistente «Marschrichtung»).
- **Erfahrungskurveneffekte und Zeitgewinn.** Wiederholungen wettbewerbsrelevanter Aktivitäten ermöglichen beträchtliche Nutzensteigerungen sowie Effizienz- und Zeitgewinne, vor allem auch bei nicht produktbezogenen Aktivitäten (z. B. Kooperation, Akquisition, Gemeinkostenwertanalyse, Ausnutzung von Know-how).

In der Grundstrategie legen wir fest, **wie** wir **welche Geschäftsaktivitäten multiplizieren** wollen, um die Nutzenpotenziale optimal auszuschöpfen. Dabei darf sich die Suche nach Multiplikationsmöglichkeiten nicht ausschließlich auf **markt**bezogene Bereiche beschränken. ▶ Abbildung 7.4

| **Prozesse** | **Systeme** |
|---|---|
| ■ Produkte/Dienstleistungen | ■ Frontsysteme |
| ■ Produktionsprozesse | ■ Absatzorganisationen |
| ■ Verkaufsprozesse | ■ Verteilzentren |
| ■ Werbeprozesse | ■ Produktionsstätten |
| ■ F&E-Prozesse (z. B. Aufträge für Dritte) | ■ Agenturen |
| ■ Innovationsprozesse | ■ Planungssysteme |
| ■ Finanzierungsprozesse | ■ Informationssysteme |
| ■ Motivationsprozesse (z. B. Anreize) | |
| ■ Akquisitionsprozesse | **Image/Goodwill/Marken** |
| ■ Restrukturierungsprozesse | ■ Produktmarken |
| ■ Beschaffungsprozesse | ■ Firmennamen |
| ■ Planungsprozesse | ■ Personennamen |
| | ■ Corporate Design |
| **Know-how/Fähigkeiten** | |
| ■ Marketingfähigkeiten | |
| ■ F&E-Fähigkeiten | |
| ■ Logistikfähigkeiten | |
| ■ Finanzmarkt-Know-how | |

▲ Abbildung 7.4 Mögliche Multiplikationsobjekte (vgl. Pümpin 1989, S. 115ff.)

zeigt verschiedene Multiplikationsformen auf. Systemmultiplikationen sind besonders attraktiv, da sie einen höheren Informationsgehalt aufweisen und ein umfassenderes Know-how erfordern als Einzelprozesse. Sie sind damit besser vor Imitation geschützt.

**D) Strategische Erfolgspositionen**

Eine «strategische Erfolgsposition» (SEP) liegt vor, wenn ein Unternehmen in einem vom Markt als wichtig erkannten Aktivitätsfeld gegenüber **der Konkurrenz überlegene Fähigkeiten** entwickelt. Der Aufbau von strategischen Erfolgspositionen ist ein wesentliches Ziel des Strategischen Managements. Aus den strategischen Erfolgspositionen lassen sich unmittelbar Maßnahmen für die verschiedenen Unternehmensbereiche ableiten. Sie dienen daher den Mitarbeitenden als Orientierungshilfe für ihr tägliches Handeln.

Wir beschreiben in der Grundstrategie zwei bis drei strategische Erfolgspositionen, die wir aufbauen oder weiterentwickeln müssen, um die Nutzenpotenziale optimal zu erschließen. Von besonderem Interesse sind solche, die von den Konkurrenten kaum kopiert werden können. ▶ Abbildung 7.5 zeigt Beispiele zu den drei Hauptbereichen, in denen ein Unternehmen strategische Erfolgspositionen aufbauen kann.

**E) Leistungs- und Marktprioritäten**

Indem wir klare Prioritäten festlegen (z. B. neu aufbauen, fördern, halten, abbauen), konkretisieren wir die Leitidee für die einzelnen Leistungs- und Marktbereiche, wobei wir vor allem Leistungen und Märkte fördern, die mit unseren strategischen Erfolgspositionen übereinstimmen und die anvisierten Nutzenpotenziale repräsentieren.

| Bereich Produkte und Dienstleistungen | ▪ Fähigkeit, Kundenbedürfnisse rascher und besser als die Konkurrenz zu erkennen, um damit die Sortimente beziehungsweise Produkte und Dienstleistungen schneller den Marktbedürfnissen anpassen zu können<br>▪ Fähigkeit, eine hervorragende Kundenberatung und einen überlegenen Kundenservice zu bieten<br>▪ Fähigkeit, einen bestimmten Werkstoff (z. B. Aluminium) in der Herstellung und der Anwendung besser zu kennen und zu beherrschen |
|---|---|
| Bereich Markt | ▪ Fähigkeit, einen bestimmten Markt beziehungsweise eine bestimmte Abnehmergruppe gezielter und wirkungsvoller als die Konkurrenz zu bearbeiten<br>▪ Fähigkeit, in einem Markt ein überlegenes Image (z. B. Qualität) aufzubauen und zu halten |
| Bereich Unternehmensfunktionen | ▪ Fähigkeit, bestimmte Distributionskanäle am besten zu erschließen und zu besetzen (z. B. Direktvertrieb)<br>▪ Fähigkeit, durch laufende Innovationen schneller als die Konkurrenz neue, überlegene Produkte auf den Markt zu bringen<br>▪ Fähigkeit, überlegene Beschaffungsquellen zu erschließen und zu sichern<br>▪ Fähigkeit, effizienter und kostengünstiger als die Konkurrenz zu produzieren<br>▪ Fähigkeit, die bestqualifizierten Mitarbeiter zu rekrutieren und zu behalten |

▲ Abbildung 7.5    Beispiele strategischer Erfolgspositionen (Pümpin/Geilinger 1988, S. 14)

**F) Funktionale Grundsätze**

In einem weiteren Schritt fassen wir die wichtigsten Folgerungen aus den bisherigen Elementen der Grundstrategie für die einzelnen Arbeitsbereiche in funktionalen Grundsätzen zusammen. Diese **«Teilstrategien»** dienen als Handlungsrichtlinien für planerische und ausführende Tätigkeiten. Die Grundsätze beziehen sich üblicherweise auf die Arbeitsbereiche Marketing, Innovation/F&E, Produktion, Gewinn/Kosten, Finanzierung, Personal, Führung und Organisation, Informatik, Akquisitionen/Beteiligungen/Kooperationen usw.

**G) Zeitbezogenes Vorgehen/ Maßnahmen**

Zum Schluss legen wir die zeitliche Abfolge der wichtigsten Umsetzungsmaßnahmen fest und bestimmen Etappenziele in Form von Meilensteinen (was wird bis wann erledigt?). In der Phase der Strategieumsetzung konkretisieren wir die hier nur grob skizzierten Maßnahmen.

**7.1.2 Grundsätze bei der Formulierung von Wettbewerbsstrategien**

Die Entwicklung von Wettbewerbsstrategien ist ein kreativer Prozess. Folgende Grundsätze sind bei der Formulierung einer Strategie zu beachten:

**Konzentration der Kräfte[1]**

Das Prinzip der Kräftekonzentration ist einer der wichtigsten Grundsätze im Strategischen Management. Es kommt auf vielen Ebenen zum Tragen. Um genügend strategische «Stoßkraft» zu erzielen, ist eine **«kritische Masse»** an Ressourcen und Fähigkeiten erforderlich, die wir oft nur erreichen können, wenn wir unsere Kräfte bündeln. Allerdings ist die Bestimmung der erforderlichern strategischen «Stoßkraft» und der ausreichenden «kritischen Masse» auch abhängig von der Größe des Marktsegmentes, das wir bearbeiten wollen.

Ob wir dabei von Nutzenpotenzialen, Differenzierungsmöglichkeiten, strategischen Erfolgspositionen, Multiplikation oder von Produkt-/Markt-Zielen reden, immer geht es um die Konzentration auf jene Faktoren, bei denen wir die größte Wirkung erzielen können.

Die Konzentration der Kräfte erfordert von der Geschäftsleitung Überzeugungs- und Durchsetzungskraft, denn in der Regel werden die bisherigen Geschäftsbereiche versuchen, an den historisch gewachsenen Strategien festzuhalten. Viele Unternehmen schlagen daher neue Richtungen ein, ohne sich von veralteten Produktgruppen zu trennen, was zu einer Verzettelung der Kräfte führt.

Eine Konzentration ist auch bei den Zielsetzungen erforderlich. Oft verfolgen die verschiedenen Funktions- und Arbeitsbereiche unterschiedliche Ziele. Der Verkauf möchte jeden noch so ausgefallenen Kundenwunsch erfüllen, die Forschungsabteilung mit innovativen Produkten auf sich aufmerksam machen, die Service-Abteilung Reparatu-

---

1 Vgl. Bleicher (1992) S. 204 ff.

ren möglichst schnell ausführen und die Fertigung/Montage so effizient wie möglich produzieren. Will ein Unternehmen alle diese Ziele gleichzeitig verfolgen, müssen die Ressourcen nach dem «Gießkannenprinzip» auf die vielfältigen Vorhaben verteilt werden, was einem **fokussierten Einsatz der betrieblichen Mittel** widerspricht. Anders ausgedrückt: Die Ressourcen werden nicht jenen strategischen Erfolgspositionen zugewiesen, die im Wettbewerb die größte Wirkung erzielen könnten.

Daher ist es wichtig, dass wir die personellen, sachlichen, finanziellen und zeitlichen Ressourcen gezielt zum **Aufbau von strategischen Erfolgspositionen** und zur Multiplikation der Kernaktivitäten einsetzen. Dies erfordert die Konzentration auf einige wenige (zwei bis maximal fünf) strategische Erfolgspositionen. Den nicht wettbewerbsrelevanten Bereichen weisen wir nur so viele Mittel zu, dass eine zweckmäßige Aufgabenerfüllung möglich ist und entscheidende Wettbewerbsnachteile verhindert werden. Beispielsweise dürfen Effizienz-Überlegungen nicht die Qualität beeinträchtigen, wenn wir unseren Erfolg vorwiegend auf die strategische Erfolgsposition «Qualität» abstützen.

Mit der Konzentration der Kräfte sind **zwei Risiken** verbunden. Erstens besteht die Gefahr, dass wir uns in Bereichen, die außerhalb unseres Fokus liegen, gegenüber Konkurrenten Schwäche zeigen (z.B. mangelnde Produktentwicklung, unzureichende Marketingaktivitäten). Zweitens vermindern wir durch die Konzentration auf bestimmte Produkt-/Markt- und Technologieentwicklungen unsere strategischen Optionen, was sich besonders dann als Nachteil erweist, wenn wir «auf das falsche Pferd» gesetzt haben.

**Harmonisierung der Strategie**

Eine Strategie muss in sich **konsistent** sein. Strategische Erfolgspositionen sollen sich nach Möglichkeit gegenseitig verstärken. So kann etwa eine strategische Erfolgsposition «technisches Know-how» in einem Produktionsunternehmen die «Kundenproblemlösung» sinnvoll unterstützen. Allerdings ist auch denkbar, dass strategische Erfolgspositionen gegensätzliche Fähigkeiten erfordern, was es schwierig macht, sie in eine Strategie zu integrieren. Beispielsweise kann in einem Dienstleistungsunternehmen eine Kombination der strategischen Erfolgspositionen «Servicequalität» und «Kostenführerschaft», die gegensätzliche Fähigkeiten erfordern, dazu führen, dass weder bei der Qualität noch bei den Kosten ein echter Wettbewerbsvorteil erzielt wird.

**Ausrichtung der SEP auf die kritischen Erfolgsfaktoren**

In jedem Geschäftsfeld entscheiden einige wenige Faktoren (z.B. Qualität, Preis, Innovation, Lieferfrist, Beratung, Service) über Erfolg und Misserfolg eines Unternehmens (siehe Abschnitt 3.3.4 «Bestimmen der Erfolgsfaktoren», Seite 122 f.). Wir unterscheiden zwischen wettbewerbsneutralen Erfolgsfaktoren (sogenannte «Knock-out-Kriterien», die jeder Wettbewerber erfüllen muss, wenn er im Markt überleben will) und wettbewerbsentscheidenden Erfolgsfaktoren (sogenannte «Win-Kriterien», die einem bestimmten Wettbewerber ermöglichen, einen Vorsprung gegenüber der Konkurrenz zu erzielen).

Die strategischen Erfolgspositionen sind auf diese Erfolgsfaktoren auszurichten. Während die wettbewerbsneutralen Kriterien auf jeden Fall erfüllt sein müssen, sind bei den wettbewerbsentscheidenden Kriterien jene durchzusetzen, bei denen die **größte Profilierungs- und Erfolgschance** besteht. Diese können von Unternehmen zu Unternehmen verschieden sein. Hat beispielsweise ein Konkurrent bei einem wettbewerbsentscheidenden Faktor bereits eine starke Erfolgsposition aufgebaut, kann ein indirektes Vorgehen über noch schwach besetzte Erfolgsfaktoren eine sinnvolle Strategie darstellen, besonders, wenn wir damit ein latentes Bedürfnis bei den Abnehmern wecken und befriedigen können.

**Fähigkeitsorientierte Strategieentwicklung**

Erfolgreiche Strategien stützen sich auf die materiellen und immateriellen Ressourcen. Sie bilden die Grundlage für besondere Fähigkeiten, die sich zu Kernkompetenzen verdichten können. In diesem Sinne **nützen** erfolgreiche Strategien **die Stärken des Unternehmens aus** und umgehen dessen Schwächen. Strategische Misserfolge treten vor allem in Unternehmen auf, die entweder ihre eigenen Stärken und Schwächen nicht kennen oder die vorhandenen Mittel überschätzen. Die Suche nach Nutzenpotenzialen, strategischen Erfolgspositionen und Multiplikationsmöglichkeiten muss darum immer vor dem Hintergrund der eigenen Fähigkeiten und der verfügbaren Mittel erfolgen.

**Timing**

Chancen sind oft zeitgebunden. Aktivitäten zur Umsetzung von Chancen sind daher dann auszulösen, wenn das **«strategische Fenster»** (Abell 1980) geöffnet ist. Um zu beurteilen, wann dies der Fall ist, sind unter anderem folgende Fragen zu überlegen:

- Ist der Markt schon (noch) reif für das neue Produkt?
- Haben wir noch genügend Zeit bis zum Markteintritt (time to market)?

**Ausrichtung der Grundstrategie auf die Branchenkräfte**

Eine erfolgreiche Strategie ist darauf ausgerichtet, gegenüber den Wettbewerbskräften eine verteidigungsfähige Position aufzubauen. Dabei spielt die Wertkette eine entscheidende Rolle. Die Wertaktivitäten müssen für den Kunden einen tatsächlichen Wert (z. B. niedriger Preis oder hoher Nutzen) darstellen und damit das Unternehmen vor (neuen) Konkurrenten, Ersatzprodukten und der Marktmacht von Abnehmern und Lieferanten schützen. Wir zeigen im Folgenden, wie diese Positionen durch Kostenführerschaft und/oder durch Differenzierung aufgebaut werden können.

**7.1.3**
**Inhaltliche**
**Dimensionen von**
**Wettbewerbs-**
**strategien**

Um eine Grundstrategie formulieren zu können, müssen wir zunächst entscheiden, auf welche **Wettbewerbsvorteile** (Kosten und/oder Differenzierung) wir hinarbeiten, welches **Wettbewerbsfeld** (branchenweit oder segmentspezifisch) wir nutzbar machen und welches **Innovationsverhalten** (Pionier versus Nachahmer) wir anstreben wollen. Im Folgenden zeigen wir, welche Faktoren und Überlegungen bei der Ausgestaltung dieser drei Wettbewerbsdimensionen zu berücksichtigen sind.

Weitere inhaltliche Dimensionen bei der Formulierung von Grundstrategien sind die Wertschöpfungstiefe (vertikale Integration) und die Synergiepotenziale (siehe Abschnitt 7.3.1 «Synergien: Möglichkeiten und Grenzen», Seite 302 ff.)

▶ Abbildung 7.6 zeigt die vier möglichen Wettbewerbsstrategien, die sich aus der Kombination des Wettbewerbsvorteils und des anvisierten Wettbewerbsfelds ergeben können.

Kostenführerschaft[1]

Kostenführer sind wir, wenn wir innerhalb unserer Branche die günstigste Kostenstruktur aufweisen. Kostenführerschaft setzt voraus, dass wir unsere **Leistungen so günstig wie möglich erstellen.** Unsere strategischen Erfolgspositionen sind daher **effizienzorientiert** (z. B. Produktivität, Lagerbewirtschaftung, Zeitmanagement).

Die Kostenführerstrategie erfordert normalerweise einen hohen Marktanteil, gute Produktionsanlagen, eine effiziente Größe, das Ausnutzen erfahrungsbedingter Kostensenkungen sowie eine strenge Kostenkontrolle in allen Geschäftsbereichen.

Eine Kostenführerstrategie darf nicht mit mangelnder Produktqualität erkauft werden. Die Strategie muss sich auf ein gutes (oder zumindest

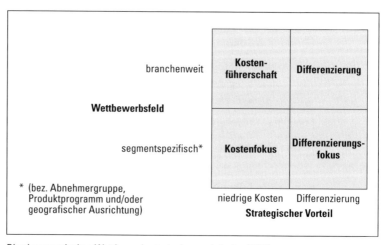

▲ Abbildung 7.6     Die vier generischen Wettbewerbsstrategien nach Porter (1986)

1  Vgl. Porter (1986) S. 93 ff.

| Erforderliche Fähigkeiten und Mittel | ■ Hohe Investitionen und Zugang zu Kapital<br>■ Verfahrensinnovation und -verbesserung<br>■ Produkte, die im Hinblick auf einfache Herstellung entworfen sind<br>■ Kostengünstiges Vertriebssystem |
|---|---|
| Organisatorische Anforderungen | ■ Intensive Kostenkontrolle<br>■ Häufige detaillierte Kontrollberichte<br>■ Klar gegliederte Organisation und Verantwortlichkeiten<br>■ Anreizsystem, das auf der strikten Erfüllung quantitativer Ziele beruht |
| Risiken | ■ Kostenführerschaft geht verloren (Nachahmung durch Konkurrenten; technologische Veränderungen; andere Grundlagen der Kostenführerschaft verschwinden)<br>■ die beinahe paritätische Differenzierung geht verloren (Kostenvorteil wird durch Differenzierungs*nachteil* zunichte gemacht)<br>■ auf den Kostenschwerpunkt konzentrierte Unternehmen erzielen in den Segmenten einen noch größeren Kostenvorsprung |
| Typische Fehler | ■ ausschließliche Beachtung der Fertigungskosten (Kosten für Beschaffung, Marketing, Verkauf, Kundendienst, Technologieentwicklung, Infrastruktur usw. werden vernachlässigt)<br>■ Kosten indirekter oder kleinerer Aktivitäten werden übersehen<br>■ mangelnde Nutzung von Verknüpfungen<br>■ notwendige Produkt- oder Marktänderungen werden nicht erkannt |

▲ Abbildung 7.7    Voraussetzungen und Risiken der Kostenführerschaft
(vgl. Porter 1986, S. 44ff.; und 1992, S. 62ff.)

«akzeptables») Produkt stützen und versuchen, alle kostenwirksamen Faktoren innerhalb der Wertkette in den Griff zu bekommen. Nur wenn dies gelingt, können wir dank Kostenvorteilen bei gleichen Preisen einen höheren Gewinn erzielen und bei einem Preiskampf länger durchhalten als unsere Konkurrenten. Auf keinen Fall dürfen wir uns durch die günstige Kostenposition einen Differenzierungsnachteil einhandeln, der den Kostenvorteil zunichte macht.

Wer eine Kostenführerstrategie durchsetzen will, muss im Unternehmen systematisch alle Rationalisierungspotentiale ermitteln. Ein Instrument dazu ist die strategische Kostenanalyse (siehe Kapitel 4, Abschnitt 4.3.3 «Analyse der Wertkette», Seite 154ff.). Ein nachhaltiger Kostenvorsprung ergibt sich normalerweise nur, wenn mehrere Quellen innerhalb der Wertkette genutzt werden.

◄ Abbildung 7.7 fasst die wichtigsten Voraussetzungen und Risiken einer Kostenführerschaft zusammen.

Differenzierung[1]    Mit einer Differenzierungsstrategie zielen wir darauf ab, einerseits die Bedürfnisse unserer Kunden optimal zu befriedigen und andererseits unser Leistungsangebot so zu gestalten, dass es sich möglichst deutlich – und für unsere Kunden wahrnehmbar – von den Angeboten unserer

---

1  Vgl. Porter (1986) S. 164ff.

Konkurrenz abhebt. Dazu benötigen wir **marktorientierte** (z. B. Qualität, Service, Sortiment, Image, Kundenberatung, Verkauf, Distribution, Innovation) **oder zeitbezogene strategische Erfolgspositionen** (z. B. schnelle Produktentwicklung und -einführung, rasches Kopieren von Konkurrenzinnovationen, Anpassungsfähigkeit).

Die Differenzierung bringt uns nur dann einen Vorteil, wenn der Kunde bereit ist, uns unseren Mehraufwand zu bezahlen. Wenn wir auf Differenzierung bauen wollen, müssen wir uns daher ebenfalls um die Kosten kümmern und alle Möglichkeiten der Kostensenkung ausnutzen, die nicht die Differenzierung beeinträchtigen.

Ein branchenweit tätiges Unternehmen gründet seine Einzigartigkeit auf Kriterien, die von vielen Segmenten gleichzeitig bevorzugt werden (bei IBM ist dies zum Beispiel der weltweit gute Ruf und der professionelle Service). Dabei ist es mit seiner Strategie um so erfolgreicher, je preisunelastischer seine Abnehmer reagieren.

Die Überlegung, auf welche Weise wir dem Kunden eine einzigartige Leistung erbringen können, ist der Ausgangspunkt jeder Differenzierungsstrategie. Je vielschichtiger unsere Differenzierungsquellen sind, desto weniger Angriffspunkte bieten wir unseren Konkurrenten. Nicht nur das physische Produkt oder die Marketingmethoden sind Quellen der Differenzierung. Wir sollten vielmehr die ganze Wertkette nach Möglichkeiten absuchen, dem Kunden eine «einmalige» Leistung zu erbringen. Ein Wettbewerbsvorteil entsteht überall dort, wo der Abnehmer dank unserem Produkt seine Kosten senken oder seine Leistung steigern kann. ▶ Abbildung 7.8 zeigt die Wertkette mit möglichen Quellen der Differenzierung.

Oft sehen Unternehmen nur das physische Produkt oder die Marketingmethoden als Quellen der Differenzierung. Diese Sicht ist zu eng. Wer mittels Differenzierung Wettbewerbsvorteile erzielen will, muss die ganze Wertkette nach Möglichkeiten absuchen, dem Kunden eine «einmalige» Leistung zu erbringen. Ein Wettbewerbsvorteil entsteht überall dort, wo der Abnehmer dank unserem Produkt seine Kosten senken oder seine Leistung steigern kann.

Nicht alle Differenzierungsquellen müssen kostspielig sein. Wichtige Differenzierungen lassen sich auch mit Wertaktivitäten erzielen, die nur einen geringen Teil der Gesamtkosten ausmachen. Beispielsweise kann in einem Pharma-Unternehmen eine strenge Qualitätskontrolle dank der daraus resultierenden Sicherheit einen wesentlichen Beitrag zur Einmaligkeit leisten, obwohl diese weniger als ein Prozent der Gesamtkosten ausmacht.

Eine Differenzierungsstrategie birgt aber auch **Gefahren** in sich. Nicht selten führt eine übertriebene Differenzierung zu einer Zersplitterung

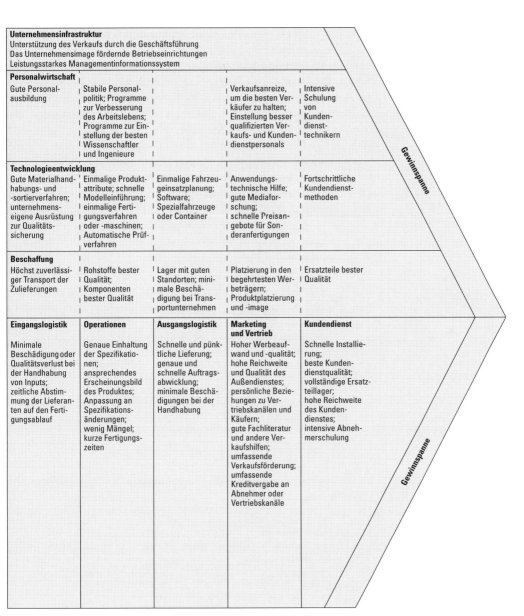

**Unternehmensinfrastruktur**
Unterstützung des Verkaufs durch die Geschäftsführung
Das Unternehmensimage fördernde Betriebseinrichtungen
Leistungsstarkes Managementinformationssystem

| **Personalwirtschaft** | | | | |
|---|---|---|---|---|
| Gute Personal- ausbildung | Stabile Personal- politik; Programme zur Verbesserung des Arbeitslebens; Programme zur Ein- stellung der besten Wissenschaftler und Ingenieure | | Verkaufsanreize, um die besten Ver- käufer zu halten; Einstellung besser qualifizierten Ver- kaufs- und Kunden- dienstpersonals | Intensive Schulung von Kunden- dienst- technikern |

| **Technologieentwicklung** | | | | |
|---|---|---|---|---|
| Gute Materialhand- habungs- und -sortierverfahren; unternehmens- eigene Ausrüstung zur Qualitäts- sicherung | Einmalige Produkt- attribute; schnelle Modelleinführung; einmalige Ferti- gungsverfahren oder -maschinen; Automatische Prüf- verfahren | Einmalige Fahrzeu- geinsatzplanung; Software; Spezialfahrzeuge oder Container | Anwendungs- technische Hilfe; gute Mediafor- schung; schnelle Preisan- gebote für Son- deranfertigungen | Fortschrittliche Kundendienst- methoden |

| **Beschaffung** | | | | |
|---|---|---|---|---|
| Höchst zuverlässi- ger Transport der Zulieferungen | Rohstoffe bester Qualität; Komponenten bester Qualität | Lager mit guten Standorten; mini- male Beschä- digung bei Trans- portunternehmen | Platzierung in den begehrtesten Wer- beträgern; Produktplatzierung und -image | Ersatzteile bester Qualität |

| **Eingangslogistik** | **Operationen** | **Ausgangslogistik** | **Marketing und Vertrieb** | **Kundendienst** |
|---|---|---|---|---|
| Minimale Beschädigung oder Qualitätsverlust bei der Handhabung von Inputs; zeitliche Abstim- mung der Lieferan- ten auf den Ferti- gungsablauf | Genaue Einhaltung der Spezifikatio- nen; ansprechendes Erscheinungsbild des Produktes; Anpassung an Spezifikations- änderungen; wenig Mängel; kurze Fertigungs- zeiten | Schnelle und pünk- tliche Lieferung; genaue und schnelle Auftrags- abwicklung; minimale Beschä- digungen bei der Handhabung | Hoher Werbeauf- wand und -qualität; hohe Reichweite und Qualität des Außendienstes; persönliche Bezie- hungen zu Ver- triebskanälen und Käufern; gute Fachliteratur und andere Ver- kaufshilfen; umfassende Verkaufsförderung; umfassende Kreditvergabe an Abnehmer oder Vertriebskanäle | Schnelle Installie- rung; beste Kunden- dienstqualität; vollständige Ersatz- teillager; hohe Reichweite des Kunden- dienstes; intensive Abneh- merschulung |

▲ Abbildung 7.8    Mögliche Differenzierungsquellen in der Wertkette (Porter 1986, S. 167)

der Kräfte und schränkt die Multiplikationsmöglichkeiten ein. Es ist da- her wichtiger, einen **relativen** Nutzen zu erzielen, als die absolut perfekte Lösung zu finden. Zum Beispiel hat sich die deutsche Metro schon zu Beginn der 70er Jahre entschlossen, die in Deutschland erfolgreichen

Cash&Carry-Märkte (Abholgroßmärkte) auch in Frankreich einzuführen. Dabei entschied sie sich aus Zeit- und Kostengründen, das in Deutschland bewährte Ladenlayout (d.h. Anordnung der Warenbereiche) auch in Frankreich anzuwenden, obwohl aufgrund der kulturellen Unterschiede zweckmäßigere Formen denkbar gewesen wären. Entscheidend war lediglich, den Kunden gegenüber Anbietern mit konventionellen Distributionskonzepten echte Vorteile zu bieten. Durch eine zügige Multiplikation und den bewussten Verzicht auf Perfektionismus gelang es der Metro, frühzeitig die richtigen Standorte zu besetzen, was im Cash&Carry-Geschäft sehr wichtig ist (Pümpin 1989, S. 104 f.).

▶ Abbildung 7.9 fasst die wichtigsten Voraussetzungen und Risiken einer Differenzierungsstrategie zusammen.

| Erforderliche Fähigkeiten und Mittel | ■ Gute Marketingfähigkeiten<br>■ Produkt-Engineering<br>■ Kreativität<br>■ Stärken in der Grundlagenforschung<br>■ Gutes Image bezüglich Qualität und Technologie<br>■ Lange Branchentradition oder einmalige Kombination von Fähigkeiten, die aus anderen Branchen stammen<br>■ Enge Kooperation mit Beschaffungs- und Vertriebskanälen |
|---|---|
| Organisatorische Anforderungen | ■ Gute Koordination der Tätigkeiten in den Bereichen F&E, Produktentwicklung und Marketing<br>■ Subjektive Bewertungen und Anreize anstelle von quantitativen Kriterien<br>■ Annehmlichkeiten, um hochqualifizierte Arbeitskräfte, Wissenschafter oder kreative Menschen anzuziehen |
| Risiken | ■ Differenzierung geht verloren (Nachahmung durch Konkurrenten; Grundlagen der Differenzierung verlieren bei den Abnehmern an Bedeutung)<br>■ Die beinahe paritätische Kostenposition geht verloren<br>■ Auf Differenzierung konzentrierte Unternehmen erzielen in den Segmenten noch stärkere Differenzierung |
| Typische Fehler | ■ Konzentration auf das Produkt statt auf die ganze Wertkette<br>■ Die Differenzierung bietet keinen echten Mehrwert für den Abnehmer<br>■ Die Differenzierung wird nicht ausreichend signalisiert oder vom Abnehmer nicht wahrgenommen<br>■ Unnötige Differenzierung (z.B. liegt Produktqualität oder Kundendienst *über* den Abnehmerbedürfnissen)<br>■ Zu hohe Preisprämie<br>■ Zu hohe oder intransparente Differenzierungskosten |

▲ Abbildung 7.9   Voraussetzungen und Risiken der Differenzierung
(vgl. Porter 1986, S. 44 ff. und 1992, S. 62 ff.)

**Komponenten einer nachhaltigen Strategie**

Nachdem sich ein Unternehmen für eine generische Strategie entschieden hat, muss es ein konsistentes System von wertschöpfenden Aktivitäten aufbauen und diese konsequent auf die gewählte Strategie ausrichten. Die Entwicklung einer Strategie besteht demnach im Aufbau einer einzigartigen, nachhaltigen Marktposition durch die Ausführung einer Reihe differenter Geschäftstätigkeiten. Das Ziel dabei ist, dem Kunden einen höheren Wert zum gleichen Preis oder den gleichen Wert zu einem geringeren Preis anzubieten. Nach Porter (1997, S. 42–58) besteht eine nachhaltige Strategie aus drei Komponenten (vgl. ▶ Abbildung 7.10). Eine klare strategische Positionierung legt zunächst fest, welche Kundenbedürfnisse mit welchen Produkten oder Leistungen abgedeckt werden sollen (z. B. günstiger Preis) und wie der Zugang zum Kunden erfolgen soll (z. B. über Läden in günstigen Liegenschaften). Danach sind alle Tätigkeiten auf die strategische Positionierung auszurichten und mit den anderen Tätigkeiten im Unternehmen abzustimmen. Schließlich ist noch zu entscheiden, welche Leistungen erbracht werden sollen und welche nicht, da nach Porter die Essenz einer Strategie in der Wahl dessen besteht, was nicht zu tun ist.

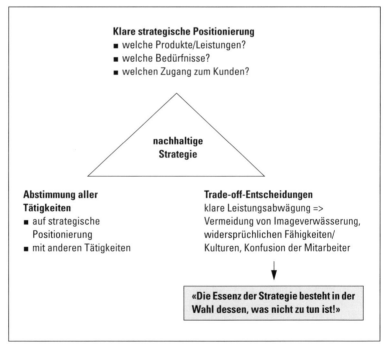

▲ Abbildung 7.10    Komponenten einer nachhaltigen Strategie (nach Porter 1997)

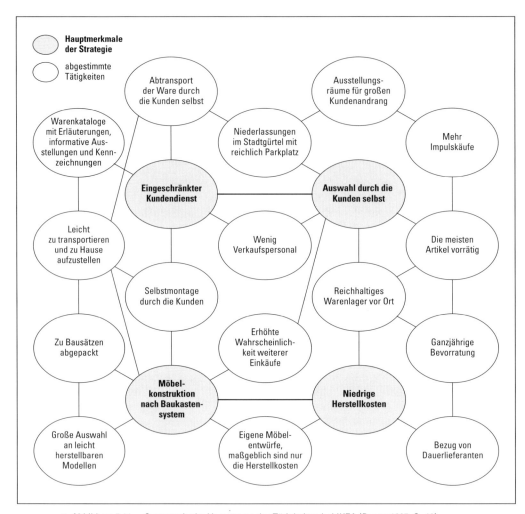

▲ Abbildung 7.11    Systematische Vernetzung der Tätigkeiten bei IKEA (Porter 1997, S. 49)

Wie eine Vielzahl einzigartiger und schwer zu imitierender Aktivitäten untereinander vernetzt und aufeinander abgestimmt werden können, lässt sich am Beispiel von IKEA verdeutlichen (vgl. ◄ Abbildung 7.11).

Kostenführerschaft
versus
Differenzierung

► Abbildung 7.12 verdeutlicht den Zusammenhang zwischen Abnehmerwert, Preis und Kosten für die Kostenführer- und die Differenzierungsstrategie. Die Preisprämie ist nur zu realisieren, wenn die Kundinnen und Kunden den Mehrwert tatsächlich wahrnehmen und bereit sind, dafür mehr zu bezahlen. Andernfalls entscheiden sie sich entweder für ein Produkt eines differenzierten Unternehmens, bei dem der Mehrwert

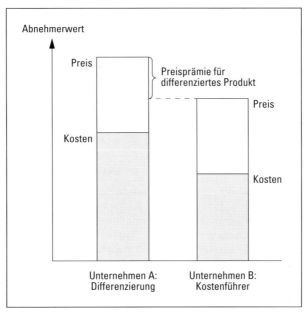

▲ Abbildung 7.12    Abnehmerwert, Preis und Kosten bei der Kostenführer- und Differenzierungsstrategie

besser wahrnehmbar ist, oder sie wählen das günstigere Produkt des Kostenführers (Unternehmen B).

Das Beispiel IKEA (▶ Abbildung 7.13) zeigt die unterschiedliche Gestaltung der Wertaktivitäten bei einer Kostenführer- und bei einer Differenzierungsstrategie.

| | Herkömmlicher Möbelanbieter (Differenzierungsstrategie) | IKEA (Kostenführerstrategie) |
|---|---|---|
| **Rohmaterial** | je nach Material: geringe bis hohe Kosten | geringe Kosten |
| **Herstellung** | kleine Mengen: hohe Kosten | große Mengen: geringe Kosten |
| **Montage** | arbeitsintensiv: hohe Kosten | durch Kunden: keine Kosten |
| **Transport** | Luft: hohe Kosten | kompakt zerlegt: geringe Kosten |
| **Showroom** | zentrale Lage: hohe Kosten | außerhalb: geringe Kosten |
| **Lieferzeit** | kleines Lager: lang | großes Lager: kurz |
| **Anlieferung** | Luft: hohe Kosten | Abholung durch Kunde: keine Kosten |

▲ Abbildung 7.13    Beispiel für Wertaktivitäten bei unterschiedlichen Wettbewerbsstrategien
(Esser 1994, S. 137)

Wir können uns die Frage stellen, ob sich «Kostenführerschaft» und «Differenzierung» in jedem Fall widersprechen oder ob die beiden Wettbewerbsstrategien auch kombinierbar sind. Diese Frage ist darum von besonderer Bedeutung, weil die Wahl der Wettbewerbsstrategie wie kaum ein anderer Faktor unmittelbare Auswirkungen auf den Unternehmenserfolg hat.

Porter fordert grundsätzlich eine eindeutige Entscheidung für einen Strategietyp. Dies entspricht dem Grundsatz der Konzentration. Im Strategischen Management gibt es keine «Alleskönner». Unser Beispiel aus der Möbelbranche zeigt, dass Kostenführerschaft und Differenzierung unterschiedliche, meist widersprüchliche Wege sind, um zu Wettbewerbsvorteilen zu gelangen. In der Regel ist es laut Porter kaum möglich, beide Strategien gleichzeitig zu verfolgen, denn die Folge wäre unter anderem eine uneinheitliche Unternehmenskultur und ein inkonsistentes Motivationssystem. Nur eine konsequente Ausrichtung einiger weniger strategischer Erfolgspositionen auf eine bestimmte Wettbewerbsstrategie führt zu einem nachhaltigen Wettbewerbsvorteil.

Allerdings haben in den letzten Jahren verschiedene technische und logistische Entwicklungen die Voraussetzungen beträchtlich verändert und damit die rigide Haltung Porters zunehmend in Frage gestellt:

- **Prozess-, System- und Produktinnovationen** ermöglichen uns, gleichzeitig die Leistung eines Produktes zu steigern und dessen Kosten zu senken. Beispielsweise kann eine Qualitätserhöhung eine Reduktion der Wartungs- und Reparaturkosten bewirken.
- **Flexible Produktionstechnologien** führen zu einer Verringerung der Umrüstungskosten. Mit zeitgemäßen Produktionstechnologien können wir auch kleine Fertigungslose kostengünstig produzieren und gleichzeitig auf die besonderen Bedürfnisse der Kundinnen und Kunden eingehen.
- Die **Standardisierung wichtiger Komponenten** erlaubt uns, über mehrere Segmente Mengenvorteile (Economies of Scale) zu erzielen, ohne dabei auf Differenzierungsmöglichkeiten zu verzichten. Chrysler hat Mitte der 80er Jahre damit begonnen, die verschiedenen Fahrzeugmodelle aus einer gemeinsamen Komponenten-Plattform (z.B. Achsen, Aufhängungen und Getriebe) zu bauen. Heute ist dies praktisch bei allen großen Automobilherstellern der Fall. Sie können dadurch erhebliche Kosten einsparen, ohne auf die äußerliche Differenzierung der Modelle zu verzichten.

Verschiedene empirische Forschungen[1] zeigen, dass in manchen Branchen gerade jene Unternehmen erfolgreich sind, die **«hybride» Strategien**

---

1 Vgl. z.B. Fleck (1994); Gaitanides/Westphal (1991); Hall (1980); Miller/Friesen (1986); Miller/Dess (1993).

| Strategie | Typische Merkmale | Erfolg* |
|---|---|---|
| **Hybride Strategie (branchenweit)** | ■ günstige Kostenstruktur kombiniert mit hoher Differenzierung<br>■ beruht üblicherweise auf Marktdominanz<br>■ beobachtbar v. a. in reifen Branchen | ROI = 37,8 % |
| **Hybride Strategie (segmentspezifisch)** | ■ günstige Kostenstruktur kombiniert mit hoher Differenzierung<br>■ typisch v. a. in Wachstumsbranchen | ROI = 31,6 % |
| **Differenzierung (branchenweit)** | ■ Einzigartigkeit erlaubt Preisprämie, welche auch in schwierigen Zeiten noch angemessene Erträge ermöglicht<br>■ Differenzierung basiert meist auf hoher Produktqualität und -innovation | ROI = 32,9 % |
| **Differenzierung (segmentspezifisch)** | ■ Einzigartigkeit ist mit einem tiefen Marktanteil verbunden<br>■ sehr hohe Produktinnovationsrate<br>■ sehr hohe F&E- und Marketingaufwendungen | ROI = 17,0 % |
| **Kostenführerschaft (branchenweit)** | ■ typisch für Produktionsunternehmen, welche auf Economies of Scale angewiesen sind<br>■ notwendig bei Commodity-Produkten (z. B. Aluminium, Stahl, Expresslieferungen usw.), wo man vom Marktpreis abhängig ist | ROI = 30,2 % |
| **Kostenführerschaft (segmentspezifisch)** | ■ Kostenführerschaft basiert meist auf einem Produkt von geringerer Qualität<br>■ tiefe Produktinnovationsrate<br>■ hohe Kapitalintensität | ROI = 23,7 % |
| **«Zwischen-den-Stühlen»-Strategie** | ■ weder günstige Kostenstruktur noch klare Differenzierung noch klare Fokussierung<br>■ oft Unternehmen in reifen oder niedergehenden Phasen des Lebenszyklus, welche von der Konkurrenz überflügelt wurden<br>■ beobachtbar v. a. in sehr wettbewerbsintensiven Branchen | ROI = 17,8 % |

\* Durchschnittliche Rentabilität der untersuchten Gruppe. Untersucht wurden insgesamt 715 Geschäftseinheiten aus unterschiedlichen Branchen.

▲ Abbildung 7.14 Wettbewerbsstrategien und SGE-Erfolg (Resultate einer PIMS-Studie; Miller/Dess 1993)

verfolgen, d.h. eine Differenzierungsstrategie mit einer Kostenführerstrategie kombinieren. ◄ Abbildung 7.14 zeigt die Resultate einer PIMS-Studie, die dies ebenfalls belegt.

Natürlich sind auch bei hybriden Strategien die Kriterien für nachhaltige Strategien zu beachten (klare Positionierung, Abstimmung der Tätigkeiten, Trade-off Entscheidungen), wenn man sich nicht «zwischen die Stühle» setzen möchte. Unternehmen, denen sowohl die Voraussetzungen für eine Kostenführer- als auch für eine Differenzierungsstrategie fehlen, weisen nämlich besonders schlechte Ergebnisse auf.

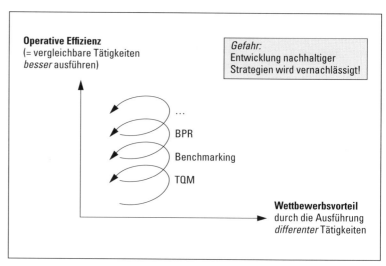

▲ Abbildung 7.15    Operative Effizienz: notwendig, aber nicht hinreichend (in Anlehnung an Porter 1997)

Ungeachtet des gewählten Strategietyps dürfen wir jedoch nicht nur danach streben, branchenübliche Tätigkeiten effizienter, schneller oder besser auszuführen (d.h. sich einseitig auf die operative Effizienz zu konzentrieren). Neue Technologien (Telekommunikation, Internet usw.) und Management-Techniken (z.B. Business Process Reengineering) verschieben zwar die Produktivitätsgrenze kontinuierlich nach oben und machen Strategien immer transparenter, aber sie können von unseren Konkurrenten auch relativ einfach kopiert werden. Nur durch einmalige, aufeinander abgestimmte Tätigkeiten können wir einen nachhaltigen Wettbewerbsvorteil erlangen, der schwierig zu imitieren ist (vgl. ◄ Abbildung 7.15).

**Dynamisierung der Wettbewerbsstrategie: «Outpacing»-Strategien[1]**

Eine kombinierte Differenzierungs-/Kostenführerstrategie scheint jedoch in vielen Fällen erfolgreich zu sein. Allerdings sind die meisten Studien, die dies belegen, Momentaufnahmen, die wenig aussagen über den Weg, der zu diesem Ziel geführt hat.

Kostenführer- und Differenzierungsstrategien erfordern teilweise widersprüchliche Fähigkeiten sowie unterschiedliche Mittel und organisatorische Vorkehrungen. Wie lösen wir diesen Widerspruch, wenn wir eine kombinierte Strategie anstreben?

---

1 Dieser Abschnitt basiert auf Gilbert/Strebel (1987).

Gilbert und Strebel haben in einer umfangreichen Studie nachgewiesen, dass sich vor allem jene Unternehmen durchsetzen können, die sogenannte «Überholstrategien» («Outpacing»-Strategien) verfolgen, d.h. die Kostenstrategie und die Differenzierungsstrategie abwechslungsweise einsetzen.

Die Unternehmen versuchen, zunächst auf einer Dimension (Kosten- oder Produktnutzen) ein hohes Leistungsniveau zu erreichen. Anschließend erhöhen sie ihr Leistungsniveau auf der anderen Dimension, ohne den ursprünglichen Vorteil aufzugeben. Indem sie ihr Gewicht in den folgenden Phasen immer wieder verlagern, überholen sie die Konkurrenz und werden selbst uneinholbar.

Zum Beispiel entwickelt ein Unternehmen ein neuartiges technisches Verfahren oder erkennt ein neues Kundenbedürfnis. Das Ergebnis davon ist ein innovatives Produkt, das den Kunden einen hohen Nutzen stiftet. In dieser Phase streiten sich üblicherweise viele Unternehmen um technologische Vorteile und Produktverbesserungen (ein Beispiel ist die Personalcomputer-Branche). In diesem Stadium wäre es gefährlich, sich zu stark auf effiziente Fertigungsverfahren auszurichten, da der technische Fortschritt beim Produkt selber das Verfahren schon bald obsolet machen kann.

Nach einer gewissen Zeit bildet sich in vielen Branchen ein **Standard** heraus, d.h. wichtige Produkteigenschaften werden vereinheitlicht und von den Abnehmern allgemein akzeptiert. Die Standardisierung kann für die Unternehmen lebenswichtig sein, weil sie für die weitere Entwicklung des Marktes unbedingt nötig ist. Bei vielen elektronischen Geräten (Video, DVD, Computer, Digital-Kamera usw.) führt in der Regel erst eine Standardisierung zum erforderlichen Angebot an Hard- bzw. Software, das wiederum die Nachfrage nach den Geräten stimuliert. Jenes Unternehmen, dessen Produkt die Basis für die Standardisierung bildet, profitiert vorübergehend von einer Preisprämie.

Sobald ein Standard akzeptiert ist, kann sich das Unternehmen vermehrt auf kostensenkende Verbesserungen bei der Herstellung konzentrieren. IBM investierte systematisch in automatisierte Produktionsverfahren und in kostensenkende Maßnahmen, nachdem es beim Personalcomputer de facto einen Standard erreicht hatte und der Markt standardfremde Produkte kaum mehr aufnahm. Anbieter mit einem deutlich besseren, aber vom Standard abweichenden Produkt konnten sich im besten Fall noch auf ein ausgewähltes Marktsegment konzentrieren.

Ist dank dem ausgebauten Herstellungsverfahren aus dem Produkt oder aus der Dienstleistung ein Massenartikel entstanden, sollte man sich wieder der Entwicklung des Produktnutzens zuwenden. In der Vergangenheit haben etliche Unternehmen diesen Schritt verpasst. So war beispielsweise Ford mit dem massengefertigten «Model T» lange Zeit Kostenführer, verschlief dann aber den von General Motors eingeleiteten Wechsel zu mehr Preis- und Leistungsklassen. Ford entschloss sich erst nach großen Marktanteilsverlusten für eine Anpassung der Strategie in Richtung Differenzierung.

Die Differenzierungs-/Kosten-Matrix in ▶ Abbildung 7.16 fasst die Entwicklung möglicher «Outpacing»-Strategien zusammen. IBM hat die **Route des Erstanbieters** gewählt, während viele japanische Unternehmen in den 80er Jahren sich für die Wahl der **Route des Zweitanbieters** entschieden. Lange Zeit waren japanische Produkte weniger leistungsfähig als jene ihrer westlichen Konkurrenten. Deshalb empfand man im Westen die japanische Billigprodukte nicht als Bedrohung. Durch die konsequente Ausschöpfung der Produktivitätsreserven konnten die japanischen Produzenten jedoch genug Cash-flow erarbeiten, um in die Verbesserung der Produkte zu investieren. Daher waren sie nach einiger

▲ Abbildung 7.16    Differenzierungs-/Kosten-Matrix bei «Outpacing»-Strategien (modifiziert nach Gilbert/Strebel 1987, S. 32)

Zeit in der Lage, nicht nur günstigere, sondern auch leistungsstärkere und zuverlässigere Produkte anzubieten.

Folgende **Konsequenzen** lassen sich aus den bisherigen Überlegungen ableiten:

- Bei einem zum Standard avancierten differenzierten Produkt dürfen wir nicht zu lange eine Preisprämie verlangen. Wir müssen vielmehr versuchen, alle möglichen Produktivitätsreserven auszuschöpfen, um uns von der Konkurrenz, d.h. gegenüber effizienteren Anbietern, «abzusetzen». Wenn wir einen akzeptierten Standard erreicht haben, streben wir also nicht weitere Produktverbesserungen sondern eine Erhöhung der Produktivität an.

- Um eine Überholstrategie umzusetzen, ist eine hohe Flexibilität erforderlich. Wir müssen die notwendige Strategieverlagerung rechtzeitig erkennen und danach die organisatorischen Vorkehrungen treffen, die einen möglichst fließenden Übergang sicher stellen. Der Übergang ist meist sehr schwierig. So war beispielsweise Apple Computer mit der Verlagerung zu effizienteren Herstellungsverfahren erst erfolgreich, nachdem sich das Unternehmen von seinen beiden Gründern getrennt hatte.

- Wer als erster in der Differenzierungs-/Kosten-Matrix oben rechts anlangt, ist Sieger im Kampf um langfristige Wettbewerbsvorteile. Aber diese Position bleibt gefährdet, denn sobald die Konkurrenten aufgeholt haben, beginnt das Spiel wieder von vorne.

- Zu Beginn müssen wir uns immer für eine bestimmte Strategie (Kostenführer oder Differenzierung) entscheiden, um eine Verwässerung der Strategie zu vermeiden. Einen Wechsel nehmen wir erst dann vor, wenn der Vorteil der gewählten Strategie ausgeschöpft ist. Damit verhindern wir, in einer «strategischen Mittelmäßigkeit» stecken zu bleiben.

**Branchenweite versus segmentspezifische Strategie**

Nach der Auswahl des Wettbewerbsvorteils haben wir zu entscheiden, ob dieser Vorteil im gesamten Markt oder nur in einem bestimmten Marktsegment erzielt werden soll. Segmentspezifische Strategien (Fokusstrategien) beschränken sich auf eine bestimmte Abnehmergruppe, auf eine Produktlinie und/oder auf eine geografische Region. Für kleine und mittlere Unternehmen ist eine Fokusstrategie häufig der einzig gangbare Weg, da die Ressourcen für eine Bearbeitung des Gesamtmarktes nicht ausreichen.

Eine **Fokusstrategie** lohnt sich nur dann, wenn wir die Bedürfnisse des Segments besser (Differenzierungsfokus) oder effizienter (Kostenfokus) befriedigen können als ein auf den Gesamtmarkt ausgerichtetes Unternehmen. Dies ist nur möglich, wenn es im Zielsegment **Abnehmer**

**mit besonderen Bedürfnissen** gibt, oder wenn Produktions- und Vertriebsverfahren zur Verfügung stehen, die sich besser eignen als branchenweit ausgerichtete Verfahren. Ist dies nicht der Fall, kann ein branchenweit orientierter Konkurrent mit der Bewirtschaftung mehrerer Segmente hohe Synergieeffekte erzielen und ist somit dem Fokussierer überlegen.

Ein Fokussierer ist ein spezialisierter Kostenführer oder Differenzierer. Ein Unternehmen mit einer Kostenfokus-Strategie konkurriert mit dem branchenweiten Kostenführer in jenen Segmenten, in denen es keine Kostennachteile hat. Ein lokal orientierter Zementproduzent kann beispielsweise geringere Transportkosten aufweisen als ein national ausgerichteter (d.h. ein branchenweiter Kostenführer). Ein Unternehmen mit einer Differenzierungsfokus-Strategie konkurriert mit dem branchenweiten Differenzierer nur in einem beschränkten Segment. In diesem Segment kann es sich aufgrund eines besseren Service, einer höheren Innovationsrate usw. gegenüber dem breitgefächerten Differenzierer abheben und somit gezielt die besonderen Bedürfnisse der Abnehmer befriedigen. Porsche hat beispielsweise gegenüber Audi einen Vorteil im Sportsegment, weil das Unternehmen sich ausschließlich auf dieses Segment konzentriert. Bei einer Ausweitung auf andere Segmente ginge dieser Vorteil verloren.

Für Unternehmen, die ihr Segment dominieren, jedoch weiter wachsen wollen, ist dagegen eine Fokusstrategie riskant. Es besteht die Gefahr, dass im Zuge der Expansion die ursprüngliche Strategie verwässert (zum Beispiel, wenn bei einer Kostenfokus-Strategie immer mehr Extra-

| | Branchenweite Strategie | Segmentspezifische Strategie |
|---|---|---|
| **Merkmale** | ■ Abdeckung eines breiten Leistungsangebotes, das alle möglichen Bedürfnisse einer Abnehmergruppe abdeckt<br>■ Sortimentsbreite dient als Anreiz für den Kundenkontakt | ■ Konzentration auf einzelne Leistungsangebote im Rahmen eines breiteren Sortiments<br>■ herausragende Kompetenz beim gewählten Segment dient als Anreiz für den Kundenkontakt |
| **Vorteile** | ■ Economies of Scope durch Nutzung segmentübergreifender Ressourcen, Anlagen, Imagebildung, Vertriebswege usw.<br>■ Mengeneffekte durch die Bedienung mehrerer Segmente (v.a. wichtig bei umfassender Kostenführerschaft)<br>■ ein umfassendes Leistungsangebot entspricht dem Trend zu vielfältigen Kundenbedürfnissen und zur Aufsplitterung der Massenmärkte | ■ Konzentration der Kräfte auf das entsprechende Segment (unnötige Aktivitäten und Investitionen, welche für andere Segmente erforderlich sind, fallen weg)<br>■ geringere Koordinations- und Kompromisskosten<br>■ höhere Flexibilität gegenüber Veränderungen der Abnehmerbedürfnisse |

▲ Abbildung 7.17   Merkmale und Vorteile branchenweiter und segmentspezifischer Strategien (vgl. Porter 1986 und Bleicher 1992)

leistungen angeboten werden). In einer solchen Situation ist es in der Regel besser, in Bereiche zu expandieren, in denen die bisherige Strategie beibehalten kann. Ferner bestehen Risiken für eine Fokusstrategie, wenn breiter gefächerte Wettbewerber das Segment überschwemmen können (wenn zum Beispiel die Unterschiede zwischen dem für die Fokussierung gewählten Segment und anderen Segmenten verschwinden) oder wenn andere Fokussierer die Branche noch in weitere Segmente aufspalten.

◀ Abbildung 7.17 fasst die wichtigsten Merkmale und Vorteile branchenweiter und segmentspezifischer Strategien zusammen.

Innovations- versus Imitationsstrategie
Vor allem Unternehmen in technologieintensiven Branchen müssen sich bei der Einführung neuer Produkt- oder Verfahrenstechnologien entscheiden, ob sie die technologische Führerschaft (Innovationsstrategie) oder lediglich die Gefolgschaft (Imitationsstrategie) anstreben wollen. Die Entscheidung hängt davon ab, welche Vor- und Nachteile sich aus einer technologischen Führerschaft ergeben und wie lange sich allfällige Vorteile gegenüber der Konkurrenz schützen lassen. Sie ist ferner vor dem Hintergrund der spezifischen Branchensituation abzuwägen. ▶ Abbildung 7.18 fasst die wichtigsten Merkmale und Vorteile der beiden Strategien zusammen.

| Innovationsstrategie («First-mover-Strategie») | Imitationsstrategie («Follower-Strategie») |
|---|---|
| Als erster … <br>■ die kostengünstigste Produktgestaltung oder Herstellungsmethode einführen <br>■ ein einmaliges, den Abnehmerwert steigerndes Produkt einführen | Aus den Erfahrungen des Innovators lernen und … <br>■ durch Nachahmung die Kosten des Produkts und seiner Herstellung senken bzw. F&E-Kosten vermeiden <br>■ das Produkt oder Liefersystem stärker an die Abnehmerbedürfnisse anpassen |
| Typische Vorteile: <br>■ technologische Führerschaft: Image; Schutz des vorhandenen Know-hows durch Patente; Setzen des Standards <br>■ günstigere Kostenposition durch Erfahrungs- oder Mengenvorteile <br>■ Besetzung von knappen Ressourcen (z.B. günstige Produktionsstandorte, günstige Preise, Vertriebskanäle) <br>■ Besetzen von Produktdifferenzierungs-Nischen <br>■ Bindung des Kunden (Umstellungskosten) <br>■ Etablierungsvorteil: bei erschwertem Vergleich verschiedener Produkte wählen Kunden das schon länger etablierte Produkt des Pioniers | Typische Vorteile: <br>■ Ausnutzen von Freerider-Effekten: «Follower» kann von (teuren) Erfahrungen des Pioniers profitieren <br>■ weniger technologische oder marktbezogene Unsicherheiten <br>■ geringeres Risiko bei Technologiesprüngen <br>■ Ausnutzen der Verletzbarkeit des Pioniers bei technologischen oder marktbezogenen Veränderungen (v. a. wenn dieser mit der älteren Technologiegeneration identifiziert wird oder mit seinen Investitionen an die obsolete Technologie gebunden ist) |

▲ Abbildung 7.18    Merkmale und Vorteile von Innovations- bzw. Imitationsstrategien (vgl. Porter 1986, S. 240; zu Knyphausen 1995)

Konsequenzen für erfolgreiche Wettbewerbsstrategien

Aus den bisherigen Ausführungen ergeben sich folgende **Konsequenzen:**

- Wir **vermeiden** eine **Position «zwischen den Stühlen»,** indem wir klare Kosten- und/oder Differenzierungsvorteile aufbauen und die Vor- und Nachteile einer branchenweiten Ausrichtung gegenüber einer segmentspezifischen Ausrichtung abwägen.

- Wir richten die **Wertschöpfungskette** konsequent **auf** die Umsetzung der gewählten **Wettbewerbsstrategie aus.** Im Prinzip besteht eine Wettbewerbsstrategie aus einer bestimmten Kombination von Wertschöpfungsaktivitäten. Je mehr strategische Vorteile wir erzielen, desto nachhaltiger können wir unsere Strategie verteidigen.

- Wir achten darauf, dass sich die angestrebten SEP nicht widersprechen, wenn sowohl Kosten- als auch Differenzierungsvorteile erzielt werden sollen. Eine Kombination beider **Wettbewerbsstrategien** ist deshalb vor allem **in zeitlicher Abfolge** wirksam. «Outpacing»-Strategien erfordern eine rechtzeitige Schwerpunktverlagerung in der Wettbewerbsstrategie, um die Veränderungen in der Wettbewerbsstruktur ausnutzen zu können.[1]

### 7.1.4 Vorgehen bei der Strategieentwicklung

Wir beschreiben im Folgenden eine Vorgehensweise für den Aufbau einer Grundstrategie. Diese muss natürlich jeweils an die besondere Situation des Unternehmens angepasst werden, da bei der Strategieentwicklung sowohl rationale wie auch verhaltensbezogene Prozesse eine Rolle spielen.

1. Identifikation und Bewertung von Nutzenpotenzialen und Multiplikationsmöglichkeiten[2]

Wir erstellen aufgrund der Informationen aus den verschiedenen Analysebereichen (Umwelt, Unternehmen, strategische Analyse) zunächst eine Liste mit den möglichen **Nutzenpotenzialen** (nach Pümpin sind es in der Regel zwischen 15 bis 25) und Multiplikationsmöglichkeiten. Die attraktivsten davon dienen als Ausgangspunkt für die Erarbeitung von Strategiealternativen. Die Attraktivität lässt sich anhand folgender **Kriterien** bewerten:

- Größe des Potenzials,
- Lebenszyklusphase des Potenzials (je früher desto attraktiver),
- Homogenität des Potenzials (je homogener desto eher sind Multiplikationen möglich),
- Abschirmbarkeit des Potenzials,
- erforderlicher Mitteleinsatz,
- Zeitbedarf für die Erschließung (je kürzer desto attraktiver),
- Risiko der Erschließung.

---

1 Vgl. dazu auch Porter (1992) und Thompson/Strickland (1995) für erfolgreiche Wettbewerbsstrategien unter verschiedenen Branchenbedingungen.
2 Pümpin (1992) S. 110 f.

Anschließend listen wir jene Fähigkeiten, Prozesse und Systeme auf, die wir besonders gut beherrschen und die die Möglichkeiten zur **Multiplikation** enthalten. Diese bewerten wir anhand folgender **Kriterien** ebenfalls nach ihrer Attraktivität:

- mögliche Kostendegression/Produktivitätsverbesserung,
- möglicher Zeitgewinn für unsere Aktivitäten,
- mögliche Verstärkung unserer vorhandenen SEP,
- mögliche Verbesserung unserer Marktstellung gegenüber der Konkurrenz.

**2. Entwicklung von Strategievarianten**

Auch wenn sich aufgrund der Umwelt- und Unternehmensanalyse eine Strategie aufzudrängen scheint, ist es sinnvoll, mehrere Strategievarianten zu entwickeln und zu bewerten. Damit erhöhen wir die Akzeptanz für die gewählte Strategie und verhindern zugleich, dass interessante Strategiealternativen übersehen werden.

Die Liste mit den Nutzenpotenzialen und Multiplikationsmöglichkeiten dient uns als Grundlage für die Entwicklung von etwa drei bis fünf Grundstrategie-Varianten. Diese sollten klar unterscheidbar sein und verschiedene strategische Möglichkeiten aufzeigen.

In der Praxis scheitern viele Strategien wegen ihres mangelnden Bezugs zur Umwelt- und Unternehmensanalyse. Die Formulierung von Strategiealternativen ist zwar ein kreativer Prozess, aber ausgewählte Strategievarianten müssen immer auch dazu beitragen, die in der Umwelt- und Unternehmensanalyse ermittelten Schlüsselprobleme zu lösen.

Wir können prinzipiell auf die Ergebnisse der folgenden in diesem Buch vorgestellten Instrumente zurückgreifen (allerdings wird kaum ein Unternehmen alle diese Instrumente einsetzen, sondern jeweils eine sinnvolle Auswahl treffen):

- **Aktivitätsfeldanalyse** (Kapitel 2 «Analyse der strategischen Ausgangslage und strategische Segmentierung»): Wo bestehen noch nicht abgedeckte und wo potenziell neue Tätigkeitsfelder?
- **Branchenstruktur-Analyse** (Kapitel 3 «Umweltanalyse»): Welche Wettbewerbsregeln sind zu beachten oder zu verändern?
- **Analyse strategischer Gruppen** (Kapitel 3 «Umweltanalyse»): Wo bestehen Möglichkeiten, eine neue strategische Gruppe zu schaffen oder in eine günstiger gelagerte Gruppe zu wechseln? Welche Mobilitätsbarrieren müssen dabei überwunden werden?
- **Konkurrentenanalyse** (Kapitel 3 «Umweltanalyse»): Auf welche vermuteten Schritte unserer Hauptkonkurrenten müssen wir mit Maßnahmen reagieren? Wo sind unsere Hauptkonkurrenten besonders verwundbar, ohne dass mit (wirksamen) Gegenreaktionen zu rechnen ist?
- **Wertketten-Analyse** (Kapitel 4 «Unternehmensanalyse»): Welche Wertaktivitäten bieten Möglichkeiten zur Differenzierung? Wie lässt

sich unsere Position gegenüber den Kostenantriebskräften verbessern? Wo bestehen unausgenützte oder potenziell neue Verknüpfungspunkte zu unseren Lieferanten oder Abnehmern? Wie können wir innerhalb der Wertkette die Zusammensetzung der Aktivitäten zu unseren Gunsten verändern? Mit welchen Wertaktivitäten können wir die Spielregeln in der Branche neu definieren? Wo müssen wir unsere Wertaktivitäten noch besser auf die Kaufkriterien unserer Kunden abstimmen?

- **Analyse der Kundenstruktur** (Kapitel 4 «Unternehmensanalyse»): Auf welche Kunden(gruppen) müssen wir uns in Zukunft konzentrieren?
- **Chancen/Gefahren-Analyse** (Kapitel 5 «Strategische Analyse»): Welche Chancen gilt es zu nutzen, welche Gefahren abzuwenden?
- **SWOT-Analyse** (Kapitel 5 «Strategische Analyse»): Welche SWOT-Strategien sind realisierbar und attraktiv?
- **Differenzierungs-/Kosten-Matrix** (Abschnitt 7.1.3 «Inhaltliche Dimensionen von Wettbewerbsstrategien», Seite 256 ff.): Wie hat sich das eigene Unternehmen und die Konkurrenz in den vergangenen Jahren bezüglich der zwei Dimensionen des Wettbewerbsvorteils entwickelt und welche zukünftigen Tendenzen lassen sich daraus ableiten? Welche Positionen sind heute oder voraussichtlich in Zukunft besetzt? Welche attraktiven Möglichkeiten bieten sich uns?

Bei der Suche nach geeigneten Strategievarianten dient uns in einem weiteren Schritt die von Ansoff entwickelte **Produkt-/Markt-Matrix**. Diese konzentriert sich auf das Marktpotenzial und gibt uns vier Strategievarianten vor (vgl. ▶ Abbildung 7.19). Die ausgewählte Variante lässt sich als Leitidee in der Grundstrategie verankern und unter den Leistungs-/Marktprioritäten konkret ausgestalten.

Die oben genannten Instrumente geben zwar eine mögliche strategische Stoßrichtung vor, können aber den kreativen Teil der Strategiefindung nicht ersetzen. Dazu bedarf es des Einsatzes bewährter Kreativitätstechniken wie Brainstorming, Brainwriting (Methode 635), Synektik, Delphi oder Morphologie (vgl. dazu z.B. Gomez/Probst 1995).

**3. Bewertung der Strategievarianten**

Um eine Strategievariante auszuwählen, bewerten wir die Alternativen erstens anhand von Kriterien, die unsere **Ziel-** und **Wertvorstellungen** (wie wir sie zum Beispiel im Leitbild formuliert haben) widerspiegeln. Eine zweite Bewertung erfolgt anhand betriebswirtschaftlicher **Kennzahlen** wie Gewinn, Kapitalrentabilität, Umsatzwachstum, Umsatzrentabilität, Liquidität usw., da die künftige Strategie auch in dieser Hinsicht stimmen muss.

In letzter Zeit hat sich als Reaktion auf die von Aktionären geforderte Steigerung des Unternehmenswertes zunehmend auch der **Free Cashflow** (Gewinn und Abschreibungen abzüglich Investitionen, Dividendenausschüttungen und Steuern) als quantitatives Bewertungskriterium durchgesetzt. Wir können den innerhalb der Planungsperiode zu erwar-

| Gegenwärtige Produkte | Neue Produkte |
|---|---|
| **Marktdurchdringung**<br>Ausschöpfen des Marktes (Umsatz steigern) mit dem Ziel, bei Kunden erhöhte Kaufraten zu erreichen, Kunden der Konkurrenz abzuwerben und/oder Neukunden zu gewinnen. Ansätze:<br><br>■ Intensivierung der Marktbearbeitung<br>■ Relaunches<br>■ Imitationen («Me-too»-Produkte)<br>■ Kosten- und Preissenkung<br>■ Unbundling (Elemente separat anbieten)<br>■ Segmentierung | **Produktentwicklung**<br>Verbesserung des bisherigen Leistungsangebots für gegenwärtige Märkte. Ansätze:<br><br>■ Entwicklung neuer bzw. besserer Produkteigenschaften für bestehende Produkte<br>■ Entwicklung von Varianten eines Produktes<br>■ Entwicklung von neuen Produkten<br>■ zusätzliche Leistungen (z. B. Beratung, Service, Systemlösungen) |
| **Marktentwicklung**<br>Suche nach neuen Märkten, die man mit dem gegenwärtigen Leistungsangebot bedienen kann. Ansätze:<br><br>■ geografische Ausweitung<br>■ Erschließung neuer Abnehmergruppen bzw. Käuferschichten<br>■ neue Vertriebskanäle<br>■ neue Verwendungszwecke | **Diversifikation**<br>Bearbeitung eines neuen Marktes außerhalb des gegenwärtigen Tätigkeitsfeldes. Ansätze:<br><br>■ horizontal (Synergien mit bisherigen Tätigkeiten)<br>■ lateral (Aufnahme völlig neuer Geschäftstätigkeiten)<br>■ vertikale Integration (in vor- oder nachgelagerte Wertschöpfungsstufen) |

(Der linke Rand kennzeichnet die Zeilen «Gegenwärtige Märkte» und «Neue Märkte».)

▲ Abbildung 7.19　　Strategievarianten in der Produkt-/Markt-Matrix nach Ansoff (1965)

tenden Free Cash-flow für jede Strategievariante prognostizieren und zum Barwert diskontieren. Für die Abzinsung wählen wir einen dem Risiko entsprechenden Kapitalisierungssatz. Auf diese Weise können wir abschätzen, welche Strategievariante im gewählten Planungshorizont für das Unternehmen den höchsten Wert erzeugen wird. Der Free Cash-flow bezieht die zukünftig zu tätigenden Investitionen mit ein, zinst die erwarteten Größen auf die Gegenwart ab und berücksichtigt bei der Wahl des Kapitalisierungssatzes die unterschiedlich hohen Risiken verschiedener Strategievarianten. Er ist daher weniger manipulierbar als Gewinn- und Rentabilitätsgrößen.[1]

Die Bewertung betriebswirtschaftlicher Größen muss sich meist auf unsichere Prognosen abstützen. Besonders bei innovativen oder risikoreichen Strategien sind Voraussagen von Geldeinheiten oder Leistungskennziffern nur selten möglich. Deshalb müssen wir jede Strategiebewertung mit der Prüfung **qualitativer Kriterien** vervollständigen. Dabei kommen folgende Kriterien in Frage:

■ Übereinstimmung mit den in der Vision formulierten Zielen und Grundwerten;

■ Attraktivität der Nutzenpotenziale und Multiplikationsmöglichkeiten;

---

1　Vgl. dazu Gälweiler (1990) S. 182 ff., Gomez/Probst (1995) S. 176 ff., Käser (1995) und Rutishauser (1995).

- Ausnutzung der vorhandenen Stärken, Fähigkeiten und Synergien; Abwehr bestehender oder potenzieller Gefahren;
- Möglichkeit zur langfristigen Profilierung durch klar definierte und gegenüber den Wettbewerbskräften abschirmbare Wettbewerbsvorteile;
- Übereinstimmung mit der Unternehmenskultur und den Wertvorstellungen der Führungskräfte;
- Zeitgerechte Realisierung (Timing);
- Risikoausmaß bzw. Übereinstimmung des erwarteten Risikos mit der Risikoorientierung der verantwortlichen Führungskräfte.

Bei der qualitativen Beurteilung schätzen wir also zunächst die Vor- und Nachteile für jede Strategievariante ein und verdichten dann diese Bewertung zu einer Schlussfolgerung. Mit dieser globalen Bewertung ermitteln wir die erfolgsversprechenden Varianten, die wir anschließend mit Hilfe der **Nutzwertanalyse** eingehend prüfen.

Dazu legen wir in einem ersten Schritt Bewertungskriterien fest und gewichten sie (z.B. auf einer Skala von eins bis fünf). Danach schätzen wir für jede Strategie ein (ebenfalls auf einer Skala), inwiefern sie diese Kriterien erfüllt. Diese Zahlen multiplizieren wir mit den entsprechenden Gewichtungsfaktoren. Die Summe der Resultate ergibt den Gesamtnutzwert der betreffenden Strategie. ▶ Abbildung 7.20 zeigt das Ergebnis einer solchen Nutzwertanalyse.

Eine gewisse Vorsicht ist bei der Anwendung der Methode jedoch angebracht, denn mit der Wahl der Bewertungskriterien und der Gewichtungsfaktoren kann das Ergebnis erheblich beeinflusst und allenfalls auch manipuliert werden. Wir dürfen uns daher von der Scheingenauigkeit der Nutzwertanalyse nicht irreführen lassen. Neben der Wahl und Gewichtung der Bewertungskriterien, ist und bleibt auch die Punktebewertung subjektiv. Vorsichtig und richtig angewendet kann jedoch eine Nutzwertanalyse wesentlich zur Transparenz und Diskutierbarkeit von Entscheidungsprozessen beitragen. Sie weist außerdem den Vorteil auf, dass die Kriterienliste durch qualitative Faktoren ergänzt werden kann (vgl. Kriterium 2 im Beispiel).

Eine Strategiebewertung ist also nie ein rein mechanischer Prozess. Unabhängig von der Methode muss immer auch Raum für subjektive und intuitive Einschätzungen bleiben. Insgesamt ist ohnehin der Denk- und Diskussionsprozess, der zum Resultat führt, von größerer Bedeutung als das Resultat selbst, denn die systematische Bewertung anhand klar definierter Kriterien trägt in der Regel wesentlich zur Akzeptanz der gewählten Strategie bei.[1]

---

1 Für eine Diskussion der Vor- und Nachteile von Nutzwertanalysen vgl. Brauchlin (1990) und Gomez/Probst (1995).

| Kriterien | | Strategie A | | Strategie B | | Strategie C | |
|---|---|---|---|---|---|---|---|
| | G | E | G×E | E | G×E | E | G×E |
| 1. Übereinstimmung mit Vision | 5 | 5 | 25 | 4 | 20 | 3 | 15 |
| 2. Kapitalrentabilität (<5 % = 1, 6–10 % = 2, 11–15 % = 3, 16–20 % = 4, >20 % = 5) | 5 | 4 | 20 | 3 | 15 | 2 | 10 |
| 3. Attraktivität der Nutzenpotenziale | 5 | 3 | 15 | 3 | 15 | 3 | 15 |
| 4. Ausnutzen vorhandener Stärken/Fähigkeiten | 4 | 4 | 16 | 5 | 20 | 5 | 20 |
| 5. Schutz vor den fünf Wettbewerbskräften | 5 | 2 | 10 | 3 | 15 | 3 | 15 |
| 6. Timing | 3 | 3 | 9 | 1 | 3 | 3 | 9 |
| 7. Risiken: überschaubar? Erfolgswahrscheinlichkeit? | 3 | 2 | 6 | 4 | 12 | 5 | 15 |
| 8. Unterstützung durch Unternehmenskultur | 4 | 4 | 16 | 3 | 12 | 5 | 20 |
| G = Gewicht   E = Erfüllungsgrad   **Gesamtnutzwert** | | | 117 | | 112 | | 119 |

▲ Abbildung 7.20   Beispiel einer Nutzwertanalyse bei der Strategiebewertung

**4. Auswahl und Ausarbeitung der Grundstrategie**

Nach der Bewertung der Strategiealternativen sind wir in der Lage, uns für eine Grundstrategie zu entscheiden. Die Wahl kann auf eine der bewerteten Strategien oder auf eine Kombination aus verschiedenen Elementen der bewerteten Grundstrategien fallen. Zum Schluss formulieren wir die gewählte Variante in einfachen, prägnanten und verbindlichen Aussagen, die sowohl die Ziele als auch die strategischen Erfolgspositionen klar hervorheben (vgl. das Beispiel in ◀ Abbildung 7.2, Seite 247).

**7.1.5 Prozessuale Aspekte**

Strategieentwicklung ist wie die Umwelt- und Unternehmensanalyse ein partizipativer Prozess und geschieht am besten in Form verschiedener Arbeitstagungen (Pümpin 1992).

**Erste Strategietagung**

- Nutzenpotenziale, SEP und Multiplikationsmöglichkeiten identifizieren und grob bewerten;
- mögliche Grundstrategien entwickeln, prägnant zusammenfassen und bewerten;
- konkrete Maßnahmen definieren (falls zu diesem Zeitpunkt bereits möglich);
- Aufgaben zur Vorbereitung der zweiten Strategietagung zuteilen.

**Zweite Strategietagung (nach etwa vier bis acht Wochen)**

- bisherige Arbeiten besprechen;
- Grundstrategie wählen (die Wahl stützt sich dabei auf die Bewertung der möglichen Grundstrategien aus der ersten Strategietagung unter Berücksichtigung neuer Informationen);
- gewählte Grundstrategie ausformulieren;
- weiteres Vorgehen für die Strategieumsetzung festlegen.

Die **Gestaltung des sozialen Prozesses** für die Strategieentwicklung ist im Hinblick auf die Umsetzung der Strategie sehr wichtig. Folgende Punkte sind zu beachten:

- Die für die Umsetzung der Strategie hauptverantwortlichen Führungskräfte müssen an der Formulierung der Strategie beteiligt werden. Dies gilt auch für interne und externe Fachexperten, die einen wesentlichen Beitrag zur Strategieentwicklung leisten können.
- Der Planungsprozess ist konstruktiv und motivierend zu gestalten, am besten unter der Leitung eines erfahrenen Moderators.
- Die einbezogenen Führungskräfte sind vorgängig mit den wichtigsten Konzepten des Strategischen Managements vertraut zu machen.
- Innerhalb des Führungsteams sollte ein Konsens über die einzuschlagende Richtung erzielt werden, was die Chancen für eine erfolgreiche Strategieumsetzung erhöht. Allerdings stellen sich bei einer strategischen Neuorientierung häufig einzelne Führungskräfte gegen eine von der Mehrheit positiv bewertete Strategievariante, da ein Verlust an Bedeutung, Macht, Einfluss, Prestige usw. droht. In einem solchen Fall muss die Geschäftsleitung im Interesse des Ganzen schnelle und eindeutige Entscheide fällen, was jedoch nicht mit autoritärem Vorgehen zu verwechseln ist (vgl. Lombriser 1994).

## 7.2 Strategieentwicklung auf Unternehmensebene

Die Entwicklung einer Strategie auf Ebene des Gesamtunternehmens ist immer dann erforderlich, wenn wir in mehreren Geschäftsfeldern mit unterschiedlichen Strategien konkurrieren und/oder unsere Aktivitäten auf neue Geschäftsfelder ausdehnen wollen. Die Unternehmensstrategie muss mehr sein als die Summe der SGE-Strategien. Sie umfasst etwa folgende Komponenten:

- **Vision:** Leitidee, strategische Intention, Mission;
- **Unternehmens-Portfolio:** zukünftige Betätigungsfelder, strategische und finanzielle Zielvorgaben und Ressourcenzuweisung für jede SGE;
- **Synergien** zwischen den verschiedenen SGE;
- **Kernkompetenzen,** die aufzubauen oder zu erhalten sind;
- **Grundsätze** zur Internationalisierung, zur vertikalen Integration, zur Diversifikation und zu strategischen Allianzen.

Wir können eine sinnvolle Unternehmensstrategie nur in Wechselwirkung mit den SGE-Strategien entwickeln. Welche Inhalte wir den verschiedenen Ebenen zuordnen und wie wir sie koordinieren, hängt von

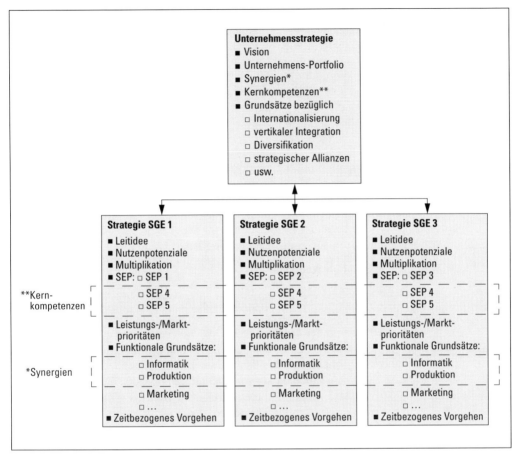

▲ Abbildung 7.21    Unternehmensstrategie und SGE-Strategien

verschiedenen Kriterien ab (wie z.B. der Verwandtschaft der einzelnen SGE untereinander). Vor allem bei Großunternehmen mit vielen strategischen Geschäftseinheiten ist ein iteratives Vorgehen notwendig, wie wir es zum Beispiel in Kapitel 1 (Abschnitt 1.7.2 «Koordination des Strategischen Managementprozesses», Seite 57 ff.) unter dem MIT-Konzept vorgestellt haben (dieses können wir allenfalls noch vereinfachen).[1] ◄ Abbildung 7.21 verdeutlicht die Beziehung zwischen den zwei Strategieebenen.

---

1 Vgl. auch Ansoff (1991) S. 49 f., Ansoff/McDonnell (1990) S. 163, Hinterhuber (1989a) S. 198 ff.

**7.2.1**
**Bestimmung**
**der zukünftigen Unter-**
**nehmensstrategie**

Eine Unternehmensstrategie zielt darauf ab, den langfristigen **Wert** des Gesamtunternehmens zu **maximieren.** Wir verstehen unter einem maximalen Unternehmenswert allerdings nicht nur einen einseitig ausgerichteten «Shareholder value» (diskontierte zukünftige Cash-flows), sondern den maximalen Nutzen, den wir unseren verschiedenen Anspruchsgruppen in Zukunft stiften können.

Wir skizzieren in diesem Kapitel, wie ein zukünftiges Unternehmens-Portfolio erarbeitet werden kann. Wir sollten dabei stets im Auge behalten, dass die Entwicklung der Unternehmensstrategie ein kreativer Prozess ist, der nicht durch ein allzu schematisches Vorgehen eingeengt werden darf.

Beurteilung des
gegenwärtigen
Unternehmens-
Portfolios

Im ersten Schritt beurteilen wir die Attraktivität unseres gegenwärtigen Unternehmens-Portfolios. Dabei können wir auf die Portfoliotechnik (siehe Kapitel 5 «Strategische Analyse») zurückgreifen. Zuerst definieren wir folgende **Beurteilungskriterien.**[1]

- **Erwartete Nutzen unserer SGE:** Finanzielle Daten (insbesondere Cash-flow) stehen für diese Beurteilung im Vordergrund, aber wir müssen auch qualitative Aspekte (z.B. Image, Ökologie, Arbeitsplatzsicherheit) berücksichtigen.
- **Konzentration des Cash-flows:** Je deutlicher der gesamte Cash-flow von einzelnen SGE abhängig ist, desto anfälliger ist unser Portfolio.
- **Ausgeglichenheit des Cash-flows:** Ein attraktives Portfolio setzt eine optimale Kombination von Kapital freisetzenden und Kapital bindenden SGE voraus. Es geht darum, ein Gleichgewicht zwischen kurzfristiger Rentabilität und langfristigen Erfolgspotenzialen zu halten.
- **Synergiepotenziale zwischen den einzelnen SGE:** Je besser wir Einrichtungen, Erfahrungen usw. für mehrere SGE gemeinsam nutzen können, desto attraktiver ist unser Portfolio.
- **Anfälligkeit gegenüber Diskontinuitäten:** Ein Portfolio ist unattraktiv, wenn alle SGE auf die gleichen Störfaktoren (z.B. Technologiesubstitution) anfällig sind.

Für eine brauchbare Beurteilung müssen wir den zukünftigen Mittelbedarf oder Mittelüberschuss der einzelnen strategischen Geschäftseinheiten hinreichend kennen. Die vorgängig erarbeiteten Strategievorschläge mit ihren erwarteten finanzwirtschaftlichen Konsequenzen bilden daher die Grundlage eines Portfolio-Managements.

Bestimmung des
zukünftigen Unter-
nehmens-Portfolios

Im zweiten Schritt bestimmen wir das zukünftige Unternehmens-Portfolio, das die oben genannten Kriterien am besten erfüllt. Folgende Fragen sind dabei zu beantworten:

---

1  Vgl. Ansoff/McDonnell (1990) S. 118, Hinterhuber (1989a) S. 118.

- Welche Geschäfte aus dem gegenwärtigen Portfolio sind zu halten, auszubauen, abzuschöpfen oder zu liquidieren?
- Welche Geschäfte sind neu aufzubauen; welche intern, welche extern (d.h. mittels Akquisitionen)?
- Welche Synergien zwischen den SGE sollen erzielt werden?
- Wie verschieden sollen die einzelnen SGE sein bezüglich ihrer Fähigkeiten, ihrer Technologien, ihrer geografischen Ausrichtung, ihrer Lebenszyklusphase usw., damit ein optimaler Risikoausgleich erzielt werden kann?

Die ersten zwei Fragen lassen sich in Anlehnung an die Strategieempfehlungen (siehe die Normstrategien in Abschnitt 5.2 «Strategische Analyse auf Geschäftseinheitsebene», Seite 194ff.) beantworten. Dabei sei allerdings nochmals ausdrücklich auf die Grenzen und Gefahren der verschiedenen Methoden hingewiesen. Die Forderung nach einem ausgewogenen Portfolio heißt beispielsweise nicht, dass jedes Unternehmen, das eine starke Marktstellung in reifen Märkten innehat, unbedingt in junge Märkte mit neuen Produkten oder Technologien investieren muss. Reife Märkte können auch «sichere» Märkte sein. Eine unbedachte Investitionspolitik kann in diesem Fall die Existenz eines Unternehmens gefährden.

Wir müssen uns bei der Entwicklung der Unternehmensstrategie eingehend mit Möglichkeiten zur Stärkung des Kerngeschäfts, der internationalen Expansion sowie der vertikalen Integration und Diversifikation befassen. Wir widmen uns diesen Themen in den Abschnitten 7.2.2 «Bedeutung des Kerngeschäfts» bis 7.2.5 «Diversifikation», ab Seite 283.

**Zielvorgaben und Ressourcenallokation für die einzelnen SGE**

Wir schließen die Entwicklung der Unternehmensstrategie mit Zielvorgaben für die einzelnen strategischen Geschäftseinheiten ab. Dazu legen wir sowohl **quantitative** (z.B. Umsatz, Gewinn, Cash-flow, Marktanteil) als auch **qualitative Ziele** (z.B. Zusammenarbeit mit anderen SGE, Produktqualität, Innovation, Image, Public Relations) fest.

Danach weisen wir den strategischen Geschäftseinheiten die finanziellen, sachlichen und personellen Ressourcen zu, wobei es sich empfiehlt, auf Unternehmensebene eine strategische Reserve (finanzielle Ressourcen, Managementkapazität) bereit zu halten, um unerwartete Risiken abdecken oder unverhoffte Chancen ausnutzen zu können.

**Prozessuale Aspekte bei der Gestaltung der Unternehmensstrategie**

Die Zielvorstellungen und die Risikoorientierung der Geschäftsleitung beeinflussen maßgeblich die Entwicklung der Unternehmensstrategie. Die Entscheide, welche Geschäfte wir ausbauen oder abstoßen, welche Ressourcen wir den einzelnen strategischen Geschäftseinheiten zuweisen und welche Mittel erarbeitet werden müssen, enthalten meist erhebliches Konfliktpotenzial. Wer möchte schon, dass sein Geschäft «gemolken» oder gar liquidiert wird?

Eine Unternehmensstrategie darf nicht von Einzelinteressen der SGE-Verantwortlichen geprägt sein, sondern soll den Wert des Gesamtunternehmens maximieren. Deshalb ist es wichtig, alle **SGE-Strategien auf Unternehmensebene** zu **koordinieren**. Diese Koordination muss in Zusammenarbeit mit den SGE-Leitern geschehen (soweit sie nicht ohnehin Mitglieder der Geschäftsleitung sind). ▶ Abbildung 7.22 zeigt verschiedene Möglichkeiten auf, wie die Zusammenarbeit und die Arbeitsteilung gestaltet werden kann.

| Stil | Anwendung | Vorteile | Nachteile |
|---|---|---|---|
| **Financial Control** | ■ Verantwortung für SGE-Strategie liegt beim SGE-Leiter<br>■ keine inhaltliche Prüfung durch die Zentrale<br>■ Zentrale prüft und kontrolliert lediglich kurzfristige Budgets<br>■ geeignet für stark diversifizierte Unternehmen | ■ starker Anreiz für kurzfristige Ergebnisverbesserung<br>■ strenge Erfolgskontrolle anhand klarer Leistungsstandards<br>■ an schlechten Strategien wird nicht lange festgehalten | ■ fehlender Anreiz für langfristig orientierte Strategien (anfällig gegenüber «geduldigeren» Konkurrenten)<br>■ fördert übertriebene Risikoscheu<br>■ Geschäftsexpansion praktisch nur durch Akquisition möglich<br>■ ungenutzte Synergien |
| **Strategic Planning** | ■ starke Beteiligung der Zentrale an der Planung der SGE-Strategien; überlässt die Entwicklung konkreter Maßnahmen jedoch den SGE-Leitern<br>■ geeignet für langfristig orientierte, integrierte Strategien eines in wenigen Kerngeschäften tätigen Unternehmens | ■ Förderung der Kommunikation zwischen Zentrale und SGE-Leitern<br>■ flexible, langfristige Leistungsziele (kein kurzfristiger Erfolgszwang)<br>■ integrierte Strategien (Ausnutzung von Synergien)<br>■ ambitiöse Strategien | ■ Motivationsprobleme bei SGE-Leitern (zu viele Manager haben das Sagen; abgelehnte Pläne)<br>■ kann Konzernleitung überfordern<br>■ braucht mehr Zeit<br>■ fehlendes Commitment der SGE-Leiter<br>■ verhindert dringende Strategieentscheide |
| **Strategic Control** | ■ Verantwortung für SGE-Strategie liegt beim SGE-Leiter<br>■ Zentrale überprüft die Strategien bezüglich formeller Gestaltung, Logik und Ausgewogenheit von kurz- und langfristigen Projekten<br>■ Zentrale kontrolliert operative (finanzielle) *und* strategische Ziele | ■ vereint die Vorteile der anderen zwei Stile<br>■ Unterstützung durch Zentrale fördert strategisches Denken<br>■ erhöhte Motivation der SGE-Leiter<br>■ ermöglicht Kontrolle eines stark diversifizierten Unternehmens | ■ erfordert hohe Flexibilität von SGE-Leitern (Widersprüchlichkeiten zwischen kurz- und langfristigen Zielen kann zu Unklarheiten und Konflikten führen)<br>■ schwierige Balance zwischen zentraler Kontrolle und dezentraler Strategieformulierung |

▲ Abbildung 7.22   Alternative Stile zur Gestaltung der Unternehmensstrategie nach Goold/Campbell (1987)

**7.2.2**
**Bedeutung des**
**Kerngeschäfts**

Eine erfolgreiche Unternehmensstrategie gründet auf einem starken Kerngeschäft. Dazu gehören jene Tätigkeiten, die sich auf unsere traditionellen Stärken stützen, einen großen Anteil unserer Gesamtaktivitäten ausmachen und mit unserer gegenwärtigen Vision im Einklang stehen.

Porter (1987) schlägt vor, jene Aktivitäten als Kerngeschäfte zu definieren, die eine hohe Branchenattraktivität und das Potenzial dauerhafter Wettbewerbsvorteile aufweisen, strategisch relevante Verknüpfungspunkte mit anderen strategischen Geschäftseinheiten haben und Knowhow für zukünftige Diversifikationen liefern können.

Stärkung des
Kerngeschäfts

Unternehmen suchen ihr Heil häufig in einer Diversifikation in vermeintlich attraktivere Geschäfte, ohne zuerst das bestehende Kerngeschäft in Ordnung zu bringen. Ein Marktführer kann jedoch meist auch in einer weniger attraktiven Branche erfolgreich sein, wenn er alle Möglichkeiten zur Stärkung seines Kerngeschäfts ausschöpft (vgl. Emans 1988). Folgende Maßnahmen bieten sich dabei an:

- operative Verbesserungen (Ausschöpfen aller Produktivitätsreserven);
- Neugestaltung der Wertkette;
- Entwicklung besserer SGE-Strategien;
- Strategien zur Marktdurchdringung, Marktentwicklung und Produktentwicklung (vgl. ◄ Abbildung 7.19 auf Seite 275);
- Ausschöpfen der potenziellen Synergien zwischen den SGE
- Strategische Allianzen, Fusionen, Akquisitionen (siehe Abschnitt 7.3.2 «Unternehmenskoalitionen und -konzentrationen», Seite 304 ff.).

Rückzug aus
unattraktiven
Geschäften

Wenn wir Geschäfte abstoßen, die nicht rentabel sind oder nicht zu unserem Kerngeschäft passen, tragen wir zur Stärkung des Kerngeschäftes bei. Viele Unternehmen tun dies aber nur ungern, sei es wegen der hohen Austrittsbarrieren (z. B. Personalentlassungen, Sozialkosten) oder wegen der fehlenden Motivation der direkt Beteiligten (wer will schon zu seiner eigenen Kündigung beitragen?). Grundsätzlich gibt es vier Rückzugsstrategien.

1. **Desinvestition:** Wir verkaufen an ein anderes Unternehmen. Dies ist dann sinnvoll, wenn das Geschäft weiterhin gute Aussichten hat und somit einen hohen Verkaufspreis verspricht.
2. **Management-Buyout:** Wir verkaufen den Geschäftszweig an das bisherige Management. Dies ist meist schneller und einfacher als die Suche nach einem externen Käufer. Zudem müssen wir keine internen Informationen preisgeben und können (im Falle der Ausgliederung von Zulieferbetrieben) die Geschäftsbeziehungen beibehalten.

Oft verbessert sich auch die Ertragslage sowie die Motivation und Innovationskraft beim ausgelagerten Unternehmen (vgl. von Hachenburg/Koch 1996).

3. **Abschöpfung:** Wir nützen alle Rationalisierungsmaßnahmen aus und streichen die Investitionen. Auf diese Weise maximieren wir kurzfristig den Cash-flow. Sobald wir trotz dieser Maßnahmen keinen positiven Cash-flow mehr erzielen, liquidieren wir das Geschäft. Dieses Vorgehen führt in der Regel zu Motivationsproblemen bei den Mitarbeitenden und zu einem Vertrauensverlust bei Lieferanten und Kunden. Es ist daher nur in seltenen Fällen sinnvoll.

4. **Liquidation:** Wir beenden alle Operationen und schreiben die Anlagen ab. Dies ist die unattraktivste Variante. Sie sollte nur dann ins Auge gefasst werden, wenn keine andere Möglichkeit mehr offen steht.

**7.2.3 Internationale Strategien**

Die internationale Expansion ist in vielen Fällen die attraktivste Strategie zur Stärkung des Kerngeschäfts.[1] Meistens ist sie erfolgreicher als eine Diversifikation in neue Produktmärkte.

*Gründe für die Internationalisierung*

In vielen Branchen (Autos, Textilien, Computer, Telekommunikation, Öl, Kameras, Flugzeugtriebwerke usw.) herrscht globaler Wettbewerb, d.h. die Unternehmen dieser Branchen konkurrieren auf allen geografischen Märkten der Welt. Folgende Entwicklungen sind verantwortlich für diesen **Globalisierungstrend:**

- Liberalisierung, Abbau von Handelsschranken (WTO), Bildung gemeinsamer Wirtschaftsräume;
- politische Umwälzungen und Einführung marktwirtschaftlicher Prinzipien in ehemals kommunistischen Ländern (europäischer Ostblock, Volksrepublik China);
- erleichterter Know-how- oder Technologie-Transfer durch Vernetzung und Telekommunikation (u.a. Internet);
- Vereinheitlichung des Konsumverhaltens.

Global tätige Unternehmen weisen gegenüber national oder lokal ausgerichteten Unternehmen entscheidende Vorteile auf. Sie können ihre Wertaktivitäten auf jene Standorte verteilen, wo sie am kostengünstigsten oder am besten erbracht werden können. Kostenführer können somit in einem global umkämpften Markt internationale Kostenunterschiede konsequent ausnutzen, indem sie ihre Produktion auf wenige, kosten-

---

1 Für einige Autoren stellt die internationale Expansion bereits eine Art Diversifikation dar.

effiziente Standorte konzentrieren und einen weltweit möglichst hohen Produktionsanteil anstreben. Japanische Unternehmen produzieren beispielsweise nahezu 100% aller Videorecorder, obwohl ihr Marktanteil (Geräte, die unter eigenem Namen verkauft werden) weit darunter liegt.

Ein Unternehmen, das sich in einer globalen Branche betätigt, ist meist gezwungen, seine Aktivitäten ebenfalls global auszurichten. Aber auch in weniger globalen Branchen können Kosten- und Marktpotenziale Anlass zur geografischen Expansion geben, d.h. eine Internationalisierung kann sich lohnen oder sogar aufdrängen (zur Unterscheidung zwischen internationalen und globalen Unternehmen siehe Abschnitt «Formen der Internationalisierung», Seite 286f.). Die wichtigsten **Chancen** und **Vorteile** einer Internationalisierung sind:[1]

- neue Absatzmärkte;
- günstige Beschaffungsquellen;
- Lohnkostengefälle und andere Kostenunterschiede;
- Zugang zu qualifiziertem Personal;
- Economies of Scale bei global nachgefragten Leistungen;
- Economies of Scope durch Know-how-Transfer zwischen verschiedenen Ländern, Zusammenlegung von Ressourcen, Verteilung der Forschungs- und Entwicklungskosten usw.

Neben der allgemeinen Globalisierungstendenz zwingen vor allem folgende **Gefahren** und **Nachteile** ein Unternehmen zur Internationalisierung:

- Massive Kostensteigerungen am ursprünglichen Standort: Oft sind besonders Klein- und Mittelbetriebe zur Produktionsverlagerung ins kostengünstigere Ausland gezwungen, da das Geld für den Aufbau automatisierter Produktionsanlagen fehlt. Die Produktionsverlagerung erweist sich vielfach als die einzige Möglichkeit, um gegen größere Konkurrenten bestehen zu können.
- Starke Währung im Standortland: Dies erklärt häufig, weshalb exportabhängige Unternehmen ganze Baugruppen zur Vormontage oder Fertigung in andere Länder verlagern oder Dienstleistungen (z.B. Informatik) ins Ausland «outsourcen».
- Automobilhersteller beispielsweise beziehen ihre Vorprodukte aus verschiedenen Ländern. Damit sind auch lokale Anbieter vom Kostendruck betroffen, was sich v.a. darin ausdrückt, dass seit den neunziger Jahren in der europäischen Autobranche (inkl. Zulieferer) sich die Zahl der Beschäftigten beinahe halbiert hat.

---

1 Vgl. z.B. Bartlett/Goshal (1992), Hill/Jones (1992), Thompson/Strickland (1995).

- International tätige Konkurrenten: national ausgerichtete Unternehmen stehen in Konkurrenz mit ausländischen Wettbewerbern, die schon in mehreren wichtigen Ländern erfolgreich tätig sind. Letztere können dank im Ausland erzielter Gewinne aggressiv in den Heimmarkt des nationalen Anbieters eindringen, ohne mit wirksamen Vergeltungsmaßnahmen rechnen zu müssen. Den national tätigen Unternehmen bleibt meist nichts anderes übrig, als ebenfalls auf internationaler Ebene zu konkurrieren. Dadurch lassen sich Kostennachteile wettmachen und Angriffe auf dem Heimmarkt durch Gegenangriffe auf den Hauptmärkten der internationalen Konkurrenten kontern. Ein solcher Machtausgleich kann zur Stabilisierung der Wettbewerbssituation beitragen.[1]

Die **Konsequenz** ist klar: Unternehmen jeder Größe sind vom Globalisierungstrend betroffen und müssen als Antwort darauf internationale Strategien verfolgen.

**Formen der Internationalisierung**

Unternehmen reagieren unterschiedlich auf Chancen und Gefahren der Globalisierung. Neben dem einfachen Import und Export von Gütern und Dienstleistungen sind vor allem die in ▶ Abbildung 7.23 aufgeführten Bindungsformen üblich. Die Wahl ist abhängig von der erwarteten Dauer und Intensität des Auslandengagements, dem angestrebten Handlungsspielraum sowie den vorhandenen Ressourcen. Bindungsform und Internationalisierungsgrad dienen auch als Unterscheidungskriterien:

- **internationale Unternehmen** sind grenzüberschreitend tätig, investieren aber nicht in größerem Ausmaß im Ausland (z.B. Import/Export von Rohmaterial, Halb- und Fertigfabrikaten; Lizenzierung von Technologien; Sub-Contracting, Minderheitskapitalbeteiligungen);
- **multinationale Unternehmen** tätigen in zwei oder mehr Ländern Direktinvestitionen (z.B. Produktionsstätten, Verkaufsorganisationen) und übernehmen auch die Führung und Kontrolle, wobei die Ländergesellschaften meist eine hohe Autonomie genießen;
- **globale Unternehmen** besitzen und kontrollieren in allen wichtigen Wirtschaftsregionen bedeutende Direktinvestitionen, die sie in ein weltumspannendes Netz integrieren.

**Herausforderungen und Konsequenzen der Internationalisierung**

Ein Unternehmen, das eine internationale Strategie verfolgt, sieht sich je nach Internationalisierungsgrad mit folgenden **Herausforderungen** konfrontiert (vgl. z.B. Thompson/Strickland 1995):

- **Marktunterschiede.** Kundenbedürfnisse, Vertriebskanäle, Wachstumspotenzial, Konkurrenzsituation usw. können von Land zu Land sehr

---

1 Vgl. das Beispiel von Michelin und Goodyear in Karnani/Wernerfelt (1985) S. 89 ff.

| Form | Beschreibung |
|------|--------------|
| **Kauf- und Lieferverträge** | ■ Vereinbarung über bestimmte Liefer- oder Abnahmemengen<br>■ meist nur kurzfristig angelegt<br>■ geringer Kapital- und Managementbedarf<br>■ geeignet, wenn aufgrund instabiler Rahmenbedingungen die notwendige Flexibilität gewahrt werden soll |
| **Sub-Contracting** | ■ vertragliche, längerfristige Zusammenarbeit, meist in Form einer Auftragsvereinbarung zur Herstellung von Vor- und Zwischenprodukten (Auslagerung bestimmter Wertschöpfungsaktivitäten)<br>■ ermöglicht Zugriff auf die Produktionskapazität ausländischer Partner |
| **Lizenzverträge** | ■ Überlassen des Rechts zur Nutzung bewährter Vertriebs- oder Marketingkonzepte (Franchising), Leistungen, Technologien usw. auf eine bestimmte Dauer<br>■ relativ niedrige Austrittsbarrieren für Lizenznehmer und somit Gefahr des Know-how-Verlustes |
| **Kapitalbeteiligung (Direktinvestition)** | ■ Minderheits-, paritätische oder Mehrheitsbeteiligung möglich<br>■ je höher der Kapitalanteil, desto größer ist der Handlungs- und Entscheidungsspielraum, desto größer aber auch der Kapital- und Managementbedarf<br>■ Verlagerung der Produktions- und Vertriebsstätten ermöglichen größere Markt- oder Kundennähe, geringere Lohn- und Transportkosten sowie einen teilweisen Schutz gegen Währungsrisiken |

▲ Abbildung 7.23   Verschiedene Bindungsformen bei der Internationalisierung (vgl. Stauffert 1993; Kotler/Bliemel 1995, S. 631 ff.)

unterschiedlich sein und spezielle Strategien oder teure Anpassungen erfordern.

■ **Kostenunterschiede:** Personal-, Energie-, Investitionskosten, Steuersätze, Inflationsraten usw. können zwischen verschiedenen Ländern zu enormen Kostenunterschieden führen. Bei der Standortwahl von Produktionsstätten ist dies besonders zu berücksichtigen.

■ **Währungsschwankungen:** Starke Währungsbewegungen können Kostenvorteile zunichte machen oder auch Kostennachteile kompensieren.

■ **Handelspolitik der ausländischen Regierung:** Handelstarife, Local-content-Bestimmungen, technische Standards, Produktzertifizierungen, Gewinnrückfuhrbeschränkungen, Bestimmungen über die Kapitalbeteiligung, Subventionen, Nationalisierung usw. können sich positiv oder negativ auswirken.

■ **Unterschiedliche Rahmenbedingungen:** Kulturelle, politische, rechtliche und volkswirtschaftliche Besonderheiten einzelner Länder erfordern spezielle Kenntnisse und Fähigkeiten, die zuerst beschafft oder aufgebaut werden müssen.

■ **Transaktionskosten.** Transportkosten sowie Kosten für die Informationsbeschaffung und Anbahnung von Auslandsbeziehungen sind ebenfalls in die Rechnung miteinzubeziehen.

Die Entscheidung über eine geografische Ausweitung ist mit Bezug auf diese Faktoren sorgfältig zu überlegen. Eine Internationalisierung muss im Unternehmen selbst beginnen, und zwar mit der Beschaffung der notwendigen Informationen, Finanzen und Personen. Ein schrittweises Vorgehen ist sinnvoll, wenn wir verhindern wollen, dass die vorhandenen Ressourcen überfordert oder die lokalen Aktivitäten vernachlässigt werden (vgl. Stauffert 1993, S. 43).

Globale versus multilokale Strategien

Bei der Formulierung einer internationalen Strategie ist zu entscheiden, ob wir eine globale oder eine multilokale (oder multinationale) Grundstrategie verfolgen sollen. Bei einer **globalen Strategie** entwickeln, fertigen und vermarkten wir identische oder weitgehend standardisierte Produkte innerhalb eines weltweit integrierten Geschäftssystems (z.B. Coca-Cola, IBM, Ford, Levi Strauss & Co.). Alle wichtigen Aktivitäten werden unabhängig von nationalen Grenzen dort ausgeübt, wo sie am günstigsten sind oder am meisten Wertschöpfung erzielen. Die globale Strategie geht davon aus, dass lokale Bedürfnisunterschiede zunehmend verschwinden und künftige Märkte standardisierte Konsumgüter aufnehmen sowie eine weltweit einheitliche Marktbearbeitung ermöglichen. Die globale Strategie nützt die Vorteile der internationalen Arbeitsteilung und erzielt dadurch Skalen- und Synergieeffekte.

Bei einer **multilokalen Strategie** entwickeln, produzieren und vertreiben dezentrale, autonome Geschäftseinheiten länder- oder regionsspezifische Produkte (z.B. Nestlé, Unilever, Philips). Diese Strategie eignet sich besonders, wenn die Marktbedürfnisse und Wettbewerbsbedingungen lokal sehr unterschiedlich sind und differenzierte Strategien erfordern. ▶ Abbildung 7.24 fasst die wichtigsten Vorteile und Bedingungen der zwei Strategievarianten zusammen.

In der Praxis ist nicht immer ein eindeutiger Entscheid für eine globale oder eine multilokale Strategie möglich. Häufig sprechen bestimmte Faktoren für eine globale und andere für eine multilokale Strategie. In diesen Fällen kann eine **kombinierte Strategie** (vgl. Kotler/Bliemel 1995, S. 650ff.) die Lösung sein. Zum Beispiel können wir bei einem modularen Produktdesign einzelne Elemente zentral an einem Standort produzieren, sie jedoch dezentral in den wichtigsten nationalen Märkten montieren und mit lokalen Zusatzelementen versehen. Ericsson (Bartlett/Goshal 1992, S. 374f.) oder Boeing (Yip 1992, S. 17) verfolgen diese Strategie des standardisierten Kernprodukts mit «peripheren» Anpassungen, die allerdings hohe Anforderungen an die Organisation und die länder-, funktions- und produkteübergreifende Kooperation stellt.

|  | **Globale Strategien** | **Multilokale Strategien** |
|---|---|---|
| **Vorteile** | ■ Zeitvorteile im Kampf gegen Imitation und Verkürzung der Produktlebenszyklen<br>■ verbesserte Effizienz bei F&E durch weltweite Vernetzung<br>■ Economies of Scale in Produktion, Marketing<br>■ erhöhte Nachfragemacht<br>■ harmonisierter Marktauftritt<br>■ weltweite Verfügbarkeit des Leistungsangebotes<br>■ höhere Flexibilität bei Standortwahl | ■ auf die lokalen Bedürfnisse zugeschnittene Produkte<br>■ ermöglicht maximale Produktdifferenzierung<br>■ geringere Koordinationskosten<br>■ höhere Autonomie und Anpassungsfähigkeit der Gesellschaften in den einzelnen Ländern<br>■ geringere Transportkosten<br>■ Umgehung von Handelsbarrieren<br>■ Risikostreuung<br>■ weniger Probleme mit Transferpreisen zwischen verschiedenen Standorten |
| **Bedingungen** | ■ Homogenität der Nachfrage<br>■ hoher Anteil von F&E-Kosten an Gesamtkosten<br>■ weltweit integrierte Konkurrenz<br>■ Know-how-Intensität der Produktion<br>■ kurze Vermarktungszeiten des Leistungsprogrammes (Imitationsschutz)<br>■ stark reduzierbarer Materialkostenanteil durch Global Sourcing | ■ Regierungsauflagen (z.B. technische Normen, Local-content Vorschriften)<br>■ Import-/Exportbeschränkungen<br>■ hoher Transportkostenanteil<br>■ großes nationales Marktvolumen<br>■ notwendige Anpassungen an nationale Infrastrukturen<br>■ große Unterschiede im länderspezifischen Kaufverhalten, Vertriebssystem und in der Konkurrenzsituation<br>■ hohe Serviceintensität (z.B. Wartung, Training) |

▲ Abbildung 7.24   Vorteile und Bedingungen globaler und multilokaler Strategien
(vgl. Hill/Jones 1992; Prahalad/Doz 1987; Wüthrich/Winter 1994, S. 307)

**7.2.4**
**Vertikale Integration**

Wir können die Wertkette des eigenen Unternehmens als Teil des gesamten Wertschöpfungssystems einer Branche verstehen. Je mehr Aktivitäten wir innerhalb des Systems selber erledigen, desto höher ist unsere Wertschöpfung und desto stärker sind wir vertikal integriert. Wir müssen uns genau überlegen, welchen Teil des Systems wir abdecken wollen. Diese Entscheidung ist für die zukünftige Unternehmensentwicklung von großer Tragweite und muss deshalb auf Unternehmensebene (nicht auf SGE-Ebene) diskutiert und getroffen werden.

Unsere Position kann zwischen den folgenden beiden Extremen liegen. Entweder versuchen wir alle internen Synergiepotenziale auszunutzen, indem wir alle wesentlichen Aktivitäten (z.B. Grundlagenforschung, Entwicklung und Herstellung von Vorprodukten, weitergehende Montage zu Fertigprodukten, Vermarktung und Kundendienst) in eigener Regie vollziehen (Beispiele dazu finden sich in der Chemiebranche); oder wir konzentrieren uns auf eine einzige oder einige wenige Aktivitäten, bei denen wir besondere Wettbewerbsvorteile erzielen können (typisch für Unternehmen in der Textilbranche). Die Frage der vertikalen Integration ist somit eng mit dem «Make-or-Buy»-Entscheid verbunden. Vor allem bei der Auslagerung von Dienstleistungen sprechen wir vermehrt auch vom «Outsourcing».

Bei einer Vorwärtsintegration übernehmen wir die Aktivitäten unserer Kunden oder Vertriebspartner, bei der Rückwärtsintegration jene unserer Lieferanten. Dabei können wir die notwendigen Aktivitäten selbst aufbauen oder bestehende Unternehmen in der entsprechenden Wertschöpfungsstufe übernehmen.

Entscheidungs-
kriterien zur
vertikalen Integration

Die Beziehung zwischen Geschäftserfolg und Integrationsgrad sind äußerst komplex. Deshalb sind auch kaum allgemein gültige Empfehlungen möglich. Um die Leistungstiefe festzulegen, gilt es die Vor- und Nachteile abzuwägen (vgl. ▶ Abbildung 7.25) und folgende Entscheidungskriterien zu berücksichtigen (Picot 1993):

- **Spezifität der Leistung.** Je spezifischer eine Leistung ist, desto größer ist die gegenseitige Abhängigkeit zwischen Abnehmer und Lieferant. Im Extremfall ist der Lieferant der einzige Hersteller und der Abnehmer der einzige Besteller der erbrachten Leistung. Dies erfordert stabile Beziehungen und spricht für eine vertikale Integration. Demgegenüber kann ein Lieferant bei standardisierten Leistungen Mengeneffekte erzielen, was neben geringeren Umstellungskosten beim Abnehmer eher für einen Fremdbezug spricht.
- **Strategische Bedeutung der Leistung.** Eine Gefahr beim Outsourcing besteht darin, dass wir zukunftsträchtige, innovative Aktivitäten mangels Kapazitäten oder Know-how nach außen vergeben und selber nur noch die angestammten und einfachen Tätigkeiten pflegen. Dies ermöglicht zwar kurzfristig eine Steigerung des Erfolgs, kann sich aber langfristig verheerend auswirken. Leistungen von strategischer Bedeutung (d.h. Aktivitäten, mit denen wir uns von der Konkurrenz abheben wollen) müssen wir selber erbringen. Nur so können wir unser Know-how schützen und unsere Differenzierung wirksam kontrollieren. Allerdings kann sich die Bedeutung von Leistungen im Laufe der Zeit verändern. Was heute noch strategisch wichtig und exklusiv ist, kann schon morgen ein Standard sein.
- **Unsicherheit.** Eigenfertigung ist umso eher erforderlich, je mehr Unsicherheit bezüglich qualitativer oder quantitativer Änderungen besteht. Ein Lieferant investiert kaum in eine spezielle Anlage, wenn er nicht mit einem Mindestabsatz rechnen kann.
- **Häufigkeit.** Je häufiger eine spezifische und strategische Leistung zu erstellen ist, desto eher lohnt sich die Eigenfertigung (Mengeneffekte).

| Vorteile | Nachteile |
|---|---|
| ■ Kosteneinsparungen in der zusammengefassten Produktion (z.B. reduzierte Transport- und Lagerkosten, weniger Arbeitsschritte), im Einkauf und Verkauf (z.B. geringerer Aufwand für Vertreterstäbe, Werbung, Marktforschung usw.) und in der Informationsbeschaffung<br>■ räumliche Nähe der integrierten Einheiten erleichtert Koordination und Kontrolle<br>■ exakt auf die Bedürfnisse der nachgelagerten Stufe abgestimmte Leistungen<br>■ verbesserte Fähigkeit zur Differenzierung (die wertsteigernden Tätigkeiten sind unter Kontrolle des eigenen Unternehmens)<br>■ Anschluss an wichtige Technologien<br>■ besserer Zugang zu Vertriebskanälen und Marktinformationen (z.B. Informationen über technologische Veränderungen)<br>■ stabilere Geschäftsbeziehungen und reduzierte Abhängigkeit von der Willkür und Macht vor- und nachgelagerter Stufen<br>■ höhere Beschaffungs- bzw. Absatzsicherheit<br>■ erhöhte Eintrittsbarrieren für Konkurrenten | ■ erhöhte Komplexität<br>■ höhere Kapitalinvestitionen und -kosten<br>■ höhere Anfälligkeit gegenüber Nachfragefluktuationen<br>■ Vorwärts- bzw. Rückwärtsintegration kann aufgrund von Eintrittsbarrieren sehr teuer sein<br>■ Mobilitäts- und Austrittsbarrieren können die strategische Flexibilität senken (z.B. beim Wechsel von Technologien oder Lieferanten)<br>■ versperrter Zugang zu Forschung und Know-how von Kunden oder Lieferanten (da diese gleichzeitig auch Konkurrenten sind)<br>■ Über- oder Unterkapazität bei den integrierten Einheiten kann das Unternehmen dazu zwingen, an seine Konkurrenten zu verkaufen oder von ihnen zu beziehen<br>■ verminderter Leistungsanreiz (fehlender Konkurrenzdruck)<br>■ Gefahr, dass die Führungsstruktur und -kultur des Kerngeschäfts wahllos auf die integrierten Geschäftseinheiten übertragen werden, auch wenn sie dafür nicht geeignet sind |

▲ Abbildung 7.25   Mögliche Vor- und Nachteile der vertikalen Integration (vgl. Hill/Jones 1992; Porter 1992; Thompson/Strickland 1995)

■ **Auslagerungsbarrieren.** Austrittsbarrieren wie beschäftigungspolitische Konsequenzen oder fehlendes Know-how im Markt können hohe (auch soziale) Kosten erzeugen und damit einer Auslagerung entgegenstehen.

Anhand dieser Kriterien lässt sich prüfen, ob Wertaktivitäten selbst erstellt oder von außen bezogen werden sollen. Denkbar ist auch eine teilweise Integration, bei der wir uns einen Mindestanteil der Tätigkeiten sichern und den Rest auf dem freien Markt beziehen.

**Vor- und Nachteile der vertikalen Integration**

◀ Abbildung 7.25 fasst die Vor- und Nachteile eines hohen Integrationsgrades zusammen. Diese können je nach Branchen- und Marktbedingungen sehr unterschiedlich ausfallen. Große Unternehmen mit hohem Marktanteil können im Allgemeinen die Vorteile einer vertikalen Integration besser ausschöpfen, da oft erst ein großes Produktionsvolumen die Investition in vor- oder nachgelagerte Stufen rechtfertigt.

**Langfristige Kooperationen oder Netzwerke als Alternative zur vertikalen Integration**

Bei manchen Produkten ist die Herstellung und Vermarktung von hochspezialisierten Hardware- und Softwareinputs abhängig. Da wir kaum in der Lage sind, bei allen Aktivitäten die für den Aufbau von Wettbewerbsvorteilen erforderlichen Kompetenzen selbst zu entwickeln, ist es meist effektiver, diese hochspezialisierten Fertigkeiten durch langfristige Kooperationen mit leistungsfähigen Lieferanten oder Abnehmern oder durch (virtuelle) Netzwerke zu sichern (Wüthrich 1998, S. 38–42).

Quinn (1992) rät deshalb zur vertikalen *Des*integration. Nach ihm sollten sich Unternehmen ausschließlich auf jene Aktivitäten (oder Kernkompetenzen) beschränken, die sie am besten beherrschen. Nike, der erfolgreiche amerikanische Sportschuhanbieter, hat die Schuhproduktion vollständig ausgelagert und konzentriert sich nur noch auf Design und Vertrieb der Kult-Schuhe. Ein anderes Beispiel sind Excel Industries, die eine besondere Methode zur Herstellung von Autofenstern entwickelt haben. Der Hauptkunde Ford versuchte eines Tages die Fensterproduktion in den eigenen Betrieb zu integrieren. Ford konnte jedoch den komplexen Produktionsprozess nicht meistern und entschloss sich deshalb zu einem langfristigen Vertrag mit Excel Industries, was letzterem wiederum ermöglichte, durch zusätzliche Investitionen die Produktionsprozesse weiter zu optimieren, wovon schließlich beide Unternehmen profitierten.

Durch Kooperationen können wir die Vorteile einer vertikalen Integration ausnutzen, ohne dass wir gleichzeitig deren Nachteile in Kauf nehmen müssen. Wir sollten deshalb immer wieder überprüfen, ob die Vorwärts- oder Rückwärtsintegration die richtige Lösung ist, oder ob nicht eine Auslagerung zu einem starken Partner unsere Wettbewerbsposition verbessern kann. Unternehmen mit ungenügenden Fähigkeiten oder unzureichenden Ressourcen sind oft gezwungen, solche zwischenbetrieblichen Kooperationen einzugehen. Auf jeden Fall sollten wir zur Maximierung des Unternehmenswertes alle Möglichkeiten der vertikalen Integration und Desintegration sorgfältig prüfen.

**7.2.5 Diversifikation**

Diversifikation bedeutet den **Eintritt in ein Geschäft**, das sich vom bisherigen Kerngeschäft unterscheidet und **außerhalb unseres bisherigen Tätigkeitsbereiches** liegt. Das neue Geschäft kann mit den bisherigen Aktivitäten in wichtigen Bereichen verwandt sein («verwandte oder horizontale Diversifikation») oder aber keinerlei Gemeinsamkeiten aufweisen («nichtverwandte oder laterale Diversifikation»).

Nicht immer lässt sich eine Diversifikation eindeutig von einer Markt- oder Produktentwicklung abgrenzen (vgl. ◀ Abbildung 7.19 auf Seite 275). Eine einfache Regel besagt, dass bei einer Diversifikation mindestens zwei der drei Dimensionen Produkt, Markt und Technologie neu sein müssen (neues Produkt und neuer Markt, neue Technologie und neues Produkt, neuer Markt und neue Technologie). Vorwärts- und Rückwärtsintegrationen werden darum häufig auch als vertikale Diversifikationen bezeichnet.

Strategische Vorteile
nichtdiversifizierter
Unternehmen

Wir sollten uns keine Gedanken über neue Geschäfte machen, solange unser Kerngeschäft noch genügend attraktive Nutzenpotenziale enthält. Viele weltweit erfolgreiche Unternehmen sind bis heute ohne Diversifikationen ausgekommen (z.B. McDonald's, Xerox, Polaroid, Timex). Coca-Cola hat sich nach einem missglückten Versuch im Weingeschäft wieder ausschließlich auf die geografische Expansion (vor allem in Osteuropa und Südamerika) im angestammten Getränkebereich verlegt.

Unternehmen, die sich auf ein **einziges Kerngeschäft** konzentrieren, haben gegenüber diversifizierten Unternehmen folgende **Vorteile** (vgl. z.B. Thompson/Strickland 1995, S. 187):

- sie haben eine klare und eindeutige Unternehmensvision;
- sie fokussieren alle Unternehmensaktivitäten und -ressourcen auf ein Geschäft und erzielen damit Multiplikationseffekte (was vor allem in wachsenden Branchen entscheidend ist);
- die Führungskräfte kennen das Geschäft;
- die Geschäftsleitung wird nicht durch andere Aktivitäten abgelenkt;
- der Anreiz zum Aufbau langfristiger Wettbewerbsvorteile ist größer, da man weniger bereit ist, das Überleben des Unternehmens durch kurzfristiges Gewinnstreben aufs Spiel zu setzen.

Können wir hingegen trotz maximaler Stärkung des Kerngeschäfts eine Lücke zwischen den zukünftig erwarteten Erfolgen unseres Ist-Portfolios und unseren Unternehmenszielen nicht schließen (zum Beispiel, weil wir in einem schrumpfenden Markt tätig sind), müssen wir entweder unsere Ziele revidieren oder nach Wachstumsmöglichkeiten außerhalb unseres gegenwärtigen Betätigungsfeldes suchen.

Die Ergebnisse wissenschaftlicher Untersuchungen zu Gründen und Erfolgen von Diversifikationen sind uneinheitlich, wie die folgenden Angaben zeigen.

Gründe der
Diversifikation

Meist werden **betriebswirtschaftliche Gründe** für Diversifikationen angegeben. Eine Diversifikation soll (vgl. auch Brauchlin/Wehrli 1994, S. 126):

- die Stabilität des Unternehmens sicherstellen (z.B. technische Veralterung überwinden);
- Abhängigkeiten von einem gefährdeten oder unattraktiven Geschäft vermindern;
- Kapazitäten besser auslasten;
- Arbeitsplätze sichern/erhalten;
- neue Wachstumsbereiche erschließen, da das Kerngeschäft selbst keine weiteren Nutzenpotenziale mehr aufweist;
- finanzielle und sachliche Ressourcen sowie spezielle Fähigkeiten gezielt ausnutzen;

- Gewinnschwankungen ausgleichen;
- eine Möglichkeit zur Reinvestition nicht ausgeschütteter Gewinne bieten.

Häufig stehen hinter Diversifikationsvorhaben auch **Eigeninteressen** der Führungskräfte wie Macht, Prestige, Autonomie oder Einkommenssteigerung, was sich für das Unternehmen negativ auswirken kann.

Arten der Diversifikation

Wir sprechen von einer **verwandten Diversifikation,** wenn die Produkte oder Aktivitäten des neuen Geschäfts wichtige Verknüpfungspunkte mit dem bisherigen Leistungsprogramm aufweisen. Beispiele sind etwa die Aktivitäten von Pepsi-Cola im Fast-Food-Markt (Pizza Hut, Taco Bell) oder das Cateringgeschäft einer Fluggesellschaft. Die Verknüpfungspunkte führen zu folgenden **positiven Synergieeffekten:**

- **gemeinsame Ausübung** zentraler Wertschöpfungsaktivitäten («sharing activities»);
- **Know-how-Transfer** zwischen einzelnen strategischen Geschäftseinheiten («transferring skills»). (Porter 1987)

Je enger der Verwandtschaftsgrad zum neuen Geschäft, desto höher ist normalerweise das Synergiepotenzial. Die Verwandtschaft sollte sich allerdings auf Ressourcen oder Fähigkeiten und nicht oberflächlich nur auf Produkte beziehen. Ein Unternehmen, das Thermostate für gewerbliche Zwecke herstellt, erlebte beispielsweise einen drastischen Misserfolg, als es versuchte, in den Markt der Haushaltthermostate einzusteigen. Das Unternehmen besaß keine Erfahrung in Bereichen wie Design, Produktausstattung und Verpackung. Ebenso fehlten die Kapazitäten zur Aufnahme einer Massenfertigung und Kenntnisse im Umgang mit Großhändlern, Fachhändlern und Subunternehmern (Collis/Montgomery 1998, S. 26–37).

Empirische Studien[1] belegen, dass verwandte Diversifikationen erfolgreicher sind als nichtverwandte. Die Ergebnisse von Porter (1987), der in einer vielbeachteten Langzeitstudie über 2000 Diversifikationsprojekte von führenden US-Konzernen untersucht hat, zeigen, dass mehr als die Hälfte aller Diversifikationsgeschäfte aus folgenden Gründen wieder abgestoßen wurden:

- mangelhafte oder zu optimistische Beurteilung der langfristigen Branchenattraktivität der neuen Geschäfte;
- unterschätzte Markteintrittskosten;
- mangelnde Möglichkeiten zur Nutzung oder falsche Einschätzung von Synergieeffekten.

---

1  Vgl. z.B. Porter (1987) und Rumelt (1974) sowie Lehmann (1992) für eine Übersicht.

Dagegen weisen erfolgreich diversifizierte Unternehmen miteinander verbundene strategische Geschäftseinheiten auf, die wichtige Aktivitäten gemeinsam ausüben oder zwischen denen ein intensiver Know-how-Transfer stattfindet. Nach Porter müssen verheißungsvolle Diversifikationen darauf ausgerichtet sein, die Wettbewerbsfähigkeit der einzelnen strategischen Geschäftseinheiten zu stärken. Dies können sie nur, wenn sie wichtige Synergieeffekte erzielen. Voraussetzung dafür sind autonome, aber kooperationsfähige Einheiten, klar formulierte Konzernziele und eine gemeinsame Unternehmensvision.

Eine besondere Form der verwandten Diversifikation ist die **Diversifikation um Kernkompetenzen.** Kernkompetenzen bilden eine ausgezeichnete Grundlage für die Erschließung neuer Märkte oder zur Entwicklung innovativer Produkte (siehe Abschnitt 4.6.1 «Kernkompetenzen auf Konzernebene», Seite 167 ff.). Wir müssen daher unser Unternehmens-Portfolio nicht nur unter dem Aspekt der Produkt-/Markt-Kombinationen betrachten, sondern auch unter dem Aspekt der zugrunde liegenden Kernkompetenzen.

Vor allem Hamel und Prahalad (1994) sehen in der Diversifikation um Kernkompetenzen eine Möglichkeit, um Erfahrungen und Fähigkeiten in neue Geschäfte einzubringen und damit Investitionskosten zu senken sowie Risiken zu verringern. Viele japanische Unternehmen haben dies (v.a. im technologischen Bereich) genutzt. Yamaha hat sein Know-how aus dem Bau elektronischer Klaviere auf Synthesizer und andere digitalgesteuerte Instrumente übertragen, und Kyoto Ceramic hat sein Keramikspezialwissen unter anderem auf Modeschmuck und Verbrennungsmotoren ausgeweitet. Viele dieser Diversifikationen mögen zunächst zusammenhanglos erscheinen, weisen aber bezüglich der Kernkompetenzen enge Verbindungen auf.

Wir sollten daher die in der Unternehmensanalyse erfassten Kernkompetenzen auf weitere Nutzungsmöglichkeiten untersuchen. Ferner gilt es zu überlegen, welche Kernkompetenzen wir neu aufbauen müssen, um unsere heutige Position langfristig zu sichern oder weiter auszubauen. Die Kompetenz/Produkt-Matrix in ▶ Abbildung 7.26 kann uns dabei helfen. Der rechte untere Quadrant (Mega-Chancen) stellt dabei die riskanteste Möglichkeit dar. Da sie aber äußerst attraktiv sein kann, besteht ein erfolgreiches Vorgehen oft darin, mittels gezielter Akquisitionen oder Kooperationen sich die dazu notwendigen Kompetenzen zu verschaffen.

Von einer **nichtverwandten Diversifikation** (oft auch konglomerate oder laterale Diversifikation genannt) sprechen wir dann, wenn wir in ein völlig neues Geschäft eintreten, das zu unseren bisherigen Aktivitäten kaum Verknüpfungen aufweist (z.B. die Diversifikation des Erdölriesen Exxon in die Bürokommunikation).

|                              | **Bestehende Märkte**                                                                                                                                                 | **Neue Märkte**                                                                                                                                                                       |
| ---------------------------- | --------------------------------------------------------------------------------------------------------------------------------------------------------------------- | ------------------------------------------------------------------------------------------------------------------------------------------------------------------------------------- |
| **Bestehende Kernkompetenzen** | **Lücken füllen** Welche Chancen haben wir, unsere Position auf den bestehenden Märkten zu verbessern, indem wir unsere Kernkompetenzen besser nutzen und ausschöpfen? *Beispiel:* Transfer von Kompetenzen zur Herstellung großer Turbinen zwischen den Bereichen Stromerzeugung und Flugzeugmotoren bei General Electric | **Weiße Flecken** Welche neuen Produkte oder Dienstleistungen könnten wir anbieten, indem wir unsere derzeitigen Kernkompetenzen in kreativer Weise neu einsetzen oder anders kombinieren? *Beispiel:* Entwicklung des Sony Walkmans durch Kombination der Kompetenzen aus dem Kassettenrekorder- und Kopfhörersektor |
| **Neue Kernkompetenzen**     | **Herausragende Position** Welche neuen Kernkompetenzen müssen wir aufbauen, um unsere Exklusivposition in unseren derzeitigen Märkten zu schützen und auszubauen? *Beispiel:* Aufbau der Beratungskompetenz bei IBM; Entwicklung von Kompetenzen in der digitalen Bildverarbeitung bei Canon (als Ersatz für die obsolet werdende chemische Bildverarbeitung) | **Mega-Chancen** Welche neuen Kernkompetenzen müssen wir aufbauen, um an den Märkten der Zukunft teilnehmen zu können? *Beispiel:* Aufbau einer japanischen Luftfahrtindustrie mittels Allianzen mit westlichen Flugzeugherstellern (zum Aufbau von Flugzeug-, Satelliten- und Raketenkompetenzen) |

▲ Abbildung 7.26    Strategische Möglichkeiten in der Kompetenz/Produkt-Matrix nach Hamel/Prahalad (1994, S. 341 ff.)

In den 70er und 80er Jahren kam es recht häufig zu konglomeraten Diversifikationen. Die Triebfeder war meist ein reines Expansionsdenken. Zahlreiche Untersuchungen haben aber gezeigt, dass Konglomerate langfristig betrachtet weniger gut abschneiden als verwandt diversifizierte Unternehmen. Ein Grund dürfte darin liegen, dass Unternehmen mit eng definierten, verwandten Aktivitäten bei schlechten Umweltbedingungen eher dazu neigen, ihre Position mit allen Mitteln zu behaupten, während breit diversifizierte Unternehmen schnell bereit sind, auf andere Märkte auszuweichen.

Nichtverwandte Diversifikationen scheitern aber auch, weil Führungskräfte dazu neigen, ihr bisheriges Erfolgs- oder Realitätsmodell[1] auf das neue Geschäft zu übertragen, auch wenn dieses mit dem angestammten Bereich kaum strategische Gemeinsamkeiten (bezüglich Wettbewerbsstrategien, Technologie- und Produktkenntnissen, Unternehmenskultur, Führungsstil usw.) aufweist. Da nichtverwandte Diversifikationen weder auf Unternehmens- noch auf SGE-Ebene einen echten Mehrwert schaffen können, sind sie in letzter Zeit vermehrt wieder

---

1  Prahalad/Bettis (1986) sprechen in diesem Zusammenhang von der «Dominant Logic».

rückgängig gemacht worden. Eine Diversifikation in ein nichtverwandtes Geschäft kann allenfalls eine sinnvolle Strategie sein, wenn[1]

- ein neues Geschäft attraktiv ist und niedrige Eintrittsbarrieren aufweist;
- die bestehenden SGE einer stetig schrumpfenden Branche angehören (z.B. Stahl-, Kohlen-, Rüstungsbranche);
- wir stark abhängig sind von wenigen Lieferanten oder Kunden, die auch bei einer verwandten Diversifikation wieder zum Zuge kämen;
- neue Beschäftigungsmöglichkeiten für Mitarbeiter aus Rückzugs- oder Rationalisierungsgeschäften geschaffen werden sollen;
- in den bestehenden SGE alle möglichen Erfolgspotenziale ausgeschöpft sind (wenn zum Beispiel keine Produkt- oder Markterweiterung möglich ist);
- das Unternehmen keine Möglichkeit hat, in verwandte Geschäfte zu investieren, da es stark spezialisierte Fähigkeiten besitzt, die es nicht auf andere Geschäfte übertragen kann (was bei den meisten Stahlherstellern der Fall war);
- wir einseitig abhängig sind von Geschäften, die gegenüber Diskontinuitäten und Rezessionen stark anfällig sind und darum das Risiko auf mehrere Geschäfte verteilen wollen;[2]
- wir über hohe, nicht ausgeschüttete Barmittel verfügen (z.B. Energiebranche); wobei sich hier die Frage stellt, ob eine Gewinnausschüttung für die Aktionäre nicht attraktiver wäre.

Es gibt auch Unternehmen, deren Strategie darin besteht, sogenannte «undermanaged companies» (unterentwickelte oder kränkelnde Unternehmen) günstig zu erwerben, zu sanieren (z.B. durch Auswechseln des Managements, Strategieänderung, Bereitstellen finanzieller Ressourcen, Technologieinfusion) um sie anschließend unter strenger finanzieller Kontrolle ins Unternehmens-Portfolio zu integrieren oder wieder abzustoßen. Solange dies nicht zum bloßen «asset stripping» führt, bei dem man erworbene Unternehmen aufteilt und «verscherbelt», kann eine solche Strategie ebenfalls erfolgreich sein. Das englische Firmenkonglomerat Hanson PLC ist ein Beispiel dafür (vgl. Hill/Jones 1992). Die Restrukturierungswelle der 90er Jahre hat es jedoch schwieriger gemacht, «undermanaged companies» zu identifizieren. Auf jeden Fall bleibt die nichtverwandte Diversifikation die unsicherste und riskanteste aller Diversifikationsarten.

---

1 Vgl. Ansoff (1988), Hill/Jones (1992), Hinterhuber (1989a).
2 Diesem Argument könnte jedoch ein Aktionär entgegenhalten, dass er durch die Zusammensetzung seines Anlageportfolios die Risikostreuung selber vornehmen kann. Dies hat den Vorteil, dass dadurch kein Akquisitionspreisaufschlag und keine Negativsynergien (siehe Abschnitt 7.3.1 «Synergien: Möglichkeiten und Grenzen», Seite 302ff.) anfallen.

<table>
<tr><td>Vorgehen bei<br>Diversifikationen</td><td>Sobald wir uns bei der Bestimmung des zukünftigen Unternehmens-Portfolios für einen Diversifikationsschritt entschieden haben, müssen wir auch festlegen, wie wir weiter vorgehen wollen. Als erstes jedoch sollten wir Antworten auf die folgenden Fragen finden (Markides 1998, S. 75–81):</td></tr>
</table>

- Was kann unser Unternehmen im jetzigen Markt besser als jeder derzeitige Mitbewerber?
- Wie unterscheiden wir uns im angestammten Markt von unserer Konkurrenz und welche Stärken weisen wir auf?
- Welche Stärken oder welche strategische Positionierung benötigen wir, um im neuen Markt Erfolg zu haben?
- Können wir mit Mitbewerbern auch auf deren eigenem Terrain gleichziehen oder sie sogar übertreffen?
- Wird eine Diversifizierung bisherige strategische Vorteile isolieren oder zunichte machen?
- Werden wir im neuen Markt einer unter vielen sein oder zum Marktführer aufsteigen?
- Was können wir aus der Diversifizierung lernen? Sind wir bereit dazu?

Eine systematische **Suchfeldanalyse** kann uns bei der Identifikation, Analyse, Bewertung und Auswahl neuer Geschäfte unterstützen. Sie vermindert Risiken und erleichtert die spätere Umsetzung der Diversifikation. Sie besteht aus den Bausteinen Suchprofil, Suchprozess und Bewertung (Müller-Stewens 1988, 1994).

- Entwicklung eines Suchprofils: Das Suchprofil gibt den Suchraum für zukünftige Diversifikationen vor. Es leitet sich aus mehreren Quellen ab. Die wichtigsten davon sind das Unternehmensleitbild sowie die Resultate aus unseren strategischen Analysen, wie zum Beispiel der Portfolio-Analyse oder der Analyse der Kernkompetenzen (◄ Abbildung 7.26). Wir können das Suchprofil schriftlich ausformulieren oder auch nur «im Hinterkopf» bewahren. Es sollte für die neuen Geschäfte Vorgaben bezüglich Rentabilität, Wachstum, Risikoausgleich, Produkt-/Marktkriterien, Kernkompetenzen, Synergieeffekten usw. enthalten.
- Vielfältig gestalteter Suchprozess: Der Suchprozess muss sowohl Raum für unsystematische Exploration als auch für zielgerichtete Entdeckung (beispielsweise durch Aufdecken von leeren Feldern in der Aktivitätsfeldanalyse) möglicher Geschäftsfelder bieten.
- Systematische Analyse und Bewertung von möglichen Geschäften: Wir bewerten das Erfolgspotenzial aller Geschäftsfeldkandidaten anhand der Attraktivität des Geschäftsfeldes und der (wahrscheinlich) erreichbaren Wettbewerbsposition.

Eine Diversifikation ist immer ein mit Unsicherheiten verbundener Lern- und Entwicklungsprozess, der sich über mehrere Jahre hinziehen kann. Systematik und Formalisierung sind Hilfsmittel in diesem Prozess. Wir sollten uns hingegen auch hier vor einer «Paralyse durch Analyse» hüten und nicht versuchen, durch übertriebene Analysen den Erfolg einer Diversifikation sichern zu wollen. Vielmehr sollten wir darauf hinarbeiten, uns mit einer größeren Anzahl von Marktexperimenten (z.B. mit schnell aufeinander folgenden Produkteinführungen in verschiedenen Nischen) das Marktwissen und das notwendige Know-how so schnell wie möglich anzueignen. Mit dieser Strategie konnte beispielsweise Toshiba im Laptop-Geschäft Konkurrenten wie Zenith und Compaq in Schach halten (Hamel/Prahalad 1992). «Learning by doing», verbunden mit einem gesunden Maß an Systematik, ist somit das Erfolgsrezept beim Realisieren von Diversifikationsprojekten.

**Diversifikations-instrumente**

Ob ein neues Geschäft für uns attraktiv ist oder nicht, hängt von den Diversifikationsinstrumenten ab, die uns zur Verfügung stehen. Denkbar sind die folgenden:

- **Akquisition:** Kauf oder Mehrheitserwerb eines Unternehmens, das bereits im neuen Geschäft tätig ist.
- **Venture Risikokapitalbeteiligung:** Minderheitskapitalbeteiligung an «Start-up»-Geschäften in besonders zukunftsträchtigen Märkten.
- **Joint Venture:** Verbund zweier oder mehrerer Unternehmen (unter anderem durch Gründung eines neuen Unternehmens).
- **Interne Entwicklung:** Geschäftseintritt aufgrund eigener Ressourcen und Fähigkeiten. Dies erfordert unter anderem den Aufbau von Produktions- und Vertriebsstätten sowie die Rekrutierung von geeignetem Personal. Oft bildet man dazu eigenständige organisatorische Einheiten (interne Ventures).

In der Praxis kommt es auch zur Kombination verschiedener Varianten. Wir können zum Beispiel durch Akquisition einen Brückenkopf bilden und anschließend das Geschäft mit internen Ressourcen weiter ausbauen. ▶ Abbildung 7.27 zeigt die Vor- und Nachteile der beiden Varianten «interne Beteiligung» und «Akquisition» auf.

**Auswahl der Diversi-fikationsinstrumente**

Die Auswahl der Instrumente hängt wesentlich von folgenden Faktoren ab:[1]

- von unserer Verwandtschaft zum neuen Geschäft (bei fehlender Verwandtschaft drängt sich eher eine Akquisition oder Partnerschaft auf);
- von der Phase des Lebenszyklus, in der sich das Produkt oder die Technologie des neuen Geschäfts befindet (in der Entstehungs- und frühen Wachstumsphase eignet sich eher eine interne Entwicklung);

---

1 Vgl. Brauchlin/Wehrli (1994); Hill/Jones (1992).

| Weg | Vorteile | Nachteile |
|---|---|---|
| **Interne Entwicklung** | ▪ Ausnutzung vorhandener Stärken (Innovationsfähigkeit, Image, gemeinsame Kunden, Vertriebsnetz)<br>▪ Erhaltung von Unternehmertalenten | ▪ weiter Weg zum Break-even<br>▪ entgangene Gewinne durch langsameren Markteintritt<br>▪ fehlende Vertrautheit kann zu kostspieligen Irrtümern führen<br>▪ höheres Risiko<br>▪ problematisch bei hohen Eintrittsbarrieren |
| **Akquisition** | ▪ schneller Markteintritt<br>▪ Überwindung hoher Eintrittsbarrieren<br>▪ verschafft Zugang zu neuen Technologien und Mitarbeitenden mit speziellem Know-how | ▪ hohe finanzielle Verpflichtung<br>▪ schwierige Kandidaten-Beurteilung<br>▪ Integrationskosten<br>▪ fehlende Vertrautheit kann zu Integrationsproblemen führen<br>▪ Risiko des Know-how-Verlusts beim Weggang von Mitarbeitenden |

▲ Abbildung 7.27     Interne Entwicklung versus Akquisition
(vgl. Müller-Stewens 1988, 1994; Gomez/Ganz 1992; Pearce/Robinson 1994)

- von den Eintrittsbarrieren (hohe Barrieren sprechen eher für eine Akquisition);
- vom Zeithorizont (interne Entwicklungen benötigen in der Regel mehr als acht Jahre bis sie rentabel sind);
- von der Erfolgswahrscheinlichkeit einer internen Entwicklung (eine interne Entwicklung sollten wir nur ins Auge fassen, wenn wir über die Fähigkeiten sowie die Management- und Zeitressourcen verfügen und nicht bereits mehrere andere interne Diversifikationsprojekte verfolgen);
- vom Vorhandensein und vom Preis geeigneter Übernahmekandidaten.

Falls wir uns für eine interne Entwicklung entscheiden, sind folgende Erkenntnisse aus der **PIMS-Datenbank** über **«Start-up»-Geschäfte** wertvoll (vgl. Meyer/Heyder 1994):

- Viele interne Entwicklungen scheitern (die Erfolgsquote liegt im Durchschnitt bei etwa 1:40!), weil bürokratische Strukturen ein gesundes Gedeihen der Projekte verhindern. Es ist daher ratsam, das Projekt in Form eines «internen Ventures» außerhalb der normalen Struktur anzusiedeln.
- Interne Entwicklungen scheitern, weil falsche Erwartungen und Zielsetzungen bestehen und die Anlaufzeit unterschätzt wird. Meist konzentriert man sich zu früh auf Erträge oder Rentabilität anstatt auf Marktanteilsgewinne, die langfristig hohe Erträge oder Renditen ermöglichen. Aus der Forschung wissen wir, dass die durchschnitt-

liche Break-even-Periode etwa bei acht Jahren liegt (vgl. Biggadike 1979). Solange wir Marktanteilsgewinne verzeichnen, müssen wir Geld und Geduld aufbringen und anfängliche Verluste akzeptieren.

- Zu Beginn eines neuen Geschäfts führt eine aggressive Vorgehensweise am ehesten zu Marktanteilsgewinnen und zum Aufbau von Eintrittsbarrieren für zukünftige Konkurrenten. Dies erfordert sowohl finanzielle Stärke (die oft nur Großunternehmen aufweisen können, wie etwa IBM beim Eintritt ins PC-Geschäft) als auch ein klares Engagement der Geschäftsleitung.

**Nachteile diversifizierter Unternehmen**

Die bisherigen Ausführungen zeigen, dass es viele gute Gründe zur Diversifikation gibt. Abschließend wollen wir aber noch einmal auf einige Probleme und Nachteile hinweisen. Diversifikationen dienen dem Aufbau neuer, zukünftiger Erfolgspotenziale. Dies kann enorme finanzielle, sachliche und personelle Ressourcen erfordern, die uns nur dann zur Verfügung stehen, wenn wir im angestammten Kerngeschäft aus einer Position der Stärke agieren können.

Wir kennen jedoch auch Beispiele von Unternehmen, die versucht haben zu diversifizieren, um damit den Problemen in den angestammten Unternehmensbereichen zu entgehen oder um die Öffentlichkeit von diesen Problemen abzulenken. Unter solchen Voraussetzungen gefährdet eine Diversifikation eher noch das angestammte Kerngeschäft, statt dass sie zur Lösung der Probleme beiträgt. Unternehmen, die in vielen verschiedenen Geschäften tätig sind, dürfen zudem folgende **Nachteile** nicht unterschätzen:

- erhöhte Komplexitäts- und Koordinationskosten;
- Verwaltungskosten der Konzernzentrale;
- kostspielige Anpassung der (meist flexibleren) Planungsverfahren, Richtlinien, Personalpolitik usw. der akquirierten Geschäfte an die Muttergesellschaft;
- zeitraubende Erläuterung der Strategien durch die SGE-Leiter gegenüber der Konzernzentrale.

Je breiter ein Unternehmens-Portfolio diversifiziert ist (d.h. je weniger die einzelnen Einheiten miteinander verwandt sind oder je weniger sie auf gemeinsamen Kernkompetenzen beruhen), desto schwieriger wird es für die Mitglieder der Konzernzentrale, in jedem Geschäft die für strategische Entscheide notwendigen Kenntnisse zu besitzen. Jedes noch so gut geführte Unternehmen stößt darum früher oder später an einen Punkt, wo eine weitere Diversifikation die zusätzlich anfallenden administrativen und strategischen Kosten nicht mehr rechtfertigt. Diese Erkenntnis hat bei General Electric anfangs der 80er Jahre zu einer drastischen Reduktion der Geschäftsbereiche geführt.

## **7.3** Spezialthemen der Strategieentwicklung

Fragen zur «Synergie», zu «strategischen Allianzen» und neuerdings auch zu «Strategie und Internet» werden im Zusammenhang mit Strategieentwicklung besonders häufig diskutiert. Alle drei Themen spielen sowohl bei der Stärkung des Kerngeschäfts als auch bei der Geschäftserweiterung durch Internationalisierung, vertikale Integration oder Diversifikation eine große Rolle. Wir gehen im Folgenden näher auf diese Spezialthemen der Strategieentwicklung ein.

**7.3.1
Synergien:
Möglichkeiten
und Grenzen**

Mit der Aussage «Das Ganze ist mehr als die Summe seiner Teile» lässt sich der Synergiebegriff umschreiben. Damit deuten wir an, dass wir bei einer Verflechtung mehrerer Unternehmensbereiche (durch gemeinsame Durchführung oder Know-how-Transfer) ein besseres Ergebnis erwarten, als wenn wir diese Aktivitäten getrennt ausüben. Wir haben in Kapitel 4 (Abschnitt 4.6.2 «Synergienanalyse», Seite 172 f.) mögliche Formen der gemeinsamen Durchführung aufgezeigt (vgl. ◄ Abbildung 4.16 auf Seite 172). Eine **gemeinsame Durchführung** erbringt folgende Nutzen:

- **Kostenvorteile,** wenn die betreffende Aktivität einen beträchtlichen Teil der Gesamtkosten verursacht oder einen Großteil der Anlagen beansprucht **und** durch die Zusammenarbeit Mengen-, Lern- oder Kapazitätsauslastungseffekte erzielt werden;
- **Differenzierungsvorteile,** wenn sie die Einmaligkeit der Aktivität weiter stärkt (z.B. durch gemeinsame Produktentwicklung, kombinierten Verkauf, Anbieten von Systemlösungen) oder zur Kostensenkung beiträgt (z.B. durch gemeinsame Beschaffung von qualitativ hochwertigen Bauteilen) (Porter 1986, S. 416 ff.).

Know-how-Transfer führt zu einem Kosten- oder Differenzierungsvorteil, wenn die betroffenen strategischen Geschäftseinheiten wichtige strategische Gemeinsamkeiten aufweisen (wie z.B. ähnliche Beschaffungsquellen, Kunden, Vertriebskanäle, Erfolgsfaktoren, Wettbewerbsstrategien) und durch den Transfer erzielte Verbesserungen die Transferkosten (beanspruchte Zeit des Fachpersonals, Anpassung an Bedingungen in der Know-how-übernehmenden SGE usw.) rechtfertigen.

Ein gutes Beispiel für Synergien aus Know-how-Transfer liefert der Philip Morris Konzern, der ursprünglich zu über 90% im Zigarettengeschäft tätig war. In den 70er Jahren diversifizierte das Unternehmen wegen der Stagnation im Tabakgeschäft in den Biermarkt. Dabei stützte es sich auf seine herausragenden Marketingfähigkeiten im Bereich der verpackten Konsumgüter und konnte mit diesem Know-how-Transfer innerhalb weniger Jahre im neuen Segment Fuß fassen. (Lehmann 1992)

In den letzten Jahren ist das Synergiekonzept vor allem bei den Praktikern etwas in Verruf geraten, da sich Hoffnungen auf Synergieeffekte vielfach nicht erfüllt haben. Dafür gibt es mehrere Gründe.

Einige Unternehmen sind in eine **Synergiefalle** geraten, weil entweder die erwarteten Verknüpfungen **illusorisch** oder für die Erlangung eines Wettbewerbsvorteils zu unbedeutend waren. Coca-Cola diversifizierte beispielsweise in den 70er Jahren ins Weingeschäft, da dieses viele Verknüpfungspunkte zum Softdrink-Geschäft aufzuweisen schien. Nach drei teuren Akquisitionen und mehreren erfolglosen Jahren musste das Unternehmen jedoch einsehen, dass wichtige strategische Aspekte (z.B. Distribution, Image- und Preisbildung) zu unterschiedlich waren, um Synergien zwischen dem Softdrink-Geschäft und dem Weingeschäft zu realisieren.

Manche Unternehmen haben auch die **Kosten** (oder Negativsynergien) der Verflechtung zwischen verschiedenen SGE unterschätzt, wie zum Beispiel (vgl. z.B. Porter 1986, S. 422ff.):

- **Inflexibilitätskosten** (eingeschränkte Autonomie verringert die Reaktionsfähigkeit der SGE und kann zudem zu Motivationsproblemen bei der SGE-Leitung führen);
- **Komplexitätskosten** (z.B. erhöhter Informationsbedarf und Kommunikationsaufwand);
- **Koordinationsaufwand** (z.B. steigende Anforderungen an die Abstimmung von Produktionsabläufen, unklare Kompetenzen und Verantwortlichkeiten bei gemeinsamen Aktivitäten);
- **Kompromisskosten** (z.B. bei der Herstellung gemeinsamer Produktkomponenten);
- **Inkompatibilitätskosten** (z.B. große kulturelle Unterschiede, inkompatible EDV-Systeme, widersprüchliche Ziele zwischen den SGE).

Die moderne Informations- und Kommunikationstechnologie kann allerdings dazu beitragen, diese Kosten zu verringern.

Aber selbst dort, wo eine Chance für positive Synergieeffekte besteht, sind die Unternehmen oft vom Ergebnis enttäuscht. Der Grund liegt häufig in der mangelhaften Umsetzung, bedingt durch ungenügende **organisatorische Maßnahmen**. Folgende Maßnahmen gewährleisten eine erfolgreiche Umsetzung:

- SGE-übergreifende Planung und Kontrolle (unter anderem zur Definition gemeinsamer Ziele);
- SGE-übergreifende Arbeits-, Projekt- und Erfahrungsgruppen, welche die Ausführung gemeinsamer Aktivitäten steuern oder als Schaltstellen des Know-how-Transfers dienen;
- Anreize/Leistungsprämien für das Erreichen gemeinsamer Ziele oder tatsächlich ausgeschöpfter Synergien;

- systematische Job Rotation zwischen den SGE;
- ein klares und faires Konfliktlösungsverfahren.

**7.3.2 Unternehmens-koalitionen und -konzentrationen**

Die Unternehmen sehen sich in vielen Branchen zunehmend mit Herausforderungen konfrontiert, die sie allein nicht mehr bewältigen können. Dies erklärt die Tatsache, dass in den letzten Jahren strategische Allianzen, Fusionen und Akquisitionen erheblich zugenommen haben. Wir gehen im Folgenden auf die Möglichkeiten und Grenzen dieser Formen der Zusammenarbeit ein.

**Strategische Allianzen**

Unter einer strategischen Allianz verstehen wir eine Koalition (Kooperation, Zusammenarbeit) von zwei oder mehr rechtlich und wirtschaftlich unabhängigen Unternehmen. Auch Klein- und Mittelbetriebe gehen vermehrt strategische Allianzen ein, insbesondere weil die Finanzmittel für Eigenentwicklungen nicht ausreichen.

Je nach Begriffsabgrenzung zählt man unter anderem folgende **Koalitionsformen** zu den strategischen Allianzen:

- langfristige Verträge (z.B. Liefer- und Abnahmeverträge);
- Lizenzen (Nutzungsrecht auf Name, Technologie, Produkt, Dienstleistung usw.);
- langfristige Kooperationen (z.B. in F&E, Produktion, Vertrieb);
- Joint Venture (Gründung eines gemeinsamen Drittunternehmens);
- Akquisitionen (Mehrheitsbeteiligung oder alleiniger Anteilsbesitz);
- gegenseitige Kapitalbeteiligungen, Fusionen (Zusammenschlüsse).

In dieser Liste nimmt die Intensität der Zusammenarbeit und der Grad der organisatorischen Verflechtung von oben nach unten zu, die rechtliche Unabhängigkeit hingegen ab. Bei Akquisitionen und Fusionen verliert mindestens ein Unternehmen seine Unabhängigkeit. Wir betrachten sie deshalb nicht mehr als strategische Allianzen, sondern als Unternehmenskonzentrationen (siehe auch Abschnitt «Fusionen und Akquisitionen», Seite 308f.).

Im Gegensatz zu einem Joint Venture, bei dem nach Abschluss der Vereinbarung meist ein Partner die operative Verantwortung übernimmt und für alle praktischen Belange die Operation im Rahmen des Vertrages selbständig durchführt, weisen reinere Formen strategischer Allianzen eine Dynamik auf, die sich durch folgende Charakteristika auszeichnet (Doz/Hamel 1998):

- Sie weisen eine große Unsicherheit und Ambiguität auf.
- Die Art der Wertschöpfung und wie diese von den Partnern genutzt wird, ist nicht vorgegeben.

- Die Beziehung der Partner entwickelt sich in kaum voraussagbarer Weise.
- Der Partner von heute kann der Konkurrent von morgen oder der Rivale in einem anderen Markt sein.
- Die dauernde Pflege der Beziehung zum Allianzpartner ist wichtiger als die Formulierung der Ursprungsvereinbarung.
- Die Formulierung der Ursprungsvereinbarung bestimmt den Erfolg weniger als die Anpassungsfähigkeit an veränderte Bedingungen.

Eine strategische Allianz hat in der Regel langfristigen Charakter, mit dem Ziel, für alle beteiligten Partner Wettbewerbsvorteile zu realisieren. Dies ist insbesondere auf drei Wegen möglich (Doz/Hamel 1998, S. 36):

- durch Bildung der kritischen Masse (Wettbewerbsstärke durch Co-option);
- durch die Eroberung von neuen Märkten (Wettbewerbsstärke durch Zusammenlegen spezialisierter Ressourcen);
- durch Schließen von Wissenslücken (Wettbewerbsstärke durch gegenseitiges Lernen).

Im ersten Fall (Co-option) müssen die strategischen Ziele der Partner übereinstimmen, und jeder Partner muss zur Sicherung des Fortbestands in der Allianz einen ausreichenden Nutzen realisieren können (z.B. Toshiba – Time Warner). Bei der Zusammenlegung spezialisierter Ressourcen muss die Strategie der Partner zwar nicht gleich, aber doch kompatibel sein und sich in vergleichbaren Leistungserwartungen niederschlagen, die allenfalls auch in einem «Joint Venture» realisiert werden können. Im Fall des gegenseitigen Lernens ist es günstig, wenn die Allianzpartner in unterschiedlichen strategischen Marktsegmenten tätig sind, aber hinsichtlich Kenntnissen und Fähigkeiten Übereinstimmungen aufweisen (z.B. Philips und Siemens im Bereich der Halbleiter-Speichermedien).

Strategische Allianzen stellen oft eine attraktive **Alternative zur vertikalen Integration** dar (siehe Abschnitt 7.2.4 «Vertikale Integration», Seite 289ff.). Sind die Eintrittsbarrieren für strategisch wichtige vor- oder nachgelagerte Leistungen hoch, ist eine enge vertikale Kooperation oft der einzig gangbare Weg zu einer stärkeren Kontrolle des Wertschöpfungsprozesses. Dies ist beispielsweise der Fall, wenn nicht genügend Kapital vorhanden ist oder das notwendige Entwicklungs-, Produktions- und Vertriebs-Know-how fehlt. Vertikale Kooperationen sind auch dann interessant, wenn wir den Wertschöpfungsprozess mit dem Lieferanten oder Kunden gemeinsam gestalten oder abstimmen («Supply-Chain-Management»). Beispiele sind ein unternehmensübergreifendes Management der Lagerbestände oder die Platzierung der Produktionsstätte in unmittelbarer Nähe des Partners.

Strategische Allianzen können bei verwandten **Diversifikationen** oft die Vorteile einer internen Entwicklung und einer Akquisition vereinen. Deshalb sind Technologieallianzen, bei denen meist der Zeitgewinn und nicht die Kosteneinsparung im Vordergrund steht, in letzter Zeit besonders populär geworden. Zukunftsträchtige Märkte oder Technologien entstehen vielfach dort, wo sich Branchengrenzen aufzulösen beginnen (z.B. Biotechnologie, Telekommunikation, Multimedia, Optoelektronik). Dies erfordert von den bisherigen Unternehmen Neupositionierungen, die sie in der zur Verfügung stehenden Zeit kaum allein bewältigen können (vgl. Müller-Stewens 1995). Die Komplexität und der Systemcharakter neuer Technologien erlauben es einem einzelnen Unternehmen in der Regel nicht, das erforderliche Wissen allein zu entwickeln. Ein typisches Beispiel ist die Computerbranche, wo sich Unternehmen auf die Entwicklung und Herstellung einzelner Bauteile (Hardware- und Softwarekomponenten) konzentrieren und nur durch Allianzen zum Endprodukt gelangen.

Infolge der Globalisierung der Märkte haben auch **internationale strategische Allianzen** zugenommen. Ein Beispiel ist die Zusammenarbeit von IBM (USA), Siemens (Deutschland) und Toshiba (Japan) zur Entwicklung und Produktion von Computerchips, die für jeden Partner bei einem Alleingang zu teuer gewesen wäre.

Bei grenzüberschreitenden Kooperationen ist der Joint Venture eine beliebte Form der Zusammenarbeit. IBM unterhält alleine in Japan mehr als hundert Joint Ventures mit lokalen Unternehmen. Dank Joint Ventures ist die Erschließung neuer Märkte durch Transfer von technischem Know-how oder von Schlüsselkomponenten vor allem auch in stark regulierten und damit meist abgeschlossenen Märkten möglich. Sie dienen ferner dazu, die Marktkenntnisse der lokalen Partner und deren Beziehungen zu den Behörden zu nutzen. Joint Ventures sind deshalb auch in China die häufigste Investitionsform westlicher Unternehmen.

Die zunehmende Komplexität globaler Allianzen macht es immer schwieriger, klare Grenzen zwischen internationalen Konkurrenten zu ziehen. Hewlett-Packard (USA) und Canon (Japan) teilen beispielsweise die Lasertechnologie für Druckermotoren, bekämpfen sich jedoch im Markt der Endprodukte.

Strategische Allianzen können aber auch mit gravierenden Problemen oder Nachteilen verbunden sein. Gemäß einer McKinsey-Studie scheitern mehr als die Hälfte aller strategischen Allianzen (Hirn/Krog 1992). Wir haben in ▶ Abbildung 7.28 Vorteile und Nachteile strategischer Allianzen einander gegenübergestellt. Eine sorgfältige Planung und Umsetzung kann die Gefahr eines Fehlschlages begrenzen. Das

| Möglichkeiten/Vorteile | Probleme/Nachteile |
| --- | --- |
| ■ Economies of Scale<br>■ direkter Zugang zu neuen Technologien, Produkten und Märkten<br>■ Ergänzung gegenseitiger Stärken<br>■ verbesserte Kapazitätsauslastung<br>■ Aufteilen von hohen F&E-Ausgaben<br>■ Verkürzung von Entwicklungszeiten<br>■ schnellere Verbreitung eigener Technologien<br>■ Erzielung einer größeren Marktmacht<br>■ Risikostreuung; begrenzter Kapitaleinsatz<br>■ Teilnahme bei Großprojekten<br>■ Überwindung politischer, rechtlicher und kultureller Eintrittsbarrieren in Auslandsmärkte<br>■ Zugang zu Marktkenntnissen eines ausländischen Partners | ■ hohes Konfliktpotenzial bei großen Unterschieden auf struktureller, politischer, kultureller und führungsmäßiger Ebene<br>■ unterschiedliche Ziele<br>■ überproportionaler Steuerungsaufwand<br>■ Verlust von Know-how an Partner<br>■ Offenlegung von Geschäftsgeheimnissen<br>■ Zuständigkeitsprobleme<br>■ unklare Führungsverantwortung bei 50:50 Joint Ventures<br>■ Verunsicherung bei Führungskräften/Mitarbeitenden<br>■ Gewinne müssen geteilt werden<br>■ Kulturschocks, Grabenkämpfe<br>■ «Gewinner-Verlierer»-Situation<br>■ Sprachbarrieren |

▲ Abbildung 7.28    Mögliche Vor- und Nachteile strategischer Allianzen
(vgl. z.B. Ackermann 1994; Bronder/Pritzl 1991; Hirn/Krogh 1992)

4-Phasen-Modell in ▶ Abbildung 7.29 skizziert mögliche Schritte einer solchen Planung. Zudem sollten wir folgende Grundsätze beachten:

- **Strategie der Wertsteigerung:** Wir schränken die Komplexität ein, indem wir uns auf jene Bereiche konzentrieren, in denen wir unseren Partner ergänzen statt konkurrenzieren und die uns einen Mehrnutzen bringen.
- **«Win-Win»-Strategie:** Wir stellen ein ausgewogenes Projektteam zusammen und sorgen dafür, dass beide Partner etwa einen gleichwertigen Nutzen aus der Zusammenarbeit ziehen.
- **Transparenz und Vertrauen:** Wir legen unsere Absichten dar, geben Einblick in die eigenen Verhältnisse und sind offen bezüglich Kooperationen mit weiteren Partnern.
- **Lernprozess:** Wir sehen die Kooperation als langfristigen, evolutionären Prozess, der uns neue Erkenntnisse bringt und Entwicklungsmöglichkeiten eröffnet.

Manches weist darauf hin, dass strategische Allianzen in Zukunft noch an Bedeutung zunehmen werden. Dies kann bedeuten, dass künftig die **Kooperationsfähigkeit** eines Unternehmens zum **kritischen Erfolgsfaktor** wird. Kooperationsfähigkeit ist gebunden an die Einsicht, dass strategische Allianzen keine Einzelfälle bleiben werden. Zudem erfordert sie ein klares Konzept zur Umsetzung der Kooperationen. Ein wichtiges Element eines solchen Konzeptes ist die Dokumentation und Institutionalisierung des erworbenen Wissens, etwa in Form eines «Kompetenz-

| Phase | Aktivitäten | Beispiele |
|---|---|---|
| **Strategischer Entscheid** | ■ Identifikation des strategischen Problems<br>■ Alternative Handlungsformen: Alleingang oder strategische Allianz<br>■ Ziel der strategischen Allianz klar festlegen | ■ Globalisierung, Marktöffnung, Verkürzung der Produktlebenszyklen, Technologieentwicklungen<br>■ Transaktionskosten als Entscheidungskriterien: Anbahnungs-, Vereinbarungs-, Anpassungs-, Koordinations- und Kontrollkosten<br>■ Zeit-/Größen-/Technologievorteile, Risikominimierung, Marktzutritt |
| **Konfiguration der strategischen Allianzen** | ■ Richtung der strategischen Allianz<br>■ Auswahl der Wertaktivitäten oder Kooperationsschwerpunkte<br>■ Bestimmung der Verflechtungsintensität | ■ horizontale/vertikale Kooperation, internationale Expansion<br>■ operative/logistische Prozesse, Marketing, Produkte/Dienstleistungen<br>■ Zeithorizont, Ressourceneinsatz, Arbeitsteilung, Formalisierungsgrad |
| **Partnerwahl** | ■ Beurteilung der grundsätzlichen Übereinstimmung<br>■ Beurteilung der strategischen Übereinstimmung<br>■ Beurteilung der kulturellen Übereinstimmung | ■ Geeignete Situation? Synergiepotenzial? Balancierte Machtposition?<br>■ Übereinstimmung der strategischen Zielsetzung? Harmonie der Business-Pläne? Gleicher Planungshorizont?<br>■ Kompatibilität der Unternehmens- und Länderkultur? Zu erwartende Widerstände? |
| **Management der strategischen Allianzen** | ■ Vertragsverhandlungen<br><br>■ Festlegung des Managements<br><br>■ Adaption und Überprüfung | ■ Festlegung der Verhandlungsziele, Bestimmen eines geeigneten formalen Rechts-, Vertrags- und Koordinationsgefüges<br>■ Festlegung der Aufgaben, Kompetenzen, interpersonellen Strukturen und Prozesse<br>■ Anpassung bestehender Strukturen, proaktives Krisenmanagement |

▲ Abbildung 7.29   Phasenweiser Aufbau einer strategischen Allianz
(leicht modifiziert nach Bronder/Pritzl 1991, S. 46 f.)

zentrums», das Informationen über die bestehenden Kooperationen sammelt, dieses Wissen für die Entwicklung der Führungskräfte nutzt und auf neue Kooperationen überträgt (vgl. Müller-Stewens 1995).

**Fusionen und Akquisitionen**
In den 60er und 70er Jahren war die Expansion über weitverzweigte Konglomerate der Hauptgrund für Fusionen und Akquisitionen. In den 80er Jahren stand das Streben nach synergieorientierten Diversifikationen im Vordergrund. Heute hingegen geht es vermehrt darum, durch Unternehmenskonzentrationen die **eigene Position im Kerngeschäft zu stärken**.

Vor allem in bisher fragmentierten Branchen (z. B. Chemie, Pharma, Informatik, Telekommunikation, Anlagenbau, Finanzgeschäft) ist mit einem starken Konzentrationsprozess zu rechnen. Allein in Deutschland sollen nach einer Schätzung rund 300 000 Unternehmen aufgekauft werden. Betroffen sind vor allem kleine oder finanzschwache Unternehmen, die den Herausforderungen des internationalen Marktes nicht mehr gewachsen sind. (Schlote 1996) Auch in der Schweiz können wir zur Zeit einen bemerkenswerten Konzentrationsprozess sowohl im Bankensektor als auch in der Chemieindustrie verfolgen.

Unternehmenskonzentrationen sind volkswirtschaftlich gesehen nicht in jedem Fall erwünscht und vielfach auch aus betriebswirtschaftlicher Sicht fragwürdig. Aus der Sicht der Unternehmensleitung geben meist folgende **Gründe** den Anstoß zu einer Fusion oder Akquisition:

- das Unternehmen will eine kritische Größe erreichen (v.a. in F&E, Produktion oder Marketing);
- die Fixkosten sollen auf größere Mengen verteilt werden (zum Beispiel sind im Bankensektor erhebliche Einsparungen in den Bereichen Informatik, Marketing und Rechnungswesen möglich);
- bei Unternehmen mit unterschiedlicher geografischer Ausrichtung oder unterschiedlichem Produktangebot sollen neue Märkte kostengünstiger und/oder schneller erschlossen werden (Cross-Selling-Effekte);
- der Zugang zu notwendigen, aber fehlenden Fähigkeiten soll gesichert werden;
- Branchen, die einem starken Konzentrationsprozess unterworfen sind, wollen sich gegen potenzielle Gefahren schützen und die Autonomie erhalten (größere Unternehmen sind normalerweise schwieriger zu übernehmen oder zu beeinflussen);
- der Einfluss starker Aktionärsgruppen soll vermindert werden.

Normalerweise wird das Kräfteverhältnis der beteiligten Unternehmen darüber entscheiden, ob eine Transaktion als Fusion oder als Akquisition anzusehen ist. Die Vor- und Nachteile strategischer Allianzen (vgl. ◄ Abbildung 7.28) und die entsprechenden Empfehlungen gelten im Wesentlichen auch für Fusionen und Akquisitionen.

Viele Fusionen und Akquisitionen misslingen. Optimistische Beurteilungen gehen davon aus, dass etwa die Hälfte der Fusionen nicht die erwünschten Ziele erreicht (vgl. Schlote 1996). Pessimistischere Schätzungen (KMPG, hier zitiert nach Hitt/Ireland/Hoskisson 2001, S. 276) ergeben sogar eine Misserfolgsrate von 83 %. Die folgenden **Grundsätze** sollten daher auf jeden Fall beachtet werden:

- sorgfältige Durchleuchtung («due diligence») des zu übernehmenden Unternehmens;
- vorsichtige Markteinschätzung;
- nicht zu hohe Synergieerwartungen hegen;

- die Integration wichtiger Bereiche/Funktionen rasch vorantreiben (besonders auch bei Widerständen), um zusätzliche Kosten, Überkapazitäten und Doppelspurigkeiten zu vermeiden;
- Tempo und Radikalität der Integration den Möglichkeiten und Umständen anpassen;
- Folge- oder Integrationskosten (wie Anpassung abweichender Gehaltsniveaus, Kosten aus Abfindungszahlungen und Sozialplänen, erhöhte Anforderungen an die Geschäftsleitung, Umschulung von Mitarbeitenden auf neue EDV-Systeme usw.) richtig einschätzen;
- Kommunikation sicher stellen, um Demotivation oder Abwanderung der besten Leute zu verhindern;
- Tendenzen der Bürokratisierung bekämpfen.

**7.3.3
Strategie und das
Internet**

Nach einer Umfrage, die Booz Allen & Hamilton in Zusammenarbeit mit der Zeitschrift «The Economist» durchgeführt haben, glauben mehr als 60% der befragten Führungskräfte, dass die Nutzung des Internets künftig die Erreichung strategischer Ziele erleichtern würde. Beinahe ein Drittel geben an, ihre Wettbewerbsstrategien wegen des Internet-Einflusses bereits angepasst zu haben (Financial Times 1999). Wir wollen deshalb in diesem Abschnitt kurz der Frage nachgehen, wie die neuen Kommunikationstechnologien (und insbesondere das Internet) das Strategische Management beeinflussen. In den bisherigen Kapiteln haben wir insbesondere zwei Aspekte der Unternehmensstrategie diskutiert: das Portfolio-Management für diversifizierte, dezentralisierte Unternehmen und die generischen Strategien, die uns in fokussierten Märkten die Wahl zwischen Kostenführerschaft und Leistungsdifferenzierung ermöglichen. Wir stellen uns nun die Frage, ob die neuen Technologien diese strategischen Grundansätze verändern und ob wir im Zeitalter des Internets völlig neue Ansätze für das Strategische Management brauchen?

Das Internet ist zunächst eine ausgezeichnete Informationsquelle, die im Hinblick auf die Strategieentwicklung vor allem in der Phase der Umwelt- und Unternehmensanalyse wertvolle Dienste leistet. Aber seine eigentliche strategische Bedeutung ergibt sich nicht in erster Linie aus diesen verbesserten Analyse- und Informationsmöglichkeiten. Sie gründet vielmehr in der Tatsache, dass sich mit dem Internet eine Technologie durchgesetzt hat, die es ermöglicht, Informationen auf eine völlig neue Art als wertschöpfende Ressource einzusetzen. Diese neue Verwendungsart von Informationen kann sowohl zur Senkung von Kosten als auch zur Differenzierung von Produkten beitragen und ebenso die Abwicklung von Geschäftstransaktionen innerhalb des Unternehmens sowie zwischen Unternehmen und Konsumenten fundamental verändern.

Eine Reihe von neuen innovativen Unternehmen, vorzugsweise aus den Bereichen Telekommunikation, Internet-Services, Suchmaschinen, Computer Hard- und Software, die mit dem Aufkommen des Internets in den 90er Jahren entstanden sind (z. B. Amazon.com, E-Bay, Yahoo), zeigen uns beispielhaft, wie sich Informationen im Rahmen einer Unternehmensstrategie auf eine völlig neue Art als wertschöpfende Ressource einsetzen lassen. In den neunziger Jahren schienen diese Unternehmen einen neuen Trend einzuleiten und ganz andere Möglichkeiten der Geschäftstätigkeit zu eröffnen. In der ersten Begeisterung gingen einige Übereifrige gar davon aus, dass die neue Entwicklung bisher gültige Regeln des Wirtschaftens bald außer Kraft setzen werde. Einige der optimistischen Propheten waren davon überzeugt, dass die «old economy» schon bald der «new economy» werde weichen müssen. Die teilweise spektakulären Wachstumsraten, die einige dieser neuen Unternehmen aufwiesen, bestärkten zudem viele in der Auffassung, jedes Unternehmen müsse künftig eine Internet-Strategie entwickeln, da die neue Technologie zu völlig anderen Geschäftsmodellen führe und die herkömmliche Art Geschäfte zu machen bald keine Zukunft mehr habe.

Inzwischen ist diese Begeisterung etwas abgeflaut. Zur Überraschung einiger Optimisten konnten trotz der traumhaften Wachstumsraten bisher nur wenige Firmen der «new economy» die steigenden Einnahmen auch in Gewinne verwandeln (Turner 2000, S. 41). Im Sommer 2000 erlebten sogar einige an der Börse hoch gehandelte «new economy»-Unternehmen einen geradezu historischen Niedergang, so dass sich uns heute wieder die Frage aufdrängt, ob überhaupt ein maßgeblicher Unterschied zwischen Strategien und Geschäftspraktiken in der «old economy» und solchen in der «new economy» besteht.

Noch ist die **Diskussion, wie der Einsatz dieser neuen Technologien das Strategische Management** der Unternehmen **verändern wird** oder schon verändert hat, **in vielerlei Hinsicht spekulativ.** Einige Unternehmen haben tatsächlich Strategien entwickelt, denen eine neue Technologie oder ein neuer Prozess zugrunde liegt und die die Verhaltensweisen von Kunden und Konkurrenten verändert haben. Auch ist kaum zu bezweifeln, dass die neuen technologischen Möglichkeiten die Grenzen zwischen Nationen, Branchen, Wirtschaftssektoren und Organisationen, aber auch die Grenzen zwischen Funktionen innerhalb der Organisationen zunehmend auflösen. Es ist somit unbestritten, dass mit dem Aufkommen der neuen Technologien in der globalen Wirtschaft revolutionäre Veränderungen stattgefunden haben und noch stattfinden werden. Insbesondere ist davon auszugehen, dass Verbindungen, Netzwerke und symbiotische Beziehungen zwischen Unternehmen und Konsumenten vermehrt zur Regel werden.

Nach Evans/Wurster (1997, S. 74–82) ist damit zu rechnen, dass die traditionellen Liefer- und Wertschöpfungsketten (siehe z.B. die Wertkette von Porter in Abschnitt 4.3.1 «Wertaktivitäten innerhalb der Wertkette», Seite 150) auseinander brechen (Evans/Wurster sprechen von der «Dekonstruktion» der Wertketten) bzw. sich grundsätzlich in eine «physische» und in eine «virtuelle» Wertkette aufteilen. Dies zwingt die Unternehmen zu einer Anpassung oder gar zu einer fundamentalen Veränderung ihrer Strategie. In einer Lieferkette kann die Veränderung oder «Dekonstruktion» etwa darin bestehen, dass der Anbieter sich direkt (unter Ausschaltung des Zwischenhandels) mit dem Konsumenten verbindet. Die «Dekonstruktion» der Wertketten ist darum von erheblicher strategischer Bedeutung, weil in der informationsintensiven Wirtschaft, in der wir leben, letztlich jedes Geschäft ein «Informationsgeschäft» ist. Oder anders ausgedrückt: Neben den physischen Gütern sind Informationen ein wichtiger Bestandteil jeder einzelnen Aktivität in einer Liefer- oder Wertschöpfungskette (Evans/Wurster 2000). Zusammen mit den Kanälen, über die sie geliefert werden, sind sie verantwortlich für den Zusammenhalt der Wertkette und die Bildung von Geschäftsstrukturen.

In Zukunft tritt also jedes Unternehmen in zwei Welten auf: einerseits in einer physischen Welt, wo man die Dinge sehen und berühren kann, und andererseits in einer virtuellen Welt, die im wesentlichen aus Information besteht. Rayport/Sviokla (1996) bezeichnen letztere als **«marktespace»** in **Unterscheidung zum herkömmlichen «marketplace».** Die Prozesse der Wertschöpfung sind in den beiden Bereichen unterschiedlich, und das Management von zwei interagierenden Wertschöpfungsprozessen in den beiden voneinander abhängigen Gebieten ist eine neue konzeptionelle und taktische Herausforderung.

Hinter jeder Aktivität einer Wertkette verbergen sich also sowohl physische Güter (Maschinen, Rohstoffe usw.) wie auch Informationen (z.B. Beschaffungspreise, Know-how). Für die Strategieentwicklung ist dies insbesondere darum von Bedeutung, weil **zwischen physischen Gütern und Informationen** aus ökonomischer Sicht **entscheidende Unterschiede** bestehen. Erstens lassen sich Informationen im Gegensatz zu physischen Gütern (z.B. Maschinen) zu äußerst geringen Kosten beliebig oft kopieren. Ist eine Information einmal vorhanden, ist sie zugleich kein «knappes Gut» mehr. Zweitens unterliegen Informationen im Gegensatz zu physischen Gütern nicht der Abnutzung, d.h. sie unterliegen nicht wie physische Güter einer Wertminderung durch Gebrauch. Drittens schließlich sorgen bei physischen Gütern effiziente Märkte (d.h. nicht regulierte Märkte mit einer funktionierenden Konkurrenz) für die

Optimierung der Produktion und der Güterverteilung, wohingegen Informationen nur auf regulierten (d.h. zum Beispiel durch Patente oder Copyrights geschützten) Märkten befriedigende Erträge liefern können.

**Porter hat** in seinem Wertkettenmodell **bisher Information nicht als** eigentliche **Wertschöpfungsquelle** sondern lediglich als unterstützendes Element im Wertschöpfungsprozess **verstanden.** Mit dem Aufkommen der neuen Kommunikationstechnologien hat sich aber diese Bedeutung von Information in der Wertkette verändert. Informationen können zur selbständigen Wertschöpfungsquelle werden. Wer also im modernen «Informationsmarkt» bestehen will, tut gut daran, sowohl in der physischen wie auch in der virtuellen Wertkette nach Wertschöpfungsmöglichkeiten suchen.

Um Wertschöpfung durch Information zu erzielen, muss man sich dem «marketspace» (Rayport/Sviokla 1996) zuwenden und die Möglichkeiten der «virtuellen Wertkette» (Sammeln, Organisieren, Auswählen, Synthetisieren und Verteilen von Information) ausnutzen, wobei die unterschiedliche ökonomische Logik der beiden Wertketten zu beachten ist. So verliert beispielsweise das herkömmliche Verständnis von Skalenerträgen («Economies of scale» und «Economies of scope») bei der Suche nach Wertschöpfungsmöglichkeiten in der virtuellen Wertkette ihre Bedeutung.

Was bedeutet das alles in der Praxis? Schauen wir uns einmal ein beliebiges Produkt im Regal eines Detailhändlers an. Ein solches Produkt erfüllt zwei Funktionen: es ist einerseits Bestandteil der Lagerhaltung des Detaillisten (physisches Gut) und andererseits ein Informationsträger (Farbe, Design, Größe, Preis usw.). In einem solchen Produkt erlangen sowohl die Regeln der «Güterökonomie» (nicht beliebig vermehrbar, unterliegt der Abnutzung, Produktion und Verteilung reguliert durch funktionierenden Markt) als auch jene der «Informationsökonomie» (beliebig kopierbar zu geringen Kosten, keine Abnutzung durch Gebrauch, regulierter Markt) eine Bedeutung. Physisches Gut und Information sind hier miteinander verbunden (in der traditionellen Geschäftstätigkeit üblich), was immer auch einen Kompromiss mit einschließt, da beispielsweise ein hoher Informationsgehalt (verschiedene Typen, Farben usw.) im Widerspruch steht zur Forderung nach möglichst geringen Lagerkosten.

Erst seit der Verbreitung des Internets sind die technischen Voraussetzungen geschaffen, um das physische Gut («Güterökonomie») konsequent von den Informationen («Informationsökonomie») zu trennen. Traditionelle Unternehmensmodelle beruhen in der Regel auf einer Verbindung bzw. auf einem Kompromiss zwischen physischem Gut und

Information (ein besonders einprägsames Beispiel ist eine traditionelle Buchhandlung). Die neuen Kommunikationsmöglichkeiten stellen daher für traditionelle Unternehmensmodelle, deren Struktur auf einem solchen Kompromiss beruht, eine Gefährdung dar, da eine Trennung der Informationswertkette von der Güterwertkette zu erfolgreicheren Geschäftsmodellen führen kann (Amazon.com stellt die Information zur Verfügung und UPS liefert das Buch, d. h. das physische Gut).

**Reichhaltigkeit vs. Reichweite**

In diesem Zusammenhang ist im Hinblick auf eine Strategieentwicklung die Tatsache von besonderer Bedeutung, dass bisher – wo immer Informationen in physische Güter eingebettet waren – stets auch ein **Kompromiss zwischen Reichweite und Reichhaltigkeit** der Information eingegangen werden musste. Das heißt: entweder konnte man wenige Konsumenten mit viel Information oder viele Konsumenten mit nur wenig Information versorgen (vgl. ▶ Abbildung 7.30). Reichweite ist definiert als die Anzahl Personen, die mit einer bestimmten Information (z. B. Preis, Produktvarianten, Design) versorgt werden können. Reichhaltigkeit hingegen umfasst die Aspekte Bandweite (Menge von Informationen, die in einer bestimmten Zeit vom Sender zum Empfänger gelangen können), Anpassungsfähigkeit (Ausmaß, in dem die Information den Bedürfnissen des Empfängers angepasst werden kann) und Interaktivität (Möglichkeit zum Dialog) sowie Zuverlässigkeit, Sicherheit und Aktualität der Informationen. Bisher galt die Regel, dass eine große Zahl von Menschen nur bei einem entsprechenden Verzicht auf Reichhaltigkeit mit Information versorgt werden konnte.

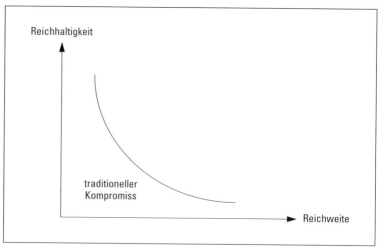

▲ Abbildung 7.30   Traditionelle Ökonomie der Information: Beziehung zwischen Reichweite und Reichhaltigkeit (Evans/Wurster 1997, S. 74)

Die Verbreitung des Internets und der Aufbau entsprechender Standards hat nun die Voraussetzungen geschaffen, um diesen Widerspruch zwischen Reichweite und Reichhaltigkeit aufzulösen. Künftig kann der Kunde in gleichem Maße auf Reichweite wie auch auf Reichhaltigkeit zählen, was nach Evans/Wurster zur «Dekonstruktion» bisheriger Wirtschaftsstrukturen führen kann. Zu den traditionellen Wirtschaftsstrukturen gehören Wertketten, Liefer- und Franchiseketten sowie Organisationen, denen immer ein Kompromiss zwischen Reichhaltigkeit und Reichweite der Information inhärent ist.

**Die neuen Kommunikationsmöglichkeiten erlauben** uns, diese **traditionellen Strukturen in ihre Einzelteile aufzulösen** und auf der Grundlage einer getrennten Informations- und Güterökonomie (z. B. Trennung der Information über das Produkt vom physischen Transport des Produktes) sowie durch die Auflösung des Widerspruchs zwischen Reichweite und Reichhaltigkeit (umfassende und allenfalls individuell angepasste Information an eine große Zahl von Konsumenten) neue Strukturen aufzubauen und wertschöpfende Informationsprozesse in die traditionelle Wertkette einzubauen.

Die neue Kommunikationstechnologie kann erstens eingesetzt werden, um die Aktivitäten der physischen Wertkette zu koordinieren. Damit kann die Wertkette, die in der traditionellen Auffassung eine Summe von unverbundenen Einzelaktivitäten darstellt, zu einem «integrierten System» ausgebaut werden (ein Beispiel dafür liefert Federal Express). Zweitens ist es möglich, physische Aktivitäten durch virtuelle Aktivitäten zu ersetzen. So hat beispielweise Ford virtuelle Entwicklungsteams aufgebaut und Boeing die herkömmlichen Windkanal-Tests durch virtuelle Simulationen ersetzt. Drittens kann Information eingesetzt werden, um den Kunden einen Zusatznutzen zu verschaffen, eine Möglichkeit, die beispielsweise der Computerhersteller Dell als einer der ersten konsequent genutzt hat (vgl. ▶ Abbildung 7.31).

Auswirkungen der Dekonstruktion auf den Wettbewerbsvorteil

■ Diese «Dekonstruktion» der Geschäfts- und Branchenstrukturen verändert auch die Quellen von Wettbewerbsvorteilen. Sie kann sowohl etablierte Geschäftsmodelle bedrohen als auch eine Reihe neuer Möglichkeiten bieten (Frischmuth/Karrlein/Knop 2001, S. 11–37). Jede Branche wird sich ihrer eigenen Dynamik gemäß verändern, verschieden schnell und verschieden intensiv. Die «Dekonstruktion» kann eine traditionelle Wertkette in mehrere Geschäfte zerlegen, die jeweils unterschiedliche Wettbewerbsvorteile hervorbringen. In einer herkömmlichen Wertkette gleichen die Vorteile (z. B. reiche Auswahl dank großem Lager) die Nachteile (z. B. höhere Preise) aus. Dieser Kompromiss schwächt jedoch den gesamten Wettbewerbsvorteil.

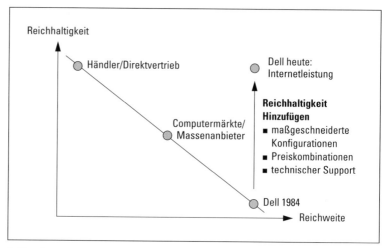

▲ Abbildung 7.31   Aufbrechen des Kompromisses zwischen Reichhaltigkeit und Reichweite im Computer-Einzelhandel (Evans/Wurster 2000, S. 81)

- Die «Dekonstruktion» führt – wie wir schon mehrfach dargelegt haben – zu einer Trennung der informatorischen von den physischen Geschäften, die jeweils unterschiedlichen Gesetzmäßigkeiten unterliegen. Bei Informationsgeschäften gründet beispielsweise der Wettbewerbsvorteil nicht wie bei physischen Geschäften auf Prinzipien wie Größenvorteil, Segmentierung, Wirtschaftlichkeit usw., sondern auf der Möglichkeit Patente und Copyrights zu kontrollieren, eine kritische Masse zu erreichen oder Allianzen zu schließen. Das grundsätzliche Ziel besteht darin, eine Monopolstellung zu erreichen («The winner takes it all»).

- Die neuen Kommunikationstechnologien ermöglichen die Rationalisierung der physischen Wertkette (z.B. im Bereich des Kundendienstes) und schaffen damit die Möglichkeit zum Aufbau von neuen Geschäften mit einer nachhaltigen physischen Quelle des Wettbewerbs.

- Da eine direkte Verbindung zwischen Anbieter und Endbenutzer möglich ist, können bisherige Vermittler (Zwischenhandel) ausgeschaltet und zugleich mehr Kunden erreicht werden. Amazon.com bietet über drei Millionen Bücher über ca. 25 Millionen Computerbildschirme an. Das ist über 100-mal mehr als die größte physische Buchhandlung der Welt anzubieten hat.

- Die «Dekonstruktion» erweitert aber auch die Wahlmöglichkeiten, was beim Konsumenten zu einem Überangebot an Informationen führen kann. Dies ruft nach «Navigatoren» (eine neue Geschäftsmöglichkeit), die dem Benutzer helfen, sich im «Informationsdschungel» zurecht zu finden. Diesen «neutralen Dritten», die weder ein Produkt herstellen noch ein Liefernetz unterhalten, bieten sich neue Möglichkeiten der «Markenbildung».

- Die Verhandlungsmacht der Anbieter nimmt ab, da der Konsument auf relativ einfache Weise eine Übersicht über das gesamte Marktangebot gewinnen kann.
- Dem Konsumenten entstehen geringe Umsteigekosten, d. h. er kann auf einfache Weise zum Konkurrenten wechseln. Dies zwingt die Anbieter, nach neuen Formen der Kundenbindung Ausschau zu halten.
- Infrastruktur und andere Aktivposten, die bisher die Grundlage von Wettbewerbsvorteilen gebildet haben, können zu Belastungen werden. Besonders davon betroffen sind Unternehmen oder Unternehmensbereiche, die bisher physische Informationen verteilt haben (z. B. Zeitungen und Zeitschriften sowie die physischen Teile von Verkaufs- und Verteilsystemen wie Vertreter, Ladengeschäfte usw.).

Das bisher Gesagte macht deutlich, dass das Internet eine äußerst wichtige neue Technologie darstellt. Porter (2001, S. 63–78) warnt allerdings davor, jenen zu glauben, die uns weismachen wollen, seit dem Aufkommen des Internets sei alles anders geworden und alle bisherigen Regeln hätten ihre Bedeutung verloren. Er fordert vielmehr eine Abkehr von Begriffen wie «Internet-Industrie», «E-Business Strategie», «new economy» usw. und empfiehlt, das Internet als das zu sehen, was es tatsächlich ist, nämlich als eine Technologie mit neuen Möglichkeiten (enabling technology). Aus strategischer Sicht sind nach Porter einige grundlegende Fragen stellen:

- Fällt der ökonomische Nutzen, der vom Internet zu erwarten ist, allein den Konsumenten zu oder kann sich auch das Unternehmen einen Teil davon sichern?
- Wie verändert das Internet die Branchenstruktur?
- Erhöht oder senkt das Internet die Gewinnaussichten?
- Trägt das Internet dazu bei, nachhaltige Wettbewerbsvorteile aufzubauen, oder steht es dieser Absicht eher im Wege?

**Die Frage ist** somit nicht ob, sondern **wie ein Unternehmen die Internet-Technologie einsetzen soll.** Das Internet bietet zweifellos bessere Möglichkeiten zur strategischen Positionierung als frühere Informationstechnologien. Nach Porter ist dazu jedoch kein neues Geschäftsmodell nötig. Das Internet per se stellt nur in Ausnahmefällen einen Wettbewerbsvorteil dar. Erfolgversprechend ist vielmehr ein Einsatz, der die traditionellen Wettbewerbsformen ergänzt. Damit ist auch klar, dass das Internet die Bedeutung der traditionellen Grundsätze des Strategischen Managements nicht mindert, sondern im Gegenteil verstärkt. Die entscheidende Frage bleibt somit, wie das Internet eingesetzt werden muss, damit es zur Wertschöpfung im Unternehmen beiträgt.

Nach Porter bestimmen zwei fundamentale Faktoren die Gewinnaussichten eines Unternehmens:

- die Branchenstruktur und
- der nachhaltige Wettbewerbsvorteil.

Diese beiden Faktoren sind unabhängig von der Technologie oder von der Art des Geschäftes. Bei der Suche nach einer Strategie spielt es somit auch keine Rolle, ob wir in einer «neuen» (z.B. Online-Auktionen), einer rekonfigurierten oder in einer herkömmlichen Branche tätig sind. Die strukturelle Attraktivität einer Branche – egal ob neu oder alt – wird von den fünf Wettbewerbskräften (Intensität des Wettbewerbs unter den Anbietern, Eintrittsbarrieren für neue Konkurrenten, Substitutionsprodukte oder -dienstleistungen, Verhandlungsmacht der Lieferanten, Verhandlungsmacht der Abnehmer) bestimmt (vgl. Abschnitt 3.3.2 «Branchenanalyse», Seite 101 ff.).

Da sich das Ausmaß dieser Kräfte von Branche zu Branche stark unterscheidet, sind keine allgemeinen Folgerungen möglich über den Einfluss der Internet-Technologie auf die Gewinnaussichten in einer Branche. Jedoch lassen sich aufgrund bisheriger Erkenntnisse einige Trends ausmachen, die in ▶ Abbildung 7.32 zusammengefasst sind.

Einige dieser Trends sind positiv, die überwiegende Mehrzahl jedoch negativ. Insgesamt ist es für ein Unternehmen schwierig, die von Evans/Wurster beschriebenen potenziellen Nutzen des Internets (einfache Verteilung von Information, Erleichterung des Einkaufs, des Marketings und der Distribution, besserer Zugang zum Konsumenten, Aufhebung des Gegensatzes zwischen Reichweite und Reichhaltigkeit, Trennung von physischem Gut und Information u.a.) in Gewinn zu verwandeln.

In vielen vom Internet beeinflussten Branchen sind die Gewinnaussichten nicht rosig. Umso wichtiger ist es für Unternehmen, sich von den durchschnittlichen Konkurrenten abzusetzen und für einen Gewinn zu sorgen, der über dem Branchendurchschnitt liegt. Die einzige Möglichkeit, das zu erreichen, besteht im Aufbau eines nachhaltigen Wettbewerbsvorteils, sei es durch kostengünstige Operationen oder indem ein besserer Marktpreis durchgesetzt werden kann (oder natürlich beides).

Solche Kosten- und Preisvorteile können erstens durch operationelle Effektivität realisiert werden, d.h. indem wir zwar das Gleiche wie unsere Konkurrenten tun, aber besser und/oder billiger sind (z.B. Rohstoffe, Technologie, Mitarbeitende, Management). Das Internet bietet viele Möglichkeiten zur Verbesserung der operationellen Effektivität über die ganze Wertkette hinweg. Die bloße Verbesserung der operationellen Effektivität führt jedoch auf die Dauer kaum zu einem Wettbewerbsvorteil, da neue Praktiken von den Konkurrenten in der Regel

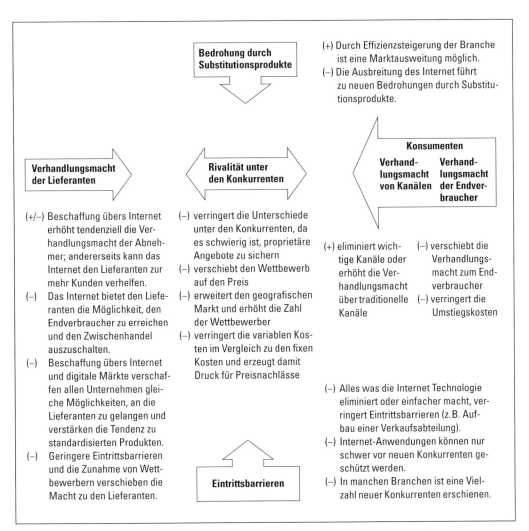

▲ Abbildung 7.32    Wie das Internet die Branchenstruktur beeinflusst (Porter 2001, S. 67)

umgehend kopiert werden, zumal Internet-Anwendungen es besonders schwierig machen, einen operationellen Vorteil nachhaltig zu sichern.

Deshalb wundert sich Porter darüber, dass heute viele Unternehmen ihre Chance oft fast ausschließlich in der Verbesserung der operationellen Effektivität (Geschwindigkeit, Flexibilität) sehen, weil sie irrtümlicherweise annehmen, dass ein nachhaltiger Wettbewerbsvorteil gar nicht erreicht werden könne. Tatsache ist jedoch, dass ohne eine klare strategische Positionierung operationelle Faktoren wie Geschwindigkeit und Flexibilität auf die Dauer nicht zu den gewünschten Ergebnissen führen.

Umso wichtiger wird also die **strategische Positionierung,** die zweite Möglichkeit, um einen Wettbewerbsvorteil zu erreichen. Eine unterscheidbare strategische Position einzunehmen bedeutet, dass wir unseren Kunden einen einzigartigen Wert anbieten müssen. Das wiederum setzt voraus, dass wir uns von unseren Konkurrenten unterscheiden, indem beispielsweise unser Produkt, unser Service oder unsere Logistik (oder alle drei) gegenüber unserer Konkurrenz unterschiedliche Merkmale aufweisen. Porter (2001, S. 71) nennt sechs Grundsätze für eine erfolgreiche strategische Positionierung:

- **Wahl des richtigen Ziels:** langfristiger überdurchschnittlicher ROI (= Return on Investment). Nur mit einer nachhaltigen Gewinnsicherung können nachhaltige ökonomische Werte erzeugt werden. Wenn die Ziele in Form von Umsatz oder Marktanteilen formuliert werden, unter der Annahme dass die entsprechenden Gewinne folgen werden, hat dies oft unzureichende Strategien zur Folge. Das gleiche trifft zu, wenn Strategien nur formuliert werden, um den Wünschen von Investoren zu entsprechen.
- Die Strategie muss ein Unternehmen in die Lage versetzen, eine **Wertschöpfung** zu erzeugen, **die sich von jener der Konkurrenten unterscheidet.** Strategie ist daher weder die Suche nach dem besten Weg die Konkurrenz aufzunehmen, noch der Versuch, jedem Kunden alles anzubieten. Sie besteht vielmehr darin, einer bestimmten Gruppe von Abnehmern einen einzigartigen Nutzen zu bieten.
- Die **Strategie muss sich in einer bestimmten Wertkette abbilden.** Die Realisierung eines Wettbewerbsvorteils setzt voraus, dass ein Unternehmen andere Aktivitäten als die Konkurrenz oder die gleichen Aktivitäten in einer unterschiedlichen Weise ausführt. Eine Fokussierung auf die Übernahme von «best practices» führt zu einer unerwünschten Angleichung an die Konkurrenz, die die Realisierung eines Wettbewerbsvorteils erschwert.
- **Taugliche Strategien schließen Kompromisse ein.** Ein Unternehmen muss auf gewisse Produkteigenschaften, Dienstleistungen usw. verzichten, um dafür bei anderen Einzigartigkeit zu erreichen. Solche Kompromisse beim Produkt oder bei der Ausgestaltung der Wertkette verhelfen einem Unternehmen dazu, sich wirklich von anderen zu unterscheiden. Wenn Verbesserungen beim Produkt oder bei der Wertkette keine Kompromisse verlangen, werden sie oft zu neuen «best practices», die von den Konkurrenten imitiert werden können, ohne auf herkömmliche Verhaltensweisen zu verzichten. Der Versuch, allen

Kunden alles zu bieten, führt fast zwangsläufig dazu, dass kein eigentlicher Wettbewerbsvorteil realisiert werden kann.

- Die Strategie legt fest, wie die Aktivitäten eines Unternehmens zusammenhängen. Sie erfordert **miteinander verknüpfte Entscheide** über die ganze Wertkette hinweg, so dass sich die Aktivitäten gegenseitig verstärken. Die innere Konsistenz der Aktivitäten erschwert es den Konkurrenten, die Strategie zu imitieren und sichert gleichzeitig den Wettbewerbsvorteil.

- Die Strategie verlangt nach **Kontinuität**. Ein Unternehmen muss eine bestimmte Wertschöpfung definieren und verfolgen, auch wenn dies den Verzicht auf bestimmte andere Möglichkeiten einschließt. Ohne diese Kontinuität ist es schwierig, einzigartige Fähigkeiten zu entwickeln und sich einen bestimmten Ruf bei den Konsumenten zu sichern. Häufige «Neuerungen» sind in der Regel ein Hinweis auf mangelndes strategisches Denken und ein Zeichen von Mittelmäßigkeit. Die stetige Anpassung an veränderte Bedingungen ist zwar eine Notwendigkeit. Sie sollte jedoch immer im Rahmen einer strategischen Ausrichtung erfolgen.

Die Missachtung dieser Grundsätze hat viele Internet-Pioniere und auch viele etablierte Unternehmen in Schwierigkeiten gebracht. Um das strategische Potenzial des Internets auszunutzen, bedarf es der Einsicht, dass das neue Medium die traditionellen Formen des Wettbewerbs eher ergänzt als kannibalisiert. So ersetzen beispielsweise virtuelle Aktivitäten nicht die physischen Aktivitäten eines Unternehmens, sondern verstärken vielmehr deren Bedeutung. Daher ist es von besonderer Wichtigkeit, die Auswirkungen des Internets auf die Wertkette des Unternehmens im Auge zu behalten. Internet-Anwendungen haben zwar einen erheblichen Einfluss auf die Kosten und die Qualität der Aktivitäten in der Wertkette. Zugleich aber spielen konventionelle Faktoren wie die Produkt- und Prozesstechnologie, die Fähigkeiten der Mitarbeitenden, Investitionen in physische Anlagen usw. nach wie vor ebenfalls eine entscheidende Rolle.

Die zunehmende Verbreitung des Internets, die dazu führt, dass mehr und mehr Unternehmen dessen Möglichkeiten nutzen, wird den potenziellen Vorteil des Mediums mit der Zeit neutralisieren. Umso wichtiger wird es sein, dass die traditionellen Formen zum Aufbau von Wettbewerbsvorteilen wieder zu ihrem Recht kommen.

## 7.4 Zusammenfassung: Alternative Wertsteigerungsstrategien im Überblick

▶ Abbildung 7.33 fasst die in diesem Kapitel behandelten Strategien zur Steigerung des Unternehmenswertes zusammen.

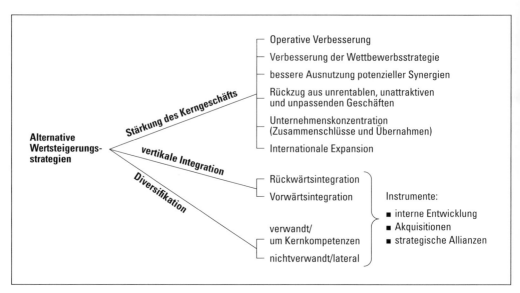

▲ Abbildung 7.33    Alternative Wertsteigerungsstrategien (in Anlehnung an Hax/Majluf 1991, S. 259)

# Tecnol Medical Products Inc.

Eine Strategie zahlt sich aus. Die kleine, in den USA beheimatete Firma zeigt, wie sie mit einer fokussierten Differenzierungs- und Kostenführerstrategie gegen riesige Konzerne bestehen kann.

Tecnol Medical Products Inc., eine vergleichsweise kleine in den USA beheimatete Firma, zeigte auf, wie man mit einer fokussierten Differenzierungs- und Kostenführerstrategie gegen so riesige Konkurrenten wie Johnson & Johnson (J&J) und 3M bestehen kann.

---

Quelle: Business Week

---

Mit dem Vertrieb von billigen Krankenhausbedarfsartikeln fristete Tecnol in den frühen 80er Jahren ein karges Dasein. Der Markt war übersättigt und das Geschäft entsprechend hart. Angesichts der düsteren Zukunftsaussichten hielten die beiden Gründer Vance M. Hubbard und Kirk Brunson Ausschau nach einem profitableren Geschäft.

1984 fanden sie eine Nische: medizinische Gesichtsmasken. Damals galten Gesichtsmasken als Billigartikel. Aber zur gleichen Zeit verbreitete sich vermehrt die Angst vor der Übertragung des Aids-Virus und anderen Infektionskrankheiten. Auf diesem Hintergrund verwandelte Tecnol das einst gewöhnliche Produkt «Gesichtsmaske» in eine lukrative «Spezialmaske», die Ärzte und Krankenpflege-Personal vor Infektionen schützt.

Die Strategie zahlte sich aus. Heute kommen 53% der Erträge von Tecnol aus dem Segment Gesichtsmasken. Etwa die Hälfte stammt aus dem Verkauf von Spezialmasken, die eine Bruttomarge von 65% erzielen. Seit 1989 sind Verkaufszahlen um 23% und die Gewinne um 34% angestiegen. Tecnol hat heute einen Anteil von 60% im 71 Mio. Dollar Markt, während 3M lediglich noch 23% und Johnson & Johnson gar nur 10% des Marktes für sich beanspruchen können.

Als Tecnol den Verkauf von Gesichtsmasken aufnahm, dominierten 3M und J&J noch den Markt. Sowie sich aber Veränderungen im vergleichsweise kleinen Markt anzeigten, verschlechterte sich die Position der beiden Giganten, da sie offensichtlich die Strukturveränderungen weitgehend verschliefen, während Tecnol seine Chance wahrnahm.

Tecnol brachte zunächst am herkömmlichen Produkt kleine Veränderungen an. Als Neuigkeit offerierte die Firma einerseits die Masken in verschiedenen Grössen und entwickelte andererseits Masken von geringerem Gewicht, die das Atmen erleichterten. Darüber hinaus entwickelte Tecnol aber auch neue Produkte, wie etwa die Spezialmaske für die Laser-Chirurgie. Sie enthält einen Filter, der verhindert, dass die im Operationssaal anwesenden Personen die winzigen Partikel einatmen, die während laserchirurgischen Eingriffen frei werden. Es folgten weitere ähnlich innovative Produkte.

Als die beiden grossen Konkurrenten die Gewinnanstiege in dieser Nische realisierten, versuchten sie ebenfalls, die Produktsortimente den neuen Marktbedingungen anzupassen. Aber bis heute ist es ihnen nicht gelungen, den Vorsprung von Tecnol wettzumachen.

Für diesen Vorsprung sind neben zahlreichen Produktinnovationen und erheblichen Ausgaben für Forschung und Entwicklung auch Verbesserungen im Produktionsprozess verantwortlich. Die Herstellung von Gesichtsmasken war traditionellerweise ein arbeitsintensiver Prozess, da das Zusammennähen von Hand erfolgte. Tecnol entwickelte eine Maschine, die diesen Prozess automatisierte. Damit gelang es ihnen, sowohl schneller als auch kostengünstiger als die Konkurrenz zu produzieren. Auf diese Weise konnten unter anderem dem Konkurrenten Johnson & Johnson Grosskunden abgeworben werden.

Um das Wachstum zu erhalten, verlegte sich Tecnol in jüngster Zeit auf die Akquisition verschiedener kleiner Konkurrenten. Zudem diversifizierte die Firma in orthopädische Geräte und Ausrüstungsgegenstände für Krankenhauszimmer.

Mit der konsequenten Nischenpolitik, der verbesserten Produktionstechnik sowie mit zahlreichen Produktinnovationen und einer offensiven Akquisitionspolitik ist es Tecnol bis heute gelungen, die grossen Konkurrenten in Schach zu halten. ∎

Eine ausführliche Fallstudie zu Kapitel 7 «Strategieentwicklung» findet sich im Anhang Seite 449ff.

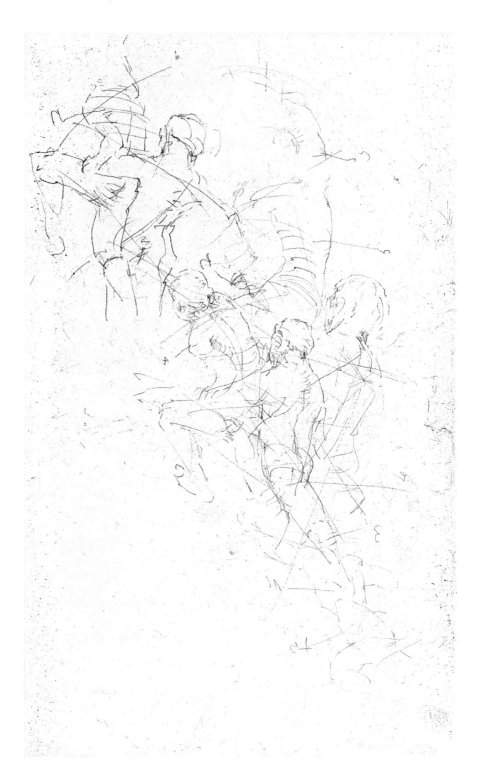

# Kapitel 8

# Strategieumsetzung

Sowie das Ergebnis der Strategieentwicklung vorliegt, stehen die Führungskräfte vor der Aufgabe, die Strategie mit konkreten Aktionen in die Praxis umzusetzen. Dieser **Umsetzungsprozess** weist einige **Besonderheiten** auf:

- Der Kern der Strategieentwicklung besteht in der Anwendung eines methodischen Instrumentariums. Insofern ist die Entwicklung einer Strategie ein weitgehend rationaler Prozess. Bei der Umsetzung hingegen erlangen emotionale und irrationale Aspekte eine größere Bedeutung, zumal diese Phase auch als eine Art Sinngebungsprozess verstanden werden kann.
- Der Prozess der Strategieentwicklung verläuft in verschiedenen Unternehmen ähnlich. Umsetzungsprozesse dagegen sind äußerst unternehmensspezifisch und in gewissem Sinne immer einzigartig.
- Die Entwicklung einer Strategie beansprucht in der Regel nur wenige Wochen oder Monate. Die Umsetzung erfordert hingegen wesentlich mehr Zeit. Sie kann sich über mehrere Jahre hinziehen.
- Das Ergebnis einer Strategieentwicklung besteht meist aus einem schriftlichen Dokument, das die Elemente der Strategie in Form abstrakter Zielvorstellungen festhält, deren konkrete Auswirkungen bei der Umsetzung nur teilweise abgeschätzt werden können.

- An der Entwicklung von Strategien sind häufig nur die Führungskräfte des Unternehmens beteiligt. Die Strategieumsetzung erfordert hingegen die aktive Mitwirkung aller Mitarbeitenden.
- Eine neue Strategie bedingt oft einen fundamentalen Wandel, dem jedoch nicht selten die bisherige Kultur entgegensteht. Insbesondere ist mit einem Widerstand gegen Veränderungen zu rechnen, wenn es der Führung nicht gelingt, die Vision, die Ziele und die Strategie verständlich und überzeugend darzulegen.

Diese Besonderheiten machen den Umsetzungsprozess zur **schwierigsten Phase des strategischen Managements.** Besonders folgende **Probleme** oder **Schwierigkeiten** können auftreten (Alexander 1985, S. 92):

- der Zeitbedarf für die Umsetzung ist größer als geplant;
- die Aufgaben des Umsetzungsprozesses sind mangelhaft definiert;
- die beteiligten Mitarbeitenden sind ungenügend auf die Aufgabe vorbereitet;
- die Umsetzungsaktivitäten sind ungenügend koordiniert und ineffektiv;
- das Informationssystem zur Überwachung der Aktivitäten ist lückenhaft;
- es treten unerwartete – in der Umsetzungsplanung nicht vorgesehene – Probleme auf;
- es kommt zu Krisen, die vom Umsetzungsprozess ablenken;
- externe Faktoren wirken sich negativ auf den Umsetzungsprozess aus.

## 8.1 Elemente des Umsetzungsprozesses

Die erwähnten Schwierigkeiten lassen sich durch eine sorgfältige Planung und Gestaltung des Umsetzungsprozesses zumindest teilweise meistern. Auch wenn der Umsetzungsprozess von Unternehmen zu Unternehmen sehr unterschiedlich ausfällt, lassen sich einige allgemeine Elemente nennen und beschreiben, die den Kern eines typischen Umsetzungsprozesses ausmachen. Wir können sie in **harte** und **weiche Faktoren** unterteilen (vgl. ▶ Abbildung 8.1).

Diese Einflussgrößen auf den Umsetzungsprozess sind in ähnlicher Form auch im **7-S-Schema** von McKinsey enthalten (vgl. ▶ Abbildung 8.2), wobei dort die Verbindungslinien zwischen den sieben Variablen anzeigen sollen, dass es schwierig oder gar unmöglich ist, **nur einen** Faktor zu verändern, ohne die Stabilität des gesamten Systems zu beeinträchtigen. Das bedeutet, dass die Umsetzung einer Strategie scheitern kann, wenn wir auch nur einem Faktor nicht die gebührende Aufmerk-

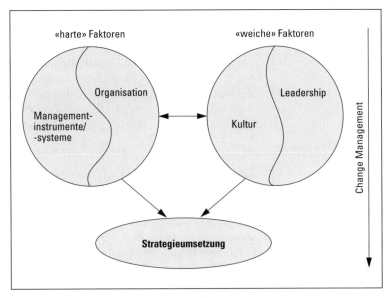

▲ Abbildung 8.1    «Harte» und «weiche» Faktoren bei der Strategieumsetzung

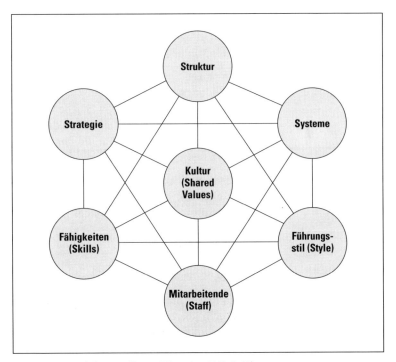

▲ Abbildung 8.2    Das McKinsey 7-S-Schema (Peters/Waterman 1983, S. 32)

samkeit schenken. Auch lässt sich die Bedeutung der einzelnen Faktoren nicht im voraus festlegen, da diese auch von der Konstellation des Systems (d. h. von der Bedeutung der jeweils anderen Faktoren) abhängig ist.

Eine strategiegerechte Organisation, taugliche administrative Instrumente, zielgerichtete Motivations- und Belohnungssysteme, gezielte Ressourcen-Zuweisung (Personal, Finanzen) sowie eine der Strategie angepasste Führungs- und Unternehmenskultur sind die wesentlichen Faktoren, die den Umsetzungsprozess beeinflussen.

**8.1.1 Organisation**

Eine Änderung der Strategie erfordert in der Regel auch eine Anpassung der Organisation. Alfred Chandler (1962) hat in seiner vielzitierten Studie auf diesen engen Zusammenhang zwischen Strategie und Organisationsstruktur hingewiesen. Die Struktur einer Organisation ist so zu gestalten, dass sie die Durchsetzung der strategischen Ziele erleichtert («structure follows strategy»). Die Forschung stimmt darin überein, dass die Organisationsstruktur den jeweiligen Umweltbedingungen anzupassen ist, die ihrerseits wieder die Strategie beeinflussen. Hingegen liefern die Ergebnisse der Forschung keine eindeutigen Lösungen für die optimale Gestaltung einer Organisation (Galbraith/Kazanjian 1986, S. 24), doch lassen sich aus den **Erkenntnissen der Organisationsforschung** durchaus einige konkrete Ratschläge für die praktische Organisationsgestaltung ableiten.

**Formale versus informale Strukturen**

Die Organisationsstruktur bildet den Rahmen für die Kommunikations-, Entscheidungs- und Kontrollprozesse im Unternehmen. Die Analyse dieser Struktur ist schwierig, weil jede Organisation aus einem Gemisch von formalen und informalen Strukturen besteht. Nach Mintzberg (1988a) legt das Management die **formalen** Strukturen nach folgenden Kriterien fest:

- Wissen und Fähigkeiten (z. B. Abteilungsbildung nach spezialisierten Fähigkeiten);
- Arbeitsprozesse und Funktionen;
- Zeit (z. B. Schichtarbeit);
- Output (z. B. Produkte);
- Kunden;
- Ort (z. B. regionale Niederlassungen).

Die formalen Strukturen werden in jeder Organisation von **informalen** Strukturen überlagert und beeinflusst. Das kann unter anderem bedeuten, dass Entscheidungen auch von Personen gefällt werden, denen die formale Struktur keine Entscheidungskompetenz zuweist, oder dass Kommunikationen nicht dem in der formalen Struktur vorgezeichneten Weg folgen. Organisationen sind demnach keine statischen Gebilde. Sie wandeln und entwickeln sich stetig, sei es durch Umweltveränderungen oder durch die eben beschriebenen informalen Einwirkungen der Organisationsmitglieder.

**Mechanistische versus organische Organisation**

Die Unterscheidung von mechanistischen und organischen Organisationen geht zurück auf eine Studie von Burns und Stalker (1961). Die beiden Forscher haben festgestellt, dass herkömmliche, durch formale Strukturen dominierte Organisationen wie Maschinen funktionieren. In solchen Organisationen sind die Aufgaben genau zugeteilt und Entscheidungen werden nach festen Regeln getroffen. Der individuelle Handlungsspielraum des einzelnen Mitarbeitenden wird dadurch erheblich eingeschränkt. Die Autoren sprechen in diesem Zusammenhang von einer **mechanistischen Organisation.** Demgenüber sind in einer **organischen Organisation** die Rollen und Aufgaben weniger fest umrissen und informale Strukturen spielen eine wichtige Rolle, was die Flexibilität und die Dynamik der Organisation wesentlich erhöht.

Beide Organisationsformen haben ihre Vor- und Nachteile. Eine mechanistische Organisation kann durchaus angemessen sein für ein Unternehmen mit einem komplizierten und repetitiven Produktionsprozess, das in einem stabilen Markt tätig ist. Erfordert die Situation eines Unternehmens aber die rasche Anpassung an Veränderungen (Markt, Umwelt), wird eine organische Organisation besser geeignet sein. Die beiden Organisationstypen stellen recht unterschiedliche Anforderungen an die Mitarbeitenden. In der mechanistischen Organisation sollen Mitarbeitende die Regeln sowie Autorität und Stabilität sowohl erwarten als auch anerkennen. Mitarbeitende in organischen Organisationen hingegen müssen Verständnis für instabile Verhältnisse, häufige Veränderungen und unfertige Strukturen aufbringen und dazu bereit sein, selbst Verantwortung für die Zielerreichung zu übernehmen, statt sich auf Entscheide von Autoritäten zu verlassen. Es liegt auf der Hand, dass in der heutigen Zeit organische Strukturen zu bevorzugen sind. Der Übergang von mechanistischen zu organischen Strukturen ist jedoch häufig mit erheblichen Schwierigkeiten verbunden, da es den Mitarbeitenden in der Regel nicht leicht fällt, die damit verbundenen Veränderungen mitzutragen und zu verarbeiten. Auf jeden Fall stellt der Wandel eine Herausforderung für die Führungskräfte des Unternehmens dar.

**Zentralisation versus Dezentralisation**

Die Zuweisung von Entscheidungsmacht ist ein weiteres Problem, das wir bei der Gestaltung einer Organisationsstruktur zu lösen haben. Grundsätzlich müssen wir entscheiden, ob wir sie im Unternehmen verteilen oder an der Hierarchiespitze konzentrieren wollen. Dabei ist die Rolle der informalen Struktur zu berücksichtigen und eine klare Unterscheidung zwischen nominaler und tatsächlicher Entscheidungsmacht zu treffen. **Zentralisierung** kann strategische Entscheidungsprozesse ver einfachen und beschleunigen. Das erweist sich besonders dort als Vorteil, wo Veränderungen unter großem Zeitdruck durchgesetzt werden müssen. Zentralisierung kann aber auch zur Überlastung der Unternehmensspitze und damit zur Lähmung von Entscheidungsprozessen führen. Demgegenüber erhöht die **Dezentralisierung** – insbesondere der operativen Entscheidungen – die Flexibilität einer Organisation und beschleunigt die Tagesentscheidungen. Sie ist namentlich in größeren, komplexen Unternehmen unumgänglich. In der Praxis hat sich der Rat von Peters und Waterman (1983) bewährt, Zentralisierung und Dezentralisierung zu **kombinieren** und zu optimieren. Dazu ist einerseits eine zentrale Kontrolle und andererseits eine Dezentralisierung der Ausführungsentscheide sicherzustellen.

**Vertikale versus horizontale Differenzierung** — Die soeben diskutierte Verteilung der Entscheidungskompetenz in der Organisation bezeichnen wir auch als vertikale Differenzierung, die Zusammenfassung und Gruppierung organisatorischer Aufgaben und die damit verbundenen Entscheide über das Ausmaß der Arbeitsteilung dagegen als horizontale Differenzierung. Die **horizontale Differenzierung** hat zum Ziel, die Aufgaben so aufzuteilen und zu gruppieren, dass die Ziele des Unternehmens möglichst gut erreicht werden können.

Die **vertikale Differenzierung** soll Menschen, Aufgaben und Funktionen auf allen Ebenen des Unternehmens sinnvoll miteinander verbinden. Praktisch geht es darum, die Anzahl der Hierarchieebenen festzulegen und die Kontrollspanne zu bestimmen. Bis vor einigen Jahren bestimmte meist die Anzahl der Beschäftigten in einem Unternehmen die Zahl der Hierarchieebenen. Zwölf oder gar noch mehr Ebenen waren bei Unternehmen mit mehr als 10 000 Mitarbeitenden keine Seltenheit (Child 1977). Kein Wunder, dass bei so vielen Ebenen auch Kommunikationsprobleme entstanden. Es dauerte eine Weile, bis eine Information die vielen Ebenen durchlaufen hat, und die Gefahr der selektiven Auswahl von Informationen und der Informationsverzerrung war erheblich. Durch die neuen Möglichkeiten der Kommunikation mit lokalen und weltweiten Netzstrukturen wurde eine Ausweitung der Kontrollspanne und ein Verzicht auf Hierarchiestufen möglich, was insgesamt zu einer Vereinfachung der Organisationsstrukturen beigetragen hat. Für die horizontale und vertikale Differenzierung bieten sich eine Reihe von typischen Strukturen an, die wir im Folgenden in Grundzügen darstellen.[1]

**Einfache Strukturen** — Besonders kleine Unternehmen weisen in der Regel sehr einfache Strukturen auf. Vielfach bestehen sie nur aus zwei Hierarchieebenen. Der Chef oder die Chefin, der oder die mit den Mitarbeitenden in engem Kontakt steht, trifft alle wesentlichen Entscheidungen selbst.

---

1 Für eine eingehende Behandlung der Organisationsformen vgl. Thommen (2002), S. 173 ff.

▲ Abbildung 8.3    Funktionale Struktur

**Strukturgestaltung nach Funktionen**

In größeren Organisationen führt hingegen eine zu starke Zentralisierung der Entscheidungsmacht zu einer Überlastung der Unternehmensspitze. Deshalb müssen Entscheidungsbereiche an weitere Personen delegiert werden. Diese Aufteilung der Verantwortung bildet die Grundlage für die Entwicklung von funktionalen Bereichen. ◀ Abbildung 8.3 zeigt die funktionale Struktur eines Unternehmens, das nach Spezialisierungen und Fachkenntnissen (= Inputfaktoren) gegliedert worden ist.

Die funktionale Struktur ermöglicht die Entwicklung von funktionalen Kompetenzen, eine Effizienzsteigerung durch Spezialisierung (insbesondere wenn repetitive Prozesse zu organisieren sind) sowie eine Minimierung der Informations- und Kontrollkosten. Sie gewährleistet ferner eine zentralisierte Kontrolle der strategischen Ergebnisse. Daher eignet sie sich besonders für Unternehmen, die nur ein einziges Geschäft betreiben. Die funktionale Orientierung führt aber auch zu Koordinations- und Kommunikationsproblemen. Die verschiedenen Funktionen haben unterschiedliche Zeit- und Zielorientierungen und entwickeln damit eine ungleiche Sicht der strategischen Probleme eines Unternehmens. Daraus können sich Rivalitäten und Konflikte ergeben, die eine gute Zusammenarbeit hemmen. Eine zu ausgeprägte Spezialisierung kann ferner ganzheitliches Denken behindern und den Aufbau von «funktionalen Königreichen» begünstigen. Funktionales Denken steht der Entwicklung eines kreativen Unternehmertums nicht selten entgegen und verhindert die Anpassung an sich verändernde Markt- und Umweltbedingungen.

**Strukturgestaltung nach Divisionen**

Die häufigste Form einer divisionalen Strukturierung (vgl. ▶ Abbildung 8.4) ist die Gliederung nach Produkten oder Produktlinien (= Output-Faktoren). Möglich ist auch eine Differenzierung nach Dienstleistungen, Projekten, Märkten, Kundengruppen oder geografischen Regionen. Eine divisionale Struktur reduziert die mit der funktionalen Organisation verbundenen Kommunikations- und Kontrollprobleme, da nicht mehr die Funktion sondern das Produkt oder der Markt im Zentrum der Aufmerksamkeit steht. Die Divisionalisierung erlaubt uns, die Verantwortung auf die unterste strategische Ebene zu delegieren. Zudem erleichtert sie die

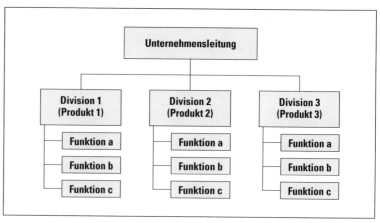

▲ Abbildung 8.4    Divisions-Struktur

funktionale Koordination innerhalb eines Zielmarktes und ermöglicht, die Kernaktivitäten und die Funktionen den Bedürfnissen der betreffenden Geschäftseinheit anzupassen. Die mit der Divisionalisierung verbundene Delegation entlastet die Unternehmensspitze von operativen Entscheidungen und schafft Freiraum für strategische Aufgaben.

Die Bildung von Divisionen führt in der Regel auch zu höheren Kosten, da verschiedene Funktionen und Stäbe mehrfach besetzt werden müssen. Auch ist es schwierig festzulegen, welche Entscheide zentralisiert und welche dezentralisiert werden sollen. Die Divisionalisierung kann auch den einheitlichen Auftritt des Unternehmens behindern, der übertriebenen Rivalisierung zwischen den Divisionen (Bereichen) Vorschub leisten und die Abhängigkeit der Unternehmensleitung von den Divisions- oder Bereichsleitern erhöhen. Ob eine divisionalisierte Struktur sinnvoll ist, ist letztlich abhängig von der Größe des Unternehmens und der Zahl der Produkte oder Produktgruppen (oder anderer Gliederungskriterien).

Mit der Bildung von Divisionen werden viele Entscheidungen auf Divisionsebene verlegt. Dies verhindert eine Überlastung der Unternehmensspitze, schafft aber auch ein Ungleichgewicht zwischen Kompetenz und Zuständigkeit, da die Gesamtverantwortung nach wie vor bei der Unternehmensspitze liegt. Divisionen sollten auch hinsichtlich Produktion und Marketing über einen gewissen Grad von Unabhängigkeit verfügen und gleichzeitig ein bestimmtes Ausmaß an Kooperation (v. a. zur Ausnutzung von Synergien) aufweisen. Wir ersehen daraus, dass divisionale Strukturen immer eine gewisse Uneindeutigkeit enthalten, was zu Konflikten führen kann. Trotzdem ist die divisionalisierte Struktur heute sehr verbreitet, da der Dezentralisierungseffekt die möglichen Schwierigkeiten bei weitem aufzuwiegen scheint.

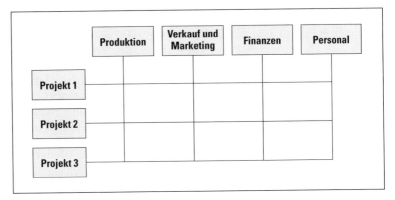

▲ Abbildung 8.5    Matrix-Struktur

Matrix-Strukturen    Während bei funktionalen und bei divisionalen Strukturen jeweils ein Gestaltungsmerkmal im Vordergrund steht, sind bei Matrix-Strukturen zwei Kriterien Grundlage der Strukturgestaltung (vgl. ◄ Abbildung 8.5). Üblicherweise werden in der vertikalen Achse die Funktionen und in der horizontalen Produktgruppen, geografische Märkte oder Projekte abgebildet. Damit verliert die Struktur ihre Eindeutigkeit, da an jedem Schnittpunkt zwei Vorgesetzte mit ungefähr gleicher Entscheidungskompetenz stehen.

Matrix-Organisationen haben insbesondere in der Raumfahrt- und Computer-Industrie Bedeutung erlangt, wo in einem dynamischen Umfeld in kurzer Zeit völlig neue Produkte entwickelt werden mussten. Auch viele globale Unternehmen bedienen sich der Matrix-Struktur, um den weltweiten Informations-, Technologie- und Produktfluss zu optimieren. Dadurch erzielen sie globale Synergien (Economies of Scale, Economies of Scope usw.), ohne die lokale Marktpräsenz zu gefährden.

Matrix-Strukturen sind sehr flexibel und verlangen weniger hierarchische Kontrollen, da die Mitarbeitenden für ihr eigenes Verhalten verantwortlich sind. Außerdem ermöglichen sie die optimale Nutzung von Spezialistenwissen und schaffen die Voraussetzungen für die Kooperation und Koordination, die im Interesse der Ziele des Gesamtunternehmens nötig ist. Andererseits sind sie im Vergleich zu funktionalen Strukturen teuer, konfliktanfällig und schwierig zu führen. Ab einer bestimmten Größe der Organisation sind sie kaum noch effizient zu handhaben. In einem gewissen Sinne sind Matrix-Organisationen auch schwerfällig, da bei jedem Entscheid mehrere Personen einbezogen werden müssen.

Der Entscheid für eine Matrix-Struktur wird demnach von den strategischen Zielen und der Größe der Organisation abhängen. Sicher wäre es unsinnig, eine so komplexe Struktur einzuführen, wenn nicht wesentliche Ansprüche an Flexibilität und Innovation dies angezeigt erscheinen lassen.

Weitere
Möglichkeiten

Nicht immer genügt eine der bisher erwähnten Strukturformen für die Umsetzung einer Strategie. Eine Möglichkeit, besonderen Bedürfnissen gerecht zu werden, besteht in der Kombination verschiedener Strukturmodelle (z.B. eine Mischung zwischen einer funktionalen und einer divisionalen Organisation). Ein anderer Weg ist die Einsetzung von Projektteams (besonders für zeitlich beschränkte Entwicklungsaufgaben), von Task Forces (z.B. für die Lösung eines Qualitätsproblems), Prozessteams (für die «Rundumbearbeitung» eines Kundenauftrages) oder Venture Teams (für den Aufbau eines neuen Geschäfts) (Thompson/Strickland 1995, S. 263ff.).

Mit der Entwicklung der Informatik und der Telekommunikation haben sich einige sich einige neue Möglichkeiten der Organisationsgestaltung eröffnet, die zu folgenden Trends geführt haben:

- Bildung von flacheren Hierarchien, da die Qualität und Geschwindigkeit von Management-Informationen eine Ausweitung der Kontrollspanne erlaubt.
- Auslagerung von Arbeitsplätzen, da die Ausübung einer Arbeit nicht mehr zwingend an einen örtlich festgelegten Arbeitsplatz gebunden ist. Der Einsatz der Telekommunikation (z.B. Internet) erlaubt neue Arbeits- und Organisationsformen.
- Bildung von virtuellen Organisationen, die nicht durch formale Strukturen und physische Nähe der Menschen sondern lediglich durch Partnerschaft, Zusammenarbeit und Netzwerke zusammengehalten werden.

Entwicklung einer
Organisationsstruktur

Aus den bisherigen Ausführungen lässt sich ableiten, dass es die ideale Organisationsstruktur für alle Gelegenheiten nicht gibt. Ebenso fehlen feste Regeln zur Verbindung von Strategie und Struktur. Die optimale Organisation ist jene, die in einem bestimmten Zeitpunkt am besten auf die Umweltdynamik und die Situation des Unternehmens (Unternehmensgröße, Komplexität und Dynamik der eingesetzten Technologie usw.) zugeschnitten ist.

Etwas verbindlicher als diese allgemeine Aussage ist die Forderung von Thompson/Strickland (1995, S. 242ff.), die Organisationsstruktur sei den kritischen Erfolgsfaktoren und den hauptsächlichen Aufgaben anzupassen, die mit der Wahl einer bestimmten Strategie verbunden sind. Diesem Ziel können wir uns in fünf Schritten annähern.

**Erstens** geht es darum, die kritischen Aktivitäten und Fähigkeiten zu identifizieren, die für die Umsetzung der Strategie von besonderer Bedeutung sind. Ein Unternehmen, das eine Kostenstrategie verfolgen will, wird bei der Festlegung der Organisationsstruktur Aspekte der Kostenkontrolle besonders berücksichtigen müssen. Bei einer Differenzierungsstrategie können dagegen einzelne Fähigkeiten (Innovation, Forschung und Entwicklung, Marketing usw.) eine zentrale Rolle spielen. Diese kritischen Aktivitäten und Fähigkeiten lassen sich ermitteln, indem wir folgende Fragen beantworten:

- Welche Funktionen müssen besonders gut und zeitgerecht erfüllt werden, damit die strategischen Ziele erreicht werden können?
- In welchen Bereichen der Organisation würde eine mangelhafte Leistung die Ziele der Strategie erheblich gefährden?

**Zweitens** ermitteln wir die Beziehungen zwischen den kritischen Aktivitäten und den Unterstützungs- und Routineaktivitäten. Dabei geht es um eine prozessorientierte Betrachtung und Gestaltung der Abläufe, wie sie auch das **Business Process Reengineering** (Reengineering, Business Engineering) fordert.[1]

Reengineering verfolgt das Ziel, Kernprozesse, die sich meist über mehrere funktionale Abteilungen und über verschiedene Hierarchieebenen erstrecken, optimal (aus der Sicht des Kundenbedürfnisses) zu integrieren und zu koordinieren. Dies erfordert in vielen Fällen eine grundlegende Neugestaltung der Organisation, die weitgehend unabhängig von bisher vorhandenen organisatorischen Regelungen und Ressourcen erfolgt. **Reengineering** weist folgende Merkmale auf:[2]

- Die Prozesse dominieren die Unternehmensstruktur. Ausgangspunkt der organisatorischen Gestaltung sind die Kunden. Ziel ist die Realisierung von Synergien und nicht die maximale Spezialisierung innerhalb der einzelnen Funktionen.
- Konzentration auf wenige, durchgängige Kernprozesse mit möglichst wenigen Schnittstellen vom Lieferanten bis zum Kunden («kundenorientierte Rundumbearbeitung»). Kernprozesse sind als ein Bündel funktionsübergreifender Aktivitäten zur Maximierung des Kundennutzens zu betrachten (vgl. ▶ Abbildung 8.6).
- Aus verschiedenen Spezialisten werden Prozess-Teams gebildet, die von einem Prozessverantwortlichen («process owner») geführt werden. Er ist für den gesamten Prozess verantwortlich und übernimmt die Rolle eines Prozess- oder Fachpromotors.
- Die Prozesse werden durch kreative Nutzung der Informationstechnologie vernetzt (papierlos, simultan, dezentral, bereichsübergreifend).

---

1  Vgl. Gaitanides et al. (1994); Hammer/Champy (1994); Morris/Brandon (1994); Osterloh/Frost (1996).
2  Vgl. Osterloh/Frost (1996); Thommen (2002).

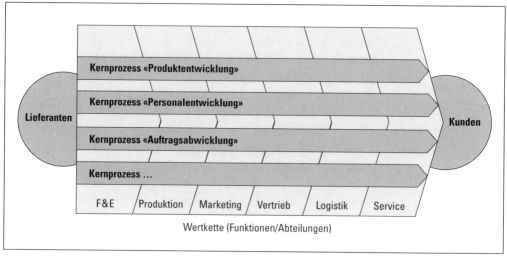

▲ Abbildung 8.6    Kernprozesse im Reengineering (vgl. Thommen 2002, S. 209)

- Die prozessorientierte Organisation bringt deutliche Verbesserungen in Qualität, Service, Kosten und Zeit, erzielt durch Konzentration auf nutzenstiftende Kernprozesse erhebliche Kostenreduktionen (z.B. indem bisher separat ausgeführte Tätigkeiten auf eine einzelne Person oder eine Gruppe konzentriert werden), kürzere Durchlaufzeiten und schnellere Reaktionen auf veränderte Kundenwünsche.

In einer prozessorientierten Organisation orientieren wir uns nicht mehr in erster Linie an Funktionen, sondern an einer «Prozesslandkarte», die auf die Schnittstelle zwischen Produkt und Kunde ausgerichtet ist. ▶ Abbildung 8.7 zeigt eine solche Prozesslandkarte für eine SGE «Sondermaschinen».

**Drittens** bilden wir die Aktivitäten und Prozesse in der Organisationsstruktur ab. Die für die Strategie kritischen Aktivitäten oder Prozesse sollen in der Organisationsstruktur «sichtbar» werden. In ◀ Abbildung 8.6 sind sie durch die horizontalen Kernprozesse gekennzeichnet.

**Viertens** legen wir die Entscheidungskompetenzen und den Grad der Autonomie der organisatorischen Einheiten fest. Jene Einheiten, die eine Schlüsselrolle bei der Umsetzung der Strategie bilden, müssen auch genügend Kompetenzen zur Ausführung ihrer Aufgaben besitzen. Entscheidungen sind so nahe wie möglich an das eigentliche Geschehen heranzurücken.

**Fünftens** gliedern wir die Einheiten in die Hierarchie ein, um die Koordination zwischen ihnen sicherzustellen. Koordination ist zu erreichen durch einen Prozess der Strategieentwicklung, wie wir ihn in den bisherigen Kapiteln dieses Buches beschrieben haben, aber auch durch die

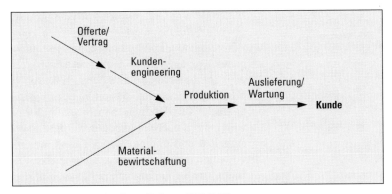

▲ Abbildung 8.7    Beispiel einer Prozesslandkarte (Scherer 1995, S. 28)

Bildung von Projekt- und Prozessteams, Task Forces, Kommissionen oder durch Strategiesitzungen und Budgetierungsrunden.

Einfluss der Informationstechnologie auf die Strukturgestaltung[1]

Dank der Entwicklung der Informationstechnologie bieten sich uns heute einige ganz neue Möglichkeiten zur Gestaltung effizienter und konkurrenzfähiger Organisationen.

Die Strukturierung von Organisationen und die Einführung von Informationstechnologien erfolgen in der Regel unabhängig voneinander. In vielen Fällen legen wir zuerst die Organisationsstruktur fest und versuchen anschließend mit Hilfe der Informationstechnologie (Netzwerke, Software usw.) Verknüpfungen herzustellen oder Transaktionsprozesse zu unterstützen. Informationstechnologie wird jedoch mehr und mehr zum zentralen Element der Strukturgestaltung. Lucas (1995, S. 5 ff.) spricht in diesem Zusammenhang von der **T-Form-Organisation** (technology based organization), die folgende Charakteristiken aufweist:

- Technologie unterstützt eine flache Organisationsstruktur, da klassische Konzepte wie die (beschränkte) Kontrollspanne ihre Bedeutung verlieren.
- Technologie (statt weitere Mitarbeitende) erhöht die Leistungsfähigkeit der Führungskräfte und ermöglicht durch Kommunikation und Vernetzung eine beträchtliche Steigerung der Flexibilität und eine optimale Nutzung der Matrix-Strukturen.
- Die neue Technologie ermöglicht uns, Führungskräfte jeder Stufe zeitgerecht mit allen erforderlichen Informationen zu versorgen und erleichtert dadurch die Dezentralisierung von Entscheidungen. Die Technologie erlaubt die Einbindung von Kunden und Lieferanten in die eigene Organisation.

---

1 Die folgenden Ausführungen basieren vorwiegend auf Lucas (1995) und Harmon (1996).

- In der T-Form-Organisation wird die physische Struktur von einer logischen Struktur überlagert. Das kann zum Beispiel bedeuten, dass Abteilungen oder Arbeitsgruppen, die räumlich getrennt arbeiten, mit technologischen Mitteln so miteinander verbunden werden, dass die physische räumliche Trennung praktisch bedeutungslos wird. Die T-Form-Organisation basiert also weniger auf der physischen, als vielmehr auf der logischen Struktur. Virtuelle Komponenten (z.B. wird ein physisches Lager durch den Einsatz entsprechender Software aufgelöst und in eine Just-in-Time-Produktion verwandelt) oder gar virtuelle Organisationen (z.B. Zulieferer, die sich vollständig unserer Datenstruktur anpassen) ermöglichen uns, eine logische Struktur zu gestalten, die physisch nur noch eine «virtuelle» und keine tatsächliche Entsprechung mehr hat. Dies bedeutet zum Beispiel eine weitgehende Unabhängigkeit von geografischen Gegebenheiten.

Diese Charakteristiken der T-Organisation erfordern auch eine Modifikation der Strukturgestaltung. Ausgangspunkt der Strukturgestaltung ist die Strategie und die daraus folgende **logische Struktur**. Die **physische Struktur** (z.B. Standort der Werkhallen, Büros, Lieferanten) kann durch technische Mittel (Netzwerke, virtuelle Komponenten usw.) den logischen Erfordernissen angepasst werden. **Informationstechnologie wird damit zur Strukturvariablen.** Sie wird nicht erst dann eingesetzt, wenn die Struktur der Organisation schon festgelegt ist.

Die T-Form-Organisation reduziert die Hierarchieebenen, ebnet den Weg zum Matrix-Management, unterstützt die Führungskräfte mit zeitgerechten Entscheidungsgrundlagen und ermöglicht dank der Technologie die Dezentralisierung von Entscheidungen sowie die Einbindung von Lieferanten und Kunden in die eigene Organisation. Unsere Ausführungen zur Strukturgestaltung sind im Lichte dieser Entwicklungen zu überdenken.

**8.1.2 Managementinstrumente und -systeme[1]**

Planungs- und Kontrollinstrumente, ein Informations- und Zielsetzungssystem sowie die Methoden des Projektmanagements spielen bei der Entwicklung und bei der Umsetzung von Strategien eine erhebliche Rolle. Wir haben in den vorangegangenen Kapiteln verschiedene Instrumente und Hilfsmittel zur Analyse und Planung vorgestellt. Auf die Kontrollinstrumente werden wir im letzten Kapitel zu sprechen kommen. Im Folgenden gehen wir näher ein auf Informations-, Zielset-

---

1 Vgl. auch Doppler/Lauterburg (1994) S. 214ff.; Gomez/Probst (1995) S. 222ff. und 248ff.; Jick (1993) S. 200.

zungs-, Budgetierungs- und Belohnungssysteme sowie auf das Projektmanagement. Wir beschränken uns dabei auf jene Aspekte, die im Zusammenhang mit der Strategieumsetzung von besonderer Bedeutung sind. Kaplan/Norton (1996) haben zudem mit der «Balanced Scorecard» einen systematischen und integrierten Ansatz zur Strategieumsetzung vorgestellt (siehe Abschnitt 8.2, S. 355 ff.).[1]

**Informationssystem**  Die genaue Kenntnis der Strategie ist eine Vorbedingung für deren Umsetzung. Den Mitarbeitenden (und insbesondere den Führungskräften) muss beispielsweise klar sein, auf welche SEP sie ihre tägliche Arbeit ausrichten müssen (vgl. z.B. Pümpin 1992, S. 156 ff.). Dies setzt entsprechende Informationen voraus. Ein wichtiges Instrument für die Strategieumsetzung ist deshalb ein angepasstes **Informationssystem,** bei dessen Ausgestaltung folgendes zu beachten ist:

- Das Informationssystem soll nicht nur Informationen über das eigene Unternehmen sondern auch Hinweise auf Konkurrenten oder andere Umweltdaten von strategischer Bedeutung liefern.
- Das Informationssystem soll sicherstellen, dass Informationen nur in dem Maße verbreitet werden, wie sie unternehmenspolitisch verträglich und für die Mitarbeitenden motivierend sind. Ferner sollen Konkurrenten möglichst keine Informationen beschaffen können, die ihnen eine vorzeitige Reaktion auf unsere strategischen Schritte ermöglicht.
- Informationssysteme sollen sich auf das Wesentliche beschränken. Was wesentlich ist, misst sich an den kritischen Erfolgsfaktoren (z.B. Produktqualität und Service), die mit der gewählten Strategie verbunden sind.
- Die Auswahl der Informationen soll nach vereinbarten Grundsätzen erfolgen. Eine formulierte Vision oder ein Leitbild kann als Orientierungsrahmen für die Informationsauswahl dienen.
- Informationssysteme sollen jene 20% der Informationen zur Verfügung stellen, die 80% des tatsächlichen Informationsbedarfs decken (Pareto-Optimum). Eine solche Beschränkung ist meistens nötig, um angesichts der heute üblichen riesigen Informationsmengen einen «Informationskollaps» zu vermeiden.
- Informationen sind zielgruppengerecht aufzubereiten. Jede Zielgruppe soll möglichst die Informationen erhalten, die für die Motivation und für die Entscheidungen auf der betreffenden Stufe von Bedeutung sind.

---

1  Vgl. Kaplan/Norton (1996); oder auf deutsch: Kaplan/Norton (1997).

- Informationen müssen auf allen Stufen verständlich sein. Komplexe Tatbestände sind möglichst einfach darzustellen, was oft am ehesten in Form von Bildern oder grafischen Darstellungen möglich ist.
- Mündliche und schriftliche Informationen sollen kongruent sein oder sich gegebenenfalls ergänzen.

Wir haben hier vorwiegend den formellen Teil der Information angesprochen. Vor allem dort, wo die Strategieumsetzung grundlegende Veränderungen im Unternehmen erfordert, muss das Informationssystem zu einem umfassenden Kommunikationskonzept ausgebaut werden. Wir werden darauf in Abschnitt 8.3 «Change Management», Seite 362ff., näher eingehen.

**Zielsetzungssystem**
Bei der Umsetzung einer Strategie versuchen wir schrittweise bestimmte Ziele zu erreichen. Die Vorgabe dieser Ziele ist eine Führungsaufgabe. Sie bildet die logische Verbindung zwischen Planung, Umsetzung und Kontrolle.

Die Umsetzung einer Strategie scheitert oft daran, dass die generellen Ziele nicht sorgfältig genug in **konkrete Einzelziele** zerlegt werden. Vor allem bei langfristigen und umfangreichen Projekten müssen **Meilensteine** (z.B. Aufbau von SEP, Marktanteil eines neuen Produkts nach zwei Jahren, Erstellen eines Marktforschungsberichts, zu tätigende Produktinnovationen/-lancierungen, Fehlerrate einer neuen Produktionstechnologie nach einem Jahr, Akquisition) definiert und vereinbart werden.

Die seit langem bekannte Methode der «Führung durch Zielsetzung» (oder: MbO = **Management by Objectives**)[1] eignet sich nach wie vor, um Vorgaben einer Vision oder einer Strategie umzusetzen und mit den individuellen Zielen der Mitarbeitenden in Verbindung zu bringen. Die Ziele setzen Prioritäten und geben die Standards für die Leistungsmessung vor. Die Zielvereinbarung zwischen Vorgesetzten und Mitarbeitenden trägt zur Motivation bei und stärkt die Eigenverantwortung der Mitarbeitenden. Folgende Punkte sind bei der **Formulierung wirksamer Ziele zu beachten:**

- Ziele bestehen aus einer Kombination von quantitativen (z.B. Marktanteil, Umsatz, Rentabilität, Wachstumsraten) und qualitativen Faktoren (z.B. Qualität, Image, Personalentwicklung, technologische Führerschaft, Wettbewerbsposition, Diversifikation, Synergieerzielung);
- Ziele sollten möglichst im Vergleich zur Konkurrenz definiert werden;
- Ziele sind idealerweise mit dem Mitarbeitenden zu vereinbaren.
- Ziele müssen klar definiert sein (was, wieviel, bis wann?);

---

1  Drucker hat die Methode bereits 1954 beschrieben.

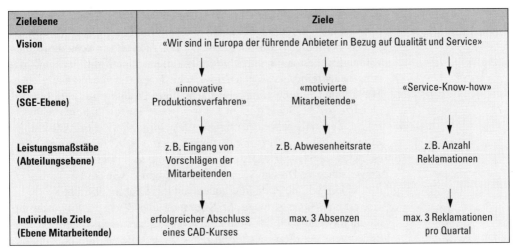

| Zielebene | Ziele | | |
|---|---|---|---|
| **Vision** | «Wir sind in Europa der führende Anbieter in Bezug auf Qualität und Service» | | |
| | ↓ | ↓ | ↓ |
| **SEP**<br>**(SGE-Ebene)** | «innovative<br>Produktionsverfahren» | «motivierte<br>Mitarbeitende» | «Service-Know-how» |
| | ↓ | ↓ | ↓ |
| **Leistungsmaßstäbe**<br>**(Abteilungsebene)** | z. B. Eingang von<br>Vorschlägen der<br>Mitarbeitenden | z. B. Abwesenheitsrate | z. B. Anzahl<br>Reklamationen |
| | ↓ | ↓ | ↓ |
| **Individuelle Ziele**<br>**(Ebene Mitarbeitende)** | erfolgreicher Abschluss<br>eines CAD-Kurses | max. 3 Absenzen | max. 3 Reklamationen<br>pro Quartal |

▲ Abbildung 8.8    Zielhierarchie einer strategischen Geschäftseinheit

- Ziele sollten sich auf wenige, konsistente Größen ausrichten, um die Motivationswirkung zu erhalten und den Blick auf das Wesentliche nicht zu behindern (z. B. fünf Ziele pro Mitarbeitenden);
- Ziele sind auf die Entwicklung von Wettbewerbsvorteilen auszurichten (bei Kostenführerschaft z. B.: jährliche Kostenreduktion von 5 %);
- Ziele sollen stimulierend und gleichzeitig herausfordernd sein;
- Ziele müssen bei veränderten Rahmenbedingungen flexibel anpassbar bleiben. Mit der Zielformulierung sind daher auch die Rahmenbedingungen und Umweltfaktoren zu umschreiben, unter denen die Ziele erreicht werden sollen. Dies ermöglicht auch eine differenzierte Abweichungsanalyse;
- die Zielerreichung muss möglichst objektiv messbar sein.

Mit der Auswahl der Ziele und Leistungsstandards legen wir fest, was wir auf welchen Ebenen, in welchen Bereichen und nach welchen Kriterien messen wollen. Dabei ist es nützlich, ausgehend von der Vision eine Zielhierarchie zu erstellen, die den Zusammenhang einzelner Leistungskriterien zum Gesamtziel verdeutlicht (vgl. dazu das Beispiel in ◄ Abbildung 8.8).

Im Allgemeinen können Leistungen auf der Ebene des Gesamtunternehmens, auf SGE-/Divisionsebene, auf Funktions-/Abteilungsebene oder auf individueller Ebene ermittelt werden. Dabei können wir neben strategischen Größen auch Aspekte der Effizienz (Produktivität, Gewinn, Produktionsmengen, Kosten usw.), des Personalmanagements (Krankenstand, Arbeitszufriedenheit, durchschnittliche Anstellungsdauer usw.), der Führung (Zielsetzung, Kommunikation, Konfliktmanagement usw.) und der Ökologie (Umweltbelastung, Entsorgung usw.) miteinbeziehen. (Hill/Jones 1992, S. 347ff.)

Das Formulieren von Zielen ist mit einer Reihe von **Schwierigkeiten** verbunden. Erstens ist es nicht immer einfach, eine Konsistenz und Widerspruchsfreiheit zwischen den verschiedenen Bereichen zu erreichen. Wir können beispielsweise eine sehr hohe Produktivität erzielen und gleichzeitig die Standards im Umwelt- oder Personalbereich nicht erfüllen. Zweitens besteht häufig ein Widerspruch zwischen kurzfristiger Effizienz und langfristiger Effektivität. Und drittens beeinflussen Interessengruppen die Zielauswahl («Shareholder»- oder «Stakeholder»-Zielsetzungen). Diesen Schwierigkeiten können wir am besten begegnen, indem wir die Ziele konsequent auf das Leitbild ausrichten.

Eine wirksame strategische Steuerung über Ziele ist hingegen nur möglich, wenn auch das Beurteilungs- und Belohnungssystem des Unternehmens auf die vereinbarten Zielsetzungen Bezug nimmt. Die Führung durch Zielsetzung soll die wesentliche Grundlage für die Festsetzung einer variablen Vergütung bilden (siehe Abschnitt «Anreiz- und Belohnungssystem», Seite 347ff.).

Aktionsprogramme und Projektmanagement

Sind Ziele und Zwischenschritte der Strategieumsetzung einmal festgelegt, geht es darum, diese in **Aktionsprogramme** (= Maßnahmenpläne, strategische Projekte) umzusetzen, die folgende Punkte enthalten sollten (vgl. Hax/Maljuf 1991):

- die für das Aktionsprogramm verantwortliche Person;
- eine verbale Umschreibung des Vorhabens;
- eine Aussage zur Priorität und zu den Auswirkungen auf die Wettbewerbsposition des Unternehmens;
- die geschätzten Kosten und Erträge;
- die Teilschritte, Meilensteine und den Endtermin;
- die Standards und die Methoden der Erfolgskontrolle.

Der Aufbau von Wettbewerbsvorteilen (SEP, Kernkompetenzen) muss bei allen Aktionsprogrammen im Vordergrund stehen. Anhand eines Vergleiches zwischen Soll und Ist können wir entsprechende Prioritäten setzen und Schlüsselprojekte identifizieren. Dies gewährleistet sowohl konsistentes Handeln im ganzen Unternehmen als auch die Konzentration auf das Wesentliche.

Aktionsprogramme weisen die gleichen typischen Kriterien auf wie ein Projekt (einmalig, risikobehaftet, zeitlich befristet und mit beschränkten Mitteln ausgestattet). Daher liegt es auf der Hand, für die Abwicklung von Aktionsprogrammen auf die Methoden des Projektmanagements zurückzugreifen (vgl. z.B. Doppler/Lauterburg 1994).

Oft ist es aus psychologischen Gründen auch wichtig, neben den Aktionsprogrammen **Sofortmaßnahmen** zu beschließen. Diese haben Signalwirkung und zeigen den Mitarbeitenden, dass die Unternehmensführung gewillt ist, die Strategie wirklich umzusetzen.

**Budgets** Die erforderlichen Ressourcen sind den Aktionsprogrammen in Form von Budgets zuzuteilen. Budgets sind Projektionen von Erträgen und Kosten, die gewöhnlich für den Zeitraum eines Jahres erstellt werden. Sie tragen dazu bei, dass die vorhandenen Mittel möglichst effizient eingesetzt werden. Budgets dienen sowohl der Planung und Steuerung als auch der Kontrolle. Im operativen Bereich unterscheiden wir üblicherweise drei typische Formen von Budgets:

- **Produktionsbudgets** (Was soll produziert werden? Welche Ressourcen sind dazu erforderlich?);
- **Verkaufsbudgets** (Welche Umsätze sind in einer bestimmten Zeitperiode zu realisieren?);
- **Ausgabenbudgets** (Welche Ressourcen stehen für die Ausführung der Aktivitäten zur Verfügung?).

Budgets sind ein wichtiges Instrument zur Durchsetzung von Strategien. Entsprechend verlangen Strategieveränderungen auch eine Anpassung der Budgets. Im Idealfall sollten Budgets aufgrund strategischer Pläne zugeteilt werden. In der Praxis beruhen sie allerdings häufig auf kurzfristigen Vorgaben und beziehen sich oft kaum auf übergeordnete, längerfristige Ziele der Organisation. Wenn aber die Mittel für strategische Vorhaben fehlen, verhindern wir den Wandel, verzerren die langfristige Planung und gefährden die Zielerreichung.

Die Aufteilung des Budgets nach strategischen und operativen Vorhaben kann sich daher als vorteilhaft erweisen. Strategische Budgets enthalten die Mittel für die Aktionsprogramme und Sofortmaßnahmen, die notwendig sind, um die strategischen Ziele zu erreichen.

Aufgrund ihres längeren Zeithorizonts sind sie flexibler und weniger detailliert gestaltet als operative Budgets. Ein **strategisches Budget** enthält normalerweise die folgenden Elemente:

- **Anlageinvestitionen** (Maschinen, Gebäude, Zukauf von Firmen usw.);
- **Steigerungen im Umlaufvermögen** (z. B. größere Lager um Lieferfristen zu reduzieren);
- **Personal- und Sachkosten für Entwicklungsvorhaben** (z. B. Forschung und Entwicklung, Werbung zur Lancierung neuer Produkte, Personalentwicklung).

Die Unterscheidung der drei Budgetpositionen ist wichtig, da sie buchhalterisch verschieden behandelt werden. Anlageinvestitionen und Stei-

| | | |
|---|---|---:|
| | Umsatzerlös | 15 000 |
| − | Aufwand für die Absatzleistung | 8 000 |
| = | Bruttoertrag | 7 000 |
| − | sonstiger operativer Aufwand | 4 500 |
| = | Jahresabschluss I (operativer Gewinn) | 2 500 |
| − | Aufwand für strategische Projekte | 2 000 |
| = | Jahresabschluss II (Nettogewinn) | 500 |

▲ Abbildung 8.9    Aufschlüsselung des Budgets nach operativen und strategischen Tätigkeiten
(vgl. Hax/Majluf 1991, S. 100 ff.; Stonich 1981)

gerungen des Umlaufvermögens erhöhen die Aktiven. In der Erfolgsrechnung schlagen sich nur die anfallenden Zins- und Lagerkosten nieder. Demgegenüber stellen Personal- und Sachkosten Aufwand dar und
gehen vollumfänglich in die Erfolgsrechnung ein.

In ◄ Abbildung 8.9 verdeutlicht ein vereinfachtes Beispiel die Wirkung eines aufgeschlüsselten Budgets. Die getrennt aufgeführten strategischen Mittel ermöglichen eine bessere und differenziertere Beurteilung der Beiträge, die zum kurzfristigen Erfolg bzw. zum Aufbau
langfristiger Erfolgspotenziale geleistet werden. Ohne diese Aufschlüsselung wäre es für den SGE-Verantwortlichen auf einfache Weise möglich, den budgetierten Nettogewinn von 500 Einheiten durch Kürzung
der strategischen Aufwendungen (für Produktentwicklung, Bearbeitung
neuer Märkte, Personalentwicklung usw.) zu erreichen. Mit der Aufteilung wird deutlich, dass 2500 Einheiten aus der bestehenden Ge-
schäftsbasis zu erwirtschaften und 2000 Einheiten in strategische Projekte zu investieren sind.

Das Beispiel verdeutlicht, wie die Budgetierung bei der Umsetzung
von Strategien als Führungsinstrument eingesetzt werden kann. Durch
eine entsprechende Ressourcenzuweisung können wir die Wichtigkeit
von Zielen und Aktionsprogrammen bestimmen und die Mitarbeitenden
zur Verfolgung einer bestimmten Strategie motivieren. Die Budgetierung dient uns ferner dazu, integrative Ziele zu erreichen, wie etwa die
Verbindung von funktionalen und divisionalen Aktivitäten.

Genauso wie Budgets als Steuerungs- und Kontrollinstrument
nützlich sind, können sie – wenn sie falsch angewendet und eingesetzt
werden – auch Schaden anrichten. Budgetierungsrunden verkommen in
der Praxis oft zum Ritual, und manche Budgets widerspiegeln keineswegs die strategischen Absichten des betreffenden Unternehmens. Die
Budgetierung darf auch nicht zum Selbstzweck werden und die Führungskräfte glauben machen, der Endzweck der Unternehmenstätigkeit
bestehe darin, «die Zahlen zu erreichen». Budgets sollten auch nicht nur

der Überwachung der Ausgaben dienen, sondern ebenso der Verstärkung positiven Verhaltens.

Anreiz- und Belohnungssystem[1]

Klare Zielsetzungen und durchdachte Aktionsprogramme tragen wesentlich zu einer schnellen und schlüssigen Strategieumsetzung bei. Der Erfolg dieser Hilfsmittel stützt sich aber immer auch auf entsprechende Anreiz- und Belohnungssysteme ab, da diese maßgeblich das Verhalten der Mitarbeitenden beeinflussen. Auf die Dauer setzen sich in einem Unternehmen jene Verhaltensweisen durch, die auf irgend eine Weise belohnt werden. Die Strategieumsetzung verlangt daher ein Belohnungssystem, das jene Verhaltensweisen verstärkt, die einen Beitrag zur Umsetzung der Vision und Strategie leisten.

Diese Forderung mag banal erscheinen. In der Praxis ist es aber oft sehr schwierig, eine Übereinstimmung zwischen strategischen Zielen und dem Belohnungssystem des Unternehmens zu erreichen, zumal es nicht einfach ist, die Wirksamkeit strategischer Aktivitäten objektiv zu beurteilen. Oft vergehen mehrere Jahre, bis wir die Resultate einer Strategie verlässlich abschätzen können. Je länger aber die Betrachtungsperiode ist, desto mehr können andere (interne und externe) Faktoren das Ergebnis mit beeinflussen.

Dank einem ausgebauten Rechnungswesen ist es heute vielen Unternehmen möglich, finanzielle Daten und Kennzahlen jederzeit binnen kürzester Zeit zu ermitteln. Diese zweifellos erfreuliche Entwicklung hat auch zu einigen negativen Auswirkungen geführt. Erstens hat sie bewirkt, dass die Leistungen von Unternehmen häufig nur noch in finanziellen Größen gemessen werden und zweitens hat sie einer kurzfristigen Betrachtungsweise Vorschub geleistet, die sich besonders im Hinblick auf die Umsetzung einer Strategie als ungeeignet erweist. Da beispielsweise Aufwendungen für Forschung und Entwicklung, Personalentwicklung, organisatorische Erneuerungen usw. die kurzfristige Erfolgsrechnung belasten, bestraft eine einseitige Ausrichtung der Belohnung auf Rentabilitätskennziffern und operative Budgets jene Führungskräfte, die in strategische Aktivitäten investieren.

Besonders in den USA hat die Tendenz, die Leistung des Managements ausschließlich am «Return on Investment» (ROI) zu messen, in manchen Unternehmen zu einer mangelhaften Investitions- und Innovationspolitik geführt und schließlich die Stellung dieser Unternehmen im Weltmarkt untergraben (vgl. Hax/Maljuf 1991, S. 112ff.). Die Belohnung der Leistungen einzelner Divisionen ist oft auch an die Messung des ROI geknüpft, was zu Konflikten und Auseinandersetzungen zwischen Bereichen führen kann, die im Hinblick auf eine Gesamtstrategie eigentlich zusammenarbeiten müssten.

---

1 Vgl. Bleicher (1994); Hax/Majluf (1991); Stonich (1981).

Der Zielkonflikt zwischen strategischen und operativen Aktivitäten spielt sich in Form von Allokationsentscheiden vorwiegend auf der Ebene der SGE-, Profitcenter oder Divisions-Verantwortlichen ab. Deshalb ist auf dieser Ebene ein **strategiekonformes Anreizsystem** von großer Bedeutung. Zwei Möglichkeiten bieten sich an: Erstens können **strategische Budgets** gewährleisten, dass weder strategische noch operative Aktivitäten vernachlässigt werden. Die zweite Möglichkeit besteht in einer Gewichtung der Beurteilungskriterien **je nach Umweltentwicklung und Erfolgsfaktoren**. Die Portfolio-Analyse kann dazu dienen, diese Gewichtung vorzunehmen. Während beispielsweise in einem stark wachsenden Markt Umsatzwachstum sowie die Realisierung von strategischen Projekten (z. B. Produkteinführung) belohnt werden sollten, wäre in einem gesättigten Markt die Honorierung der SGE-Verantwortlichen eher von Größen wie Rentabilität, Cash-flow usw. abhängig zu machen.

Soll das **Belohnungssystem** erfolgreich mit den strategischen Absichten des Unternehmens verknüpft werden, ist folgendes zu beachten:

- Belohnungen dürfen sich nicht ausschließlich auf kurzfristige Ergebnisse beziehen, sondern müssen auch **mittel- und langfristige Zielsetzungen** berücksichtigen.

- Anreize müssen auf den **kritischen Erfolgsfaktoren** einer Strategie (z. B. Marktanteil, Produktivität, Qualität, Produktentwicklung) aufbauen oder eng an **strategisch wichtige Leistungen** (z. B. Erreichen von Meilensteinen) gebunden sein.

- Leistungsabhängige Belohnungen sollen «spürbar» sein, d. h. einen erheblichen Teil (etwa ab 20 % nimmt man sie zur Kenntnis!) des Einkommens ausmachen. Die variable Vergütung muss sich nach den eigenverantwortlich erzielten Erfolgen im Rahmen der vereinbarten Ziele richten.

- Belohnungssysteme dürfen sich nicht allein auf monetäre Größen beschränken. **Immaterielle Belohnungen** (Beförderung, Karriereplanung, Mitsprache, Verantwortung, Arbeitsplatz- und Aufgabengestaltung usw.) erzielen besonders bei Führungskräften oft eine stärkere Anreizwirkung.

- Anreize müssen **alle Hierarchieebenen** einbeziehen.

- Belohnungen sind vor allem dann wirksam, wenn sie **unmittelbar im Anschluss an strategiekonformes Verhalten** (z. B. direkt nach Erreichen eines Meilensteines) ausgerichtet werden. Die **Häufigkeit und Spontaneität** der Belohnung ist daher meist **wichtiger als** ihre **absolute Höhe**.

- Die **Teamfähigkeit** der Mitarbeitenden sowie die **Leistung des Teams** muss im Belohnungssystem mitberücksichtigt werden.

- Das Belohnungssystem soll nicht nur die zurechenbare Leistung, sondern auch das **beobachtbare** (z. B. das kooperative) **Verhalten** miteinbeziehen (beispielsweise wenn für die Konzernstrategie eine Kooperation zwischen den verschiedenen Bereichen wichtig ist).

- Belohnungen müssen **situativ** an die unterschiedlichen äußeren Bedingungen und die Aufgabenprofile der Führungskräfte **angepasst** sein. Dies hat zur Folge, dass in Großunternehmen, die in vielen verschiedenen Geschäftsfeldern tätig sind, ein Belohnungssystem ein ziemlich komplexes Gebilde darstellen kann. Eine zu starre, einheitliche Lösung dürfte in einem solchen Fall eher negative Auswirkungen haben.

- Es gilt auch zu überlegen, ob die **Mitarbeitenden am Erfolg des Unternehmens finanziell** (z.B. mittels Bonus, Partizipationsscheinen, Vorzugsaktien) **beteiligt** werden sollen.

**8.1.3 Kultur**

Bisher haben wir uns im Zusammenhang mit der Umsetzung von Strategien vor allem mit der Bildung der formalen Strukturen sowie dem Aufbau und der Anwendung administrativer Systeme befasst. Dies könnte zu dem Schluss verleiten, dass die Umsetzung einer Strategie primär ein mechanistischer Vorgang ist. Dies ist aber keineswegs der Fall. Die Wirksamkeit von organisatorischen Strukturen oder der Einfluss von Informations- und Belohnungssystemen ist in einem erheblichen Ausmaß von der vorherrschenden Unternehmenskultur abhängig. Umgekehrt beeinflussen die Struktur und die Instrumente aber auch die Kultur, die wir in einem Unternehmen antreffen.

Das Konzept der Unternehmenskultur ist vor rund drei Jahrzehnten entwickelt worden.[1] Zu seiner Popularisierung hat insbesondere das 7-S-Schema von McKinsey beigetragen, das wir in ◀ Abbildung 8.2 auf Seite 329 vorgestellt haben. «Kultur» stellt dort das zentrale Element dar, mit dem die übrigen «S», wie Struktur, Systeme, Strategie, Mitarbeitende («Staff»), Fähigkeiten («Skills») und Führungsstil («Style») übereinstimmen müssen.

Unter Kultur verstehen wir eine typische Ansammlung von Annahmen, Werten, Überzeugungen und Symbolen, die das Verhalten der Mitarbeitenden beeinflussen und anleiten. **Unternehmenskultur** erfüllt damit im Unternehmen folgende Funktionen (vgl. z.B. Doppler/Lauterburg 1994, S. 300):

- sie vermittelt ein Gefühl von Identität;

- sie reduziert Komplexität, indem sie Klarheit schafft, was im Unternehmen «gut» oder «schlecht» ist, was «erlaubt» oder «nicht erlaubt» ist und was «belohnt» oder «bestraft» wird. Sie ersetzt dadurch auf-

---

1 Vgl. Ouchi (1981); Deal/Kennedy (1982); Peters/Waterman (1983).

wändige Koordinations- und Kontrollmechanismen und schafft die Voraussetzung für eine dezentrale Selbstorganisation;

- sie trägt zur Stabilität der Organisation und des sozialen Systems bei;
- sie dient als Bezugsrahmen, der den eigenen Handlungen Sinn verleiht, und gleichzeitig als Richtlinie für das Verhalten.

Die Kenntnis der jeweiligen Unternehmenskultur ist daher besonders für die Führungskräfte eines Unternehmens von erheblicher Bedeutung. Allerdings handelt es sich bei der Unternehmenskultur um ein sehr komplexes Phänomen, das einer Analyse nicht ohne weiteres zugänglich ist. Die «Kulturerfassung» ist jedenfalls mit einigem Aufwand verbunden.

Zudem ist eine bloße Beschreibung der Kultur nicht ausreichend. Wir müssen uns vielmehr fragen, ob die Kultur mit unserer Strategie übereinstimmt. Im günstigsten Fall reflektiert die Unternehmenskultur die Vision unseres Unternehmens und verschafft den Mitarbeitenden ein Gefühl von Identität. Sie kann auch typische Ausprägungen annehmen und dazu führen, dass bestimmten Bereichen wie Service, Produktqualität, Effizienz, Innovation und Technologie besondere Aufmerksamkeit geschenkt wird.

In der Regel ist bei der Umsetzung einer neuen Strategie eine Kulturanpassung erforderlich, denn wenn die zugrundeliegende Kultur nicht mit den Zielen und Strukturen der neuen Strategie übereinstimmt, ist damit zu rechnen, dass die Umsetzung nicht erfolgreich verläuft.

**Übereinstimmung von Strategie und Kultur erfassen**

Die Anpassung einer Kultur ( «Kultur-Management») setzt voraus, dass wir sowohl die Ist- wie auch die Soll-Kultur kennen. Die Soll-Kultur lässt sich aus der angestrebten Vision und der Strategieentwicklung ableiten. In Kapitel 4 (Abschnitt 4.4 «Kulturanalyse», Seite 161 ff.) haben wir vorgeschlagen, die Ist-Kultur per Fragebogen zu erheben. In manchen Fällen ist es einfacher und sinnvoller, den Mitarbeitenden die in der Vision und Strategie genannten Kulturmerkmale zur Überprüfung vorzulegen und mit ihnen zu erörtern, welche Punkte in welchem Ausmaß verwirklicht sind und woran wir dies im Geschäftsalltag erkennen können. Auf diese Weise können wir Kulturdefizite offenlegen (Doppler und Lauterburg 1994, S. 307).

Um die Übereinstimmung von Strategie und Kultur zu überprüfen, bietet sich mit Bezug auf ▶ Abbildung 8.10 auch folgendes **Vorgehen** an:

1. Wir zerlegen die neue Strategie in ihre wesentlichen Teile (Aktionsprogramme).
2. Wir beurteilen die einzelnen Aktionsprogramme nach der Wichtigkeit für die Strategieumsetzung und nach der Kongruenz mit der bestehenden Kultur und tragen sie in die Matrix (▶ Abbildung 8.10) ein.
3. Wir ermitteln, in welchen Punkten Aktionsprogramme und Kultur nicht übereinstimmen.

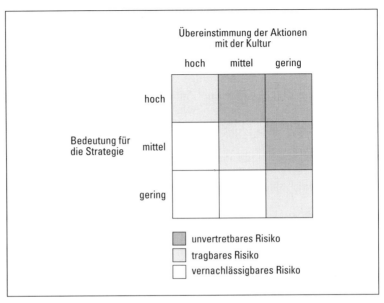

▲ Abbildung 8.10   Beurteilungsschema für die Einschätzung des Kulturrisikos von Aktionsprogrammen
(Hax/Majluf 1991, S. 128)

Wenn die Strategie (hier als Summe der Aktionsprogramme) nicht mit
der Kultur übereinstimmt, stehen uns folgende **Handlungsmöglichkeiten**
offen:

1. Wir ignorieren die Kultur, was allerdings gefährlich ist, wenn bedeutende Widersprüche zwischen Strategie und Kultur bestehen.
2. Wir passen den Aktionsplan der herrschenden Kultur an (d.h. wir
«managen um die Kultur herum») und suchen nach neuen Handlungsmöglichkeiten, ohne das ursprüngliche strategische Vorhaben
aufzugeben.
3. Wir passen die Kultur der gewählten Strategie an, was allerdings
schwierig ist und in der Regel ein systematisches Change Management erfordert (siehe Abschnitt 8.3 «Change Management», Seite
362 ff.).
4. Wir passen die Strategie der bestehenden Kultur an, indem wir beispielsweise die Leistungserwartungen reduzieren.

Übereinstimmung von
Strategie und Kultur
anstreben

Eine Anpassung der Kultur an die Strategie ist wie gesagt schwierig. Immerhin bieten sich uns folgende **Ansatzpunkte** für eine Kulturanpassung:

■ Das Management kann die neue Kultur vorleben (z.B. Sprache, Entscheidungen, Sitzungsgestaltung).
■ Die Organisation kann die neue Kultur ausdrücken (z.B. durch Struktur, Architektur, Arbeitsplatz- und Raumgestaltung).

- Leadership und Führungsinstrumente können auf die neue Kultur hinwirken (z.B. Leitbild, Führungsgrundsätze, Regelungsdichte, Kommunikations- und Informationspolitik, Partizipation, Kooperation).
- Die Personalpolitik kann die neue Kultur unterstützen (z.B. durch Beförderungen, Besetzung von Schlüsselpositionen, Fort- und Weiterbildung, Anpassung von Belohnungs- und Sanktionssystemen).
- Symbolische Handlungen und soziale Zusammenkünfte können dazu beitragen, die neue Kultur zu verankern (z.B. Zeremonien, Auszeichnungen, Ehrungen).
- Eine Corporate Identity kann die neue Kultur auch visuell kommunizieren (z.B. Erscheinungsbild, Beschriftungen, Werbung, Verpackung).

Jedes Unternehmen hat implizit oder explizit eine Strategie, die vorgibt, wie es sich im Verhältnis zu seinen Wettbewerbern positionieren will. Wer durch Innovation statt über den Preis seine Marktposition verbessern will, braucht dazu eine entsprechende Kultur. Mit anderen Worten: Die Strategie eines Unternehmens schreibt gewisse Aktivitäten oder Ziele vor, die am ehesten erreicht werden können, wenn es gelingt, eine Kongruenz zwischen Mensch, Struktur und Kultur herzustellen.

Daraus lässt sich folgern, dass wir jede Anstrengung unternehmen sollten, um den Widerspruch zwischen Strategie und Kultur möglichst gering zu halten. Ist dies z.B. wegen eines strukturellen Wandels in der Branche oder wegen ungenügender Leistungen nicht möglich, sollten wir unsere Maßnahmen so kombinieren (d.h. Strategie anpassen, Aktionsplan anpassen, Kultur beeinflussen), dass sich ein «Kulturrisiko» auf einem akzeptablen Niveau halten lässt.

**8.1.4 Führung («Leadership»)** Führung («Leadership») ist ein weiteres wichtiges Elemente der Strategieumsetzung. Leadership ist nicht dasselbe wie Management. Nach Kotter (1990, S. 3) zielt Management auf die Handhabung von Komplexität, Leadership hingegen auf die Mobilisierung und Führung von Menschen und ihrer Ideen. Während Management die Prozesse Planung, Organisation und Kontrolle umfasst, besteht Leadership aus folgenden **drei Subprozessen:**

1. Eine Richtung vorgeben, d.h. eine Vision der Zukunft entwickeln und die Strategien zur Erreichung dieser Vision erläutern.
2. Die beteiligten Menschen auf das gemeinsame Ziel hinführen, indem man sich die Kooperation jener Gruppen sichert, die die Vision verstehen und sie erreichen wollen.
3. Motivieren und begeistern, d.h. die Mitarbeitenden trotz politischer, bürokratischer und finanzieller Barrieren in die richtige Richtung lei-

ten, indem man an grundlegende menschliche Bedürfnisse, Werte und Emotionen anknüpft.

Zusammengefasst besteht Leadership also in der Erläuterung der strategischen Vorhaben, in der Bildung von Konsens, in der produktiven Nutzung von Konflikten, in der Durchsetzung von zentralen Wertvorstellungen und in der Motivation im Hinblick auf die vorgegebenen Ziele.

Je anspruchsvoller der Umsetzungsprozess (rasches Wachstum, instabile Umwelt usw.), desto eher ist in einem Unternehmen Leadership gefordert, um die erforderlichen Anpassungsprozesse einzuleiten. Leadership trägt bei der Umsetzung von Strategien wesentlich dazu bei (Thompson/Strickland 1995, S. 303 ff.),

- die Übersicht über das Geschehen zu bewahren und die Entwicklung einzuschätzen,
- eine Kultur zu fördern, die dem Unternehmen die nötige «Energie» verleiht,
- die Organisation für Veränderungen, neue Gelegenheiten und innovative Ideen zu sensibilisieren,
- Konsens herbeizuführen und Machtkämpfe zu dämpfen,
- ethische Grundwerte zu verstärken,
- notwendige Korrekturmaßnahmen zu ergreifen, um die Durchsetzung der Strategie sicherzustellen.

Erfolgreiche Leadership gründet auf der Glaubwürdigkeit und der Kommunikationsfähigkeit der zuständigen Führungskraft. Informieren, erklären, betreuen und zuhören bilden den Kern wirksamer Leadership. Leadership muss vor allem auf der Ebene der Unternehmensleitung vorhanden sein. Je tiefgreifender eine Strategieumsetzung Veränderungen in der Organisation erfordert, desto wichtiger ist es, dass eine identifizierbare Person für die Ideen und Ziele des Wandels einsteht und sie im gesamten Unternehmen verbreitet. Dies kann durch ein «Management by Walking Around» geschehen[1] und möglicherweise durch den Einsatz von «Champions» (d.h. Mitarbeitende, die sich einem Aspekt der neuen Strategie besonders verschreiben und von der obersten Führung entsprechenden Handlungsfreiraum erhalten) noch auf eine breitere Basis gestellt werden. Leadership ist bei einer strategischen Neuorientierung wohl der wichtigste Erfolgsfaktor. Wir werden darum in Abschnitt 8.3 «Change Management», S. 362 ff. noch näher darauf eingehen.

---

1 Ausführliche Hinweise zum MBWA finden sich bei Peters/Austin (1985).

**8.1.5 Weitere Maßnahmen zur Strategieumsetzung[1]** Natürlich gibt es neben den bisher diskutierten Elementen eine Anzahl zusätzlicher Maßnahmen, die den Umsetzungsprozess unterstützen können. Hervorzuheben wären etwa personalpolitische Maßnahmen im Rahmen eines strategischen Human Resources Management.

Personalgewinnung

Die **Selektionskriterien** bei der Personalgewinnung müssen **auf strategisch relevante Faktoren,** d.h. auf strategische Erfolgspositionen **ausgerichtet** sein. Rekrutierungsentscheide können wichtige Signale senden, wie ernst es der Führung mit der Umsetzung der neuen Strategie ist. Unternehmen in dynamischen Umfeldern müssen dabei auch den Fähigkeiten der Führungskräfte im Bereich des Change Management Beachtung schenken.

Personalentwicklung

Die Personalentwicklung muss zukünftige Bedürfnisse und Fähigkeiten berücksichtigen und sowohl **On-the-Job-** wie auch **Off-the-Job-Maßnahmen** umfassen. Die Ausbildung im Rahmen konkreter Aufgaben (On-the-Job-Ausbildung) gewinnt dabei immer mehr an Bedeutung. Damit wird der direkte Vorgesetzte vermehrt zum Ausbilder. Auch selbstgesteuertes Lernen (z.B. durch Coaching oder in Lernzentren) wird immer wichtiger. Das Veränderungsmanagement sowie Prozess- und Projektmanagement gehören zu den Schlüsselfähigkeiten, die in Zukunft noch vermehrt entwickelt werden müssen.

Personalentwicklungsmaßnahmen sollen das gesamte Personal umfassen und sich nicht auf Führungskräfte mit «hohem Potenzial» beschränken («Human Resources Development» statt nur «Management Development»). Eine wichtige Entwicklungsmaßnahme ist die Job Rotation zwischen Funktionen, Prozessen, Ländern und strategischen Geschäftseinheiten. Die Umweltdynamik erfordert ferner ein rasches und flexibles Handeln bei der Besetzung von Schlüsselpositionen. Fähige Leute sollten schneller Karriere machen können als bisher. Dabei dürfen allerdings strategische Projekte nicht als «Spielwiese» für potenzielle Führungskräfte missbraucht werden. Hingegen können Beförderungen von fähigen Mitarbeitenden mit einer positiven Einstellung zur neuen Strategie eine wichtige Signalwirkung erzeugen.

Ausbildung

Die Ausbildung der Mitarbeitenden ist in das MbO-Konzept zu integrieren und nach den **Fähigkeiten** auszurichten, die **zur Unterstützung der Wettbewerbsstrategie** entwickelt werden müssen. Wissen ist eine entscheidende Quelle nachhaltiger Wettbewerbsvorteile. Entsprechend hoch ist die Bedeutung der Ausbildung für die Strategieumsetzung. Dabei wird «Just-in-time-Training» immer wichtiger. Ein Beispiel dafür

---

1 Vgl. z.B. Gomez/Probst (1995); Hill/Jones (1992); Pümpin (1992); Thompson/Strickland (1995).

finden wir bei Motorola, wo die Mitarbeitenden aus einer mehrere hundert Seiten umfassenden Liste geeignete Ausbildungskurse «just in time» (d.h. wenn sie dieses Wissen für die Erfüllung ihrer Tätigkeit tatsächlich benötigen) auswählen können, was die Motivation, neues Wissen zu erwerben, beträchtlich erhöht (vgl. Ostroff/Smith 1992, S. 164).

Intrapreneur-
Programme

Intrapreneur-Programme haben sich besonders bei strategischen Neuorientierungen als sehr nützlich erwiesen. Dabei werden Nachwuchskräfte (Intrapreneure) mit **innovativen Programmen** (Ventures) betraut, die den Weg in zukunftsträchtige Märkte öffnen. Solche Ventures dienen auch dazu, künftige Führungskräfte (die z.B. mittels Ideenwettbewerb identifiziert und ausgewählt werden) «on the job» auszubilden und zu entwickeln. Wirksame Intrapreneur-Programme setzen Freiraum für Unternehmertum, Risikobereitschaft, Fehlertoleranz und Dezentralisierung der Entscheidungsfindung voraus.

## 8.2 Balanced Scorecard

Die **Umsetzung einer Strategie** wird insbesondere durch folgende **Hindernisse** erschwert (vgl. Kaplan/Norton 1997, S. 186ff.):

1. **Mangelnde Konkretisierung der Vision und der Strategie**
   Wenn es nicht gelingt, die Vision und die Strategie zu konkretisieren, wird die Umsetzung der Strategie kaum möglich sein. Der Grund für eine mangelnde Konkretisierung kann im fehlenden Konsens unter den Führungskräften oder in den unterschiedlichen Zielsetzungen liegen.
2. **Mangelnde Verknüpfung der Strategie mit den Zielsetzungen der Abteilungen und der Mitarbeitenden**
   Die langfristigen Anforderungen der Strategie müssen in Zielvorgaben für die Abteilungen und Mitarbeitenden umgesetzt werden. Gelingt dies nicht, so bleibt die Leistung eines Bereichs weiterhin lediglich auf die Einhaltung des im Rahmen des traditionellen Steuerungsprozesses erstellten Budgets fixiert.
3. **Mangelnde Übereinstimmung von strategischen Zielen und zugeteilten Ressourcen**
   Langfristige Zielvorgaben müssen in Verbindung gebracht werden mit den Initiativen (Investitionen, Aktionsprogrammen) und den dafür benötigten Ressourcen.
4. **Taktisches anstelle von strategischem Feedback**
   Traditionelle Managementsysteme liefern nur Feedback über kurzfristige, operative Leistungen (Vergleich mit Monats- oder Quartals-

budgets). Aus strategischer Sicht ist jedoch ein Feedback- und Lernprozess erforderlich, der folgende Elemente umfasst:

- Einen gemeinsamen strategischen Rahmen, der es ermöglicht, den eigenen Beitrag zur Erreichung der Gesamtstrategie zu beobachten;
- Eine Sammlung von Erfolgsfaktoren der Strategie, die es erlaubt, Maßnahmen auf ihre strategische Wirksamkeit hin zu überprüfen;
- Eine teamorientierte Analyse der Erfolgsfaktoren, die es zulässt, die Strategie den aktuellen Entwicklungen und Problemen anzupassen.

Zudem erfolgt die Steuerung von Unternehmen in aller Regel immer noch aufgrund eines an historischen Werten orientierten Rechnungswesens. Dabei wissen wir, dass dies nicht unproblematisch ist, da finanzielle Größen und **Kennzahlen des Rechnungswesens** sich **ausschließlich auf Leistungen der Vergangenheit** beziehen. So ist denn etwa auch das traditionelle Rechnungswesen nicht in der Lage, uns die Messgrößen zu liefern, die für die gezielte Umsetzung eines «Wettbewerbsvorteils» (der im Rahmen jeder Strategie eine entscheidende Rolle spielt) erforderlich sind. Um ein Unternehmen in einer wettbewerbsintensiven und leistungsbezogenen Umwelt richtig zu steuern, bedarf es daher eines Konzeptes, das sich **nicht ausschließlich auf vergangenheitsorientierte Steuergrößen** abstützt. Die von Kaplan/Norton (1996) entwickelte **«Balanced Scorecard» (BSC)** verspricht nicht nur diesen Anspruch einzulösen, sondern auch wesentliche Beiträge zur Bewältigung der oben erwähnten Probleme bei der Strategieumsetzung zu liefern.

Balanced Scorecard    In ihrer ursprünglichsten Form ist die **BSC** ein **System mit vier Kennzahlenkategorien.** Die traditionellen finanziellen Kennzahlen stellen dabei zwar nach wie vor einen wichtigen Teil des Systems dar, sie werden aber durch Kennzahlen der treibenden Faktoren zukünftiger Leistungen (Kunden, Geschäftsprozesse und Mitarbeitende) und der Rückkoppelung (Lernen und Entwickeln) ergänzt (vgl. ▶ Abbildung 8.11).

Die Gesamtleistung eines Unternehmens lässt sich anhand dieser vier Kennzahlengruppen auf einer übersichtlichen Anzeigetafel («Scorecard») abbilden, wobei zwischen den vier Perspektiven ein Gleichgewicht («Balance») angestrebt werden soll (Horvath/Kaufmann 1998, S. 41). Dieses Gleichgewicht kommt erstens zustande durch eine **Mischung von monetären und nicht monetären Kennzahlen.** Zweitens werden Leistungen sowohl aus einer **externen** (Kunden) wie auch aus einer **internen Perspektive** (Prozesse, Mitarbeitende) beurteilt. Drittens schließlich werden sowohl **Leistungstreiber (Frühindikatoren)** wie auch **Ergebniskennzahlen** eingesetzt. Leistungstreiber sind meist «unternehmensspezifische», wettbewerbsentscheidende Größen, die es dem Unternehmen erlauben, sich von seinen Konkurrenten zu unterscheiden («Differentia-

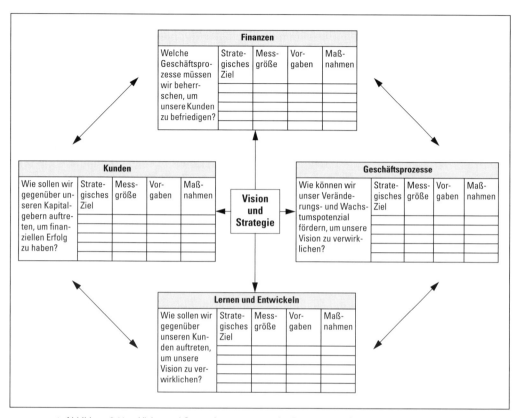

Finanzen

| Welche Geschäftsprozesse müssen wir beherrschen, um unsere Kunden zu befriedigen? | Strategisches Ziel | Messgröße | Vorgaben | Maßnahmen |
|---|---|---|---|---|
| | | | | |
| | | | | |
| | | | | |

Kunden

| Wie sollen wir gegenüber unseren Kapitalgebern auftreten, um finanziellen Erfolg zu haben? | Strategisches Ziel | Messgröße | Vorgaben | Maßnahmen |
|---|---|---|---|---|
| | | | | |
| | | | | |
| | | | | |

Vision und Strategie

Geschäftsprozesse

| Wie können wir unser Veränderungs- und Wachstumspotenzial fördern, um unsere Vision zu verwirklichen? | Strategisches Ziel | Messgröße | Vorgaben | Maßnahmen |
|---|---|---|---|---|
| | | | | |
| | | | | |
| | | | | |

Lernen und Entwickeln

| Wie sollen wir gegenüber unseren Kunden auftreten, um unsere Vision zu verwirklichen? | Strategisches Ziel | Messgröße | Vorgaben | Maßnahmen |
|---|---|---|---|---|
| | | | | |
| | | | | |
| | | | | |

▲ Abbildung 8.11   Vision und Strategie umsetzen – vier Perspektiven (nach Kaplan/Norton 2000, S. 76)

tors»). Sie zeigen frühzeitig an, ob die Ergebniszielgröße erreicht wird. Ergebniskennzahlen sind in der Regel nicht unternehmensspezifisch, sie haben im Grunde für jedes Unternehmen Gültigkeit (z.B. Marktanteil, Finanzkennzahlen u.ä.). Für eine Verkaufsabteilung wäre zum Beispiel die «Strategische Kompetenz der Verkäufer» ein Leistungstreiber, welche letztendlich die Ergebniszielgröße «Umsatz pro Verkäufer» beeinflussen wird.

Die Balanced Scorecard **baut auf vier Prozessen auf,** die als strategischer Handlungsrahmen dienen und darauf abzielen, die kurzfristigen Aktivitäten mit den langfristigen Zielsetzungen zu verbinden (vgl. ▶ Abbildung 8.12).

### 1. Klärung und Umsetzung der Vision

Der Aufbau einer BSC beginnt damit, die Strategie einer Geschäftseinheit in spezifische strategische Ziele zu übersetzen. Dies ist eine Aufgabe, die das oberste Führungsteam lösen muss. Die BSC soll die

Führungskräfte also dazu zwingen, die Vision (die oft aus einer sehr allgemein klingenden Formulierung besteht) in messbare Größen zu übersetzen.

2. **Kommunikation und Verknüpfung von strategischen und operativen Zielen**

Die Balanced Scorecard deckt alle organisatorischen Ebenen des Unternehmens ab, d.h. strategische Ziele werden in stufengerechte Zielsetzungen aufgegliedert. Diese wiederum können in Zielsetzungen für einzelne Mitarbeitende umgesetzt werden («personal scorecard»). Dadurch wird die «Strategie» zu einem für alle Mitarbeitenden nutzbaren Instrument und die Mitarbeitenden verstehen, welchen Beitrag ihre eigene Produktivität zur Umsetzung der allgemeinen Strategie leisten kann.

3. **Planung**

Die Balanced Scorecard soll Veränderungen in der gesamten Organisation bewirken. Um dies zu erreichen, muss das Management Ziele für alle Kennzahlenbereiche für einen Zeitraum von 3–5 Jahren festlegen. In vielen Unternehmen sind die Prozesse «strategische Planung» und «Budgetierung» noch voneinander getrennt. Die Entwicklung der Balanced Scorecard führt zu einer Integration dieser beiden Prozesse. Dadurch stellt sie die Verbindung zwischen strategischen Zielen und finanziellen Mitteln sicher.

4. **Rückkoppelung und Lernen**

Die Balanced Scorecard ist ein System von Leistungsvorgaben und ein Instrument zur Leistungsmessung. Der Vergleich von Vorgaben und Ergebnissen dient der Rückkoppelung und erlaubt dem Unternehmen zu lernen und Ursache-Wirkungs-Beziehungen zu überprüfen.

Jedes Unternehmen ist in gewissem Sinne einzigartig und wählt deshalb auch seinen eigenen Weg zum **Aufbau einer Balanced Scorecard**. Im Allgemeinen sind aber die folgenden Schritte erforderlich (vgl. Kaplan/Norton 1993, S. 138–139):

1. **Vorbereitung**

Die Unternehmensleitung muss entscheiden, für welche Geschäftseinheiten eine BSC erstellt werden soll. Eine BSC ist nur für solche Geschäftseinheiten sinnvoll, die über eigene Kunden, eigene Vertriebskanäle, eigene Produktionsanlagen und über ein eigenes Rechnungswesen verfügen.

2. **Interviews (1. Runde)**

Die obersten Führungskräfte einer Geschäftseinheit (6–12 Personen) erhalten Hintergrundinformationen zur BSC sowie Dokumente, wel-

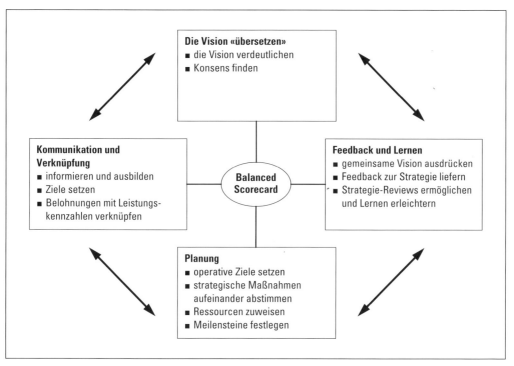

▲ Abbildung 8.12    Die Strategie umsetzen: vier Prozesse (nach Kaplan/Norton 2000, S. 77)

che die Vision, Mission und Strategie des Unternehmens beschreiben. Darauf führt ein interner oder externer BSC-Berater mit diesen Führungskräften Interviews, in denen er die strategischen Ziele ermittelt und erste Vorschläge für Messgrößen erhebt (vgl. ▶ Abbildung 8.13).

3. **Erster Workshop**

Die Führungskräfte der Geschäftseinheit entwickeln zusammen mit dem BSC-Berater eine erste Version der BSC. Dabei werden die verschiedenen Aussagen zur Vision, Mission und Strategie ausdiskutiert, bis ein Konsens erreicht ist. Anschließend ist die Frage zu beantworten, wie sich die Umsetzung von Vision, Mission und Strategie auf die vier Perspektiven (Finanzen, Kunden, Prozesse, Rückkoppelung) auswirken (vgl. ▶ Abbildung 8.13). Nachdem die wichtigsten Erfolgsfaktoren festgelegt sind, entwirft die Gruppe eine erste Balanced Scorecard mit operationalisierten Messgrößen für die strategischen Ziele. Ein wichtiges Prinzip der BSC besteht in der Beschränkung der Messgrößen. Für jede der vier Kennzahlen-Gruppen sollen höchstens 4 bis 7 operative Ziele formuliert werden. In dieser ersten Runde werden aber oft noch wesentlich mehr Ziele formuliert.

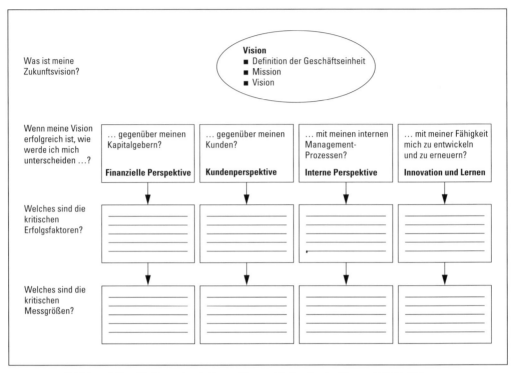

Vision
■ Definition der Geschäftseinheit
■ Mission
■ Vision

Was ist meine Zukunftsvision?

Wenn meine Vision erfolgreich ist, wie werde ich mich unterscheiden ...?

... gegenüber meinen Kapitalgebern?

**Finanzielle Perspektive**

... gegenüber meinen Kunden?

**Kundenperspektive**

... mit meinen internen Management-Prozessen?

**Interne Perspektive**

... mit meiner Fähigkeit mich zu entwickeln und zu erneuern?

**Innovation und Lernen**

Welches sind die kritischen Erfolgsfaktoren?

Welches sind die kritischen Messgrößen?

▲ Abbildung 8.13    Die Strategie mit Messgrößen verbinden (Kaplan/Norton 1993, S. 139)

4. **Interviews (2. Runde)**

Der BSC-Berater konsolidiert und dokumentiert die Ergebnisse des ersten Workshops und holt die Meinung jeder einzelnen Führungskraft zum ersten Entwurf der Balanced Scorecard ein.

5. **Zweiter Workshop**

In einem zweiten Workshop nehmen neben den obersten Führungskräften der Geschäftseinheit auch ihre direkten Untergebenen sowie eine größere Zahl von Führungskräften aus der mittleren Führungsebene teil. In Gruppen werden die im ersten Workshop erarbeiteten Aussagen zur Vision und zur Strategie sowie der Entwurf der Balanced Scorecard diskutiert. Danach wird ein Einführungsplan erarbeitet.

6. **Dritter Workshop**

Die obersten Führungskräfte der Geschäftseinheit suchen nach einem Konsens hinsichtlich Vision, Zielen und Messgrößen und schlagen ein Aktionsprogramm für die Umsetzung vor.

7. **Einführung**
   Ein neu formiertes Team entwickelt einen Einführungsplan und passt das interne Management-Informationssystem den Messgrößen an.
8. **Periodische Überprüfung**
   Mindestens quartalsweise werden die Ergebnisse mit den Vorgaben verglichen. Jährlich werden die Messgrößen im Rahmen des Strategieentwicklungs-, Zielsetzungs- und Budgetierungsprozesses angepasst.

Die ersten BSC-Systeme wurden insbesondere zur Erweiterung traditioneller Systeme der Leistungsmessung eingesetzt. In den letzten Jahren ist die Balanced Scorecard jedoch in vielen Unternehmen als eigentliches strategisches Managementsystem eingesetzt worden, mit dem folgende Ziele erreicht werden sollen:

- Klärung und Anpassung der Strategie,
- Kommunikation der Strategie im ganzen Unternehmen,
- Anpassung der Ziele von Abteilungen und Mitarbeitenden an die Strategie,
- Verbindung der strategischen Ziele mit den jährlichen Budgets,
- Identifikation und zielgerechte Ausrichtung strategischer Initiativen,
- Periodisches Controlling zur Verbesserung der Strategie.

Eine sorgfältig erstellte Balanced Scorecard trägt daher erheblich dazu bei, die zu Beginn dieses Abschnittes erwähnten Hindernisse zur Umsetzung einer Strategie abzubauen. Sie hilft uns die strategischen Zielsetzungen zu klären, zeigt die Triebkräfte für den Erfolg einer Strategie auf und erlaubt uns, die von der Strategie abgeleiteten Zielsetzungen stufengerecht im ganzen Unternehmen bekannt zu machen. Der Vorteil gegenüber traditionellen Managementsystemen liegt insbesondere darin, dass die Faktoren identifiziert werden können, die für den Erfolg (oder für den Misserfolg) verantwortlich sind. Die BSC sorgt ferner für eine strategisch orientierte Ressourcenzuteilung und sichert ebenso eine strategiegerechte Rückkoppelung, die es uns erlaubt, die Strategie rechtzeitig an veränderte Bedingungen anzupassen. Schließlich fördert der Prozess der BSC-Entwicklung auch die Zusammenarbeit unter den Führungskräften. Sie leistet damit einen wesentlichen Beitrag zur Fokussierung des Unternehmens auf die im Konsens erarbeiteten strategischen Schlüsselthemen und trägt dazu bei, das ganze Unternehmen auf die Umsetzung einer langfristigen Strategie auszurichten.

**8.3** **Change Management**[1]

Je deutlicher sich eine neue Strategie von unserer bisherigen Situation und unseren gegenwärtigen Fähigkeiten unterscheidet, desto wichtiger wird der Prozess der Anpassung. Bisher haben wir davon gesprochen, was verändert und angepasst werden muss. Nun wollen wir aufzeigen, wie diese Anpassung durch einen systematischen Prozess des organisatorischen Wandels (Change Management) bewältigt werden kann.

**8.3.1**
**Was ist Change**
**Management?**

Nach Greiner (1972) durchlaufen Unternehmen verschiedene Entwicklungsstufen, die jeweils durch kurze Revolutionsphasen unterbrochen werden. Die letzteren sind eine Folge von **einschneidenden strategischen Veränderungen,** und zwar:

- Veränderung in der Unternehmensumwelt;
- Veränderung der Unternehmensstrategie und Veränderungen in der Organisation (Struktur, Prozesse, Systeme, Fähigkeiten, Kultur usw.);

Wir können solche Veränderungen auch als strategischen oder fundamentalen Wandel, als Unternehmenstransformation oder als Change Management bezeichnen. Das Ziel ist immer dasselbe: Wir wollen die Art und Weise verändern, wie wir unser Geschäft führen, damit wir uns in einer veränderten Umwelt behaupten können. Es gibt einige bekannte Beispiele solcher Transformationen. Zu nennen wären etwa: ABB und Novartis (Fusion und Globalisierung), Daimler-Chrysler (Fusion), IBM (strategische Neuorientierung) und Matsushita (Globalisierung der Produktion).

Die Dynamik der Umwelt verkürzt zunehmend die Entwicklungsphasen, während infolge der ansteigenden Komplexität die Revolutionsphasen immer mehr zeitliche, personelle und finanzielle Mittel beanspruchen. Für die meisten Unternehmen ist ein strategischer Wandel etwas Außerordentliches. In der Regel fehlt die Erfahrung, wie ein solcher Prozess gemeistert werden soll. Untersuchungen deuten darauf hin, dass mehr als zwei Drittel aller Unternehmen in den letzten Jahren strategische Veränderungen vollzogen haben oder noch in einem solchen Prozess stecken. Unternehmenstransformationen dauern normalerweise mehrere Jahre (in der Regel drei bis vier Jahre, in Extremfällen mehr als zehn Jahre). Ein andauernder «Revolutionszustand» würde aber die Existenz eines Unternehmens gefährden. Daher wird die **Veränderungs-**

---

1  Die folgenden Ausführungen basieren auf Doppler/Lauterburg (1994), Kiechl (1995), Kotter (1995), Lombriser (1994) und Orgland (1995).

| Kontinuierliche Veränderungen | Strategische Veränderungen |
|---|---|
| Kontinuität<br>Evolution<br>Inkrementale Veränderung (Veränderungen in kleinen Schritten) | Diskontinuität<br>Revolution<br>Transformationale Veränderung (fundamentale Veränderungen) |

▲ Abbildung 8.14　Kontinuierliche und strategische Veränderungen

**fähigkeit und die Veränderungsgeschwindigkeit** zu einem wesentlichen **Erfolgsfaktor.**

Die Entwicklungsphasen werden in der Literatur unterschiedlich bezeichnet (vgl. ◄ Abbildung 8.14). Die folgenden Ausführungen beziehen sich hauptsächlich auf strategische Veränderungen.

*Drei Phasen des Change Management*

Seit Lewin (1947) wissen wir, dass erfolgreiche Veränderungsprozesse drei Phasen durchlaufen:

1. **Auftauen (unfreezing):** Verringerung der Kräfte, die den Status quo unterstützen, zum Beispiel durch Informationen, welche die Ungleichheit zwischen dem gewünschten und dem tatsächlichen Verhalten offen legen.
2. **Bewegen (moving):** Die Gruppe oder die Organisation auf eine höhere Leistungsebene bringen, zum Beispiel durch Entwicklung neuer Einstellungen und Verhaltensweisen oder durch Struktur- und Prozessveränderungen.
3. **Einfrieren (refreezing):** Das neue Verhalten stabilisieren (institutionalisieren), zum Beispiel durch Einführung von Mechanismen, Systemen und Prozessen, die das neue Verhalten nachhaltig unterstützen.

Der Ablauf ist zwingend. Wird eine Phase übersprungen, führt dies früher oder später zu Gegenreaktionen. So ist die Entwicklung neuer Verhaltensweisen (moving) nur dann möglich, wenn die Organisation von der Notwendigkeit der Veränderung überzeugt ist (unfreezing). In Anlehnung an Lewin kennt auch die heute gebräuchliche Unterteilung des strategischen Veränderungsprozesses drei Phasen:

1. den Wandel initiieren;
2. den Übergangsprozess gestalten;
3. den neuen Zustand institutionalisieren.

Bevor wir auf die Gestaltungsmöglichkeiten innerhalb dieser drei Phasen eingehen, stellen wir verschiedene Veränderungsstrategien vor.

**8.3.2**
**Strategien der**
**Veränderung**

In der Literatur finden wir zahlreiche, oft auch widersprüchliche Change Management-Ansätze. ▶ Abbildung 8.15 fasst drei der wichtigsten «Extremstrategien» (die wir in der Praxis kaum in reiner Form vorfinden) zusammen.

| | Rationale Strategien | «Bombenwurf-» bzw. Machtstrategien | Entwicklungs- bzw. Evolutionsstrategien |
|---|---|---|---|
| Ansatz und Merkmale | ■ Problem wird an Fachexperten «abgeschoben»<br>■ Experten (Kommissionen, Berater) analysieren Problem und erarbeiten Lösungsvorschläge<br>■ rationalistisches Menschenbild: «Mitarbeitende sind mit Logik für Veränderungen zu gewinnen» | ■ Veränderung durch Einflussnahme oder Zwang der Unternehmensleitung<br>■ Veränderungsvorhaben werden meist bis zur Implementation geheimgehalten<br>■ Macht/Druck ersetzt Konsensbildung (Konfliktvermeidung durch Ausschluss des mittleren und unteren Managements)<br>■ i. d. R. revolutionäre Quantensprünge oder Turnarounds | ■ Betroffene beteiligen sich aktiv am Prozess und bestimmen den Inhalt der Veränderung selbst (Selbstdiagnose und -regulierung)<br>■ evtl. *methodische* Unterstützung durch Experten (Hilfe zur Selbsthilfe)<br>■ i. d. R. evolutionäre, inkrementale Verbesserungen |
| Vorteile | ■ logische, schlüssige Konzeptionen und Lösungen in großem Umfang<br>■ Lösungen «aus einem Guss», ohne Rücksicht auf gewachsene Funktionen und verdiente Personen<br>■ rasche Lösungen<br>■ Vermeidung von Betriebsblindheit | ■ klare Richtung wird vorgegeben<br>■ Integration und Koordination auf ein gemeinsames Ziel hin<br>■ Zeitvorteil bei Krisensituation (keine zeitaufwändige Konsensprozesse oder Überzeugungsversuche)<br>■ radikale Änderungen möglich | ■ Einbringen der Fachkenntnisse der Mitarbeitenden<br>■ aktive Involvierung aller Betroffenen erhöht Motivation und Akzeptanz (Betroffene sind Beteiligte)<br>■ Entwicklung der Lösungsfähigkeit bei den Betroffenen<br>■ dauerhafter Lernprozess für alle Beteiligten<br>■ kleine Veränderungen wirken natürlich und erzeugen keine Widerstände |
| Nachteile | ■ Schwierigkeit der Betroffenen, die Lösungen nachzuvollziehen und zu integrieren (fehlende situative Anpassung)<br>■ neue Denkweise und innere Haltung wird nicht gefördert<br>■ Lösungen müssen «verkauft» werden, was oft zu Kompromissen führt<br>■ Identifikation mit der Lösung fehlt; Schwierigkeiten in der Umsetzung führen zur Verwerfung der Lösung | ■ Akzeptanzprobleme und Widerstände bei übergangenen Mitarbeitenden<br>■ mobilisiert oft Gegenmacht, was zu politischem Aushandeln, Streichungen und Abänderungen führt<br>■ erzeugt Abhängigkeit statt Autonomie<br>■ großer Sanktions- und Kontrollaufwand<br>■ häufiges Nachbessern ist notwendig<br>■ hohe Unsicherheit und Instabilität während der Umsetzung | ■ keine klare Richtung vorgegeben<br>■ mangelnde Übereinstimmung mit Unternehmensstrategie<br>■ Doppelspurigkeiten<br>■ mangelnder Lerntransfer zu anderen Einheiten<br>■ ständige Unruhe durch «Herumexperimentieren»<br>■ keine Abkehr von veralteten Strukturen/Prozessen<br>■ bei hoher Umweltdynamik zu langsam |

▲ Abbildung 8.15    Strategien der Veränderung im Überblick
(vgl. Baumgartner et al. 1995, S. 76 ff.; Osterloh/Frost 1996, S. 206)

Die Ansätze unterscheiden sich vor allem darin, ob der Prozess von oben (top down) oder von unten (bottom up) geführt wird. Rationale Strategien und Bombenwurfstrategien sind typische «Top-Down»-Ansätze, Entwicklungsstrategien dagegen verlaufen «Bottom-Up», das heißt, sie werden geleitet durch die Initiative und die Unterstützung der betroffenen Mitarbeitenden. Beide Vorgehensweisen haben Vor- und Nachteile.

In der Regel ist es von Nutzen, **«Top-Down»-** und **«Bottom-Up»-Ansätze** je nach Umwelt- und Unternehmenssituation sinnvoll zu **kombinieren.** Dabei gilt der Grundsatz: «Top down for targets – Bottom up for how to do it» (Osterloh/Frost 1996, S. 208). Die Unternehmensleitung gibt also die allgemeinen Ziele und die Rahmenbedingungen vor und die betroffenen Mitarbeitenden erarbeiten die konkreten Lösungen und setzen diese um.

**8.3.3 Gestaltungsmöglichkeiten für ein erfolgreiches Change Management**

Wir beschreiben im Folgenden einen solchen «gemischten» Veränderungsprozess. Vorab halten wir fest, dass sich «Top-Down»-Ansätze nicht nur auf eine Person an der Spitze des Unternehmens beschränken, auch wenn die Bedeutung von einzelnen leitenden Personen bei fundamentalen Veränderungen unbestritten ist[1]. Ein «Top-Down»-Ansatz kann auch auf der Ebene des mittleren und unteren Managements sinngemäß angewendet werden. Damit lässt sich auch eine zu starke Abhängigkeit von einer einzelnen Führungsperson verhindern. Zudem können wir bei einer breiteren Abstützung mit mehreren Veränderungen gleichzeitig fertig werden. Um auf verschiedenen Stufen eine ausreichende Basis für die Handhabung von Veränderungsprozessen zu schaffen, müssen wir allerdings unsere Führungskräfte rechtzeitig entsprechend ausbilden und entwickeln.

Dabei ist entscheidend, dass wir **«weiche»** (z.B. Kultur, Einstellungen, Kommunikation) und **«harte» Faktoren** (z.B. Strategie, Struktur, organisatorische Regeln) gleichermaßen berücksichtigen (siehe Abschnitt 8.1 «Elemente des Umsetzungsprozesses», Seite 328ff.).

**Phase 1: Wandel initiieren**

**Umwelt- und Unternehmensanalyse** (insbesondere realistische Szenarien über zukünftige Trends), die Entwicklung einer **Vision** und eines **Leitbildes,** sowie die **Strategieentwicklung** sind Konzepte, die uns helfen, einen notwendigen Wandel zu initiieren. Wir kennen auch Maßnahmen, die uns vor **strategischer Kurzsichtigkeit** bewahren sollen. Eine partizipative und stufengerechte Anwendung dieser Konzepte ist entscheidend

---

1 Gemäß empirischer Studien machen sie bis zu 60% des Erfolgsunterschiedes aus. Vgl. z.B. Lombriser (1994).

und zwar sowohl aus psychologischen Gründen wie auch aus Gründen der Qualität der Lösungsvorschläge. Positive Auswirkung der Partizipation sind allerdings nur dann zu erwarten, wenn die einbezogenen Mitarbeitenden:

- den **Entscheidungsbereich** als **wichtig** betrachten;
- die Entscheidungen im **direkten Bezug zur eigenen Aufgabe** sehen;
- Partizipation innerhalb ihres Kulturbereichs als **legitim** betrachten;
- das Zustandekommen von Gruppenentscheiden als **ernsthaft und glaubwürdig** beurteilen.[1]

In sehr großen Unternehmen ist es allerdings kaum möglich, alle Betroffenen in die Problemanalyse miteinzubeziehen. In diesen Fällen ist die mangelnde Einsicht in die Notwendigkeit einer strategischen Neuorientierung oft das Hauptproblem bei Veränderungen, besonders wenn es dem betreffenden Unternehmen momentan noch gut geht. Dies verleitet Praktiker oft zum resignierenden Schluss, ein fundamentaler Wandel könne erst eingeleitet werden, wenn das Unternehmen bereits in einer spürbaren Krise stecke.

Schlechte Geschäftsergebnisse können tatsächlich aufrütteln. Sie schränken aber auch den Handlungsspielraum ein (z.B. aufgrund mangelnder Ressourcen) und verkürzen die zur Verfügung stehende Reaktionszeit. Wie Untersuchungen zeigen, können besonders jene Unternehmen, die auf schwache Signale reagieren und imstande sind, vor Eintreffen einer Krise einen Veränderungsdruck zu erzeugen, den Wandel erfolgreich bewältigen. Mit folgenden Maßnahmen lässt sich ein gemeinsames **Bewusstsein für die Dringlichkeit des Wandels** und damit ein Veränderungsdruck **erzeugen**:

- Strategische Informationen mit allen Betroffenen teilen und die Konsequenzen diskutieren. Die Unternehmensleitung konfrontiert die Beteiligten offen mit harten Fakten (neue Konkurrenten, schrumpfende Margen, neue Technologien, sinkende Marktanteile, fehlende Innovationen usw.), Analysen (Kennzahlen, Durchlaufzeiten usw.) und klaren Meinungen. Damit kann sie ein gemeinsames Problemverständnis aufbauen, sofern die Informationen auf die Bedürfnisse und das Verständnis der Betroffenen zugeschnitten sind. Beurteilungen von Außenstehenden (z.B. Unternehmensberater) können solchen Informationen oft noch zusätzlich Nachdruck verleihen.
- Unterschiede gegenüber Vergleichsunternehmen offenlegen. Leistungs-, Kosten- und Preisunterschiede verdeutlichen die Notwendig-

---

1   Vgl. French et al. (1960) sowie Dunphy/Stace (1993).

keit von Veränderungen. Besuche von beteiligten Mitarbeitenden bei Kunden und Lieferanten können diese Einsicht noch verstärken.

- Mitarbeitende mit internen oder externen «Modellunternehmen» konfrontieren (Benchmarking). Vergleiche können als «Augenöffner» dienen, die die Unzufriedenheit mit dem eigenen Status quo verstärken, die direkt betroffenen Mitarbeitenden für höhere Ziele motivieren, eine kreative Spannung erzeugen und wichtige Lernprozesse einleiten. (Zum Benchmarking siehe Abschnitt 4.7 «Benchmarking», Seite 173 ff.)
- Die Verbindung der Veränderung zu zentralen strategischen Themen offenlegen. Der Einfluss der Veränderung auf bestehende oder neue Wettbewerbsvorteile muss den Mitarbeitenden klar gemacht werden. Dies fördert die Einsicht, dass der Wandel für den Erfolg oder gar für das Überleben des Unternehmens notwendig ist.
- Betriebsklima und Arbeitszufriedenheit erfassen und Resultate mit den Befragten diskutieren. Dies kann Defizite in der Arbeitsmoral oder in der Innovationsfähigkeit sowie Mängel im unternehmerischen Verhalten aufdecken und entsprechenden Handlungsbedarf aufzeigen.
- Erzeugen einer «Quasikrise». Eine künstlich erzeugte Krise (z. B. Buchverlust, große Rückstellungen, Schließen eines Teilbereiches, Auswechseln von Führungskräften oder Schlüsselpersonen, öffentliche Publikation von Befragungen zur Kundenzufriedenheit) kann helfen, die Leute aufzurütteln.

Den Mitarbeitenden, die für die Einführung der bisherigen Produkte, Systeme, Praktiken usw. verantwortlich waren, fällt es oft schwer, die Kritik an diesen Objekten und Strukturen nicht als Kritik an ihrer Person zu missverstehen. Es empfiehlt sich daher, die notwendigen Anpassungen besonders mit Veränderungen in der Umwelt zu begründen, um den Mitarbeitenden **psychologische Sicherheit** zu **geben** und um defensive Reaktionen zu vermeiden.

Unternehmenstransformationen sind immer mit Risiken verbunden. Diese sind aber meist geringer als das Risiko, alles beim alten zu belassen. Allerdings wird es selten möglich sein, alle Mitarbeitenden von der Notwendigkeit des Wandels zu überzeugen, denn bei jedem Veränderungsprozess gibt es Gewinner und Verlierer. Daher setzen Veränderungsprozesse immer voraus, dass die oberste Führung bereit ist, die **Verantwortung für wichtige Strategieentscheide** zu **übernehmen** und diese Entscheide gegen Kritik innerhalb des Unternehmens durchzusetzen.

**Phase 2:**
**Übergangsprozess**
**gestalten**

Diese Phase ist gekennzeichnet durch Instabilität. Während einige Kräfte bereits die neuen Ziele unterstützen, halten andere immer noch am alten fest. In dieser Phase geht es darum, den Widerstand möglichst gering zu halten und die Organisation in die gewünschte Richtung zu lenken. Die Führungskräfte haben die Aufgabe, **die Mitarbeitenden von der Notwendigkeit und von den Vorteilen** der Veränderungen zu **überzeugen.** Dabei sind folgende Grundsätze zu beachten (siehe auch Abschnitt «Managementinstrumente und -systeme», Seite 340ff., und Abschnitt 6.3.1 «Kommunikation der Vision und des Leitbildes», Seite 238):

- Frühzeitig, unternehmensweit, direkt (ohne Zwischenstationen) und konsistent kommunizieren. Es ist ratsam, die Belegschaft regelmäßig über den Stand der Dinge zu informieren, auch wenn noch nicht alle Informationen vorhanden sind. Auf diese Weise bauen wir eine Vertrauensbasis auf und verhindern die Entstehung von Gerüchten.
- Die Vorteile der Veränderung unterstreichen. Die Beteiligten lassen sich für Veränderungen motivieren, wenn wir ihnen klare, realistische und glaubwürdige Vorteile des Wandels darlegen können. Wenn es uns gelingt, sie zu motivieren, werden sie im Sinne einer sich selbsterfüllenden Prophezeiung mehr Energien auf die Realisierung von Veränderungen verwenden. Wir sollten aber auch klarstellen, was nicht verändert wird, da dies den Betroffenen hilft, sich an Bewährtem zu orientieren und es ihnen erleichtert, sich mit dem Wandel anzufreunden.
- Herausforderungen und Unangenehmes offen und unmissverständlich aufzeigen. Die Mitarbeitenden neigen dazu, negative Konsequenzen eines Wandels allzu stark zu betonen, wenn die Ziele und Hintergründe der Veränderung unklar bleiben. Werden unangenehme Tatsachen vertuscht, schönfärberisch dargestellt oder verschleppt, so untergräbt dies die Glaubwürdigkeit der Führung. Wenn Betroffene von geplanten Entlassungen erst über die Presse erfahren, ist mit einem schwerwiegenden Vertrauensverlust (auch bei den Nichtbetroffenen) zu rechnen.
- In Form eines Dialoges kommunizieren. Der Dialog ermöglicht sofortige Rückmeldungen. Damit trägt er dazu bei, Anpassungsschwierigkeiten frühzeitig zu erfassen. Die Betroffenen werden dabei nicht nur auf der intellektuellen, sondern auch auf einer emotionalen Ebene angesprochen.
- Zielgruppengerecht, periodisch und über mehrere Kanäle gleichzeitig kommunizieren. Führungskräfte unterschätzen oft, wieviel und wie intensiv kommuniziert werden muss, damit Veränderungen erfolgreich umgesetzt werden können. Es empfiehlt sich, verschiedene Kommunikationskanäle (Besprechungen, Hauszeitschrift, E-Mail, informelle Unternehmensforen, interne Schulung, Video- und Telekonferenz, Videofilme usw.) zielgruppengerecht einzusetzen, um auf un-

terschiedliche Informationsbedürfnisse der Mitarbeitenden Rücksicht zu nehmen, aber auch um stereotype Wiederholungen zu vermeiden.

- Mit Taten überzeugen. Führungskräfte sollen mit gutem Beispiel vorangehen. Das ist wirksamer als jede schriftliche oder mündliche Kommunikation. Die Qualität der Entscheidungprozesse (z. B. schnell, flexibel und unbürokratisch), die Prioritäten bei der Zuteilung der Mittel, die Traktandenliste bei Sitzungen, die Rolle der Führungskräfte bei den Veränderungsprozessen und manches mehr sendet Signale aus, denen große Überzeugungskraft zukommt.
- Die Notwendigkeit des Wandels auch nach außen kommunizieren. Aktionäre, Kunden, Lieferanten und andere externe Anspruchsgruppen (Stakeholders) können den Erfolg von Veränderungen erheblich beeinflussen. Sie müssen daher ebenfalls informiert werden.

Um den Veränderungsprozess in Schwung zu bringen, müssen wir bei den Schlüsselpersonen ein **Commitment,** das heißt ein Interesse und den Willen zum Wandel erzeugen. Ziel ist es, alle Personen und Gruppen, die für eine erfolgreiche Veränderung entscheidend sind, so zu mobilisieren, dass sie den Wandel nicht nur akzeptieren, sondern ihn aktiv – falls notwendig unter eigener Opferbereitschaft – unterstützen. Schlüsselpersonen können sowohl formelle wie auch informelle Führungspersonen («opinion leaders») sein, die über entscheidende Kenntnisse, Informationen, Fähigkeiten, insbesondere aber über Führungsqualitäten, Einflussmöglichkeiten und über Glaubwürdigkeit verfügen. Sie können auch Zugang zu wichtigen Personen und Netzwerken haben.

Die Unternehmensleitung muss in jedem Fall den Kern dieser **Koalition von «change agents»** bilden. Wir dürfen aber auch die Bedeutung des **mittleren** Managements in diesem Prozess nicht unterschätzen, denn die Führungskräfte auf der mittleren Stufe verfügen über Möglichkeiten, die Strategieumsetzung **direkt** positiv oder negativ zu beeinflussen.

Wie aber bringen wir die Schlüsselpersonen dazu, dass sie sich für den Wandel aktiv einsetzen? Folgendes Vorgehen hat sich bewährt. Zuerst identifizieren wir jene Individuen und Gruppen, auf deren Unterstützung wir angewiesen sind. Anschließend ermitteln wir den Grad der Unterstützung, den wir von diesen Schlüsselpersonen brauchen und den Grad der Unterstützung, der zurzeit vorhanden ist (vgl. das Beispiel in ▶ Abbildung 8.16). Das Profil, das sich aus den mit 0 gekennzeichneten Kästchen ergibt, stellt die «kritische Masse» dar. Können wir dieses Minimum an Commitment nicht mobilisieren, wird die erwünschte Veränderung gar nicht möglich sein. Wo die Erwartungen und die bisherige Unterstützung nicht übereinstimmen (in ▶ Abbildung 8.16 durch einen Pfeil gekennzeichnet), sind Maßnahmen erforderlich. Solche Maßnah-

| Schlüssel-personen | No Commitment | Let It Happen | Help It Happen | Make It Happen |
|---|---|---|---|---|
| 1. | | X ———————————————→ 0 | | |
| 2. | | X ———→ 0 | | |
| 3. | X ———→ 0 | | | |
| 4. | | X ———————————————→ 0 | | |
| 5. | | | XO | |

X = momentanes Commitment der Schlüsselperson(en)
0 = notwendiges Commitment der Schlüsselperson(en)

▲ Abbildung 8.16   Darstellung von notwendigem und vorhandenem Commitment für den Wandel
(vgl. Beckhard/Harris 1987)

men können darin bestehen, dass wir die betreffenden Personen oder
Gruppen:

- in die Problemanalyse und in die Problemlösung einbeziehen oder sie
  in wichtigen «Task Forces» einsetzen;
- entsprechend ausbilden und mit Informationen versehen;
- mit wichtigen Projekten betrauen;
- belohnen oder ihnen Beförderungen in Aussicht stellen;
- vor Sanktionen schützen und ihnen die Möglichkeit zum Experimen-
  tieren geben.

Oft stehen operative Tätigkeiten und Managementengpässe einem aktiven Management of Change im Wege. Wenn die Zeit fehlt, sich einzelnen Tätigkeiten im Zusammenhang mit dem Wandlungsprozess zu widmen, besteht die Versuchung, die Verantwortung für den Wandel an eine
Stabsabteilung (z. B. Qualitätswesen, Personal, Planung) zu übertragen.
Dieser Versuchung sollte man widerstehen, denn nur Führungspersönlichkeiten aus der Linie verfügen über die Entscheidungskompetenzen
und über die Durchschlagskraft, die für erfolgreiche Veränderungen erforderlich sind. In den meisten Fällen empfiehlt es sich, ein oder mehrere **Change Management-Teams** zusammenzustellen. Einflussreiche
Führungskräfte aus der Linie (in der Regel Mitglieder der Unternehmensleitung) sollten die Führung dieser Teams übernehmen. Zur fach-
lichen Unterstützung sind ferner fähige Mitarbeitende einzusetzen, die
sich außerhalb der operativen Struktur (jedoch nicht völlig isoliert davon) vollzeitlich für das Veränderungsprojekt einsetzen können. Auch
der Einsatz eines internen oder externen Prozessmoderators mit guten

Kommunikationsfähigkeiten und Prozesskenntnissen kann sehr emp-
fehlenswert sein. Die Rolle und Bedeutung der Change Management-
Teams muss allen übrigen Mitarbeitenden im Unternehmen erläutert
werden.

Für bestimmte Einzelthemen (z.B. Probleme, die den eigenen Arbeitsplatz betreffen) können auch **Ad-hoc-Projektteams** aus Mitgliedern
verschiedener Funktionen oder Bereiche gebildet werden. Dabei empfiehlt es sich, die Mitglieder solcher Gruppen **in Problemlösungsmethoden auszubilden**[1]. Ad-hoc-Projektteams bilden eine wichtige Verbindung
zwischen der bisherigen Organisation und den Change Management-
Teams und verhindern, dass sich letztere in Detailproblemen verlieren.

In jüngster Zeit haben sich sogenannte **Workout-Programme** (vgl.
Tichy/Sherman 1993) bewährt, die einen Veränderungsdruck von unten
erzeugen und dadurch Wandlungsprozesse unternehmensweit in Gang
bringen. 1988 hat Jack Welch bei General Electric (GE) solche Programme initiiert, weil er feststellen musste, dass eine «von oben» gelei-
tete Unternehmenstransformation nur begrenzte Wirkung erzielt. Auch
Jahre nach Beginn der Transformation war GE immer noch ein bürokratisch geführtes Unternehmen. Der Grund lag darin, dass die Führungskräfte weitgehend ihre bisherige Arbeitsweise beibehalten hatten
(und zum Beispiel weiterhin unzählige Formulare und Berichte von
ihren Mitarbeitenden verlangten, welche deswegen dauernd überarbeitet
und oft frustriert waren). Welch realisierte, dass er einen **Veränderungsdruck von unten erzeugen** musste. Mit den Workout-Programmen wollte
er folgende Ziele erreichen:

- **Vertrauen in die Veränderung aufbauen:** Alle Mitarbeitenden sollten mit
  der Vision vertraut gemacht werden und die Möglichkeit haben, sich
  offen zum Wandel zu äußern, ohne ihre eigene Karriere aufs Spiel zu
  setzen. In mehrtägigen Workshops, bei denen ganze Unternehmenseinheiten teilnahmen (normalerweise zwischen 30 und 100 Personen),
  konnten sich die Mitarbeitenden unter Führung geschulter Modera-
  toren und in Abwesenheit des SGE-Leiters zur Vision äußern und
  anschließend konkrete Probleme definieren und Verbesserungsvorschläge erarbeiten. Am letzten Tag des Workshops wurden diese Vorschläge dem SGE-Leiter präsentiert. Dieser musste sich zu jedem der

---

1  Vgl. dazu Imai (1986) S. 239ff. Ad-hoc-Projektteams sind nicht zu verwechseln mit
permanenten **Qualitätszirkeln,** welche sich auf kontinuierliche Verbesserungen konzentrieren und normalerweise aus Mitgliedern der gleichen Abteilung bestehen (vgl. Juran
1989), oder mit **teilautonomen Arbeitsgruppen,** welche für einen ganzen Prozess, ein Produkt oder eine Dienstleistung verantwortlich sind und im Rahmen des Business Process
Reengineerings stark an Bedeutung gewonnen haben (vgl. Hanna 1988, S. 142; Katzen-
bach/Smith 1993).

erarbeiteten Vorschläge äußern und eine mögliche Ablehnung begründen. Über Vorschläge, bei denen noch weitere Untersuchungen notwendig waren, musste er innerhalb eines Monats entscheiden und informieren.

- **Mitarbeitende stärken (Empowerment):** Die Mitarbeitenden erhielten mehr Kompetenzen und mussten mehr Verantwortung übernehmen.
- **Unnötige Tätigkeiten eliminieren:** Ziel war die Entlastung der Mitarbeitenden und die Erhöhung der Produktivität. Viele Vorschläge aus den Workshops konnten einfach und schnell umgesetzt werden.
- **Strategische Neuorientierung:** Kurzfristige Erfolge erzeugten die Motivation, die es erlaubte, auch größere und komplexere Projekte (z.B. strategische Kernprozesse) in Angriff zu nehmen.

Workout-Programme weisen folgende **Vorteile** auf:

1. Alle Mitarbeitenden (und teilweise sogar Kunden und Lieferanten) werden in den Veränderungsprozess einbezogen.
2. Die Trennung von Planung und Umsetzung entfällt. Da alle Betroffenen bei der Erarbeitung der Lösung einbezogen sind, wird das «Verkaufen» überflüssig.
3. Der Einbezug aller Beteiligten minimiert die Widerstände. Damit ist auch ein Zeitgewinn verbunden.

Große Veränderungsvorhaben scheitern oft, weil keine Zwischenschritte festgelegt werden. Umfangreiche Veränderungsprozesse bedürfen der **sorgfältigen Planung.** Kern einer solchen Planung bilden die auf die Vision ausgerichteten Aktionsprogramme (siehe dazu Abschnitt 8.1.2 «Managementinstrumente und -systeme», Seite 340ff., und Abschnitt 6.3.2 «Sofortmaßnahmen und Aktionsprogramme», Seite 239).

Unternehmenstransformationen verlieren an Schwung, wenn keine Zwischenergebnisse sichtbar werden. Bei jedem Veränderungsprozess gibt es jedoch Projekte, mit denen sich **kurzfristige Erfolge** (eine erfolgreiche Neueinführung, verbesserte Qualität, Marktanteilsgewinn, höhere Kundenzufriedenheit usw.) erzielen lassen (vgl. dazu Schaffer 1988). Diese sollten wir in unsere Planung und in die Leistungsbeurteilung einbeziehen. Ferner müssen wir darauf achten, dass Erfolge gefeiert und beteiligte Personen benannt und belohnt (z.B. in Form einer «Veränderungsdividende» oder einer Beförderung) werden.

**Phase 3:**
**Neuen Zustand**
**institutionalisieren**

In dieser Phase geht es um die nachhaltige Verankerung der Veränderungen im Unternehmen. Dazu müssen wir die **Managementsysteme** und die **Organisationsstruktur** (siehe Abschnitt 8.1 «Elemente des Umsetzungsprozesses», Seite 328ff.) gegenseitig und im Hinblick auf die Veränderungen abstimmen. Dabei spielen insbesondere strategieunterstützende

**Personalmanagementkonzepte** eine wichtige Rolle. Personalgewinnung, -beurteilung, -honorierung und -entwicklung müssen mit den strategischen Absichten übereinstimmen. Unangepasste Beförderungs- und Nachfolgeregelungen können erzielte Erfolge erheblich gefährden. Spätestens hier wird deutlich, weshalb sich auch der Verwaltungsrat (bzw. der Aufsichtsrat) aktiv am Veränderungsprozess beteiligen sollte.

**Oft dauert** es **mehrere Jahre,** bis sich eine strategische Veränderung auch in veränderten Normen und Wertvorstellungen niedergeschlagen hat. Anfangserfolge dürfen daher nicht überbewertet und «Siegesfeiern» nicht zu früh angesetzt werden. Die entscheidenden Fortschritte werden oft erst nach drei bis vier Jahren erzielt. Damit die jeweilige Situation richtig eingeschätzt werden kann, ist eine systematische und laufende **strategische Kontrolle** unerlässlich. Diese lässt sich immer auch als Lerngelegenheit nutzen. Wichtig ist ferner, dass wir genügend Flexibilität sicherstellen und Freiraum für notwendige Kurskorrekturen schaffen (siehe dazu Abschnitt 9.2 «Modell der strategischen Kontrolle», Seite 387 ff.).

|  |  |
|---|---|
| **8.3.4**<br>**Typische Herausforderungen beim**<br>**Change Management** | Häufig verlaufen umfassende Veränderungsprozesse in der Praxis nicht erfolgreich. Wie Untersuchungen zeigen, sind nur zwischen 20 und 50 % aller Unternehmen mit ihren Veränderungsprojekten zufrieden. Zeitverzögerungen, mangelnde Akzeptanz, Abwanderung von Schlüsselpersonen, innere Kündigung, Sabotage oder gar offener Widerstand werden als häufigste negative Begleiterscheinungen genannt. |

Viele Führungskräfte neigen dazu, Widerstände zu missachten oder – weil Veränderungen meist unter Zeitdruck realisiert werden müssen – sie zu brechen. Opposition darf aber nicht einfach als irrationale Reaktion der Betroffenen gesehen werden. Doppler und Lauterburg (1994, S. 203) sehen **drei Hauptursachen für Widerstände:**

1. die Betroffenen haben Ziele und Hintergründe für die Veränderung nicht verstanden;
2. die Betroffenen verstehen worum es geht, aber sie glauben nicht daran;
3. die Betroffenen verstehen worum es geht und glauben, was gesagt wird, aber sie wollen und können nicht folgen, weil sie sich keine positiven Konsequenzen von der Veränderung versprechen.

Der aktive und passive Widerstand der Mitarbeitenden fällt umso deutlicher aus, je mehr der Veränderungsprozess die Form einer Bombenwurfstrategie annimmt. Betroffene engagieren sich kaum, wenn sie die Folgen des Wandels nicht selbst beeinflussen können.

Tichy und Devanna (1986) schlagen vor, zwischen technischen, politischen und kulturellen Barrieren eines Wandlungsprozesses zu unterscheiden, um eine effektive und differenzierte Ursachenbekämpfung zu ermöglichen.

**Technische Widerstände gegen Veränderungen («nicht können»)**

Technische Widerstände beziehen sich auf die mangelnde Fähigkeit, den Wandel vollziehen zu können. Da der Grund vieler technischer Widerstände nicht bei den Mitarbeitenden sondern im System selber liegt, nennt man sie auch systemische Widerstände. Typische Beispiele sind:

- **Inkompetenz.** Dazu gehören Qualifikationsdefizite, fehlende Ausbildung, unangepasste Strukturen, ungeeignete Informations- und Planungssysteme oder ganz einfach die Macht der Gewohnheit.
- **Mangel an Ressourcen.** Darunter fallen unzureichende personelle, zeitliche, sachliche oder finanzielle Mittel.
- **«Gesunkene» Kosten.** Bereits getätigte Investitionen in veraltete Anlagen, Systeme, Technologien usw. üben den «Zwang» aus, beim alten zu bleiben.
- **Konflikt zwischen strategischen und operativen Aktivitäten.** Ein strategisches Budget fehlt. Da strategische Aktivitäten erst langfristig zu positiven Ergebnissen führen, werden diese zugunsten operativer Tätigkeiten vernachlässigt oder verdrängt.

**Politische und psychologische Widerstände gegen Veränderungen («nicht wollen»)**

Strategische Veränderungen haben meist eine Verschiebung im Machtgefüge des Unternehmens zur Folge. Deshalb führen sie auch oft zu erhöhter politischer Aktivität von Einzelpersonen oder Gruppen, die versuchen, ihre Machtposition zu halten oder zu verstärken. Eng verbunden mit machtpolitischen Widerständen sind psychologisch bedingte Ängste und Befürchtungen der Mitarbeitenden bezüglich ihrer künftigen Rolle im Unternehmen. Typische Beispiele politischer und psychologischer Widerstände sind:

- Angst vor **Macht-, Prestige- und Einkommensverlust.** Es ist ein natürliches Bedürfnis der Mitarbeitenden, gute Beziehungen, Karrieremöglichkeiten, Einflussnahme, Entscheidungsbefugnisse, Kontakte zu wichtigen Informationsquellen usw. aufrecht zu erhalten.
- Angst, mit **schwierigen oder unbequemen Menschen zusammenarbeiten** zu müssen.
- Angst, in der **neuen Ordnung nicht bestehen** oder die neuen Fähigkeiten und Kenntnisse nicht entwickeln zu können.
- Angst, **ungewohnte Risiken** eingehen zu müssen. Besonders Personen, die jahrelang die gleiche Position innegehabt haben, fällt es oft schwer, innovatives und risikofreudiges Verhalten zu entwickeln.
- Angst, das **Gesicht** zu **verlieren.** Personen, die frühere Entscheide zu verantworten haben, halten am Alten fest, weil sie befürchten, das

Eingehen auf die Veränderungen sei gleichzeitig ein Eingeständnis dafür, dass frühere Entscheide falsch gewesen seien.

In wirtschaftlich schwierigen Zeiten, wo Personalabbau als ständige Bedrohung vorhanden ist, wagen es wenige Mitarbeitende, an geplanten Veränderungen offen Kritik zu üben. Widerstand äußert sich daher oft in weit subtileren Formen. Manche stimmen dem Wandel zu, ohne das eigene Verhalten zu verändern. Oder Führungskräfte belohnen weiterhin herkömmliche Verhaltensweisen und bestrafen implizit oder sogar explizit jene Mitarbeitenden, die den Wandel aktiv unterstützen. Mitarbeitende ihrerseits verdecken Fehler und erstatten «schöngefärbte» Rückmeldungen.

**Kulturelle Widerstände gegen Veränderungen («nicht verstehen»)**

Auch wenn Mitarbeitende die Fähigkeiten besitzen, um eine Veränderung zu vollziehen und davon auch profitieren würden, können sie sich aus kulturellen Gründen gegen den Wandel stellen. Dabei spielen folgende Faktoren eine Rolle:

- **Strategische Kurzsichtigkeit.** Je erfolgreicher man mit den bisherigen Methoden war, desto schwieriger ist es, diese abzulegen. Das bisherige **Erfolgsmodell** sowie eine **selektive Informationsverarbeitung** verhindern die Anpassung.
- **Widerspruch zu bisher gültigen Normen und Grundwerten.** Es ist beispielsweise schwierig, in einem Unternehmen kooperatives Verhalten zu entwickeln, in dem jahrelang Einzelkämpfer gefördert und belohnt worden sind.
- **Aufrechterhaltung von veralteten Mythen** und **Glorifizierung der Vergangenheit.**
- **Fehlende Innovationskultur.** Die Organisation ist vorwiegend auf Stabilität ausgerichtet und belohnt konformes Verhalten.

**8.3.5 Erfolgreicher Umgang mit Widerständen**

Wenn wir die «Top-Down»- und «Bottom-Up»-Ansätze (siehe Abschnitt 8.3.3 «Gestaltungsmöglichkeiten für ein erfolgreiches Change Management», Seite 365) sinnvoll kombinieren und an unser Unternehmen anpassen, lassen sich viele potenzielle Widerstände verhindern. Jeder strategische Wandel folgt letztlich aber auch eigenen Gesetzen. Daher ist es nicht möglich, alles im voraus zu planen. Umsetzungsschwierigkeiten sind normal. Die Frage lautet bloß, wie wir mit Widerständen konstruktiv umgehen können.

**Potenziellen Widerstand voraussehen**

Wir sollten Widerstände nicht in erster Linie bekämpfen, sondern überlegen, wo und wieso sie überhaupt entstehen. Erst wenn wir die Quellen und Hauptursachen kennen, können wir gezielte Lösungen entwickeln.

Je früher dies gelingt, desto eher verhindern wir kostspielige Verzögerungen und umso besser können wir die Interessen aller Beteiligten berücksichtigen. Potenzielle Widerstände sind umso stärker:

- je deutlicher sich die technische, politische und kulturelle Faktoren im Unternehmen verändern;
- je weniger Zeit für die Veränderung zur Verfügung steht;
- je erfolgloser wir in der Vergangenheit mit Veränderungen umgegangen sind.

Die Kräftefeld- und die Netzwerkanalyse sind bewährte Instrumente zur Diagnose von potenziellen Widerständen. Die **Kräftefeldanalyse**[1] ist ein flexibles Instrument, in dem die zu erwartenden fördernden und hemmenden Faktoren (Personen und Gruppen; organisatorische Faktoren wie Struktur, Systeme, Abläufe usw.) gegenübergestellt werden. Dabei sind folgende Fragen zu beantworten:

- Welche Individuen und Gruppen sind gegenüber den Veränderungen positiv eingestellt? Wie stark ist ihre Position und mit welcher Energie werden sie sich dafür einsetzen?
- Welche Individuen und Gruppen sind gegenüber den Veränderungen negativ eingestellt? Wie stark ist ihre Position und mit welcher Macht und mit welchen Verhinderungsstrategien werden sie sich dagegen wehren?
- Welche Individuen und Gruppen, die zur Zeit eine neutrale Stellung einnehmen oder die nur halbherzige Befürworter sind, könnten unter bestimmten Voraussetzungen als aktive Verfechter der Veränderung gewonnen werden?
- Welche organisatorischen Faktoren hemmen oder fördern die Veränderung am meisten und wie können diese vermindert oder verstärkt werden?

Es kann sehr nützlich sein, das Resultat der Kräftefeldanalyse sowie Vernetzungen mit anderen Themen und Projekten bildlich darzustellen. Im Beispiel in ▶ Abbildung 8.17 war das Ziel der strategischen Veränderung eine bessere Ausrichtung auf den Markt bei einem veränderten Käuferverhalten. Dies sollte unter anderem erreicht werden durch Einführung einer Matrixstruktur und durch die Betonung von bereichsübergreifenden Prozessen.

Gemäß dieser Grafik war der Einsatz des Produktionsleiters entscheidend für eine wirksame Veränderung. Da für ihn der Wandel einen bedeutenden Machtverlust bedeutete, widersetzte er sich der Veränderung

---

1  Vgl. Probst/Büchel (1994) S. 82ff.; Gomez/Probst (1995) S. 245; Kobi (1994) S. 108.

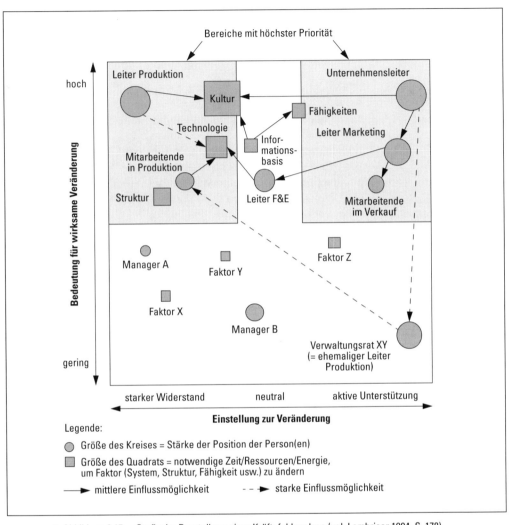

▲ Abbildung 8.17    Grafische Darstellung einer Kräftefeldanalyse (vgl. Lombriser 1994, S. 178)

bereits in der Planungsphase und ließ keine Gelegenheit aus, diese zu sabotieren. Ein weiterer bedeutender Faktor war die Unterstützung durch den Unternehmensleiter. Ferner schätzte man die Kultur als wichtigsten organisatorischen Faktor für die erfolgreiche Veränderung ein. Diese war noch stark produktionsorientiert und bot wenig Unterstützung für eine bessere Kundenorientierung. Der Unternehmensleiter und der Produktionsleiter hatten aufgrund ihrer Erfolge in der Vergangenheit einen starken Einfluss auf die Kultur. Die Größe der Komponenten weist auch darauf hin, dass beispielsweise die Veränderung des Informationssystems viel einfacher und schneller möglich war als die Kulturänderung. Nach sorgfältiger Analyse unternahm das Change Management-Team unter der Führung des Marketingleiters folgende Schritte:

1. Versetzung des Produktionsleiters in eine Tochtergesellschaft.
2. Besetzung der vakanten Position mit einer extern rekrutierten Führungsperson, die über genügend Erfahrung in der Zusammenarbeit mit Marketingverantwortlichen verfügte.
3. Die gute Beziehung des Unternehmensleiters zum Verwaltungsrat XY ausnutzen. Dieser hatte mit dem versetzten Produktionsleiter bis vor einem Jahr die Produktionsabteilung gemeinsam geführt. Aufgrund seiner Führungsqualitäten und der erfolgreichen Einführung des Qualitätsmanagements war er in der Produktionsabteilung immer noch sehr respektiert.
4. Einführung einer Matrix-Struktur mit geografischen Märkten als Hauptdimension.
5. Verbesserung des Informationssystems und Ergänzung mit markt- und kundenorientieren Daten. Dies war ein wichtiger Schritt für die Kulturänderung und die Verbreitung von Marktkenntnissen im ganzen Unternehmen.
6. Kontinuierliche Kulturänderung, unter anderem durch eine verstärkte Kommunikation, ein beispielhaftes Verhalten des Unternehmensleiters und durch Anpassung des Belohnungssystems.

Dieses Beispiel zeigt, wie sich mit Hilfe der Kräftefeldanalyse die Aufmerksamkeit auf die wichtigsten technischen, politischen und kulturellen Komponenten ausrichten lässt, um jene Maßnahmen zu ergreifen, welche die größten Erfolgschancen aufweisen.

Die **Netzwerkanalyse** geht von der Einsicht aus, dass Unternehmen aus mehreren formellen und informellen Netzwerken bestehen. Diese können Veränderungen behindern oder unterstützen und damit eine Hebelwirkung für oder gegen den Wandel erzielen. Deshalb lohnt es sich, folgende Netzwerke zu analysieren (vgl. z.B. Krackhardt/Hanson 1994):

- **Informationsnetzwerke** (Wer tauscht mit wem Informationen aus? Wer bittet wen um Rat?) können Hinweise auf technische Widerstände geben;
- **Einflussnetzwerke** (Wer hat Einfluss auf wen?) können uns auf politische Barrieren aufmerksam machen;
- **Freundschaftsnetzwerke** (Wer ist mit wem befreundet? Wer vertraut wem? Wer teilt mit wem welche Werte?) können aufzeigen, wer Einfluss auf gültige Normen hat. Damit können wir potenzielle kulturelle Hindernisse aufdecken.

Eine grafische Darstellung der Netze erleichtert es uns, Beziehungen für den Wandlungsprozess auszunützen (indem man zum Beispiel eine Bezugsperson ins Netzwerk einschleust, um eine andere Schlüsselperson für den Wandel zu gewinnen) oder zu verändern (z.B. indem wir Verbindungslücken schließen).

**Symptome für tatsächlichen Widerstand frühzeitig erfassen**

Widerstände haben meist mit Gefühlen zu tun. Daher fällt es den Betroffenen oft schwer, einleuchtende Erklärungen für ihre Befürchtungen und Ängste zu finden. Häufig kennen sie die Gründe ihres Widerstandes selber nicht genau oder wagen es auch nicht, darüber zu sprechen, weil sie niemanden verletzen oder sich nicht in eine ungünstige Lage bringen möchten. Deshalb müssen wir **frühzeitig nach verschlüsselten Botschaften und Symptomen für Widerstände suchen**. Typische Anzeichen sind in ▶ Abbildung 8.18 aufgeführt. Sobald wir die Symptome kennen, geht es darum, die Ursachen zu untersuchen und Maßnahmen zu ergreifen.

**Widerstände überwinden**

Konstruktiver Umgang mit Widerstand verlangt, dass wir mit den Betroffenen in Ruhe und mit aufrichtigem Interesse sprechen (einzeln und in kleinen Gruppen). Es gilt herauszufinden:

- was den Betroffenen besonders wichtig ist;
- was aus deren Sicht verhindert werden sollte;
- welche Alternativen sie selbst sehen;
- wie man ihrer Ansicht nach (noch besser) vorgehen müsste;
- welche Unterstützung (z.B. Ausbildung, Versetzung, Outplacement) man ihnen anbieten kann.

|  | verbal<br>(Reden) | non-verbal<br>(Verhalten) |
|---|---|---|
| aktiv<br>(Angriff) | **Widerspruch:**<br>Gegenargumentation<br>Vorwürfe<br>Drohungen<br>Polemik<br>sturer Formalismus | **Aufregung:**<br>Unruhe<br>Streit<br>Intrigen<br>Gerüchte<br>Cliquenbildung |
| passiv<br>(Flucht) | **Ausweichen:**<br>Schweigen<br>Bagatellisieren<br>Blödeln<br>ins Lächerliche ziehen<br>Unwichtiges debattieren | **Lustlosigkeit:**<br>Unaufmerksamkeit<br>Müdigkeit<br>Fernbleiben<br>innere Emigration<br>Krankheit |

▲ Abbildung 8.18    Allgemeine Symptome für Widerstand (Doppler/Lauterburg 1994, S. 205)

Dies ist ein erster Schritt zur Ursachenbekämpfung und zur Bildung einer Vertrauensbasis. Auch wenn man selten alle Wünsche erfüllen und nicht alle Befürchtungen zerschlagen kann, wissen die Betroffenen doch, dass ihre Ängste, Meinungen und Vorschläge ernst genommen werden.

Klare und rechtzeitige Personalentscheide werden unumgänglich, wenn Personen aus technischen, politischen oder kulturellen Gründen nicht in der Lage sind, die notwendigen Lernschritte zu vollziehen und/ oder wenn sie den Wandel weiter behindern, auch nachdem man ihnen eine faire Chance gegeben hat. Führungskräfte müssen in einer solchen Situation die Anliegen und Gefühle der Betroffenen fair und konstruktiv besprechen. Sie werden nur dann auf Verständnis stoßen, wenn sie die veränderten Anforderungsprofile der neuen Positionen offenlegen, den Betroffenen begründen, wieso diese als Kandidaten nicht (mehr) in Frage kommen und ihnen die verbleibenden Alternativen (z. B. Versetzung, Zurückstufung, Trennung) unmissverständlich klarmachen. Es lohnt sich, die Führungskräfte auf diese Gespräche hin zu schulen.

Die Erfahrung zeigt, dass fehlender Mut zu klaren Personalentscheiden ein Hauptgrund für das Scheitern von Wandlungsprozessen ist. Bleiben die notwendigen Entscheidungen aus, werden die Mitarbeitenden, die den Wandel unterstützen, am Engagement der Unternehmensleitung zu zweifeln beginnen. Häufig sind dann Spott und Zynismus die Folge.

Im Umgang mit politischen Widerständen haben sich in der Praxis zwei weitere Maßnahmen besonders bewährt:

- Flexibilisierung von Statussymbolen und positionsbedingten Vorteilen. Ein Schweizer Dienstleistungsunternehmen legt beispielsweise die Arbeitsinhalte, Verantwortlichkeiten und Privilegien der oberen Führungskräfte strategie- und situationsbezogen jährlich neu fest. Dies verhindert, dass im Laufe der Zeit unangemessene Machtpositionen aufgebaut werden.
- Job Rotation. Der kontinuierliche Austausch von Führungskräften über Bereichsgrenzen hinweg trägt dazu bei, festgefahrene Koalitionen und Strukturen aufzubrechen.

Veränderungen gefährden oft auch Arbeitsplätze. Deshalb stellt sich die Frage, wie die Mitarbeitenden in einen Veränderungsprozess eingebunden werden können, wenn sie zugleich befürchten müssen, den eigenen Arbeitsplatz wegzurationalisieren. Eine mögliche Lösung besteht unter Umständen darin, den Mitarbeitenden anstelle der Arbeitsplatzsicherheit eine **Beschäftigungssicherheit** zu bieten. Procter & Gamble garantiert beispielsweise jenen Mitarbeitenden, die Verbesserungsvorschläge einreichen, die zur Eliminierung ihres bisherigen Arbeitsplatzes führen

könnte, für sie eine andere Aufgabe zu finden. Eine solche Beschäftigungssicherheit erfordert allerdings eine kontinuierliche, gezielte Weiterbildung und Entwicklung der Mitarbeitenden, damit sie bei strategischen Veränderung weiterhin sinnvoll eingesetzt werden können (vgl.
Osterloh/Frost 1996, S. 208). Gleichzeitig verbessern sich dadurch auch
die Möglichkeiten der Mitarbeitenden auf dem Arbeitsmarkt.

Wir sollten geplante Veränderungsprogramme allerdings auch nie als
«heilige Kühe» betrachten. Widerstand und Kritik können auch ein Hinweis darauf sein, dass beispielsweise bei der Analyse Fehler gemacht
worden sind. Es ist denkbar, dass Kritiker über Wissen verfügen, das
nicht ausreichend in unsere Analyse- und Entscheidungsprozesse Eingang gefunden hat. Es könnte somit sein, dass die von uns angestrebte
Lösung nicht funktioniert oder nicht sinnvoll ist. In einem solchen Fall
ist **Widerstand** nicht nur **legitim,** sondern auch **nützlich.**

Führungskräfte, die in einem Veränderungsprozess mit Widerstand
konfrontiert werden, müssen sich auch immer fragen, ob nicht sie selbst
Teil des Problems sind. Doppler und Lauterburg (1994, S. 211) weisen
darauf hin, dass das gefährlichste Hindernis nicht im Widerstand der
Betroffenen liegt, sondern in der gestörten Wahrnehmung und in der
Ungeduld der für den Wandel verantwortlichen Führungskräfte. Diese
vergessen leicht, wieviel Mühe und Zeit es sie selbst gekostet hat, sich
zur Veränderung durchzuringen. Der Schlüssel zum erfolgreichen Umgang mit Widerstand liegt somit vor allem im Umgang mit sich selbst,
d.h. im Überwinden der eigenen Emotionen, im Aufbringen der notwendigen Geduld sowie in der Fähigkeit, sich selbst in Frage zu stellen.

■ Beispiel zu Kapitel 8: Strategieumsetzung

# Vom Transportgeschäft zum Dienstleistungsunternehmen

1992 verlieh Business Traveller der ehemals fast bankrotten British Airways den Titel des besten Transatlantik-Carriers. Für den weltweiten Service erhielt nur Singapore Airlines bessere Noten. Der Weg zur «besten Fluglinie der Welt» war nicht mehr weit.

Im Juni 1990 wies British Airways (BA), eine der profitabelsten Fluggesellschaften der Welt, zum dritten Mal in Folge einen Rekordgewinn aus. Dies in einer Zeit, als andere Fluggesellschaften mit erheblichen Verlusten zu

Quelle: Jick, T.D.: Managing Change

kämpfen hatten. An solche Leistungen hätte zehn Jahre früher noch niemand geglaubt.

In den Jahren 1981 und 1982 wies man kumulierte Verluste von £ 240 Millionen aus. Eine vorgesehene Privatisierung musste wegen der schlechten finanziellen Lage aufgeschoben werden. Zudem waren die Aussichten schlecht. Die Passagierzahlen sanken, während gleichzeitig die Treibstoffkosten anstiegen. Eine überalterte Flotte und hohe Personalkosten verschärften die kritische Lage.

Geschichte und Kultur des Unternehmens hatten wesentlichen Anteil an dieser desolaten Situation. Formell schlossen sich 1971 die beiden staatlichen Fluggesellschaften British European Airways (BEA) und British Overseas Airways Corporation (BOAC) zur neuen Gesellschaft British Airways zusammen. Dennoch blieben die beiden Gesellschaften weitgehend autonom. Der Prozess der Integration vollzog sich nur sehr langsam. Erst 1974 lag eine konsolidierte Rechnung vor und erst im Jahre 1976 folgte die organisatorische Integration.

BEA und BOAC hatten sich nach dem Zweiten Weltkrieg als Pioniere in der europäischen Zivilluftfahrt einen Namen geschaffen. Dank der Unterstützung der Regierung und mit dem Ziel vor Augen, eine moderne Infrastruktur aufzubauen und die britische Flagge in die ganze Welt zu tragen, kümmerte man sich wenig um Produktivität und Gewinn. Man glaubte, Ziel einer Fluggesellschaft sei es, Flugzeuge rechtzeitig in die Luft und wieder auf den Boden zu bringen. Die Optik des Managements war demnach nicht auf die Erzielung eines Gewinnes sondern bloss auf die Minimierung der Staatszuschüsse gerichtet. Zwischen 1972 und 1980 erzielte man (mit einer Ausnahme) jährlich einen Gewinn vor Zinsen und Steuern. Daher war es schwierig, die Belegschaft von der Notwendigkeit grundlegender Veränderungen zu überzeugen. Produktivität war kein Thema, obwohl sie bei BA in den Jahren 1974 bis 1976 mehr als 40% unter den Werten der Konkurrenz lag.

Im Jahre 1981 übernahm Sir John King die Leitung von BA. Angesichts des schlechten Jahresabschlusses, der ihm vorgelegt worden war, ergriff er sogleich drastische Massnahmen zur Kostensenkung. In den verbleibenden neun Monaten wurden über 10 000 Stellen abgebaut, im Jahr darauf weitere 7000. Zudem wurden sechzehn Destinationen eingestellt, die Löhne für ein Jahr eingefroren, zwei Servicestützpunkte aufgehoben, die Cargo-Flotte verkauft und massive Kürzungen in den administrativen Diensten verfügt.

Um jene Zeit stiess auch der Finanzmann Gordon Dunlop zu BA. Durch eine geschickte Abschreibungs- und Finanzierungspolitik trug er in der Folge wesentlich zur Sanierung von BA bei.

1982 hatte man das Gröbste hinter sich und konnte wieder mit dem Aufbau beginnen. Sir John King setzte ein Zeichen zum Neubeginn, indem er die langjährige Zusammenarbeit mit der Werbeagentur Foote, Cone & Belding beendete und das Budget an Saatchi & Saatchi übergab. Die anschliessende Kampagne «Manhattan Landing» wurde zum Symbol für den Kulturwechsel.

In dieser Zeit (1983) holte King den ehemaligen Chef von Avis, Colin Marshall, zu BA und machte ihn zum Generaldirektor (CEO). Marshall, der jahrelang mit Kunden gearbeitet hatte, die den BA-Kunden recht ähnlich waren, machte vom ersten Tag an «Kundendienst» zum zentralen Thema. Er führte einen regelrechten Customer Service-«Kreuzzug», den er mit umfassenden Ausbildungsmassnahmen unterstützte. Programme wie «PPF» (Putting People First) wurden in der Folge legendär und trugen wesentlich zum Kulturwandel bei BA bei.

Auch andere Schritte zum Kulturwandel wurden zelebriert. 1984 stellte man ausgewählten Gästen und den Mitarbeitenden die neue BA-Flotte in einer spektakulären Lasershow vor. Ein Jahr später präsentierte man der Öffentlichkeit neue, von einem bekannten Designer entworfene, Uniformen.

Endlich, am ersten April 1984, konnte die Privatisierung eingeleitet werden. Die Umstellung führte zwar zu einigen Schwierigkeiten (Antitrust-Klagen, Auseinandersetzungen über Streckenrechte usw.), aber dennoch konnten King und Marshall bald weitere Schritte unternehmen. Auf dem Weg zur «besten Fluglinie der Welt» war Globalisierung das nächste Thema. 1987 kaufte sich BA in das Reservationssystem Galileo (an dem sich auch KLM und die damalige Swissair beteiligten) ein. Im gleichen Jahr realisierte man eine Zusammenarbeit mit United Airlines. 1988 schnappte man der SAS die British Caledonian vor der Nase weg und im folgenden Jahr erwarb man eine Beteiligung von 20% an der belgischen Fluggesellschaft SABENA. Auf diese Weise stärkte BA ihre Position im europäischen Markt und setzte gleichzeitig ein Ausrufezeichen hinter den massiven Kulturwandel, der aus einem technisch-operativen Transportgeschäft ein Dienstleistungsunternehmen gemacht hatte.                 ∎

Eine ausführliche Fallstudie zu Kapitel 8 «Strategieumsetzung» findet sich im Anhang Seite 459ff.

# Kapitel 9

# Strategiekontrolle

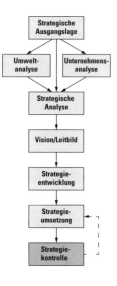

Die Strategiekontrolle schließt unser Modell des Strategischen Managements ab. Dies bedeutet aber nicht, dass Kontrolle erst nach der Strategieumsetzung stattfindet. **Umsetzung und Kontrolle** verlaufen vielmehr **parallel** zueinander. In einigen Lehrbüchern wird die Strategiekontrolle denn auch als Bestandteil der Strategieumsetzung dargestellt. Wir haben ebenfalls einzelne Aspekte der Kontrolle (zum Beispiel das Management by Objectives- oder das Belohnungssystem sowie die «Balanced Scorecard») bereits in Kapitel 8 «Strategieumsetzung»behandelt. Im Folgenden konzentrieren wir uns auf einige weitere Aspekte der strategischen Kontrolle.

Strategisches Management ist nicht ein linearer, sondern ein zirkulärer und iterativer Prozess. Zirkulär, weil er periodisch neu durchlaufen wird; iterativ, weil die Resultate und Ereignisse eines bestimmten Schrittes auf vorhergehende Schritte zurückwirken können. Die Strategiekontrolle[1] muss die dafür notwendige Flexibilität gewährleisten und die Verbindung zur operativen Kontrolle sicher stellen.

---

1  In der Literatur wird die Strategiekontrolle immer häufiger auch als **strategisches Controlling** bezeichnet. Für eine differenzierte und umfassendere Definition des strategischen Controllings vgl. Weber (1994).

## 9.1 Operative und strategische Kontrolle

**Operative** Kontrolle ist kurzfristig angelegt und vergleicht erzielte Resultate mit Plangrößen (z.B. Jahresbudget, Qualitätsniveau, Fehlertoleranzgrenze) mit dem Ziel, bei Abweichungen korrigierend einzugreifen.

Strategien sind ihrem Wesen nach zukunftsgerichtet. Sie stützen sich auf Annahmen über bevorstehende Umweltentwicklungen und zukünftige Ereignisse. Die Umsetzung einer Strategie dauert meist mehrere Jahre. In diesem Zeitraum werden Investitionen getätigt, Projekte gestartet und Maßnahmen eingeleitet. Würde eine Kotrolle erst ganz am Schluss nach erfolgter Umsetzung durchgeführt, ergäbe sich keine Möglichkeit mehr für rechtzeitige Korrekturen.

Einige Autoren verstehen unter **Strategiekontrolle** lediglich die periodische Wiederholung der Analyse und der Strategieentwicklung. Unseres Erachtens umfasst eine wirksame strategische Kontrolle jedoch wesentlich mehr.

Sie besteht nach unserem Verständnis in der **permanenten Überwachung** und **Anpassung der Strategie,** die zugleich individuelle und organisatorische **Lernprozesse aktiv unterstützt.**

Strategiekontrolle erschöpft sich also nicht nur in der Kontrolle erzielter Resultate, sondern schließt die permanente Überwachung des Umsetzungsprozesses mit ein. Dadurch ermöglicht sie uns, **frühzeitig,** d.h. noch während der Strategieumsetzung, **lenkend einzugreifen.**

| | Operative Kontrolle | Strategische Kontrolle |
|---|---|---|
| **Hauptkriterium** | kurzfristiger Erfolg | strategische Erfolgspotenziale |
| **Konzentration auf** | Budgets, Jahrespläne, klar definierte Standards, Toleranzgrenzen usw. | SEP; strategische Benchmarks, Projekte und Maßnahmenpläne |
| **Zeithorizont** | Vergangenheit | Vergangenheit *und* Zukunft |
| **Informationsart** | vorwiegend quantitativ, wohlstrukturiert | vorwiegend qualitativ, schlechtstrukturiert |
| **Informationsquelle** | vorwiegend intern | intern *und* extern |
| **Informationsvolumen** | groß | klein, dafür vielfältiger und aggregierter |
| **Kontrollrhythmus** | regelmäßig | permanent; teilweise auf bestimmte Ereignisse ausgerichtet |
| **Analyse** | präzise, formell | unpräzise, oft informell/flexibel |
| **Ziel** | «Regeln» innerhalb vorgegebener Grenzen durch Feststellen von Abweichungen | «Lenken» in eine gewünschte Richtung durch Ankündigen von potenziellen Fehlentwicklungen |
| **Resultat** | Korrektur von negativen Abweichungen | Hinterfragung der Ziele und Annahmen; Strategieanpassung (positive Abweichungen im Sinne von Chancen sind dabei ebenfalls wichtig) |

▲ Abbildung 9.1    Operative versus strategische Kontrolle

«Learning by doing» und zeitgerechte Rückmeldungen sind wichtige Komponenten einer wirksamen strategischen Kontrolle. Ferner ist Flexibilität sehr wichtig, da sich im Verlaufe der Strategieumsetzung verschiedene Faktoren erheblich verändern können, was eine Anpassung von Zielen und Maßnahmen nötig macht.

◄ Abbildung 9.1 zeigt uns eine Gegenüberstellung der beiden gleichwertigen und sich ergänzenden Formen der Kontrolle (vgl. dazu Pearce/ Robinson 1994 S. 392 ff.). Die Unterscheidung zwischen strategischer und operativer Frühaufklärung, die wir in Kapitel 3 (Abschnitt 3.4.2 «Operative und strategische Frühaufklärung», Seite 125 f.) getroffen haben, lässt sich weitgehend auch auf die Kontrolle übertragen (vgl. ◄ Abbildung 3.14 auf Seite 126). Im Folgenden konzentrieren wir uns auf die strategischen Aspekte der Kontrolle.[1]

## 9.2 Modell der strategischen Kontrolle[2]

Wir unterscheiden drei eng miteinander verbundene Ebenen der strategischen Kontrolle: Prämissen-, Wirksamkeits- und Durchführungskontrolle.

**9.2.1 Prämissenkontrolle**

Bei der Prämissenkontrolle setzen wir uns mit der Umweltentwicklung auseinander. Wir überprüfen das **«Warum?»** unserer Strategie:

- Sind die der Strategie zugrundeliegenden Annahmen (= Prämissen) (vgl. Probst/Büchel 1994, S. 148 ff.) über die Umwelt noch gültig? Sind die erwarteten Entwicklungen und Ereignisse tatsächlich eingetreten? Stimmen unsere Einschätzungen der Kundenwünsche und -prioritäten?
- Haben sich neue Chancen oder Gefahren ergeben?
- Haben wir bei der Strategieformulierung alle wichtigen Aspekte der Umwelt berücksichtigt?
- Muss die Strategie angepasst werden?

Ziel der Prämissenkontrolle ist es, die Unternehmensstrategie aufgrund von schwachen Signalen proaktiv anzupassen, d.h. bevor das angekündigte Ereignis das Unternehmen negativ beeinflussen kann.

---

1 Für eine Übersicht der operativen Kontrolle vgl. z.B. Hunziker/Scheerer (1994) und Krystek/Müller-Stewens (1993).
2 Die folgenden Ausführungen basieren vorwiegend auf Goold/Quinn (1990); Pearce/ Robinson (1994) und Schreyögg/Steinmann (1985).

Dazu müssen wir sicherstellen, dass die Entscheidungsträger von solchen unerwarteten Entwicklungen Kenntnis erhalten (siehe Abschnitt 1.2.4 «Strategisches Management als dynamisch-flexibles Konzept», Seite 35ff.). Prämissenkontrolle ist ein wesentlicher Bestandteil der strategischen Frühaufklärung. Während sich die Prämissenkontrolle gezielt auf bestimmte Umweltfaktoren konzentriert, ist die Frühaufklärung als breiter angelegtes «Radarsystem» aufzufassen (siehe Abschnitt 3.4 «Strategische Frühaufklärung», Seite 124ff.).

**9.2.2**
**Wirksamkeits-**
**kontrolle**

Bei der Wirksamkeitskontrolle, die eng mit der Prämissenkontrolle verbunden ist, geht es um den Inhalt (das **«Was?»**) der Strategie.

Selbst wenn unsere Annahmen über zukünftige Umweltentwicklungen zutreffen, laufen wir Gefahr, falsche Schlüsse daraus zu ziehen und eine sub-optimale Strategie zu wählen. Ein Beispiel: Ein High-Tech-Unternehmen erkennt frühzeitig das Potenzial einer neuen Metallbearbeitungs-Technologie. Als Antwort darauf entwickelt sie eine Differenzierungsstrategie (qualitativ bestes Produkt in der Branche). Nach einiger Zeit stellt sie jedoch fest, dass die Kunden nicht bereit oder finanziell nicht in der Lage sind, eine Preisprämie für die Differenzierung zu bezahlen. Die Strategie musste deshalb dieser Tatsache angepasst werden.

Auch wenn bei der Strategieentwicklung wichtige Personen mit entscheidungsrelevanten Kenntnissen und Informationen nicht miteinbezogen werden, ergeben sich oft Probleme mit der Wirksamkeit einer gewählten Strategie. Folgende Fragen sind bei der Wirksamkeitskontrolle zu klären:

- Können wir mit der ursprünglich geplanten Strategie unsere Ziele tatsächlich erreichen? Haben wir auf die richtigen Erfolgsfaktoren gesetzt?
- Welche Schlüsse für das weitere Vorgehen können wir aus unseren bisherigen Aktivitäten ziehen? Mit welchen Maßnahmen können wir unser Ziel doch noch oder besser realisieren?
- Haben wir die beste Strategievariante gewählt? Gibt es Konkurrenten, die mit einer anderen Strategie erfolgreicher sind als wir?

Eine Wirksamkeitskontrolle ist vor allem dann sehr wertvoll, wenn wir uns für eine Strategie des schrittweisen Herantastens (learning by doing) durch gezielte Marktexperimente entschieden haben (siehe Abschnitt 7.2.5 «Diversifikation», Seite 292ff.). Beispielsweise hat vor einigen Jahren ein amerikanisches Versicherungsunternehmen das Ziel verfolgt, mit einer langfristig angelegten Differenzierungsstrategie die Führungsposition im Lebensversicherungsgeschäft zu erreichen. Der schrittweise

Aufbau von regionalen Servicezentren sollte zur Differenzierung gegenüber der Konkurrenz beitragen. Dabei zeigte sich bald, dass Kosten und Erträge nicht den Erwartungen entsprachen. Aufgrund revidierter Kostenprognosen entschied man sich, das Dienstleistungsangebot der Servicezentren zu reduzieren und die Arbeitsaufteilung zwischen Servicezentren und Konzernzentrale den neuen Gegebenheiten anzupassen. Die Erfahrung mit den ersten Servicezentren ermöglichte es also, frühzeitig eine Strategieänderung vorzunehmen.

### 9.2.3 Durchführungskontrolle (Umsetzungskontrolle)

Bei der Durchführungskontrolle ist der Fokus vorwiegend auf interne Faktoren gerichtet. Es geht um das **«Wie?»** der Strategieumsetzung:

- In welchem Ausmaß haben wir die geplante Strategie tatsächlich umgesetzt? Haben wir die qualitativen (Aufbau von strategischen Erfolgspositionen usw.) und quantitativen Ziele (Marktanteil, Anzahl Neuentwicklungen usw.) erreicht?
- Haben wir die Projekte und Maßnahmen realisiert und die Meilensteine erreicht? Haben wir die strategischen Budgets tatsächlich eingesetzt, um die Sachziele (Programme, Projekte) zu erreichen?
- Wo sind unerwartet Probleme (Zeitverzögerungen, Überschreitung von Investitionsbudgets usw.) oder Widerstände aufgetreten? Was sind die Gründe dafür?
- Welche Konsequenzen ergeben sich daraus?

Um diese Fragen zu beantworten, greifen wir auf die in der Strategieumsetzung formulierten Ziele, Sofortmaßnahmen, Aktions- und Projektpläne zurück. Zusätzlich kann auch eine periodische Mitarbeiterbefragung wertvolle Anhaltspunkte (z.B. Bekanntheitsgrad der Strategie, strategiekonformes Verhalten der Führungskräfte, sichtbare Veränderungen im Unternehmen) zur Verbesserung der Visions- und Strategieumsetzung liefern.

Die Erreichung strategischer Ziele ist mit Ausgaben verbunden, die kurzfristig den Erfolgsausweis eines Unternehmens verschlechtern können. Zudem haben die Führungskräfte, die für die Umsetzung einer Strategie verantwortlich sind, aufgrund ihres Lebensalters oder ihrer beruflichen Ambitionen oft einen kürzeren Zeithorizont als die Strategie, die sie umsetzen sollen. Beides kann dazu führen, dass wichtige strategische Aktivitäten vernachlässigt werden. Die Durchführungskontrolle in Form einer Kontrolle von «strategischen Meilensteinen» hilft dies zu verhindern.

**9.2.4
Früherkennungs-
indikatoren festlegen**

Wir können uns am besten auf interne und externe Ereignisse und Entwicklungen einstellen, wenn wir versuchen, sie vorauszudenken. Es lohnt sich deshalb, bereits bei der Strategieentwicklung Indikatoren zur Früherkennung von Chancen und Gefahren zu bestimmen und Personen damit zu beauftragen, die Entwicklung dieser Indikatoren laufend zu beobachten. Früherkennungsindikatoren können alle drei Ebenen (Prämissenkontrolle, Wirksamkeitskontrolle, Durchführungskontrolle) der strategischen Kontrolle unterstützen.

Für die Auswahl und Bestimmung der Indikatoren ist zu klären, welche Ereignisse und Entwicklungen einen entscheidenden Einfluss auf die gewählte Strategie ausüben können. Danach müssen für diese Ereignisse und Entwicklungen zeitlich vorgelagerte und gut beobachtbare Anzeichen gefunden werden. Diese bezeichnen wir als Früherkennungsindikatoren.

Die Suche nach Indikatoren erfordert Kreativität und ein Verständnis für komplexe Zusammenhänge. Eine bewährte Methode zur Herausarbeitung von relevanten Früherkennungsgrößen ist das vernetzte Denken (vgl. Gomez/Probst 1995). Die Faktoren sollen eine Entwicklung **frühzeitig** erfassen können, damit genügend Zeit bleibt, geeignete Maßnahmen zu ergreifen.

Beispielsweise kann ein Softwareunternehmen, das zur Umsetzung seiner Differenzierungsstrategie auf hochqualifizierte Fachleute ange-

| Beobachtungsfaktor | Konkurrenz und strategische Allianzen |
| --- | --- |
| Beeinflussung durch Wirkung auf | Umfang des Betätigungsfeldes und Wettbewerb Wettbewerbsposition, Investitionen, Wachstum, Kosten, Marktkompetenz, Rabatte und Preise |
| zeitliche Dynamik | mittel- bis langfristige Änderung des nationalen und internationalen HP-Umfeldes |
| Messung, Beobachtung: 1. Was? | Veröffentlichungen in der Presse und in Geschäftsberichten/Bulletins |
| 2. Wie? | Systematische Sammlung; internen Informationsdienst (Daily Bulletin) sensibilisieren; externe Informationsdienste nutzen; Bilanzanalyse der Konkurrenz-Geschäftsberichte; Kennzahlenanalyse |
| 3. Wann? 4. Wer? | laufend Commercial Services, Presseabteilung |

▲ Abbildung 9.2    Erfassung eines Früherkennungsindikators bei Hewlett-Packard (Zimmermann 1992, S. 387; vgl. auch Probst/Büchel 1994, S. 116f.)

wiesen ist, das ungünstige Ereignis «Mangel an Fachleuten» über den Indikator «Studienanfänger im Fach Informatik» einschätzen (Vorwarnzeit vier bis sechs Jahre). ◄ Abbildung 9.2 zeigt das Schema von Hewlett-Packard zur Erfassung des Indikators «Konkurrenz und strategische Allianzen».

▶ Abbildung 9.3 fasst die wichtigsten Elemente der Strategiekontrolle zusammen.

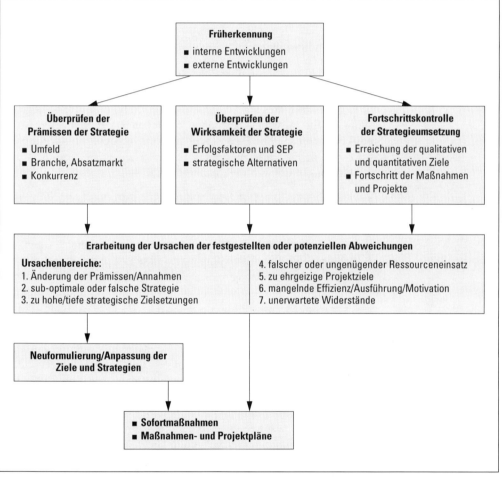

▲ Abbildung 9.3    Modell der Strategiekontrolle
(in Anlehnung an Probst/Büchel 1994, S. 113 und Pümpin/Geilinger 1988, S. 56)

**9.2.5
Strategiekontrolle zur
Förderung von
Flexibilität und organi-
sationalem Lernen**

Wir können nur dann schnell und flexibel auf unerwartete Chancen oder Probleme reagieren, wenn wir Erkenntnisse aus der Strategiekontrolle und die Konsequenzen daraus laufend mit unseren Mitarbeitenden erörtern (z. B. in Wochen- und Monatsbesprechungen oder in informellen Gesprächen).

**Strategische
Kontrolle fördert
Flexibilität**

Strategiekontrolle läuft immer Gefahr, in der operativen Hektik des Tagesgeschäfts unterzugehen. Deshalb sollten wir neben der stetigen **informellen Kommunikation** zusätzlich **periodische Arbeitstagungen** durchführen, mit dem Ziel, die Erkenntnisse aus der Prämissen-, Wirksamkeits- und Durchführungskontrolle zu diskutieren und Sofortmaßnahmen zu beschließen oder Projekte in Gang zu setzen. Die Resultate einer solchen Tagung bilden ferner die Basis für den nächsten Planungsworkshop (Pümpin 1992). Damit schließt sich der Kreis des Strategischen Managements.

In gewissen Fällen kann es neben der periodischen Überprüfung auch sinnvoll sein, im voraus bestimmte **Kontrollpunkte** zu definieren. Wenn wir bei einem solchen Punkt angelangt sind, unterziehen wir die Strategie und deren Umsetzung einer umfassenden Evaluation. Kontrollpunkte können wir wie folgt festlegen:

- nach einer im voraus fixierten Zeit (z. B. ein Jahr nach Start eines Hauptprojekts);
- nach kritischen internen (z. B. Entwicklung eines Prototyps) oder externen Ereignissen (z. B. Abstimmung über ein bestimmtes Gesetz im Parlament, wichtige Übernahmen und Fusionen in der Branche);
- wenn ein Früherkennungsindikator auf entscheidende Veränderungen hinweist;
- vor wichtigen Investitionsentscheiden (z. B. nach Abschluss einer Test- oder Planungsphase) (vgl. Pearce/Robinson 1994, S. 385).

**Strategische
Kontrolle fördert
organisationales
Lernen**

Feedback dient nicht der moralischen Beurteilung, sondern ergänzt das Führen mit Zielen. Strategische Kontrolle hilft Verbesserungen einzuleiten, die Zukunft zu gestalten und unternehmensweit neue Denk- und Lernprozesse auszulösen. Letzteres bezeichnen wir als organisationales Lernen.[1]

Organisationales Lernen erfordert, dass man in Gesprächen und Workshops nicht nur Abweichungen feststellt, sondern auch die Art und Weise ergründet und diskutiert, wie diese erfasst worden sind und wie man darauf reagiert hat. Dies kann wertvolle Erkenntnisse vermitteln und Entwicklungsprozesse einleiten, die künftig gezieltere und schnellere (Re-)Aktionen ermöglichen (vgl. ▶ Abbildung 9.4).

---

1 Für eine praxisorientierte Einführung in das organisationale Lernen vgl. Probst/Büchel (1994).

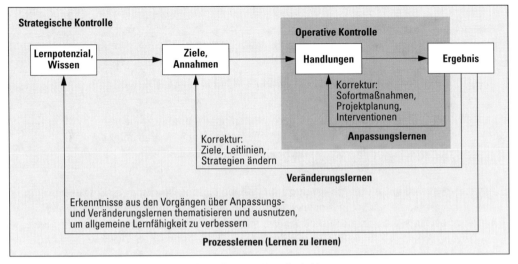

▲ Abbildung 9.4    Strategische Kontrolle unterstützt alle drei Lernarten
(nach Argyris/Schön 1978 und Gomez/Probst 1995)

■ Beispiel zu Kapitel 9: Strategiekontrolle

# Firma Dell Computer

Michael Dells Devise lautet: «Wir erfinden uns dauernd neu».
Diese Haltung hat die Firma Dell innerhalb von acht Jahren unter die
500 grössten Unternehmen der USA gebracht.

Nichts Gutes dauert ewig. Das gilt auch im Strategischen Management. Ein Anbieter, der mit einer beispielhaften Strategie und einem attraktiven Produkt auf den Markt kommt, fordert die Konkurrenz zu Reaktionen heraus. Ein

Quelle: Fahey, L/Randall, R.M.:
The Portable MBA in Strategy

Wettbewerbsvorteil, den man sich mühselig erarbeitet hat, kann deshalb sehr schnell schwinden. Eine Strategiekontrolle und eine dauernde Anpassung der Strategie ist daher besonders in jenen Branchen unumgänglich, die sehr kurze Innovationszyklen aufweisen. Dazu gehört zum Beispiel die Branche der Unterhaltungselektronik, in der Innovationen innerhalb von sechs bis zwölf Monaten kopiert werden. Zum Beispiel musste Sony 160 verschiedene Walkman-Modelle auf den Markt bringen, um dem Ansturm der Klone zu widerstehen. Eine andere ist die PC-Industrie mit Firmen wie IBM, Digital, Apple, HP, Tandy, AST, Compaq, Toshiba, Nec und anderen. In dieser Branche kommen fast täglich neue Modelle auf den Markt, wobei Preis, Leistung, Funktionalität und Zubehör als Differenzierungsmerkmale dienen.

In diesen heiss umkämpften Markt versuchte vor etwa zehn Jahren auch die Firma Dell Computer einzudringen. Ausgangspunkt für die Einstiegsstrategie war die Feststellung, dass die anspruchsvollen Computer-Käufer damals von herkömmlichen Händlern wenig Unterstützung erhielten. Dell wandte sich zunächst über Anzeigen in Zeitschriften an diese Zielgruppe, indem sie niedrige Preise als Anreiz einsetzten. Allerdings wurde bald deutlich, dass diese Strategie leicht zu imitieren war. Der günstige Preis war kein Wettbewerbsvorteil, der gegenüber anderen Konkurrenten auf Dauer aufrecht erhalten werden konnte.

Daher passte Dell in einem nächsten Schritt die Strategie an, indem sie das Kernprodukt Computer mit erweiterten Garantieleistungen aufwertete und zusätzlich unbeschränkten technischen Support und ein Jahr kostenlosen Onsite-Service gewährte. Eine weitere Strategieanpassung folgte, um sich gegenüber jenen Klonen einen Vorsprung zu bewahren, die lediglich Standard-Komponenten zusammenbauten. Dell verlegte sich darauf, die Konfiguration der Personalcomputer den spezifischen Wünschen der Kunden anzupassen. Künftig wurden die Geräte daher erst nach der Kundenbestellung zusammengebaut, womit sich sogar noch Lager- und Kapitalkosten einsparen liessen. Investitionen in flexible Roboter, die für die diese Art der kundenspezifischen Produktion nötig waren, ermöglichten es Dell ausserdem zum Kostenführer zu werden.

Auch heute noch ist die Fähigkeit zur laufenden Anpassung der Strategie, basierend auf intensiven und direkten Kundenbeziehungen, ein dauerhafter Wettbewerbsvorteil von Dell. Das Unternehmen ist in der Lage, die täglich 25 000 Telefonanrufe systematisch zu analysieren und daraus wertvolle Rückmeldungen über Probleme und Bedürfnisse der Kunden oder über neue Segmente zu gewinnen. Das Unternehmen kann auf diese Weise genau verfolgen, wie der Markt auf seine Innovationen reagiert und sich entsprechend rasch anpassen. Die Konkurrenz verfügt bisher noch nicht über einen vergleichbaren Kontakt zum Markt.

Trotzdem hat Dell inzwischen bereits die nächste Strategieanpassung ins Auge gefasst und damit begonnen, massiv in die Forschung und Entwicklung zu investieren, mit dem Ziel, Dell in absehbarer Zeit zum Technologie-Leader zu machen. Trotz dieser ungewöhnlichen Anpassungsfähigkeit ist Dell natürlich besonders in einem Markt der sinkenden PC-Preise nicht unverwundbar. Aber Michael Dells Antwort lautet lakonisch: «Wir erfinden uns dauernd neu». Diese Haltung hat immerhin dazu geführt, dass Dell innerhalb von acht Jahren unter die 500 grössten Unternehmen der USA vorgedrungen ist. ■

Eine ausführliche Fallstudie zu Kapitel 9 «Strategiekontrolle» findet sich im Anhang Seite 469 ff.

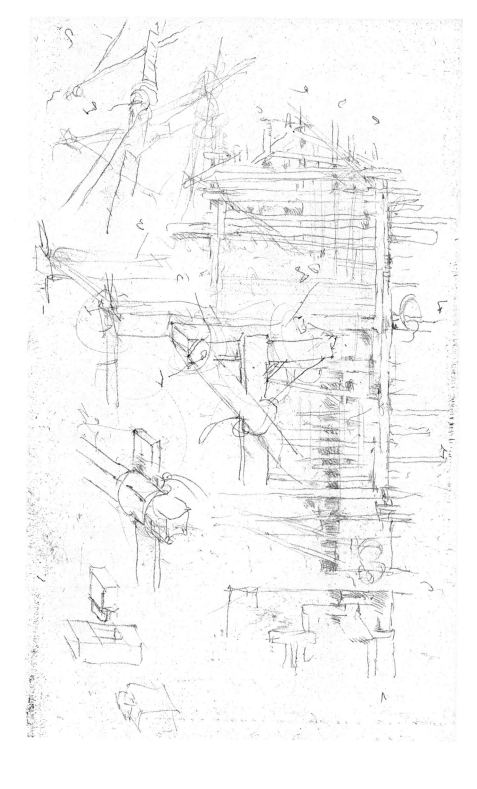

Anhang
# Fallstudien

## Inhalt

Fallstudie 1

# Felber Schuhe AG

Soeben hat Herr Bachtel von der Unternehmensberatung Bertha Benderson seine Präsentation vor dem Verwaltungsrat beendet. In seinem Referat zeichnete er ein ziemlich düsteres Bild der Felber Schuhe AG. Insbesondere hielt er Folgendes fest:

1. Der Felber Schuhe AG fehlen zur Zeit besonders die finanziellen Ressourcen für eine innovative Strategie.
2. Die Wertschöpfung ist ungenügend, das Verhältnis von Input zu Gewinn unbefriedigend.
3. Das Sortiment ist überholt.
4. Das frühere Erfolgssegment «Schwerschuhe Militär» leidet unter mengenmäßigem Umsatzrückgang und Margenschwund.
5. Es fehlen Erfolgspotenziale, die die Zukunft absichern können.
6. Eine Weiterführung der Defensivstrategie muss zur Liquidation führen.

Die Herren Verwaltungsräte sind von dieser Darstellung etwas überrascht worden. Zwar wurden in den letzten Jahren nie Riesengewinne erzielt, doch die beachtlichen Stückzahlen, die man für das Militär liefern konnte, brachten meist ein befriedigendes Ergebnis. Heute aber ist die Firma Felber Schuhe AG offensichtlich in großen Schwierigkeiten. Die Umsätze sind eingebrochen, der Gewinn wird von steigenden Produktionskosten weitgehend «aufgefressen». Es bestehen kaum Aussichten, dass sich diese Situation verbessert.

Unternehmer Felber Junior hat vor fünf Jahren die Leitung des Unternehmens von seinem Vater übernommen, der zwar noch Mitglied des Verwaltungsrates ist, aber kaum aktiv auf das Firmengeschehen Einfluss nimmt, zumal er als großer Liebhaber des Golfsports die meiste Zeit des Jahres in seinem Ferienhaus in Irland verbringt.

Die Felber Schuhe AG ist ein traditionsreiches Familienunternehmen, das vor allem im Bereich der Schwerschuhe (d.h. «schwere» Arbeits-, Militär- und Wander- bzw. Bergschuhe) seit langem eine führende Stellung am Markt hat und ca. 80 Mitarbeiter beschäftigt. Pro Jahr werden in eigenen, sehr zentral gelegenen Produktionsstätten etwa 30 000 Paar Schwerschuhe gefertigt. Damit erzielt Felber einen Umsatz von 3,6 Mio. Franken. Die Schwerschuhe werden über drei Kanäle vertrieben:

1. Direktlieferungen an das Militär im Umfang von 1,5 Mio. Franken, was einem Marktanteil von 8% in diesem Segment entspricht. Hier wird der mit Abstand beste Deckungsbeitrag erarbeitet.
2. Lieferungen an Grossisten im Umfang von 0,9 Mio. Franken, was einen Marktanteil von 45% ausmacht. In diesem Segment ist Felber Marktführer. Aber die Margen sind in den letzten Jahren stetig gefallen, während gleichzeitig die Produktionskosten angestiegen sind, dies infolge erheblicher Kostensteigerungen beim Material sowie bei den Löhnen. Das hat zu einer Aushöhlung des Gesamtgewinnes geführt.
3. Lieferungen an den Detailhandel für 1,2 Mio. Franken (entspricht einem Marktanteil von ca. 15%). Hier sind die Margen noch einigermaßen akzeptabel, aber die Beziehungen der Felber AG zum Detailhandel sind nicht besonders intensiv, da man sich in der Vergangenheit vor allem auf die Bereiche Grossisten und Militär konzentriert hat.

Neben den Schwerschuhen stellt Felber auch noch 20 000 Paar Straßenschuhe her. Damit wird ein Umsatz von 0,9 Mio. Franken erzielt (0,6 Mio. Franken via Grossisten, 0,3 Mio. Franken via Detailhandel). Im Bereich Grossisten hat Felber einen Marktanteil von ca. 5%. Über den Marktanteil im Bereich Detailhandel gibt es keine verlässlichen Angaben. Allgemein lässt sich sagen, dass die Herren-Straßenschuhe nur als «Sortimentsfüller» produziert werden und kaum noch Gewinn bringen.

Felber Junior hat seit der Übernahme der Firma keine wesentlichen Änderungen vorgenommen. Seine Strategie war im großen und ganzen defensiv und bestand in einer Fortsetzung der traditionellen Aktivitäten. Immerhin hat er, da die Produktionskosten stetig angestiegen sind, einige Anstrengungen zur Rationalisierung unternommen, allerdings nur soweit, als sie keine größeren Investitionen zur Folge hatten. Insgesamt konnten in den letzten drei Jahren von Jahr zu Jahr weniger Schuhe produziert bzw. abgesetzt werden, was sich ebenfalls ungünstig auf die Produktionskosten auswirkte.

Die bedeutendste Veränderung seit der Übernahme durch Felber Junior war wohl die Entwicklung eines «Jägerschuhs» im Produktbereich der Schwerschuhe. Der Erfolg dieses neuen Produktes hielt sich aber in Grenzen, da Felber im Distributionskanal «Detailhandel», der für den Vertrieb dieses Produktes von großer Bedeutung ist, eine eher schwache Position hat.

Insgesamt ist der Markt in den letzten Jahren schwieriger geworden. Das Produktionsvolumen konnte nicht ausgebaut werden, da die Absatzmengen stagnierten. Bei den Schwerschuhen führten im Militärbereich geburtenschwache Jahrgänge zu einem mengenmäßigen Umsatzrückgang von mehr als 10%, was auf den Gewinn deutlich negative Auswirkungen hatte, da in diesem Segment nach wie vor die besten Deckungsbeiträge erwirtschaftet werden. Eine weitere Bedrohung dieses Segments könnte sich in naher Zukunft ergeben, da zur Zeit diskutiert wird, ob künftig in den Rekrutenschulen auch andere Schuhtypen als die klassischen Ordonnanzschuhe (die Felber herstellt) als offizielle Marschschuhe zugelassen werden sollen.

Aber auch im Segment Bergschuhe (= Schwerschuhe Detailhandel) sind in den letzten drei Jahren die abgesetzten Stückzahlen jährlich um rund 5% gesunken. Einerseits ist dies auf eine Zunahme der Konkurrenz zurückzuführen. Insbesondere amerikanische Hersteller haben mit sehr leichten «Walking Shoes» in trendigen Farben beachtliche Marktanteile gewonnen. Zum Rückgang der Stückzahlen trug aber auch eine Veränderung des Konsumentenverhaltens bei. Modische Einflüsse haben dazu geführt, dass Schwerschuhe von den 15 bis 35 jährigen (der «Turnschuhgeneration») kaum noch getragen werden. Außerdem ist die junge Generation sehr markenbewusst. Markennamen wie «Camel» und «Nike» üben eine große Faszination auf die jungen Leute aus. Das Fehlen eines Markennamens erweist sich daher für die Firma Felber Schuhe AG heute als ganz besonderer Mangel.

## Fragen zur Fallstudie

1. Wie beurteilen Sie die Situation der Felber Schuhe AG?

2. Welches sind die strategischen und welches die operativen Probleme?

3. Welche Umweltveränderungen haben wesentlich die Situation der Felber Schuhe AG beeinflusst?

4. Felber Junior hörte kürzlich, dass sein Geschäftsfreund Kurt Jäger sein Unternehmen (Metallbranche) mit einem rigorosen Kostensenkungsprogramm auf neue Füße gestellt habe. Er denkt jetzt darüber nach, ob das auch für die Felber Schuhe AG die Lösung wäre. Beantworten Sie diese Frage und begründen Sie Ihre Antwort.

5. Welche strategischen Möglichkeiten sehen Sie für die Felber Schuhe AG? Begründen Sie Ihre Vorschläge.

Fallstudie 2

# Colora AG

Viktor Koechlin, der Urgroßvater des heutigen Inhabers der Colora AG, zog drei Jahre nach Ende des 1. Weltkrieges von Basel nach Cernay (damals Sernheim) nahe bei Mulhouse. Zusammen mit seinem Freund Jakob Weill gründete er dort unter Ausnutzung eines enteigneten deutschen Patentes, das sie für ziemlich viel Geld gekauft hatten, die Couleuride S.A. Nachdem sie eine Produktionsanlage mit beachtlicher Kapazität aufgebaut hatten, begannen sie mit der Herstellung von Teerfarben, die sie vorwiegend auf dem französischen Markt vertrieben. Koechlin hatte als ehemaliger Mitarbeiter einer Basler Chemiefirma ein umfassendes technisches Know-how in die Firma eingebracht, Weill wiederum kannte den französischen Markt, den er früher als Vertreter eines großen deutschen Farbenherstellers bearbeitet hatte. Es versteht sich von selbst, dass die spezifischen Kenntnisse der beiden Gründer beim Aufbau des Sernheimer Betriebes von großem Nutzen waren.

Die Couleuride S.A. hatte in Frankreich schon nach kurzer Zeit einen guten Namen. Die Kunden lobten besonders den persönlichen Service und die hohe Qualität der Produkte. Man verzeichnete Wachstumsraten von 25 bis 30% pro Jahr und bald einmal gehörte man zu den bedeutenden Farbherstellern Frankreichs (Die französischen Hersteller produzierten allerdings nur etwa 3,5% des Weltverbrauchs an Farben, Deutschland über 40%, die Schweiz über 10%). In etwas mehr als zehn

Jahren war aus bescheidenen Anfängen ein respektables Unternehmen geworden. Die weiteren Aussichten waren ebenfalls hervorragend.

Doch dann kam es am 24. Oktober 1929 überraschend zum Zusammenbruch der New Yorker Börse. Der «Schwarze Freitag» war der Auftakt zur Weltwirtschaftskrise. Das Farbengeschäft, das auch stark von den Entwicklungen in der Bauwirtschaft abhängig war, brach innerhalb weniger Wochen fast vollständig zusammen. Die Couleuride S.A. musste die Produktionskapazitäten reduzieren. Dank der guten Beziehungen zum Markt konnte man sich jedoch nach einer massiven Redimensionierung über Wasser halten. Noch unerfreulicher als die wirtschaftliche war allerdings die politische Entwicklung. Am 30. Januar 1933 brachte man in Deutschland Hindenburg dazu, Hitler als Kanzler eines Koalitionskabinetts mit Papen als Vizekanzler zu akzeptieren. Am Abend dieses 30. Januar schwärmten Mengen frohlockender Nationalsozialisten durch die Straßen von Berlin und benahmen sich, als ob sie die neuen Herrscher über Deutschland wären.

Diese Vorkommnisse beunruhigten Jakob Weill, der Jude war. Aus den Wahlen in Frankreich im Mai 1932 waren zwar die Parteien der Linken siegreich hervorgegangen. Aber gleichzeitig hatten in den letzten zwei Jahren auch die Stärke und die Aktivitäten der faschistischen Verbände zugenommen, was selbst im etwas «abgelegenen» Elsass deutlich zu spüren war. Als in dieser Situation ein anderer französischer Farbenhersteller sich für die Produktionsanlagen in Cernay interessierte, beschlossen die beiden Inhaber kurzerhand, die Fabrik im Elsass aufzugeben und in die Schweiz zurückzukehren.

Durch einen glücklichen Zufall konnten Koechlin und Weill die Firma Colora AG in der Nähe von Aarau übernehmen, die sich insbesondere auf die Mischung, Portionierung (= Abfüllen in Gebinde verschiedener Größe) und Verteilung von Farben spezialisiert hatte, selber aber nur in einem geringen Ausmaß eigene Farben herstellte. Die Kunden für diese Dienstleistungen waren vor allem Malergeschäfte aller Größen, vom Einmannbetrieb bis hin zum großen Malergeschäft mit mehreren Dutzend Angestellten. Die Portionierungen wurden genau nach Wunsch des Kunden vorgenommen, wobei eine Mindestabnahmemenge von 5 kg festgelegt war. Die Auslieferung erfolgte in Blechbindegefäßen von 5 kg, 10 kg und 20 kg, wobei Sendungen unter vier Tonnen in der Regel mit dem Lastwagen, solche darüber jedoch per Bahn ausgeliefert wurden. (Etwa ab 1970 wurden die Blechbindegefäße zum Teil durch PVC-Kessel ersetzt).

Der frühere Inhaber hatte seine Firma aus Altersgründen und weil ein eigener Nachfolger fehlte zum Verkauf ausgeschrieben. Die ersten Jahre nach der Übernahme durch Weill/Koechlin lief das Geschäft überaus schleppend. Die Weltwirtschaftskrise hatte natürlich auch die Schweiz erfasst. Nur dank des guten Namens der Colora AG und der daraus folgenden hervorragenden Beziehungen zu Malermeistern in der ganzen Schweiz, konnte man sich in den folgenden Jahren über Wasser halten.

1937 trat der Sohn Frank Koechlin als Leiter des Verkaufs in die Firma ein. Er hatte ein Chemiestudium an der Universität Basel abgeschlossen und war dann während fünf Jahren in der Farbabteilung einer Chemischen Fabrik in Basel tätig gewesen. Jakob Weill, der die Funktion als Verkaufsleiter bisher ausgeführt hatte, war inzwischen 65 Jahre alt und wünschte etwas kürzer zu treten. Da er selber keine Nachkommen hatte, war er mit der Nachfolge Franks sehr einverstanden. Dank der gemeinsamen Anstrengungen und der guten Zusammenarbeit von Weill und Koechlin junior im Verkauf gelang es, trotz der insgesamt schlechten Wirtschaftslage, während der Kriegsjahre den Marktanteil im Misch- und Verteilgeschäft erheblich und die Eigenproduktion geringfügig zu steigern. Frank Koechlin erwies sich als hervorragender Verkäufer und als ideenreicher Geist, der viele Veränderungen im Unternehmen seines Vaters einleitete. Zum Beispiel wurden die Dienstleistungen für die Malermeister ausgebaut und die Verteilungslogistik rationalisiert. Als besonders wirksame Neuerung galt der telefonische Bestelldienst. Den Kunden wurde garantiert, dass telefonische Bestellungen, die vor 17 Uhr bei der Colora AG eintreffen, noch am gleichen Tag bereitgestellt und am nächsten Tag ausgeliefert oder der Bahn übergeben werden.

Wenige Tage nach Kriegsende verstarb nach kurzer Krankheit Jakob Weill. Dank einer testamentarischen Verfügung konnte Viktor Koechlin die Aktien seines verstorbenen Freundes zu einem festgesetzten Preis übernehmen und wurde damit zum Alleinaktionär der Colora AG. Doch schon drei Jahre später zog auch er sich aus der aktiven Geschäftsleitung zurück und übertrug die Leitung des Unternehmens endgültig seinem Sohn Frank. Selber behielt er noch die Stellung als Verwaltungsratspräsident der Familienaktiengesellschaft, deren einzige Aktionäre seine Frau, sein Sohn und er selber waren.

Frank Koechlin nahm seine neue Aufgabe der operativen Gesamtführung mit großem Elan in Angriff. 1947, als sich die Bauwirtschaft merklich zu erholen begann, stellte er seinen Studienfreund Martin Weckmann als neuen Verkaufsleiter ein. Diese Wahl war ein Glücksfall. Weckmann, obwohl von Haus aus Chemiker wie Frank, erwies sich als begnadeter Verkäufer, aber ebenso als hervorragender Organisator.

Das Hauptgeschäft, Lieferung von Farben an Malerbetriebe insbesondere der Nordwestschweiz und des Mittellandes, weitete sich unter seiner Leitung kräftig aus. Die Malermeister dieser Regionen schätzten den hervorragenden Service, der besonders auch bei der Bestellung von Kleinmengen weit besser war als bei der Konkurrenz. Außerdem stieg die Nachfrage aufgrund der zunehmenden Konjunktur in der Bauwirtschaft. Sowohl der Wohnungsbau von privaten (besonders Einfamilienhäuser) als auch von institutionellen «Bauherren» wie Banken und Versicherungen (besonders für Großüberbauungen in Agglomerationen) nahm erheblich zu. Ferner bestand auch ein beträchtlicher Renovationsbedarf. Innerhalb von zehn Jahren wurde man zum bedeutendsten Lieferanten in den genannten Regionen und erreichte einen mengenmäßigen Marktanteil von ca. 15 % (rund 5 % mehr als der Hauptkonkurrent). Gleichzeitig gelang es, mit dem Aufbau einer durchdachten Logistik das Liefergebiet auf die ganze deutsche Schweiz und auf einen Teil der Westschweiz auszudehnen.

Bei der Produktion hatte man sich inzwischen auf die Herstellung von Innen- und Außendispersion spezialisiert und die Kapazität innerhalb von zehn Jahren fast verdoppelt. Die dazu erforderlichen Rohmaterialien bezog man weitgehend bei der chemischen Industrie in Basel. Innendispersion wurde vor allem zum Überstreichen von Mauerabrieben und von Rauhfasertapeten, Außendispersion insbesondere für Fassadenanstriche eingesetzt. Die Leitung der Produktion führte Frank zuerst selbst durch, übertrug sie jedoch 1960 seinem Sohn Felix, welcher der Familientradition gemäß ebenfalls Chemiker war. Felix setzte sich für die Modernisierung der Produktionsanlagen ein und baute eine Forschungsabteilung auf, die sich mit der Entwicklung neuer Produkte beschäftigte. Innerhalb kurzer Zeit gelang es dieser kleinen Forschungsabteilung, die Qualität der herkömmlichen Dispersion beträchtlich zu heben. Der qualitative Fortschritt zeigte sich sowohl in einer deutlichen Verbesserung der Streicheigenschaften als auch in einer wesentlichen Steigerung der Widerstandsfähigkeit gegen Licht- und Wettereinflüsse. Diese Fortschritte brachten ebenfalls einen großen Markterfolg. Der Dispersionsumsatz konnte in den Jahren 1960 bis 1970 von 350 Tonnen auf 712 Tonnen gesteigert werden.

1969 konnte Felix Koechlin durch eine persönliche Beziehung ein großes Geschäft an Land ziehen. Ein Großverteiler, der sich intensiv um den Ausbau seiner Do-it-yourself-Geschäfte bemühte, verpflichtete sich, sein gesamtes Farbsortiment von der Firma Colora AG zu beziehen. Da es sich um große Mengen handelte, musste die Colora AG sowohl die Mischanlagen wie auch die Dispersions-Produktionsanlagen erweitern, was Investitionen von über 4 Mio. Franken erforderte.

1973 kam es infolge der Ölkrise zum ersten massiven Konjunktureinbruch der Nachkriegszeit. Die Bauwirtschaft geriet in eine Krise und die Umsätze der Colora AG brachen ein. Die kürzlich getätigten Investitionen schlugen besonders negativ auf die Ertragsrechnung durch, da die Auslastung der Produktionsanlagen um über 30% zurückging.

1974 bot sich der Colora AG eine Gelegenheit zur Diversifikation. Sie konnte die Generalvertretung eines weltbekannten niederländischen Herstellers von Künstlerfarben für die Schweiz übernehmen. Obwohl es hier nur um Handel und nicht um Produktion ging, nahm Frank Koechlin diese Chance wahr und bemühte sich höchstpersönlich um die Integration dieses Geschäftes in die bestehende Organisation. Er hoffte, durch den Aufbau dieses neuen Zweiges künftig etwas weniger von der Bauwirtschaft abhängig zu sein. Das Sortiment an Künstlerfarben, das sowohl Aquarell-, Acryl- und Ölfarben als auch Pastell- und Ölkreiden umfasste, wurde über Papeterien und grafische Fachgeschäfte vertrieben. Die Kunden waren neben Künstlern und Hobbykünstlern insbesondere Grafiker und Fachleute aus der Werbebranche. Der Anteil der Künstler (einschließlich «Freizeitkünstler») betrug umsatzmäßig etwa 20%, jener der Grafiker und Werbeleute etwa 80%. Im Bereich der «Freizeitkünstler» war allerdings eine stetige und deutliche Zunahme der Umsätze zu verzeichnen. Auch für diese Kundensegmente baute man von Anfang an einen telefonischen Bestellservice auf. Die Papeterien und Fachgeschäfte konnten Bestellungen außerhalb der Geschäftszeit telefonisch aufgeben (auf einen Telefonbeantworter sprechen), was damals ganz neu war. Bestellungen während der Geschäftszeit wurden noch am gleichen Tag der Post – oder bei größeren Sendungen der Bahn – übergeben. Aufträge auf dem Telefonbeantworter verließen jeweils am späten Vormittag die Colora AG. Durch diese Maßnahmen gelang es, den Marktanteil der niederländischen Produktlinie zwischen 1973 und 1976 um 5% auf 35% zu erhöhen. Im Auftrag des niederländischen Herstellers übernahm die Colora AG auch die Koordination der Werbung in der Schweiz. Konkret wurde die Aufgabe einer Werbeagentur in Olten übertragen.

1976 zog die Baukonjunktur wieder an, und die Umsätze im Dispersions- und Mischgeschäft erholten sich zusehends. Aber erst 1980 erreichte man mengenmäßig wieder die Absatzzahlen, die man vor der Ölkrise erreicht hatte. Der Umsatzanstieg hielt auch nicht mit dem Wachstum im Baugewerbe Schritt. In letzter Zeit waren von Architekten zunehmend neue Materialien, die keinen Anstrich mehr benötigten, für die Fassadengestaltung eingesetzt worden. Bei Kleinbauten war dies vor allem Eternit, bei Großbauten insbesondere Metall (Aluminium, Stahlblech usw.), Keramik und sogar Kunststoff.

Schon 1985 brach im Dispersionsgeschäft erneut der Umsatz ein. Eine Konkurrenzfirma hatte eine qualitativ hochwertige Dispersion, die mit einem überaus geringen Teil an Lösungsmitteln auskam, auf den

Markt gebracht. In verschiedenen Beiträgen war kurz zuvor in der Presse ausgiebig auf die Umweltschädlichkeit von Lösungsmitteln hingewiesen worden. Während sich die Umsatzrückgänge bei den Lieferungen an die Malerfachgeschäfte in Grenzen hielten, waren sie bei der Do-it-yourself-Kette des Großverteilers dramatisch. Der Großverteiler sah sich gezwungen, das neue Produkt der Konkurrenz ins Sortiment aufzunehmen, was sich überaus negativ auf die Umsätze der konventionellen Dispersion auswirkte. Felix Koechlin wies sofort seine Forschungsabteilung an, möglichst rasch ein Produkt zu entwickeln, das diese Umsatzverluste wieder wettmachen konnte. Ende 1986 war man soweit, dass man eine neue Dispersion mit nur 10% Lösungsmittelanteil liefern konnte. Dank der guten persönlichen Beziehungen, die Felix Koechlin zu Führungskräften des Großverteilers hatte, gelang es, den Konkurrenten im Bereich lösungsmittelarme Dispersion wieder aus dem Geschäft zu werfen. Innerhalb eines Jahres konnten die früheren Umsätze wieder erreicht und ein Jahr später sogar um beachtliche 20% gesteigert werden. Der Do-it-yourself-Markt explodierte. Zeitweise kam es sogar zu Lieferschwierigkeiten, da man in den letzten unruhigen Jahren die Produktionskapazität nicht mehr weiter ausgebaut hatte.

1987 trat der Sohn Georg in die Firma ein. Er hatte nach einer Banklehre einen Abschluss als Betriebsökonom HWV an der Höheren Wirtschafts- und Verwaltungsschule in Olten erworben und war anschließend sechs Jahre mit großem Erfolg als Product-Manager für Babywindeln bei Procter & Gamble tätig gewesen. Man hatte ihm gerade eine Beförderung versprochen, als ihn sein Vater anhielt, ins Unternehmen einzutreten, da er in drei Jahren (in seinem 60. Lebensjahr) die operative Geschäftsführung abgeben wolle. Erst stieß er mit seinem Ansinnen auf taube Ohren. Nur mit dem Versprechen, dass er sich vor allem dem Marketing und der Gesamtplanung widmen könne, gelang es ihm schließlich, den Sohn zu einem Wechsel zu bewegen.

Georg nahm trotz des anfänglichen Zögerns seine Aufgabe sehr ernst. Seine Ausbildung und seine Erfahrung versetzten ihn in die Lage, die Situation der Colora AG auch im Hinblick auf die längerfristige Entwicklung unter die Lupe zu nehmen. In den ersten Monaten widmete er sich fast ausschließlich der Analyse der Ist-Situation, wobei er allerdings dazu nicht etwa nur in seinem Büro saß und Buchhaltungszahlen studierte, sondern auch zahlreiche Kontakte und Gespräche mit Kunden sowie mit Mitarbeiterinnen und Mitarbeitern der Colora AG führte. Dabei konnte er einiges in Erfahrung bringen, das er in einem Bericht zusammenstellte, der lediglich zwei DIN A4-Seiten umfasste.

- **Forschung und Entwicklung:** Ein fähiges und hochmotiviertes Team ist an der Arbeit. In kürzester Zeit hat man eine hervorragende, lösungsmittelarme Dispersion entwickelt. (Trotz der Neuentwicklung stagnieren allerdings die Umsätze im Dispersionsgeschäft, da im Bauwesen zunehmend neue Materialien eingesetzt werden, die keinen Anstrich mehr benötigen).

- **Produktion:** Die Anlagen sind 1960 grundlegend erneuert und seither stets den neuen Entwicklungen angepasst worden. Die Auslastung der Anlagen liegt zur Zeit bei etwa 80%. Die Anlagen sind besonders auf die Herstellung von Dispersion ausgerichtet. Mit relativ wenig Aufwand könnten aber auch andere Produkte (z.B. Kunstharzfarben für dauerhafte Holz- und Metallanstriche) hergestellt werden. Allerdings müsste erst geprüft werden, ob dies aus betriebswirtschaftlichen Überlegungen überhaupt sinnvoll ist.

- **Produkte und Umsätze:**

| Produkte | Kunden | Verwendungszweck | Umsatz (in Mio. Fr.) | Bemerkungen |
|---|---|---|---|---|
| Innendispersion | Gewerbe | Neubauten, Renovationen | 9,87 | leicht steigend |
| Innendispersion | Großverteiler | Hobbymarkt | 4,65 | deutlich steigend |
| Außendispersion | Gewerbe | Neubauten, Renovationen | 7,59 | sinkend |
| Außendispersion | Großverteiler | Hobbymarkt | 3,30 | stagnierend |
| Künstlerfarben | Papeterien | Hobbymarkt, Fachmarkt | 1,47 | stagnierend |
| Künstlerfarben | Grafikfachhandel | Grafik, Werbung | 2,46 | leicht sinkend |
| **Total** | | | **29,34** | |

▲ Umsätze nach Produkten und Kundensegmenten

- **Service und Vertrieb:** Ausgezeichnet organisiertes Bestellwesen. Schnelle und praktisch fehlerfreie Auslieferung. Probleme ergeben sich manchmal besonders im Bereich des Handels mit Künstlerfarben, weil verschiedene Mitarbeiterinnen und Mitarbeiter sich in diesem Segment nicht so genau auskennen. Auch muss man bei den Grafiker-ateliers, Papeterien und Werbeagenturen oft die ausgefallensten Wün-sche entgegennehmen und beratend tätig werden, was bei den Maler-meistern viel weniger der Fall ist. Die wissen, was sie wollen, bestel-len es, und fertig! Die Lieferungen an den Großverteiler sind an sich problemlos. Aber im Absatz gibt es doch erhebliche Schwankungen. Jemand im Verkauf sagte: «Es gibt bei diesen Lieferungen an die Großverteiler ein Problem – man weiß nicht so recht, wer die Ware schließlich kauft und wofür sie verwendet wird».

- **Personal:** Die Colora AG hat heute 90 Mitarbeiterinnen und Mitarbei-ter (9 F&E, 48 Produktion, 12 Verwaltung, 21 Service und Vertrieb).

- **Allgemeine Bemerkungen:** Die Mitarbeiter und Mitarbeiterinnen im Verkauf beklagen sich, dass man nicht mehr so recht wisse, was eigentlich die Kunden wollten. Früher, als man noch kleiner war, hat-ten fast noch alle direkten Kontakt zu den Malermeistern. Das ist seit einiger Zeit kaum mehr möglich. Die andern Kunden (Papeterien, Grafikfachgeschäfte) kennt man ebenfalls nur vom Telefon. Jemand hat vorgeschlagen, man sollte für die Künstlerfarben eine eigene Ab-teilung gründen. Problemlos ist der Großverteiler. Da werden einfach die eingehenden Bestellungen ausgeführt. Im übrigen läuft der Kon-takt zum Großverteiler über Felix Koechlin.

Georg Koechlin verteilte dieses Papier an alle Mitarbeiterinnen und Mit-arbeiter und bat sie, ihm Vorschläge für Verbesserungen formlos einzu-reichen. In der Folge erhielt er auch eine ganze Reihe von Stellung-nahmen, die er seinen bisherigen Unterlagen beifügte.

## Fragen zur Fallstudie

Analysieren Sie aufgrund der im Fall vorhandenen Informationen die strategische Ausgangslage der Colora AG:

1. Zeigen Sie anhand einer grafischen Darstellung (z. B. Mindmap), wie sich die Colora AG strategisch entwickelt hat.

2. In welchen Aktivitätsfeldern ist die Colora AG zur Zeit tätig? Nehmen Sie dazu eine Aktivitätsfeld-Analyse vor. Sind aufgrund dieser Analyse bereits mögliche neue Aktivitätsfelder für die Colora AG ersichtlich?

3. Segmentieren Sie die Umwelt der Colora AG in eine sinnvolle Anzahl strategischer Geschäftsfelder (nach der «Outside-in-Methode»). Dokumentieren Sie dabei die einzelnen Arbeitsschritte. Stellen Sie den Abgrenzungs-Bezugsrahmen grafisch dar.

4. Wie stellen Sie bei einer Reorganisation der Colora AG sicher, dass die strategischen Geschäftsfelder (siehe Frage 3) optimal bewirtschaftet werden? Schlagen Sie zwei Möglichkeiten vor und geben Sie die Vor- und Nachteile der Alternativen an.

5. Welche Empfehlungen geben Sie der Colora Geschäftsleitung für die zukünftige strategische Entwicklungsrichtung? Stützen Sie sich insbesondere auch auf die Erkenntnisse aus der strategischen Segmentierung (Frage 3 und 4) ab.

Fallstudie 3

# Swiss Paper AG

Papier entsteht durch Eigenverklebung und Verfilzung von Fasern. Der wichtigste Rohstoff für die Papierherstellung ist Holz (Fichten, Tannen, Kiefern, Pappeln usw.), das durch einen Verarbeitungsprozess in Holzschliff oder Zellstoff verwandelt wird. Mehr und mehr wird auch Altpapier als Rohmaterial eingesetzt. Die Rohstoffe werden mechanisch zerfasert, chemisch zerlegt, gebleicht, gewaschen und mit Füllstoffen, Leim und Farben vermischt.

In der Schweiz produzieren nur sechs Werke jährlich mehr als 100 000 t Papier. Eines davon ist die «Swiss Paper AG». Das Unternehmen ist 1882 gegründet worden. Seit der Gründung hat es sich bis vor einigen Jahren stetig weiter entwickelt. Während zunächst nur der inländische (kartellierte) Markt bedient wurde, fand insbesondere in den letzten drei Jahrzehnten eine Ausweitung in internationale, insbesondere europäische Märkte statt.

Der Anteil der Papierindustrie am Bruttosozialprodukt beträgt in der Schweiz lediglich etwas weniger als 1%. Die gesamte Papierindustrie des Landes beschäftigt rund 5000 Mitarbeiter. Der Exportanteil der Gesamtindustrie beträgt heute etwa 50% der Produktion. Im globalen Wettbewerb spielen allerdings die Schweizer Papierunternehmen eine untergeordnete Rolle. Nur etwa 1,9% des in Europa hergestellten Papiers und Kartons stammt aus Schweizer Produktion. Wichtige Konkurrenten in Europa sind deutsche und skandinavische Papierproduzenten. Es bestehen in der Schweiz wenig Möglichkeiten zur Realisierung von

Synergiegewinnen durch Unternehmenszusammenschlüsse. Die hier an-
sässigen Unternehmen sind oft in verschiedenen Segmenten tätig, was
sich auch in unterschiedlichen Maschinengrößen und in ungleichen Distributionskanälen ausdrückt. Zusammenschlüsse werden aber auch aus
Gründen der Marktbeherrschung eher skeptisch beurteilt. So befürchtet
man, dass ein Zusammenschluss von Produktionseinheiten im Zeitungs-
papiermarkt, die zu einem Marktanteil von über 60% im Schweizer
Markt führen könnte, die Nachfrager aus strategischen Gründen dazu
veranlasst, vermehrt auf ausländische Anbieter auszuweichen.

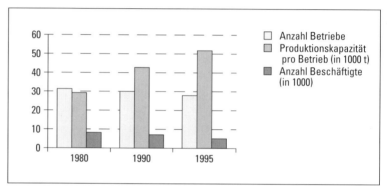

▲ Strukturwandel in der schweizerischen Papier- und Kartonindustrie:
Effizienzsteigerung

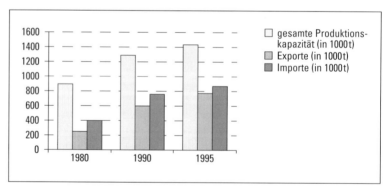

▲ Strukturwandel in der schweizerischen Papier- und Kartonindustrie: Ausweitung der
Produktionskapazität

Mit der Entwicklung der Informatik hat sich schon Mitte der 80er
Jahre die Technologie der Papierherstellung dramatisch verändert. Diese
Entwicklung kam den Unternehmen in der Schweiz in gewisser Weise
entgegen, denn die steigenden Lohnkosten erforderten eine stetige
Rationalisierung der Papierproduktion. Diese gelang auch und führte zu

erheblichen Produktivitätsfortschritten, die es in den letzten Jahren erlaubten, den Ausstoß von Papier und Karton zu erhöhen und gleichzeitig den Bestand an Mitarbeitenden zu senken. Allerdings war dies mit erheblichen Investitionen verbunden. Die Kosten für die Erstellung einer modernen Produktionsstraße beliefen sich zu Beginn der 90er Jahre auf beinahe 500 Mio. Franken. Dies bedeutete auch, dass nur bei einer Produktion von großen Mengen mit der Erreichung der Gewinnschwelle gerechnet werden konnte.

Wichtige Grundstoffe der Papierproduktion sind unter anderem: Zellulose, Zellstoff, Altpapier, Holzschliff, Frischwasser, Chemikalien, Füllstoffe, Stärke, Leim und Energie. Zellulose und Zellstoff werden fast ausschließlich für die Papierproduktion nachgefragt.

Energie- und Wasserpreis sind in der Schweiz vor allem politisch bestimmt. Auch für Großabnehmer ist die Verhandlungsspanne relativ gering. In jedem Fall ist aber die Versorgungssicherheit sehr groß.

In der Schweiz erforderten in den letzten Jahren neue Umweltschutzgesetze zusätzliche Investitionen für eine umweltgerechte Produktion und weitere Aufwendungen für die Entsorgung von Abfällen. Dies war einer der Faktoren, der auch eine Veränderung in der Rohstoffnutzung bewirkte. Die Schweizer Papierindustrie verlegte sich zunehmend auf den Rohstoff Altpapier. Innerhalb von nur fünf Jahren stieg die Einsatzquote von 48% auf 61%. Über drei Viertel des Altpapiers stammt aus dem Inland, ganz im Gegensatz zum Zellstoff, der zu 90% importiert werden muss. Die kostengünstige Rohstoffbeschaffung ist von entscheidender Bedeutung, da der Materialanteil etwa 50% der Gesamtkosten ausmacht. Je nach Produkt fallen auch die Energiekosten ins Gewicht. Bei Wellpappe beträgt der Energieanteil etwa 35%, bei Zeitungspapier allerdings nur etwa 10%. Wegen der Produktivitätssteigerung nehmen die Arbeitskosten, die zur Zeit etwa noch 20% der Gesamtkosten ausmachen, stetig ab. Insgesamt ist festzuhalten, dass die hohen Energiekosten sowie die Regulierungsdichte (Umwelt, Bau, Arbeit) die Attraktivität des Standortes Schweiz beeinträchtigen, obwohl die Arbeitskosten nur wenig höher als in Deutschland und in Skandinavien liegen. Vorteilhaft wirkt sich hingegen das niedrige Zinsniveau aus. Ebenso das vergleichsweise günstige Angebot an Altpapier. Mit einer Sammelrate von 58% liegt die Schweiz in Europa an vierter Stelle. Der inländische Rohstoff unterliegt geringeren Preisschwankungen als der Zellstoff. Teilweise können mit den Gemeinden Verträge abgeschlossen werden, die den Preis des Altpapiers bereits sechs bis neun Monate im voraus regeln. Allerdings ist auch der Altpapiermarkt in Bewegung. Noch vor kurzer Zeit wurden die Papierfabriken für die Übernahme des Altpapiers entschädigt. Inzwischen müssen sie pro Tonne bereits wieder um die 100,– Franken bezahlen.

Die Preisschwankungen beim Zellstoff sind allerdings etwas gemildert worden, seit in Helsinki ein Rohstoffmarkt mit Zellstoff eröffnet worden ist. Mit Futures Notierungen, die sich zu Standardkontrakten mit der Papierindustrie entwickeln sollen, wird für die Branche die Möglichkeit geschaffen, sich besser vor den massiven Preisbewegungen am Zellstoffmarkt zu schützen.

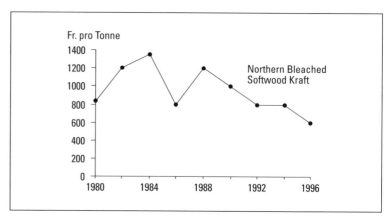

▲ Preisentwicklung von skandinavischem Langfaserzellstoff

**Massenpapiere auf Zellstoffbasis**

Massenpapiere auf Zellstoffbasis lassen sich in der Schweiz kaum noch gewinnbringend produzieren. Die hohe Abhängigkeit nicht integrierter Unternehmen (Papierhersteller ohne eigene Zellstoffproduktion) erweist sich als Nachteil, da der Einfluss der zyklischen Bewegungen des Zellstoffpreises sehr hoch ist. Die größten Konkurrenten auf dem europäischen Markt, die Skandinavier, bestehen meist aus integrierten Betrieben und sind daher diesen Preisbewegungen weit weniger ausgesetzt, denn sie können einen Margenzerfall beim Endprodukt durch Preiserhöhungen auf dem Zellstoff ausgleichen. Heute befindet sich ca. 45 % der gesamten europäischen Holz- und Papierproduktion in «nordischer Hand». Der Schlüssel für diesen Erfolg lag in erster Linie in einer rigorosen Straffung der Betriebsstrukturen. Es ist den Skandinaviern gelungen, die Produktion auf einige wenige Fabriken zu konzentrieren, die Anzahl der Mitarbeitenden insgesamt zu reduzieren und gleichzeitig den Ausstoß deutlich zu steigern.

Neben diesem Konzentrationsprozess kam es in Skandinavien auch zu einer Neuorientierung im Hinblick auf das Produktsortiment. Während einst Zellstoff das wichtigste Gut der Produktpalette war, verlegte man sich in den letzten Jahren zunehmend auf Zeitungs- und Druckpapier und vereinzelt auch auf Spezialitäten wie Hygienetücher und Windeln. Diese Verlagerung im Produktsortiment führte auch zu einer

Verlagerung von einer Produktionsorientierung zu einer Marktorientierung.

Die Produktion von Massenpapieren (z.B. grafische Papiere) zeichnet sich durch stark steigende Skalenerträge aus. Der Frage nach der optimalen Betriebsgröße kommt deshalb eine zentrale Rolle zu. Um die Kostenführerschaft zu erlangen, investierten die Konkurrenten im Markt für graphische Papiere in größere und effizientere Maschinen. So kam es, dass eine Investition der «Swiss Paper AG» zu Beginn der 90er Jahre in die damals größte Produktionsanlage, sich nicht auszahlte. Die Anlage sank Mitte der neunziger Jahre europäisch bereits von Platz 1 auf Platz 10 ab und dürfte schon bald weitere zwei bis drei Plätze verlieren.

**Massenpapiere auf der Basis von Altpapier und TMP (Thermo Mechanical Pulp)** Massenpapiere auf der Basis von Altpapier und TMP bieten den Herstellern eine etwas bessere Zukunft. Zu diesen Papieren gehören unter anderem Zeitungspapiere. Die «Swiss Paper AG» deckt zur Zeit noch ca. 40% des Zeitungspapiermarktes in der Schweiz mit solchen Papieren ab.

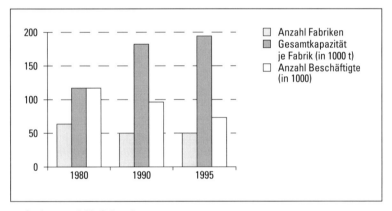

▲ Strukturwandel in Schweden

Da die skandinavischen Konkurrenten in erster Linie die Kostenführerschaft in einem Commodity-Segment anstreben, drängt sich für Schweizer Unternehmen eine Differenzierungsstrategie geradezu auf. Papier lässt sich in erheblichem Ausmaß differenzieren, was eine Chance für Nischenanbieter darstellt. Konkret bedeutet dies eine Entwicklung weg von den Massenpapieren hin zu Produkten mit hoher Wertschöpfung (z.B. digitale Farbbildträger, Informationsträger), die einen bedeutenden Einsatz von Know-how erfordern. Diese Verlagerung erfordert eine enge Zusammenarbeit mit den Kunden, bietet aber den Vorteil, dass aufgrund der geringen Volumina auch auf kleinen Maschinen kostengünstig produziert werden kann.

Die Papierindustrie als Basisindustrie ist in starkem Maße konjunkturabhängig. Sie ist so etwas wie ein «volkswirtschaftliches Fieberthermometer». Zu Beginn der 90er Jahre verschlechterte sich die allgemeine Wirtschaftssituation und führte zu einer Stagnation des Wachstums bei gleichzeitig steigenden Energiepreisen. Ferner lehnte das Schweizer Volk den Beitritt zum EWR ab, was die Situation der Unternehmen (und auch der «Swiss Paper AG») auf den europäischen Märkten zusätzlich belastete, zumal einige nordische Länder inzwischen Vollmitglieder der EU geworden sind. Die Entwicklung der Wechselkurse verteuerte zudem die Produkte auf den ausländischen Märkten. Da die «Swiss Paper AG» rund 70% der grafischen Papiere ins Ausland liefert, wirken sich Währungsschwankungen verheerend aus. Der sinkende Dollarkurs hatte zwar einen günstigen Einfluss auf die Zellstoffpreise, aber im Verkauf haben die Währungsschwankungen, die neuerdings auch den Yen umfassen, eine um so ungünstigere Auswirkung und führen zu einem raschen Zerfall der Margen. Besonders die starken Fluktuationen können kurzfristig nicht abgewälzt werden. Da im Papierhandel die Transportkosten nur einen vernachlässigbar geringen Anteil der Gesamtkosten ausmachen und kaum Handelsschranken vorhanden sind, herrscht im Papiermarkt schon seit einiger Zeit ein globaler Wettbewerb. Der Abbau von Zollschranken führte zu einer weiteren Intensivierung des internationalen Wettbewerbs. Auch dies führte zusammen mit der gleichzeitig bedeutenden Rationalisierung zu einem wachsenden Margendruck. Technologieschübe hatten außerdem zur Folge, dass die vorhandenen Produktionsanlagen rasch veralteten, was wiederum einen hohen Abschreibungsbedarf zur Folge hatte.

Papier wird insbesondere im Zeitungs- und Zeitschriftenwesen, in der Werbung, im Buchdruck, im Haushalt (Toilettenpapier, Haushaltspapier usw.) und in der Verpackungsindustrie verwendet. In den Verwendungsbereichen Zeitung, Werbung und Buch (und teilweise auch Verpackung) steht Papier unter erheblichem Substitutionsdruck. Besonders im Bereich der Werbung haben in den letzten Jahren elektronische Medien (insbesondere das Fernsehen) gegenüber den Papiermedien deutliche Zunahmen zu verzeichnen. So erhöhte sich nach einer Studie der «European Graphic Paper Review» der Anteil des Werbeträgers TV am gesamten Werbeaufkommen in der Zeit von 1980 bis 1994 von 23% auf 32%. Der sich daraus ergebende Druck auf die Papierindustrie konnte allerdings teilweise aufgefangen werden, da das Werbevolumen sich insgesamt entsprechend erhöhte.

Der «Swiss Paper AG» stehen zur Produktion drei große Maschinen zur Verfügung, wovon die eine noch zu den etwa zehn größten Maschinen der Welt gehört. Die Jahreskapazität liegt derzeit bei ca. 300 000 Tonnen pro Jahr. Das Unternehmen beschäftigt ca. 800 Mitarbeiter und Mitarbeiterinnen (Stand 1994). Im Zuge einer Restrukturierung fusionierte die «Swiss Paper AG» vor drei Jahren erfolgreich mit einer anderen größeren Papierfabrik. Die hohen Investitionskosten rufen geradezu nach operationeller Zusammenarbeit mit dem Ziel der Kostensenkung, da der Papiermarkt ein ausgesprochener Mengenmarkt ist.

Die «Swiss Paper AG» hat Zugang zu etablierten Distributionskanälen. Insbesondere im Markt für Zeitungspapiere werden nach Branchenusanz längerfristige Kontrakte abgeschlossen. Dies hat zwar den Nachteil mangelnder Preiselastizität, erschwert aber neuen Marktteilnehmern den Markteintritt.

Da in der Branche eine zunehmende Konzentration festzustellen ist, werden schwache Marktteilnehmer zunehmend abgedrängt. Die «gesunden Kleinen» wiederum werden begehrte Übernahmekandidaten.

Die Grafik zeigt die Entwicklung der Verkaufspreise verschiedener Papiersorten:

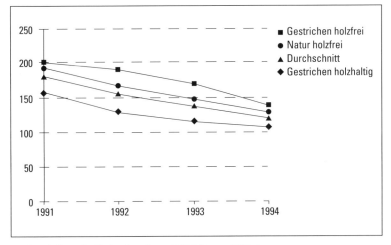

▲ Entwicklung der Verkaufspreise seit 1991 (Fr. pro 100 kg)

Der europäische Marktanteil der «Swiss Paper AG» liegt durchschnittlich bei knapp 3 %. Der Anteil variiert allerdings je nach Produkt (Öko, LWC usw.) erheblich. Das Produktionsprogramm der «Swiss Paper AG» umfasst hauptsächlich die folgenden Produktgruppen:

- holzfrei gestrichene Papiere (TCF),
- Öko-Papiere,
- LWC-Papiere («light white coated», leichtes gestrichenes Papier, holzhaltig),
- holzfreie Naturpapiere (Büro- und Offsetpapiere).

Wie die Erfahrungen der letzten Jahre gezeigt haben, ist der Absatz von Qualitätspapieren nicht so sehr von der Situation einzelner Abnehmer

abhängig, sondern vielmehr von der Wirtschaftslage in den Absatz-
gebieten. Infolge der momentanen Marktsättigung sind die Abnehmer
(Wiederverkäufer, Druckereien, internationale Großhandelsfirmen) in
einer Position der Stärke, die allerdings durch die heterogene Kundenstruktur etwas relativiert wird. Die «Swiss Paper AG» hat in der Vergangenheit versucht, durch eine vertikale Vorwärtsintegration (Papier-
verarbeitung und Handel) eine direkte Kontrolle über wichtige Abnehmer auszuüben. Im Rahmen einer Neuausrichtung der Strategie mit dem
Ziel «Zurück zur reinen Papierfertigung!» wurden diese Beteiligungen
jedoch wieder abgestoßen.

Die «Swiss Paper AG» will ihre Position im Markt durch gezielte
Differenzierung sichern. Gute Marketingfähigkeiten, eine stetige Verbesserung der Rezepturen, ein guter Ruf in Sachen Qualität sowie eine
enge Kooperation mit Beschaffungs- und Vertriebskanälen bilden dazu
eine gute Voraussetzung. Die Investitionen in Großanlagen, die vor einigen Jahren vorgenommen wurden, zielten hingegen eher auf Kostenführerschaft ab.

| Unternehmen | Land | Vertikale Integration | Angebot | Umsatz (Mio. Fr.) | Gewinn (Mio. Fr.) [ROS] |
|---|---|---|---|---|---|
| Swiss Paper AG | CH | Nein | ▪ Grafische Papiere<br>▪ Zeitungsdruckpapiere | 390<br>210<br>Total 600 | −70<br>+20<br>[−8,3%] |
| Konkurrent A | CH | Nein | ▪ Spezialpapiere für grafische Industrie<br>▪ Sicherheitspapiere (z.B. Pässe, Banknoten)<br>▪ Technische Spezialpapiere (z.B. Laserplotter-papiere) | 197 | +2 [1,0%] |
| Konkurrent B | CH | Ja | ▪ Zellstoff<br>▪ Hygienepapier<br>▪ chemische Spezialprodukte (Zellstoffderivate) | 520 | +25% [4,8%] |
| Konkurrent C | CH | Nein | ▪ Zeitungsdruckpapier | 140 | +3 [2,1%] |
| Konkurrent D | CH | Nein | ▪ Spezialkartons (z.B. Kraftkartons, Mikrowell-Deckenstoffe) | 110 | +2 [1,8%] |
| Konkurrent E | SF | Ja | ▪ Universalpapierhersteller (alles mögliche…) | 16 000 | +300 [1,9%] |
| Konkurrent F | S | Ja | ▪ Universalpapierhersteller | 9 000 | +300 [3,3%] |
| Konkurrent G | SF | Ja | ▪ grafische Massenpapiere<br>▪ teilweise Spezialpapiere (Hygiene) | 3 700 | +110 [3%] |
| Konkurrent H | SF | Ja | ▪ grafische Massenpapiere<br>▪ Zeitungsdruckpapiere | 1 420 | +120 [8,5%] |

▲ Wettbewerber in der Papierherstellung

| A. Grafische Papiere | |
| --- | --- |
| 1. Holzfrei gestrichene Papiere (TCF) | ■ Katalog- und Broschürenpapiere, Geschäftsberichte, anspruchsvolle Verkaufsdokumentationen<br>■ Bilderdruckpapiere<br>■ Kunstdruckpapiere |
| 2. Gestrichenes Öko-Papier für Bilderdruck | ■ Zeitschriften mit ökologisch interessierter Leserschaft<br>■ Werbepapiere für umweltbewusste Unternehmen |
| 3. Holzhaltiges, leichtgestrichenes Papier (LWC) | ■ Kataloge, Reiseprospekte<br>■ Zeitschriften/Illustrierte<br>■ Wurfsendungen |
| 4. Holzfreie Naturpapiere für Büro- und Offsetdruck | ■ weißes Druck- und Schreibpapier<br>■ Kopierpapier (u.a. 100% chlorfrei)<br>■ Endlosformularpapier<br>■ Buchpapier |
| **B. Zeitungsdruckpapiere (wird von dem mit der Swiss Paper AG fusionierten Unternehmen produziert)** | |
| Öko-Papiere (holzhaltige ungestrichene Papiere) | ■ Zeitungsdruckpapier<br>■ Naturtiefdruckpapier<br>■ Recyclingpapier (für Kopierpapier, Formulare, Endlosformulare) |
| Einsatzrate des Altpapiers | ■ Zeitungsdruckpapier 73%<br>■ grafisches Papier 4%<br>■ Verpackungspapier 90%<br>■ Hygiene- und Haushaltspapier 113%<br>■ Kartons 103% |

▲ Verwendungszweck der von der Swiss Paper AG hergestellten Papiere

| | **Fragen zur Fallstudie** |
|---|---|

Nehmen Sie aufgrund der Angaben in diesem Fall eine möglichst systematische Umwelt- und Branchenanalyse vor.

1. Welche Entwicklungen im globalen Umfeld sind für die «Swiss Paper AG» von entscheidender Bedeutung?

2. Wie schätzen Sie die fünf Wettbewerbskräfte nach Porter ein? Umschreiben Sie die einzelnen Kräfte anhand der Angaben im Fall. Wie attraktiv schätzen Sie die Branche für die Swiss Paper AG ein?

3. Sie überlegen sich, ob Sie eine brancheninterne Strukturanalyse vornehmen sollen. Welcher Nutzen könnte eine solche Analyse erbringen? Welche Wettbewerbsdimensionen könnten sich eignen, um die Branche in sinnvolle und aussagekräftige strategische Gruppen aufzuteilen? Versuchen Sie, mit Hilfe der Tabelle der Wettbewerber eine Karte mit strategischen Gruppen zu zeichnen. Welche Schlüsse ziehen Sie aus der Karte?

4. Welche strategischen Möglichkeiten ergeben sich für die «Swiss Paper AG», um sich bezüglich den Wettbewerbskräften optimal zu positionieren?

5. Um frühzeitig auf wichtige Entwicklungen reagieren zu können, möchte die Swiss Paper AG ein Frühwarnsystem aufbauen. Welche Beobachtungsfelder und Frühindikatoren wären dabei besonders geeignet?

Fallstudie 4

# Occhiali AG

Die Occhiali AG ist eine der modernsten Glasschleifereien in Europa. Sie ist 1953 von Mario Occhiali, Vater des heutigen Firmenleiters, gegründet worden. Seit der Firmengründung erfuhr das Unternehmen eine starke Entwicklung. 1977 wurde ein eigens für die Bedürfnisse der Brillenglasbearbeitung konzipiertes Gebäude erstellt, das seither mehrfach erweitert werden musste, um den wachsenden Anforderungen gerecht zu werden. Heute beschäftigt die Familien-Aktiengesellschaft rund 90 in Arbeitsgruppen eingeteilte Mitarbeiterinnen und Mitarbeiter (rund 30 davon in Teilzeit). Im Betrieb herrscht ein angenehmes Arbeitsklima.

Die Occhiali AG wird von einem Führungsteam mit hohem Fachwissen geleitet. Die Verbindung von fachlichem Können und modernster Technik ist ein besonderes Kennzeichen des Unternehmens. Bezüglich Garantieleistungen unterscheidet sich die Occhiali AG nicht grundsätzlich von der Konkurrenz. Sie leistet auf das Material (Kratzer, Verträglichkeit) eine einjährige Garantie. Allerdings werden Reklamationen im Einzelfall sehr kulant behandelt.

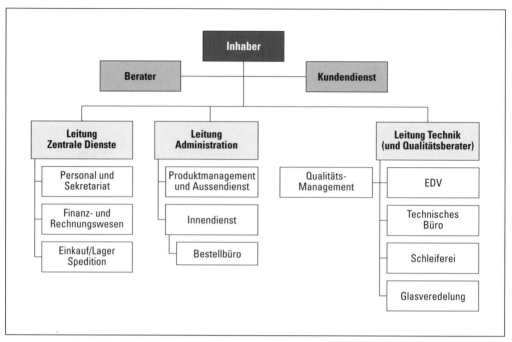

▲ Organisationsstruktur der Occhiali AG

Der Schweizer Markt teilt sich auf ein halbes Dutzend größere Konkurrenten sowie auf einige Kleinanbieter auf. Die Marktanteile sind ungefähr wie folgt verteilt:

| Marktanteile Schweiz | |
|---|---|
| Occhiali AG | 18% |
| Konkurrent A | 25% |
| Konkurrent B | 16% |
| Konkurrent C | 15% |
| Konkurrent D | 8% |
| Konkurrent E | 7% |
| Diverse kleine Konkurrenten | 8% |
| Direktimport durch Optiker | 3% |
| **Total** | **100%** |

Der Einsatz moderner Computer und durchdachter Förder- und Produktionstechniken bei der Occhiali AG gewährleistet Effizienz und Wirtschaftlichkeit in der Bearbeitung hochwertiger Brillengläser. Flexibilität, hohe Lieferbereitschaft und kurze Produktionszeiten sind besondere Merkmale des Leistungsangebots. Hinsichtlich der Preise bewegt sich die Occhiali AG im mittleren bis unteren Segment, wobei kundenspezifische Rabatte zwischen 1% und 25% gewährt werden. Die Rabattpolitik wird stark vom Verhalten der Konkurrenz beeinflusst, wobei man bezüglich Rabattgewährung insgesamt eher zurückhaltend ist.

Die Occhiali AG importiert neben Fertiggläsern auch Roh- und Halbfertiggläser, die sie anschließend weiterverarbeitet und veredelt. Hauptlieferant (rund 70%) der Lagergläser und Halbfabrikate ist ein französischer Brillenglashersteller, der zu den weltweit führenden Firmen der Branche gehört. Damit erkauft man sich auch den Zugang zu den neuesten Forschungsergebnissen. Die übrigen 30% stammen im wesentlichen von zwei weiteren Lieferanten. Der Anteil der eingekauften Fertigfabrikate ist tendenziell steigend und beträgt heute rund 55%. Die Gläser werden über die Optiker in der ganzen Schweiz vertrieben. Ca. 30% der Fertigfabrikate werden ohne Bearbeitung direkt an die Optiker verkauft. Die restlichen werden zusätzlich bearbeitet und veredelt. Der Optiker montiert die Gläser in die von Kunden gewählten Brillengestelle.

Der persönliche Verkauf ist in der Branche nach wie vor ein wichtiges Instrument zur Marktbearbeitung. Trotzdem verfügt die Occhiali AG über keinen ausgebauten Außendienst. Der Inhaber und zwei fachkundige Mitarbeiter teilen sich die Aufgabe der Kundenbetreuung. Sie sind im Winterhalbjahr während jeweils drei Tagen pro Woche auf Kundenbesuchen unterwegs, wobei sie sowohl zu bestehenden wie auch zu potenziellen Kunden Kontakte herstellen. Ein Musterglaskasten dient dabei als Mittel der Verkaufsunterstützung. Die Kapazität von lediglich drei «Vertretern» reicht allerdings nur knapp aus. Nach dem bisherigen Plan können die Optiker im Durchschnitt nur alle zwei Jahre einmal persönlich besucht werden.

Die Verkaufsaktivitäten werden durch regelmäßige Inserate in den gängigen Fachzeitschriften unterstützt. Ferner werden die Optiker regelmäßig (ein- bis zweimal monatlich) auf dem Postweg angeschrieben und mit Unterlagen über Neuerungen oder Aktionen versorgt. Eine besondere Dienstleistung sind die Gratisgläser. Kunden und Nichtkunden erhalten ein Paar Brillengläser pro Jahr, um sich ohne Kostenfolge von der Qualität der Produkte überzeugen zu können. Der Verkaufsunterstützung dienen auch die Präsentationen an wichtigen Messen.

Die Pareto-Regel, wonach 20% der Kunden rund 80% des Umsatzes ausmachen, trifft auch im Fall der Occhiali AG annäherungsweise zu. Allerdings schließen sich die Optiker in jüngster Zeit vermehrt zusammen, um auf diese Weise bessere Konditionen zu erwirken. Rund 40% der Kunden sind bereits in solchen Einkaufsgemeinschaften. Sie machen heute über 50% des Umsatzes der Occhiali AG aus. Mit den Einkaufsgemeinschaften werden Lieferverträge ausgehandelt, was die

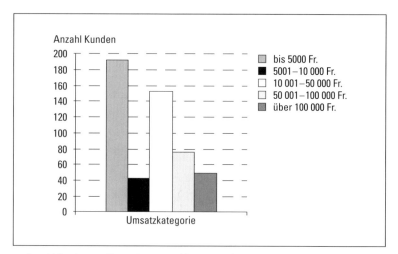

Anzahl Kunden

- bis 5000 Fr.
- 5001–10 000 Fr.
- 10 001–50 000 Fr.
- 50 001–100 000 Fr.
- über 100 000 Fr.

Umsatzkategorie

▲ Anzahl Kunden pro Umsatzkategorie (Occhiali AG)

Mitglieder dann auch verpflichtet, von den gleichen Lieferanten zu beziehen.

Liefergeschwindigkeit, Preis, Qualität, Service und einfache Geschäftsabwicklung sind für die Optiker wichtige Entscheidungskriterien bei der Wahl der Lieferanten. Dagegen spielen Aktionen, Werbung am Verkaufspunkt und Markenbildung noch eine unbedeutende Rolle.

Die Occhiali AG ist heute die zweitgrößte Brillenglaslieferantin in der Schweiz. Der Markt für Brillengläser ist in der Schweiz ein transparenter Verdrängungsmarkt mit einem Gesamtvolumen von rund 100 Mio. Franken. Die größten Anbieter unterscheiden sich bezüglich der Produktqualität kaum. Während sich der Endkunde bei der Wahl der Brillengestelle nach modischen Gesichtspunkten richtet und bestimmte identifizierbare Marken häufig bevorzugt, spielen solche Faktoren bei der Wahl der Brillengläser kaum eine Rolle. Eine Differenzierung gegenüber Konkurrenzprodukten ist daher beim Endkunden (= Brillenträger) nur sehr beschränkt möglich. Dies hat entsprechende Rückwirkungen beim Optiker, indem die Produktqualität des Glases nicht ein eigentliches Differenzierungsmerkmal darstellt. Die Occhiali AG konnte kürzlich immerhin als erste Firma der Branche die Qualitätssicherungs-Zertifizierung nach ISO 9002 erwerben. Dies dürfte für eine Weile als Verkaufsargument gegenüber dem Optiker wirksam sein. Die Wirksamkeit dieses Argumentes verliert sich aber, sobald die übrigen Konkurrenten nachziehen. Mit der ISO-Zertifizierung wurden folgende Grundsätze zur Qualitätssicherung festgehalten:

- Es sind regelmäßig und systematisch die Anforderungen des Marktes und die Bedürfnisse der Kunden zu ermitteln.
- Das Angebot wird laufend den Marktbedürfnissen angepasst.
- Die Produkte der Occhiali AG sollen qualitativ soviel besser sein, dass Qualität unter Berücksichtigung der Wirtschaftlichkeit als Verkaufsargument eingesetzt werden kann.
- Die konsequente Anwendung der Qualitätssicherungs-Maßnahmen soll dazu beitragen, die Kosten gering zu halten (Verhütung und Entdeckung von Fehlern).
- Das Personal wird laufend weitergebildet, wodurch auch das Qualitätsbewusstsein gefördert werden soll.

Bei Neuentwicklungen (z. B. Einsatz neuer Härtungsverfahren oder Entwicklung neuer Mehrstärkengläser) ist Zeit ein wichtiger Faktor, sei es, dass bereits die Konkurrenz ein Produkt lanciert hat, oder sei es aufgrund des allgemeinen Marktdruckes. Je kürzer die Entwicklungszeit, desto schwieriger ist es, die Kunden (Optiker) rechtzeitig über die Neuentwicklung zu informieren.

In den letzten zehn Jahren vervierfachte das Unternehmen seinen Umsatz. In der gleichen Zeit nahm das gesamte Marktvolumen um rund 50 % zu. Seit kurzem stagniert allerdings die Umsatzentwicklung.

Einer der wichtigsten Wettbewerbsfaktoren ist die rasche Auslieferung der Bestellungen, die von den Optikern per Telefon, per Brief, per Fax oder per E-Mail aufgegeben werden. Zur Zeit werden die Aufträge sofort mit Hilfe des Computers erfasst. Anschließend wird das ausgedruckte Bearbeitungspapier nochmals auf seine Richtigkeit geprüft und dann per Hochleistungsrohrpost an die Zieladressen weitergesandt. Hunderttausende von Lagergläsern und Halbfabrikaten sind in einem modernen Lagersystem griffbereit. Entsprechend können Standardgläser meist sofort ausgeliefert werden. Bei Gläsern, die nach vorgegebenen Angaben bearbeitet werden müssen, gehen die Bestellungen zur Arbeitsvorbereitung (AVOR), die die entsprechenden Berechnungen mit einem eigens entwickelten Berechnungsprogramm vornimmt. Auf Kundenwünsche, wie zum Beispiel Mittendickenreduktion oder flache Vorderkurve, kann flexibel eingegangen werden. Nach der AVOR gelangen die Gläser in die Fertigung, wo die Halbfabrikate in mehreren Arbeitsgängen (Blocken, Fräsen, Schleifen, Polieren) bearbeitet werden. In einer Zwischenkontrolle werden die Brillengläser anschließend nach den vorgegebenen Qualitätsnormen geprüft und mit dem Kundenauftrag verglichen. Dabei werden der optische Wert, die Oberflächenqualität und die technischen Vorgaben besonders beachtet. Nach der Zwischenkontrolle werden die Gläser veredelt, d. h. nach einer gründlichen Oberflächenreinigung gefärbt oder mit einem «Coating» versehen. Dieses

«Coating» spielt eine wichtige Rolle im Fertigungsprozess. Die Entspiegelung verbessert den Sehkomfort und erhöht die Sicherheit des Brillenträgers. Der Prozess erfordert höchste Präzision. Im Farbstudio können praktisch alle Anforderungen hinsichtlich Lichtschutz, Sehkomfort oder Mode erfüllt werden. Die Oberflächen der organischen Brillengläser müssen vor mechanischen Einflüssen im täglichen Gebrauch geschützt werden. Die Occhiali AG wendet dabei in der Schweiz einzigartige Verfahren an. Nach Abschluss des Fertigungsprozesses erfolgt eine umfassende Endkontrolle. Nach einer Bearbeitungszeit von wenigen Stunden oder Tagen sind die Gläser zur Auslieferung bereit. Sie werden per Post (allenfalls per Express) an die Optiker ausgeliefert. Die Occhiali AG bietet den Optikern eines der breitesten und tiefsten Brillenglassortimente auf dem Markt an. Im Angebot sind Gläser aus Glas (mineralisches Material) und Kunststoff (organisches Material). Das Sortiment beschränkt sich jedoch ausschließlich auf Brillengläser, das heißt, es werden weder Kontaktlinsen noch andere optische Produkte angeboten.

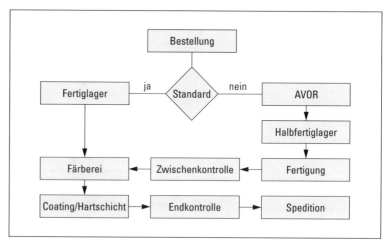

▲ Ablauforganisation

Die Brillenglasindustrie erlebte in den letzten Jahren eine stetige technische Weiterentwicklung, die auch heute noch nicht abgeschlossen ist. Bezüglich der Grundlagenforschung ist man in erster Linie auf die Hersteller angewiesen. Die Occhiali AG, deren Hauptlieferant einer der größten Hersteller der Welt ist, kann damit rechnen, stets von den neuesten Entwicklungen profitieren zu können. Für die Bearbeitung der Gläser im eigenen Betrieb sind ebenfalls stets neue Maschinen und Techniken erforderlich. Die Occhiali AG hat immer einen wesentlichen Teil des

Gewinnes in moderne Anlagen investiert. Heute verfügt sie somit über modernste Anlagen, die sich auf dem neuesten Stand der Technik befinden. Eine technische Entwicklung, die ebenfalls von Bedeutung ist, stellen die operativen Eingriffe am Auge selbst dar. Die Lasertechnik hat hier völlig neue Perspektiven eröffnet. Operative Sehkorrekturen werden heute hauptsächlich bei starken Sehfehlern vorgenommen. Potenzielle Patienten sind etwa 5 % aller Brillenträger. Es ist allerdings noch nicht ganz klar, inwieweit sich diese Verhältnisse in den nächsten Jahren verschieben könnten. Zu den technischen Entwicklungen, die den Absatz von Brillengläsern beeinflussen können, gehören auch die Kontaktlinsen. Träger von Kontaktlinsen sind aber meist zusätzlich Brillenbesitzer, was die Konkurrenz der Kontaktlinsen in gewissem Maße einschränkt.

---

### Fragen zur Fallstudie

1. Erstellen Sie eine Stärken/Schwächen-Analyse für die Occhiali AG.

2. Beschreiben Sie anhand der Angaben im Fall die Wertkette der Occhiali AG.

3. Untersuchen Sie mögliche Beziehungen zwischen den primären und den unterstützenden Aktivitäten (z. B. zwischen Technologieentwicklung und Eingangslogistik, Beschaffung und Marketing/Vertrieb usw.) und überlegen Sie, durch welche Maßnahmen die Wertkette der Occhiali AG verändert werden kann und/oder verändert werden muss.

4. Der Umsatz der Occhiali AG stagniert. Suchen Sie anhand einer Analyse der Wertkette nach Möglichkeiten, dieser ungünstigen Entwicklung entgegenzuwirken, indem Sie vertikale Verknüpfungspunkte mit Lieferanten und Abnehmern untersuchen. Versuchen Sie in diesem Zusammenhang auch Überlegungen zur Wertkette der Lieferanten und der Abnehmer (= Optiker) miteinzubeziehen.

5. Wo sehen Sie neben Ihren Vorschlägen aus Frage 4 am ehesten Differenzierungsmöglichkeiten gegenüber der Konkurrenz? In welchen Bereichen sind Differenzierungen kostengünstig möglich, in welchen Bereichen erfordern sie wesentliche Investitionen?

# Fallstudie 5
# Montres Précieux Poliget SA

Noch heute gehört die Uhrenindustrie zu einer der wichtigsten Export-
industrien der Schweiz, die im Durchschnitt über 90 % ihrer Produktion
ausführt. Der Anfang der schweizerischen Uhrmacherkunst reicht
zurück ins 15. Jahrhundert. 1601 wurde in Genf schon eine Uhrmacher-
zunft gegründet. Die Entwicklung einer Uhrenindustrie erfolgte hingegen erst im 18. Jahrhundert, als aus Frankreich zahlreiche hugenottische
Uhrmacher in die Schweiz strömten und sich besonders in Genf und im
Gebiet des Waadtländer-, Neuenburger- und Berner Juras sowie teilweise auch in Kleinstädten entlang des Jura-Südfußes niederließen.
Damals wurde die Herstellung ganzer Uhrwerke in einer Werkstatt – wie
sie bis dahin üblich war – durch das sogenannte «Verlagssystem»
abgelöst. Verschiedene Werkstätten erstellten Einzelteile, die von einem
«Verleger» (marchand horloger) in Auftrag gegeben wurden. Zur Zeit
Napoleons entstanden die ersten Uhrenfabriken, die Rohwerke auf ma-
schineller Basis herstellten. Ausgehend von den Zentren Genf, Vallée de
Joux und der Gegend um Le Locle und La Chaux de Fonds entwickelte
sich daraufhin die eigentliche Uhrenindustrie, die sehr schnell einen
enormen Aufschwung nahm.

   In der Zeit zwischen 1815 und 1860 entstanden zahlreiche Spezial-
fabriken, die besondere Bestandteile eines Uhrwerks herstellten. André
Poliget, einer der eingewanderten hugenottischen Uhrmacher, der schon
einige Jahre im Neuenburger Jura eine Werkstatt betrieb, die vor allem

Repetieruhren herstellte, erkannte die Zeichen der Zeit und gründete 1852 zusammen mit seinem Bruder Gaston, einem Kaufmann, die «Poliget Frères», die sich auf die Herstellung von Uhrenbestandteilen (Brücken) spezialisierte. Dieses Geschäft entwickelte sich, so dass die Fabrik bald vergrößert werden konnte. Doch André gab sich mit diesem Erfolg nicht zufrieden. Zu sehr hing sein Uhrmacherherz an der herkömmlichen handwerklichen Tradition. Aus Interesse begann er in seiner freien Zeit eine Taschenuhr zu entwickeln. Dabei hatte er das klare Ziel, die präziseste Taschenuhr der Welt herzustellen. Dies gelang ihm schon nach kurzer Zeit. Die beiden Brüder beschließen, diese Neuentwicklung selber zu bauen und zu vertreiben. Schon ein Jahr später wird diese präziseste Taschenuhr der Welt in größeren Mengen auf in- und ausländischen Märkten abgesetzt. Doch bald haben diese guten Zeiten ein Ende. Die industrielle Revolution bringt die kleinen Produzenten mehr und mehr in Bedrängnis. 1890 stirbt Gaston, der kinderlos geblieben war, und nur zwei Jahre später gibt der inzwischen 70jährige André Poliget die Führung der Fabrik an seinen Sohn Paul-André weiter. Dieser hatte kurz zuvor eine Reise mit einer Anzahl der schönsten Uhren (von denen nur die Taschenuhren aus der eigenen Manufaktur stammten) an den Zarenhof von Nikolaus II Alexandrowitsch in St. Petersburg unternommen. Diese Reise war ein großer Erfolg gewesen, denn Paul-André konnte die gesamte Kollektion verkaufen. Zudem lernte er neben Russland Länder wie Ungarn und Polen sowie die baltischen Staaten kennen.

Paul-André übernimmt 1892 die Führung der Fabrik. Er ist aufgrund seiner Erfahrungen davon überzeugt, dass sich mit handgemachten teuren Uhren auf die Dauer ein besseres Geschäft machen lässt als mit der Produktion von Uhrenbestandteilen, zumal die Fabriken der Konkurrenz immer größer und die Margen im Geschäft der Teileherstellung immer kleiner werden. Sukzessive baut er deshalb die Produktion der hochpräzisen Taschenuhren aus. Außerdem beginnt man mit dem Bau von Standuhren sowie von Edelmetall-Armbanduhren, in deren Zifferblätter Edelsteine (hauptsächlich Diamanten) eingelassen werden. Diese Geschäfte entwickelten sich gut. Doch 1914 mit dem Beginn des ersten Weltkrieges erleidet die gesamte Uhrenindustrie einen Einbruch. Das Geschäft mit den Luxusuhren, in dem die Poliget SA, wie die Firma inzwischen heißt, tätig ist, wird von dieser Krise ganz besonders «gebeutelt». Über Jahre kommt Poliget aus diesen Schwierigkeiten nicht mehr heraus. Ein Schlag, der beinahe das Ende bedeutet hätte, stellte die Weltwirtschaftskrise dar, die mit dem Zusammenbruch der New Yorker Börse am 24. Oktober 1929 ihren Anfang nahm. Nur dank langer freundschaftlicher Beziehungen zu wichtigen Persönlichkeiten der

Uhrenindustrie, konnte man sich in den folgenden Jahren knapp über Wasser halten. Wie schon sein Vater war Paul-André – als er 1932 in seinem siebzigsten Altersjahr die Leitung der Firma an die dritte Generation weitergab – leider ebenfalls nicht in der Lage, seinem Sohn Ulysse-Paul eine blühende Firma zu hinterlassen. Dieser – selbst ein hervorragender Uhrmacher wie sein Großvater – ließ sich aber nicht beirren. Mit großem Enthusiasmus versuchte er genügend Arbeit für seine nach wie vor rund 80 Arbeiterinnen und Arbeiter zu beschaffen, indem er weiterhin Taschenuhren, Edelmetall-Armbanduhren und Standuhren herstellte. Daneben tüftelte er auch in der Freizeit zusammen mit einigen Uhrmachern an neuen Uhrwerken. Kurz vor Kriegsbeginn konnte sein inzwischen 75 jähriger Vater, wiederum dank guter Beziehungen, einen großen Auftrag der Armee zur Herstellung von feinmechanischen Spezialteilen an Land ziehen. Mit diesem Auftrag konnte man sich – wenn auch mühsam – über die Kriegsjahre retten.

Nach dem Krieg entwickelte sich die Firma sehr schnell – es ging wieder aufwärts. Man kehrte einerseits zur Teileproduktion zurück und fertigte andererseits ganze mechanische Uhrwerke. Zudem baute man mit einem großen Anteil an Handarbeit wiederum Taschenuhren, Armbanduhren und Standuhren im «haut de gamme»-Bereich (= teuerstes Segment). Die Zahl der Mitarbeiter stieg rasant an. Bald einmal war die Poliget SA mit einer Belegschaft von rund 700 Personen der wichtigste Arbeitgeber in der Region. Neben verschiedener Aus- und Anbauten musste 1952 eine neue Fabrikationshalle erstellt werden. Die Poliget SA war wieder auf Erfolgskurs. Die Armbanduhren und die Taschenuhren erreichten bald einen herausragenden Bekanntheitsgrad. Ende der 50er Jahre war «Poliget» ohne jeden Zweifel zur Weltmarke im Bereich «haut de gamme» aufgerückt. Besonders in Europa und Asien gehörte es in gewissen Kreisen zum guten Ton, eine «Poliget» zu tragen. Um der Nachfrage gerecht zu werden, baute man das Händlernetz kräftig aus. Zu Beginn der 70er Jahre umfasste es rund 2500 Fachhändler.

Da Ulysse-Paul Poliget ohne Nachkommen blieb, verkaufte er 1972 seine Firma an die «Groupe de l'horloges précieux» und zog sich aus dem aktiven Geschäft zurück. Die Gruppe, deren Aktienmehrheit bei einer deutschen Industriegruppe lag, wechselte das gesamte Management aus und versuchte die Früchte zu ernten, die Ulysse-Paul Poliget gesät hatte. Leider gelang das nicht ohne Schwierigkeiten.

Schon 1967 wurde im Centre électronique horloger in Neuenburg die erste Quarzuhr der Welt, die «Beta 21», gebaut. Die Bedeutung dieser neuen Erfindung wurde jedoch von der Schweizer Uhrenindustrie nicht erkannt. Das Patent wurde an eine japanische Gruppe verkauft. Erst von dort kam dann im ungünstigsten Augenblick, nämlich als die Ölkrise

1974 die Schweiz in eine Rezession stürzte, die Quarz-Technologie in Form billigster und zugleich präzisester Uhren aus Japan und Hongkong wieder in die Schweiz zurück. Die Schweizer Uhrenindustrie stürzte in die schwerste Krise seit ihrem Bestehen. Während man 1970 noch 90 000 Beschäftigte in der Uhrenindustrie zählte, waren es 1985 gerade noch 32 900.

Diese Krise ging natürlich auch nicht an Poliget vorbei. Die Umsätze brachen ein. Ein Personalabbau um fast 50 % war unumgänglich. Immerhin entwickelte man in dieser Zeit eine Standuhr (Pendule) mit einem «ewigen» Werk, das energetisch allein durch Temperaturunterschiede im Raum angetrieben wurde. Es gelang, dieses Produkt erfolgreich im Markt einzuführen und erzielte damit rasch einen annehmbaren Umsatz.

1986 übernahm Josef Schönberg, ein Marketingmanager, der vorher in der Schmuckindustrie in Idar-Oberstein tätig gewesen war, die Gesamtleitung des Unternehmens. Die Poliget SA hatte sich noch nicht von der Krise erholt und befand sich nicht gerade in einem beneidenswerten Zustand. Die «Poliget» war eine der letzten echten Uhrenmanufakturen in der Schweiz. Unter den Mitarbeiterinnen und Mitarbeitern waren über 40 Berufsgruppen vertreten. Die meisten Teile wurden noch immer selber hergestellt. Nur bestimmte Spiralen und Federn sowie die Rubine kaufte man ein.

Schönberg, der neben roten Zahlen eine reiche Produktpalette antraf, entschied sich für eine neue Strategie, die insbesondere auf alte Werte aufbaute. Man besann sich auf das ehemalige Kerngeschäft und versuchte die alte Marke «Poliget» wieder zu beleben. Um die ehemalige Exklusivität wieder mehr zu unterstreichen, wurde das Händlernetz drastisch auf ca. 600 Verkaufsstellen reduziert. Dies führte anfänglich zu einem erheblichen Umsatzeinbruch, der allerdings schon 1989 wieder ausgeglichen werden konnte. Bereits 1987 wurde das Modell «Torsino» neu lanciert, eine Uhr, die seit 1931 existierte, von der man jedoch in den vergangenen Jahren jeweils nur einige hundert Exemplare abgesetzt hatte. Dieser Relaunch sollte sich bald einmal als Renner erweisen. 1996 sieht die Produktpalette der Poliget SA folgendermaßen aus:

| Produkte | Menge | Umsatz (in Fr.) |
|---|---|---|
| Uhrwerke (nur Verkauf an Dritte) | 70 000 | 14,8 Mio. |
| Pendulen | 5 000 | 16,4 Mio. |
| Armbanduhren | 31 500 | 68,6 Mio. |
| Schmuckuhren | 280 | 14,0 Mio. |
| Taschenuhren | 8 000 | 29,0 Mio. |
| Total | | 142,8 Mio. |

**Uhrwerke**    Es werden ausschließlich mechanische Uhrwerke für Uhren des obersten Preissegments hergestellt. Drei berühmte Uhrenmarken (wovon eine der eigenen Holding angehört) nehmen zu ungefähr gleichen Teilen drei Viertel der Produktion ab. Ein Viertel verteilt sich auf ca. ein Dutzend weiterer kleiner Marken, die aber alle im oberen Preissegment angesiedelt sind. Die Nachfrage nach hochwertigen mechanischen Uhrwerken steigt immer noch spürbar an. Besonders ein sogenannter «Doppel-Regulateur» sowie die Kleinstuhrwerke – eine Spezialität von Poliget – erfreuen sich zunehmender Nachfrage. In letzter Zeit mussten verschiedene Anfragen von anderen Herstellern nobler Uhrenmarken, die ebenfalls Werke beziehen wollten, abgesagt werden, da die Kapazität kurzfristig nicht ausgebaut werden kann.

**Pendulen**    Angeboten werden das Modell «Raffaello» und «Altamoda». «Raffaello» ist ganz in Gold gehalten, während «Altamoda» aus Aluminium und Edelstahl besteht und in einem modernen Design gestaltet ist. Der Markt der Pendulen ist trotz Designinnovationen stagnierend. Preisbereinigt sind die Umsätze in den letzten fünf Jahren jährlich etwa um ein Prozent gesunken. Bei der Stückzahl beträgt der Rückgang über die fünf Jahre sogar ca. 20 %. Das heißt, dass heute weniger, dafür teurere Pendulen gefragt sind.

**Armbanduhren**    Das Sortiment der Armbanduhren umfasst drei grundsätzlich verschiedene Modelle. Innerhalb der Modellreihen gibt es jeweils Varianten.

1. Das Modell «Torsino» wurde schon 1931 erfunden. Es handelt sich um eine rechteckige Uhr mit einem im Markt einmaligen und patentierten Drehmechanismus, mit dem sich der Uhrenboden nach oben drehen lässt, wodurch die Uhr zum Schmuckstück wird. Während Jahren wurden davon lediglich ein paar hundert Stück verkauft. 1986 wurde die «Torsino» erfolgreich neu lanciert. Heute werden davon ca. 25 000 Stück abgesetzt und ein Umsatz von 55,6 Mio. Franken erzielt (Verkaufspreis beim Händler ab 2700,– Franken). «Torsino» gibt es in über 30 Varianten. Der Hauptmarkt ist Europa mit 62 %, nach Asien gehen 23 % und nach Amerika 15 %. Direkte Konkurrenz besteht in diesem Segment bisher kaum. Allerdings haben Chopard und Cartier einige Modelle, die mit der «Torsino» in Konkurrenz stehen, weil sie ebenfalls eine Verwandlung der Uhr in ein Schmuckstück ermöglichen (z.B. durch einen Schließmechanismus, der das Zifferblatt abdeckt).

2. Das Modell «Complication», eine ovale Golduhr in konservativem Design mit Krokodil- oder Goldarmband. Technisch handelt es sich um eine Uhr mit einem Mikrorotor und 65 Stunden Gangreserve. Letztes Jahr wurden ca. 4000 Stück abgesetzt, 80 % in Europa, 18 %

in Asien und 2% in Amerika. Der Gesamtumsatz belief sich auf 9 Mio. Franken. Die Mikrorotor-Technik ist im Markt nicht weitverbreitet. Die Gangreserve von 65 Stunden Laufzeit ist bei mechanischen Uhren nach wie vor einmalig.

3. Das Modell «Olympia» wurde letztes Jahr mit dem Ziel eines Angriffs auf den Markt der elegant-sportlichen Uhren, ein gegenwärtig stark wachsendes Segment, geplant. Erhältlich ist eine Herren- und eine Damenversion. Im ersten Anlauf konnten in einem hartumkämpften Markt 2500 Stück abgesetzt und ein Umsatz von ca. 4 Mio. Franken erzielt werden. Außerdem hat die Uhr vor einigen Monaten den diesjährigen «Prix du Public» gewonnen, was die Marktaussichten des Modells noch verbessern dürfte. Verkäufe: Europa 62%, Asien 28%, Amerika 10%.

Schmuckuhren  Letztes Jahr hat sich die Manufaktur des Geschäfts mit den Schmuckuhren angenommen, das im kommenden Jahr ausgebaut werden soll. Die in einem mit Edelsteinen besetzten Armband, Fingerring und Anhänger integrierten Uhren mit der Modellbezeichnung «Rubino», zeichnen sich ebenfalls durch den in der «Torsino»-Linie verwendeten Drehmechanismus aus. Die kleinsten Modelle sind mit dem kleinsten mechanischen Werk der Welt ausgerüstet. In Europa erlebt die Luxusgüterindustrie erstmals seit Ende des zweiten Weltkriegs eine eigentliche Krise. Daher brauchte es Mut, ins Geschäft mit den Schmuckuhren einzusteigen. Im vergangenen Jahr konnten jedoch immerhin rund 280 Stück abgesetzt und ein Umsatz von ca. 14 Mio. Franken erzielt werden (Verkaufspreis im Laden bis 100 000,– Franken). Verkauf in Europa: 58%, Asien 26%, Amerika 16%.

Taschenuhren  Ebenfalls letztes Jahr wurde die Produktion von Taschenuhren, die vorübergehend eingestellt worden war, wieder aufgenommen. Grundlage für die Entwicklung waren einige immer noch vorhandene Einzelstücke der von André Poliget seinerzeit gebauten präzisesten Taschenuhr der Welt. Die Taschenuhren werden ausschließlich in Gold hergestellt und auf der Rückseite mit einer Handgravur der «Odalisque» von Matisse versehen. Das eingebaute Werk darf – wie das zu Andrés Zeiten ebenso der Fall war – zu den präzisesten mechanischen Uhrwerken der Welt gezählt werden. Der Absatz der Uhren erfolgt ausschließlich in Europa (70%) und Asien (30%). Vermutlich ausgelöst durch den Schauspieler Ralph Fiennes, der in mehreren Hollywood-Filmen eine Taschenuhr anstelle einer Armbanduhr benutzte, ist neuerdings auch aus Amerika eine Nachfrage nach Taschenuhren vorhanden. Im laufenden Jahresumsatz beträgt der Amerika-Anteil bereits 10%.

Aktuelle Situation Seit Schönberg 1986 die Führung übernommen hat, kann Poliget – nachdem der Umsatz wegen der Restrukturierung des Händlernetzes zwei Jahre lang eingebrochen war – in allen Bereichen eine deutliche Umsatzzunahme verzeichnen (teilweise jährliche Umsatzsteigerungen bis zu 30%). Dank der Einbindung in eine größere Finanzgruppe hat sich auch die Finanzkraft des Unternehmens deutlich verbessert. Da man sich praktisch mit allen Modellen im Hochpreissegment bewegt, kann insgesamt eine gute Rentabilität erreicht werden. Im Markt der Schmuckuhren, den man kürzlich ebenfalls wieder aktiviert hat, ist das Risiko nicht unbeträchtlich. Einerseits sind in diesem Segment einige etablierte Konkurrenten zu finden (Chopard, Cartier usw.), andererseits bewegt man sich mit Preisen zwischen 60 000 und 100 000 Franken in einem Kundensegment, das wenig Markentreue zeigt. Die Vorinvestitionen in Schmucksteine und Edelmetalle sind erheblich und belasten die Liquidität.

Insgesamt hat Schönberg beweisen können, dass die Firma Poliget SA im Markt immer noch einen guten, ja exklusiven Namen hat. Diese Exklusivität hat er durch die erhebliche Reduktion des Händlernetzes noch unterstrichen. Die Marke wird heute nur noch von Fachhändlern mit sehr hoher Kompetenz verkauft. Ein Dilemma besteht darin, dass Luxusuhren per definitionem keine Massengüter sein dürfen. Eine Steigerung des Umsatzes kann die Exklusivität einer Marke beeinträchtigen. Es ist auch von Bedeutung, dass bis heute die Umsatzsteigerungen fast ausschließlich durch die Wiederbelebung ehemaliger Produkte erreicht worden sind. Einzig im Markt der Schmuckuhren hat man mit der Konstruktion von neuen Miniaturwerken und technischen Innovationen wesentliche Fortschritte erzielt. Daneben konnten lediglich einige neue Teilpatente (Verbesserung des Drehmechanismus) bei den Armbanduhren angemeldet werden.

Da man wegen der Umsatzsteigerungen verschiedentlich an die Kapazitätsgrenzen gestoßen ist, wurde vor einiger Zeit die Erstellung eines Neubaus beschlossen. Damit sollen über 5000 Quadratmeter zusätzlicher Arbeitsfläche zur Verfügung stehen. Im Neubau soll auch der Produktionsprozess neu ausgelegt werden, mit dem Ziel, eine Produktivitätssteigerung von ca. 25% zu erreichen.

Seit Schönberg ans Ruder kam, sind kontinuierlich neue Produkte im Markt eingeführt worden. Die Innovationen sind – bei einer Rückbesinnung auf die alten Werte nicht verwunderlich – meist nicht im technischen Bereich sondern im Marketingbereich zu suchen. Trotzdem ist hervorzuheben, dass die Poliget-Belegschaft, die mehr als 40 Berufe umfasst, überaus erfinderisch ist und ständig kleine Verbesserungen in den verschiedensten Bereichen anbringen kann. Schönberg hat mit

seinem Führungsstil eine Unternehmenskultur der Offenheit und Transparenz geschaffen. «Die Herstellung und der Vertrieb von Uhren», sagte
er kürzlich, «ist ein risikoreiches Gewerbe. Nur wenn die Mitarbeiterinnen und Mitarbeiter diese Risiken kennen, werden sie mithelfen, diese
auch zu bewältigen. Ich staune immer wieder über die guten Ideen, mit
denen meine Mitarbeiterinnen und Mitarbeiter zur Bewältigung unserer
Probleme und Risiken beitragen».

Der Markt der mechanischen Uhren ist immer noch am wachsen.
Zwar hat in Europa der Luxus-Uhrenmarkt in den letzten drei Jahren
eher stagniert. Weltweit stiegen die Abnehmerzahlen trotzdem an. Dies
ist vor allem auf die Nachfrage aus dem asiatischen Raum (einschließlich China) zurückzuführen. Allerdings ist im Hochpreissegment auch
die Konkurrenz beträchtlich. Marken wie Audemars Piguet, Baume &
Mercier, Blancpain, Breitling, Cartier, Chopard, Corum, Ebel Girard-
Perregaux, Jaeger-LeCoultre, Maurice Lacroix, Patek Philippe, Piaget,
Raymond Weil, Ulysse Nardin und Vacheron Constantin sind ebenfalls
weltweit im Markt der Luxusuhren tätig. Dazu kommen ehemalige
Schweizermarken wie Jean Lassale, Universal Genève, Ernest Borel
und andere, die sich heute in der Hand von asiatischen Gruppen befin-
den. Trotzdem besteht gerade im asiatischen Raum ein beträchtliches
Potenzial und ein ansehnlicher Spielraum für die Preisgestaltung.

Das technische Wissen, das hinter der Produktion mechanischer
Uhren steht, ist naturgemäß schon ziemlich alt. Entsprechende Patente
sind oft bereits abgelaufen. Möglichkeiten der technischen Innovation
gibt es eher im Bereich der Produktion und teilweise im Bereich der
Materialien. Deshalb steigt auch die Investitionsintensität in der Branche an.

Ein Problem, das in der Branche schon viel zu reden gegeben hat,
sind die zahlreichen Fälschungen im Luxus-Uhrenmarkt. Poliget ist
zwar bisher von solchen Fälschungen weitgehend verschont geblieben.
Mit der Möglichkeit, dass Fälschungen auftauchen, muss man jedoch in
Zukunft durchaus rechnen.

Der gegenwärtige Arbeitsmarkt hat im Bereich der weniger qualifizierten Arbeit eine Entspannung im Lohnsektor zur Folge gehabt. Die
Verknappung bei den gut ausgebildeten Uhrmachern führte allerdings
bei dieser Berufskategorie zu beträchtlichen Lohnsteigerungen. Deshalb
sind Investitionen nicht nur im technischen Bereich, sondern insbesondere auch im Bereich der Ausbildung erforderlich, um die Lücke an gut
ausgebildeten Fachleuten, die in der Krisenzeit der siebziger Jahre entstanden ist, zu schließen.

---

## Fragen zur Fallstudie

1. Erstellen Sie nach den Angaben im Fall ein Portfolio für die Firma Poliget SA. Welche Methode wählen Sie? Warum?

2. Welche zusätzlichen Informationen wären erforderlich, um die Qualität des Portfolios zu verbessern?

3. Wie beurteilen Sie die strategische Lage der Poliget SA aufgrund der vorhandenen Informationen und des Portfolios?

4. Wie könnte ein Soll-Portfolio für die Poliget SA aussehen? Begründen Sie Ihren Vorschlag.

5. Welche vordringlichen Maßnahmen würden Sie in den verschiedenen Funktionsbereichen (Beschaffung, Produktion, Marketing, Vertrieb usw.) ergreifen, wenn Sie an der Stelle Schönbergs aufgrund der Erkenntnisse aus dem Ist- und Soll-Portfolio Führungsentscheide fällen müssten?

6. Zeigen Sie die Möglichkeiten und Grenzen einer Portfolio-Analyse anhand dieses Falles auf.

Fallstudie 6

# Die Kernhorst Musikgeschäfte

Nachdem Ralph Kernhorst 1923 seine vielversprechende Karriere als Konzertpianist wegen eines Unfalls aufgeben musste, entschloss er sich, ein Musikgeschäft in Bremen zu eröffnen. Noch im selben Jahr begann er in einem Laden im Zentrum der Stadt Schallplatten, Grammophone und Musikinstrumente zu verkaufen. Dank seiner hervorragenden Kenntnisse über klassische Musikinstrumente galt er schon nach kurzer Zeit als *der* Fachmann in der Stadt und entsprechend florierte sein Geschäft.

Bereits drei Jahre später zählte sein Laden zu den führenden Musikgeschäften Bremens. 1927 schlug ihm ein Freund, den er auf der Musikhochschule kennengelernt hatte, vor, er solle in Hamburg eine Filiale eröffnen. Ralph war von der Idee begeistert. Im Frühjahr 1928 startete er ein Geschäft in einem historischen Gebäude der Altstadt. Als Geschäftsleiter konnte er einen jungen Musiklehrer gewinnen, den er vor einiger Zeit anlässlich eines Konzertes des Hamburger-Symphonieorchesters kennengelernt hatte. Schon im ersten Jahr arbeitete die Filiale in Hamburg erfolgreich. Und es dauerte nur gerade drei Jahre, bis diese Kernhorst-Filiale das führende Musikgeschäft der Stadt Hamburg war. Von diesem Erfolg ermutigt, beschloss Ralph Kernhorst weitere Filialen in anderen Städten der Region zu gründen. Im Abstand von etwa zwei Jahren entstanden Musikgeschäfte in vier weiteren Städten Norddeutschlands. Alle diese Neugründungen verliefen erfolgreich. Noch bevor der zweite Weltkrieg begann, war Kernhorst die größte Musikhaus-Kette Norddeutschlands. Obwohl er über die Kriegszeit einen beträchtlichen Rückgang der Geschäfte hatte in Kauf nehmen müssen und 1945 sozusagen noch einmal von vorne beginnen musste, konnte Ralph Kernhorst, als er sich 1954 aus Altersgründen aus der aktiven Geschäftsleitung zurückzog, seinem Sohn Oliver ein Unternehmen übergeben, das in sechs Städten Norddeutschlands überaus erfolgreich tätig war.

Oliver, selber Cellist mit Lehrdiplom, baute mit Freude und mit großem Geschick weiter am Lebenswerk seines Vaters. Die Kernhorst-Musikhäuser waren inzwischen jedem Liebhaber klassischer Musik zum Begriff geworden. Oliver setzte sich zum Ziel, diesen guten Namen zu erhalten und den Bekanntheitsgrad seiner Musikhäuser noch zu vergrößern. Dank seiner charismatischen Persönlichkeit gelang es ihm, im gesamten Unternehmen eine einmalige Unternehmenskultur aufzubauen, die sich einerseits in einer hervorragenden Fachkenntnis in der klassischen Musik und andererseits in einer außergewöhnlichen Motivation der Mitarbeiterinnen und Mitarbeiter niederschlug. Zudem legte er großen Wert darauf, dass in seinen Geschäften die Kunden sehr persönlich und auch sehr fachkundig bedient wurden. Die Auswahl der Mitarbeiterinnen und Mitarbeiter lag ihm deshalb besonders am Herzen. Ohne seine Zustimmung durfte in keiner Filiale jemand eingestellt werden. Wenn immer möglich, entschied er sich für sachkundige Musikerinnen und Musiker, denen er auch weitgehende Kompetenzen erteilte und eigene Verantwortungsbereiche übertrug. Seinen Filialleitern schärfte er immer wieder ein, dass sie sich darum kümmern sollten, die Fähigkeiten der Mitarbeiterinnen und Mitarbeiter richtig einzusetzen. Im übrigen war Oliver Kernhorst aller unnötigen Bürokratie äußerst abgeneigt. Alle seine Führungsentscheide gab er meist im persönlichen Gespräch – und wenn dieses nicht möglich war – per Telefon weiter. Nur selten gab es von ihm schriftliche Verlautbarungen. Aber im persönlichen Gespräch legte er seine Überzeugungen und seine Richtlinien mit einer derartigen Intensität dar, dass in den Filialen häufig auch Wochen nach einem Besuch ganze Passagen seiner Gespräche von den Mitarbeiterinnen und Mitarbeitern praktisch wörtlich wiedergegeben werden konnten.

Mit diesem persönlichen, auf dem Gespräch aufbauenden Führungsstil, gelang es Oliver, die führende Stellung der Kernhorst Musikhäuser weiter auszubauen. Dazu gehörte auch, dass er im Laufe der Jahre in drei weiteren Städten Norddeutschlands Filialen eröffnete.

Als sich hingegen in den sechziger Jahren in der Musikszene grundlegende Wandlungen anbahnten, musste Kernhorst fast in allen Filialen beträchtliche Umsatzrückgänge in Kauf nehmen. Da sich das Angebot an Schallplatten und Instrumenten immer noch auf E-Musik beschränkte, konnten die Kernhorst-Musikgeschäfte nicht von den neuen Entwicklungen profitieren, während sich die Konkurrenz teilweise sehr schnell auf die neuen Möglichkeiten in der U-Musik eingestellt hatte.

Etwas spät, nämlich erst Mitte der achtziger Jahre entschied Oliver Kernhorst, die Unternehmenspolitik der Firma den neuen Gegebenheiten anzupassen und in die U-Musik zu diversifizieren, obwohl dies seiner eigenen Auffassung von Musik ziemlich widersprach. Er wies die Filialen an, ein breites CD-Angebot in den neuen Musikrichtungen aufzubauen. Gleichzeitig sollte auch das Instrumenten-Angebot und der Musikunterricht den neuen Gegebenheiten angepasst werden. Moderne Drumsets, Percussions-Instrumente, elektrische Gitarren, elektronische Orgeln, Effektgeräte und vieles mehr wurden ins Sortiment aufgenommen. Auch wurden Nachwuchswettbewerbe, die man im klassischen Bereich schon seit Jahren durchführte, durch Veranstaltungen in den Bereichen Pop und Rock ergänzt. Der Initiative von Oliver Kernhorst war es auch zu verdanken, dass sich das Unternehmen in zwei weiteren Bereichen erfolgreich betätigen konnte. Erstens hatte er den Instrumentalunterricht als neue Dienstleistung eingeführt, den sich ab Mitte der fünfziger Jahre vermehrt auch die mittelständische Bevölkerung leisten konnte. Bis heute wird dieser Unterricht durch eigene Musiklehrer angeboten, die gleichzeitig auch für den Instrumentenverkauf zuständig sind. Dadurch ergeben sich wertvolle Synergien. Der zweite Bereich war der Notenhandel und -versand, in welchem sich Kernhorst über die Jahre eine starke Stellung in der klassischen Sparte des schulischen Musik- und Gesangsunterrichts sowie in der Blasmusik aufbauen konnte.

Diese Maßnahmen erwiesen sich als richtig. Es gelang innerhalb kurzer Zeit, den Umsatzrückgang wettzumachen und den Vorsprung der Konkurrenz wieder einzuholen.

Im April 1993 wurde Oliver Kernhorst von einer schweren Krankheit heimgesucht, die ihn zu einem mehrwöchigen Krankenhausaufenthalt zwang. Nach einer schweren Operation musste er zudem für vier Monate in eine Erholungskur. Für die Zeit, als er die Geschäfte nicht selber führen konnte, übertrug er die Gesamtleitung des Unternehmens interimistisch an Richard Keller, den Leiter der Bremer Filiale. Im November kehrte Kernhorst von seinem Kuraufenthalt zurück und übernahm wieder die Geschäftsleitung. Den Mitarbeiterinnen und Mitarbeitern war aber bald einmal klar, dass seine Krankheit nicht spurlos an ihm vorübergegangen war. Während er früher ständig von Filiale zu Filiale gereist war, hielt er sich nun vorwiegend in Bremen auf, da ihn das Reisen, wie er sagte, zu sehr ermüdet. Von Zeit zu Zeit zog er die Filialleiter in Bremen zusammen und besprach mit ihnen aktuelle Probleme oder diskutierte über Entwicklungen in der Musikszene.

Kurz vor Weihnachten 1994 erlitt Oliver Kernhorst einen Kreislauf-kollaps, der ihn wiederum für mehrere Wochen arbeitsunfähig machte. Ende Januar 1995, nachdem er sich wieder einigermaßen erholt hatte, beschloss er auf Anraten seines Arztes, sich endgültig aus dem aktiven Geschäftsleben zurückzuziehen. Da Oliver Kernhorst kinderlos geblie-ben war, übertrug er die Geschäftsführung mangels eines eigenen Nach-folgers endgültig an Richard Keller, den langjährigen Mitarbeiter und Filialleiter. 1994 hatten die Kernhorst-Musikgeschäfte einen Umsatz von 82 Mio. DM erzielt. Sie zählten damit nach wie vor zu den erfolg-reichsten Geschäften dieser Art in Norddeutschland. Das wichtigste Kapital, das Kernhorst seinem Nachfolger mitgeben konnte, waren die 245 Mitarbeiterinnen und Mitarbeiter, unter denen sich eine überdurch-schnittlich hohe Zahl hervorragender Musikfachleute befand. Die mu-sikalische Kompetenz des Verkaufsstabes war für viele Kunden nach wie vor der wichtigste Grund, um bei Kernhorst einzukaufen. Fast ein Drittel dieser Mitarbeiterinnen und Mitarbeiter waren unter 35 Jahre alt. Besonders unter den jüngeren Mitarbeiterinnen und Mitarbeitern hatte es viele, die sich besonders gut in der U-Musik und in den modernen Musikrichtungen auskannten.

Wegen der ausgesprochen hohen Kompetenz der Mitarbeiterinnen und Mitarbeiter hatte man in der Vergangenheit auch darauf verzichtet, im Bereich der Musikträger einen zentralen Einkauf einzurichten. In allen Filialen sind die jeweiligen Mitarbeiter und Mitarbeiterinnen per-sönlich für die Zusammenstellung ihres Sortiments verantwortlich. Dies ermöglicht eine optimale Anpassung des Sortiments an die lokalen Marktbedürfnisse. Findet zum Beispiel in einer Stadt ein Konzert statt, ist der zuständige Sortimentsbetreuer oder die zuständige Sortiments-betreuerin dafür verantwortlich, dass die entsprechenden CDs in aus-reichender Menge und rechtzeitig eingekauft werden. Dieses Verfahren gewährleistet eine einmalige Kundennähe. Es trägt aber auch zur Moti-vation der Mitarbeiterinnen und Mitarbeiter bei und sorgt ferner dafür, dass die Verkäuferinnen und Verkäufer ihr Fachwissen stets auf dem ak-tuellen Stand halten können.

Als Richard Keller am 1. Oktober 1995 formell die Gesamtleitung der Kernhorst-Musikgeschäfte übernahm, beschloss er als erstes, die regelmäßigen Filialbesuche wieder aufzunehmen, die wegen der Krank-heit von Oliver Kernhorst seit einiger Zeit unterblieben waren. Sogleich begab er sich auf eine Norddeutschland-Reise, wobei er im Durchschnitt drei ganze Tage bei jeder Filiale verbrachte. Er führte zahlreiche Gesprä-che mit Mitarbeiterinnen und Mitarbeitern und erfuhr auf diesem Weg einiges über den Zustand des Unternehmens oder der einzelnen Filialen. Zu seiner Überraschung stellte er dabei fest, dass trotz der insgesamt guten Geschäftslage, durchaus einige Probleme vorhanden waren. Während bisher Oliver Kernhorst die allgemeine Entwicklung der Kernhorst-Filialen bestimmt und mit seiner Persönlichkeit so etwas wie die Seele des Unternehmens gebildet hatte, waren seit seiner Krankheit und seit er nicht mehr so häufig in den Filialen erschienen war, da und dort gewisse Unsicherheiten aufgetreten. So musste Keller zum Beispiel feststellen, dass in einigen Filialen die U-Musik stiefmütterlich behandelt wurde, obwohl Kernhorst seinerzeit klar entschieden hatte, dass dieser Bereich gleichberechtigt mit der E-Musik ausgebaut werden sollte. Entgegen dieser Weisung war in einigen Filialen besonders in den letzten beiden Jahren das Engagement in der U-Musik deutlich zurückgegangen und manche Filialen machten nur noch das Allernötigste, um die Bedürfnisse des jungen Publikums abzudecken. Andererseits hatte sich die Filiale Hannover mehr und mehr zu einem Zentrum der modernen Musikrichtungen entwickelt und E-Musik-Kunden beschwerten sich dort immer häufiger, dass sie nicht mehr auf die früher übliche kompetente Beratung zählen könnten. Außerdem war zwischen den Filialen Hannover und Bremen ein Streit über die Durchführung eines U-Musik-Wettbewerbes ausgebrochen. Beide Seiten beanspruchten das alleinige Recht, diesen Wettbewerb durchzuführen. In einzelnen Filialen kam es auch immer häufiger zu persönlichen Auseinandersetzungen zwischen jüngeren und älteren Mitarbeiterinnen und Mitarbeitern. Die älteren fürchteten um den guten Ruf des Unternehmens, wenn immer mehr «seichte» Musik in die Regale komme. Sie schlugen auch vor, die U-Musik wieder ganz aus dem Sortiment zu verbannen, da in diesem Bereich ohnehin die Konkurrenz von Warenhäusern und Detaillisten besonders groß sei. Andererseits forderten die meist jüngeren Spezialistinnen und Spezialisten der Sparten Pop, Rock und Techno eine viel engere Zusammenarbeit mit den Konzertveranstaltern und mit den Medien, um den Anschluss an die Entwicklung des Musikmarktes nicht zu verpassen.

Ein Mangel an Übereinstimmung unter den Filialen herrschte auch in Bezug auf den Verkauf von Musikinstrumenten. Während die Filiale Bremen mit einem sogenannten «Sound Lab», in dem jedermann modernste Keyboards und Schlagzeuge ausprobieren konnte, gute Erfolge erzielte, hatte die Filiale Kiel die modernen Musikinstrumente fast völlig aus dem Sortiment entfernt, da sich angeblich niemand in diesem Bereich genügend auskannte. In den vielen Gesprächen hatte sich auch gezeigt, dass diese Auseinandersetzungen nicht ohne Folgen blieben. Das ehemals hervorragende Arbeitsklima hatte sich offenbar da und dort deutlich verschlechtert. Insbesondere war in einigen Filialen unter den Mitarbeiterinnen und Mitarbeitern eine Art Generationenkonflikt aufgebrochen. Vielen Angestellten war auch nicht mehr klar, in welchem Geschäft die Firma Kernhorst überhaupt tätig war. Früher war es einfach. Man verkaufte Schallplatten, Instrumente und Noten für den klassischen Musikbereich. Dann kamen aber neue Bereiche hinzu (Musikunterricht, U-Musik, Konzertveranstaltungen, Musikwettbewerbe usw.). Diese Vielfalt machte es zunehmend schwierig, den eigentlichen Unternehmenszweck noch zu erkennen und sich mit den Zielen (sofern diese überhaupt noch klar waren) des Unternehmens zu identifizieren.

Diese Unsicherheiten, Spannungen und Konflikte bekamen auch die Kunden zu spüren, sei es, dass am einen Ort jungen Kunden bedeutet wurde, dass neueste Musikrichtungen wie Hard-Rock oder Techno kaum der ernsten Aufmerksamkeit bedürften, oder sei es, dass in einer andern Filiale ein Liebhaber der klassischen Musik von jemand bedient wurde, der Arturo Benedetti Michelangeli für einen Komponisten aus dem Mittelalter hielt und hinter Lennox R.F. Berkley einen amerikanischen Pop-Musiker vermutete.

Nachdem er seine Filialbesuche beendet hatte, war Richard Keller überzeugt, dass in der Führung der Kernhorst irgend etwas nicht mehr stimmte. Er setzte sich an den Schreibtisch und entwarf auf einem Blatt Papier einen Aktionsplan, um diese Probleme und Schwierigkeiten möglichst schnell wieder in den Griff zu bekommen.

## Fragen zur Fallstudie

1. Worin besteht aus Ihrer Sicht das Hauptproblem der Kernhorst-Musikgeschäfte? Wie erklären Sie die Entstehung der Probleme, die Keller auf seiner Reise zu den Filialen festgestellt hat?

2. Als Richard Keller seinen Aktionsplan den Mitarbeiterinnen und Mitarbeitern vorlegte, stieß er zu seiner großen Überraschung auf Unverständnis und teilweise auf offene Ablehnung. Nachdem er sich diese Reaktionen etwas überlegt hatte, sah er ein, dass er anders hätte vorgehen müssen. Wie hätte Richard Keller konkret vorgehen müssen? Welche Personen hätte er in den Prozess einbeziehen müssen?

3. Entwerfen Sie auf höchstens zwei Seiten ein prägnantes Unternehmensleitbild. Versuchen Sie, die in Kapitel 6 (Abschnitt 6.1 «Die Vision: Leitplanke für strategische Aktivitäten», Seite 224) vorgestellten Konzepte miteinzubeziehen.

4. Damit das Leitbild umgesetzt werden kann, muss es bereichs- und stufengerecht abgeleitet werden. Zuerst erarbeiten Sie mit den Linienverantwortlichen in Gruppenworkshops die Bereichsleitbilder. Diese stellen Sie in einem weiteren Workshop zur Diskussion und geben jedem Mitarbeiter und jeder Mitarbeiterin die Möglichkeit, zwei bis drei persönliche Leitsätze zu formulieren. Entwerfen Sie für drei Mitarbeiter oder Mitarbeiterinnen aus verschiedenen Unternehmensbereichen je einen prägnanten und konkreten persönlichen Aktionsleitsatz.

5. Welche weiteren konkreten Maßnahmen tragen Ihrer Meinung nach dazu bei, die Umsetzung des Unternehmensleitbildes in der Firma Kernhorst sicherzustellen?

6. Richard Keller macht sich Gedanken über die rasante technische Entwicklung, die auch vor dem Musikgeschäft nicht halt macht. Zwar sind ihm Dinge wie «Edutainment», Internet, CD-ROM oder Musikunterricht via Computer und Multimedia noch nicht ganz geheuer. Aber er ist überzeugt, dass diese Entwicklungen auch für Kernhorst bedeutende Chancen und Gefahren enthalten. Das neue Leitbild soll daher auch dazu beitragen, dass neue innovative Wege beschritten werden. Welche neuen Tätigkeiten lassen sich Ihrer Meinung nach für die Kernhorst-Musikgeschäfte leitbildgerecht formulieren?

Fallstudie 7

# Jonas & Gemperle

Klaus Jonas war nach seiner Lehre als Elektromonteur mehr als 20 Jahre bei einem der führenden schweizerischen Hersteller von Telefonanlagen tätig. In den ersten Jahren seiner beruflichen Tätigkeit sammelte er als Mitglied einer Montagegruppe reiche Erfahrung in der Einrichtung von Neuanlagen. In dieser Funktion zeichnete er sich aus durch ein hohes Verantwortungsbewusstsein, zuverlässige Arbeitsausführung und eine ausgesprochene Fähigkeit zur Planung und Organisation. Ferner fiel er seinen Vorgesetzten auf, weil er regelmäßig Verbesserungsvorschläge einbrachte, die erfolgreich und mit Gewinn umgesetzt werden konnten (zum Beispiel setzte er schon 1985 einen Personal Computer (PC) für die Planung und Kontrolle ein). Seine Beförderung zum Gruppenleiter war daher für die meisten seiner Kollegen keine Überraschung. In der neuen Funktion war Jonas ebenso erfolgreich, da sich seine weitere Stärke – die Führung und Motivation von Menschen – bei dieser Aufgabe erst richtig entfalten konnte. Jonas zählte bald einmal zu den besten Gruppenleitern im Unternehmen. Er wurde immer dann zu Hilfe gerufen, wenn ein besonders heikler Auftrag zu erledigen war. Als die Ablösung der bisherigen «Relais-Anlagen» durch die neuen Digitalanlagen einsetzte, war Klaus Jonas trotz seiner inzwischen 49 Jahre einer, der den Umstieg auf die neue Technik ziemlich problemlos schaffte und daher bei der Umschulung auch die Funktion eines Ausbildners zusätzlich übernahm.

Alles schien in besten Bahnen zu laufen, bis ein überraschendes Ereignis – das drei Tage vor seinem eindundfünfzigsten Geburtstag der Öffentlichkeit bekannt gegeben wurde – die Situation erheblich veränderte. Das Unternehmen wurde im Zuge einer Fusion mit zwei anderen Firmen zusammengeschlossen, was eine umfassende Reorganisation zur Folge hatte. Sozusagen von einem Tag auf den andern verschlechterte sich die Lage von Klaus Jonas erheblich. Die neue Firmenleitung gab bekannt, dass ein Abbau von Arbeitsplätzen unumgänglich sei und dass man insbesondere versuchen wolle, diesen Abbau durch Frühpensionierungen sozial verträglich zu machen. Für ihn selber konnte das unter Umständen heißen, dass er in vier bis fünf Jahren ebenfalls frühzeitig in Pension gehen müsste. Es wäre dann sehr schwierig, irgendwo sonst eine Beschäftigung zu finden. Er konnte sich aber auch nicht mit dem Gedanken anfreunden, bald schon nur noch mit seinem Hund spazieren zu gehen.

Veränderungen gab es auch in der Zusammenarbeit mit den vorgesetzten Stellen. Aus der neuen Firmenzentrale folgten zahlreiche neue Anweisungen. Fast alles, was bisher gegolten hatte, wurde auf den Kopf gestellt. Hinzu kam, dass Klaus Jonas mit dem Führungsstil seines neuen Chefs zunehmend Probleme hatte. Während er früher jahrelang sehr selbständig hatte arbeiten können, erhielt er nun dauernd detaillierte Anweisungen. Sein neuer Chef mischte sich permanent in Einzelheiten der Arbeitsausführung ein, was Jonas als sehr unangenehm und als ein Zeichen des Misstrauens empfand.

In dieser Zeit der Verunsicherung stieß Klaus Jonas eines Abends in der Bahnhofunterführung zufällig auf seinen ehemals besten Schulfreund Erich Gemperle, den er für Jahre aus den Augen verloren hatte, obwohl er – wie sich später herausstellte – seit längerem wieder in der Gegend wohnte. Sogleich beschlossen die beiden, das freudige Wiedersehen bei einem gemeinsamen Nachtessen zu feiern. Gemperle, der ursprünglich Möbelschreiner gelernt hatte, lebte einige Jahre in Australien, – wie er erzählte – sei dann aber auf Wunsch seiner Frau wieder in die Schweiz zurückgekehrt und habe die letzten sechs Jahre als Leiter des Hausdienstes in einem großen Industriebetrieb verbracht. Gerade jetzt stehe er vor einer wichtigen Entscheidung. Ein Freund, der aus Altersgründen sein kleines, gut eingeführtes Reinigungsgeschäft (10 Angestellte, 300 000,– Franken Umsatz) in der Stadt Bern verkaufen wolle, habe ihn ermuntert, dieses zu erwerben und es weiterzuführen. Bis Ende Monat müsse er seinen Entscheid bekannt geben. Als Klaus Jonas dies hörte, ging ihm durch den Kopf, wie er vor einiger Zeit, als er mit der Installation einer Anlage in einem großen Unternehmen beschäftigt war, zufällig längere Zeit den Putzfrauen zugeschaut hatte, welche die Papierkörbe leerten und mit dem Staublappen über die Pulte wischten. Damals kam ihm spontan die Idee, dass man die Reinigung von Büros besser und professioneller planen und organisieren könnte.

Als Klaus Jonas im Laufe des Gesprächs auch seine eigene etwas unbefriedigende Situation erläuterte, sagte Gemperle plötzlich: «Klaus, warum kaufen wir die Firma nicht gemeinsam?» Das war die erleuchtende Idee. Sogleich begannen die beiden Pläne zu schmieden und Möglichkeiten einer Firmenerweiterung zu diskutieren. Schließlich einigten sie sich darauf, die Sache noch in der gleichen Woche ausführlich zu besprechen.

Drei Wochen später waren sich die beiden Freunde einig. Klaus Jonas und Erich Gemperle steckten fast ihre ganzen Ersparnisse in den Kauf des Reinigungsunternehmens und kündigten (moralisch unterstützt von ihren Ehegattinnen) ihre bisherigen Arbeitsstellen, was in ihrem Alter einigen Mut brauchte. Aber beide waren von der neuen Herausforderung so begeistert, und gemeinsam hatten sie so optimistische Pläne, dass Zögern und Vorsicht in ihrem Denken keinen Platz mehr fand.

Gleich nachdem sie die Firma gekauft und in die Kollektivgesellschaft Jonas & Gemperle umgewandelt hatten, begannen die beiden, ihr neues Unternehmen systematisch zu analysieren und zu reorganisieren. Kurzfristig war eine beträchtliche Umsatzsteigerung erforderlich, damit überhaupt für beide ein Einkommen erwirtschaftet werden konnte. Deshalb versuchten sie sich zunächst über die Stärken und Schwächen der gekauften Firma klar zu werden und gleichzeitig nach neuen Geschäftsmöglichkeiten Ausschau zu halten. Wie sich Jonas und Gemperle bald einmal überzeugen konnten, hatten sie eine Truppe von sehr guten Mitarbeiterinnen und Mitarbeitern «eingekauft». Die allermeisten waren Ausländer verschiedener Nationen. Schwierigkeiten boten lediglich die Kommunikationsprobleme und Konflikte, die aus sprachlichen Gründen und teilweise auch wegen Mentalitätsunterschieden hin und wieder auftraten und die sich ungünstig auf die Arbeitsausführung auswirkten, was auch schon zu Kundenreklamationen geführt hatte. Trotz allem gab es unter den Mitarbeitenden einige, die über beachtliche praktische und technische Spezialkenntnisse etwa in der Teppich- oder Fassadenreinigung oder in der Behandlung von Steinböden verfügten. Trotz allem war die Planung der Einsätze und die Organisation der Arbeiten durchaus noch verbesserungswürdig. Vom Vorgänger hatten sie eine Buchhaltung, Personaldossiers, Kundenunterlagen und Projekt-Einsatzpläne in einem Zustand übernommen, den man getrost als «Chaos» bezeichnen durfte. Was die neuen Geschäftschancen betraf, wusste Gemperle, dass die Firmen mehr und mehr bereit waren, Reinigungsaufträge an Drittfirmen zu übergeben. Das «Outsourcen» war auch in seiner früheren Firma ein Thema gewesen, wobei man selbstverständlich das Ziel hatte, mit diesen Maßnahmen Kosten einzusparen. Ein Anliegen der Unternehmen war auch, für die gesamten Reinigungsarbeiten (z.B. Innen- und Außenreinigung) nur noch einen Ansprechpartner zu haben. Und natürlich erwartete man bei einer Vergabe der Arbeiten eine einwandfreie Qualität.

Gemperle hatte sich bei seinem früheren Arbeitgeber schon seit längerem mit dem Thema «Gebäudemanagement» beschäftigt. In einer Fachzeitschrift war er auf folgende Aufstellung gestoßen, welche die künftigen Ausbau- und Entwicklungsmöglichkeiten der Firma Jonas & Gemperle zusammenfasste und die er jetzt mit seinem Freund Klaus diskutierte.

| Gebäudemanagement | | |
|---|---|---|
| **Technik** | **Infrastruktur** | **Verwaltung** |
| Betrieb | Reinigungsdienst | Vermietung |
| System-Betreuung | Hausmeister-/Unterhaltsdienst | Objektbuchhaltung |
| Energiemanagement | Postdienst | Vertragsbetreuung |
| Abfallbeseitigung | Sicherheitsdienst | Energieabrechnung |
| weitere Leistungen | weitere Leistungen | weitere Leistungen |

Den beiden war bald einmal klar, dass sie sich vorerst auf ausgewählte Gebiete aus den Bereichen Technik und Infrastruktur beschränken wollten, wobei das Geschäftsfeld «Reinigungen» einstweilen noch im Zentrum stehen würde. Sie waren davon überzeugt, dass im Bereich der Reinigungsdienste noch einiges zu machen sei. Obwohl es sich oberflächlich betrachtet nur darum handelte, den Kunden die Dienstleistung «Reinigung» anzubieten, sahen sie Möglichkeiten, in diesem Markt, den sich zahlreiche einzelne Putzfrauen, verschiedene kleine und mittlere Unternehmen sowie einige große Reinigungskonzerne unter sich aufteilten, weiter zu expandieren. Grundsätzlich ließ sich der Teilmarkt «Reinigungen» nach den Dimensionen Komplexität und Größe etwas strukturieren. Als Objekte höchster Komplexität gelten Kunden, bei denen von der Art der Tätigkeit her besonders schwierige Reinigungsaufgaben zu lösen sind, wie etwa Unternehmen, in denen heikle Substanzen zum Einsatz kommen oder Krankenhäuser, wo für die Gewährleistung der erforderlichen Hygiene auch Spezialkenntnisse erforderlich sind. Die Größe eines Objekts kann gemessen werden nach der Anzahl Personen, die für dessen Betreuung eingesetzt werden müssen. Jonas und Gemperle versuchten, die heutige Marktkonkurrenz und -lage in einem Portfolio darzustellen (vgl. folgende Darstellung).

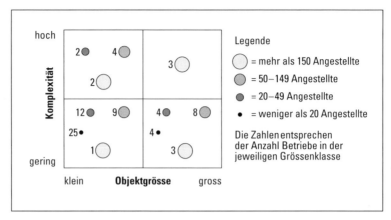

▲ Reinigungsmarkt der Region

Die einzelnen selbständigen Putzfrauen, die in dieser Darstellung zahlenmäßig nicht aufgeführt sind, waren natürlich fast ausschließlich im Quadranten geringe Komplexität/kleine Objektgröße tätig. Jonas und Gemperle hatten das feste Ziel, ein außergewöhnliches Reinigungsunternehmen aufzubauen. Aufgrund dieses Portfolios war ihnen jedoch klar, dass angesichts der gegenwärtigen Größe ihres Unternehmens die Haupttätigkeit ebenfalls in diesem unteren Quadranten liegen würde. Damit wurde auch zum Teil die Frage beantwortet, in welchen Segmenten sie vorwiegend aktiv werden wollten. Der Hauptanteil im Bereich kleine Objekte mit geringer Komplexität waren die ganz normalen Büroreinigungen. Hinzu kamen einfache Fassadenreinigungen kleiner Objekte. Eine gewisse Ausweitung in das Segment kleiner Objekte mit hoher Komplexität war ebenfalls denkbar, wurde aber vorerst nicht weiterverfolgt. Es ging hier einerseits um das Segment der technischen Spezialreinigungen, in welchem besonders die Firmen, die häufig mit giftigen chemischen Substanzen zu tun hatten, vermehrt das «Outsourcing» der Anlagenreinigung ins Auge fassten, und andererseits um kleine Spitäler (oder Abteilungen davon), kleine Privatkliniken und Arztpraxen, wo bakterielle Hygiene eine besondere Rolle spielte.

Ein solches Portfolio erstellten sie auch für das Segment «Wartung» (Hausmeister, Unterhaltsdienst). Im Endeffekt sah es – von kleinen Abweichungen abgesehen – sehr ähnlich aus wie das Portfolio für das Segment «Reinigung».

Jonas und Gemperle hatten den Ehrgeiz, mittelfristig auch in die Bereiche der größeren Objekte vorzudringen. Dazu mussten sie aber erheblich wachsen. Noch war an die Großobjekte kaum zu denken. Die beiden wussten sehr gut, dass es nicht einfach sein würde, neue Kunden zu gewinnen. Um dieses Ziel zu erreichen, mussten sie gegenüber ihren Konkurrenten Vorteile aufweisen können, die den Wünschen der Auftraggeber entsprachen. Sie beabsichtigten daher, die ganz normalen und selbstverständlichen Dienstleistungen rund um die Reinigung mit höchster Zuverlässigkeit und überdurchschnittlicher Qualität zu erbringen. Zudem wollten sie ihren Kunden mit Offerten und Arbeitsplänen eine ganz genaue Beschreibung der Dienstleistungen unterbreiten und damit eine größtmögliche Transparenz über Ausmaß und Qualität der angebotenen Leistungen schaffen. Die Betonung von **Zuverlässigkeit, Qualität und Transparenz** schien sich ihnen besonders in diesem Bereich, in dem sich auch viele «Amateure» betätigten, als Möglichkeit zur Marktprofilierung anzubieten. Gegenüber den großen und professionellen Unternehmen wollten sie sich zudem durch eine betont persönliche Kundenbetreuung abheben. Sie beschlossen, in einer ersten Phase ihren Kunden vorwiegend Standard-Reinigungsangebote (Reinigung von Büros und Arbeitsräumen, Restaurants, öffentlichen Gebäuden, Spezialreinigungen in Neubauten oder bei Wohnungswechsel sowie Fassadenreinigungen) und Wartungsarbeiten (Hauswartungen, Wegpflege, Entsorgung von Abfällen, Unterhaltsreinigungen usw.) anzubieten.

Jonas, der über ausgezeichnete Computer-Kenntnisse verfügte, erarbeitete mit Hilfe einer Standardsoftware eine auf die Bedürfnisse ihres Unternehmens zugeschnittene Anwendung, um die Erstellung von Offerten und Arbeitsplänen zu beschleunigen und zu erleichtern. Zudem erstellten sie gemeinsam mit größter Sorgfalt eine vollständige Liste mit den Preisen für die genau umschriebenen Dienstleistungsangebote, die in die Offerten und Arbeitspläne übernommen werden konnten. Sie boten den Kunden damit die Möglichkeit, genau die jeweils gewünschten Dienstleistungen auszuwählen. Zudem konnten mit dieser präzisen Leistungsumschreibung unliebsame Missverständnisse zwischen Kunden und Leistungserbringer weitgehend ausgeschlossen werden. Diese Akribie in der Leistungsbeschreibung war ein wesentlicher Teil der Professionalisierung der Dienstleistung «Reinigung» und sollte ein Markenzeichen der Firma Jonas & Gemperle werden.

Da Jonas selber kaum über Branchenfachkenntnisse verfügte, übernahm sein Freund die Verantwortung für den technisch-praktischen Teil der Führung, während Jonas sich vorwiegend der Planung, dem Marketing, dem Kundenkontakt und der Gesamtleitung widmete.

Gemeinsam überlegten die beiden, wie sich die Elemente Zuverlässigkeit, überdurchschnittliche Qualität und hohe Transparenz am besten in die Praxis umsetzen ließen. Zur Sicherung der Transparenz hatten sie mit der Liste des Dienstleistungsangebotes und mit dem Computerprogramm für die Offerten und Arbeitspläne bereits entscheidende Vorarbeiten geleistet. Zuverlässigkeit und Qualität – das war beiden klar – hing einerseits von der Führung und andererseits von der Qualität des Reinigungspersonals selbst ab. Sie waren sich daher einig, dass der Auswahl der Mitarbeiterinnen und Mitarbeiter künftig größte Aufmerksamkeit geschenkt werden musste. Zentrale Anforderungen wie Vertrauenswürdigkeit, großer Leistungswille und selbständige Arbeitsweise mussten bei jeder Einstellung eines neuen Mitarbeiters oder einer neuen Mitarbeiterin sorgfältig abgeklärt werden. Das war nur durch ausführliche Gespräche mit den Bewerberinnen und Bewerbern zu erreichen. Diese Methode war zeitlich sehr aufwendig, aber sie waren davon überzeugt, dass sich dieser Aufwand lohnen würde. Der Einstiegslohn für neue Mitarbeiterinnen und Mitarbeiter war eher gering. Vergleiche zeigten, dass die Ansätze im unteren Bereich des «Marktpreises» lagen. Es war jedoch klar, dass gute Leute auf die Dauer nur dann in der Firma bleiben würden, wenn man ihnen ein marktgerechtes Einkommen bieten konnte. Jonas und Gemperle beschlossen die Einführung eines differenzierten Leistungs- und Zulagensystems um dieses Ziel zu erreichen. Erstens sollten die Mitarbeitenden nach Quadratmeter-Leistung entlohnt werden. Zweitens wurden für alle besonders schwierigen oder unangenehmen Arbeiten Zulagen zum Grundlohn entrichtet und schließlich sollte ein System der Leistungsbeurteilung die Voraussetzungen für die Aufteilung eines Leistungsbonus schaffen, der im Maximum 30 % vom Grundlohn ausmachte. Letzteres setzte voraus, dass alle Angestellten einmal pro Jahr qualifiziert wurden.

Neben der sorgfältigen Auswahl des Personals sollten ferner eine klare Führungsstruktur sowie genaue Arbeitspläne zur Qualitätssicherung beitragen. Für jedes Reinigungsvorhaben oder Reinigungsobjekt war ein «Projektmanagement» vorgesehen. Dies bedeutete, dass die einzelnen Aufgaben des «Projektes» genau bezeichnet, in einem Ablaufplan festgehalten und einem oder mehreren Mitarbeitenden zugeordnet wurde. Zudem hatte für jedes «Projekt» eine Projektleiterin oder ein Projektleiter die Führungsverantwortung zu übernehmen. Damit konnte sichergestellt werden, dass alle Mitarbeiterinnen und Mitarbeiter bei jedem Einsatz genau wussten, welche Aufgaben sie zu erledigen hatten. Die Projektleiterin oder der Projektleiter der Reinigungsgruppe war zudem gegenüber dem Auftraggeber und gegenüber Jonas oder Gemperle für die Qualität der ausgeführten Arbeit verantwortlich. Um die Zufriedenheit der Kunden laufend zu überprüfen, mussten sie den Auftraggebern periodisch einen Fragebogen aushändigen, der mit den entsprechenden Kommentaren versehen direkt an Jonas oder Gemperle zurückgesandt werden konnte. Ferner wurde im Vertrag zugesichert, dass einer der Geschäftsleiter (Jonas oder Gemperle) mit der verantwortlichen Kontaktperson des Auftraggebers mindestens einmal pro Monat telefonisch oder persönlich Verbindung aufnehmen würde.

Da dieses Konzept einen überdurchschnittlich hohen Aufwand für die Arbeitsvorbereitung sowie die Führung und Überwachung vorsah, musste bei der Ausführung die Produktivität gesteigert werden, damit den Kunden keine höheren Gesamtkosten entstanden. Es zeigte sich sehr bald, dass diese Produktivitätserhöhung insbesondere durch eine sorgfältige Planung, durch den Einsatz genauer Arbeitspläne und ein gutes Projektmanagement durchaus zu erreichen war.

Als die Vorarbeiten abgeschlossen waren, begab sich Jonas auf Kundenbesuch. Mit der ihm eigenen Arbeitssystematik nahm er Kontakt zu allen wesentlichen Firmen in der Region auf. Dabei zeigte sich zur Freude der beiden Geschäftsinhaber, dass ihr Konzept bei vielen Firmen auf großes Interesse stieß. In kurzer Zeit konnten sie so viele neue Kunden in den von ihnen anvisierten Bereichen der Standardreinigung und Wartungsarbeiten gewinnen, dass sie nur mit Mühe rechtzeitig das erforderliche Personal anstellen konnten. Der große Wachstumsdruck, der oft kaum Zeit ließ, die neuen Mitarbeiterinnen und Mitarbeiter sorgfältig in ihre Aufgaben einzuführen, verursachte verschiedentlich Qualitätsprobleme, die allerdings teilweise auch auf die quadratmeterabhängige Bezahlung, die zu flüchtigem Arbeiten verleitete, zurückzuführen waren. Außerdem hatten sich einige Kunden auf den Fragebogen negativ über die sorglose Verwendung von ökologisch nicht unbedenklichen Reinigungsmitteln geäußert. Außerdem hatte sich herausgestellt, dass besonders bei Fassadenreinigungen infolge der inzwischen veralteten technischen Hilfsmittel die Kosten deutlich höher lagen als bei der Konkurrenz. Trotzdem konnten Jonas & Gemperle in nur gerade drei Jahren den Umsatz von ehemals 300 000,– Franken beinahe um das Zwanzigfache steigern. Im gleichen Zeitraum erhöhten sie den Personalbestand um das Zwölffache auf 120 Personen, worunter allerdings die jährliche Beurteilung der Mitarbeitenden erheblich litt, da der Aufwand für diesen Teil der Qualitätskontrolle inzwischen beinahe sechs volle Arbeitswochen beanspruchte.

Aber Jonas und Gemperle freuten sich über ihren Erfolg. Es war ihnen gelungen, eine so einfache Dienstleistung wie «Reinigung» den Kunden in einer verbesserten Form anzubieten. Damit verbunden war eine deutliche Produktivitätssteigerung. Anhand mehrerer Beispiele konnten sie aufzeigen, dass sie eine bestimmte Reinigungsleistung 15 % bis 20 % günstiger erbringen können als eine von der Kundenfirma intern beauftragte Reinigungsgruppe. Im Zuge des Personalwachstums war es insbesondere im letzten Jahr gelungen, auch einige größere Objekte geringer Komplexität zu akquirieren. Da sie noch keineswegs daran dachten, die Expansion zu bremsen, nahmen sie sich eine weitere Akquisitionstour vor, wobei sie insbesondere das Kundensegment «öffentliche Verwaltung» (Stadt, Kanton, Bund) anvisierten.

Darüber hinaus planten die beiden Geschäftsinhaber die Diversifikation in ein neues Betätigungsfeld, auf das sie mehr oder weniger zufällig gestoßen waren. Bei der Auswahl neuer Mitarbeiterinnen und Mitarbeiter mussten sie immer wieder Leute abweisen, die zwar einen sehr vertrauenswürdigen und charakterlich einwandfreien Eindruck hinterließen, aber aus Gründen des Alters oder wegen körperlicher Mängel für anstrengende Reinigungs- und Wartungsarbeiten kaum in Frage kamen. Gleichzeitig wurde bei Gesprächen mit Kunden immer wieder deutlich, dass mancherorts der Wunsch bestand, neben der Reinigung auch andere Dienstleistungen an Externe zu übertragen. Kulturelle Einrichtungen wie Museen, Galerien, Theater usw. meldeten Bedarf sowohl für die Aufsicht als auch für die Eingangskontrolle, und bei Warenhäusern und Verkaufsläden bestand eine Nachfrage nach Aufsichts- und Sicherheitspersonen. Allerdings existierten besonders für die Bereiche Eingangskontrolle und Sicherheit bereits etablierte und spezialisierte Firmen (z. B. Securitas). Deshalb mussten sich Jonas und Gemperle überlegen, was zu tun wäre, um sich in diesem neuen Segment profilieren zu können.

---

### Fragen zur Fallstudie

---

1. Beurteilen Sie die bisherige Strategie von Jonas & Gemperle: Welche Nutzenpotenziale haben Jonas & Gemperle erschlossen und wie attraktiv schätzen sie diese in Zukunft ein? Welche strategischen Erfolgspositionen und Kernkompetenzen besitzt das Unternehmen?

2. Welche Verbesserungen im Rahmen der bisherigen Strategie schlagen Sie vor?

3. Der hohe Qualitätsstandard der Firma Jonas & Gemperle hat sich mittlerweile in der Region herumgesprochen. Letzte Woche hat Gemperle von der Verwaltung des größten Krankenhauses in der Region eine Offertanfrage für die Reinigung der Notfallstation erhalten. Was halten Sie vor dem Hintergrund der bisherigen Strategie von diesem möglichen Auftrag?

4. Wie sinnvoll ist die von Jonas & Gemperle erwogene Diversifikation zum heutigen Zeitpunkt? Geben Sie Antworten auf folgende Fragen, indem Sie eine Produkt-/Markt-Matrix (siehe ◀ Abbildung 7.19 auf Seite 275) erstellen:

   a) Welche Möglichkeiten stehen Ihnen offen?

   b) Welche Vorteile/Chancen und Nachteile/Risiken weisen die einzelnen Möglichkeiten auf?

   c) Welche Wachstumsmöglichkeiten gäbe es bei einem Verzicht auf Diversifikation?

   d) Welchen Rat würden Sie den beiden Geschäftsinhabern aufgrund Ihrer Analyse erteilen?

Fallstudie 8

# Multimix AG

Die Multimix AG ist seit nunmehr 80 Jahren im Geschäft mit Küchen-
maschinen tätig. Die Firma wurde von Johann Jakob Singer gegründet,
der schon 1919 eine Maschine konstruiert hatte, mit der sich sowohl
Gemüse zerkleinern und pürieren als auch Beeren entsaften ließen.
Während mehr als zwei Jahrzehnten war die Herstellung und die laufende Verbesserung dieses Gerätes, das insbesondere in Hotel- und Re-
staurantküchen zum Einsatz kam, das Hauptgeschäft der Multimix.
Dank der herausragenden Qualität und Zuverlässigkeit der Geräte und
insbesondere der elektrischen Antriebsmotoren, die man ebenfalls selbst
herstellte, konnte man sich in den Kreisen der Berufsköche einen ausgezeichneten Namen schaffen. Da auch im Ausland viele Schweizer
Köche tätig waren, die von den hervorragenden Multimix Geräten gehört hatten, erzielte Multimix selbst während der Krisenjahre nach dem
1. Weltkrieg einen ansehnlichen Umsatz mit Verkäufen außerhalb der
Schweiz. Zudem wurden die verhältnismäßig teuren Geräte auch damals
schon vereinzelt an größere Privathaushalte verkauft. Der gute Ruf der
Firma Multimix trug dazu bei, dass man auch die Kriegsjahre eini-
germassen unbeschadet zu überstehen vermochte, da die Kapazitäten
teilweise mit der Produktion von Elektromotoren für militärische Zwecke ausgelastet werden konnten.

Als 1953 der Schwiegersohn Heinrich Kehrli, Masch.-Ing. ETH, die
Leitung des Unternehmens übernahm, setzte er sich zum Ziel, künftig

auch spezielle Geräte für Privathaushalte herzustellen. Diese Idee hatte er aus Amerika mitgebracht, wo er nach dem Studium einige Monate bei seinem Onkel Herbert verbracht hatte, der ebenfalls Ingenieur war und eine leitende Position im Entwicklungslabor von General Electric ausübte. Onkel Herbert hatte ihn auf eine Entwicklung aufmerksam gemacht, die damals in Amerika schon weit fortgeschritten war und zum Ziel hatte, der modernen Frau die Hausarbeit zu erleichtern. In den amerikanischen Warenhäusern gab es eine unglaublich reiche Auswahl an Elektrogeräten und Haushaltmaschinen aller Art, die sich großer Beliebtheit erfreuten.

Als erstes erteilte Kehrli seiner Entwicklungsabteilung den Auftrag, auf der Basis der bisherigen Erfahrungen eine preisgünstige Mehrzweck-Haushaltmaschine (mixen, schneiden, raffeln, entsaften) zu entwickeln, die man an Privathaushalte vertreiben konnte. Sein Vorschlag stieß nach anfänglicher Skepsis besonders bei Hans Steger, einem jungen Ingenieur, auf Begeisterung und dank seinem großen Einsatz lag in der Rekordzeit von nur gerade 18 Monaten ein detailliertes Produktionskonzept für ein solches Gerät vor. Obwohl die Mitarbeiter der Verkaufsabteilung noch nicht überzeugt davon waren, dass sich das neue Produkt erfolgreich an Privathaushalte absetzen ließe, erwies es sich schon nach einigen Monaten als großer Erfolg. Der Absatz des neuen Gerätes überstieg alle Erwartungen. Nur mit außergewöhnlichen Anstrengungen gelang es, die Organisation des Unternehmens dem starken Wachstum anzupassen. Insbesondere der Ausbau der Verkaufsabteilung und der Einsatz eines nach neuen Methoden geschulten Vertreterstabes verursachte anfänglich einige Probleme. Später kam es immer wieder zu Konflikten zwischen der Entwicklungs- und der Verkaufsabteilung. Früher konnten hauptsächlich die Ingenieure in der kleinen Forschungs- und Entwicklungsabteilung darüber entscheiden, welche Produkte bei der Multimix hergestellt wurden. Nun kamen mehr und mehr Forderungen von Seiten der Vertreter, die die Wünsche und Kommentare der Kunden zum Anlass nahmen, der Forschungsabteilung Ratschläge für Neuentwicklungen zu erteilen. Diese Ratschläge wurden von der Abteilung ungern aufgenommen. 1958 führten solche Rückmeldungen aber immerhin zur Entwicklung eines sogenannten Stabmixers, der sich – kaum dass er auf den Markt gekommen war – ebenfalls als großer Verkaufsschlager entpuppte. Ein Jahr später entwickelte man zudem ein Bügeleisen, mit einem neuartigen und gegenüber den Konkurrenzmodellen verbesserten Dampfsystem, das bei den Kunden ebenfalls eine sehr gute Aufnahme fand.

Zu Beginn der 60er Jahre brachte ein erneuter Besuch in den USA Kehrli auf weitere Ideen. Er hatte in amerikanischen Warenhäusern

Arbeitsgeräte für Heimwerker wie kleine Fräsen, Stichsägen sowie Bohr- und Schleifmaschinen gesehen, die sich bei den Kunden großer Beliebtheit erfreuten. Nach seiner Rückkehr gab er der Entwicklungsabteilung den Auftrag, eine Fräse und eine Bohrmaschine zu entwickeln. 1964 kam man mit diesen beiden Geräten auf den Markt und erzielte anfänglich einen beachtlichen Erfolg. Entscheidend für das Wachstum von Multimix war aber die Entwicklung weiterer Produkte im Haushalt- und Körperpflegebereich wie Haarschneidemaschinen, Rasierapparate, Kaffeemühlen und Staubsauger, die fast alle in der Zeit zwischen 1968 und 1975 entstanden sind und ebenfalls weitgehend problemlos abgesetzt werden konnten.

Mitte der siebziger Jahre war Multimix ein florierendes Unternehmen und in den folgenden Jahren erlebte die Firma einen weiteren stetigen Aufstieg. Jahr für Jahr erhöhten sich die Umsätze, wobei die Geräte für Privathaushalte bald einmal fast zwei Drittel des Produktionsvolumens ausmachten. Die Multimix stellte laufend neue Mitarbeiterinnen und Mitarbeiter ein und Mitte der achtziger Jahre galt Kehrli als einer der erfolgreichsten Unternehmer in der ganzen Region.

Für Kehrli, der das Unternehmen inzwischen zusammen mit vier Geschäftsleitungskollegen führte, war es deshalb eine große Überraschung, als 1986 besonders bei den Produkten für Privathaushalte und im Bereich der Heimwerkmaschinen, der in den letzten Jahren mit neuen Produkten und weiteren Modellen einen kräftigen Ausbau erfahren hatte, die Umsätze plötzlich einbrachen. Nach einigen Untersuchungen vermutete man die Ursache in der zunehmenden Konkurrenz auf dem Markt. Im Segment der Haushaltmaschinen hatten namentlich französische und deutsche, aber auch japanische Hersteller inzwischen zahlreiche Konkurrenzprodukte auf den Markt gebracht, die sich durch ein modernes Design und durch eine leichtere Bauweise von den Multimix-Produkten abhoben. Im Bereich der Maschinen für Heimwerker waren es die Deutschen und die Amerikaner, die mit Tiefpreisangeboten und aggressiver Werbung den bisher eher ruhigen Schweizer Markt durcheinander brachten.

Kehrli versuchte diesem Vordringen der Konkurrenz zunächst durch eine Stärkung der Verkaufsabteilung zu begegnen. Dieses Vorgehen war aber nicht von Erfolg gekrönt. Vielmehr musste er auch 1987 einen weiteren Umsatzrückgang von 8 % hinnehmen, wobei der Einbruch bei den Fräs- und Bohrmaschinen (ca. 20 %) ein wesentlicher Grund für das schlechte Ergebnis war. Die durch den Umsatzrückgang bedingte geringere Auslastung der Produktionsanlagen führte außerdem zu einer nochmals verschlechterten Ertragslage.

In einer Geschäftsleitungssitzung, die der Analyse der unerfreulichen Situation gewidmet war, kam es zu einer heftigen Auseinandersetzung zwischen Albert Stüssi, dem Chef der Entwicklung, und Rudolf Langenegger, dem Chef der Verkaufsabteilung. Stüssi warf Langenegger vor, seine Leute verstünden es nicht, die hohe Qualität der Multimix-Produkte beim Verkauf genügend hervorzuheben, während Langenegger behauptete, seit er, Stüssi vor acht Jahren die Leitung der Entwicklung übernommen habe, sei das Multimix-Sortiment kaum noch durch neue Produkte erweitert worden und zudem habe man die Kundenwünsche nach kleinen und ästhetisch ansprechenden Geräten nie richtig ernst genommen. Jetzt bekomme man eben dafür die Quittung. Der Chef Finanzen und Personal, Martin Girardin, sah sich mit dem Vorwurf konfrontiert, seine zurückhaltende Investitionspolitik habe die Entwicklung neuer Produkte behindert, während er selber der Meinung war, das mangelnde Kostenbewusstsein in der Produktion sei für die schlechte Ertragslage wesentlich mitverantwortlich. Diese Aussage wiederum forderte den Leiter der Produktion, Reto Hänni, heraus, der sich darüber beschwerte, dass organisatorische Mängel in der Verkaufsabteilung zu unregelmäßigen Bestellungseingängen führe, was in der Produktion Probleme verursache und immer wieder teure Sonderschichten erfordere. Selbst Kehrli musste sich vorwerfen lassen, dass es vermutlich keine gute Idee gewesen sei, seinerzeit die Heimwerker-Maschinen ins Sortiment aufzunehmen.

Kehrli hatte alle Mühe die Streithähne zu beruhigen, war sich aber sehr wohl bewusst, dass etwas unternommen werden musste. Er erinnerte sich, dass ihm kürzlich im Militärdienst ein Stabsoffizier erzählt hatte, er sei privat als Berater für verschiedene Firmen tätig, und falls er einmal die Strategie seiner Firma überprüfen wolle, sei er gerne bereit, ein Mandat zu übernehmen. Kehrli schlug deshalb seinen Kollegen in der Geschäftsleitung vor, diesen Dr. Kummer beizuziehen und ihm den Auftrag zu erteilen, die Situation genau zu analysieren und Verbesserungsvorschläge zu unterbreiten. Kehrli war allerdings überrascht, als er feststellte, dass sein Vorschlag sofort auf breite Zustimmung stieß. Schon am nächsten Tag setzte er sich mit Dr. Kummer in Verbindung, der hocherfreut den Auftrag annahm und versprach, nächste Woche mit den Abklärungen zu beginnen. Zu diesem Zweck arrangierte er mit Kehrlis Unterstützung verschiedene Gespräche mit Mitgliedern der Geschäftsleitung und mit verschiedenen Kaderangehörigen.

Als Dr. Kummer einige Wochen später seinen Bericht der Geschäftsleitung vorlegte, löste er einige Unruhe aus, da jedes einzelne Mitglied der Geschäftsleitung sich mit teilweise massiven Vorwürfen konfrontiert sah. Multimix habe in den letzten Jahren wenig unternommen, war da zu lesen, sich von der Konkurrenz zu differenzieren oder sich neuen Kundenwünschen anzupassen. Das Aussehen der Geräte entspreche nicht mehr dem modernen Geschmack. Die Entwicklungsabteilung habe es versäumt, dem Trend nach kleineren und leichteren Geräten Rechnung zu tragen. Dafür müsse man sich fragen, ob die Vielzahl der Varianten, die es bei manchen Geräten gebe, wirklich einem Kundenbedürfnis entsprächen oder ob eine Straffung des Sortimentes möglich wäre. Zudem passe der Bereich der Maschinen für Heimwerker nicht ins übrige Konzept, da er sich an eine ganz andere Zielgruppe wende als die anderen Produkte. Die Organisation der Verkaufsabteilung entspreche ebenfalls nicht mehr den heutigen Anforderungen. Der Auslandmarkt werde nicht systematisch bearbeitet und außerdem sei es ungünstig, wenn der Markt der professionellen Geräte (Großküchen, Hotels usw.) von den gleichen Leuten bearbeitet werde wie jener der Geräte für Privathaushalte, die über Warenhäuser und Detaillisten zum Kunden gelangen. Auch der Heimwerker-Bereich müsste, falls man ihn überhaupt beibehalten wolle, in der Verkaufsabteilung organisatorisch anders eingegliedert werden. Insgesamt sei es schwierig, eine Strategieverbesserung vorzuschlagen, da bei Multimix keine ausreichende Kostenrechnung vorhanden sei und man daher gar nicht wisse, wieviel die einzelnen Produkte kosten und welchen Ertrag sie einbringen. Deshalb könne man auch keine ertragsgerechte Preisgestaltung vornehmen und es sei schwerlich auszumachen, bei welchen Produkten man Geld verdiene und bei welchen man Verluste hinnehmen müsse. Hingegen lasse sich zweifelsfrei feststellen, dass die Kosten insgesamt zu hoch seien, denn obwohl die Multimix-Geräte zu vergleichsweise hohen Preisen auf den Markt kämen, sei der Ertrag zur Zeit ungenügend. Ferner habe er auch gesehen, dass eine sehr große Erfahrung in der Herstellung von Elektromotoren vorhanden sei, die besser genutzt werden könnte. Allerdings lasse sich heute nicht genau feststellen, ob nicht vielleicht die Motorenproduktion defizitär sei. Wäre dies der Fall, müsste man sich trotz der Erfahrung in diesem Bereich überlegen, ob nicht künftig bei einem spezialisierten Hersteller die fertigen Motoren eingekauft werden sollten.

Dr. Kummer beließ es aber nicht bei der Kritik, sondern wartete auch mit einigen Vorschlägen auf. Als eine der wichtigsten Maßnahmen schlug er den Aufbau einer Marketingabteilung vor. Ferner empfahl er, den Verkauf neu nach Produktgruppen zu organisieren, wobei insbesondere eine Trennung zwischen professionellen Geräten, Geräten für den Privathaushalt und Heimwerker-Geräten vorzusehen war. Da Multimix im Markt immer noch einen guten Namen bezüglich Qualität und Zuverlässigkeit hatte, legte Dr. Kummer der Geschäftsleitung nahe, die Multimix-Produkte konsequent im oberen Preissegment zu positionieren, um den «Exklusivitätscharakter» zu betonen. Dies erforderte allerdings einen gewissen Ausbau der Servicedienstleistungen (besonders auch im Bereich der professionellen Geräte). Weitere Ratschläge betrafen die Überprüfung und die mögliche Ausgliederung des Heimwerker-Bereichs, den Aufbau einer Kostenrechnung und die Verbesserung bestimmter administrativer Abläufe.

Auch wenn sie etwas schwer an der Kritik zu schlucken hatten, sahen die Mitglieder der Geschäftsleitung doch ein, dass tatsächlich nicht mehr alles zum Besten stand und unbedingt etwas getan werden musste. Allerdings waren sie von den Vorschlägen noch nicht vollständig überzeugt. Jeder hielt zwar die Vorschläge, die seine Kollegen betrafen, für vernünftig, jene aber, die auf den eigenen Bereich abzielten, für eher problematisch. Trotzdem beschloss man nach längerer Diskussion – wenn auch ohne große Begeisterung – die Realisierung dieser Vorschläge in Angriff zu nehmen.

Als erstes begann man mit dem Aufbau einer Marketingabteilung. Der neue Begriff stieß zwar bei den Mitgliedern der Geschäftsleitung auf wenig Gegenliebe und löste ein gewisses Unbehagen aus. Diese Reaktion war eine natürliche Folge der bisherigen Unternehmenskultur. Multimix war eigentlich immer eine eher konservative Firma gewesen. Vorsicht, überlegte Entscheidungen, Sorgfalt und Abstützung auf Bewährtes galten als zentrale Werte im Unternehmen. Seit jeher waren auch alle davon überzeugt, dass ein qualitativ einwandfreies Produkt immer seine Abnehmer finden werde. Als die Mitarbeiterinnen und Mitarbeiter auf dem Gerüchteweg davon erfuhren, dass eine Marketingabteilung eingerichtet werden sollte, setzte sich im Unternehmen sogleich die Auffassung durch, dass dieses von Amerika importierte «marktschreierische Marketing» eigentlich nicht zu Multimix passe.

Aber besonders Kehrli setzte sich dafür ein, dass nicht mehr vom einmal eingeschlagenen Weg abgewichen wurde. Natürlich bedeutete der Aufbau einer Marketingabteilung eine Zäsur in der Kultur von Multimix, aber angesichts der kritischen Lage musste jetzt gehandelt werden. Aufgrund eines entsprechenden Inserates stieß Kehrli auf den erst 35 jährigen Alois Vollenweider, der über eine mehrjährige Auslanderfahrung verfügte und die letzten fünf Jahre erfolgreich im Marketing bei Nestlé in Vevey tätig gewesen war. In Absprache mit Rudolf Langenegger schlug er seinen Kollegen in der Geschäftsleitung vor, den jungen Vollenweider einzustellen und ihn mit dem Aufbau der Marketingabteilung zu betrauen. Drei Monate später konnte Vollenweider seine neue Aufgabe in Angriff nehmen. Er ging sie mit der ihm eigenen Vehemenz an und rekrutierte zunächst firmenintern einige junge, dynamische Leute. Auf diese Weise hatte er bald ein aktives Team mit hohem

Potenzial beisammen, das er dann noch durch einen ehemaligen Arbeitskollegen ergänzte, der insbesondere über solide Kenntnisse und Erfahrungen als Werber verfügte. Diese hochmotivierte Gruppe junger Mitarbeiterinnen und Mitarbeiter setzte sich zum Ziel, die Umsätze von Multimix wieder massiv zu erhöhen. Bereits nach zwölf Wochen legten sie ein Konzept vor, das unter dem Slogan «Multimix kümmert sich um ihren Haushalt» eine Offensive im Haushaltgerätemarkt vorsah. Dabei sollten auch in erheblichem Umfang Werbespots im Fernsehen und in den Lokalradios zum Einsatz kommen. Weiterhin war vorgesehen, in den größeren Warenhäusern eine «Multimix Ecke» einzurichten, wo besonders geschulte Verkäufer den Kundinnen und Kunden für eine persönliche Beratung zur Verfügung stehen sollten. Das alles sollte zudem mit einer humorvollen Werbekampagne in den Printmedien unterstützt werden.

Als das Konzept in der Geschäftsleitung diskutiert wurde, fand es in der Person von Rudolf Langenegger, dem die Marketingabteilung auch unterstellt war, einen beredten Fürsprecher. Und auch Kehrli war vom Konzept angetan. Die übrigen Herren blieben aber eher reserviert. Girardin äußerte einige Bedenken, wegen der relativ hohen Beträge, die für die Promotionsmaßnahmen ausgegeben werden sollten. Aber nach einiger Diskussion entschloss man sich wohl oder übel, dem Konzept zuzustimmen.

Auf Kehrlis Anregung verabschiedete die Geschäftsleitung in der gleichen Sitzung auch noch das neue Leitbild, das er selbst verfasst hatte und das einen Kulturwandel unterstützen sollte. Dieses neue Leitbild wurde anschließend den Mitarbeiterinnen und Mitarbeitern in Form einer schön gestalteten Broschüre zusammen mit einem Brief der Geschäftsleitung zugestellt, in welchem auf die Umsatzrückgänge hingewiesen und gleichzeitig zu mehr Mut zum Risiko aufgerufen wurde.

Kurze Zeit nachdem die Broschüre verteilt worden war, kam allerdings in der Firma das Gerücht auf, die im Brief erwähnten Umsatzrückgänge würden ausschließlich den Bereich der Heimwerker-Geräte betreffen. Zudem würde sich durch die Einrichtung einer neuen «unproduktiven» Abteilung für Marketing die Situation nur noch verschlechtern.

Doch schon kurze Zeit nach der entscheidenden Geschäftsleitungssitzung gingen die Marketingleute mit großem Elan an die Umsetzung des verabschiedeten Konzeptes. Vollenweider verstand es, die Leute zu motivieren. Ihm war es auch zu verdanken, dass die Vertreter und die Mitarbeiterinnen und Mitarbeiter der Verkaufsabteilung engagiert an der Realisierung des neuen Konzeptes mitarbeiteten. Der Erfolg blieb denn auch nicht aus. Bereits drei Wochen nach dem Start der Kampagne konnten Umsatzsteigerungen von über 20% gemeldet werden. Der Slogan «Multimix kümmert sich um ihren Haushalt» wurde innerhalb kürzester Zeit zum geflügelten Wort. Die Leute in der Marketingabteilung schüttelten sich gegenseitig die Hände: der Einstieg war gelungen.

Allerdings führte die plötzlich wieder gestiegene Nachfrage nach Multimix-Produkten auch zu einigen Problemen in der Produktion, wo man vor einigen Monaten aus Kostengründen eine Maschine für die Herstellung von Spritzgussteilen nicht ersetzt hatte. Diese Investition musste man nun sofort tätigen, da es bei den Stabmixern bereits zu Lieferfristen von mehreren Wochen gekommen war, was die Kunden verärgert hatte.

Auf jeden Fall aber war es Vollenweider gelungen, sich mit seiner jungen Marketingabteilung zu profilieren. Dies verschaffte ihm ein gewisses Ansehen innerhalb des Unternehmens. Seine Abteilung stellte eine Art Ausnahme dar zu der sonst im Unternehmen vorherrschenden «Vorsichtskultur». Des ersten Erfolges wegen war es der Marketinggruppe auch erlaubt «anders» zu sein. Dies äußerte sich etwa darin, dass die Mitarbeiter der Marketingabteilung im Hemd und in den Jeans zur Arbeit kamen, während die «normalen» Mitarbeiter der Verwaltungsabteilungen nach wie vor in Hemd und Krawatte erschienen. Vollenweider veranstaltete zudem monatlich ein «Marketing-Bankett», um den Zusammenhalt unter den Mitgliedern seines Teams zu fördern. In Tat und Wahrheit bestand das Bankett in einem sehr einfachen Nachtessen. Aber sowohl der Name der Veranstaltung wie auch die Tatsache, dass die Mitarbeiterinnen des Sekretariats ebenfalls zu dieser Veranstaltung eingeladen wurden, führte bald einmal zu Gerüchten über «Ausschweifungen», die angeblich diese Bankette der Marketingabteilung begleiteten.

Angesichts der Erfolge tolerierte die Geschäftsleitung diese Sonderstellung der Marketingabteilung, obwohl einige Mitarbeiterinnen und Mitarbeiter und mehrere Angehörige des mittleren Kaders diese Abweichung von den Multimix-Traditionen kritisiert hatten. Die Geschäftsleitung konzentrierte sich als nächstes auf die Umsetzung eines weiteren Vorschlages aus dem Bericht Kummer, nämlich die Reorganisation der Verkaufsabteilung mit dem Ziel, den Bereich «professionelle Kunden» und den Bereich «Privathaushalte» zu trennen. Obwohl man dabei einem Vorschlag von Langenegger folgte, der aufgrund der Kenntnisse über die Stärken und Schwächen seiner Mitarbeiterinnen und Mitarbeiter die Aufteilung vornahm und sie der jeweiligen Gruppe zuteilte, verursachte die Umsetzung dieses Vorhabens einige Schwierigkeiten. Einige Vertreter waren mit der neuen Aufteilung überhaupt nicht einverstanden und in der Abteilung entstand eine große Unruhe, die auch zu einigen Kündigungen führte. Leider war unter denjenigen, welche verärgert die Multimix verließen und zur Konkurrenz wechselten, auch André Dumont, einer der ehemals besten Verkäufer bei Multimix. Im Hause entstand allerdings das Gerücht, man habe Dumont gekündigt, weil er direkt zu Kehrli gegangen sei, um sich über die unsinnige Reorganisation zu beschweren. Da aber Kehrli deutlich zu verstehen gab, dass es bezüglich der Reorganisation kein Zurück gebe, spielte sich die organisatorische Änderung einigermaßen ein, so dass man weitere Schritte unternehmen konnte.

Albert Stüssi, der Leiter der Entwicklung, hatte bereits Vorarbeit geleistet und sich nach einem Designspezialisten umgesehen, der die Modernisierung der Geräte in Angriff nehmen sollte. Durch Vermittlung eines Bekannten stieß er auf Volker Künwarth, Absolvent einer Designerschule in den USA, der mehrere Jahre bei Siemens-Deutschland im Produktdesign tätig gewesen war und nun infolge Heirat mit einer Schweizerin nach einer Stelle in der Schweiz Ausschau hielt. Die Kollegen in der Geschäftsleitung hatten nichts gegen die Anstellung von Künwarth einzuwenden, so dass er bereits drei Wochen später seine Tätigkeit in der Entwicklungsabteilung aufnehmen konnte. Künwarth hatte einen Start nach Maß. Dank seiner überragenden Fähigkeiten galt er schon bald einmal als erste Stimme in der Entwicklungsabteilung. Die Zusammenarbeit mit Hans Jehrmann, einem der besten Entwicklungsingenieure im Hause, klappte vorbildlich. Entsprechend kamen die Arbeiten zügig voran und noch vor Ende Jahr legte die Abteilung die Pläne für eine ganze Reihe neu gestalteter Produkte vor. Die Mitglieder der Geschäftsleitung sprachen sich sehr lobend über die effiziente und gute Arbeitsweise der Entwicklungsabteilung aus und entschieden sogleich, die Vorschläge möglichst rasch umzusetzen. Als aber die Mitarbeiterinnen und Mitarbeiter der anderen Abteilungen über die weiteren Schritte informiert wurden, kam es zu heftigen Auseinandersetzungen. In der Produktion beschwerte man sich, dass keinesfalls genügend Kapazität für die Umstellung zur Verfügung stehe. Die Marketinggruppe hielt die Vorschläge gar für unbrauchbar, da keinerlei seriöse Marktabklärungen vorgenommen worden seien. Es handle sich um «typische Ingenieurideen», die aber den Bedingungen des Marktes nicht Rechnung trügen. Es kam zu einem regelrechten Krach zwischen den Entwicklern und den Marketingleuten. Kehrli sah sich einmal mehr genötigt einzugreifen und ein Machtwort zu sprechen. Er entschied, dass vorerst wenigstens drei Vorschläge realisiert werden sollten. Vollenweider war über diesen Entscheid sehr verärgert. Für Wochen herrschte eine beträchtliche Missstimmung im Hause, die auch die kreative Leistung der Marketingabteilung beeinträchtigte. Ob dies der Grund dafür war, dass die Um-

sätze wieder stagnierten, blieb unklar. Auf jeden Fall konnte Girardin
Ende Jahr keine erfreulichen Zahlen vorweisen und Langenegger beklagte sich, dass seit der organisatorischen Änderung im Bereich der
professionellen Geräte der Umsatz um mehr als 10% eingebrochen sei.
Diese negativen Meldungen verbreiteten sich auch gerüchteweise im
Unternehmen und waren nicht dazu angetan, die Stimmung im Hause zu
verbessern. Deshalb entschloss man sich, nochmals Dr. Kummer einzu-
laden, um mit ihm die Probleme der neuen Strategie zu besprechen.

### Fragen zur Fallstudie

1. Welche Widerstände sind im Verlaufe des Wandlungsprozesses auf-
   getaucht? Aus welchen Gründen?

2. Welche Fehler machte Ihrer Meinung nach Heinrich Kehrli beim Versuch, für Multimix eine neue Strategie zu entwickeln? Mit welchen
   Maßnahmen hätte er die Erfolgsaussichten der strategischen Veränderung verbessern können?

3. Welche personalpolitischen Maßnahmen hätte Martin Girardin als
   Personalverantwortlicher vorschlagen können, um den Veränderungsprozess zu unterstützen?

4. Was hätten Vollenweider und Künwarth zum Gelingen der Veränderungen beitragen können?

5. Der Berater Dr. Kummer spielt eine wesentliche Rolle in diesem Fall.
   Wie beurteilen Sie seine Arbeit und seine Rolle im Prozess? Wie beurteilen Sie allgemein die Vor- und Nachteile eines Beratereinsatzes
   bei Veränderungsprozessen?

Fallstudie 9

# Automaten AG

Die Automaten AG gehörte seit Jahren zu den führenden Anbietern von Frankiermaschinen. Der Geschäftsbereich konnte auf eine lange Erfolgsperiode zurückblicken. Über die Jahre hatte man sich besonders bei den Hochleistungsmaschinen einen ausgezeichneten Ruf erworben. Der Verkauf der Frankiermaschinen erfolgte sowohl über einen eigenen Stab von Verkaufsmitarbeitern als auch über Wiederverkäufer, wobei die Verkaufsgebiete durch informelle Absprachen aufgeteilt worden waren. In den letzten drei bis vier Jahren waren die Umsatzzunahmen zwar deutlich schwächer ausgefallen als in den Jahren zuvor. Aber es ging immer noch ein wenig aufwärts und man gab sich damit zufrieden, zumal die Verkäufer die Rückgänge hauptsächlich mit der allgemeinen konjunkturellen Schwäche begründeten. Seit mehr als fünfzehn Jahren führte Dr. Martin Bodmer den Geschäftsbereich. Er hatte in den ersten Jahren seiner Tätigkeit maßgeblich zum Auf- und Ausbau des Bereiches beigetragen. Die Mitarbeiterinnen und Mitarbeiter schätzten ihn, weil er für alle immer ein gutes Wort übrig hatte.

Als im ersten Vierteljahr des Jahres 1992 gleich zwei neue Konkurrenten auf dem Markt erschienen, die innerhalb kürzester Zeit beachtliche Umsatzerfolge aufweisen konnten, geriet der Geschäftsbereich Frankiermaschinen jedoch unversehens in Schwierigkeiten. Gegen Mitte Jahr brachen die Umsätze der Automaten AG im Bereich Frankiermaschinen geradezu dramatisch ein. Ein Grund für den Erfolg der Konkurrenz lag im Angebot der kleinen Maschinen. Dieses Segment wies ein starkes Wachstum auf, da zunehmend auch kleine und mittlere Firmen aus Gründen der Rationalisierung Frankiermaschinen einsetzten. Die Automaten AG hatte in diesem stark wachsenden Segment keine ausgereiften Modelle anzubieten, da man sich während der letzten Jahre eher auf die größeren Modelle konzentriert hatte. Die Konkurrenz hingegen war jetzt gleich mit drei bzw. vier Modellen auf den Markt gekommen, welche die unterschiedlichsten Bedürfnisse dieser kleinen und mittleren Unternehmen abdeckten. Diese neuen Geräte wiesen außerdem einige technische Neuerungen auf, die eine erhebliche Verbesserung des Bedienungskomforts mit sich brachten. Während im Segment der kleinen Maschinen ein starkes Marktwachstum zu verzeichnen war, stagnierten die Absatzzahlen im Segment der größeren Hochleistungsmaschinen. Hinzu kam, dass es bei den verschiedenen Geräten der Automaten AG in letzter Zeit erhebliche Qualitätsprobleme vor allem mit den eingebauten elektronischen Bauteilen gegeben hatte. Dadurch wurden viele Kunden verärgert, zumal die Serviceabteilung den stark gestiegenen Bedarf an Reparatur- und Serviceleistungen häufig nicht fristgerecht abdecken konnte. Außerdem hatte man seit einiger Zeit auch Mühe, mit den Preisen der Konkurrenz schrittzuhalten. Während die Kunden früher durchaus bereit waren, für ein Produkt der Automaten AG einen etwas höheren Preis zu bezahlen, stellte man in letzter Zeit ein viel preisbewussteres Verhalten der Kunden fest. Die Konkurrenz stellte sich darauf ein, indem sie bewusst einen Preiswettbewerb betrieb. Ein Konkurrent verkaufte beispielsweise einen Maschinentyp zu einem Preis, der nur noch 10% über den Herstellkosten des vergleichbaren Modells der Automaten AG lag. Bei einigen anderen Maschinentypen sah es nicht viel besser aus. Eine Hauptursache für diese Kostensituation lag darin, dass in den letzten Jahren die Gemeinkosten stark angestiegen waren. Diese Entwicklung war in der Geschäftsleitung der Automaten AG mehrfach angeprangert worden, ohne dass konkrete Maßnahmen ergriffen worden wären.

Angesichts dieser Entwicklung war es kaum noch als Überraschung zu werten, dass der Geschäftsbereich Frankiermaschinen im Jahresabschluss 1992 einen massiven Verlust ausweisen musste. Manfred Freud, Vorsitzender der Geschäftsleitung und Delegierter des Verwaltungsrates der Automaten AG, kommentierte am 18. Januar 1993 dieses unerfreuliche Ergebnis in der Bilanzpressekonferenz nur kurz, gab hingegen schon vier Tage später an einer außerordentlichen Geschäftsleitungssitzung bekannt, dass der langjährige Leiter des Bereiches Frankiermaschinen, Dr. Martin Bodmer, ab sofort Sonderaufgaben übernehmen werde. Zum neuen Leiter des Bereiches wurde der erst 42jährige Hartmut Meißner ernannt, der bisher den Aufbau des Ostasiengeschäftes für Kopiermaschinen erfolgreich geleitet hatte.

Wenige Wochen nachdem Meißner die Leitung übernommen hatte, spürte man, dass ein neuer Wind blies. Die Führungskräfte wurden zu einer dreitägigen Sitzung aufgeboten. Das Ziel dieser Sitzung war, die Grundlagen für eine Strategieanpassung zu erarbeiten. Insbesondere sollte analysiert und diskutiert werden, welche Schritte unternommen werden mussten, um den Bereich wieder auf Vordermann zu bringen. Die Analyse brachte zutage, dass in den vergangenen Jahren die ehemals erarbeitete Strategie nur teilweise umgesetzt worden war. Die seinerzeit noch unter der Verantwortung von Dr. Martin Bodmer erarbeitete Strategie hatte nämlich bereits eine Ausweitung ins Segment der mittleren und kleinen Maschinen vorgesehen. Nach Plan hätten bis 1990 drei Typen die Marktreife erlangen sollen. Es kam aber aus verschiedenen Gründen zu Verzögerungen in der Entwicklung. Erst Anfang 1991 stand ein erstes Modell bereit. Aber die Verkäufer der Automaten AG zeigten leider wenig Begeisterung für die neue Maschine, da die viele Elektronik manche von ihnen abschreckte und verunsicherte. Bei den meisten Wiederverkäufern war die Reaktion auf das neue Modell allerdings wesentlich positiver. Leider kamen nach einer anfänglichen Begeisterung bald auch von dieser Seite her Vorbehalte, da bei den neuen Modellen häufig Funktionsstörungen auftraten, die vom Servicedienst der Automaten AG wegen der mangelnden Vertrautheit mit dem neuen Modell nicht richtig behoben werden konnten. Das verärgerte die Kunden und wirkte sich negativ auf den Ruf der jeweiligen Wiederverkäufer aus.

Bei einer offenen und intensiven Diskussion während der drei Tage stellte sich ferner heraus, dass im Bereich «Frankiermaschinen» eine ganze Reihe weiterer Probleme bestanden. Meißner war insbesondere über die geringe Umsatzleistung pro Mitarbeiter und pro Verkaufsmitarbeiter erstaunt. Bei der Konkurrenz lagen diese Werte teilweise fast 30 % höher als im Bereich Frankiermaschinen. Wie sich im Verlaufe der Diskussion herausstellte, lag dies offenbar in erster Linie an organisatorischen Mißständen in der Verkaufsabteilung und an einem Mangel an Motivation bei den Verkaufsmitarbeitern, für den wiederum das schlechte Klima in der Abteilung verantwortlich zu sein schien. Die Ursache des schlechten Klimas konnte nicht genau ermittelt werden. Es schien aber irgendwie mit dem Lohnsystem im Zusammenhang zu stehen. Da das Lohnsystem jene Mitarbeitenden zu bevorzugen schien, die in großen Verkaufsgebieten tätig waren und zugleich große Maschinen verkauften, konnte der eigenartige Effekt auftreten, dass jemand aus einem großen Verkaufsgebiet trotz geringerer Verkäufe einen vergleichsweise höheren Lohn erhielt als Kolleginnen und Kollegen im kleineren Gebiet, die ihren Umsatz mit kleineren Maschinentypen erzielten. Außerdem schien der Spesenanteil in einem Missverhältnis zum Provisionsanteil zu stehen. Ein Mitarbeiter der Verkaufsabteilung äußerte sich dazu folgendermaßen: «Es stimmt doch etwas nicht, wenn meine Autoentschädigung höher ist als meine Provision». Hinzu kam, dass die Verkaufsmitarbeiter der Automaten AG trotz der informellen Gebietsabsprachen in einigen Fällen auch in direkter Konkurrenz standen zu den Verkäuferinnen und Verkäufern von Wiederverkaufsstellen, was zu Konflikten führte und einige Wiederverkäufer bewogen hatte, aus Protest auch Produkte der Konkurrenz ins Sortiment aufzunehmen. Einer der besten Wiederverkäufer strich aus Verärgerung sogar die Produkte der Automaten AG ganz aus dem Sortiment und verlegte sich auf den Vertrieb der Produkte eines wichtigen Konkurrenten.

Unzufriedenheit herrschte aber auch in der Serviceabteilung. Man beklagte sich dort, dass in der Vergangenheit weder genügend Zeit noch genügend Geld zur Verfügung gestellt worden sei, um sich im Hinblick auf die Betreuung der neuen Maschinentypen ausreichend weiterzubilden. Während die Verkaufsmitarbeiter meist «eine ruhige Kugel schieben können», herrsche in der Serviceabteilung ein Dauerstress und ein unzumutbarer Zeitdruck. Das wirke sich auch negativ auf das Klima aus.

Neben diesen Mängeln in der Verkaufs- und der Serviceabteilung wurden bei der Analyse auch die Schwierigkeiten mit der Produktqualität ausführlich erläutert. Als Meißner nach den Ursachen der ungenügenden Produktqualität fragte, musste er feststellen, dass niemand die Gründe genau kannte oder dass die Führungskräfte zumindest keine einheitliche Meinung darüber hatten. Im Laufe der Diskussion konnte man immerhin erfahren, dass die unzureichende Produktqualität nicht ausschließlich auf die fehlerhaften elektronischen Bauteile sondern auch auf Schwächen im mechanischen Bereich zurückzuführen war. Die Folge davon waren übermäßig hohe Garantiekosten, die letztes Jahr die Summe von beinahe 800 000,– Franken erreicht hatten. Sehr ausführlich kam natürlich auch die Hauptursache für den Umsatzeinbruch, nämlich die fehlende Produktpalette im Segment der mittleren und kleinen Maschinen, zur Sprache. Man war einhellig davon überzeugt, dass eine Verbesserung des Sortiments in dieser Hinsicht sehr schnell eine Umsatzsteigerung bringen könnte.

Nachdem man eine Übersicht über die Probleme gewonnen hatte, wandte man sich der Aufgabe zu, eine Strategieüberprüfung vorzunehmen. Dabei wurde deutlich, dass die damals unter der Leitung von Bodmer erarbeitete Strategie im Großen und Ganzen noch aktuell war. Die Strategie sah die intensive Bearbeitung des Segmentes der kleinen

und mittleren Betriebe bei einer Betonung der strategischen Erfolgspositionen Service und Qualität vor. Wie aber die Ergebnisse der letzten
Jahre und auch die Diskussion um die heutigen Probleme gezeigt hatte,
war es nicht gelungen, diese Vorhaben umzusetzen.

Meißner beauftragte daher am Ende der dreitägigen Sitzung eine
Gruppe von fünf Leuten unter dem Vorsitz von Philipp Graf, dem Leiter
der Verkaufsabteilung, bis in drei Wochen einen Maßnahmenkatalog für
die Umsetzung einer den heutigen Verhältnissen angepassten Fünf-
jahresstrategie zu unterbreiten. Auf den Tag genau drei Wochen später,
stellte Graf im Namen seiner Gruppe die Ergebnisse vor. Die Fünf-
jahresstrategie sah insbesondere vor, den Rückstand in der Bearbeitung
des Segmentes der kleinen und mittleren Maschinen so rasch wie möglich aufzuholen. Ferner sollte der Gemeinkostenanteil um 5% gesenkt
und der Bruttogewinn um 5% gesteigert werden. Weiter war eine Verstärkung der Marketing-Anstrengungen, eine Reorganisation der Verkaufsabteilung und eine bedeutende Steigerung der Produkt- und Servicequalität vorgesehen. Folgende quantitative Zielsetzungen wurden
vorgeschlagen:

| Messgröße | Heute | in 2 Jahren | in 5 Jahren |
|---|---|---|---|
| Anteil Gemeinkosten/Gesamtkosten | 15% | 13% | 10% |
| Bruttogewinn | 35% | 37% | 40% |
| Verhältnis Service- zu Verkaufspersonal | 0,5 | 1,0 | 1,5 |
| Bestand Verkaufspersonal | 28 | 24 | 20 |
| Krankheitsrate Servicepersonal | 4% | 3% | 2% |
| Krankheitsrate Verkaufspersonal | 8% | 4% | 2% |
| Fluktuation Servicepersonal | 16% | 10% | 5% |
| Fluktuation Verkaufspersonal | 10% | 8% | 5% |
| Produktqualität (% Mängel) | 2,9% | 1,5% | 1% |
| Monatsumsatz pro Verkaufsmitarbeiter | 18 600 | 20 500 | 24 000 |
| Ausbau Produktlinie | 5 | 6 | 8 |
| Anzahl Wiederverkäufer | 114 | 125 | 130 |

Hinzu kamen folgende Ziele:

- Genaue und schriftlich fixierte Gebietsabsprachen bis Ende 1993.
- Straffung und Reorganisation der Verkaufsabteilung bis Mitte 1994.
- Umfrage zur Unternehmenskultur im Bereich Frankiermaschinen (besonders Service- und Verkaufspersonal) mit anschließenden Maßnahmen zur Verbesserung des Betriebsklimas.
- Anpassung des Lohnsystems an die strategischen Vorhaben bis Ende
  1993.

Die Vorgaben fanden unter den Führungskräften eine weitgehende Zustimmung. Einzig der vorgesehene Abbau des Personalbestandes in der Verkaufsabteilung bei gleichzeitiger Erhöhung des Monatsumsatzes pro Mitarbeitenden gab zu einigen Diskussionen Anlass. Insgesamt durfte Meißner mit Befriedigung feststellen, dass es gelungen war, die führenden Mitarbeiterinnen und Mitarbeiter auf den neuen Kurs einzustimmen. Auch die anschließende Information der übrigen Belegschaft verlief erfolgreich, so dass man hoffen durfte, mit diesen Maßnahmen die heutigen Schwierigkeiten in den Griff zu bekommen.

Zur Bearbeitung der verschiedenen Probleme wurden Arbeitsgruppen eingesetzt, die zeitgerecht entsprechende Maßnahmen auszuarbeiten und umzusetzen hatten. Meißner bot den Gruppen auch an, dort, wo es sich als nötig erweise, entsprechende Unterstützung bei der Durchsetzung zu leisten. Ferner wurde vereinbart, dass zur Kontrolle des Fortschrittes die Gruppen alle drei Monate anlässlich einer längeren Sitzung über den Stand der Dinge und über mögliche Probleme berichten sollten.

Als im November 1995 Meißner die Führungskräfte zu einer zweitägigen Sitzung zusammenrief, um die seinerzeit formulierte Zweijahreszielsetzung mit den Ergebnissen zu vergleichen, konnte er folgende Zwischenergebnisse (Stand Ende Oktober) vorstellen:

| Zwischenergebnis Ende Oktober 1995 | Soll | Ist |
|---|---|---|
| Anteil Gemeinkosten/Gesamtkosten | 13% | 15% |
| Bruttogewinn | 37% | 39% |
| Verhältnis Service- zu Verkaufspersonal | 1,0 | 1,1 |
| Bestand Verkaufspersonal | 24 | 20 |
| Krankheitsrate Servicepersonal | 3% | 3% |
| Krankheitsrate Verkaufspersonal | 4% | 5% |
| Fluktuation Servicepersonal | 10% | 9% |
| Fluktuation Verkaufspersonal | 8% | 9% |
| Produktqualität (% Mängel) | 1,5% | 1,8% |
| Monatsumsatz pro Verkaufsmitarbeiter | 20 500 | 21 000 |
| Ausbau Produktlinie | 6 | 6 |
| Anzahl Wiederverkäufer | 125 | 122 |

Ferner konnte er festhalten, dass die schriftlichen Gebietsabsprachen mit den Wiederverkäufern zeitgerecht erstellt worden waren. Mit der Reorganisation der Verkaufsabteilung hatte man angesichts der schwierigen Situation ein Beratungsunternehmen betraut. Das Projekt konnte vor drei Wochen mit einem Zeitvorsprung von acht Monaten abgeschlossen werden. Hingegen steckte das Projekt «Anpassung des Lohnsystems» noch in Schwierigkeiten. Zwei Monate vor dem Termin lag noch kein entscheidungsreifes Konzept vor. Die Gruppe hatte zwar vor einiger Zeit einen Vorschlag unterbreitet, der eine beträchtliche Erhöhung der Provisionen bei einer entsprechenden Reduktion des Fixums vorsah. Dieser stieß aber intern auf heftigen Widerstand, so dass die Diskussion erneut aufgenommen werden musste.

Nachdem Meißner sein Referat beendet hatte, setzte eine lebhafte Diskussion ein.

### Fragen zur Fallstudie

1. Was hätte Bodmer tun müssen, um die Probleme des Bereiches Frankiermaschinen zu verhindern?

2. Wie beurteilen Sie das Vorgehen von Meißner?

3. Wie beurteilen Sie die Situation vom November 1995? Ist die Umsetzung der Strategie gelungen? Auf welche Schwierigkeiten könnten die Angaben in der Tabelle hinweisen?

4. Ist die vorliegende Kontrolle genügend oder sehen Sie Lücken in der Strategiekontrolle? Wenn ja, welche? Welche zusätzlichen Kontrollen würden Sie vorschlagen?

# Fallstudie 10

# Der Schweizer Buchhandel: Zurbuch AG, Zürich[1]

Nachdenklich beobachtet Fritz Zurbuch, Geschäftsleiter und Haupt-aktionär der Zurbuch AG[2], vom Café am Bellevueplatz aus die Passanten an diesem warmen Frühlingstag. Schon vieles hat er in den letzten 35 Jahren an diesem Platz erlebt, die Studentenunruhen 1968 (als «aktiver» Teilnehmer), die Demonstrationen 1980 (als geschädigter Geschäftsinhaber), aber auch den Umzug seiner Buchhandlung an diesen stark frequentierten Zürcher Knotenpunkt vor 15 Jahren. Waren das alles kurze, wenn auch persönlich einschneidende Erlebnisse, beschäftigen ihn zurzeit eher langfristige Entwicklungen in der Buchhandelsbranche, welche die Existenz seines Geschäftes in Frage stellen: Hat das Buch im Zeitalter des E-Commerce überhaupt noch eine Chance? Wie – wenn überhaupt – werden die vielen unabhängigen kleinen und mittleren Buchhandlungen neue Trends wie E-Books, Online Publishing sowie den Internetbuchhandel und die zunehmende Verbreitung von inländischen und ausländischen Buchhandelsketten überstehen können? Wie

---

1 Für die Mitarbeit an dieser Fallstudie danken wir Prof. Dr. Rudolf Zobrist, Dozent für Unternehmensfinanzierung, Rechnungswesen und Controlling an der Fachhochschule Solothurn Nordwestschweiz.

2 Bei der Firma Zurbuch AG handelt es sich um eine fiktive Unternehmung. Die anderen im Fall behandelten Buchhändler sind real existierende Unternehmen; die Angaben dazu basieren auf öffentlich zugänglichen Quellen sowie auf Gesprächen mit Branchen-experten

lange wird die Buchpreisbindung, die den Buchhandel vor dem Preiswettbewerb schützt, noch bestehen bleiben?

**Der Schweizer Buchhandel**

Der Schweizer Buchhandel ist trotz Konzentrationsbewegungen immer noch eher kleingewerblich strukturiert und dadurch wenig transparent: ca. 3/4 des Gesamtumsatzes wird von den kleineren, unabhängigen Schweizer Buchhandlungen erwirtschaftet. In deutscher Sprache kommen jedes Jahr 80 000 neue Buchtitel auf den Markt. Das Angebot wird dadurch unüberschaubar, das Befriedigen eines bestimmten Lesebedürfnisses aufgrund der Fülle aller erhältlichen Buchtitel immer schwieriger. Der traditionelle Buchhandel ermöglicht durch die Auswahl der Bücher quasi eine Vorselektion (darum wird er oft auch als «Sortimenter» bezeichnet – er wählt aus, stellt ein Sortiment zusammen und empfiehlt).

In der Schweiz wurden im Jahr 2002 Bücher im Wert von rund 900 Mio. Fr. verkauft. 65 % davon entfallen auf den stationären Buchhandel (= traditionelle Buchhandlungen); 10 % auf Warenhäuser, Kioske und Tankstellen; je 6 % auf Buchklubs und Medien-Handelsketten (z. B. Ex Libris); 10 % auf die restlichen Verkaufsstellen (z. B. Reisebüros, Tierhandlungen, Fachgeschäfte mit Büchern). Der Anteil der **reinen** Internet-Buchhändler, d. h. jener ohne Verkaufsläden (z. B. Amazon), beläuft sich auf ca. 3 % (= 25 Mio. Fr.). Gemäß dem Bundesamt für Statistik hat in den 1990er Jahren die Anzahl der Teilzeit- und Vollzeit-Beschäftigten im Schweizer Buchhandel kontinuierlich abgenommen. Die Anzahl der Buchhandlungen ist seit dem Höchststand von 1995 (740 Detailhändler) ebenfalls konstant gesunken. Im internationalen Vergleich weist die Schweiz Ende der 1990er Jahre trotzdem noch eine hohe Versorgungsdichte auf: 11 400 Einwohner pro Buchhandlung. In Deutschland sind es 15 300, in den USA 39 700 Einwohner. Viele kleinere Buchhändler betreiben das Geschäft nicht nur aus reinen Renditeüberlegungen, sondern vor allem aus Idealismus. Dank hoher Eigenfinanzierung haben sie trotz ungenügender Rendite einen langen Atem zum Überleben (der jedoch immer knapper wird).

**Akteure im Schweizer Buchhandel**

Neben den Endkunden (= Lesern) und den Einzelbuchhändlern spielen im europäischen Buchhandel die Verlage und der Zwischenhandel eine wichtige Rolle (vgl. ▶ Abbildung 1). Der Zwischenbuchhandel besteht in der Schweiz aus einem Grossisten (Barsortiment), etwa einem halben Dutzend anderer Verlagsauslieferungen und wenigen Nischenauslieferern. Mit einem Umsatz von ca. 200 Mio. Fr. ist das Schweizer Buchzentrum (SBZ) in Hägendorf mit Abstand der größte Zwischenhändler (Marktanteil ca. 50 %). Die Schweizer Sortimentsbuchhändler (d. h. Einzelbuchhändler, die praktisch das ganze Sortiment beschaffen können) wickeln ca. die Hälfte aller Bestellungen über das SBZ ab, denn durch

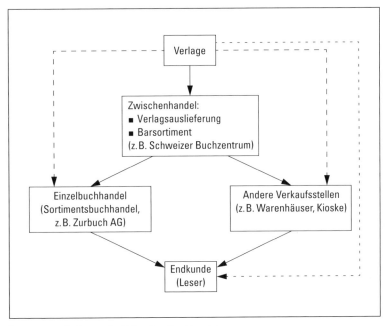

▲   Abbildung 1     Bezugswege & Akteure im Schweizer Buchhandel

das SBZ können fast alle lieferbaren Bücher bezogen werden. Das SBZ
hat zurzeit über 200 000 Titel bzw. 6 Mio. Bücher an Lager. 30% ihrer
Bücher beziehen die Sortimentsbuchhändler bei anderen Schweizer
Zwischenhändlern, 6% bei deutschen Anbietern, den Rest direkt beim
Verlag.

   Das SBZ ist eine genossenschaftlich organisierte Einkaufsgemein-
schaft; Genossenschafter sind rund 380 Schweizer Buchhändler (auch
Nicht-Genossenschafter können beim SBZ beziehen, allerdings zu
schlechteren Konditionen und höheren Bezugskosten). Das SBZ übernimmt die Verlagsauslieferung, d.h. die (exklusive) Auslieferung des
Gesamtsortiments eines Verlages, für 340 Verlage. Als Grossist stellt das
SBZ zusätzlich zur Verlagsauslieferung auch ein Großhandelssortiment
in eigener Regie und auf eigene Rechnung zusammen, das «Barsortiment» genannt wird und über einen speziellen Barsortimentskatalog den
Buchhändlern angeboten wird. Insgesamt beliefern so rund 500 Verlage
aus dem In- und Ausland die Buchhandlungen über das Schweizer
Buchzentrum. Im Herbst 2000 lieferte es innerhalb einer einzigen Woche 60 000 Exemplare der deutschen Ausgabe des vierten Harry-Potter-
Bandes aus. Direktlieferungen des SBZ an Privatkunden sind ebenfalls
möglich, jedoch nur im Auftrag und auf Rechnung der Buchhandlungen
oder im Auftrag der Verlage.

Das SBZ und die anderen größeren Verlagsauslieferer liefern in der Regel ab Lager aus und bieten großen Buchhandlungen eine «regalfertige» Lieferung, indem die Bücher voretikettiert und nach ihren jeweiligen buchhandlungsspezifischen Bereichen sortiert werden. Dies spart vor allem größeren Buchhandlungen mit Bestellungen von über hundert verschiedenen Titeln pro Tag viel Zeit.

Ein Buchhändler erhält vom Verlagsauslieferer oder Barsortiment in der Regel ein Buch zu einem Rabatt von ca. 30–40 % auf den Ladenpreis. Grundsätzlich gilt: je größer die Buchhandlung (und somit die Bestellmenge), desto höher die Rabatte und desto eher gibt es Sonderkonditionen (z.B. Werbekosten-Zuschüsse, Erlass von Portospesen). Großbuchhandlungen erzielen so bis zu 45 % Rabatt. Das Barsortiment oder die Verlagsauslieferung erhält für seine distributive Leistung vom Verlag über diesen **Grundrabatt** noch zusätzliche 10–15 % vom Verkaufspreis. In der Beziehung zwischen Groß- und Einzelbuchhandel spielen jedoch nicht nur die Rabatte eine wichtige Rolle. Zwischenhändler ermöglichen es dem Einzelbuchhandel auch, Bestell-, Bezugs-, und Handhabungskosten sowie Kapital (z.B. für Lager) zu sparen. Dank ihrer Funktion haben sie einen guten Überblick darüber, was nachgefragt wird und können bei den Verlagen höhere Rabatte aushandeln.

Die Schweiz ist ein Land von Kleinverlegern. Dies zeigt die Tatsache, dass sie nur fünf Unternehmen beheimatet, die zu den größten der 300 Verlage des deutschsprachigen Raumes gehören. In den letzten Jahren mussten viele Schweizer Verlage schließen, andere wurden von ausländischen Konkurrenten übernommen. Verlage, die auf literarische Qualität setzen, leiden darunter, dass große – nach rein ökonomischen Prinzipien geführte – Buchhandlungen nur noch verkaufsträchtige Titel einkaufen. Andere Verlage gründen eigene Buch-Clubs (z.B. Bertelsmann Buchclub) oder liefern direkt an den Endkunden aus. Vor allem Verlage von Fach- und wissenschaftlichen Zeitschriften beliefern teilweise ihre Leser direkt oder wickeln dieses Geschäft über wenige spezialisierte Zeitschriftenagenturen ab. Gelegentlich versuchen renommierte Verlage, mit Sonderaktionen die Liste ihrer bereits veröffentlichten Titel wieder ins Gespräch zu bringen. So haben die zur Holtzbrinck-Gruppe gehörenden Verlage Rowohlt, Fischer und KiWi im Januar 2003 über den Buchhandel 50 Titel bzw. 3 Mio. Bücher aus ihrem Sortiment zum revolutionären Preis von 1,50 Fr. bzw. Euro angeboten. Die Schweizer Buchhändler waren indes wenig begeistert von dieser Aktion, die ihnen kein Geld bringen konnte und in einer Zeit stattfand, in der sie Inventur machen mussten.[1]

---

1  Vgl. Facts, 12.12.2002, S. 125.

Buchpreisbindung

Eine Besonderheit des Buchhandels in der Schweiz (wie z.B. auch in Deutschland und Frankreich) ist die Buchpreisbindung. Im Prinzip handelt es sich um eine vertikale Preisabsprache: die Verlage schreiben den Buchhändlern den Verbraucherpreis vor, somit findet kein freier (Preis)-Wettbewerb statt. Vor allem Verlage mit Bestsellern (z.B. «Der Neue Duden») profitieren von dieser Regelung. Die Preisbindung ist kultur- und sozialpolitisch begründet und gilt für rund 90% aller (deutschsprachigen) Bücher. Ihren Befürwortern zufolge gewährt sie eine größere Titelvielfalt sowie eine flächendeckende Versorgung mit Büchern. Gleichzeitig schützt sie kleinere und mittlere Verlage und Buchhändler vor einem unvermeidlichen Konzentrationsprozess bei Wegfall der Preisbindung; aber auch große Online-Buchhändler wie Amazon profitieren aus Margengründen von den Preisen, welche ihnen die Verlage vorgeben.

Nach dem Entscheid des Bundesgerichts vom 14. August 2002, in welchem das kartellrechtliche Verdikt der Wettbewerbskommission **gegen** die Preisbindung wieder an diese zurückgewiesen wurde, dürfte die Schweiz wohl auf Jahre hinaus bei fixen Ladenpreisen für Bücher bleiben.

Verschiebungen in der Wertschöpfungskette: Beispiel Hugendubel, Deutschland[1]

Die größte Buchhandlung in Deutschland mit einem Umsatz von über 200 Mio. Euro war im Jahr 2001 Hugendubel, welche auch zu 49% an der Orell Füssli Buchhandels AG beteiligt ist. Mit der Eröffnung des Buchkaufhauses am Marienplatz in München startete das zuvor nur einige Filialen umfassende Unternehmen vor einigen Jahren eine enorme Expansionsphase, orientiert am US-Vorbild «Barnes & Noble». Mit einem drastisch verbreiterten Sortiment von gut 100 000 Titeln, großzügigen Selbstbedienungs- und Lesezonen (ohne jedoch die fachliche Beratung vernachlässigen zu wollen), einer offenen Architektur und durch kulturelle Veranstaltungen und Lesecafés sollte der Buchkauf zum «Erlebnis» werden. Mit insgesamt 1100 Beschäftigten in 28 Filialen erzielte das Unternehmen 2000 einen Umsatz von umgerechnet ca. 320 Mio. Fr. auf einer Geschäftsfläche von rund 36 000 m². An Spitzentagen verzeichnet die Hauptfiliale in München bis zu 60 000 Besucher. Hugendubel bildet sein Mitarbeiterteam ständig weiter. Das Unternehmen ist auch an Kleinpreisläden und Buchdiscountern (u.a. «Weltbild plus») beteiligt, um damit den Markt der Buchkäufer möglichst vollständig auszuschöpfen. Buchdiscounter verkaufen vorwiegend Bücher, die nicht der Preisbindung unterworfen sind (z.B. Restposten, ältere Auflagen, Titel aus dem Eigenverlag und aus Überproduktion).

---

1 Vgl. Riehm et al. (2001).

Weil das Telefon auch heute noch einen sehr wichtigen Vertriebs-kanal darstellt, die Läden telefonisch jedoch schlecht erreichbar sind und das Personal durch Telefonkontakte im Laden abgelenkt wird, er-öffnete Hugendubel 1999 ein Call-Center, an das kurze Zeit später alle Filialen angeschlossen waren. 35 qualifizierte Buchhändlerinnen und Buchhändler nehmen täglich zwischen 8 und 20 Uhr zwischen 700 und 1500 Anrufe entgegen, davon führen schließlich etwa ein Drittel zu einer Bestellung.

Vor einigen Jahren hat Hugendubel seinen Direktbezug bei den Ver-lagen zugunsten höherer Anteile beim Barsortiment (Zwischenbuchhan-del) eingeschränkt. Durch die Bündelung von Bestellungen und bei der Anlieferung sowie regalfertige Vorsortierung wollte man dem «Paket-Chaos» ein Ende bereiten, das sich aus der Vielzahl von Bestellungen bei verschiedenen Verlagen ergab. Über die höhere Bestellmenge konnte man beim Barsortiment einen besseren Rabatt aushandeln. Zudem hat Hugendubel – wie auch andere Groß- und Filialbuchhandlungen – nun sein Zentrallager beim Barsortiment eingerichtet.

Branchenentwicklung  Welchen Veränderungen der Buchhandel ausgesetzt ist, sollen folgende Beispiele zeigen. Zum einen hat sich das **Kaufverhalten** der Kundschaft in den letzten Jahren verändert. Neben dem vermehrten Bezug über das Internet spüren z.B. kleinere Buchhändler die Konkurrenz von großen Buchhandelsketten besonders dann, wenn ein Buch nicht am Lager ist. Dann neigt der Kunde dazu, nicht auf die Auslieferung zu warten, son-dern sich «anderswo» umzuschauen. Alle großen Buchhändler bieten neben dem sehr breiten Sortiment mittlerweile Dienstleistungen an, die über den reinen Buchverkauf hinausgehen. Dazu gehören ganz verschie-dene Leistungen wie Leseecken, Cafés, Buchrezensionen, Vorträge, Heimlieferservice, Vernissagen, Märchentage, das Verpacken von Ge-schenken, kulante Umtauschmöglichkeiten, Zahlung per Kreditkarte, Toiletten und vieles mehr.

Die Möglichkeit, einen Thriller von Stephen King übers Internet und als **E-Book** zu lesen, hat im Herbst 2000 für Furore gesorgt. E-Books sind Lesegeräte, auf denen man mehrere Bücher gleichzeitig in digitaler Form speichern lassen kann. Die Inhalte werden von speziellen Internet-seiten heruntergeladen. King veröffentlichte seinen Roman «The Plant» kapitelweise im Internet, und zwar in Eigenregie, also ohne Verlag und Buchhandel (www.stephenking.com). Vier von fünf Lesern bezahlten über den Online-Verkäufer Amazon freiwillig den von King geforderten einen Dollar per Kreditkarte für das erste Kapitel. Bei den Folge-Kapiteln ließ jedoch die Zahlungsmoral stark nach. E-Books haben den großen Durchbruch bisher noch nicht erreicht: teure, untereinander in-kompatible Geräte und die begrenzte Anzahl verfügbarer Titel sind die

Hauptgründe dafür. Ähnlich wie beim Online-Verkauf von Musik wird die Zukunft des E-Books auch davon abhängen, wie der Urheberschutz im Netz garantiert werden kann. Immer mehr Raubkopien für Palm- und Pocket-PC-Benützer sind im Umlauf. Wie bei Musik und Filmen lassen sich digitale Bücher technisch nur beschränkt gegen Piraterie schützen. Verlage sind darum bei der Nutzung des kommerziellen E-Book-Konzepts noch zurückhaltend.

Die technologischen Entwicklungen haben auch zu unzähligen Unternehmens-Allianzen geführt. So ist der amerikanische Telekom-Konzern AT&T mit Amazon eine Kooperation eingegangen, welche allen Digital PocketNet-Benützern von AT&T den mobilen Zugriff auf das gesamte Online-Angebot von Amazon ermöglicht. Im Sommer 2001 eröffnete Amazon zudem seinen eDocument-Store, in dem renommierte Institute ihre Publikationen zum Download anbieten (u. a. Harvard Business Review). Vor allem im Wissenschaftsbereich gibt es Verlage, die Zeitschriftenaufsätze und Bücher abrufbereit ins Netz stellen und diesen Service direkt mit den Lesern abrechnen (= **E-Publishing**).

Für Aufregung sorgt seit 2002 der französische Unterhaltungskonzern Fnac, der eine Ausweitung auf den deutschsprachigen Raum plant. In den Filialen Genf und Lausanne ist vom Kinderbuch bis zur kompletten Home-Cinema-Einrichtung alles erhältlich. Mit seiner äußerst **aggressiven Preispolitik** hat Fnac in der französischen Schweiz im CD-Verkauf für spürbare Verkaufsrückgänge bei den etablierten Konkurrenten gesorgt. Ähnliches wird nun in der Romandie auch für den Buchhandel befürchtet, denn die Bestimmungen zur Buchpreisbindung werden dort anders ausgelegt als in der Deutschschweiz. Aber auch hier, wo der Wettbewerb nicht über den Buchpreis geführt werden kann, lassen sich die Verantwortlichen bei Fnac nicht abschrecken. «In Zürich wollen wir möglichst nah bei Orell Füssli sein,» kündigt Christophe Fond, Fnac-Generaldirektor Schweiz, an.[1]

Online-Buchhandel Bücher gehören zu den meistverkauften Produkten via Internet. Orell Füssli erzielte im Jahr 2000 bereits 14% des Umsatzes online. Das zu Beginn starke Wachstum scheint jedoch allmählich abzuflachen. Interessant ist die widersprüchliche Einschätzung des Interneteinflusses durch die Branchenteilnehmer selbst. Einige betrachten die Online-Konkurrenz – wenigstens für bestimmte Sparten – als äußerst bedrohlich, während andere im Internet neue Möglichkeiten für das eigene Geschäft sehen.

Vieles deutet auf jeden Fall darauf hin, dass die bisherigen in der Euphorie der New Economy entstandenen Prognosen zum Niedergang

---

1 Facts, 31.12.2002, S. 50.

des traditionellen Buchhandels (und Buches) wohl überzogen waren.
Verzeichnete der Schweizer Buchhandel in der zweiten Hälfte der
1990er Jahre noch ein negatives Wachstum (1996: $-5\%$, 1997: $-12\%$),
lag die Wachstumsrate 2001 wieder bei $+2\%$. Trotzdem spüren die stationären Buchhandlungen natürlich die Konkurrenz des Online-Ver-
kaufs, vor allem im Bereich Sachbuch und bei hochpreisigen Spezialitäten. Der Anteil an Buchlesern in der Gesamtbevölkerung ist
konstant geblieben; zudem zeigt sich, dass gerade intensivere Internet-
benützer auch überdurchschnittlich häufig Buchleser sind.

Mit Ausnahme von Amazon verfügen die reinen Online-Buchhändler
(d.h. Buchhändler ohne Läden) über keine eigenen Lager, sondern
wickeln ihre Bestellungen über kooperierende Barsortimente ab. Damit
können sie dem langwierigen Bestellgeschäft bei den Verlagen ausweich-
chen. Um die breit angelegten Kataloge der Online-Buchhandlungen
bestmöglich abzudecken, haben die Barsortimente ihre Bestände in den
letzten Jahren deutlich erweitert. Der deutsche Barsortimenter Lingen-
brink (Libri) hat z.B. die Titelzahl innerhalb von 20 Jahren mehr als ver-
vierfacht, von 80 000 auf 350 000 lieferbare Titel. Mittlerweile wickelt
das Barsortiment (inkl. SBZ) auch für den stationären Buchhandel dessen Teil des Internetverkaufs ab, vom Versand über die Rechnungs-
stellung bis zum Inkasso. Die überwiegende Mehrheit der stationären
Buchhändler (inkl. der kleineren) in der Schweiz verfügt dadurch ebenfalls über eine Homepage mit Bestellfunktionen. Diese Unternehmen
verfolgen somit eine «clicks & mortar»-Strategie und versuchen, den
reinen Online-Händlern – z.T. recht erfolgreich – Paroli zu bieten. Dies
erklärt, wieso es die rein virtuellen Anbieter wie Amazon oder Bertelsmann Online (BOL) in der Schweiz schwer hatten und sich wieder nach
Deutschland zurückgezogen haben.

Ein allgemeines Problem im Verkauf von Gütern via Internet stellen
die «Trittbrettfahrer» dar, die sich stationär beraten lassen und danach
im Internet einkaufen. Studien zeigen, dass ca. $30\%$ des gesamten Inter-
net-Detailhandels erfolgt, nachdem sich der Kunde zunächst im stationären Handel informiert hat. Erfahrungen zeigen auch, dass die Kunden-
treue im Internet-Detailhandel weniger ausgeprägt ist als im stationären
Handel.

Konzentrations-
prozesse im Schweizer
Buchhandel

Zurzeit verändert sich die Wettbewerbslandschaft in der Schweiz stark;
es findet ein Konzentrationsprozess statt. Die drei größten Buchhandlungen der Deutschschweiz sind bereits ganz oder teilweise von deutschen Großketten aufgekauft worden: Jäggi (Basel) und Stauffacher
(Bern) wurden von der Thalia-Kette (u.a. auch Inhaber von «Buch.de»)
übernommen, Orell Füssli (Zürich) ist zu $49\%$ im Besitz der Buchhan-
delsfirma Hugendubel. Andererseits beobachtet man auch bei weniger

großen Buchhändlern vermehrt Zusammenschlüsse oder Kooperationen. So haben Rösslitor (St. Gallen) und Lüthy (Solothurn) die Aktienmehrheit von Stocker (Luzern) übernommen und sich so zu dritt zur Buchhaus-Gruppe zusammengeschlossen. Grund des Zusammenschlusses ist das Erzielen besserer Einkaufskonditionen sowie die Nutzung von Synergien bei der Personaladministration, der Buchhaltung und der EDV. Mit dem neueröffneten Buchhaus Stocker hat die Buchhaus-Gruppe im Herbst 2001 in Luzern auf einer Fläche von 1800 m$^2$ und an bester Passantenlage auf den Ausbau des Lokalkonkurrenten Raeber Bücher & Medien AG reagiert, der drei Jahre zuvor mit 1000 m$^2$ Geschäftsfläche für Furore sorgte (Raeber wurde 2001 von Orell Füssli übernommen). Andererseits wollte man sich damit auch gegenüber den deutsch dominierten Großbuchhandlungen Thalia Schweiz und Orell Füssli positionieren (vgl. ► Abbildung 2) und deren Zutritt nach Luzern erschweren. Die Entwicklung der letzten Jahre zeigt, dass ein Ausbau aus eigener Kraft für immer weniger Anbieter in Frage kommt. Mittlerweile bestreiten die drei Größten ca. ein Drittel des Gesamtumsatzes in der Schweiz.

| | Buchhandlung | Umsatz 2001 (in Mio Fr.) |
|---|---|---|
| 1 | Orell Füssli, Zürich | 89,1 |
| 2 | Thalia Schweiz, Basel (Jäggi)/Bern (Stauffacher) | 84,8 |
| 3 | Ex Libris, Dietikon | 45,5** |
| 4 | Lüthy, Solothurn* | 27,4 |
| 5 | Rösslitor, St. Gallen* | 14,5 |
| 6 | Meissner, Aarau | 11,4 |
| 7 | Freihofer, Zürich | 11,0 |
| 8 | Buch Shopping, Hägendorf | 8,3 |
| 9 | Bider + Tanner, Basel | 7,5 |
| 10 | Stocker Buchhaus, Luzern* | 6,4 |
| * Zusammenschluss zur Buchhaus-Gruppe[1] <br> ** geschätzt | | |

▲ Abbildung 2 Die größten Buchhandlungen 2001 in der Schweiz (Quelle: Handelszeitung, 6.11.2002, S. 9)

1 Diese Kooperation wurde im Dezember 2002 wieder aufgelöst. Rösslitor hat seine Anteile an Stocker an Lüthy verkauft.

Wie stark die Expansionskurse der Marktleader die kleinen und mittleren Buchläden verdrängen, zeigt sich eindrücklich auch auf dem Standort Zürich. Nachdem sie kurz zuvor die auf Architektur, Kunst und Fotografie spezialisierte Buchhandlung Krauthammer übernommen hatte, eröffnete die Orell Füssli AG im November 2002 am Bellevueplatz bereits die neunte Filiale, einen Buchladen mit 1000 m² und 30 Mitarbeitern. Schon vor der Eröffnung der neuen Großfiliale sah sich die in der Nähe liegende Buchhandlung zum Elsässer gezwungen, aufgrund der drohenden Umsatzeinbuße (erfahrungsgemäß 20% in solchen Fällen) einen neuen Standort zu suchen. Nur schon 10% weniger Umsatz hätte das seit sieben Jahren knapp unter der Renditeschwelle operierende Unternehmen nicht mehr verkraften können. Andere bedrohte Buchhandlungen am Platz spielen mit dem Gedanken, sich zusammenschließen. Den beträchtlichen Aufwand haben sie aber bisher gescheut.

Kleinere Quartierbuchhandlungen überleben nur dank des großen Einsatzes der Inhaber, welche zum Teil 12 Stunden an sechs Tagen in der Woche arbeiten. Kurz nachdem Orell Füssli an der Bahnhofstraße den English Bookshop von Stäheli übernommen hatte, musste die auf englische Publikationen spezialisierte Buchhandlung zum Rennwegtor schließen. Die Expansion von Orell Füssli (Umsatzverdoppelung innerhalb von 4 Jahren) hat viel Geld für Akquisitionen und bauliche Vergrößerungen gekostet. Auf jeden Fall geht der Konzentrationstrend weiter, eine Ausweitung von Orell Füssli nach Basel, Zürich, St. Gallen und in andere Schweizer Großstädte wird allgemein erwartet. Bereits jetzt herrscht ein harter Kampf um die besten Standorte.

In Zürich teilen sich heute über hundert Buchhandlungen das Geschäft. Die Kluft zwischen Großbuchhandlungen und den «Kleinen» wird dabei immer größer. So gab es früher drei wissenschaftliche Buchhandlungen, heute befinden sich alle in einer Hand. Viele kleine Buchhändler haben sich als Antwort auf die «Warenhaus-Buchhandlungen» auf Nischen spezialisiert (z.B. englische Literatur, Buch & Wein, Filmbücher, Kunst).

Untersuchungen zum Schweizer Buchhandel

Umfragen[1] zeigen, dass der Kunde in der Schweiz vor allem folgende drei Leistungen von einem Buchladen erwartet:

1. eine freundliche und kompetente Beratung (da man die Qualität eines Buches erst nach dem Lesen vollständig beurteilen kann, reduziert eine objektive und professionelle Beratung diese Unsicherheit);
2. einen guten Bestellservice;
3. eine übersichtliche Ladengestaltung.

---

1   Vgl. Pleitner et al. (2002).

| | Kleinbuchhandlungen | mittlere Buchhandlungen | Großbuchhandlungen |
|---|---|---|---|
| **Anzahl Mitarbeiter** | 1–2 MA | 3–10 MA | > 10 MA |
| **Umsatz** | bis 1 Mio. Fr. | 1–4 Mio. Fr. | > 4 Mio. Fr. |
| **Eigenfinanzierungsgrad** | 40,3 % (Median Gesamtbranche) | | |
| **Kundenstruktur** | 82,6 % Einzelkunden<br>8,6 % Bibliotheken<br>4,5 % Schulen | 63,9 % Einzelkunden<br>16,1 % Bibliotheken<br>15,9 % Schulen | 81,2 % Einzelkunden<br>9,2 % Bibliotheken<br>7,7 % Schulen |
| **Ø Lagerumschlag[1]** | 5,2 x | 7,4 x | 8,8 x |
| **Ø Overhead-Anteil[2]** | 4,6 % der Gesamtkosten | 11,7 % der Gesamtkosten | 22,4 % der Gesamtkosten |
| **Ø Bruttomarge** | 30,7 % | 32,6 % | 34,4 % |
| **Ø Gesamtkapitalrendite** | ca. 4,7 % | ca. 0,2 % | ca. 5,9 % |
| **Ø Umsatzrendite[3]** | ca. 1,7 % | ca. 0,5 % | ca. 1,8 % |
| **Ø Cashflow-Marge** | ca. 2,9 % | ca. 1,8 % | ca. 3,8 % |
| **Ø Pro-Kopf-Umsatz** | Median Gesamtbranche: 285 600 Fr. pro Mitarbeiter (Gesamtbelegschaft); 400 900 Fr. pro Verkaufsmitarbeiter | | |

**Weitere Resultate der Untersuchung:**

- 55,6 % der untersuchten Betriebe erzielten zwischen 1998 und 2000 mindestens einmal Verluste
- folgende Faktoren korrelieren positiv mit der Rentabilität: Liquidität, Arbeitsproduktivität (Umsatz pro 1000 Fr. Personalkosten), Anteil des Internet-Verkaufs am Gesamtumsatz, Eigenfinanzierungsgrad
- Ø Kosten in Prozent der Bruttomarge (Gesamtbranche): Personal 64 %, Miete 14 %, Werbung/Marketing 5 %, EDV 2 %, Abschreibungen 4 %, übriger Aufwand 8 %, Gewinn 3 %
- die Dienstleistungskompetenz (Mix aus Kundenzufriedenheit, Mitarbeiter-Qualifikation, Bewertung durch anonyme Testkäufer und Beurteilung des Verkaufslokals) steigt mit der Betriebsgröße; sie ist zudem bei spezialisierten Buchhandlungen signifikant höher als bei Anbietern mit einem allgemeinen Sortiment
- es bestehen keine signifikanten Rentabilitäts-Unterschiede nach Sortimentsausrichtung (allgemeines Sortiment vs. spezialisiertes Sortiment vs. breites Sortiment mit Schwerpunktbildung)
- der Umsatz pro VerkäuferIn ist bei Spezialbuchhandlungen größer als bei Anbietern mit allgemeinem Sortiment, die höheren Löhne der höher qualifizierten Buchhändler nivellieren jedoch wieder diesen Vorteil
- die Flächenproduktivität (Umsatz pro m[2] Geschäfts- und Verkaufsfläche) steigt signifikant mit der Zunahme des Umsatzes
- die Arbeitsproduktivität (Umsatz pro Mitarbeiter; Umsatz pro 1000 Fr. Personalkosten) nimmt mit zunehmender Betriebsgröße zu
- die wichtigsten Umsatzträger: Sach- und Fachbücher[4] (ca. 45 %), Belletristik (13 %), Kinder- und Jugendliteratur (10 %). Die audiovisuellen Medien (CD, Software, DVD, Hörbücher, Video) verzeichnen einen signifikanten Wachstumstrend, jedoch auf bisher niedrigem Niveau (3 %).

▲    Abbildung 3    Betriebsvergleich Buchhandel Schweiz 1998–2000
Quellen: IGW-Universität St.Gallen (2001), Pleitner/Füglistaller/Rusch (2001)

1 = Umsatz/Lagerbestand zu Einkaufspreisen
2 besteht vorwiegend aus Arbeitskräften für Administration
3 aufgrund der geringen Kapitalintensität des Buchhandels im Verhältnis zur Umsatzhöhe (ca. 75 % des Kapitals wird ins Umlaufvermögen investiert) ist die Umsatzrendite das beste vergleichbare Renditemaß
4 dazu gehören u.a.: Lebenshilfe, Reisen, Geschichte, Kultur & Kunst, EDV, Wirtschaft, Medizin & Gesundheit

Dagegen spielt nur bei gut einem Drittel der Kunden der Preis eine entscheidende Rolle; dies kann wohl auf den beschränkten Preiswettbewerb (aufgrund der Buchpreisbindung) zurückgeführt werden.

◄ Abbildung 3 zeigt die wichtigsten Resultate der Befragung von 50 Buchhandlungen und 693 Kunden in der Deutschschweiz im Jahre 2001, durchgeführt vom Schweizerischen Institut für gewerbliche Wirtschaft der Universität St.Gallen.

**Zurbuch AG, Zürich** Die Zurbuch AG ist ein typisch mittelständischer, traditioneller Familienbetrieb am Zürcher Bellevue. Das Unternehmen ist zu 80% im Besitz von Fritz Zurbuch. Vom Großvater des heutigen Firmeninhabers kurz nach dem 2. Weltkrieg gegründet, hat es sich bis Mitte der 1990er Jahre stetig entwickelt, mit einem Höchstpersonalbestand von 20 Mitarbeitern. Seither haben sich die wichtigsten Unternehmenskennzahlen eher seitwärts oder nach unten bewegt (► Abbildung 4). Der Umsatzrückgang hat zu einer Personalreduktion auf aktuell 16 Mitarbeiter geführt, welche jedoch bisher über eine Pensionierung und drei freiwillige Abgänge ohne soziale Härtefälle vollzogen werden konnte.

Die Zurbuch AG bezieht ihre Bücher als Genossenschafter vor allem beim Schweizer Buchzentrum oder direkt bei den Verlagen (bzw. deren Verlagsauslieferungen), und zwar hauptsächlich telefonisch oder elektronisch. Nur ein kleiner Teil der Bestellungen wird noch schriftlich aufgegeben.

Mit dem gut ausgebildeten Personal bietet die Zurbuch AG einem anspruchsvollen Publikum in der Stadt einen Medienmix an, der insbesondere Bücher und neue Medien beinhaltet. Alle führenden Verlage sind im Angebot vertreten. Dieses umfasst Romane sämtlicher Geistesrichtungen, Musikliteratur, Bildbände, Werke aus Kunst und Wissenschaft, sowie aktuelle Sach- und Fachbücher. Aufgrund der Nähe zur Universität machen die Lehrmittel (als Teil der Fachbücher) fast 20% des Gesamtumsatzes aus. Lexika vom ein- bis 25-bändigen Werk sind erhältlich, teilweise auf CD-ROM. Traditionsgemäß pflegt man die Reiseliteratur besonders sorgfältig. So ist neben den Büchern entsprechendes Kartenmaterial erhältlich. Eine sehr umfassende Sammlung an Biographien ist ebenfalls vorhanden.

Der Laden liegt an guter Passantenlage und ist in mehrere Fachbereiche unterteilt. Beim Hobby-Bereich fällt vor allem die große Auswahl an Kochbüchern und gastronomischer Literatur auf. Eine weitere Spezialität ist das moderne Antiquariat, in dem teilweise leicht beschädigte oder nicht mehr lieferbare Bücher zu reduzierten Preisen angeboten werden. In einem separaten Raum findet man preisgünstige Restauflagen. Alle Bücher sind nach Ursprung und Themenbereichen geordnet. Sie werden allerdings nicht überall übersichtlich präsentiert, da die Re-

| Bilanz (in 1000 Fr.) | Jahr 1 | Jahr 2 | Jahr 3 | Jahr 4 | Jahr 5[1] |
|---|---|---|---|---|---|
| Flüssige Mittel | 337 | 320 | 280 | 285 | 282 |
| Debitoren | 51 | 48 | 53 | 58 | 58 |
| Lager | 587 | 602 | 590 | 575 | 570 |
| Aktive Abgrenzungen | 33 | 69 | 53 | 44 | 50 |
| **Total Umlaufvermögen** | **1 008** | **1 039** | **976** | **962** | **960** |
| Einrichtungen, Mobiliar | 398 | 380 | 402 | 405 | 410 |
| Informatik HW, SW | 87 | 66 | 70 | 70 | 60 |
| Finanzanlagevermögen | 127 | 130 | 130 | 132 | 140 |
| **Total Anlagevermögen** | **612** | **576** | **602** | **607** | **610** |
| **Total Aktiven** | **1 620** | **1 615** | **1 578** | **1 569** | **1 570** |
| Kreditoren | 391 | 380 | 375 | 355 | 370 |
| Darlehen | 366 | 350 | 349 | 351 | 349 |
| Passive Abgrenzungen | 56 | 70 | 83 | 80 | 69 |
| Rückstellungen | 64 | 70 | 19 | 23 | 33 |
| **Total Fremdkapital** | **877** | **870** | **826** | **809** | **821** |
| Aktienkapital | 560 | 560 | 560 | 560 | 560 |
| Reserven, Gewinnvortrag | 183 | 185 | 192 | 200 | 189 |
| **Total Eigenkapital** | **743** | **745** | **752** | **760** | **749** |
| **Total Passiven** | **1 620** | **1 615** | **1 578** | **1 569** | **1 570** |
| **Erfolgsrechnung (in 1000 Fr.)** | | | | | |
| Verkaufsumsatz | 5 702 | 5 358 | 5 058 | 4 779 | 4 455 |
| Warenaufwand | 3 819 | 3 590 | 3 402 | 3 220 | 3 039 |
| **Bruttogewinn** | **1 883** | **1 768** | **1 656** | **1 559** | **1 416** |
| Personalaufwand | 1 254 | 1 191 | 1 134 | 1 074 | 1 005 |
| Mietaufwand | 199 | 199 | 201 | 201 | 203 |
| Büro- und Verwaltungsaufwand | 88 | 88 | 87 | 87 | 79 |
| Marketing- und Werbeaufwand | 78 | 78 | 80 | 70 | 59 |
| Informatikaufwand, Internet | 34 | 30 | 26 | 26 | 19 |
| Zinsaufwand | 16 | 15 | 15 | 15 | 15 |
| Diverser Aufwand | 17 | 12 | 6 | 6 | 6 |
| Steueraufwand | 51 | 18 | 17 | 13 | 9 |
| **Cash Flow** | **146** | **137** | **90** | **67** | **21** |
| Abschreibungen | 65 | 64 | 50 | 50 | 48 |
| **Reingewinn** | **81** | **73** | **40** | **17** | **−27** |
| Bruttomarge in % | 33,02 | 33,00 | 32,74 | 32,62 | 31,78 |
| Cash Flow Marge in % | 2,56 | 2,56 | 1,78 | 1,40 | 0,47 |
| Rendite Gesamtkapital in % | 5,99 | 5,45 | 3,49 | 2,04 | −0,76 |
| Rendite Umsatz in % | 1,42 | 1,36 | 0,79 | 0,36 | −0,61 |
| Eigenfinanzierungsgrad in % | 45,86 | 46,13 | 47,66 | 48,44 | 47,71 |
| Anlageintensität in % | 37,78 | 35,67 | 38,15 | 38,69 | 38,85 |
| Anlagedeckungsgrad 1 in % | 121,41 | 129,34 | 124,92 | 125,21 | 122,79 |
| Personalkosten in % v. Umsatz | 21,99 | 22,23 | 22,42 | 22,47 | 22,56 |
| Personalbestand | 20 | 19 | 18 | 17 | 16 |

▲    Abbildung 4    Entwicklung der Zurbuch AG in den letzten fünf Jahren

1    Jahr 1 = vor fünf Jahren, Jahr 5 = letztes Jahr

gale teilweise zu klein sind. Für eine gemütliche Leseecke ist aufgrund der engen Räumlichkeiten kein Platz. Baulich gibt es praktisch keinen Spielraum mehr.

Die Kundenstruktur setzt sich zusammen aus Einzelkunden (45 % des Umsatzes), Bibliotheken (18 %), Schulen (20 %) und Firmen (17 %). Vor allem Bibliotheken und Schulen kommen in den Genuss von Rabatten, da hier die Preisbindung gewisse Ausnahmen zulässt.

Die Zurbuch AG hat seit 1999 eine eigene Web-Site. Angeregt von der Leiterin Organisation/EDV wurde sie von Studenten der Universität Zürich im Zuge einer Gruppendiplomarbeit entwickelt. Als Erweiterung des bestehenden Kundenservices gedacht, bietet die Web-Site heute in unregelmäßigen Abständen Bestsellerlisten, «Geheimtipps» sowie eigene Kataloge zu Lehrbüchern im Bereich Wirtschaft, Recht und Steuern (als Grundlage dazu dienen meist die Kursprogramme der Universität). Es besteht die Möglichkeit zur Bestellung via E-Mail. Mit gelegentlichen Serien-E-Mails an die 200 besten Kunden anlässlich von Neuerscheinungen möchte man die im Buchhandel wichtige Kundenbindung erhöhen. Aufgrund des fehlenden IT-Know-hows und der beschränkten Ressourcen zur ständigen Aktualisierung des Web-Inhalts muss das Online-System aber eher als rudimentär betrachtet werden. Dementsprechend macht der Online-Verkauf weniger als 2 % des Gesamtumsatzes aus.

**Aktuelle Überlegungen der Zurbuch AG** Aufgrund der allgemeinen Entwicklungen im Buchhandel und der eher unbefriedigenden Situation der Zurbuch AG stellen sich für Fritz Zurbuch wichtige Fragen, zum Beispiel:

- Wie werden die neuen Technologien den Buchhandel beeinflussen?
- Wie soll das eigene Unternehmen gegenüber den immer aggressiveren Großbuchhandelsketten bestehen können?
- Hat die Zurbuch AG in der heutigen Form und Struktur überhaupt noch eine Chance? Viele frühere Mitbewerber am Standort Zürich sind ja bereits auf der Strecke geblieben.
- Sollen das Sortiment und die Kundenstruktur umgestaltet werden? Wenn ja: wie? Heftig umstritten innerhalb des Unternehmens ist zurzeit die Alternative, sich nur auf bestimmte Sortimente zu spezialisieren. Viele Mitarbeiter sind der Auffassung, dass die meisten Kunden auch bei «Nischenplayern» das gesamte Sortiment erwarten.
- Was erwartet der Kunde in Zukunft von einer Buchhandlung?

## Fragen zum Fall

1. Nehmen Sie für die Zurbuch AG eine Segmentierung nach der Outside-in-Methode vor. Überlegen Sie sich dabei zuerst, welche Bedürfnisse im Zusammenhang mit dem Buchhandel erfüllt werden und auf welche Weise man diese Bedürfnisse erfüllen kann.
2. Erstellen Sie für die Zurbuch AG eine SWOT-Analyse. Worin liegen die Hauptschwächen und -gefahren?
3. Wie attraktiv ist die Buchhandelsbranche in der Schweiz?
4. Welchen Einfluss übt das Internet auf die Branche der traditionellen stationären Buchhandlungen aus?
5. Welches sind die Erfolgsfaktoren in der Buchhandelsbranche? Welche davon sind wettbewerbsneutral (= Knock-out-Kriterien; müssen erfüllt werden), welche wettbewerbsentscheidend (d.h. bieten Möglichkeiten zur echten Differenzierung).
6. Was sind mögliche Hauptgründe für die schlechtere Performance der mittelgroßen Buchläden?
7. a) Welche grundsätzlichen strategischen Möglichkeiten bestehen für die Zurbuch AG?
b) Was sind deren Vor- und Nachteile?
c) Wählen Sie die beste Möglichkeit aus und konkretisieren Sie diese: Wie würden Sie vorgehen? Welches Sortiment und welche Dienstleistungen würden Sie anbieten?

## Literatur

Heer, G.: Zwang zu mehr Größe. In: *Handelszeitung*. S. 9, 6.11.2002

IGW (Schweizerisches Institut für gewerbliche Wirtschaft): Betriebsvergleich Buchhandel Schweiz. *Universität St.Gallen*, September 2001

Pleitner, H.J./Füglistaller, U./Rusch, C.: Schweizer Buchhandel – eine ökonomische Situationsanalyse. In: *Neue Zürcher Zeitung*. S. 27, 9./10.2.2002

Riehm, U./Orwat, C./Wingert, B.: Online-Buchhandel in Deutschland. *Forschungszentrum Karlsruhe*, 2001

Schilliger, P.: Zwang zur Größe. In: *Handelszeitung*. S. 37, 24.10.2001

Fallstudie 11
# Billig-Airlines in Europa[1]

Einführung Am 3. Juni 2003 verkündet die Homepage von Ryanair stolz das Re-
kordergebnis für das abgelaufene Geschäftsjahr (Abschluss März 2003):

«Ryanair, Europe's No. 1 low fares airline today (3 June '03) an-
nounced record traffic and profit growth for the year (end 31 Mar '03).
Passenger traffic for the year grew by 42% to 15,7 m as average load
factors increased from 81% to 84%, primarily due to a 6% reduction in
average fares. This reduction in yields was a result of continuing price
promotions, the launch of over 20 new routes, a new base in Milan-
Bergamo, and Ryanair's commitment to offer the lowest fares in every
market it serves. Total revenues in the year rose by 35%, however
operating costs rose at a slower rate by 26%. As a result Ryanair's after
tax margins increased exceptionally from 24% to 28%, and Net Profit
increased by 59% to € 239,4 m.»[2]

Wie ist es möglich, dass eine junge und relativ kleine Fluggesellschaft
in einem Jahr Rekordgewinne erzielen kann, während Lufthansa zur selben Zeit einen Quartalsverlust von 415 Mio. Euro (1. Quartal 2003) bekannt geben muss? Und dies trotz der Kosten, die Ryanair durch die Lan-

---

1 Dieser Fall basiert auf öffentlich zugänglichen Quellen sowie auf Gesprächen mit Bran-
chenexperten. Die wichtigsten Quellen sind am Schluss des Falles aufgeführt. Das Fall-
beispiel dient als Diskussionsgrundlage, weniger als Beispiel effektiven oder ineffekti-
ven Managements.

2 http://www.ryanair.com [5. Juni 2003]

| Year ended | Mar 31, 2002 | Mar 31, 2003 | % Increase |
|---|---|---|---|
| Passengers | 11,09 m | 15,74 m | +42% |
| Revenue | € 624,1 m | € 842,5 m | +35% |
| Profit after tax | € 150,4 m | € 239,4 m | +59% |
| Basic EPS (Euro Cents) | 20,64 | 31,71 | +54% |

▲   Abbildung 1    Ryanair Jahresergebnis 31. März 2003 (www.ryanair.com)

cierung von über 20 neuen Routen und zwei neuen Stützpunkten in Mailand-Bergamo und Stockholm im selben Geschäftsjahr entstanden sind.

Während die zwei größten europäischen Airlines im Billigsegment, Ryanair und easyJet, ähnlich wie ihr großes amerikanisches Vorbild, Southwest Airlines, in den letzten Jahren kontinuierlich Rekordergebnisse generieren konnten, hatten traditionelle nationale Fluggesellschaften wie British Airways, Air France, Lufthansa oder KLM große Mühe, konstant positive Gewinne zu erzielen. Mit einer Marktkapitalisierung von 5,2 Milliarden Euro ist Ryanair Mitte 2003 die am höchsten bewertete Airline in Europa.

Das Aufkommen der so genannten «No Frills»- oder Billig-Airlines in Europa ist stark mit der Deregulierung Mitte der 1990er Jahre verbunden. Zuvor war der Markt entlang geografischer Grenzen zwischen den nationalen Fluggesellschaften (Anteil 75%) und Charterfluggesellschaften (25%) aufgeteilt. Vor allem die staatlich kontrollierten Airlines konnten von den quasi-monopolistischen Bedingungen profitieren, welche ihnen die nationalen Gesetzgebungen garantierten. Nachdem die Deregulierung es praktisch jeder europäischen Fluggesellschaft ermöglichte, jede Destination anzufliegen und Landerechte zu erwerben, konnten neue und aggressiv agierende Konkurrenten in den Markt eintreten. Ausgehend von Großbritannien hat die Deregulierung den europäischen Flugverkehr in den letzten 10 Jahren revolutioniert und zu einem viel dichteren Streckennetz geführt.

Hatten die Branchenneulinge zunächst den etablierten Fluggesellschaften Kunden abgeworben, gibt es mittlerweile vermehrt Anzeichen dafür, dass der Wettbewerb auch untereinander zunehmen wird. Aufgrund der kurzen Distanzen, welche diese Gesellschaften fliegen, spüren aber auch vermehrt die Bahngesellschaften die neue Konkurrenz.

Billig-Airlines: Geschäftsmodell

Southwest Airlines führte 1971 ein revolutionäres Geschäftsmodell im Passagierflugbereich ein. Wie erfolgreich die Strategie von Southwest in der Vergangenheit war, zeigt sich u.a. darin, dass Southwest in den letzten 30 Jahren als einzige US-Fluggesellschaft ununterbrochen Profite verzeichnen konnte und mehrere Jahre hintereinander die «Triple Crown» gewann (Kriterien: Pünktlichkeit, Anzahl von Reklamationen und von verlorenen Gepäckstücken). Auch mussten in den 31 Jahren seit ihrer Gründung keine geschäftsmäßig begründeten Entlassungen ausgesprochen werden. Ende 2002 war die Börsenkapitalisierung von Southwest allein größer als die der sechs größten US-Netzwerk-Gesellschaften zusammen.

Die eindrücklichen Resultate von Southwest und die Liberalisierung führten dazu, dass dieses Modell nun vermehrt auch in Europa kopiert wurde. Es zeichnet sich idealtypischerweise durch folgende vier Eckpfeiler aus (die jedoch je nach Gesellschaft variieren):

**a) einfaches Produkt**
- keine (oder nur berechnete) Mahlzeiten oder nur ein Imbiss; Berechnung von (alkoholischen) Getränken; keine Zeitungen an Bord
- sehr dichte Sitzordnung, keine Business Class
- keine Sitzplatzreservationen (Platzzuweisung in der Reihenfolge der Ankunft)
- keine Frequent-Flyer-Programme, keine Umbuchungsmöglichkeiten
- kein Gepäckumschlag
- das Ticket gilt nur für eine Strecke

**b) Positionierung**
- Zielgruppe: Touristik-Reisende und preissensitive Geschäftsreisende
- Kurzstrecken-Direktflüge auf Strecken mit hoher Verkehrsfrequenz
- aggressives Marketing; Brandimage: «flying is fun»
- nachfrageorientierte Preisstrategie: wer früher bucht, bezahlt weniger (das Kontingent für die günstigste Preiskategorie ist limitiert)
- zweitrangige Flughäfen und Abfertigungsgebäude
- keine Anschlüsse an bzw. Abstimmung auf andere Flüge

**c) niedrige Kosten**
- niedrige Flughafenkosten (niedrigere Landing Fees, einfacheres Handling)
- niedrigere Lohnkosten (v.a. bei Piloten)
- Passagiere werden angehalten, gelesene Zeitungen und Abfälle mitzunehmen; so spart man Zeit und Reinigungskosten
- kleinere Besatzung und mehr Flugstunden pro Tag
- niedrige Kosten für Unterhalt, Pilotentraining und Standby Crews dank einheitlicher Flugzeugflotte
- Direktverkauf der Tickets via Internet, Telefon und Flugscheinautomaten (Ausschaltung von Reisebüros)

### d) flexible Unternehmenskultur

- flache Hierarchien, hohe Transparenz
- junge, flexibel einsetzbare Belegschaft (z.T. helfen auch Piloten beim Gepäckumschlag oder bei der Reinigung der Kabinen)
- keine gewerkschaftlich organisierte Belegschaft
- die ganze Belegschaft beteiligt sich am finanziellen Erfolg des Unternehmens
- lockere, auf Spaß ausgelegte Atmosphäre (mit regelmäßigen Company Parties)

Zentral ist die hohe Ressourcenproduktivität: im Gegensatz zu den traditionellen Fluggesellschaften wie British Airways, Lufthansa, KLM oder Air France sind Billig-Airlines nicht auf ein funktionierendes Netzwerk und Drehkreuz mit genau abgestimmten Start- und Landezeiten angewiesen. Dies verkürzt die notwendige Turnaround-Zeit am Flughafen und ermöglicht mehr Flugzeit und somit ein bis zwei Flüge mehr pro Tag gegenüber den Netzwerk-Carriers (Vergleich: bei British Airways oder Lufthansa sind die Flugzeuge pro Tag durchschnittlich rund 9 Stunden in der Luft, während es bei Southwest und easyJet gut 12 Stunden sind). Untersuchungen bei British Airways zeigen, dass jede Stunde, die das Flugzeug auf dem Boden verbringt, ca. 23 000 Euro kostet.

Im Vergleich zu den traditionellen Fluggesellschaften konzentrieren sich die Billig-Airlines meist auf wenige Länder, was eine Bündelung der Marketingaktivitäten ermöglicht (zum Vergleich: die Swiss fliegt 70 Länder an). Ein zentraler Punkt ist der aggressive Aufbau eines Tiefstpreisimage, auch wenn der in der Werbung kommunizierte Preis mit der tatsächlichen Preisstellung selten übereinstimmt. In der Regel erhalten nur wenige Passagiere tatsächlich das Ticket zum werbewirksamen Tiefstpreis; bei später Buchung oder bei Flügen an verkehrsintensiven Tagen (z.B. Weihnachten) gleicht sich der Preis nicht selten jenem der Netzwerkgesellschaften an (oder kann sogar noch höher sein).

Grundsätzlich müssen sich Kunden einer Billig-Airline bewusst sein, dass sie als Gegenleistung für günstige Tickets und die einfache Abfertigung eine Reduktion des Services in Kauf nehmen müssen. Wer z.B. bei Ryanair oder easyJet zu spät zum Check-in erscheint, muss selber umbuchen. Das alte Ticket verfällt ersatzlos. Auch das Übertragen eines Billets auf eine andere Person kann den ursprünglichen Preis unter Umständen mehr als verfünffachen. Bietet eine Billig-Airline keinen **Direkt**flug zwischen zwei Destinationen an, muss der Reisende den Verbindungsflug selber buchen. Da bei einer etwaigen Verspätung der Anschluss nicht garantiert wird, muss er beim Buchen selbstständig darauf achten, dass er für den Zwischenstopp genügend Zeit einplant. Auch muss er beim Umsteigen neu einchecken, sein Gepäck vom Band holen und erneut am Schalter aufgeben. Das enorme Wachstum der Billig-Airlines in den letzten 10 Jahren und der Zwang, die Kosten möglichst gering zu halten, haben oft zu Problemen bei den operativen Abläufen geführt. Sowohl bei easyJet als auch bei Ryanair kam es zu Zwischenfällen, indem zu wenig Personal oder zu wenige Flugzeuge für einen vollen Service zu Verfügung standen. Dies endete nicht selten mit kurzfristigen Streichungen der Flüge. Regelrechte Horrorgeschichten von «steckengebliebenen» Passagieren in abgelegenen Flughäfen drangen dann an die Öffentlichkeit.

Andererseits bietet das einfache Konzept der Billig-Airlines bestimmte Vorteile in der Logistik. Dies belegen auch die Statistiken zum Kundenservice (vgl. ▶ Abbildung 7, S. 512). Da in Europa für alle Fluggesellschaften die gleichen Sicherheits- und Wartungsvorschriften gelten, kann man davon ausgehen, dass bezüglich Sicherheit bei den Billig-Airlines keine Abstriche in Kauf genommen werden müssen, was durch die Luftfahrtbehörden auch regelmäßig bestätigt wird.

## 1. Ryanair: Entstehung und Entwicklung

Tony Ryan gründete 1985 die Fluggesellschaft Ryanair mit einer 15-sitzigen Propellermaschine. Ein Jahr später durchbrach er das Duopol von British Airways und der irischen Staatslinie Aer Lingus auf der Strecke Dublin–London. Bis 1989 flog Ryanair in den roten Zahlen, akkumulierte Verluste von fast 20 Mio. Euro und verbrauchte 5 CEOs. Ryan ersuchte seinen Steuer- und Finanzberater Michael O'Leary um Rat, dessen erster Ratschlag es war, die Fluggesellschaft zu schließen. O'Leary überlegte es sich anschließend jedoch anders und vereinbarte ein Treffen in Dallas/USA mit dem Gründer und CEO der seit 30 Jahren weltweit erfolgreichsten Fluggesellschaft, Southwest Airlines. Nachdem er mehrere Wochen lang die Southwest-Strategie studiert, Probeflüge absolviert und Passagiere befragt hatte, war er davon überzeugt, das erfolgreiche Southwest-Modell auch in Europa kopieren zu können. Mit der Zusage, die volle Managementkontrolle zu übernehmen und mit 25% an den Profiten beteiligt zu sein, übernahm O'Leary die Führung des Unternehmens. Als erste Maßnahme strich er die unrentablen Routen und wechselte von 14 verschiedenen Flugzeugtypen auf nur eine, die Boeing 737. Gleichzeitig reduzierte er die bereits niedrigen Preise von Ryanair auf ein Tiefstniveau und schaffte die Business Class sowie die Frequent-flyer-Programme ab. Bereits in seinem ersten Amtsjahr konnte O'Leary einen Gewinn vorweisen.

Mitte der 1990er Jahre wuchsen die Umsätze und Gewinne derart stark, dass der 25%ige Gewinnanteil O'Learys nicht mehr tragbar wurde. Das Unternehmen brauchte die gesamten Gewinne, um die geplante Expansion weiter finanzieren zu können. Die Expansion erforderte auch eine öffentliche Aktienausgabe, die rund 130 Mio. $ erbrachte. Mit einem stark erneuerten Top Management begann Ryanair 1997 schließlich die Expansion nach Kontinentaleuropa. Im Sommer 2002 schockte Ryanair die deutsche Konkurrenz mit Flügen ab 9,99 Euro von Stansted/London nach Hahn/Frankfurt. Diesen Schritt kommentierte O'Leary so: «Alle hatten uns gewarnt: die Deutschen würden nie auf ihren Lufthansa-Service verzichten, nie engere Sitze akzeptieren und nie einen Provinzflughafen benutzen. – Was für ein Quatsch.»[1]

Um die mutigen Wachstumspläne zu realisieren, bestellte Ryanair im Januar 2003 100 neue Boeing 737-800. Einen weiteren großen Expansionssprung machte Ryanair im Februar 2003 mit der Übernahme der verlustreichen KLM-Tochter Buzz, ebenfalls eine Billig-Airline. Mit diesem Schritt vergrößerte Ryanair das Passagierwachstum von aktuell 40% auf 55% (Mai 2002 bis April 2003). Seit O'Leary bei Ryanair am Steuer sitzt, konnten die Passagierzahl und der Gewinn jährlich um durchschnittlich 25% gesteigert werden. Die dabei erzielte Margenverbesserung wurde vor allem aufgrund der Umstellung auf Internet-Buchung erreicht. Mitte 2003 ist Ryanair mit rund 1900 Mitarbeitern inzwischen die viertgrößte Fluglinie in Europa.

**Ryanair: Strategische Ansätze**

Getreu dem Vorbild von Southwest-Airlines versucht Ryanair, die «Low Cost»-Strategie konsequent umzusetzen. Während die traditionellen Fluggesellschaften in Flugzeugen mit 130 Passagieren in der Regel fünf Flight Attendants einsetzen, sind es bei Ryanair gerade mal zwei. Im April 2003 verkaufte Ryanair 94% (Vorjahr 91%) aller Tickets online. Ryanair verdient nicht nur an den verkauften Flugtickets, sondern auch am Verkauf von Snacks und Getränken während des Fluges sowie an Provisionen für die Vermittlung von Hotels, Autovermietungen, Lebensversicherungen und Mobiltelefon-Dienstleistungen (im Jahr 2002 machten diese Nebengeschäfte rund 12% des Gesamtumsatzes aus).

Das Unternehmen schreckt auch nicht vor unzimperlichen Managementmethoden zurück. Kurz nachdem es Buzz von KLM übernommen hatte, ließ das Ryanair-Management die Buzz-Flugzeuge für einen Monat auf dem Boden. Damit wollte man den Piloten von Buzz signalisieren, dass ohne Änderung der Arbeitsverträge und -bedingungen (z.B. mehr Arbeitsstunden) keine Produktivitätsteigerung und somit auch keine Zukunft für Buzz möglich sei. Gleichzeitig wurde Buzz einem Makeover mit einer völligen Angleichung an die Ryanair-Strategie unterzogen. Dazu gehörten die Entlassung von 80% der Belegschaft, die Änderung der Flugzeugtypen in eine reine B 737-Flotte, die Streichung

---

1 Focus (44/2002, S. 191)

von Routen mit ungenügendem Verkehr (viele davon in französische Provinzstädte) und Neuverhandlungen von Landerechten. Bereits im Mai 2003 war Buzz rentabel.

CEO O'Leary vertritt die Meinung, dass Ryanair für sekundäre Flughäfen die Landerechte nicht **bezahlen** sollte, sondern im Gegenteil die Fluggesellschaft für das Anfliegen solcher Flughäfen eine Bezahlung **erhalten** müsse, da sie die Wirtschaft mit dem Anflug ankurbele. Das Motto: Wer nicht bezahlt, wird nicht mehr angeflogen. Buzz hat sich mittlerweile aus Frankfurt und Düsseldorf zurückgezogen, weil beide Flughäfen als zu groß, teuer und verspätungsreich eingestuft wurden. Ryanair profitiert mit seiner Ausrichtung auf Touristik-Kunden vom Bedürfnis mittelgroßer Städte, den Tourismus in ihrer Region zu fördern. Viele dieser Destinationen sind darum auch bereit, mit Ryanair sehr lukrative Flughafenverträge (inkl. Übernahme von Marketingkosten) zu vereinbaren.

Werden europäische Metropolen angeflogen, geschieht dies ebenfalls auf sekundären Flughäfen (wie z. B. der ausrangierte Militärflughafen in Hahn bei Frankfurt). Nachteilig dabei ist jedoch oft, dass der Transfer vom Flughafen länger dauert (und sogar mehr kosten kann), als der Ryanair-Flug selbst. So ist der ausgeschriebene Flug London–Paris in Wirklichkeit ein Flug von Stansted nach Beauvais. Die Zugfahrt von London nach Stansted dauert länger und kostet mehr als der Flug. Die anschließende Busfahrt von Beauvais nach Paris kann nochmals zu einer Verdoppelung oder Verdreifachung der Gesamtreisezeit führen.

Nicht zimperlich geht Ryanair auch mit den Konkurrenten um, besonders hinsichtlich seiner provokativen Werbekampagnen. Im Mai 2001 zog die belgische Sabena gegen Ryanair vor Gericht, um ein Verbot eines Werbeplakats zu erzwingen, das mit der belgischen Brunnenfigur Manneken-Pis auf die hohen Sabena-Preise aufmerksam machte («Pissed off with Sabena's high fares?»). Im Mai 2003 fand Ryanairs aggressive Werbestrategie wohl ihren Höhenpunkt. CEO O'Leary rüstete seine Mitarbeiter mit Uniformen und einem ausrangierten Panzer aus dem 2. Weltkrieg aus und fuhr damit zum Flughafen Luton, nördlich von London. Dort verlangte er Zutritt zur easyJet-Firmenzentrale. Nachdem ihm der Zutritt erwartungsgemäß verweigert wurde, verkündete er öffentlich und höchst werbewirksam, dass er mit dieser Aktion nur die Öffentlichkeit von easyJets hohen Preisen befreien wollte. Dazu stimmte er mit seiner Belegschaft einen selbstkomponierten Armysong an: «I've been told and it's no lie. EasyJet's fares are way too high!»

Ryanairs Preispolitik ist sehr aggressiv. Im September 2002 beispielsweise verschenkte Ryanair eine Million Gratistickets für Flüge im üblicherweise schwächsten Quartal des Jahres. Damit wollte man auch auf die in letzter Zeit aufgekommene Kritik wegen Verspätungen und verlorenen Gepäckstücken reagieren. Eine etwaige zukünftige Gefahr für Ryanair ist das derzeit laufende Verfahren bei der EU-Wettbewerbskommission wegen möglicherweise ungerechtfertigter Staatshilfe, wie z.B. die Preisabschläge, die der belgische Flughafen Charleroi bietet.

Erwähnenswert ist auch Ryanairs Personalpolitik. Löhne machen bei Fluggesellschaften üblicherweise einen Großteil der variablen Kosten aus. Ryanair antwortet darauf mit leistungsorientierten Honoraren. Trotz mittelmäßiger Grundlöhne erreichen Ryanair-Piloten (z.B. über die Erhöhung der Flugstunden pro Tag innerhalb der gesetzlichen Limits) Gesamtlöhne, die über dem Branchendurchschnitt liegen. Im Mai 1998 kündigte Ryanair zudem einen Mitarbeiter-Beteiligungsplan mit bis zu 5% des Gesamtkapitals an. 2001 wurde mit den Piloten und der Kabinencrew ein großzügiges, leistungsorientiertes 5-Jahres-Honorarpaket vereinbart. Damit konnte man die Gefahr eines Pilotenstreiks abwenden. Flight Attendants verdienen auch Provisionen am In-Flight-Verkauf (Getränke usw.). Ryanair war wiederholt in den Schlagzeilen, weil das Unternehmen die Bildung einer Fluggewerkschaft ablehnt. Die eigene Belegschaft wandte sich jedoch dagegen: In einem offiziellen Statement unterstützten mehrere hundert Mitarbeiter die Personalpolitik Ryanairs, welche aus ihrer Sicht einen wichtigen Beitrag zur Wettbewerbsfähigkeit darstelle.

### 2. EasyJet: Entstehung und Entwicklung

Am 10. November 1995 feierte easyJet ihren Jungfernflug auf der Strecke Luton/London nach Glasgow. Die kurz vorher von Stelios Haji-Ioannou gegründete Airline stieg mit zwei geleasten Boeing 737-200 und zwei Routen – von London nach Edinburgh und Glasgow – in das Fluggeschäft ein. Finanzielle Unterstützung für sein Start-up bekam der damals 28-jährige Absolvent der London School of Economics in Form von 5 Mio. £ seines Vaters Lukas Haji-Ioannou, einem griechischen Schifffahrtsunternehmer. Stelios war überzeugt, dass sowohl bei Touristik- wie auch bei Geschäftsreisenden ein großer Bedarf nach günstigeren Flügen besteht.

Die zunehmende Nachfrage nach easyJet-Flügen führte zu einer ständigen Erweiterung des Streckennetzes und der Flotte. Im November 2000 kündigte British Airways den Verkauf ihrer Tochter Go an, welche per Ende März 2000 einen Verlust von 22 Mio. £ verzeichnen musste. EasyJet ließ sich diese Chance nicht entgehen und übernahm Go im Mai 2002 zum Kaufpreis von 400 Mio. £. Im Frühjahr 2003, gut sieben Jahre nach dem ersten Flug und der abgeschlossenen Integration von Go verfügt easyJet über eine Flotte von 67 Flugzeugen, ein Streckennetz mit 105 Routen und eine Belegschaft von rund 3300 Mitarbeitern. EasyJet transportierte im Geschäftsjahr mit Abschluss 30. September 2002 über

11 Mio. Passagiere, erhöhte den Umsatz um 52 % auf 884 Mio. Euro und den Gewinn um 79 % auf 111 Mio. Euro. Stelios trat im November 2002 wie geplant als Präsident des Verwaltungsrates und als CEO zurück und übergab das Amt Colin Chandler, der vorher erfolgreich den Industriekonzern Vickers geleitet hatte.

**EasyJet: Strategische Ansätze**

Bereits easyJets erster Flug war ein voller Erfolg. Mit einem Preis von 29 £ war der Flug nach Glasgow bald völlig ausgebucht, vor allem dank der von Stelios initiierten Werbekampagne mit dem Slogan: «Making flying as affordable as a pair of jeans – £29 one way.»[1] Ganz im Sinne einer Low-Cost-Strategie engagierte er dabei für die Entgegennahme der Telefonbuchungen vorwiegend lohngünstige Teenager. Obwohl die zwei Londoner Flughäfen Heathrow und Gatwick viel stärker frequentiert waren, wählte Stelios 1995 Luton als erste Basis, hauptsächlich wegen der geringeren Personalkosten und der kürzeren Distanz zur Londoner Innenstadt.

Ähnlich wie Ryanairs O'Leary ließ sich Stelios für sein Geschäftsvorhaben von einem Southwest-Flug inspirieren. Anschließend trieb er das Southwest-Modell auf die Spitze, indem er die Reisebüros völlig ausschaltete, überhaupt keine Tickets ausstellen ließ, sehr früh Buchungen via Internet förderte und gar keine Gratis-Getränke und -Snacks an Bord verteilen ließ. Die Low-Cost-Strategie spiegelt sich auch in der Konzernzentrale («easyLand») wider: Teure Büromöbel fehlen und das Verwaltungsgebäude ist nicht viel mehr als eine Baracke. Das ist typisch für easyJets offene, flexible und auf Spaß ausgerichtete Unternehmenskultur. Vom Unternehmen gesponserte wöchentliche Grillparties auf dem Luton-Flughafen oder die völlige Informationstransparenz sind weitere Merkmale dieser Kultur (mit Ausnahme der Gehaltsliste müssen alle Dokumente wie Mails, Verkaufszahlen, Business Pläne usw. eingescannt und auf dem Intranet platziert werden). Die unternehmerische Kultur von easyJet wurde auch deutlich nach dem Grounding der Swissair im Oktober 2001. Inhaber wertloser Swissair-Tickets konnten für 50 Fr. kurzfristig einen easyJet-Flug nach London, Nizza oder Barcelona buchen.

Typisch für Billig-Airlines ist auch das Ziel, eine möglichst hohe Auslastung zu erzielen. CEO Webster: «When we design our schedule, all we worry about is aircraft utilization. My personal belief is that if there is a market, you better put in a nonstop and serve it with a good quality product because connecting weakens revenue and increases costs. That's not our picture.»[2]

---

1   http://www.easyJet.com/EN/about/infopack_history.html [13.6.2003]
2   Air Transport World, Feb 2002, S. 42

In den ersten Jahren konzentrierte sich easyJet ähnlich wie Ryanair auf zweitrangige Flughäfen mit ihren niedrigeren Kosten und schnelleren Wendezeiten. Zielkunden waren dabei insbesondere Touristen, welche nicht (mehr) bereit waren, die teuren Tickets der etablierten Airlines zu kaufen. Mit der Lancierung der Route Genf–London/Gatwick 1999 sowie Liverpool–Paris (Charles de Gaulle) 2002 und dem kontinuierlichen Ausbau dieser europäischen Hauptflughäfen begann easyJet, das lukrative Segment der Geschäftsreisenden sowie das allgemein höhere Potenzial dieser Metropolen auszunützen. CEO Webster: «Our approach is to fly into major airports because that's where the market exists. ... What we [want] to do is to displace the traditional air carriers. And the only way you can do that is to fly on the routes that the main carriers do because that's where people want to fly.»[1] Gemäß eigener Schätzungen waren 2002 bereits 50% der easyJet-Kunden Geschäftsreisende. Easy-Jet zahlt pro Passagier am Londoner Hauptflughafen Gatwick 8,50 £, während es beim kleineren Luton-Flughafen 5,50 £ sind (2002). Eine Maschine dreht in London/Gatwick innerhalb von 40 Minuten, in Luton innerhalb 25 Minuten.

Mit der Akquisition von Go im Mai 2002 und der damit verbundenen Vergrößerung der Flotte von 36 auf 60 Flugzeuge markierte easyJet einen Wechsel der Wachstumsstrategie. War man vorher kontinuierlich und aus eigener Kraft gewachsen, konnte mit der Übernahme von Go ein Quantensprung innerhalb kurzer Zeit vollzogen werden. CEO Ray Webster beschrieb die ambitiösen Wachstumsziele von easyJet in einem Interview wie folgt: «300 aircraft is our next point of focus. We're very confident we can do it. Southwest has about 300 aircraft and Europe is a big place.»[2]

EasyJet: Diversifikation

Beflügelt von den Erfolgen im Fluggeschäft hat Stelios die Marke «easy» auf diverse andere Geschäftszweige ausgeweitet. Innerhalb seiner easyGroup laufen heute finanziell und rechtlich eigenständige Geschäfte wie eine Internet-Café-Kette (easyInternetcafe), eine Autovermietung (easyRentacar), ein Online-Dienst für Preisvergleiche von Internet-Produktangeboten (easyValue), ein Kreditkartengeschäft (easyMoney) sowie eine Kinokette (easyCinema). Alle easy-Geschäfte folgen den gleichen Prinzipien und versuchen die Vorteile des Internets voll auszuschöpfen. Trotzdem scheinen sich diese Diversifikationsschritte bisher noch nicht auszuzahlen. Bei easyRentacar beispielsweise mussten zum Teil erhebliche Verluste (2001: −13,5 Mio. £) hingenommen werden.

---

1  Air Transport World, Feb 2002, S. 42
2  Air Transport World, Feb 2002, S. 42

Das erste easyInternetcafe öffnete am 21. Juni 1999. Mit 400 Terminals, durchgehender Öffnungszeit und dem Ziel, den günstigsten Zugang zum Internet zu bieten, war es schnell einer der beliebtesten Treffpunkte Londons.

Im März 2000 unterzeichnete Stelios mit DaimlerChrysler einen Kaufvertrag für 5000 Fahrzeuge der Mercedes A-Klasse, um damit das neue Geschäftsfeld easyRentacar zu lancieren: die erste Autovermietungsfirma, die Reservationen ausschließlich über das Internet akzeptiert, die Bezahlung erfolgt per Kreditkarte. Proklamiertes Ziel von Stelios war es, die Konkurrenz mit Preisen von z.T. £ 9.– zu unterbieten. Nach dem Motto «innovate or die» war auch hier die Absicht, durch den Einsatz von neuen IT-Möglichkeiten ein neuartiges Kostenmodell in der Autovermieterbranche einzuführen. Am Tag der Ankündigung des neuen Ventures fielen prompt die Aktien von Avis (einem weltweiten Konkurrenten in der Autovermieterbranche) um 14%. Bereits wenige Wochen nach dem Start konnte man in mehreren europäischen Metropolen an optimaler Lage bei easyRentacar Autos mieten. Preise variieren ähnlich wie beim Flugticket je nach Buchung: je früher, desto geringer der Preis. Zusätzlich zur Miete werden £ 5.– für Reparatur und Reinigung berechnet. Auch bei easyRentacar sind die Methoden teilweise drastisch: Wer das Auto 15 Tage nach Abgabetermin noch immer nicht zurückgebracht hat, muss mit der Veröffentlichung seines Namens und Fotos im Internet rechnen.

Revolutionär ist auch das letzte Easy-Venture, EasyCinema: «easyCinema is about going to the pictures for as little as 20p. By re-engineering the business of showing films and removing the frills from going to the cinema we have made our business more efficient so that we can offer consumers lower prices. What we concentrate on is the core competence of showing good films in good cinemas at great prices. The efficiency of easyCinema starts at the box office which we have quite simply removed. Seats are booked online or by phone (soon to be available on a premium rate line), and the earlier you book the less you pay. There are computers in the cinema itself so that customers can book online while they are there. Something else which we have removed is popcorn which we think is a rip-off. If you want to eat and drink at easyCinema, bring your own – you'll probably find it much cheaper than the prices charged by cinemas for food and drink. All we ask is that you don't leave any litter behind.»[1]

---

1   http://www.easycinema.com/general/AboutUS.aspx

| Variable Kosten einer konventionellen Fluglinie (total = 100% der variablen Kosten) | | | | | | | | | |
|---|---|---|---|---|---|---|---|---|---|
| Boden-dienste | Crew | Treib-stoff | Flughafen-gebühr | Wartung | Verpflegung, Zeitungen | Werbung und Marketing | Luftraumüber-wachung | Vertriebs-kosten | Sonstiges |
| 17% | 15% | 13% | 12% | 11% | 8% | 8% | 7% | 6% | 3% |
| Einsparungen bei Billig-Airlines bis zu ... | | | | | | | | | |
| ↑ 70% | ↑ 74% | ↑ 0% | ↑ 70% | ↑ 60% | ↑ 130%* | ↑ 64% | ↑ 0% | ↑ 80% | ↑ 25% |

*statt Kosten: Zusatzeinnahmen durch Verkauf an Bord

**Kosten pro angebotenem Sitzplatz Kilometer:**

| | | | |
|---|---|---|---|
| Große Liniengesellschaft im internationalen Verkehr | 16,8 Rp. | easyJet | 9,9 Rp. |
| Große Liniengesellschaft im Inlandverkehr | 11,2 Rp. | Ryanair | 6,3 Rp. |
| Große Ferienfluggesellschaften in Europa | 10,8 Rp. | | |

▲ Abbildung 2    Kosteneinsparungen bei Billig-Airlines
(vgl. Binggeli/Pompeo 2002, S. 90 und Machatschke 2003, S. 120,
Handelszeitung 7.5.2003, S. 5)

**Billig-Airlines vs. traditionelle Airlines: Kostenvergleich**

Verschiedene Untersuchungen zeigen, dass eine Billig-Airline bei konsequenter Verfolgung des Geschäftsmodells gegenüber den traditionellen Netzwerk-Gesellschaften deutliche Kostenvorteile erlangen kann (vgl. ◄ Abbildung 2). Je nach Studie ergeben sich Kostenvorteile von bis zu 60%.

**Wettbewerber im Segment der Billig-Airlines**

Die eindrücklichen Resultate von easyJet und Ryanair haben im Billigflugsegment erwartungsgemäß weitere Konkurrenten angelockt, und zwar mit sehr unterschiedlichen Leistungen und Erfolgen (letztere sind aufgrund der Besitzstrukturen nicht immer transparent). Hier folgen einige Beispiele aus dem mitteleuropäischen Raum:

- **Go:** Im Mai 1998 von der British Airways als eigenständige Billigtochter mit eigener Flotte und Belegschaft gegründet. Ausgestattet mit einem Startkapital von £ 25 Mio. sollte Go den Marktanteil von BA gegenüber easyJet und Ryanair verteidigen. Für die BA als Muttergesellschaft war jedoch die Führung einer Tochter, die auf einem völlig anderen Modell basierte, nicht so einfach. Nachdem Go viele Flüge von BA direkt zu konkurrenzieren begann und erst im Mai 2001 zum ersten Mal den Break Even erreichen konnte, verkaufte BA die Tochter an den Konkurrenten easyJet, unter dessen Namen Go heute fliegt.

- **Buzz:** KLM gründete 2000 die Tochter Buzz, um damit ebenfalls ins Billigsegment einzudringen. Buzz flog von Beginn an europäische Hauptflughäfen an, um besonders Geschäftskunden gewinnen zu können. Trotz der damit verbundenen höheren Kosten waren die Preise konkurrenzfähig. Mit Stansted/London als Operationsbasis und einer 21 Destinationen umfassenden Route etablierte sich Buzz hinter Ryanair und easyJet an dritter Stelle in Europa. Buzzkunden kamen auch in den Genuss von KLM Lounges und Reservationsmöglichkeiten. Im Frühjahr 2003 wurde das bisher verlustreiche Unternehmen für ca. 25 Mio. Euro an Ryanair verkauft.

- **Deutsche BA:** Die Tochtergesellschaft von British Airways erzielte seit dem Start 1992 nur Verluste. Deshalb sollte sie an easyJet verkauft werden, welche im August 2002 eine Kaufoption erworben hatte, auf deren Ausübung easyJet im März 2003 jedoch verzichtete. Inzwischen fliegt die deutsche BA mit ihren 16 Boeing 737 nur noch 6 Routen innerhalb Deutschlands.

- **Air Berlin:** Vorher bereits als Ferienflieger etabliert (2002 reisten 6,7 Mio. Menschen mit 32 Boeings der Air Berlin), ist Air Berlin mit ihrem «City Shuttle» ins Billigsegment eingestiegen. Zielsegment sind vorwiegend Geschäftskunden. Seit Februar 2003 fliegt Air Berlin von deutschen Städten aus in die europäischen Metropolen, unter anderem von Berlin Tegel nach Zürich, eine Strecke, die bisher nur durch Swiss und Lufthansa bedient wurde. Mit Durchschnittspreisen von 49 Euro startete Air Berlin dabei deutlich unter den bisherigen Preisen der etablierten Gesellschaften. Frühbucher zahlen nur 29 Euro für einen Einwegflug. Air Berlin durchbricht als kleiner «Nischenplayer» das «No Frills»-Konzept der Billig-Airlines und bietet kostenlos alkoholfreie Getränke und einen Imbiss an. Auch Bonus-Meilen sowie die Reservierung von gewünschten Sitzplätzen sind möglich. Air Berlin verzichtet allerdings auf aggressives Marketing mittels Lockvogelpreisen. Ihr Motto: «Wir sind nicht billig, wir sind preiswert.» Die City Shuttles machten im Frühling 2003 etwa ein Drittel des Geschäfts aus. Rund die Hälfte der Plätze verkauft Air Berlin als Festkontingente an Reiseveranstalter.

- **Hapag-Lloyd Express:** Reagiert haben auch die Reisekonzerne, die von den Billig-Airlines besonders stark betroffen sind. Der größte europäische Reisekonzern TUI fliegt seit Dezember 2002 mit der Billigtochter Hapag Lloyd Express (HLE) und extremen «Tiefstpreisen» ab 19,99 Euro von Köln und Hannover 17 europäische Ziele an, darunter Berlin, Barcelona, Rom und Paris. Die Flotte mit 10 Flugzeugen soll gemäß Plan bald auf 30 erhöht werden. Die Flüge können gegen einen Aufpreis auch in den 19 000 Reisebüros des TUI-Konzerns gebucht werden.

- **Germanwings:** Die Tochter von Eurowings, an der Lufthansa zu 25 % beteiligt ist, fliegt seit Oktober 2002 als Billig-Airline von Köln/Bonn aus europäische Hauptstädte an. Bereits im Frühling konnte man mit 7 Airbus das Routennetz auf 19 verkehrsträchtige Geschäftsmetropolen ausweiten. Der Einstiegspreis für alle Strecken liegt bei 19 Euro. Auch bei Germanwings gilt Sparsamkeit zwar als wichtiges Prinzip, die Flugzeuge sind jedoch bestückt mit bequemen Ledersitzen. Als Reaktion auf die niedrigen HLE-Preise reduzierte auch Germanwings im Dezember 2002 die Preise ab 29.– Euro auf 19.–. Von Beginn an fliegt Germanwings dreimal täglich die Strecke Zürich–Köln. Der Flugverkehr auf dieser Strecke hat sich insgesamt verdreifacht. Interessant ist dabei, dass sowohl die Lufthansa wie die Swiss auf dieser Strecke keine Anteile verloren haben.

**Direkt** konkurrenzierten sich die Billig-Airlines im Sommer 2002 nur auf 17 von insgesamt 128 europäischen Routen. Mit den Übernahmen von Go durch easyJet und Buzz durch Ryanair sind zwei prominente Anbieter in Billigsegment vom Markt verschwunden. Die zwei Hauptkonkurrenten bestritten im Frühling 2003 zusammen 88 % des europäischen Billigflugumsatzes. Dass der Wettbewerb in Zukunft auch unter den Billig-Airlines jedoch noch härter wird, kündigte Ryanairs CEO O'Leary wie folgt an: «When we were a much smaller company, we compared ourselves to British Airways. But they are such a mess, most people just feel sorry for them. Now we're turning the guns on easyJet.»[1]

Reaktionen der traditionellen Fluggesellschaften

Der Einzug der Billig-Airlines hat bei den traditionellen Netzwerkgesellschaften unterschiedliche Reaktionen ausgelöst.

- **Defensive Verhinderungsstrategie:** Air France versuchte auf politischem Weg, sich Konkurrenten wie easyJet auf dem Flughafen Paris-Orly vom Leibe zu halten. Lufthansa setzte 2002 alles daran, ein Verbot für Ryanair zu erzwingen, das dem Unternehmen untersagen würde, Flüge nach Hahn als Destination «Frankfurt» zu deklarieren (Hahn liegt ca. 100 km südlich von Frankfurt).

  Swissair nutzte 1999 ihren politischen Einfluss, um die Schweizer Regierung zu zwingen, easyJet die Aufnahme des planmäßigen Flugbetriebs zwischen Genf und Barcelona zu verweigern. So wollte sie die eigene Position auf dieser Route schützen.

- **Eigene Billig-Airlines:** BA und KLM gründeten eigenständige Billigtöchter, jedoch ohne Erfolg. Auch Lufthansa versuchte sich zunächst mit LH Express im Billigsegment, brach diesen Versuch jedoch kurze

1 Business Week, June 2, 2003, S. 18

Zeit danach wieder ab. Interessant war der drastische Strategiewechsel von KLM. Kurz nachdem sie eine aggressivere Strategie im Geschäft der Billigflüge angekündigt hatte, verkaufte sie nach einer neuerlichen Überprüfung der Strategie die Billigtochter Buzz an Ryanair. KLM begründete den Verkauf mit dem zunehmenden Wettbewerbsdruck und dem erhöhten Risiko, das durch den Markteintritt neuer Billig-Airlines sowie durch die Schleuderpreise nationaler Fluggesellschaften entstanden war. Ähnlich begründete BA die Veräußerung von Go. Man wollte sich vermehrt wieder auf die ertragsstärkeren Geschäftskunden konzentrieren (CEO Eddington: «Go does not fit with the new strategy»). Nicht ganz konsistent mit der geplanten Neuausrichtung verkündete BA nach dem Verkauf eine Reduktion der Flugpreise auf 80 europäischen Routen, zum Teil mit Rabatten bis zu 50%.

Obwohl die Lufthansa wiederholt betont hatte, keine Billigtochter zu gründen, um eine Kannibalisierung des eigenen Geschäfts sowie einen Imageschaden zu vermeiden, partizipiert sie seit Herbst 2002 über ihre Beteiligung an Germanwings eher diskret am Billigfluggeschäft. Mit den vier attraktiven Destinationen Paris, London, Zürich und Wien nahm man dabei auch eine gewisse Konkurrenzierung des Lufthansageschäfts in Kauf.

- **Switch:** Olympic Airways hat die Seite völlig gewechselt, indem sie alle Langstrecken Full-Service-Flüge strich und sich nun als erste Billig-Airline in Südosteuropa versucht.

- **Preisanpassungen auf angegriffenen Routen:** Als Antwort auf Ryanairs Expansion nach Deutschland hat Lufthansa im Herbst 2002 begonnen, Flüge innerhalb Deutschland ebenfalls zu einem günstigeren Tarif (ab 88 Euro) anzubieten (je später die Buchung, desto teurer der Preis). Offiziell hat Lufthansa damit nicht auf die Billigkonkurrenz reagieren wollen, sondern versucht, leere Sitze während nicht ausgelasteter Zeiten zu füllen und so die durchschnittliche Auslastung der Inlandflüge von zurzeit 62–65% um fünf Prozent zu steigern (was teilweise auch gelang). Zielsegment der neuen Strategie sind dabei vor allem diejenigen, die bisher mit dem Zug oder Auto reisten. Im neuen Lufthansa Tarif-System wird jede Strecke laufend auf das Angebot der Konkurrenten überprüft und entsprechend preislich gestaltet. Dies kann zu Rabatten bis zu 63% für Geschäftsreisende während der verkehrsschwachen Zeiten führen. Auch die Swiss reagierte im Frühjahr 2003 mit äußerst günstigen Flügen von Genf nach Paris und London, dies jedoch zum bisherigen Servicestandard.

- **Kombinierte Strategie:** Im Frühling 2002 begann British Airways, Teile des Billigmodells zu kopieren. Dazu testete sie ein neues Preiskonzept, das sich an Angebot und Nachfrage orientiert. Von Preisreduktionen bis zu 80% sollen Kunden profitieren, die früh im Voraus und via Internet buchen sowie in verkehrsschwachen Zeiten reisen. Damit wollte BA die vorhandenen Kapazitäten besser auslasten. Ähnlich hat Scandinavian Airlines die Preise für Geschäftsreisende bei Tagestouren bis zu 30% gesenkt und die Business Class innerhalb Skandinaviens sogar ganz abgeschafft. Netzwerkgesellschaften beginnen nun auf europäischen Flügen, die Servicequalität zu senken (z.B. weniger oder keine Gratisgetränke und -snacks) oder Zusatzgebühren bei Buchungen zu verlangen, die nicht direkt via Telefon oder Internet erfolgen.

Am 5. Mai 2003 veröffentlichte die Swiss in den wichtigsten Tageszeitungen ein ganzseitiges Inserat mit dem Titel «Fakten zur Swiss», in dem sie zur Situation und zu den Absichten des Unternehmens Stellung bezog. ▶ Abbildung 3 zeigt einen Auszug daraus.

Ausblick  Die Billig-Airlines haben die Flugbranche revolutioniert. Der Transformationsprozess ist noch nicht abgeschlossen und es bleibt unklar, welche Unternehmen und welche Modelle schlussendlich überleben werden. Eine sichere Prognose ist, dass das Billigsegment in den nächsten Jahren weiter wachsen wird. Mercer Management Consulting schätzt, dass Billig-Airlines bis 2010 einen Marktanteil von 25% erkämpfen werden (2002: ca. 5–7%).[1] Andere Prognosen sind sogar noch

---

«Verwaltungsrat und Management der Swiss haben die Absicht, den Regionalteil der Swiss auszugliedern und unter dem Namen ‹Swiss Express› als eigenständige Tochterfirma aufzubauen. Ziel ist eine schlanke Organisation mit Kosten, die 20% unter denjenigen von heute liegen. Swiss Express soll ab Winterflugplan 2003 für die Swiss Nischenflüge und Zubringerflüge ausführen. Swiss selber bleibt eine Premium-Airline, muss aber mit flexiblen Preisen der verschiedenartigen Konkurrenz Paroli bieten. Das gilt vor allem für den Europa-Verkehr. Auch hält die Swiss an ihrer aktuellen Strategie fest: Sie betreibt in Zürich einen interkontinentalen Hub, von Genf und Basel aus werden die wichtigsten europäischen Destinationen bedient. Lugano und Bern bleiben ans Swiss-Netz angeschlossen.

... Swiss hat das Ziel, eine Premium-Airline zu sein, weil nur das zu unserem Land und seinem Image passt. Aber auf innereuropäischen Strecken, auf denen wir starke Konkurrenz von den so genannten Low Cost Carriers (Billig-Airlines) haben, müssen wir den Konkurrenzkampf mit anderen Mitteln führen. Deshalb brauchen wir eine flexible Strategie, die es uns erlaubt, auf diesen Routen mit niedrigeren Tarifen um lokale Kunden zu werben.»

▲  Abbildung 3    Fakten zur Swiss (NZZ, 5. Mai 2003)

---

1  Mercer Management Consulting (2002)

optimistischer. Es ist aber auch davon auszugehen, dass es in Zukunft weiterhin Raum für traditionelle Netzwerkgesellschaften geben wird, die ihren First Class Service den Geschäftsreisenden und den weniger preissensitiven Touristen anbieten. Diese Kunden werden auch künftig Umbuchungsflexibilität, Abfertigungsservice und Vielfliegerprogramme wünschen.

Ein zu beachtender Faktor im Fluggeschäft ist die zukünftige Entwicklung der so genannten «small scale aircraft». Momentan sind die Business Jets, in denen üblicherweise sechs bis acht Passagiere Platz haben, immer noch zu groß für Kleinstflughäfen. Es werden aber zurzeit neue Prototypen entwickelt, die es in einigen Jahren ermöglichen würden, praktisch jeden noch so kleinen Flughafen anzufliegen. Dies hätte bedeutende Konsequenzen für die auf Kurzstrecken ausgerichteten Billig-Airlines. Alleine in den USA können 93% der Einwohner innerhalb von 30 Autominuten einen der über 6000 Flughäfen erreichen, welche in Zukunft von solchen Kleinmaschinen angeflogen würden.

| **Anhang** |
| --- |

| | |
| --- | --- |
| **1985** | Start der Ryanair mit einer fünfzehnsitzigen Propellermaschine auf der Strecke Waterford (Südirland)–London Gatwick. |
| **1989** | Transport von 600 000 Passagieren. Verlust ca. 20 Mio. Euro seit der Gründung. |
| **1991** | Ein neues Management übernimmt das Kommando und richtet die Gesellschaft nach den gleichen Prinzipien wie das große Vorbild Southwest Airlines aus. Seither ist die irische Airline rentabel und wächst kontinuierlich. |
| **1995** | Ryanair ist mit 2,25 Mio. Passagieren die größte Fluggesellschaft Irlands. |
| **1997** | Die europäische Luftfahrt-Deregulierung ermöglicht eine Ausweitung auf Kontinentaleuropa. |
| **2000** | Eröffnung des ersten Stützpunkts auf dem Kontinent im belgischen Charleroi bei Brüssel. |
| **2001** | 10 Mio. Passagiere befördert. Bestellung von 50 neuen Boeing 737 (Verdreifachung der Flotte). |
| **2002** | Hahn (100 km südlich von Frankfurt) wird zweiter kontinentaleuropäischer Stützpunkt mit Verbindungen nach Oslo, Mailand, Pisa, Pescara, Glasgow, London, Bournemouth, Shannon, Montpellier und Perpignan. Seit diesem Jahr fliegt Ryanair auch von Lübeck und Friedrichshafen nach London (Preise ab ca. 60 Euro). |
| **2003** | Im Februar 2003 Bestellung von weiteren 100 neuen Boeing 737 im Wert von ca. 6 Mrd. $ (mit hohen Rabatten). Im Frühjahr 2003 Übernahme der verlustreichen Buzz von der holländischen KLM. Über 80 Routen in 13 europäischen Ländern mit den Zentren in Stansted (London), Charleroi (Brüssel), Hahn (Frankfurt), Shannon (Dublin) und Prestwick (Glasgow), Mailand (Bergamo) und Stockholm. |

▲   Abbildung 4   Entwicklung von Ryanair
(vgl. u. a. www.ryanair.com; Business Week 14. Mai 2001, S. 38ff.)

| | |
| --- | --- |
| **1995** | Gründung durch Stelios Haji-Ioannou und Aufnahme der Routen von Luton/London nach Glasgow und Edinburgh mit zwei geleasten B737-200. |
| **1996** | Kauf der ersten B737 (im vollen Besitz von easyJet). Erweiterung der Routen innerhalb Großbritanniens. Erste Flüge nach Kontinentaleuropa (Amsterdam). |
| **1997** | Bestellung von 12 neuen B737-300 (Lieferung bis 2000). |
| **1998** | Erste online-Verkäufe via easyJet.com. Bestellung von 15 weiteren neuen B737-700 (Lieferung Oktober 2000). Erstes Geschäftsjahr, in dem ein Gewinn (2,3 Mio. £) erzielt wird. |
| **1999** | Ausbau von Liverpool und Genf zu easyJet-Basen. Bereits mehr als 1 Mio. Tickets werden online verkauft. Wahl zur «Best Low Cost Airline» durch die Leser des Business Traveller Magazines. |
| **2000** | Bestellung weiterer 17 neuer B737-700. Frühbuchungen (zwei Monate im Voraus) werden nur noch online entgegengenommen. Mehr als 3 Mio. Tickets werden online verkauft. |
| **2001** | Mit neuen Routen nach Barcelona, Belfast, Edinburgh und Nizza avanciert Amsterdam zur vierten easyJet-Base. Online-Verkauf steigt auf 10 Mio. Tickets. Ausbau der Flüge ab Paris/Charles de Gaulle und London/Gatwick. |
| **2002** | Bestellung von 120 Airbus A319 (Lieferung bis 2007). Übernahme von Go, der bisherigen Billigtochter von BA und damit Vergrößerung der Flotte von 36 auf 60 Flugzeuge. easyJet avanciert zur (umsatzmäßigen) Nr. 1 im europäischen Billigsegment. Die Verkaufskanäle von Go und easyJet werden kurz danach zusammengelegt (ab März 2003 laufen alle Flüge unter dem easyJet-Brand). Im November tritt Stelios als Chairman planmäßig zurück. |
| **2003** | Über 105 Routen mit 38 europäischen Zielflughäfen mit den Zentren in Luton, Liverpool, Amsterdam und Genf. |

▲   Abbildung 5   Entwicklung von easyJet (vgl. u. a. www.easyJet.com)

| **Lufthansa Passage-Gruppe (Abschluss 31.12.)** | **2002** | **2001** |
|---|---|---|
| Umsatz (in Mio. €) | 10 461 | 10 633 |
| Operatives Ergebnis (in Mio. €) | 478 | 32 |
| EBIT[1] Gesamtkonzern (in Mio. €) | 1 089 | 177 |
| Ø Anzahl Mitarbeiter (Passage-Gruppe) | 34 021 | 33 983 |
| Passagiere | 43,9 Mio. | 45,7 Mio. |
| Sitzladefaktor | 73,9 % | 71,5 % |
| **British Airways (Abschluss 31.3.)** | **2003** | **2002** |
| Umsatz (in Mio. €) | 11 145 | 13 618 |
| Operatives Ergebnis (in Mio. €) | 486 | −144 |
| EBIT (in Mio. €) | 428 | −180 |
| Anzahl Mitarbeiter (per 31.12.) | 57 014 | 61 460 |
| Passagiere | 38,0 Mio. | 40,0 Mio. |
| Sitzladefaktor | 71,9 % | 70,4 % |
| **Ryanair (Abschluss 31.3.)** | **2003** | **2002** |
| Umsatz (in Mio. €) | 843 | 624 |
| Operatives Ergebnis (in Mio. €) | 163 | 114 |
| EBIT (in Mio. €) | 263 | 163 |
| Ø Anzahl Mitarbeiter | 1 746 | 1 519 |
| Passagiere | 15,7 Mio. | 11,1 Mio. |
| Sitzladefaktor | 84,9 % | 81,0 % |
| **easyJet (Abschluss 31.9.)** | **2002** | **2001** |
| Umsatz (in Mio. €) | 884 | 581 |
| Operatives Ergebnis (in Mio. €) | 111 | 62 |
| EBIT (in Mio. €) | 128 | 68 |
| Ø Anzahl Mitarbeiter | 2 045 | 1 599 |
| Passagiere | 11,4 Mio. | 7,1 Mio. |
| Sitzladefaktor | 84,8 % | 83,0 % |
| 1  Gewinn vor Zinsen und Steuern | | |

▲    Abbildung 6    Finanzielle Daten und Kennzahlen

| Airline | Ranking | % Flights on time |
|---|---|---|
| Ryanair | 1 | 91 |
| SAS | 2 | 88 |
| Lufthansa | 3 | 84 |
| British Airways | 4 | 79 |
| Air France | 5 | 78 |
| Easyjet | 6 | 76 |
| Alitalia | 7 | 65 |
| **Airline** | **Ranking** | **Baggage Lost Per 1000 Passengers** |
| Ryanair | 1 | 0,74 |
| SAS | 2 | 11,16 |
| Lufthansa | 3 | 13,64 |
| Austrian | 4 | 15,18 |
| British Airways | 5 | 16,16 |
| Alitalia | 6 | 18,60 |
| Air France | 7 | 20,56 |
| easyJet | Not Published | |

▲   Abbildung 7    Customer Service Statistics for June 2003 (Quelle: http://www.ryanair.com [13.7.03])

## Literatur

Binggeli, U./Pompeo, L.: Hyped hopes for Europe's low-cost airlines. In: *McKinsey-Quarterly*. S. 87–97, 4th Quarter 2002

Buyck, C.: As easy as 1-2-3. In: *Air Transport World*. S. 42–43, Feb 2002

Capell, K.: Ryanair Rising. In: *Business Week*, S. 18–20, 2. Juni 2003

Capell, K. et al.: Renegade Ryanair. In: *Business Week*. S. 38–43, 14. Mai 2001

Frank, S./Kowalski, M.: Europa für 20 €. In: *Focus*. S. 190–204, 44/2002

Machatschke, M.: Preiswert in die Pleite. In: *ManagerMagazin*. S. 118–125, 5/2003

Mercer Management Consulting: Impact of Low Cost Airlines – Summary of Mercer Study. 2002

---

| | **Fragen zum Fall** |

1. Zeigen Sie die bisherige und zukünftig zu erwartende Branchenentwicklung im europäischen Passagierflugbereich auf. Beschreiben Sie
   dazu jede der folgenden vier Phasen in 2–3 Stichworten (benützen
   Sie als Hilfe das 5-Kräfte-Modell von Porter):

   | A. | vor der Deregulierung (bis Mitte der 1990er Jahre) |
   |----|---------------------------------------------------|
   | B. | 1995–2002 |
   | C. | 2003–2010 |
   | D. | 2012 |

2. Welches sind die wichtigsten Komponenten von Ryanairs Strategie?
   Konzentrieren Sie sich dabei auf die strategische Positionierung,
   Tätigkeiten und Trade-offs. Versuchen Sie anhand eines Netzwerks
   grafisch darzustellen, wie sich die Haupttätigkeiten gegenseitig unterstützen (vgl. dazu das Beispiel von IKEA, S. 262).
3. Obwohl Ryanair eine Kostenführerstrategie verfolgt, kann es sich
   auch in gewissen Leistungsdimensionen profilieren. Wie ist das
   möglich, d.h. wie verhindert Ryanair ein «Stuck-in-the-middle»-
   Syndrom?
4. Wie beurteilen Sie die Reaktionen der traditionellen Fluggesellschaften auf die Strategien der Billig-Airlines? Wieso ist es für sie so
   schwierig, den neuen Konkurrenten Paroli zu bieten? Welche strategischen Alternativen sind für sie möglich?
5. Wie beurteilen Sie das Inserat der Swiss vom 5. Mai 2003 in der
   Neuen Zürcher Zeitung (vgl. ◄ Abbildung 3)?
6. Wie beurteilen Sie die Erfolgsaussichten von Ryanair und Easyjet für
   die nächsten fünf Jahre im Fluggeschäft? Bitte begründen Sie ihre
   Meinung.
7. Wie beurteilen Sie die von Stelios verfolgte Diversifikationsstrategie?
   Welches sind die Vor- und Nachteile?

## Fallstudie 12
# Comazo Ltd. Russland[1]

Autor: Dr. Christoph Maier

Es ist 20.14 Uhr an einem sommerlichen Samstag Abend. Das Telefon klingelt. Nach kurzem Zögern nimmt Dr. Christoph Maier den Hörer ab. Der Anrufer ist Igor Wadimowitsch Fomin, Geschäftsführer der Comazo Ltd. Russland. Das Thema: Anhaltende Schwierigkeiten mit dem Weißgrad der erst vor 2 Wochen in Betrieb genommenen textilen Ausrüstungsabteilung. Obwohl alle neu installierten Schweizer Ausrüstungsmaschinen perfekt zu laufen scheinen, so Igor, weist der produzierte Stoff nach einer von der Qualitätssicherung durchgeführten Farbanalyse nicht die geforderten Farbwerte auf. Der Stoff ist gelblich und kann somit nicht weiterverarbeitet werden, und den 200 Mitarbeitenden in den nachfolgenden Produktionsstufen fehlt der Nachschub. Bei dem Gedanken an 200 Mitarbeitende schweifen Christophs Gedanken ab. Er erinnert sich, wie alles begann:

Es war im europäischen Sommer des Jahres 1993. Die Comazo GmbH & Co KG, Deutschland – ein mittelständisches Unternehmen,

---

1 Diese Fallstudie verwendet Originalnamen und beruht auf der Wiedergabe tatsächlicher Ereignisse aus der Sicht des Unternehmers (der zugleich der Autor ist). Neben seiner Funktion als Textil-Unternehmer ist Dr. Christoph Maier als Unternehmensberater und Gastdozent für multikulturelles Management an der Universität St. Gallen und der Wits Business School in Johannesburg (Südafrika) tätig.

das sich mit der Herstellung und dem Vertrieb von Damen-, Herren- und Kinder-Unterwäsche beschäftigt – war auf dem besten Wege ein weiteres erfolgreiches Geschäftsjahr zu beenden. Der Umsatz war auch dieses Jahr wieder um 20% gestiegen. In einer stagnierenden Branche war dies das achte Jahr mit signifikantem Wachstum. Der Gewinn war ansehnlich, die Umsatzrentabilität lag mit mehr als 3% über dem Branchendurchschnitt. Auch die Zukunft schien rosig, denn die neue Unterwäsche-Kollektion für die Saison 1994 war bei den Kundinnen und Kunden des Unternehmens, dem mitteleuropäischen Einzelhandel, so gut angekommen wie noch nie. Insbesondere die größten Adressen des deutschen Einzelhandels, wie zum Beispiel C&A, Tchibo, H&M und Otto Versand, orderten riesige Mengen bei Comazo, um sie dann unter ihren jeweiligen Eigenmarken weiterzuvertreiben. Dennoch waren die Gesellschafter Hans-Conrad Maier und Dr. Christoph Maier nicht ganz zufrieden.

Hans-Conrad Maier, der für die fulminanten Vertriebserfolge Comazos in den letzten Jahre verantwortlich zeichnete, sah graue Wolken am Horizont: «Die Marktsituation wird härter und härter. An Preissteigerungen ist nicht zu denken. Ich muss froh sein, wenn es mir gelingt, trotz substanzieller Produktverbesserungen die alten Preise zu halten. Die großen Handelsketten können anhand ihrer Marktmacht mehr und mehr die Preise diktieren. Bei einfach herzustellenden Produkten sehe ich uns auf Niveaus absinken, die wir mit unserer bestehenden Fertigungsstruktur, und den ständig steigenden Lohn- und Energiekosten, nicht mehr herstellen können. Hier werden wir über kurz oder lang Marktanteile an Fernost-Lieferanten verlieren. Da helfen auch meine exzellenten Kundenkontakte nicht. Wir können uns momentan nur behaupten, weil es mir gelingt Produktinnovationen auf den Markt zu bringen, bei denen wir einen Zeitvorteil haben. Spätestens im nächsten Jahr werden wir dann jedoch von billigeren Anbietern kopiert und substituiert, so wie das bei den klassischen Damenslips aus 100% Baumwolle bereits passiert ist. Dies ist leider problemlos möglich, weil unsere Produkte ja unter den Labels des Handels vertrieben werden und unsere eigene Marke «Comazo» einen sehr schwachen Markenbekanntheitsgrad von ca. 1% erreicht.» Dieser Trend war für die Comazo GmbH & Co KG nicht neu. Nur zwei Unterwäsche-Unternehmen hatten es in Mitteleuropa geschafft, einen echten Markennamen aufzubauen: Triumph und Schießer. Die anderen Hersteller traten in heftigen Wettbewerb um die weiteren Plätze und spezialisierten sich häufig auf die Belieferung des textilen Einzelhandels unter dessen Eigenmarken (Private Label Geschäft).

Die Comazo GmbH & Co KG hat sich in diesem Private Label Geschäft den Ruf einer Spezialistin für ein exzellentes Preis-Leistungs-

Verhältnis erworben. Schon Ende der achtziger Jahre hatte das Unternehmen aufgrund des Preisdrucks eine eigene Fertigungsstätte in Kroatien aufgebaut und vermehrt mit Nähereien in Ungarn, Polen und Rumänien zusammengearbeitet. Dies hatte dem Unternehmen eine Preisführerschaft im oberen Qualitätssegment verschafft. Die oben erwähnten Umsatzsteigerungen waren die Folge.

Wettbewerber schlugen nun jedoch ähnliche Wege ein und produzierten ebenfalls in Billiglohnländern oder importierten Fertigprodukte aus Fernost, so dass Comazos Preisvorteil schnell zu schrumpfen begann. Der Verdrängungsprozess in der westeuropäischen Unterwäsche-Branche wurde härter und härter.

Die Geschäftsleitung der Comazo GmbH & Co KG suchte so im Sommer 1993 nach neuen Chancen für die Zukunft. Einerseits wollte man auf den Stärken Comazos – jahrzehntelanges Know-how in allen Produktionsstufen, Innovationsfreudigkeit in Produkten und Prozessen, höchste ökologische Standards, ein breites und in Materialien und Styles aktuelles Sortiment an Damen-, Herren- und Kinderwäsche – aufbauen. Andererseits war es sehr wichtig, als Lieferant der großen Handelshäuser entweder dem sich verschärfenden Verdrängungsprozess auszuweichen oder aber diesen durch eine sehr günstige Produktionsstruktur profitabel zu überstehen.

Die Produktion von Unterwäsche kann in 4 Schritte aufgeteilt werden: Stricken, Ausrüsten (Färben), Zuschneiden und Nähen/Verpacken. Die Comazo GmbH & Co KG vollzog die ersten 3 Produktionsschritte an ihrem Stammsitz in Deutschland. Genäht und verpackt wurde im eigenen Betrieb in Kroatien oder durch Fremdvergabe an ca. 30 meist kleinere Nähereien in Ungarn, Polen und Rumänien. Das System, mit dem Comazo arbeitete, wird in der Wäscheindustrie «passive Lohnveredelung» genannt. Die Zuschnitte inklusive des Zubehörs wie Spitzen, Gummibänder, Etiketten und Labels wurden per LKW an billigere Produktionsstandorte transportiert, die fertigen Unterwäscheteile wurden dann wieder zurückgebracht und über Comazos Vertrieborganisation verkauft (siehe ▶ Abbildung 1).

Die passive Veredelung machte für Comazo lange Zeit Sinn, da die qualitätsdefinierenden und kapitalintensiven Produktionsschritte unter eigener Kontrolle in Deutschland stattfanden, der lohnintensive Arbeitsgang Nähen/Verpacken jedoch am Billiglohnstandort. Auf diese Weise konnte Comazo sein Know-how optimal einsetzen und höchste Qualitätsansprüche mit geringen Produktionskosten kombinieren. Nun gab es jedoch mehrere Bedenken:

- Das Lohnniveau an den bisherigen osteuropäischen Näherei-Standorten in Kroatien, Ungarn und Polen stieg stetig und war im Vergleich zu Lohnkosten in Fernost unattraktiv.
- Aufgrund hoher Energiekosten und anderer Standortfaktoren (z.B. Steuern und Abgaben) wurden auch die kapitalintensiven Produktionsschritte Stricken, Färben und Zuschneiden in Deutschland zunehmend in Frage gestellt.
- Voll-Importe (fertig zu beziehende Wäscheteile) aus Fernost wurden im standardisierten Bereich immer besser und nun von einer Vielzahl neu auftretender Importeure den Handelskonzernen für deren Eigenmarken angeboten. Während manche dieser Importeure aufgrund qualitativer Probleme «ökonomischen Schiffbruch» erlitten hatten, konnten sich besonders diejenigen, die sich auf einfache Standard-Produkte spezialisiert hatten, nun bereits erfolgreich im Markt etablieren.

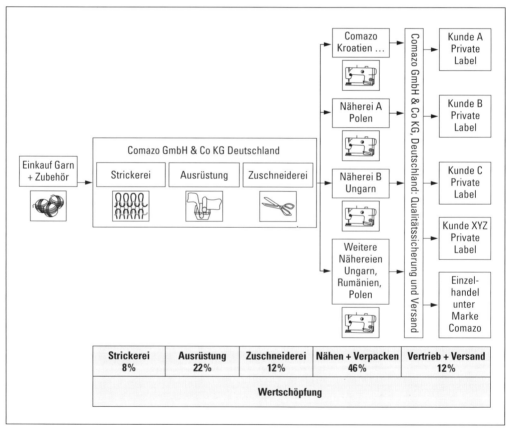

▲   Abbildung 1    Wertschöpfungsstufen bei Comazo

Der Geschäftsleitung Comazos stellte sich folgende konkrete Fragen:

- Sollte Comazo seine deutsche Produktion aufgeben und sich wie andere Importeure auf Vollgeschäfte (Handel mit fertigen Produkten) spezialisieren?
- Sollte Comazo unbeirrt an der Strategie der passiven Veredelung festhalten? Und die Nachhaltigkeit dieser Strategie mit vermehrten Anstrengungen in Produktinnovationen koppeln?
- Sollte Comazo versuchen, sich aus seinem Spezialgebiet, der bisher lukrativen Abwicklung des mitteleuropäischen Großkundengeschäfts, verabschieden und versuchen, eine eigene Wäsche-Marke in Mitteleuropa zu etablieren?
- Sollte ein Produktionsstandort in einem Billiglohnland, wohl am besten in Asien, gesucht werden? Wenn ja, woher sollten die dazu notwendigen Mittel kommen, denn trotz profitabler Jahre hat Comazo aufgrund des permanenten Wachstums der letzten Jahre keine Cash-Reserven aufgebaut. Der erwirtschaftete Cash-Flow ging in die Finanzierung des Umsatzwachstums.

Als Hans-Conrad Maier im Herbst 1993 den russischen Wirtschaftsstudenten Igor Wadimowitsch Fomin kennen lernte, war er sich über die Standortfaktoren verschiedener Länder im Klaren. ▶ Abbildung 2 fasst seine monatelangen Recherchen in stark vereinfachter Form zusammen. Dementsprechend war er auch nicht unvorbereitet, als ihn Igor, der seine zukünftige Frau Irina – eine russische Praktikantin in der Designabteilung Comazos – besuchte, mit der Idee konfrontierte, doch in Russland zusammen ein Wäsche-Unternehmen aufzubauen. Hans-Conrad wusste um die geringeren Personalkosten in Russland. Er hatte nach einer Geschäftsreise im Jahre 1991 jedoch auch negative Informationen über den Status Quo der meisten Industriebetriebe, über politische und kriminelle Risiken, über Willkür von Behörden (Zollamt, Finanzamt, Polizei) und die für westliche Verhältnisse rudimentäre Rechtsstaatlichkeit. Natürlich war ihm auch bekannt, dass Russland über einen Inlandsmarkt mit 140 Millionen Menschen verfügt. Er stimmte zu.

Comazo Ltd. Russland wurde im November 1993 als ein Joint Venture zwischen der Comazo GmbH & Co KG (67%) und Igor Fomin (33%) gegründet. Sitz des Unternehmens wurde Tichvin in der Leningrader Region, die Heimatstadt Igors. Das notwendige Startkapital betrug 25 000 Euro. Comazo brachte seinen Anteil in Form von 7 gebrauchten Nähmaschinen ein, Igor in Form eines Gebäudeteiles, der für eine kleine Näherei benutzt werden konnte. Im Dezember 1993 wurde mit ca. 10 Mitarbeitenden und 7 Nähmaschinen mit der Produktion, dem Nähen und Verpacken im Sinne der passiven Veredelung, begonnen.

| | Ungarn | Polen | Russland | China |
|---|---|---|---|---|
| **Lohn einer Näherin** | 300 € | 200 € | 75 € | 40 € |
| **Sozialnebenkosten** | 44 % | 50 % | 42 % | 20 % |
| **Energiekosten** Frischwasser pro m³<br>Abwasser pro m³<br>Strom pro kWh<br>Gas pro m³ | 0,75 €<br>0,75 €<br>0,06 €<br>0,09 € | 0,40 €<br>0,50 €<br>0,05 €<br>0,07 € | 0,11 €<br>0,14 €<br>0,03 €<br>0,03 € | 0,15 €<br>0,00 €<br>0,03 €<br>0,07 € |
| **Gewinnsteuer** | 28 % | 35 % | 25 % | ? |
| **Rechtssicherheit** | ja | ja | nein (teilweise) | nein |
| **Zollsätze für Import von Lizenzware** | 0–12 % | 5–20 % | 5–20 % | 10–40 % |
| **Bürokratische Hindernisse** | gering | gering | hoch | sehr hoch |
| **Entfernung/Transportkosten** | gering | gering | hoch | sehr hoch |
| **Inlandsmarkt** Bevölkerung in Mio.<br>Kaufkraft<br>(Index: Deutschland = 100) | 14<br>72 | 42<br>65 | 140<br>40 | 1010<br>25 |
| **Akzeptanz europäischer Produkte (Größen, Modebewusstsein, Farben) auf dem Binnenmarkt** | ja | ja | ja | nein (Größen!) |
| **Kulturelle Barrieren** | gering | gering | durchschnitt-lich | sehr hoch |
| **Risiko** | gering | gering | hoch (Politik, Recht) | hoch (Politik, Recht, Kultur) |

▲   Abbildung 2   Standortvergleich

Die Verantwortung für die russische Beteiligung der Comazo GmbH & Co KG übernahm Hans-Conrads Bruder Christoph, der, wie sein gleichaltriger russischer Partner, eben erst sein Wirtschaftsstudium beendet hatte. Die Kommunikation erfolgte im Wesentlichen per Telefon und bei persönlichen Treffen, die im Quartalsrhythmus, meist in Tichvin, erfolgten.

Diese 4-Tages-Treffen waren für Christoph stets etwas Besonderes. Der Ankunft auf dem St. Petersburger Flughafen folgte eine 3-stündige Autofahrt in einem Wolga oder Lada ins abgelegene Tichvin. Bereits auf der Autofahrt wurde die Zukunft von Comazo Russland diskutiert. Anfänglich waren die Konversationen mühsam und schwierig. Missverständnisse und gegenseitiges Misstrauen mussten überwunden werden. Beide Jungunternehmer hatten mit Ihrer Konditionierung und den vom jeweiligen Umfeld verbreiteten Vorurteilen zu kämpfen:

- Ist der deutsche Mehrheitsgesellschafter ein rücksichtsloser Kapitalist, der mich ausnutzen und bei gemachter Arbeit austauschen oder austricksen wird?
- Ist mein russischer Partner vielleicht ein Betrüger, der meine Unerfahrenheit und Gutgläubigkeit ausnutzen wird, um dem wohlhabenden Ausländer Geld aus der Tasche zu locken und in die eigene zu schaffen?
- Warum vertrauen mir die Deutschen nicht und wollen immer alle möglichen Dokumente sehen und Informationen im Detail erhalten?
- Diese Info über russische Finanz- und Zollformalitäten kann doch nicht richtig sein, das könnten doch Finten sein, um Geld verschwinden lassen zu können?

Der deutsch-russische «culture gap» musste überwunden werden. Hierbei halfen den beiden mehrere Faktoren: Erstens spricht Igor vorzüglich Deutsch. Zweitens lernten die beiden sich persönlich gut kennen, unter anderem weil die Treffen in Tichvin zwangsläufig eine Vermischung von beruflichen und privaten Dingen mit sich brachten. Da Tichvin über keine akzeptable Hotelunterkunft verfügte, wurde Christoph stets in der Wohnung der Familie Fomin willkommen geheißen. Dies bedeutete familiäres Zusammenleben und lange und intensive Diskussionen, oft bis spät in die Nacht. So entstand eine Kommunikationsplattform über die Sprache hinaus, ein gegenseitiges Verständnis von Denkweise und Emotionalität. Drittens identifizierten sich die beiden voll mit ihrem Unternehmen und der gemeinsamen Vision. Die Kommunikation war intensiv. Es gab permanenten telefonischen Kontakt. Oft mehrmals täglich, vom Office und von zu Hause aus, zu jeder Tages- und Nachtzeit, manchmal stundenlang. Viertens verstanden es Igor und Christoph schon früh, auch über schwierige Dinge offen zu reden. Kulturelle und individuelle Perspektiven wurden transparent gemacht, Meinungsverschiedenheiten explizit diskutiert und Konflikte ausgetragen. Zwischen den beiden wurde viel gefragt und zugehört. Es bildete sich ein tiefes Vertrauen – ein Vertrauen, das für manche Mitarbeitende in Russland und Deutschland zum Teil nur schwer nachvollziehbar war und Stirnrunzeln verursachte; ein Vertrauen, das häufig detaillierte Prozessanweisungen und schriftlich formulierte Übereinkünfte ersetzte; ein Vertrauen, das beiden half, wichtige strategische und operative Entscheidungen auch gegen Widerstände in den jeweiligen Organisationen in Russland und Deutschland umzusetzen.

Comazo Ltd. Russland expandierte. 1995 beschäftigte das Unternehmen bereits 80 Mitarbeitende. Ein erster Umzug in größere Räumlichkeiten war hierzu notwendig geworden.

Im selben Jahr begann Comazo Ltd. mit einer Lizenzproduktion der Marke Comazo für den russischen Markt. Zuschnitte und Zubehör wurden nach Russland gesendet, dort genäht, verpackt und an Großhändler und Kaufhäuser verkauft.

1997 zog Comazo erneut um und beschäftigte danach 140 Mitarbeitende. In den neuen Räumlichkeiten wurde auch eine Zuschneiderei in Betrieb genommen und somit eine weitere Produktionsstufe hinzugefügt. Der Verkauf der Marke Comazo in Russland expandierte über die Erwartungen. Anfang des Jahres 1998 verkaufte Comazo mehr als 1 Million Wäscheteile pro Jahr auf dem russischen Markt.

Das Jahr 1998 stellte die Comazo Ltd. dann jedoch vor eine existenzielle Bewährungsprobe. Der Wert des russischen Rubels verfiel aus politischen und makroökonomischen Gründen innerhalb weniger Tage. Forderungen an Kunden von Comazo Ltd. wurden wertlos, der Umsatz brach über Nacht ein. Im Sommer 1998 konnte fast kein einziges Wäscheteil mehr verkauft werden, dabei hatte das Unternehmen soeben erst die Lager für die nahende Herbst/Winter-Saison prall gefüllt. Comazo Ltd. geriet in einen Liquiditätsengpass, der – wie die gesamte Finanzierung des russischen Betriebes – von der Muttergesellschaft aufgefangen werden musste.

Die Telefondrähte liefen heiß. Durch den Totalausfall des russischen Marktes und die enge finanzielle Verknüpfung gesamthaft existenziell bedroht, reagierte die Comazo Gruppe schnell. Die Zuschneiderei und Näherei in Russland wurde binnen weniger Wochen wieder zu 100% mit Produkten für Comazo Deutschland gefüllt (im System der passiven Veredelung). Als einer der wenigen Betriebe in Russland konnte Comazo Ltd. alle seine Mitarbeitenden weiter beschäftigen und entlohnen. Die Katastrophe konnte verhindert werden. Comazo Deutschland hatte jedoch noch über Jahre hinweg große Schwierigkeiten, das Kapital, das in dem russischen Warenlager gebunden war, aufzulösen. Liquiditätsengpässe in Russland und Deutschland waren die Folge. Deutsche Kapitalgeber waren nicht oder nur unzureichend bereit, Mittel für die Russland-Expansion bereitzustellen.

1999 standen Igor und Christoph vor einer weiteren wegweisenden Entscheidung. Eine große, sich im Konkurs befindliche staatliche Möbelfabrik stand äußerst günstig zum Verkauf. Das Problem daran war, dass sich Areal und Gebäude in einem furchtbaren Zustand befanden. Die gesamte Bausubstanz war baufällig, das Areal mit Schrott gefüllt, Versorgungsleitungen unbrauchbar. Nach einer Besichtigung riet der Betriebsleiter von Comazo Deutschland Christoph von dem Kauf ab. Igor plädierte energisch dafür, denn, so seine Argumentation, alle Genehmigungen waren vorhanden. Außerdem seien Renovierungen viel einfacher umzusetzen als Neubauten. Bürgermeister und Gemeinde hatten großes Interesse, diese Ruine zu verkaufen und so einer positiven Entwicklung zuzuführen. Auch lasse das Areal von 35 000 m² und die ebenerdige Bebauung von fast 14 000 m² einen optimalen Materialfluss und große Spielräume für Erweiterungen zu. Nach langen Gesprächen war Christoph überzeugt. Im Sommer 2000 wurde mit dem Umbau/Neubau begonnen.

Wie in allen Bereichen – Vertrieb, Produktion, Investitionen usw. – wurden auch in der Baukonzeption und -umsetzung Entscheidungen nicht einfach in Deutschland getroffen, sondern von Igor vorbereitet und dann mit Christoph diskutiert. Man entschied gemeinsam. Operative Entscheidungen und solche über kleinere Investitionen wurden eigenverantwortlich in Russland gefällt. Christoph definierte seine Rolle in den meisten Fällen als die eines Beraters, nicht als die des bestimmenden Mehrheitsgesellschafters. Nur in wenigen Ausnahmefällen setzte er kategorisch seinen Standpunkt durch. Dies geschah jedoch, wie zwischen den beiden Partnern üblich, mehr durch rationalen Austausch von Argumenten und Überzeugungskraft als über eine bloße Anweisung. Oft wurden Kompromisse gefunden.

Diese weitreichend gewährte Autonomie Russlands und die Tatsache, dass die Konditionen von Liefergeschäften zwischen Comazo Deutschland und Comazo Russland in der Regel zwischen Igor und Christoph verhandelt (und nicht von Deutschland diktiert) wurden, stieß bei den deutschen Entscheidungsträgern immer wieder auf Unverständnis. Eine deutsche Führungskraft drückte dies so aus: «Warum lassen wir uns das bieten? Das ist unser Betrieb, und ich weiß nicht, warum Christoph mit Igor überhaupt diskutiert und nicht wie bei anderen Lieferanten die Konditionen der Zusammenarbeit vorgibt. Der Laden gehört uns doch schließlich!»

Christoph jedoch hielt an seinem Stil fest: «Comazo Ltd. ist ein russisches Unternehmen. Igor ist der verantwortliche Geschäftsführer. Er muss die entsprechenden Kompetenzen haben und diese Verantwortung auch fühlen. Dies kann nur geschehen, wenn er selbst Entscheidungen trifft oder an den Entscheidungen maßgeblich beteiligt ist. Nur dann kann er sich voll mit ‹seinem› Unternehmen identifizieren. Ich vertraue ihm und seinen Fähigkeiten. Außerdem ist er ja selbst beteiligt, und so sitzen wir in einem Boot.»

Auch die Verhandlungen über die Preise der Näh- und Verpackungsleistung (von Russland nach Deutschland berechnet) und über Stoffpreise für Lizenzprodukte (von Deutschland nach Russland berechnet) waren mühselig. Dennoch hielt Christoph an dieser Strategie fest: «Igor vertritt die Interessen von Comazo Ltd. Russland. Das darf und soll er auch Comazo Deutschland gegenüber tun. Wenn wir möchten, dass er sich voll für das Unternehmen einsetzt, so müssen wir mit ihm wie mit einem Dritten verhandeln und ihm nichts vorschreiben. Weiterhin muss er als Geschäftsführer auch die Freiheit haben, an Dritte zu liefern oder bei Dritten einzukaufen, wenn wir selbst nicht wettbewerbsfähig sind. Nur so verbessern wir Effizienz und Professionalität in unserer Gruppe.»

Ein wichtiger Bestandteil des Lizenzvertrages zwischen Comazo Ltd. Russland und Comazo Deutschland war, dass Comazo Ltd. stets die Corporate Identity und die hohen Qualitätsstandards der Marke «Comazo» beachten sollte. Dieser Grundsatz sorgte oft für Diskussionen, in denen Igor auf russische Besonderheiten und Vorlieben, Christoph hingegen auf nicht zu komprimierende Standards hinwies. Diskussionen wie diese waren keine Seltenheit:

Christoph: «Der neue russische Herbst/Winter-Katalog entspricht nicht voll der Corporate Identity. Der Blauton des Logos ist nicht exakt. Außerdem genügen die Fotos und ausgewählten Models nicht unserem Standard. Die Darstellung der Wäsche ist nicht schön. Auch die Kollektion ist leicht verändert. Warum beachtet Ihr nicht die vorgegeben Richtlinien?»

Igor: «Die Models sind okay. Wir mussten die deutschen Fotos ersetzen, denn deren Stil kommt in Russland nicht an. Russinnen und Russen haben einen anderen Geschmack. Unsere Fotografen und Models sind genauso gut, nur viel preiswerter.»

Christoph: «Ja, aber in diesem Bereich dürfen wir keine Kompromisse machen. Ich verstehe nicht, warum sich Euer Katalog- und Verpackungs-Designer hier selbst verwirklicht, anstatt die vorgegebenen Richtlinien exakt umzusetzen.»

Igor: «Okay, sag mir genau, was Dir nicht gefällt. Was jedoch die Kollektion angeht, dort sind die deutschen Artikel vielfach nicht geeignet. Wir können viele deutsche Modelle fast nicht verkaufen. Wir wollen russische Wäscheartikel entwickeln.»

Christoph: «Ihr habt dazu nicht das Know-how. Eventuell passen dann die von Euch entwickelten Wäscheteile nicht. Dadurch wird das Image Comazos torpediert.»

Igor: «Natürlich können wir das. Im Gegenteil, die deutschen Passformen stimmen oft nicht.»

Stolz und Vertrauen in die Fähigkeiten der russischen Mitarbeitenden bestimmten sehr oft den Tenor in Igors Argumentation. Christoph respektierte dies, da er die Erfolge des russischen Teams in vielen Felder anerkannte und er ja selbst Comazo Ltd. als russisches Unternehmen definiert hatte. Anders als mit den Partnerbetrieben in Osteuropa wurden in Tichvin nur selten Qualitätskontrollen deutscher Fachleute durchgeführt, denn das Qualitätsniveau der russischen Fertigung war seit Jahren auf einem erstaunlich hohen Niveau. Allerdings entstanden durch das ausbleibende Controlling vom Stammhaus auch hin und wieder Fehler, die vielleicht hätten vermieden werden können.

Die Motivation des jungen russischen Teams war außerordentlich hoch. In den Jahren 1999 bis 2003 wurde der gesamte Gebäudekomplex renoviert oder neu gebaut. Im März 2003 konnte die Ausrüstung in Betrieb genommen werden, im Mai 2003 die Strickerei. Damit wurde Comazo Ltd. zum vollstufigen Wäsche-Unternehmen mit ca. 300 Mitarbeitern in Produktion und Verwaltung/Vertrieb. Insbesondere hinsichtlich der jüngsten beiden Produktionsstufen waren viele Betrachter skeptisch gewesen: «Schwierige Prozesse, kein erfahrenes Fachpersonal, keine Mechaniker für solche Maschinen. Ob das wohl gut geht?»

Als jedoch der deutsche Strickmeister nach einem mehrwöchigen Aufenthalt in Russland zurückkam, war er beeindruckt und erzählte Christoph: «Wir haben – wie sie mir zuvor sagten – keinen gelernten Stricker dort. Die dortigen Leute haben keine Erfahrung mit Strickmaschinen für Wäsche – alles so wie gedacht. Aber ich habe trotz aller meiner anfänglichen Bedenken ein gutes Gefühl, denn wir haben dort motivierte und interessierte Leute. Schon nach wenigen Tagen haben wir über sprachliche Barrieren hinweg prima zusammengearbeitet. Die Mechaniker und Elektroniker haben gute allgemeine Kenntnisse und haben sehr schnell begriffen, worauf es bei den Maschinen ankommt, und auch die Stricker können nun bereits Wäschestoffe stricken. Es wird klappen.»

Der Umsatz der Comazo Ltd. Russland betrug im Jahr 2002 ca. 4,5 Millionen Euro. Seit mehreren Jahren arbeitet das Unternehmen nun profitabel. Die Umsatzrentabilität liegt weit über dem Branchendurchschnitt. Der Cash-Flow entwickelt sich positiv. Inzwischen wurden die meisten Schulden an Comazo Deutschland zurückgezahlt. Allerdings stagniert der russische Inlandsumsatz seit einem Jahr bei gleichzeitigem Anstieg von Kaufkraft und Bruttosozialprodukt, was auf den Verlust von Marktanteilen schließen lässt.

An dies alles dachte Christoph, während er und Igor die nun aufgetretene Weißgradproblematik erörterten. Nach ca. 20 Minuten legte er den Hörer auf uns dachte: «Wegen dem Weißgrad muss ich gleich am Montag mit unserem Ausrüstungsleiter sprechen, vielleicht hat er eine Idee. Wir kriegen das bestimmt hin, kein Problem. Was mich viel mehr beschäftigt ist, dass wir den Lizenzvertrieb wieder besser in den Griff kriegen müssen. In Moskau verlieren wir Marktanteile, und auch in den entlegenen Regionen Russlands haben wir den Schwung verloren. Wir waren zuviel mit der Produktion beschäftigt und müssen da dringend wieder angreifen!»

---

| | **Fragen zur Fallstudie:** |

1. Welche Gründe waren ausschlaggebend, dass sich die Geschäftsleitung der Comazo GmbH & Co KG für ein Engagement in Russland entschieden hat?
2. Welche Form der Internationalisierung wurde gewählt? Welche Vorteile und Nachteile hat diese Strategie im konkreten Fall Comazos? Geben Sie konkrete Beispiele.
3. Westliche Engagements in Russland in den 90er Jahren sind nach offiziellen Statistiken in den meisten Fällen gescheitert. Comazo Ltd. Russland scheint hingegen eine Erfolgsstory zu sein. Welche Gründe sehen Sie hierfür?
4. In den Jahren nach 1998 stand die Comazo Gruppe vor existenziellen Problemen. Welche(n) Fehler haben Igor und Christoph gemacht? Wie hätten sie es besser machen können?
5. Welche aktuellen oder latenten Gefahren bestehen für Comazo Ltd. Russland. Was würden Sie Igor und Christoph raten, um diesen zu begegnen?
6. Welche Herausforderungen bringen Internationalisierungs-Strategien mit sich?
7. Welche Grundsätze eines erfolgreichen interkulturellen und multikulturellen Managements können aus diesem Fall abgeleitet werden?

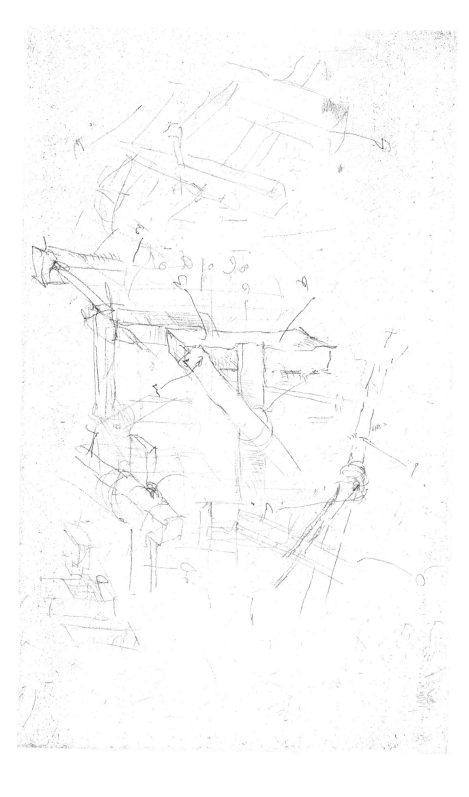

# Literaturverzeichnis

Aaker, D.A.: *Strategic Market Management.* 3rd edition, New York 1992

Aaker, D.A.: Organizing a Strategic Information Scanning System. In: *California Management Review.* No. 2, S. 76–83, 1983

Abell, D.F.: *Defining the Business.* Englewood Cliffs 1980

Abplanalp, P./Lombriser, R.: *Unternehmensstrategie als kreativer Prozess.* München 2000

Ackelsberg, R./Arlow, P.: Small Businesses Do Plan and it Pays Off. In: *Long Range Planning.* Vol. 18, S. 61–67, 1985

Ackermann, J.: Erfahrungen beim Schulterschluss zweier Grossbanken. In: *Unternehmensführung.* Nr. 12, 1994

Adolf, R./Cramer, J./Ollmann, M.: Synergien realistisch einschätzen: Fusionen im Bankwesen. In: *Die Bank.* Nr. 1, S. 4–9, 1991

Albach, H.: Strategische Allianzen, strategische Gruppen und strategische Familien. In: *Zeitschrift für Betriebswirtschaft.* Nr. 6, S. 663–670, 1992

Alexander, L.D.: Successfully Implementing Strategic Decisions. In: *Long Range Planning.* S. 92, June 1985

Andrews, K.: *The Concept of Corporate Strategy.* Revised edition, Homewood 1980

Ansoff, H.I.: Strategic Management in a Historical Perspective. In: Hussey, D.E. (Hrsg.): *International Review of Strategic Management.* Vol. 2, No. 1, S. 3–69, 1991

Ansoff, H.I.: *The New Corporate Strategy.* New York 1988

Ansoff, H.I.: *Corporate Strategy.* New York 1965

Ansoff, H.I. et al.: Does Planning Pay? The Effect of Planning on Success of Acquisitions in American Firms. In: *Long Range Planning.* December 1970

Ansoff, H.I./McDonnell, E.: *Implanting Strategic Management.* 2nd edition, New York/London 1990

Ansoff, H.I./Sullivan, P.: Optimizing Profitability in Turbulent Environments: A Formula for Strategic Success. In: *Long Range Planning.* Vol. 26, No. 5, S. 11–23, 1993

Antoni, M./Riekhof, H.-C.: Die Portfolio-Analyse als Instrument der Strategieentwicklung. In: Riekhof, H.-C. (Hrsg.): *Praxis der Strategieentwicklung. Konzepte – Erfahrungen – Fallstudien.* 2. Auflage, S. 109–128, Stuttgart 1994

Argyris, C./Schön, D.A.: *Organizational Learning.* Reading, MA 1978

Ashby, W.R.: *Introduction to Cybernetics.* New York 1956

Balogun, J./Hope-Hailey, V.: *Exploring Strategic Change.* London/New York 1999

Barilits, M.: *Die Gültigkeit der PIMS-Erkenntnisse für Klein- und Mittelbetriebe – Eine empirische Überprüfung.* Dissertation Wirtschaftsuniversität Wien, Wien 1994

Barney, J.B.: Firm Resources and Sustained Competitive Advantage. In: *Journal of Management.* Vol. 17, S. 99–120, 1991

Bartlett, C.A./Goshal, S.: *Transnational Management.* Boston 1992

Barzen, D./Wahle, P.: Das PIMS-Programm – was es wirklich wert ist. In: *Harvard Manager,* Nr. 1, S. 100–109, 1990

Baumgartner, I./Häfele, W./Schwarz, M./Sohm, K.: *OE-Prozesse – Die Prinzipien systemischer Organisationsentwicklung.* 3., überarbeitete Auflage, Bern 1995

Beckhard, R./Harris, R.T.: *Organizational Transitions: Managing Complex Change.* 2. Auflage, Reading, MA 1987

Bergmann, T./Felchlin, W.: Hohes Tempo als Wettbewerbsvorteil. In: *Neue Zürcher Zeitung.* S. 23, 25.7.1996

Biggadike, E.R.: The Risky Business of Diversification. In: *Harvard Business Review.* S. 103–111, May–June 1979

Binggeli, U./Pompeo, L.: Hyped hopes for Europe's low-cost airlines. In: *McKinsey-Quarterly.* S. 87–97, 4th Quarter 2002

Bircher, B.: Planungskompetenz: Braucht es den «Planer» noch? In: Thommen, J.-P. (Hrsg.): *Management-Kompetenz.* S. 75–92, Zürich 1995

Bleicher, K.: Paradoxien unternehmerischer Dynamik. In: Thommen, J.-P. (Hrsg.): *Management-Kompetenz.* S. 93–109, Zürich 1995

Bleicher, K.: Strategische Anreizsysteme. In: Riekhof, H.-C. (Hrsg.): *Praxis der Strategieentwicklung. Konzepte – Erfahrungen – Fallstudien.* 2. Auflage, S. 291–307, Stuttgart 1994

Bleicher, K.: *Leitbilder, Orientierungsrahmen für eine integrative Management-Philosophie.* Stuttgart 1992a

Bleicher, K.: *Das Konzept Integriertes Management.* 2. Auflage, Frankfurt/New York 1992b

Bonsen, M. zur: *Führen mit Visionen.* Wiesbaden 1994

Boos, F./Jarmai, H.: Kernkompetenzen – gesucht und gefunden. In: *Harvard Business Manager.* Nr. 4, S. 19–26, 1994

Borer, C.: Führen mit Bildern: Optische Rhetorik – Artmap. In: Thommen, J.-P. (Hrsg.): *Management-Kompetenz.* S. 111–126, Zürich 1995

The Boston Consulting Group (Hrsg.): *Vision und Strategie.* München 1988

Bourgeois III, L.J./Duhaime, I.M./Stimpert, J.L.: *Strategic Management. A Managerial Perspective.* 2nd ed., Fort Worth Texas 1999

Brauchlin, E.: *Problemlösungs- und Entscheidungsmethodik.* 3. Auflage, Bern/Stuttgart 1990

Brauchlin, E./Wehrli, H.P.: *Strategisches Management.* Lehrbuch mit Fallstudien, 2. Auflage, München/Wien 1994

Brecht, L./Hess, Th./Österle, H.: Business Engineering: Von einer Mode zur Methode. In: *Harvard Business Manager.* Nr. 4, S. 118–123, 1995

Bremner, B. et al.: Cozying up to Keiretsu. In: *Business Week International,* S. 14–16, July 22, 1996

Bronder, C./Pritzl, R.: Leitfaden für strategische Allianzen. In: *Harvard Manager.* Nr. 1, S. 44–53, 1991

Brown, S.L./Eisenhardt, K.: *Competing on the Edge – Strategy as Structured Chaos.* Boston 1998

Brown, S.L./Eisenhardt, K.: The Art of Continuous Change: Linking Complexity Theory and Time-paced Evolution in Relentlessly Shifting Organizations. In: *Administrative Science Quarterly,* Vol. 42, S. 1–34, 1997

Burckhardt, W.: Benchmarking auf dem Prüfstand: Kunden begeistern, Mitarbeiter motivieren. In: *Gablers Magazin.* Nr. 2, S. 14–18, 1995

Burns, T./Stalker, G.M.: *The Management of Innovation.* London 1961

*Business Week:* Coca-Cola: A Sobering Lesson from its Journey into Wine, S. 96–98, 3.6.1985

Buyck, C.: As easy as 1-2-3. In: *Air Transport World.* S. 42–43, February 2002

Buzzell, R./Gale, B.: *Das PIMS-Programm – Strategien und Unternehmenserfolg.* Wiesbaden 1989

Camp, R.C.: *Benchmarking: The Search for Industry Best Practices that Lead to Superior Performance.* New York 1989

Capell, K.: Ryanair Rising. In: *Business Week.* S. 18–20, 2.6.2003

Capell, K. et al.: Renegade Ryanair. In: *Business Week.* S. 38–43, 14.5.2001

Cardinaux, P.A./Hofmann, A.: Balanced Scorecard, wirksames Entscheidungswerkzeug auf allen Stufen. In: *Praxis.* 3/98, ATAG Ernst&Young, S. 1–7, 1998

Carqueville, P./Esser, W.M./Kirsch, W./Müller-Stewens, G.: Prozessberatung zur Einführung eines Strategischen Managements. In Kirsch, W. (Hrsg.): *Beiträge zum Management strategischer Programme.* München 1993

Chandler, A.: *Strategy and Structure.* Cambridge/Mass 1962

Child, J.: *Organization: A Guide for Managers and Administrators.* New York 1977

Christensen, C.: *The Innovator's Dilemma.* Boston 1997

Coenenberg, A.: Der Stand des Strategischen Controlling in Deutschland. In: *Die Betriebswirtschaft.* Nr. 4, S. 459–470, 1990

Collins, J./Porras, J.: Building Your Companies Vision. In: *Harvard Business Review.* September–October, S. 65–77, 1996

Collins, J./Porras, J.: *Visionary Companies, Visionen im Management.* München 1995

Collis, D.J./Montgomery, C.A.: So können Konzerne Ressourcen optimal ausschöpfen. In: *Harvard Business Manager.* Nr. 6, S. 26–37, 1998

Collis, D.J./Montgomery, C.A.: Wettbewerbsstärke durch hervorragende Ressourcen. In: *Harvard Business Manager.* Nr. 2, S. 47–57, 1996

Conger, J.A.: *The Charismatic Leader.* San Francisco 1989

Cooper, A./Schendel, D.: Strategic Responses to Technological Threats. In: *Business Horizons.* S. 61–69, February 1976

Cooper, R./Kaplan, R.: Measure Costs Right: Make the Right Decisions. In: *Harvard Business Review.* No. 5, S. 96–103, 1988

Corsten, H./Will, T.: Das Konzept generischer Wettbewerbsstrategien – Kennzeichen und kritische Aspekte. In: *Wirtschafts-Studium (WISU).* Nr. 3, S. 185–191, 1992

Covin, J./Slevin, D.: Strategic Management of Small Firms in Hostile and Benign Environments. In: *Strategic Management Journal.* Vol. 10, S. 75–87, 1989

David, F.: *Strategic Management.* 4th edition, New York 1993

Deal, T.E./Kennedy, A.A.: *Corporate Culture.* Reading, MA 1982

Deutsch, K./Diedrichs, E./Raster, M./Westphal, J.: *Gewinn mit Kernkompetenzen.* München 1997

Doppler, K./Lauterburg, C.: *Change Management.* Frankfurt 1994

Dörler, H. A./Rufer, D./Wüthrich, H. A.: Von der Produkt/Marktplanung zur dynamischen Unternehmensarchitektur. In: Riekhof, H.-C. (Hrsg.): *Praxis der Strategieentwicklung. Konzepte – Erfahrungen – Fallstudien.* 2. Auflage, S. 21–43, Stuttgart 1994

Doz, Y. L./Hamel, G.: *Alliance Advantage. The Art of Creating Value through Partnering.* Boston Mass. 1998

Downs, L./Chunka, M.: *Unleashing the Killer App – Digital Strategies for Market Dominance.* Boston 1998

Drexel, G.: Organisatorische Verankerung strategischer Geschäftsfelder. In: *Die Unternehmung.* Nr. 2, S. 148–162, 1987

Drucker, P.: *Managing for Results.* New York 1986

Drucker, P.: *The Practice of Management.* New York 1954

Dunphy, D./Stace, D.: The Strategic Management of Corporate Change. In: *Human Relations.* No. 8, S. 905–920, 1993

Dyllick, Th.: *Ökologisch bewusstes Management.* Bern 1990

Elbling, O./Kreuzer, C.: *Handbuch der strategischen Instrumente.* Wien 1994

Emans, H.: Konzepte zur strategischen Planung. In: Henzler, H.A. (Hrsg.): *Handbuch strategische Führung.* S. 109–131, Wiesbaden 1988

Eschenbach, R./Kunesch, H.: *Strategische Konzepte. Management-Ansätze von Ansoff bis Ulrich.* 2. Auflage, Stuttgart 1995

Esser, W.-M.: Die Wertkette als Instrument der Strategischen Analyse. In: Riekhof, H.-C. (Hrsg.): *Praxis der Strategieentwicklung. Konzepte – Erfahrungen – Fallstudien.* 2. Auflage, S. 129–149, Stuttgart 1994

Evans, Ph.B./Wurster, Th.S.: *Web Attack. Strategien für die Internet-Revolution.* München 2000

Evans, Ph.B./Wurster, Th.S.: Strategy and the New Economics of Information. In: *Harvard Business Review.* S. 71–82, September–October 1997

Fahey, L./Randall, R.M.: *The Portable MBA in Strategy.* John Wiley, S. 304–305, 1994

Financial Times: *Business ready for Internet revolution.* May 21, 1999

Fleck, A.: *Hybride Wettbewerbsstrategien: zur Synthese von Kosten- und Differenzierungsvorteilen.* Dissertation Universität München, München 1995

Fopp, L.: Sind die Verwaltungsräte von schweizerischen Unternehmen richtig zusammengesetzt? In: *io Management.* Nr. 5, S. 52–55, 1991

Foster, R.: *Innovation: The Attacker's Advantage.* New York 1986

Frank, S./Kowalski, M.: Europa für 20 €. In: *Focus.* S. 190–204, 44/2002

Freeman, R.E.: *Strategic Management – A Stakeholder Approach.* Boston 1984

French, J.R./Israel, J./As, D.: An Experiment on Participation in a Norwegian Factory. In: *Human Relations.* No. 2, S. 703–719, 1960

Frey, D.: Die blinden Flecken bei Team-Entscheidungen. In: *gdi-impuls.* Nr. 1, S. 13–20, 1991

Friedag, H.R./Schmidt, W.: *Balanced Scorecard – mehr als ein Kennzahlensystem.* Freiburg i.Br. 1999

Friedrich, S. A./Hinterhuber, H.H.: Aus Gegnern müssen Partner werden. In: *Neue Zürcher Zeitung.* S. 23, 22.8.1995

Frischmuth, J./Karrlein, W./Knop, J. (Hrsg.): *Strategien und Prozesse für neue Geschäftsmodelle.* Berlin 2001

Gaitanides, M. et al.: *Prozessmanagement – Konzepte, Umsetzungen und Erfahrungen des Reengineerings.* München 1994

Gaitanides, M./Westphal, J.: Strategische Gruppen und Unternehmenserfolg: Ergebnisse einer empirischen Studie. In: *Zeitschrift für Planung.* Nr. 3, S. 247–265, 1991

Galbraith, J.R./Kazanjian, R.K.: *Strategy Implementation: Structure, Systems, and Process.* 2nd edition, St.Paul 1986

Gälweiler, A.: *Strategische Unternehmensführung.* 2. Auflage, Frankfurt/New York 1990

Ganz, M.: *Die Erhöhung des Unternehmenswertes durch die Strategie der externen Diversifikation.* Dissertation Universität St. Gallen, St. Gallen 1991

Gausemeier, J./Fink, A./Schlake, O.: *Szenario-Management.* München 1995

Geschka, H./Hammer, R.: Die Szenario-Technik in der strategischen Unternehmensplanung. In: Hahn, D./Taylor, B. (Hrsg.): *Strategische Unternehmensplanung.* Heidelberg 1990

Gilbert, X./Strebel, P.: Strategies to Outpace the Competition. In: *Journal of Business Strategy.* Vol. 8, S. 28–36, 1987

Gilbert, X./Strebel, P.: Der Konkurrenz immer eine Nasenlänge voraus. In: *Politik und Wirtschaft.* Nr. 6, S. 61–64, 1986

Gluck, F./Kaufmann, S./Walleck, S.: The Four Phases of Strategic Management. In: *The Journal of Business Strategy.* No. 2, S. 9–21, 1982

Gomez, P./Ganz, M.: Diversifikation mit Konzept – den Unternehmenswert steigern. In: *Harvard Manager.* Nr. 1, S. 44–54, 1992

Gomez, P./Müller-Stewens, G.: Corporate Transformation – Zum Management fundamentalen Wandels grosser Unternehmen. In: Gomez, P./Hahn, D./Müller-Stewens, G./Wunderer, R. (Hrsg.): *Unternehmerischer Wandel – Konzepte zur organisatorischen Erneuerung.* S. 135–198, Wiesbaden 1994

Gomez, P./Probst, G.: *Die Praxis des ganzheitlichen Problemlösens.* Bern 1995

Goold, M./Campbell, A.: Many Best Ways to Make Strategy. In: *Harvard Business Review.* Vol. 65, No. 6, S. 70–76, 1987

Goold, M./Quinn, J.: The Paradox of Strategic Controls. In: *Strategic Management Journal.* Vol. 11, S. 43–57, 1990

Götte, B./von Pfeil, R.: Competitive Intelligence – denn Wissen ist Macht. In: *io Management.* Nr. 12, S. 40–46, 1997

Grant, R. M.: Toward a Knowledge-Based Theory of the Firm. In: *Strategic Management Journal.* Vol. 17, S. 109–122, 1996

Gray, D. H.: Uses and Misuses of Strategic Planning. In: *Harvard Business Review.* Vol. 64, No. 1, S. 89–97, 1986

Greiner, L. E.: Evolution and Revolution as Organizations Grow. In: *Harvard Business Review.* Vol. 50, No. 4, S. 37–46, 1972

Hachenburg, A. von/Koch, M.: Management Buyouts in der Schweiz. In: *Neue Zürcher Zeitung.* S. 23, 9.8.1996

Hall, W. K.: Survival Strategies in a Hostile Environment. In: *Harvard Business Review.* S. 75–80, September–October 1980

Hamel, G./Heene, A.: *Competence-Based Competition.* Chichester 1994

Hamel, G./Prahalad, C. K.: *Wettlauf um die Zukunft.* Wien 1994

Hamel, G./Prahalad, C. K.: So spüren Unternehmen neue Märkte auf. In: *Harvard Manager.* Nr. 2, S. 44–55, 1992

Hamel, G./Prahalad, C. K.: The Core Competence and the Corporation. In: *Harvard Business Review.* Vol. 68, S. 79–91, May–June 1990

Hamermesh, R.: Die Grenzen der Portfolioplanung. In: *Harvard Manager.* Nr. 1, S. 68 bis 74, 1987

Hammer, M./Champy, J.: *Business Reengineering – Die Radikalkur für das Unternehmen.* Frankfurt 1994

Hanna, D.: *Designing Organizations for High Performance.* Reading, MA 1988

Harmon, R. L.: *Reinventing the Business: Preparing Today's Enterprise for Tomorrow's Technology.* New York 1996

Haselgruber, B./Sure, M.: Activity Based Costing. In: *io Management.* Nr. 11, S. 40–43, 1999

Haspeslagh, Ph.: Portfolio Planning: Uses and Limits. In: *Harvard Business Review.* S. 58–73, January–February 1982

Hatziantoniou, P.: *The Relationship of Environmental Turbulence, Corporate Strategic Profile, and Company Performance.* Dissertation United States International University (USIU) San Diego, San Diego 1986

Hax, A.C./Majluf, N.S.: *Strategisches Management. Ein integratives Konzept aus dem MIT.* Neubearbeitete Studienausgabe, Frankfurt/New York 1991

Heer, G.: Zwang zu mehr Größe. In: *Handelszeitung.* S. 9, 6.11.2002

Henderson, B.D.: *Die Erfahrungskurve in der Unternehmensstrategie.* Frankfurt/New York 1974

Henzler, H.: Strategische Unternehmensführung: Schwerpunkte aus der Sicht der Beratung. In: Verein zur Förderung der Führungslehre und der Betriebswirtschaftslehre der Industrie an der Ludwig-Maximilian-Universität München (Hrsg.): *Angewandte Führungslehre und Betriebswirtschaftslehre der Industrie an der Universität München.* S. 31–42, München 1988

Herbek, P.: *Strategische Unternehmensführung.* Wien/Frankfurt 2000

Hergert, M./Morris, D.: Accounting Data for Value Chain Analysis. In: *Strategic Management Journal.* Vol. 10, S. 175–188, 1989

Hilb, M.: *Integriertes Personal-Management.* Berlin 1994

Hill, C./Jones, G.: *Strategic Management. An Integrated Approach.* 2^nd edition, Boston/Toronto 1992

*Hilti Aktuell:* Den Wandel als Chance erkennen. Nr. 9, S. 9, 1990

Hinterhuber, H.H.: *Strategische Unternehmensführung. Band I. Strategisches Denken.* 4. Auflage, Berlin/New York 1989a

Hinterhuber, H.H.: *Strategische Unternehmensführung. Band II. Strategisches Handeln.* 4. Auflage, Berlin/New York 1989b

Hirn, W./Krogh, H.: Strategische Allianzen – Entente cordiale. In: *Manager Magazin.* Nr. 10, S. 268–291, 1992

Hitt, M.A./Ireland, R.D./Hoskisson, R.E.: *Strategic Management: Competitiveness and Globalization.* Cincinnati 2001

Homburg, C./Sütterlin, S.: Strategische Gruppen: Ein Survey. In: *Zeitschrift für Betriebswirtschaft.* Nr. 6, S. 635–662, 1992

Horvath, P./Kaufmann, L.: Balanced Scorecard – ein Werkzeug zur Umsetzung von Strategien. In: *Harvard Business Manager.* Nr. 5, S. 39–48, 1998

Hunziker, A./Scheerer, F.: *Statistik – Instrument der Betriebsführung.* Zürich 1994

IGW (Schweizerisches Institut für gewerbliche Wirtschaft): Betriebsvergleich Buchhandel Schweiz. *Universität St.Gallen,* 2001

Imai, M.: *Kaizen: The Key to Japan's Competitive Success.* New York 1986

Janis, I.L./Mann, L.: *Decision Making: A Psychological Analysis of Conflict, Choice, and Commitment.* New York 1977

Jick, T.D.: Implementing Change. In: Jick, T.D. (Hrsg.): *Managing Change: Cases and Concepts.* S. 192–202, Illinois/USA 1993

Johnson, G.: *Strategic Change and the Management Process.* Oxford 1987

Johnson, G./Scholes, K.: *Exploring Corporate Strategy.* 5^th ed., London 1999

Johnson, H.T./Kaplan, R.S.: *Relevance Lost: The Rise and Fall of Management Accounting.* Boston 1987

Joyce, P./Woods, A.: *Strategic Management. A Fresh Approach to Developing Skills.* London 2001

Juran, J.M.: *Juran on Leadership for Quality: An Executive Handbook.* New York 1989

Kaplan, R.S./Norton, D.P.: Having Trouble With Your Strategy? Then Map It. In: *Harvard Business Review.* S. 3–11, September–October 2000

Kaplan, R.S./Norton, D.P.: Using the Balanced Scorecard as a Strategic Management System. In: *Harvard Business Review.* S. 75–85, January–February 1996

Kaplan, R.S./Norton, D.P.: *The Balanced Scorecard. Translating Strategy into Action.* Boston 1996 (Deutsch: Kaplan, R.S./Norton, D.P.: *Balanced Scorecard. Strategien erfolgreich umsetzen.* Stuttgart 1997)

Kaplan, R.S./Norton, D.P.: Putting the Balanced Scorecard to Work. In: *Harvard Business Review.* S. 134–147, September–October 1993

Karnani, A./Wernerfelt, B.: Multiple Point Competition. In: *Strategic Management Journal.* No. 6, S. 87–98, 1985

Käser, G.R.: Freier Cash-flow: Den Geldvernichtern auf der Spur. In: *HandelsZeitung.* Nr. 44, S. 17, 1995

Katzenbach, J.R./Smith, D.K.: *The Wisdom of Teams, Creating the High-Performance Organization.* Boston 1993

Kiechl, R.: Management of Change. In: Thommen, J.-P. (Hrsg.): *Management-Kompetenz.* S. 283–300, Zürich 1995

Kirsch, W.: *Unternehmenspolitik und strategische Unternehmensführung.* 2. Auflage, München 1991

Kirsch, W./Knyphausen, D. zu/Ringlstetter, M.: Grundideen und Entwicklungstendenzen im strategischen Management. In: Riekhof, H.-C. (Hrsg.): *Praxis der Strategieentwicklung. Konzepte – Erfahrungen – Fallstudien.* 2. Auflage, S. 3–19, Stuttgart 1994

Klein, J.A./Hiscocks, P.G.: Competence-based Competition: A Practical Toolkit. In: Hamel, G./Heene, A. (eds.): *Competence-Based Competition.* S. 183–212, Chichester 1994

Kobi, J.M.: *Management des Wandels.* Bern 1994

Kotler, Ph./Bliemel, F.: *Marketing-Management.* 8. Auflage, Stuttgart 1995

Kotter, J.P.: Acht Kardinalfehler bei der Transformation. In: *Harvard Business Manager.* Nr. 3, S. 21–28, 1995

Kotter, J.P.: *A Force for Change – How Leadership Differs from Management.* New York 1990

Kouzes, J.M./Posner, B.Z.: *The Leadership Challenge.* San Francisco 1987

Krackhardt, D./Hanson, J.R.: Informelle Netze – die heimlichen Kraftquellen. In: *Harvard Business Manager.* Nr. 1, S. 16–25, 1994

Kreikebaum, H.: Der Mythos des Portfolio-Managements. In: Steger, U. (Hrsg.): *Der Niedergang des US-Management-Paradigmas.* S. 155–166, Düsseldorf 1993

Kreikebaum, H.: *Strategische Unternehmensplanung.* 3. Auflage, Berlin 1989

Kreilkamp, E.: *Strategisches Management und Marketing.* Berlin 1987

Krystek, U./Müller-Stewens, G.: *Frühaufklärung für Unternehmen: Identifikation und Handhabung zukünftiger Chancen und Bedrohungen.* Stuttgart 1993

Kuppel, E.: *Systematische Generierung und Evaluierung von Geschäftsfeldern.* Dissertation Universität St. Gallen, Bamberg 1993

Lehmann, R.: *Kann Diversifikation Wert schaffen?* Dissertation Universität Zürich, Zürich 1992

Levitt, Th.: Die Globalisierung der Märkte. In: *Harvard Manager.* Nr. 4, S. 19–27, 1983

Levitt, Th.: Marketing Myopia. In: *Harvard Business Review.* S. 45–56, July–August 1960

Lewin, K.: Frontiers in Group Dynamics: Concept, Method and Reality in Social Science; Social Equilibria and Social Change. In: *Human Relations.* Vol. 1, No. 1, S. 5–41, 1947

Lewis, A.: *Strategic Posture and Financial Performance of the Banking Industry in California.* Dissertation United States International University (USIU) San Diego, San Diego 1989

Link, J.: Organisation der strategischen Unternehmensplanung. In: Hahn, D./Taylor, B. (Hrsg.): *Strategische Unternehmensplanung.* Heidelberg 1985

Livis, A./Rams, D.: Die Überlegenheit von Braun – hochtechnische Qualitätsprodukte mit funktionsorientiertem Design. In: Deutsch, K./Diedrichs, E./Raster, M./Westphal, J.: *Gewinn mit Kernkompetenzen.* München 1997, S. 81–96

Lombriser, R.: *Top Intrapreneurs. How Successful Senior Executives Manage Strategic Change.* London 1994

Lombriser, R./Ansoff, I.: How Successful Intrapreneurs Pilot Firms Through the Turbulent 1990. Research Based Conclusions on Successful Intrapreneurship. In: *Journal of Strategic Change.* Vol. 4, No. 2, S. 95–108, 1995

Lucas, H.C.: *The T-Form Organization – Using Technology to Design Organizations for the 21st Century.* San Francisco 1995

Machatschke, M.: Preiswert in die Pleite. In: *ManagerMagazin.* S. 118–125, 5/2003

Malik, F.: *Systemisches Management, Evolution, Selbstorganisation.* Bern 1993

Malik, F.: Messbare Erfolgspotentiale, PIMS – Profit Impact of Market Strategies. In: *gdi-impuls.* Nr. 3, S. 53–60, 1987

*Manager Magazin:* Wie Hoesch den Einstieg in Zukunftstechnologien plante. Nr. 7, 1989

Markides, C.C.: Wann Diversifizierung gewagt werden kann. In: *Harvard Business Manager.* Nr. 2, S. 75–81, 1998

Meister, C./Sträuli, C.: Benchmarking: Status Quo Schweiz – Executive Summary einer Umfrage. In: *Index.* Nr. 4, S. 14–15, 1994

Mercer Management Consulting: Impact of Low Cost Airlines – Summary of Mercer Study. 2002

Meyer, J./Heyder, B.: Das Start-up-Geschäft: Erkenntnisse aus dem PIMS-Programm. In: Riekhof, H.-C. (Hrsg.): *Praxis der Strategieentwicklung. Konzepte – Erfahrungen – Fallstudien.* 2. Auflage, S. 265–283, Stuttgart 1994

Michel, R.: *Know-how der Unternehmensplanung.* Heidelberg 1986

Miller, A.: *Strategic Management.* 3rd edition, Boston 1998

Miller, A./Dess, G.G.: Assessing Porter's (1980) Model in Terms of its Generalizability, Accuracy and Simplicity. In: *Journal of Management Studies.* No. 4, S. 553–585, 1993

Miller, D./Friesen, H.: Porter's (1980) Generic Strategies and Performance: An Empirical Examination with American Data. In: *Organization Studies.* No. 1, S. 37–55 sowie No. 2, S. 255–261, 1986

Miller, J.G./Vollmann, T.E.: The hidden factory. In: *Harvard Business Review.* Vol. 63, Nr. 5, S. 142–150, 1985

Mintzberg, H.: *The Rise and Fall of Strategic Planning.* New York 1994

Mintzberg, H.: *Mintzberg on Management. Inside Our Strange World of Organizations.* New York/London 1989

Mintzberg, H.: The Structuring of Organizations. In: Quinn, J.B./Mintzberg, H./James, R.M. (Hrsg.): *The Strategy Process.* S. 276–303, Englewood Cliffs 1988a

Mintzberg, H.: Strategie als Handwerk. In: *Harvard Manager.* Nr. 1, S. 73–80, 1988b

Morris, D./Brandon, J.: *Revolution im Unternehmen – Reengineering für die Zukunft.* Landsberg/Lech 1994

Müller-Stewens, G.: Bausteine zu einem Management Strategischer Allianzen. In: Thommen, J.-P. (Hrsg.): *Management-Kompetenz.* S. 339–357, Zürich 1995

Müller-Stewens, G.: Vorstoss in neue Geschäfte: Identifikation und Eintrittsstrategien. In: Riekhof, H.-C. (Hrsg.): *Praxis der Strategieentwicklung. Konzepte – Erfahrungen – Fallstudien.* 2. Auflage, S. 227–245, Stuttgart 1994

Müller-Stewens, G.: Entwicklung von Strategien für den Eintritt in neue Geschäfte. In: Henzler, H.A. (Hrsg.): *Handbuch Strategische Führung.* S. 219–242, Wiesbaden 1988

Müller-Stewens, G./Lechner, Ch.: *Strategisches Management – Wie strategische Initiativen zum Wandel führen.* Stuttgart 2001

Nanus, B.: *Visionäre Führung.* Frankfurt/New York 1994

Ness, J.A./Cucuzza, Th.G.: Tapping the Full Potential of ABC. In: *Harvard Business Review.* Vol. 73, Nr. 4, S. 130–138, 1995

Norton, D.P.: Building Strategy Maps: Part One – Planning The Campaign. In: *On Balance – Balanced Scorecard Report.* Boston 2000

Norton, D.P.: Use Strategy Maps to Communicate Your Strategy. In: *On Balance – Balanced Scorecard Report.* Boston 1999

OECD: *Internationale Direktinvestitionen – Politik und Trends in den achtziger Jahren.* Paris 1992

Ohmae, K.: *The Mind of the Strategist.* New York 1982

Orgland, M.Y.: *Strategic Change: Initiating, Managing and Sustaining Fundamental Change in Complex Organisations – An In-Depth Case Study of a Transnational Corporation.* Dissertation Universität St.Gallen, St.Gallen 1995

Osterloh, M.: Neue Ansätze im Technologiemanagement: vom Technologieportfolio zum Portfolio der Kernkompetenzen. In: *io Management.* Nr. 5, S. 47–50, 1994

Osterloh, M./Frost, J.: *Prozessmanagement als Kernkompetenz.* Wiesbaden 1996

Ostroff, F./Smith, D.: The Horizontal Organization. In: *McKinsey Quarterly.* No. 1, S. 148–167, 1992

Ouchi, W.: *Theory Z.* Reading, MA 1981

Pearce, J.A. II/Robinson, R.B. Jr.: *Strategic Management. Formulation, Implementation, and Control.* 5th edition, Boston 1994

Peters, T./Austin, N.: *A Passion for Excellence.* New York 1985

Peters, T./Waterman, R.: *Auf der Suche nach Spitzenleistungen.* Landsberg am Lech 1983

Picot, A.: Marktorientierte Gestaltung der Leistungstiefe. In: Steger, U. (Hrsg.): *Der Niedergang des US-Management-Paradigmas.* S. 167–201, Düsseldorf 1993

Pieske, R.: Den besten Wettbewerber finden. In: *Gablers Magazin.* Nr. 2, S. 24–28, 1995

Pieske, R.: Benchmarking: das Lernen von anderen und seine Begrenzungen. In: *io Management,* Nr. 6, S. 19–23, 1994a

Pieske, R.: Fallstudie: Benchmarking – Eine neue Optik für die unternehmensbezogene Analyse und Optimierung. In: Riekhof, H.-C. (Hrsg.): *Praxis der Strategieentwicklung. Konzepte – Erfahrungen – Fallstudien.* 2. Auflage, S. 337–355, Stuttgart 1994b

Pipp, G.: *Zukunftssicherung durch Strategisches Management.* Zug 1990

Pleitner, H.J./Füglistaller, U./Rusch, C.: Schweizer Buchhandel – eine ökonomische Situationsanalyse. In: *Neue Zürcher Zeitung.* S. 27, 9./10.2.2002

Porter, M.E.: Strategy and the Internet. In: *Harvard Business Review.* S. 63–78, March 2001

Porter, M.E.: Nur Strategie sichert auf Dauer hohe Erträge. In: *Harvard Manager.* Nr. 3, S. 42–58, 1997

Porter, M.E.: *Wettbewerbsstrategie. Methoden zur Analyse von Branchen und Konkurrenten.* 7. Auflage, Frankfurt/New York 1992

Porter, M.E.: Towards a Dynamic Theory of Strategy. In: *Strategic Management Journal.* Vol. 12, Special Issue, S. 95–117, 1991

Porter, M.E.: *Wettbewerbsvorteile. Spitzenleistungen erreichen und behaupten.* 3. Auflage, Frankfurt/New York 1989

Porter, M.E.: Diversifikation – Konzerne ohne Konzept. In: *Harvard Manager.* Nr. 4, S. 30–49, 1987

Porter, M.E.: *Wettbewerbsvorteile. Spitzenleistungen erreichen und behaupten.* Frankfurt/New York 1986

Prahalad, C.K./Bettis, R.A.: The Dominant Logic: a New Linkage Between Diversity and Performance. In: *Strategic Management Journal.* Vol. 7, S. 485–501, 1986

Prahalad, C.K./Doz, Y.L.: *The Multinational Mission: Balancing Local Demands and Global Vision.* New York 1987

Prahalad, C.K./Hamel, G.: Nur Kernkompetenzen sichern das Überleben. In: *Harvard Manager.* Nr. 2, S. 66–78, 1991

Probst, G.: So haben wir ein Leitbild eingeführt. In: *io Management.* Nr. 10, S. 36–41, 1989

Probst, G./Büchel, B.: *Organisationales Lernen.* Wiesbaden 1994

Pümpin, C.: *Strategische Erfolgs-Positionen. Methodik der dynamischen strategischen Unternehmensführung.* Bern/Stuttgart 1992

Pümpin, C.: *Das Dynamik-Prinzip.* Düsseldorf 1989

Pümpin, C.: *Management strategischer Erfolgspositionen.* Bern/Stuttgart 1986

Pümpin, C./Geilinger, U.: Strategische Führung, Aufbau strategischer Erfolgspositionen in der Unternehmenspraxis. *Die Orientierung,* Nr. 76. Bern 1988

Pümpin, C./Imboden, C.: Unternehmungs-Dynamik. *Die Orientierung,* Nr. 98. Bern 1991

Pümpin, C./Kobi, J.-M./Wüthrich, H.A.: Unternehmenskultur, Basis strategischer Profilierung erfolgreicher Unternehmen. *Die Orientierung,* Nr. 85. Bern 1985

Quinn, J.B.: *The Intelligent Enterprise.* New York 1992

Rappaport, A.: *Creating Shareholder Value.* New York 1986

Rau, H.: Das Original überflügeln. In: *Gablers Magazin.* Nr. 2, S. 19–23, 1995

Rayport, J.F./Sviokla, J.J.: Exploiting the virtual value chain. In: *The McKinsey Quarterly,* Nr. 1, S. 20–37, 1996

Reibnitz, U.: *Szenarien: Optionen für die Zukunft.* Hamburg 1987

Rhyne, L.C.: The Relationship of Strategic Planning to Financial Performance. In: *Strategic Management Journal.* No. 7, S. 423–436, 1986

Riehm, U./Orwat, C./Wingert, B.: Online-Buchhandel in Deutschland. *Forschungszentrum Karlsruhe,* 2001

Riekhof, Ch.: Strategische Planungsinstrumente: Das Handwerkszeug des Strategen. In: Riekhof, H.-C. (Hrsg.): *Praxis der Strategieentwicklung. Konzepte – Erfahrungen – Fallstudien.* 2. Auflage, S. 103–107, Stuttgart 1994

Rieser, I.: Frühwarnsysteme aufbauen und bereithalten. In: *io Management.* Nr. 6, S. 37 bis 41, 1989

Rothschild, W.: How to Ensure the Continual Growth of Strategic Planning. In: *The Journal of Business Strategy.* No. 1, S. 11–18, 1980

Rühli, E.: Unternehmenskultur – Konzepte und Methoden. In: Rühli, E./Keller, A.: *Kulturmanagement in schweizerischen Industrieunternehmungen.* S. 11–49, Bern/Stuttgart 1991

Rühli, E.: Strategische Unternehmensführung heute. In: Rühli, E. (Hrsg.): *Strategisches Management in schweizerischen Industrie-Unternehmungen.* S. 11–53, Bern/Stuttgart 1989

Rumelt, R.: *Strategy, Structure and Economic Performance.* Boston 1974

Rutishauser, A.: «Shareholder Value»-Ansatz: Mehr Cash ohne Mensch? In: *HandelsZeitung.* Nr. 45, S. 31, 1995

Schaffer, R.H.: *The Breakthrough Strategy.* New York 1988

Scherer, E.: Erste Schritte zum Reengineering. In: *Technische Rundschau Transfer.* Nr. 17, S. 26–29, 1995

Scherer, F.M.: *Industrial Market Structure and Economic Performance.* 2nd edition, Boston 1980

Schilliger, P.: Zwang zur Größe. In: *Handelszeitung.* S. 37, 24.10.2001

Schlote, S.: Kater nach dem Kaufrausch. In: *Manager Magazin.* Nr. 5, S. 112–120, 1996

Schneck, O.: *Management-Techniken.* Frankfurt 1995

Schoeffler, S./Buzzell, R.D./Heany, D.F.: Impact of Strategic Planning on Market Performance. In: *Harvard Business Review,* No. 2, March–April 1974

Schreyögg, G./Steinmann H.: Strategische Kontrolle. In: *Zeitschrift für betriebswirtschaftliche Forschung.* 37. Jg., S. 391–410, 1985

Schwaninger, M.: *Integrale Unternehmensplanung.* Frankfurt 1989

Schwartz, P.: *The Art of the Long View.* New York 1991

Scott-Morgan, P.: *Die heimlichen Spielregeln: Die Macht der ungeschriebenen Gesetze im Unternehmen.* Frankfurt 1994

Senge, P.: *The Fifth Discipline, The Art and Practice of the Learning Organization.* New York, 1990

Shepherd, D.A./Shanley, M.: *New Venture Strategy: Timing, Environmental Uncertainty, and Performance.* Thousand-Oaks 1998

Simon, H.A.: *Administrative Behavior.* New York 1957

Smith, G.D./Arnold, D.R./Bizzell, B.G.: *Business Strategy and Policy.* 3rd edition, Boston 1991

Spender, J.-C.: Making Knowledge the Basis of a Dynamic Theory of the Firm. In: *Strategic Management Journal,* Vol. 17, S. 45–62, 2002

Steiner, G.: *Top Management Planning.* New York 1969

Stonich, P.J.: Using Rewards in Implementing Strategy. In: *Strategic Management Journal.* Vol. 2, S. 345–351, 1981

Taucher, G.: Erfolg – und was nun? In: *HandelsZeitung.* S. 49, 5.10.1995

Tapscott, D./Ticoll, D./Lowy, A.: *Digital Capital – Harnessing the Power of Business Webs.* Boston 2000

Thommen, J.-P.: *Betriebswirtschaftslehre. Band 3: Personal, Organisation, Führung, Spezielle Gebiete des Managements.* 5. Auflage, Zürich 2002

Thompson, A. Jr./Strickland, A.J. III: *Strategic Management. Concept and Cases.* 8th edition, Chicago 1995

Thompson, J.L.: *Strategic Management.* 4th ed., London 2001

Tichy, N./Devanna, M.A.: *The Transformational Leader.* New York 1986

Tichy, N./Sherman, S.: *Control Your Destiny or Someone Else Will.* New York 1993

Tregoe, B./Zimmerman, J.: *Top Management Strategy. Der Schlüssel zum erfolgreichen Management.* Zürich 1981

Turner, C.: *The Information E-conomy.* London 2000

Ulrich, H.: *Unternehmenspolitik.* Bern 1987

Wack, P.: Szenarien: Unbekannte Gewässer voraus. In: *Harvard Manager.* Nr. 2, S. 60 bis 77, 1986

Wang, P.: *Determinants of Perceptions of Environmental Turbulence and Strategic Responses of Savings and Loan Top Managers.* Dissertation United States International University (USIU) San Diego, San Diego 1991

Watson, G.: *Strategic Benchmarking.* New York 1993

Weber, J.: Strategisches Controlling: Koordinationsaufgaben innerhalb der strategischen Führung. In: Riekhof, H.-C. (Hrsg.): *Praxis der Strategieentwicklung. Konzepte – Erfahrungen – Fallstudien.* 2. Auflage, S. 323–336, Stuttgart 1994

Wernerfeld, B.: A Resource-based View of the Firm. In: *Strategic Management Journal,* Vol. 5, S. 171–180, 1984

Wilson, R.: Corporate Strategy and Management Control. In: Hussey, D.E. (Hrsg.): *International Review of Strategic Management.* Chichester 1991

Wohlgemuth, A.C.: *Unternehmensdiagnose in Schweizer Unternehmungen: Untersuchungen zum Erfolg mit besonderer Berücksichtigung des Humanpotentials.* Bern 1989

Wolfrum, B.: *Strategisches Technologiemanagement*. 2. Auflage, Wiesbaden 1994

Wolfsteiner, W.: *Das Management der Kernfähigkeiten – Ein ressourcenorientierter Strategie- und Strukturansatz*. Dissertation Universität St. Gallen, Hallstadt 1995

Wunderer, R./Kuhn, Th.: *Unternehmerisches Personalmanagement. Konzepte, Prognosen und Strategien für das Jahr 2000*. Frankfurt/New York 1993

Wüthrich, H. A.: Virtuelle Unternehmensnetzwerke. In: *io Management*, Nr. 11, S. 38–42, 1998

Wüthrich, H. A./Winter, W. B.: Die Wettbewerbskraft globaler Unternehmen. In: *Die Unternehmung*. Nr. 5, S. 303–322, 1994

Yip, G.: *Total Global Strategy – Managing for Worldwide Competitive Advantage*. Englewood Cliffs 1992

Zimmermann, T.: *Vernetztes Denken und Frühwarnung*. Dissertation Universität St. Gallen, Bamberg 1992

# Stichwortverzeichnis

# Die Autoren

Roman Lombriser    Doctor of Business Administration, Professor für Strategisches Management an der Hochschule für Technik, Wirtschaft und soziale Arbeit St. Gallen. Seit 1994 Leiter der Unternehmensberatung am Institut für Führung und Personalmanagement (I.FPM) der Universität St. Gallen (HSG). An der gleichen Universität seit 1993 Lehrbeauftragter für Betriebswirtschaftslehre. Von 1999 bis 2001 Visiting Professor of Strategic Management an der U.S. International University, San Diego/USA. Zuvor während zehn Jahren Praxiserfahrung, unter anderem bei der UBS und bei Revisuisse. 1992 Gewinner des internationalen «Igor Ansoff Award» von Coopers & Lybrand (Amsterdam, NL) für die Forschungsarbeit über «Strategische Unternehmensführung bei fundamentalen Veränderungen».

Autor von «Top Intrapreneurs» (1993, Financial Times Verlag, London) und «Employability statt Jobsicherheit» (2001, Luchterhand-Verlag, Berlin) sowie von Artikeln in verschiedenen internationalen Fachzeitschriften.

Peter A. Abplanalp    Dr. rer. pol., Professor und Direktor der Fachhochschule Solothurn Nordwestschweiz für Technik, Wirtschaft und Soziales in Olten. Berufslehre und mehrjährige Tätigkeit bei den Schweizerischen Bundesbahnen. Danach Werbe- und Redaktionsassistent einer Versicherungsgesellschaft. Berufsbegleitend Vorbereitung auf die Maturitätsprüfung.

Studium der Betriebswirtschaft und Soziologie in Basel. Visiting Scholar an der Cornell University, Ithaca N.Y. Mehrjährige Praxis als Verantwortlicher für Kaderausbildung und Kaderentwicklung in Industrie- und Dienstleistungsunternehmen. Seit 1979 Lehrtätigkeit in den Bereichen Strategisches Management und Organisation. Langjähriger Rektor der Höheren Wirtschafts- und Verwaltungsschule (HWV) in Olten.

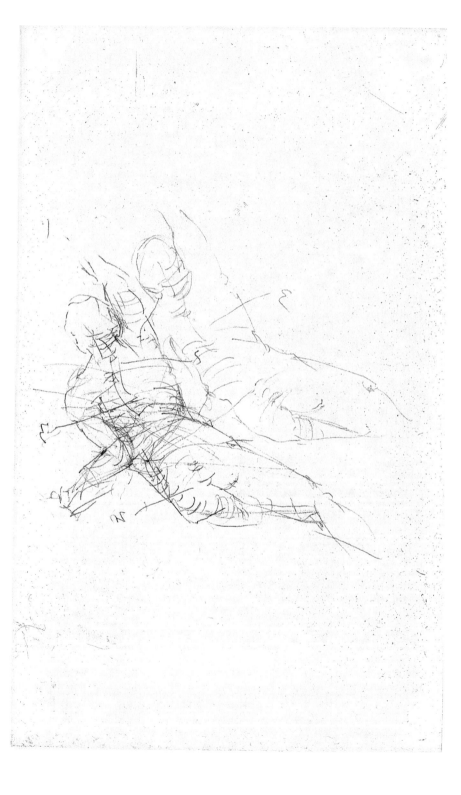

# Die Künstlerin

**Susanne Keller**  Die Malerin Susanne Keller lebt und arbeitet in Zürich. In ihrem Atelier entstehen vor allem großformatige Gemälde, die seit 1980 an zahlreichen Ausstellungen im In- und Ausland zu sehen waren.

**Irritation und Widerstand**  «Susanne Kellers Malerei entzündet sich immer an existierenden Dingen. Emotionen tragen den Malprozess jedoch weg vom fassbaren Gegenstand, lösen das Greifbare fast vollends auf in sinnliche Farben. Mit den Stimmungswerten und Leuchtkräften von Symbolfarben liefert die Künstlerin einen neuen Einstieg in ihre großformatigen Bilder. Am bewegten, rauen Relief der Oberfläche findet das Auge temporären Halt, erfährt aber auch Irritation und Widerstand beim Vordringen in die Tiefe. (…) Die Malerin stellt kontroverse Zustände und Befindlichkeiten in zweigeteilten Bildern nebeneinander und fasst sie doch als zusammengehörig auf. Mauerartig fahle, verblasste Vergangenheit und satte Lebensfülle bilden ‹Erinnerung›. Dabei verkörpert gerade furchige, versehrte Farbhaut und nicht glatte Oberfläche die Schönheit des Gelebten.»
Barbara Handke, Tages-Anzeiger Zürich, Dezember 2002

**Das Floß der Medusa**  Buchumschlag und Kapitelillustrationen zitieren aus Jean Louis Théodore Géricaults berühmtem Gemälde *Das Floß der Medusa.* Während das Gemälde eine «Erfindung der Wirklichkeit» ist, eine Metapher, die in jeder Zeit eine eigene Deutung zulässt, besteht der zweite Teil des Motivpools aus den Konstruktionsplänen des Floßes, aufgezeichnet 1818 von Alexandre Corréard und J.B. Henri Savigny, die das Floß aus Schiffswrackteilen zusammengebaut haben.

Die Figuren, die auf dem Buchumschlag und im Buch erscheinen, sind allesamt dem «Hoffnungsteil» nachempfunden. Das Winken, Gestikulieren, Zeigen, die gegenseitige Hilfe beim Hochsteigen zur Spitze der (Menschen-)Pyramide bedeutet Überleben (auch im Management).

Ein Floß, eilig zusammengebaut, ebenso.

Umschlagbild: «Rettung?», Acryl/Kreide auf Papier, 100 × 70 cm
Zeichnungen: Etats, vernis mou, Plattengrößen: 28,5 × 17,5 cm